U0894569

珍藏本
纪念版

汉译世界学术名著丛书

伯罗奔尼撒战争史

上册

〔古希腊〕修昔底德 著

谢德风 译

2017年·北京

Thucydides

HISTORY OF THE PELOPONNESIAN WAR

本书主要根据华尔纳(Rex Warner)的英译本(企鹅古典丛书,1956年伦敦企鹅出版公司重印本),并参考克劳莱(Richard Crawley)英译本(近代丛书,1934年纽约出版)、斯密司(Charles Forster Smith)英译本(罗依伯古典丛书,4卷,1928年伦敦和纽约,重印本)和昭伊特(Benjamin Jowett)英译本(2卷,1900年牛津出版)译出。

汉译世界学术名著丛书
（120年纪念版·珍藏本）
出 版 说 明

2017年2月11日，商务印书馆迎来120岁的生日。120年前，商务印书馆前贤怀揣文化救国的理想，抱持“昌明教育，开启民智”的使命，立足本土，放眼寰宇，以出版为津梁，沟通中西，为中国、为世界提供最富智慧的思想文化成果。无论世事白云苍狗，潮流左右激荡，甚至战火硝烟弥漫，始终践行学术报国之志，无改初心。

逐译世界各国学术名著，即其一端。早在20世纪初年便出版《原富》《天演论》等影响至今的代表性著作，1950年代后更致力于外国哲学和社会科学经典的译介，及至1980年代，辑为“汉译世界学术名著丛书”，汇涓为流，蔚为大观。丛书自1981年开始出版，历时三十余年，迄今已推出七百种，是我国现代出版史上规模最大、最为重要的学术翻译工程。

丛书所选之书，立场观点不囿于一派，学科领域不限于一门，皆为文明开启以来，各时代、各国家、各民族的思想与文化精粹，代表着人类已经到达过的精神境界。丛书系统译介世界学术经典，引领时代思想，为本土原创学术的发展提供丰富的文化滋养，为推动中国现代学术和现代化进程做出了突出的贡献。

为纪念商务印书馆成立120周年，我们整体推出“汉译世界学术名著丛书”120年纪念版的珍藏本，寄望既利于文化积累，又便于研读查考，同时向长期支持丛书出版的译者、编者和读者致以敬意。

两甲子后的今天，商务印书馆又站在了一个新的历史时间节点上。我们不仅要铭记先辈的身影和足迹，更须让我们的步伐充满新的时代精神。这是商务人代代相传的事业，更是与国家和民族的命运始终紧密相连的事业。我们责无旁贷，必须做好我们这代人的传承与创造，让我们的努力和成果不仅凝聚成民族文化的记忆，还能成为后来人可以接续的事业。唯此，才能不负前贤，无愧来者。

商务印书馆编辑部

2017年10月

目　　录

第一卷

第二卷

第三卷

第四卷

第五卷

第六卷

第七卷

第八卷

附　　录

地图目录

插图目录

译者序言

一、关于修昔底德的生平[①]

古代希腊历史中，有两次巨大的战争：第一次是公元前500—前449年的希波战争[②]，第二次是公元前431—前404年的伯罗奔尼撒战争。在第一次战争中，希腊人联合起来，英勇地击退了波斯的侵略军队，这是正义的战争。在这次战争中，希腊人使小亚细亚的希腊城市脱离了波斯的羁绊，打通了达到黑海沿岸的道路，在那里取得了原料、奴隶和市场，为其高度的文化发展提供了经济的条件，这一时期是希腊奴隶社会欣欣向荣、向上发展的阶段。关于这次战争的史迹，有希罗多德史诗一般的著作《历史》传于后世（他的著作只记载至公元前478年雅典人攻陷塞斯都斯时为止）。第二次战争，即伯罗奔尼撒战争，是希腊历史的转折点，希腊奴隶社会开始由繁荣走向衰落。这次战争，无论对雅典或斯巴达任何一方说来，都是非正义的战争。在这次战争中，希腊奴隶社会所

① 参考格兰狄：《修昔底德和他的时代的历史》，第一章。

② 希波战争在公元前479年基本上结束了，以后希腊人转入进攻阶段，至公元449年希腊与波斯才正式订立和约。——译者

固有的一切矛盾——奴隶与奴隶主间，自由民各阶层（民主党与贵族党）间，两个同盟集团间，盟主国与同盟国间的一切矛盾——都暴露出来了。关于这次战争的史迹，有杰出的史学家修昔底德的著作《伯罗奔尼撒战争史》传于后世（他的著作只记载到公元前411年为止）。

关于修昔底德的生平，除从他本人的著作中所能找到的材料外，我们知道得很少。和他同时代的作家几乎没有人提到过他。公元前一世纪以后，希腊、罗马的作家提到他的也只有一些片段的记载。第一个给他写传记的人马赛林那斯已经是五世纪的人了。近代编纂修昔底德的著作的人，总是把他写的《修昔底德传》放在著作的前面。但是他所根据的材料只是修昔底德本人的著作以及他的前人关于这部著作的注释。因此，他所得的结论大部分出自猜测，有许多是自相矛盾的。另外还有一部传记，我们既不知道作者的姓名，也不知道成书的年代，它所供给我们的材料也不多。

首先谈谈修昔底德的出生年代。关于他出生的年代，我们没有完全可靠的资料。我们推算他出生年代的根据有三：（一）他开始著作本书时的年龄；（二）公元前424年他担任将军职务时的年龄；（三）他的著作终止时的年龄。罗马尼禄皇帝时代一个女作家旁菲拉说，在战争爆发之初，哈兰尼卡斯[①]年六十五，希罗多德年五十三，修昔底德年四十。[②] 她的推算是根据修昔底德自己的记

① 列斯堡的散文历史编纂家。

② 奥拉斯·泽力阿斯：《亚狄迦之夜》XV.2引用。

载。他说,在战争爆发之初,他就已经开始写这部历史,[①]当时他的年龄已相当大,能够懂得事物发展的意义了。[②] 所以他已是壮年。根据这个推算,他大约出生于公元前 472 年。[③] 如果这个推算正确的话,那么他死的时候,一定是七八十岁的老人了。但根据他自己的叙述,他回国时似乎还没有达到高龄,马赛林那斯说他死时也不过五十多岁。

他于公元前 424 年担任将军职务,这是一个可靠的年代。依照雅典法律上的规定,必年满三十者才能担任这个职务。[④] 根据这一点推算,他的出生最迟应在公元前 455 年或以前不远,他回国时不过五十多岁,他死时也不到六十岁。

其次关于他的亲属关系。他自己称他是"奥罗拉斯的儿子"。[⑤] 此外,他没有谈到任何其他的事了。普鲁塔克说:"米太雅德的儿子赛蒙的母亲是色雷斯国王奥罗拉斯的女儿赫泽息帕尔,正如阿基拉斯和美兰梯阿斯给米太雅德本人所写的诗歌中所说的一样;史学家修昔底德和赛蒙的家族有亲戚关系,所以他的父亲也名叫奥罗拉斯。奥罗拉斯袭用其祖先的名字,在色雷斯占有金矿。"[⑥]他又说:"他(指修昔底德——笔者)的遗体运回亚狄迦,墓碑在赛蒙的妹妹厄尔品尼克墓的旁边,和赛蒙家族的墓碑在一起。

① 第 2 页。(指本书页数,下同。)

② 第 419 页。

③ 阿波罗多拉斯推算他出生于公元前 470 年。《牛津古典辞典》推算他出生于公元前 460—455 年之间。

④ 亚里士多德:《雅典政制》IV. 3—4,中译本,第 7 页。

⑤ 第 373 页。

⑥ 普鲁塔克:《赛蒙传》IV。

但是修昔底德是阿利摩斯得莫人，而米太雅德的家族是雷克亚底得莫人。”

这种说法是值得怀疑的。单凭修昔底德的父亲的名字和赛蒙的外祖父的名字相同，不能证明他们两人之间一定有亲属的关系。并且修昔底德既当选为将军，他自己又常正式称为“奥罗拉斯的儿子”，他们父子都是雅典的公民，是没有问题的。依照公元前451年公民法的规定，必须是父母双方都是雅典公民，才能够取得公民权。如果他的父亲是色雷斯人，则他不能取得公民权，更不能当选为将军了。

关于修昔底德葬在赛蒙的祖先墓地里的事也是传闻之讹，本文在后面要详细谈到这事。[①]

修昔底德自己说到，他在色雷斯占有金矿，对当地的居民有很大的势力，[②]这些金矿当然是在雅典殖民地之内。他怎样取得这些金矿的，我们不知道。马赛林那斯说：这些金矿是因为他和斯加普特-亥尔的一个女继承人结婚而取得的。[③] 但是没有其他证据可以充分证实这件事情。

马赛林那斯又说到修昔底德和庇西斯特拉图有亲属关系。[④]这个推测之产生是因为修昔底德对于希帕库斯被刺的事特别感兴趣，不惜两次用很大的篇幅来叙述这件事情，[⑤]同时他说他得到这

① 译序第10—11页。

② 第373页。

③ 贝克：《修昔底德》，I. 10. 4。

④ 贝克：《修昔底德》I. 4. 4；本书第519页注①。

⑤ 第18、518页。

些消息的来源比别人可靠些。[①] 实则这个证据是很不充分的。

他的童年生活，我们一点也不知道。马赛林那斯说到一个故事：修昔底德在童年时代，听到希罗多德在奥林匹亚朗诵他的历史著作的时候，感动流涕。希罗多德看见这个情况时，对修昔底德的父亲说："奥罗拉斯，你的儿子深受到求知欲的感动。"[②]这个故事也很可能是因为修昔底德对于希罗多德的著作很熟悉而想象出来的。实则修昔底德对于希罗多德的著作很熟悉，不一定是因为他在童年时代听到过他的朗诵。如果这个故事是真的话，琉细安说到希罗多德在奥林匹亚的朗诵感动人很深的时候，就不会不说到这段故事的。并且如果承认旁菲拉所说关于希罗多德和修昔底德的年龄是准确的话，则希罗多德在奥林匹亚朗诵的时候，修昔底德已经不是童年了。

从公元前 431 年战争爆发时起，到公元前 424 年他任将军时为止，他在这一段时间内的生活，我们也一点不知道。他自己说，在这些年代中他已经从事于搜集材料，以编写这次战争的历史。[③]在这七年中，他可能全部时间，或者至少一部分时间是住在雅典的。他很清楚地说到，当公元前 430 年雅典发生瘟疫的时候，他自己得了这种病，他也看见别的人患着这种病时所受的痛苦，[④]而当时这种瘟疫在别的地方似乎很少流行。他又说到，他有机会看到

① 第 519 页。
② 贝克：《修昔底德》I. 8. 11。
③ 第 2 页。
④ 第 156 页。

交战双方的行动；[1]又说道，他的著作中所载的演说词，有些是他亲自听到的，[2]尤其是伯里克利的演说，他一定是多次听到过的。这只有住在雅典才有可能。在这些年代中，他可能有时候住在色雷斯，经营他的金矿。

他当选为将军的任期是公元前424—前423年。[3] 在此以前，他可能参加过一些海军和陆军的战役，否则他不会一下就取得这样高的位置的；但是他具体参加过哪些战役，是很难确定了。将军的选举是在四月或五月中举行的；他的就职是在七月或八月中。在这一段时期内，他一定是在雅典的。

公元前424—前423年的冬季，当伯拉西达袭击安菲玻里城的时候，他正指挥七条雅典战舰驻扎在塔索斯。驻守安菲玻里城的雅典将军攸克利求援于他，他驶往援救；他虽然打败了伯拉西达的军队，救了爱昂，但是他终于没有来得及挽救安菲玻里。[4] 安菲玻里的失陷，主要是由于攸克利的疏忽，但是他后来并没有受到处罚，而修昔底德却因此遭到放逐。修昔底德本人对于此事没有作任何辩护。马赛林那斯说，修昔底德是由克里昂的建议，以叛逆的罪名而被放逐的。[5] 当时是克里昂最有势力的时候，而且克里昂对安菲玻里的陷落十分愤恨，他提议放逐修昔底德是很有可能的。

从他被放逐到他回国这一段时期内他的生活，我们也完全不

① 第420页。
② 第19页。
③ 第373页。
④ 第374页。
⑤ 马赛林那斯，46，55。

知道。唯一可靠的事实是公元前404年以后不久,他回到雅典了;这一点不但他自己的话[①]可以证明,并且他的著作中有许多回国后修订的痕迹,例如他记载了公元前404年雅典及庇里犹斯的城墙的被拆毁,[②]这只有他回到雅典后才可以做得到的。此外其他的事情都是由著作中推测得来的。他自己说到,在这段时期中,他有更多的闲暇来编写他的历史著作,他更有机会得到伯罗奔尼撒方面的消息。[③] 事实上也是这样的,自从他被放逐以后,他和雅典断绝了联系,他编写历史的材料主要来自伯罗奔尼撒。

马赛林那斯说,修昔底德在被放逐的时期中,一部分时间是住在色雷斯的斯加普特-亥尔编写他的历史著作。[④] 这是可能的,因为尼西阿斯和约订立后,安菲玻里并未交还雅典,他住在那里是安全的;假若他住在雅典势力范围内的一个地方,他随时有被逮捕的危险,因为他的被放逐,不是因为普通的疏忽职务之罪,而是叛逆罪。在这个地方,他可能认识了伯拉西达,因为在他的著作中,他不但对于伯拉西达极其崇拜(其崇拜的程度仅次于伯里克利),花了很多篇幅来描写他的才能,并且他知道伯拉西达许多内幕的事;如果他和伯拉西达没有交谊,他是不可能知道的。

此外,他一定经常在伯罗奔尼撒各地以及西西里游历,尤其注意视察那些曾经发生过重大战役的地方。雅典和亚哥斯、门丁尼

---

① 第419—420页。

② 第74页。

③ 第419—420页。

④ 马赛林那斯;贝克,I. 10. 4。

亚以及伊利斯所订条约的内容,[①]可能是他从奥林匹亚石柱上的铭刻抄下来的,现在从地下发掘出来的碑文和他著作中的记载基本上是相同的,只在文字上略加修改而已。关于门丁尼亚之役[②]的材料完全是从伯罗奔尼撒人方面得来的。他一定到过西西里,否则在描述西西里诸战役时,他对于西西里的地形不会如此熟悉;关于雅典人在西西里惨败的情况,他是从雅典的俘虏口中得来的。

他自己说,他过了二十年的流亡生活才回到雅典来。[③] 如果真的是二十年的话,他的回国是在公元前 403 年。波桑尼阿斯说:"奥诺比阿斯对奥罗拉斯的儿子修昔底德做了一件好事,因为他使召回修昔底德的特别命令得到通过"(奥诺比阿斯就是那位守安菲玻里城的攸克利将军的儿子)。[④] 如果他被放逐的罪名不很严重的话,他应当在公元前 404 年雅典投降莱山得后的普赦之后就可以回雅典;但是他被放逐的原因是叛逆罪,所以需要一个特别命令。

修昔底德回到雅典之后多久才死呢?死在什么地方?怎样死的?葬在什么地方?关于这些问题,众说纷纭。波桑尼阿斯说:"修昔底德在归国途中遇刺身死。"[⑤]这个说法显然是错误的,因为从他的著作的修改情况来看,他一定是回到雅典,经过一个短时期之后才死的,在上面已经说过,修昔底德提到雅典和庇里犹斯城墙

① 第 374 页。
② 第 453 页。
③ 第 420 页。
④ 波桑尼阿斯,I. 23. 9。
⑤ 波桑尼阿斯,I. 23. 9。

的被拆毁。[①] 他在晚年至少有一部分时间是住在色雷斯，因为在他的著作中他提到安菲玻里城塞建筑的改变。[②] 传说他晚年住在马其顿王阿基拉斯的宫廷里，并且死在马其顿；这是因为他在他的著作中对于阿基拉斯有详细的叙述[③]而引起的推测。但是他既住在安菲玻里附近，这些事情不是一定要住在马其顿宫廷里才能知道的。所以这个传说是不可靠的。

关于修昔底德死亡的地点，马赛林那斯的说法前后也不一致。他时而说，修昔底德死于色雷斯，[④]又说，他死在他流亡时所居的地方，[⑤]意思也是指色雷斯；但是他又说：根据狄狄马斯从琐皮罗斯那里得来的消息，修昔底德从放逐归来后，在雅典遇刺身死。[⑥]至于泰米阿斯说修昔底德死在意大利，并且埋葬在那里的说法，他认为是不正确的。[⑦] 普鲁塔克说，修昔底德死于色雷斯的斯加普特一亥尔。大体上说来，修昔底德死于色雷斯一说是比较可靠的。

古代的作家，如波桑尼阿斯、普鲁塔克、马赛林那斯等都说他是遇刺身死的，这个传说大概是因为他的著作突然中止而猜想出来的。

所有古代的作家都没有说到他死亡的确切年代。从他的著作中可以推想他在回雅典之后不久就死亡了。在他的著作中，他所

① 第74页。
② 第371页。
③ 第203页。
④ 贝克，I. 39. 8和I. 1. 9。
⑤ 贝克，I. 5. 6。
⑥ 贝克，I. 15. 6。
⑦ 贝克，I. 25. 6。

提到公元前404年以后的事情是马其顿王阿基拉斯的改革,[①]阿基拉斯死于公元前399年。修昔底德的死亡可能在公元前399年之后不久,至迟不会过公元前396年,因为那一年以后发生的事情他完全不知道了。例如他提到公元前425年厄特那火山爆发的时候说,“这是五十年以来第一次火山爆发”,[②]这证明他不知道公元前395年所发生的一次火山爆发。[③] 公元前393年雅典人在科浓领导之下,恢复海军势力,重筑雅典城墙的事,他也不知道。[④] 如果他出生于公元前455年,而死于公元前399年或396年的话,他的寿年是五十五岁或五十八岁,这和马赛林那斯说他死时年五十多岁的说法是相符合的。

他死后埋葬在什么地方,这也是一个没有弄清的问题。许多古代作家肯定地说他是葬在雅典。普鲁塔克说他葬在赛蒙家族的墓地里,前面已经说到了。波桑尼阿斯也说,他在回雅典途中遇刺,“他的坟墓在离麦利提亚门不远的地方”。[⑤] 马赛林那斯也说:“所谓赛蒙家族的墓地是在科伊利的麦利提亚门附近,希罗多德和修昔底德的坟墓也在那里。”[⑥]因此他得出修昔底德和赛蒙有亲属关系的结论。但是史学家希罗多德是死在南意的条立爱,并且葬在那里的,为什么他的坟墓又到了这里呢?在另外一个地方,马赛林那斯又说:“有些人说他死在他流放的地方,他在雅典的坟墓只

① 第203页。
② 第295页。
③ 这次火山爆发,见戴奥多鲁斯,XIV. 49。
④ 第74页。
⑤ 波桑尼阿斯,I. 23. 9。
⑥ 贝克,I. 30. 3。

是一个衣冠墓，""因为墓上有一个桅杆，这是习惯上那些不幸死于海外，而没有埋葬在雅典的人的衣冠墓的标识。"[①]后来他在他写的传记上又很具体地谈到修昔底德的坟墓："依照安替拉斯所说的，他的坟墓在城门附近亚狄迦一个叫作'圣地'的地方；安替拉斯有丰富的历史知识，而且善于解释历史，所以是一个可信的见证人。他说，'圣地'上有一个石柱，柱上有这样的铭刻：'奥罗拉斯的儿子修昔底德，阿利摩斯得莫人。'有些人还在后面加了几个字：'安葬于此。'但是我们说，这些添加的字样是捏造的和窜改的，因为铭刻上并没有'安葬'等字样。"[②]

从上面一些引证看来，我们知道，关于修昔底德的葬地的传说是多么分歧。上述的一个传说说到修昔底德有这样的一个坟墓在雅典，似乎证据很确实，所以有些权威学者也信以为真了。但是仔细研究起来，这个证据是很不可靠的，事实上都出自一个来源，而这个来源是可疑的。这些作家都是从公元前二世纪地理学家波利蒙的著作《雅典卫城的周围》一书中得到他们的资料，马赛林那斯曾两次引用这本书[③]：第一次引用这本书作为证据，说明修昔底德的坟墓是在麦利提亚门附近的"圣地"，和赛蒙家族的坟墓在一起；第二次是提到有许多历史上知名的人的名字都叫作修昔底德。所以麦利提亚门附近可能有一个名叫修昔底德的人的坟墓，但不一定是史学家修昔底德的坟墓。不错，雅典有一种风俗，为那些不幸

① 贝克，I. 5. 6。

② 贝克，I. 18. 11。

③ 贝克，I. 2. 4；I. 33. 5。

淹死在海中的人所作的衣冠墓上有一个桅杆作为标识，但是这种风俗是修昔底德死后百年才有的，这是波利蒙时代的风俗，而不是修昔底德时代的风俗。所以修昔底德埋葬在雅典的说法是虚构的；他的坟墓究竟在哪里，我们一点也不知道。

关于修昔底德的生平，我们所知道的只有上述的一些。关于他的传说大部分是不可靠的。

二、关于修昔底德的著作

修昔底德的著作是世界历史文库中少有的一部著作。但是他死后三百多年中古代作家很少提到过他。公元二世纪中叶的罗马作家琉细安说到，希腊最伟大的雄辩家德谟斯提尼曾经抄写过修昔底德的著作八遍，[①]但是这个传说在德谟斯提尼本人的著作中找不出根据。传说，修昔底德死时，他未完成的遗稿由他的女儿保存，后来交给一个人去编订，有人说是交给色诺芬。三世纪的戴奥真尼·雷欧息阿斯说："他（指色诺芬——笔者）秘密地取得修昔底德的著作，想自己出版，因为这部著作以前还没有人知道。"[②]人们认为当时代的人，以历史知识和军事知识而论，没有人比色诺芬更适宜于编订修昔底德的著作，因此产生了这个传说。修昔底德的著作写至公元前411年为止，是一部未完的作品。后来有三个作家继续修昔底德的著作：色诺芬继续写到公元前362年止；开俄斯

① 琉细安：《反对无知》。

② 戴奥真尼，II. V. 13。

人提奥彭帕斯继续写到公元前 394 年止，其著作仅有片段遗存至今；雅典人克剌替帕斯继续至公元前 394 年止。[①] 但是这三个人的作品都不能和修昔底德的原著相比。公元前四世纪史学家非利斯都在他的《西西里史》中，不仅模仿修昔底德的风格，并且采用了他的一部分材料。亚里士多德虽然没有提到修昔底德的名字，但是在他的《雅典政制》一书中，他叙述哈摩狄阿斯和阿利斯托斋吞的故事以及"四百人"寡头政治的时候，除有几处略加修改外，几乎完全用了修昔底德的文字。由此看来，修昔底德的著作是存在的，只是没有引起当时的重视。

修昔底德的著作湮没了几百年后，直到罗马共和国末年及帝国初年才又流行起来。共和末年的史学家萨拉斯特模仿修昔底德的作品。公元一世纪的罗马修辞学家昆体良经常称赞修昔底德的文章紧凑、简洁、生动，可见他对于修昔底德的作品是很欣赏的。但是到公元二世纪以后，一般人都不能欣赏修昔底德的作品，而把希罗多德放在他之上，模仿希罗多德的文体和语言成为一时风尚了。

修昔底德的著作，在他死后三百多年湮没无闻，至公元前一世纪曾风行一时，至公元二世纪以后又不为人所注意了，这是什么原因？我们只能从当时的社会背景、学术风气和修昔底德的著作本身中去寻找原因。

从公元前六世纪起，希腊奴隶社会欣欣向荣。工商业奴隶主阶级一方面与旧贵族作斗争，建立奴隶主民主政治；一方面与自然

① 1906 年在埃及发现一部希腊史残稿，经专家考订，有人认为是提奥彭帕斯的作品，有人认为是克剌替帕斯的作品，现收录在牛津文献丛书(Oxford Text Series)中。

作斗争，自然哲学发展起来了。马克思曾指出，“希腊的内部极盛时期是伯利克里时代”。[1] 在这时期里，哲学方面，从恩培多克勒的四元素论和阿拉克萨哥拉的种子论发展到德谟克里特的原子论，打击了神创造万物的宗教世界观，使朴素唯物论哲学发展起来了；哲人派思想家教导雅典人对于一切旧的传统观念从新估价，研究思维的法则和表达思维的方式，注意逻辑和修辞，对自然现象作更深刻的研究，否认神的存在，甚至怀疑到奴隶制度的合理性。在文学方面，伟大的悲剧家歌颂民主政治，批判邪恶的神。例如幼里披底在《伊菲庚尼》一剧中，当阿伽美浓把自己的女儿作为牺牲，献给神的时候，舞台上的合唱队却唱着：

> 可敬的公主，你的灵魂是崇高的，而她们——女神和命运是邪恶。

他们歌颂人的力量，如在索福克利的《安提峨》一剧中合唱队唱着：

> 世界上有许多力量，但是自然中没有什么比人类更为有力。

这一切都是奴隶社会上升时期的反映。

修昔底德正是在这种社会环境中养育出来的，他的思想受当时社会趋势和学术潮流的影响。他把自然哲学家和哲人派思想家的研究方法应用到他的历史著作中。他批判传说和迷信，相信人的力量。他通过伯里克利的口说出：“人是第一重要的，其他一切都是人的劳动成果。”[2]尼西阿斯也这样鼓励他的士兵：“须知城邦

① 《马克思恩格斯全集》第1卷第113页（人民出版社1956年版）。

② 第116页。

就是人，而不是城墙也不是没有人的船舰。"[1]当然他们所谓人，只是奴隶除外的自由民而已。在他的整个著作中以及著作里的演说词中都有严密的逻辑性。在文字风格上，组织严谨，常用一个字代替一句，一句代替一段的意思，所以他的文字有时达到晦涩的程度。起初，有些校勘的人总以为这是由于抄本上的文字有讹误或错乱的缘故。但是后来在埃及发现了公元一世纪的草纸文书，其中保存有修昔底德第四卷的片段，和现在传下来版本上的文字基本上是相同的。[2] 修昔底德的著作是要用脑筋去思索而不是用耳朵去欣赏的。他自己就说过："我这部历史著作，很可能读起来不能引人入胜，因为书中缺少虚构的故事。"[3]

从公元前四世纪起，直到希腊化时代，希腊世界的社会经济起了重大的变化。作为奴隶主民主政治基础的自由民大都破产，无产者人数增加，他们的出路不是变为奴隶，就是去当雇佣兵。这个变化反映在政治上，就是奴隶主民主政治的衰落，奴隶主贵族政治的抬头，最后走向君主政治的道路；在哲学上，反映在唯物论哲学的衰落，唯心论哲学的抬头，哲学家所考虑的问题，不是怎样和自然作斗争、和反动阶级作斗争的问题，而是怎么维持个人幸福和心灵安宁的问题，这是阶级斗争日趋激烈、奴隶社会日趋没落的一种反映，因此宗教迷信普遍流行，奴隶主追求耳目之娱，不喜欢需要深思熟虑的作品。在文艺方面，缺少和现实作斗争的内容，只利用

① 第 625 页。
② 格兰狄，前书，第 48—50 页。
③ 第 20 页。

辞藻的装饰，博学的炫耀，情节的离奇可笑，以满足奴隶主阶级厌恶现实斗争与享乐生活的需要。在这种情况下，修昔底德的著作不为人所重视，是不足奇怪的。

罗马共和末年和帝国初年是古代奴隶社会的全盛时期，同时也是阶级斗争最激烈的时期。所以在这个时期中出现了许多杰出的思想家和文学家。卢克莱茨的《物性论》，无论在哲学上、科学上和文学上都是杰作。西塞罗的演说词和维吉尔的诗歌，虽然已有偏重辞藻的倾向，但是还是和现实斗争联系在一起的。所以在这个时期中，修昔底德的著作又风行起来了。但罗马帝国的成立即是奴隶主军事独裁的确立，社会运动暂时处于低潮；在共和末年作为政治斗争有力的工具的雄辩术，至此已无用武之地而趋于衰落。至二世纪时，整个西方奴隶社会开始走向衰亡。在哲学上，为统治阶级服务、只强调服从的斯多噶派哲学流行，为基督教的兴起开辟道路；在文学上，以迷信怪诞为内容，辞藻修饰为形式的散文（例如阿普列乌斯的《金驴》）流行。在这个时期，一般人喜欢希罗多德的著作而不喜欢修昔底德的著作也是不足怪的。但是一些比较进步的作家还是受修昔底德的影响的，例如杰出的史学家塔西佗和阿庇安常常模仿修昔底德，杰出的诗人琉细安也常称赞他。

在漫长的中世纪时期中，修昔底德也和其他许多古典时代的希腊罗马作家一样，不为人所知。直到文艺复兴时代，新兴资产阶级的学者为寻找反抗封建主义的精神武器，才恢复了古典希腊罗马哲学、文学、艺术的研究。十七、十八世纪资产阶级学者对于修昔底德的研究，主要集中于校勘和翻译的工作。

但是资产阶级学者是不可能了解修昔底德的著作的。他们只忙于文字的校勘,"莫须有"事实的考证,文笔优美的欣赏,尤其歪曲修昔底德的著作,以为其臭名远扬的客观主义作宣传,诡称修昔底德"是没有偏见的;如果不是他自己经常提到'雅典人修昔底德'的话,天真的读者有时会诧异他是那一国的人"。[①] 他们的用意很明显,是想引诱读者沉湎于烦琐的考证,文字的欣赏,而忽视修昔底德著作中所反映的奴隶社会中各阶级、阶层间的斗争。真正伟大的历史学家,如果依照社会发展的本来面貌叙述历史的话,多少会反映出社会中的阶级斗争。读者从这些历史著作中受到教育,知道过去奴隶主都是被奴隶革命打倒而退出历史舞台的;资产阶级和奴隶主一样,同是剥削阶级,他们也不会逃脱这个命运。资产阶级及其御用的学者最害怕这一点,所以千方百计地想使读者看不见优秀古典著作中所反映的阶级斗争,妄想使其本阶级永远保存下去。修昔底德热爱自己的祖国和祖国的民主政治;对于国内少数野心家不顾国内遭遇强大敌人的侵扰而去从事西西里远征,他给予沉痛的批判;对于阴谋推翻民主政治的寡头政变,他没有给予同情;对于出卖祖国利益,利用替萨斐尼来讹诈雅典人,又利用雅典人以讹诈替萨斐尼的亚西比得,给予无情的谴责。而资产阶级的御用学者却歪曲修昔底德,说他客观到那种程度,甚至敌我不分。他们目的是很清楚的,是想利用反动的世界主义来消除人们的爱国主义精神,以便接受他们的统治。

反动的资产阶级学者是不可能、也不愿意真正了解古典作品的伟大意义。只有马克思主义的历史科学才能把古典作品放在它应

① 参阅斯密司译本第Ⅰ卷,导言,第18页。

有的地位。修昔底德的著作有较高的科学性和艺术性，而且两者是结合在一起的。马克思和恩格斯就很重视《伯罗奔尼撒战争史》，在他们的著作中曾多次引述过此书，[①]并且说，这是“令人感到新鲜”的书。[②]

修昔底德是第一个注意到经济因素对历史发展影响的史学家。在第一卷第一章[③]中，他叙述早期希腊的历史时，他说：在早期希腊，尚无定居的人民，只有一系列的移民，人民无积蓄。后来有了积蓄，人民开始过定居生活。商业发展，出现了城市——最初的城市只是一些没有设防的村落而已。航海技术逐渐改进，海上贸易因而发展起来了，海军为保护商业、增加财富的有力工具。[④]他说到过去希腊人有过随身携带武器的风俗，这是古代劫掠到处流行的遗迹，后来“蛮族”中还有这种风俗流行。[⑤] 这意味着各族人民都经历过类似的社会发展阶段。他说，在特洛耶战争时期，希腊人还没有一个共同的名称，只有各部落的名称。[⑥] 共同的名称是后来由于经济的发展，各族采取联合行动之后才产生的。他说到西部希腊有许多部落还没有国王，[⑦]以及提秀斯统一亚狄迦[⑧]的

① 例如，马克思《资本论》第 1 卷第 404 页注 79，第 405 页注 80(人民出版社 1975 年版)；《摩尔根〈古代社会〉一书摘要》第 176、181、183、184 页(人民出版社 1965 年版)；恩格斯《家庭、私有制和国家的起源》第 105 页(人民出版社 1972 年版)都曾引述此书。

② 《马克思恩格斯全集》第 30 卷第 602 页，《马克思致斐迪南・拉萨尔》，1861，5，29(人民出版社 1974 年版)。

③ 依照本书的分章，不是传统的章节。

④ 第 2 页。

⑤ 第 6 页。

⑥ 第 3 页。

⑦ 第 184 页。

⑧ 第 133—134 页。

情况。修昔底德的叙述大体上符合部落发展到部族，氏族社会发展到国家的过程的。

修昔底德是第一个尝试揭露历史事件发展中的真正因果关系的史学家，尽管他的尝试是不会、也不可能实现的，但是可以看出，他比他同时代的历史学家要高出一头，关于这一点，我们可以把他和希罗多德来比较一下。希罗多德说明希波战争发生的原因是由于："希腊人从异邦人那里劫走了一个妇女，异邦人从希腊人那里劫走一个妇女，希腊人又从异邦人那里劫走了一个妇女。"[①]很有趣的，阿里斯多芬在《阿卡奈人》一剧中，说到伯罗奔尼撒战争的爆发也是由于同样的原因：因为一些年轻人喝醉了酒，抢来了麦加拉人西迈塔的妓女。麦加拉人反过来抢劫了阿斯帕西亚的两个妓女。"为了三个娼妇，战火就在全希腊烧起来了。"[②]可是修昔底德不这样简单地把这样重大的历史事件发生的原因归之于某种偶然事件上，而力图寻找更为深刻的原因。他说明伯罗奔尼撒战争发生的原因，是由于长期以来雅典势力的增长，引起斯巴达的嫉妒以及科林斯和麦加拉的恐惧，[③]而科西拉事件和波提狄亚事件[④]只是战争的借口而已。显然，修昔底德对战争原因的分析，要比希罗多德和阿里斯多芬深刻得多。不过，修昔底德也仍然没有摆脱古代历史学家的共同缺点，就是对命运的信仰，认为人类无力抗拒变化无常的命运。他的历史观的基础是人性不变的观念，他是从心理方面来解

① 希罗多德，中译本，第164、167—168页。

② 《阿里斯多芬喜剧集》，中译本，第30页。按阿斯帕西亚是伯里克利的情妇。

③ 第21、31、70页。

④ 第39、51页。

释历史事件的。这样他就堕入唯心主义历史观的泥坑中去了。

又例如特洛耶战争，据荷马说，是因为特洛耶王子巴黎斯诱拐了斯巴达国王的王后海伦而引起的。[①] 但是修昔底德说："依我看来，阿伽美浓一定是当时最有权势的统治者；正因为这个缘故，他才能够召集舰队，进攻特洛耶，而不是因为那些向海伦求婚者对丁达里阿斯宣了誓必须跟随他的缘故。"[②]他又说到那次战争拖延了十年之久，不是由于希腊军队人数的不够，而是由于经济资源的不足。[③] 在伯罗奔尼撒战争中，他常借伯里克利之口，说明长期战争完全靠有经济的支持。[④] 在他的著作中能够反映经济和政治以及军事的关系，这是古代历史著作中少有的。

希罗多德说到波斯侵略军失败的原因是由于神要惩罚泽尔士的骄傲。他利用波斯官吏阿尔塔巴诺斯之口教训泽尔士："你已经看到，神怎样用雷霆打击那些比一般动物要高大的动物，也不许它们作威作福，可是那些小东西却不会使他发怒。而且你还会看到，他的雷箭怎样总是投掷到最高的建筑物和树木上去；因为不容许过分高大的东西存在，这乃是上天的意旨。"[⑤]修昔底德不是这样借神的干涉来说明历史事件的因果关系的。他分析在伯罗奔尼撒战争中，雅典人失败的原因是由于国内党争，削弱了他们自己的力量，他们同时要对付自己的敌人和自己的同盟者。[⑥]

① 《伊利亚特》，中译本，第 51、52 页。
② 第 7 页。
③ 第 7、11 页。
④ 第 112 页。
⑤ 希罗多德，VII. 10，中译本，第 636 页。
⑥ 第 170 页。

修昔底德在他的著作中不是单纯地叙述历史事件的经过，而是在他的具体叙述中力图揭露历史事件中的因果关系，这是他对于史学的一个巨大的贡献。

修昔底德生长在希腊奴隶社会正当由繁荣走向衰落的转变时期。当时斯巴达和雅典两集团之间、盟主国与同盟国之间和各阶级各阶层之间的矛盾和斗争日趋激烈。在他叙述这个时期的历史的时候，这些斗争都多少有所反映。奴隶社会中的基本矛盾是奴隶和奴隶主间的矛盾。奴隶最多的国家是斯巴达，希洛人反抗斯巴达人最为激烈，例如在第三次美塞尼亚战争时，斯巴达人召集所有同盟者向他们进攻，战斗延续了十年之久，后来允许他们安全退出伯罗奔尼撒，战事才告终结。[①] 斯巴达人对待希洛人也最为残酷，甚至欺诈地要希洛人自己选出二千有功无罪的人来，后来都被他们屠杀了。他明确地指出，“斯巴达人对希洛人的政策，总是完全以自己的安全为基础的”，[②]即斯巴达的政策是建立在镇压希洛人的基础上的。在战争期间，奴隶的逃亡对其本国的影响很大，例如雅典人占领派娄斯时，希洛人的逃亡使斯巴达政府感到恐慌；[③]斯巴达人在狄西里亚设防，雅典二万奴隶的逃亡，破坏了雅典的经济基础；[④]雅典人进攻开俄斯时，开俄斯的奴隶逃亡，开俄斯人不能支持。[⑤] 这些事情都可以间接说明奴隶劳动在经济上的重要性。奴隶

① 第 79—83 页。
② 第 355 页及其注①。
③ 第 328 页。
④ 第 581 页。
⑤ 第 664 页。

的逃亡和暴动使奴隶主政权感到岌岌可危,各国的奴隶主不得不联合起来对付,因此在国际条约中有彼此不得收容逃奴、[①]彼此互相援助镇压奴隶暴动[②]的规定。各奴隶主国家间的斗争虽然激烈,但在对付奴隶的意见上是一致的。这是奴隶社会危机加深的象征。

同时,自由民各阶层间的斗争也甚为激烈。几乎所有的希腊国家,内部都分裂为两个党派。伯罗奔尼撒战争可以说是代表工商奴隶主利益的民主党和代表大土地所有者利益的贵族党间的斗争:雅典支持各国的民主党,而斯巴达支持各国的贵族党。科西拉的流血斗争[③]是最典型的。修昔底德对于这个斗争有生动而详细的叙述,并且说到民主党与贵族党的斗争是这个时代的特征。[④]

此外,雅典和它的同盟国间的矛盾也是尖锐的。雅典的经济不仅建筑在对奴隶的残酷剥削上,并且建筑在对同盟国的残酷剥削的基础上,不但雅典人自己知道这一点,他们的敌人——伯罗奔尼撒人也很清楚地知道这一点。雅典一方面力图向外扩张,一方面加强对自己的同胞[⑤]以及同盟国[⑥]的剥削。雅典屡次派往小亚细亚征收贡款的将军们常被本地人所杀,[⑦]可见属民仇恨雅典之深。雅典人妄想以屠杀来防止同盟国的暴动,而同盟国的暴动不

① 第 383 页。

② 第 417 页。

③ 第 261 页以下。

④ 第 267 页。

⑤ 例如公元前 428 年首次向自己的公民征收捐税,第 219 页。

⑥ 同盟国的贡款初定为每年四百六十他连特(第 68 页),至克里昂时加倍(为九百六十或一千四百六十他连特)。此款不能全部收足,乃征收五厘人口税(第 517 页)。

⑦ 第 174、219 页。

是残酷的屠杀所能吓倒的，密提林的代表在奥林匹亚的演说[①]以及后来爱奥尼亚的暴动[②]都可以说明这一点。同盟国的暴动是雅典失败的重要原因之一，这是伯里克利在作战之初所没有充分估计得到的。

修昔底德在他的著作中，多少能够在客观上反映希腊奴隶社会中各阶级和各阶层间的尖锐矛盾，这是他的著作又一重要的特点。

下面我们来比较一下修昔底德的历史方法和希罗多德的历史方法。希罗多德对于所听到的故事，毫无批判地记载下来。他自己说："我不知道这是不是实有其事，我只是把人们传说的写下来。"[③]有时连他自己不相信的故事，他也记录下来了，例如，据说涅乌里司人每人每年都有一次变成狼，这样过了几天之后，再恢复原形。[④] 有时候，他把人家捏造的故事当作真实的历史记载下来，例如说波斯王在沙漠中饲养一种比狗小、比狐狸大的蚂蚁，专门用来捕获那些在沙漠中偷金沙的人。[⑤] 由这些例子看来，希罗多德对于史料可以说是毫无批判地一概接受。

修昔底德对于希罗多德这种方法加以批判。[⑥] 他说到他自己不会"偶然听到一个故事就写下来，甚至也不单凭自己的一般印象作为根据；我所描述的事件，不是我亲自看见的，就是我从那些亲自看见这些事情的人那里听到后，经过我仔细考核过了的。就是

---

① 第 212—217 页。

② 第 645 页。

③ 希罗多德，IV. 195，中译本，第 506 页。

④ 希罗多德，IV. 105，中译本，第 472 页。

⑤ 希罗多德，III. 102—105，中译本，第 406—407 页。

⑥ 第 18—19 页。

这样,真理还是不容易发现的:不同的目击者对于同一个事件有不同的说法,由于他们或者偏袒这一边,或者偏袒那一边,或者由于记忆力的不完全”。[①] 他善于分析神话传说,驳斥其中夸张或错误的成分,吸取其中史实的核心。例如,他分析荷马史诗,考证希腊远征军的人数以及战争持久的原因,[②]考证提洛岛为古代爱奥尼亚人赛会之所。[③] 他利用碑铭证明希帕库斯不是僭主。[④] 他利用提洛岛上坟墓发掘的资料说明古代开利阿人在爱琴海中岛屿上的殖民。[⑤] 这样,他的历史著作就比希罗多德的有高得多的科学性。希罗多德相信神明启示的各种各样的预兆。他相信奇迹、预言、幻象、梦兆、牺牲的占卜等等。他说:“当城市或是民族将要遭到巨大灾祸的时候,上天总是会垂示某种朕兆的。”[⑥]他认为每次预言都是应验的。他把民间传说公元前 480 年在小亚细亚发生的日食(实际上发生于 478 年)作为泽尔士侵略希腊失败的预兆。[⑦] 希罗多德在自己的著作中提到朕兆的地方,不下三十五次之多。

修昔底德尽管在某些地方反映了当时的宗教观念和人对超自然的迷信,但他不把自然现象当作灾异看待。尼西阿斯因为月食而迟误了撤军的日期,[⑧]以致全军覆灭,他沉痛地谴责他的愚蠢。

---

① 第 20 页。
② 第 10—11 页。
③ 第 285 页。
④ 第 519 页。
⑤ 第 6 页。
⑥ 希罗多德,VI. 27,中译本,第 578 页。
⑦ 希罗多德,VII. 38,中译本,第 650 页。
⑧ 第 600 页。

希罗多德提到波斯军队将侵略希腊时，提洛岛上发生了一次地震，他认为是上天显示的朕兆。[1] 修昔底德却指出其虚妄，说在伯罗奔尼撒战争前夕所发生的一次地震，是希腊人从来没有见过的，如果其他类似的事情发生了，也会同样加以附会的。[2]

他不相信神谶。例如阿波罗的神谶说："住在皮拉斯基土地上的人，灾祸临头。"他解释这个神谶说："雅典遭到灾难，不是由于在此地的非法居住，而是由于战争，使人不得不在此地居住，……但是神谶中并没有提到战争。"[3]他说明神谶利用双关语，以适应后来发生的事故来欺骗人民。例如战前有一个神谶说："'和多利亚人的战争一旦发生，死亡与之俱来。'……有人说，诗句中所用的字眼是'饥馑'而不是'死亡'。在目前的情况下(即瘟疫流行，死亡很多的情况之下——笔者)，自然主张'死亡'的人占优势了；这就是人们使其回忆适合于他们的痛苦遭遇的一个例子。……如果这次战争之后，再有一次和多利亚人的战争，而那次战争的结果引起饥馑的话，那么，很可能人们会采取这诗句的另一个解释了。"[4]他进而揭露有些神谶是因为贿赂而捏造出来的。例如斯巴达人控告国王普雷斯托安那克斯和他的兄弟向特尔斐的女祭司进行贿赂，使她作出神谶，要斯巴达人召他回国。[5] 从这一事实，我们可以知道，贵族们是怎样利用神谶以达到他们的政治目的的。

---

① 希罗多德，VI. 98，中译本，第609页。
② 第125页。
③ 第135页注①。
④ 第160页。
⑤ 第411页。

修昔底德不仅否认自然现象为灾异，并且进一步企图以科学方法说明自然现象产生的原因。例如公元前 426 年地峡区域发生地震，迷信最深的伯罗奔尼撒人以为是凶兆，因而停止进攻亚狄迦；同时，优卑亚和奥彭梯亚的罗克里斯沿岸，海水暴涨，发生水灾，他不但不以之为灾异，并且能够说明“这些事情（指水灾——笔者）是由地震引起的。在地震最强烈的地方，海水就被吸引，离开海岸，然后更强烈地冲回来，因此产生水灾。如果没有地震的话，我不知道这样的事情怎样能够发生的”。①

修昔底德抱着理性主义的态度，不以超自然的力量来解释历史，这在古代历史学家中是很难得的。

修昔底德的著作不但有较强的科学性的内容，而且是用很高的艺术形式表达出来的。它的结构，可以和希罗多德的著作作一个鲜明的对比。希罗多德的《历史》以希波战争为主题，共分九卷。第一卷叙述小亚细亚、米提、波斯、巴比伦的历史；第二卷叙述埃及的历史；第三卷叙述大流士即位时朝代的变更；第四卷叙述西徐亚和利比亚的历史；第五至第九卷，才说到希波战争本身。每说到一个国家，就从它最早的时代说起，说到它被波斯征服时为止，成为许多独立的故事，不但和其他国家的历史没有内在联系，就是一国历史的前后也没有什么联系，只借波斯的征服作为骨架，把这些故事在形式上联系起来。

修昔底德的著作不是这样的。他把继续二十七年之久的伯罗奔尼撒战争当作一个整体来叙述，各部分是紧密地互相联系着。

① 第 274 页。

全书可以分为五个部分：第一卷是绪论：其中第一章是著者的序言，说明早期希腊的历史及其撰写历史的方法和目的；第二至十一章说明战争的远因和近因。第二卷至第五卷第二章记载最初十年，即阿基达马斯战争的历史，自战争的爆发至尼西阿斯和约为止。第五卷第三章至第七章记载尼西阿斯和约和西西里远征之间五年半的历史，雅典与斯巴达间虽然订立了和约和五十年同盟条约，但矛盾的根源并未消除，战争在有些地区并未停止。第六卷和第七卷记载公元前415—前413年间雅典人的西西里远征及其全军覆灭。第八卷记载战争最后阶段（狄西里亚战争和爱奥尼亚战争）最初两年间的历史。这五部分虽可各自独立，但是联合起来成为一个整个故事，各部分不是单凭时间上的线索联系起来，而是彼此间有内在的联系，所以全部著作是一个完整的艺术品。

在整个著作中也有几个插话，但是这些插话，跟希罗多德著作中的插话大不相同，它和整个著作有密切联系。第一段插话是第一卷第七、八两章，追述雅典势力的扩大；第二段插话是波桑尼阿斯和地米斯托克利的故事。波桑尼阿斯为希腊联军总司令，驻扎在拜占庭，横行霸道，丧失人心，后来被召回国。这是雅典取得海上霸权的一个关键。地米斯托克利鼓励雅典人建设海军，说他们的将来是在海上；他又劝雅典人建筑雅典和庇里犹斯的要塞，以及雅典和庇里犹斯间的长城。这是雅典和斯巴达互相猜忌的开始。不说明这些事情，无法说明两国冲突的原因。第一卷的主要内容是说明两国发生冲突的原因，所以详述这两个有重大关系的人物的始末，这些事情和本卷中其他事件是有密切关系的。第三段插话是第六卷第五章中哈摩狄阿斯和阿利斯托斋吞的故事。这个故事的目的是说明雅典人民如何仇恨僭主政治，热爱民主政治。西西里远征前，赫尔密石像被破坏，政府中有些人把它当作推翻民主政治、恢复僭主政治阴谋的证据，所以严厉追究这件事情的真相。不说明雅典人民对僭主政治仇恨之深，无法了解当时雅典政府严厉追究这件事情的原因。所以这段插话和整个叙述也是紧密联系着的。

修昔底德著作的艺术性又表现在他叙述的生动性和真实性上。他本人是一个参加实际活动的政治家和军事家。他又在许多地方作过实际调查。无论他叙述一个政治斗争的场面，或者一个战役，他都能使读者如身历其境。例如他叙述科西拉的流血斗争[①]或雅典的重装步兵及民众拆毁寡头政府在庇里犹斯所筑的要塞[②]宛如一幅浪漫主义派的图画，表现了各阶层人民在斗争中的紧张状况。又例如他叙述福密俄在科林斯湾两次打败伯罗奔尼撒的海军，[③]读者可以很清楚地看到雅典人的海军技术远远地超过伯罗奔尼撒人。又例如他描写雅典人和叙拉古人最后在大港中的决战，[④]双方作战的英勇和斗争情绪的起伏，使读者与之共呼吸。接着雅典军队从陆上撤退，最后在阿栖那鲁斯河畔遭到叙拉古人的袭击，[⑤]战败的惨局使人惊心动魄。修昔底德的叙述总是这样真实，这样生动，以致有人疑心每次战役他都是在场的。实则艺术家的创作虽然包含有自己的亲身经验在内，但他们表现的并不一

① 第 261 页。

② 第 708 页。

③ 第 187—196 页。

④ 第 616—617 页。

⑤ 第 630 页。

定事事都是他曾经亲身经历过的。

下面我们来分析一下修昔底德著作中演说词的作用。

修昔底德著作中的演说词约占全部著作四分之一的篇幅。每篇演说词不仅其本身是一篇文理并茂的艺术品,而且和整个叙述是有机联系着的。他巧妙地通过这些活动家亲口说出的言辞来说明他们行动的动机和背景。例如在战争爆发的前夕,伯里克利对雅典人说明雅典和斯巴达在人力上、财力上和军事上的对比,以及他所采取的战略。[①] 这是他的行动纲领。我们读了这篇演说词之后,对于双方军事行动的意义就有更深刻的了解。又例如密提林代表们在奥林匹亚向伯罗奔尼撒人求援的演说词,[②]告诉读者雅典人是如何对待他们的同盟国的,以及同盟国暴动的必然性。对于当时形势的概括叙述,不是个别事件所能说明的,必须借当时活动家自己的口才能说得透辟。修昔底德著作中演说辞的作用,正像希腊悲剧中合唱队的作用一样。演员在舞台上表演到情节紧张、达到高潮的时候,或要加强动作的力量或要说明动作的动机的时候,都是借合唱队的歌唱表达出来。这里修昔底德很明显地受悲剧的影响。

这些演说词,[③]有些可能是他亲自听到的,例如伯里克利的演说词;有些可能是他听得别人说的,例如第一次斯巴达同盟代表大会中科林斯人、雅典人、阿基达马斯和斯提尼拉斯的演说词;有些是他根本不可能听到的,例如赫摩克拉底在机拉会议中的演说词。

① 第111—117页。

② 第212—217页。

③ 参阅格兰狄,前书,第19—23页。

并且两军对峙，双方的司令官对自己的士兵说话的时候，他们好像是面对面辩论的一样，互相吹嘘自己的优点，攻击对方的弱点。但是这一点无损于其艺术的真实性。他自己也说："在这部历史著作中，我利用了一些现成的演说词，有些是正在战争开始之前发表的，有些是在战争时期中发表的。我亲自听到的演说词中的确实词句，我很难记得了，从各种来源告诉我的人也觉得有同样的困难；所以我的方法是这样的：一方面尽量保持接近实际上所讲的话的大意，同时使演说者说出我认为每个场合所要求他们说出的话语来。"①

修昔底德的文字简洁、紧凑、直率和生动。他用很少的文字表达意义深长、情感丰沛的内容。无论多么复杂的场面，他好像伟大的画师一样，只用不多的笔墨就把全部紧张的局面表达出来了。我在上面所举的例子，如科西拉的流血斗争、雅典军队在阿栖那鲁斯河畔遭到叙拉古人的屠杀、雅典人在庇里犹斯港拆毁寡头党人所建筑的要塞等，都可以说明这一点。

修昔底德和他同时代的乃至比他晚一些年代的文艺家和修辞学家不一样，后者只斤斤于字句的对偶或结构的平衡，以增加文字的优美；而修昔底德是从大处着眼，对复杂的事物作出鲜明的对比，给读者一个难忘的深刻印象。例如伯里克利在战争将爆发之前，把斯巴达的资源和雅典的资源作一个对比；②在阵亡将士葬礼上的演说词中，把雅典的社会生活和政治生活跟斯巴达人的作一

① 第19页。

② 第111—117页。

个对比；[①]科林斯人在第一次斯巴达同盟代表大会中的演说把斯巴达人的保守性和雅典人的进取心作一个对比。[②] 修昔底德在整个著作的叙述中，常巧妙地运用对比的方法给读者以强烈的影响。例如他叙述伯里克利在阵亡将士葬礼上歌颂雅典的光辉灿烂，接着就是雅典的瘟疫流行，死亡狼藉；他叙述雅典人对弥罗斯人的欺凌屠杀，接着就是雅典人自己在西西里所遭遇的惨局；他叙述雅典西西里远征军在庇里犹斯港起程时壮志凌云和军容空前的盛况，接着就是远征军在大港的惨败，从陆地上溃逃，死者来不及安葬、生者无法自存的悲惨下场。这些叙述显示了修昔底德很高的艺术手腕。

修昔底德以较强的科学性与艺术性叙述希腊奴隶社会正在由繁荣将走向衰落的这一段时期的历史，深刻地反映了当时社会各集团间以及阶级间的矛盾。其著作不但为以后罗马的一些史学家以及中世纪的史学家所不及，更为许多歪曲史实的资产阶级史学家所不及。但他的著作不是没有缺点的。他的缺点首先表现在主题范围的局限性。

公元前五世纪是希腊奴隶社会的全盛时代。当时以奴隶为主体的希腊劳动人民，创造了丰富的物质文化和精神文化，对后世有很大的影响——其影响远远地超过了伯罗奔尼撒战争本身。修昔底德生长在这个时代，叙述这个时代的历史，但是他把叙述的范围严格地限制在政治斗争和军事斗争方面；对于后世影响更大的文

① 第147页。

② 第53—58页。

化方面，却避而不谈。[①] 当时雅典新建筑成的帕德嫩神庙、雅典卫城正门普洛匹利亚和雅典娜女神雕像都是历史上伟大的艺术作品。但是他提到卫城中储藏的金钱，[②]而没有提到帕德嫩的名字；只因为雅典的经费开支，才提到雅典卫城正门普洛匹利亚的建筑；[③]只因为雅典娜女神雕像上的金叶可以取下来供紧急时的需要，才谈到雅典娜女神的雕像。[④] 对于这些伟大建筑和雕刻的形象没有一字说到；对于创造这些建筑和雕刻的伟大艺术家，如牟奈西克利、菲狄亚斯、玻力诺塔斯等，连名字都没有一提。他说到雅典有许多伟大建筑物时，[⑤]也没有具体地提到这些建筑物。古典时代希腊的戏剧在教育人民、提高他们的文化水平方面是起了很大的作用的。当时爱斯奇里斯虽然已往西西里去了，但是索福克利和幼里披底的悲剧以及阿里斯多芬的喜剧还不断地在雅典舞台上上演，而且这些戏剧是当时政治斗争的一部分：例如幼里披底的《特洛耶的妇女》，表面上虽然取材于荷马史诗，但实际上是描写雅典人对弥罗斯人的屠杀，其目的是反对西西里远征。又例如阿里斯多芬的《骑士》是攻击克里昂的；《阿卡奈人》是反对战争、主张和平的；《和平》是庆祝尼西阿斯和约的成立的。这些著作和当时的战争都是密切相关的；但是在修昔底德的著作中丝毫没有得到反映。

① 参阅《大英百科全书》(第 14 版)修昔底德条。

② 第 130 页。雅典的金钱是储藏在神庙中的。起初，帕德嫩仅指神庙西部的储藏室而言，至德谟斯提尼时代，才以帕德嫩为整个神庙的名称。

③ 第 131 页注①。

④ 第 131 页。

⑤ 第 8 页。

他提到公元前427年林地尼的代表团来到雅典求援。[①] 领导这个代表团的是哥尔基亚。他以后留居在雅典,宣传哲人派的哲学思想和建立了雅典艺术散文的基础,对于当时雅典学术界的影响很大,修昔底德本人也受到他的影响。但是在他的著作中,连哥尔基亚的名字也没有被提到。在雅典发生瘟疫时,苏格拉底年已四十,并且经常和亚西比得在一起,和亚西比得一同参加了第力安的战役。修昔底德也没有提过他的名字。对于希罗多德的著作,他虽然屡次提出批评,但是始终没有提到过希罗多德的名字。但有些关系不很大的事情,如关于哈摩狄阿斯和阿利斯托斋吞的故事,他不惜重复地用很大的篇幅来叙述,何以这些和当时以及后代有如此重大关系的思想家和艺术家,反而只字不提。在这一点上,希罗多德就不同:凡是他所看见和听见的事情,只要和他的叙述稍有关系,就都记载下来;虽然有些记载不尽可靠,但是作为史料的范围则远远超过了修昔底德。

他的著作的另一缺点,由于时代和阶级的局限性,他把历史事件的发展归之于帝王将相的活动。修昔底德生长在公元前五世纪后期,即希腊奴隶社会由繁荣时期即将进入衰落时期的转折点,他本人又属于富裕的奴隶主阶层。他不可能理解社会发展的规律性,不能理解人民群众在历史上所起的作用。他对于许多英雄人物,推崇备至,特别对伯里克利。他甚至说,如果伯里克利不死,或者死后他的继承人遵守他的教导,不继续向外扩张的话,雅典是不会战败的。雅典帝国的倾覆,是奴隶社会内在矛盾发展的必然结

① 第272页。

果，不是一两个伟大人物所能挽救的。

修昔底德站在奴隶主民主派的立场上，赞成民主政治，反对贵族政治。他的所谓“民主政治”，自然只是对奴隶主的民主，而绝没有奴隶的民主，并且就当时号称“最民主的雅典”的政权，也只是操纵在少数最有势力的奴隶主手中。

修昔底德从他自己的阶级利益出发，同情伯里克利派的温和民主党，反对急进民主党。修昔底德的政治态度表现得最明显的，是他对公元前 411 年温和民主派推翻四百人议事会寡头政治的看法。他说：“真的，在这个新政权的初期，雅典人似乎有了一个比以前较好的政府，最低限度在我的时代是这样的，因为这样使少数的上层阶级和多数的下层阶级有了一个合理的、适当的和解；这个和解首先使雅典在遭受着许多方面的灾难之后，再恢复起来。”[①]这个意见亚里士多德也是赞同的。[②] 当时雅典社会，正如柏拉图所说的，“穷人聚在城里，身怀白刃，有的负债累累，有的颠连无告，有的则兼有此两种不幸而充满愤恨，打算对付夺去他们财产的人——他们在打算起义。”[③]两个这样敌对的阶级，怎么能够有“一个合理的、适当的和解”呢？在这点上，修昔底德和贵族派的政治观点相接近了。

修昔底德把延续二十七年之久的伯罗奔尼撒战争当作一个整体来叙述，但是他回到雅典后不久就死去，他来不及把全书作最后的修订，所以他的著作在内容上和形式上是有缺点的。

① 第 712 页。

② 亚里士多德：《雅典政制》XXXIII，中译本，第 38—39 页。

③ 柏拉图：《共和国》卷四，四二二 e—四二三 a。

关于十年战争的叙述(第二卷至第五卷第二章)是他回到雅典后经过修改的,但是还有缺陷。例如关于哈摩狄阿斯和阿利斯托斋吞的故事,他在第一卷第一章中已经说到了;在第六卷第五章中又重复地说到这个故事。[①] 自从公元前 424 年他被放逐后,关于雅典的事情他有许多不清楚了。例如,他谈到公元前 423 年雅典派遣代表往波斯去商谈,无结果而回;[②]公元前 424—前 422 年间,雅典和波斯间的外交关系是很重要的,但是他完全没有提到。

第五卷第三章至第七章叙述尼西阿斯和约以后和西西里远征以前一段和平时期的历史,它是十年战争和西西里远征间的桥梁。他强调地指出,这段时间内名义上虽然是和平,实际上战争并未停止,所以以前的战事和以后的战事是一个连续的战争,把这一段时间不包括在战争之内是不妥的。[③] 但是他在第五卷第三章中,又写了一篇序言,[④]这很明显地表示他原先是把十年战争的历史当作一独立的著作,后来才又继续写以后的历史的。并且在这几章中所叙述的门丁尼亚战役(第六章)和弥罗斯人的辩论(第七章)几乎成了两个独立的插曲,和以前的十年战争以及后来的西西里远征相并行了。对于门丁尼亚战役,他几乎完全只用斯巴达的材料,站在斯巴达的立场,来叙述这次战役。这可能是由于流亡生活使他不能接触到雅典的材料的缘故。如果他回国后有足够的时间的

---

① 第 18 页;第 517 页。所以在本书中把第一次的叙述当作注释了(第 18 页注④)。

② 第 334 页。

③ 第 419 页。

④ 第 419 页。尼西阿斯和约订立后,一般人以为战争已经结束,所以修昔底德起初也是把十年战争的历史作一个独立的著作,并且可能是公开发表了的。

话，他一定会充分地利用雅典的材料来补充的。

第六至七卷叙述西西里远征军的悲剧，这是他全部著作中最完美的一部分。

第八卷叙述战争的最后阶段，即狄西里亚战争和爱奥尼亚战争。这段历史叙述的不完整是很明显的。他在第二篇序言中说到，他将把“这段历史一直写到斯巴达人和他们的同盟者把雅典帝国毁灭，把长城和庇里犹斯占领时为止”，①换一句话说，就是他要写到公元前404年为止。但是他的著作最后叙述到公元前411年冬季就突然中断了，显然他的著作是没有完成的。

第八卷不仅在形式上没有完成，而且对内容也没有作最后的修订。例如，在以前诸卷中，他巧妙地利用活动家的言辞说明他们自己的动机。在第八卷中，活动家发表演说的机会是很多的，特别是在雅典寡头政变一段时间内，而且寡头政变的领导人中间，有许多是著名的演说家；但是他完全没有利用直接演说的形式来表达他们的思想。据说，和修昔底德同时代的克剌替配斯说，这是由于当时雅典文风的改变。如果这个解释是真的话，为什么色诺芬在继续修昔底德的著作，写《希腊史》的时候，还是利用了演说词的形式呢？为什么修昔底德在他的第六卷、第七卷中也还是用了演说词的形式呢？② 很明显地，如果修昔底德有时间作最后的修订的话，他一定也仍然会采取演说词的形式的。

尽管有这些缺点，但是无损于修昔底德的著作是古代历史文

① 第419页。

② 格兰狄，前书第Ⅰ卷，第528—530页。

献中少有的一部杰作。他把古代希腊一段重要时期内的战争史实生动地刻画出来，传给后世，使后世的人知道在古代奴隶社会中奴隶主国家为着扩张和掠夺而进行战争，必然走向毁灭，正跟现代帝国主义和社会帝国主义国家到处扩张和掠夺，也必然将走向毁灭。

三、关于中文译本

自十六世纪以来，欧洲各国关于修昔底德著作的校译注释，版本很多。[①] 这个译本主要是根据雷克斯·华尔纳(Rex Warner)的译本(企鹅古典丛书，1956 年伦敦企鹅出版公司重印本)；同时参考克劳莱(Richard Crawley)的译本(近代丛书，1934 年纽约出版)，斯密司(Charles Forster Smith)的译本(罗依伯古典丛书，4 卷，1928 年伦敦和纽约重印本)和昭伊特(Benjamin Jowett)的译本(2 卷，1900 年牛津出版)译成的。克劳莱的译本以文字典雅有力著称，1874 年由斐坦姆(R. Feetham)修订。斯密司的译本是希腊文和英文对照的，译文最为忠实。华尔纳的译本在用字、造句、分段各方面常与其他译本不同。例如希腊人称波斯人为米提人，因为古希腊人对于波斯人和米提人是分辨不清的；华尔纳的译本则改称波斯人。希腊人称外国人为"蛮族人"，正和我国古书上称"南蛮北狄"一样，有轻视外族人的意思；华尔纳的译本都改称"外国人"。其他译本上所称为拉西德梦人的，华尔纳译本都称为斯巴达人；其他译本上所称为斯巴达人的都是有公民权的统治阶级，庇

① 参阅后面附录的修昔底德著作版本目录。

里奥西人是没有公民权的半自由人;而华尔纳译本称有公民权的斯巴达人为“军官阶级的斯巴达人”,称庇里奥西人为“非军官阶级的斯巴达人”。在这些地方,华尔纳的译本和原文不尽符合,但是颇便于普通的读者的。

我之所以采用华尔纳的译本作为主要根据的原因,不仅是因为它出版的年代比较新,译文比较现代化,而主要是因为它的分章比较明确,便于读者。斯密司和昭伊特的译本都只分为八卷,除在每页边缘上附载传统的章节号码外,卷下不再分章。昭伊特译本于正文之旁,用斜体字加了一些副标题,斯密司的译本连这样的副标题也没有。每卷的篇幅很长,包括的事件很多,阅读时和检查时都很不方便。克劳莱的译本,每卷分为数章(第一卷分为五章,其余各卷,每卷分为三章);但是每章还是很长,包括的事件还是很多。华尔纳的译本,每卷分为七至十一章,每章包括一两个重大的事件,首尾鲜明,自成段落,每一章几乎可以成为一个独立的叙述。每读完一章,读者可以得到一个完整的印象。

华尔纳的译本还有一个特色:修昔底德的文字虽以简练严密著称,但是文字中也还夹杂了一些节外生枝的解释。华尔纳大胆地把这些节外生枝的文字,和正文分开,变为脚注的形式,列在每页正文的下面。他在序文中说,如果修昔底德还活着的话,他本人也一定赞成这个办法的。我们认为这个办法是很好的,可以使原文的意义更加清楚,免得读者浪费精力去思考这些枝节的东西。

这样把原文分裂为小章,又把原文中一部分枝节说明的文字割裂为脚注,附在正文之后,这是一个大胆的尝试。可能有人提出异议,说这样做,就是破坏了修昔底德原著的形式。我的回答是这样的:修昔底德的著作分为八卷,也不是修昔底德著作的原来形式,因为马赛林那斯说过,[①]在古代曾经有一种分为十三卷的修昔底德版本流行。可见分为八卷,也原不是修昔底德自己确定的,而是编订者确定的。只要无损于修昔底德的原意,而有利于现在的读者,这样改编,为什么不可以呢?

经过这样改编之后,华尔纳译本的章节和传统的章节号码就不尽符合了。所以中译本也和华尔纳的译本一样,把传统的章节号码都删去。引用本书时,不用传统的章节号码,而以页码代替;这样,检查时更加方便了。

中译本虽然基本上是以华尔纳的译本为依据,但是有些地方的文字是参考了斯密司、昭伊特和克劳莱等人的译本翻译出来的。

中译本增加了一些附录。卷首增加了两个附录:第一个附录是"修昔底德著作版本目录",这个目录是根据斯密司译本第一卷第XXI页所附的目录译出来的。版本目录是需要的,它不仅可以供读者进一步研究的参考,并且在本书的注释中也常提到这些版本。第二个附录是"注释中所引作家及其作品的简单说明"。英译本的注释引用古今作家,都用缩写,不用全名,有时其著作的名称也省略了。这样,不仅初学者感觉困难,就是一些历史专家有时也要弄错,因为古今有许多名字相同,著作相类似的作家,容易发生紊乱。[②]

---

① 马赛林那斯,58。

② 参阅威廉兹:《史学家世界史》第1卷第V页。在此地编者举了一个好例子。普通粗心的作者只空泛地说,"根据休谟的记载",迦的斯在1596年陷落,这里所说的休谟究竟指哪个休谟呢?有两个休谟的著作都谈过这件事:一个是马丁·休谟的《西班牙人的起源、发展和影响》;另一个是大卫·休谟的《英国史》。古典作家中同名的更多,例如名叫奥尼素的,至少有十三人之多。所以简单地说明所引用的作家及其作品是必要的。

在卷末增加了四个附录:第一个附录是阿基达马斯战争(即十年战争)年表。在修昔底德的著作中,这个战争自成一个独立的单位,叙述比较详细,译者参考《剑桥古代史》第五卷第 252 页后的年表以及修昔底德本人的著作,制成此表。第二个附录是古代希腊大事年表(公元前 500—前 404 年)。修昔底德本人有意识地想继续他的前辈史学家希罗多德的伟大著作,所以修昔底德著作中许多插话和演说词都经常提到希波战争中的事迹。伯罗奔尼撒战争时期的希腊历史是希波战争时期希腊历史的继续和发展。为了明了这两次大战时期中希腊历史发展的全貌,特参考《剑桥古代史》第五卷第 486 页后的年表及修昔底德的著作,作此表。第三个附录是本书的要目索引。1934 年出版的克劳莱译本和 1956 年出版的华尔纳译本都没有索引。斯密司的译本第四卷后面附有详细的索引,颇嫌过于烦琐。本书的索引基本上是根据 1874 年出版的克劳莱译本上的索引,参考了斯密司译本上的索引作成的。当然,这个索引是很不完备的,但是对于希腊的奴隶、雇佣军、雅典的税收以及相同的人名和地名是特别注意到了的。第四个附录是译名对照表。各种译本中所用不同的译名也列入表中,以便检查。

本书中所附的地图十四幅和插图二十八幅,都是华尔纳的英译本所没有的。我相信这些地图和插图对于读者了解原著是有帮助的。

关于度量衡制度,华尔纳的译本都改为英美制,没有保留希腊度量衡的名称,本书参考斯密司译本予以恢复,并在脚注中注明折合英里和公里数目。其计算标准如下:

1 斯塔狄亚=606.9 英尺=0.115 英里,

=185 公尺=0.185 公里。

货币制度在本译本中仍用希腊名称。希腊各国货币的名称虽然相同，但是随着时代、地域的不同，形状、[①]成色、价值[②]因之而异，折成现代货币更加困难。斯密司译本的注释均以一他连特折成 972 美元。[③]《剑桥古代史》的作者估计，一他连特相当于 270 英镑，其购买力相当于 1 200 英镑，即其货币价值的 4.4 倍。[④] 如采用美元作为单位，一他连特的购买力等于 972 美元的 4.4 倍，即相当于 4 276.8 美元。但由于英美货币的不断贬值，这种折算方法当然是很不准确的。如果把它折成实物，可能较为准确些。在伯罗奔尼撒战争时期，一麦斗（medimnus＝52.3 公升，一公升相当于一市升）大麦的价格是两个德拉克玛，[⑤]那么，一他连特可买大麦 1 569 市石。[⑥] 由此可以推知当时一他连特购买力的一斑了。

拙译《伯罗奔尼撒战争史》是 1960 年 4 月初次出版的。我趁

① 厄基那银币，一面为海龟形象，一面为四方形，分为八个三角形；雅典银币，一面为枭与橄榄及雅典名字的缩写，一面为雅典娜女神头像；科林斯银币，一面为戴盔的雅典娜女神头像，一面为飞马图腾。

② 例如在厄基那，一他连特等于 36 公斤，在优卑亚等于 26 公斤。雅典初用厄基那制，梭伦改革时始采用优卑亚制。一腓尼基德拉克玛仅等于雅典德拉克玛的 5/6多一点。（《剑桥古代史》卷五，第 13 页注 1）

③ 以雅典币制为标准，因为雅典制流行最广。美元重 1.672 公分，成色百分之九十，可以直接换黄金，成为国际货币。但现在由于资本主义的经济危机，美元贬值，也不能直接兑换黄金了。

④ 《剑桥古代史》第五卷第 31 页估计伯罗奔尼撒战争最初十年的战费为 12 000 他连特，相当于 3 250 000 英镑，其购买力相当于 14 400 000 英镑。

⑤ 公元前六世纪初，梭伦改革时，一麦斗大麦的价格是 1 个德拉克玛，公元前五世纪末为 2 德拉克玛，公元前四世纪初为 3 德拉克玛。（参阅《剑桥古代史》卷五，第 25 页）

⑥ 100 德拉克玛＝1 米那，60 米那＝1 他连特。

重印的机会，把全书从新校阅了一遍，作了一些修改。在修订本书过程中，同事李长林同志、莫任南同志和侄儿益民提出了许多宝贵的意见，均此表示谢意。由于译者对于马列主义和毛泽东思想学习不够，理论水平很低，同时对外国文字和文学的素养不够，错误之处势所难免，希望读者指正。

谢德风

1977 年 8 月 22 日

修昔底德著作版本目录

(甲) 抄本

依照休德(Hude)的意见,下列修昔底德的抄本是最重要的:

A　山南本或意大利本(Cisalpinus sive Italus),现在巴黎(suppl. Gr. 255),羊皮纸,十一或十二世纪。

B　梵蒂冈本(Vaticanus),罗马梵蒂冈图书馆(126),羊皮纸,十一世纪。

C　罗棱坦本(Laurentianus),佛罗伦萨罗棱坦图书馆(69,2),羊皮纸,十一世纪。

E　巴拉丁本(Palatinus),海德尔堡图书馆(252),羊皮纸,十一世纪。

F　奥古斯丁本(Augustanus),慕尼黑图书馆(430),羊皮纸,十一世纪。

G　摩纳森本(Monacensis),慕尼黑图书馆(228),纸,十三世纪。

M　不列颠本(Britannicus),不列颠博物馆(11727),羊皮纸,11 世纪。

这些抄本中,没有哪一个抄本,在年代上或质量上都胜过其他抄本的。但是有两个系统可以辨别出来:一个系统包括 C 和 G 两个抄本,而以罗棱坦本为首;另一个系统包括 A、B、E、F 诸抄本,而以梵蒂冈本为首。不列颠本介乎两者之间。休德主张罗棱坦本为优;克雷松(Classen)依照贝克(Bekker)的意见,主张梵蒂冈本为优。关于第七卷和第八卷,梵蒂冈本特别有价值,因为它可能是出自另一个不同的抄本。

(乙) 全书版本

阿尔都斯(Aldus):第一版,威尼斯,1502 年,对开本;注释,1503 年。

斯蒂芬那斯(Stephanus):巴黎,1564 年,对开本;附注释及 1452 年伐拉

(Valla)的拉丁文译文。第二版(1588年)为修订基督教《圣经》拉丁文译本的资料。

贝克牛津,1821年,四卷,附注释及杜克尔(Duker)的拉丁文译文。又有铅印本,柏林,1832年('46,'68)。

坡波(Poppo):莱比锡,1821—1840年,十一卷(附序言、注释等)。

坡波:小版本,莱比锡,1843—1851年,四卷;1875—1885年斯塔尔(Stahl)修订本。

哥勒(Goeller):莱比锡,1826和1836年,二卷,附注释。

阿诺德(Arnold):伦敦和牛津,1830—1839年,三卷,附注释。

第多(Didot):巴黎,1840年,附哈斯(Haase)拉丁文译文。

布洛姆菲尔德(Bloomfield):伦敦,1842—1843年,二卷,附注释。

克鲁格(Krüger):柏林,1846—1847和1858—1861年,二卷,附注释。

柏麦(Boehme):莱比锡,1856年和1871—1875年,附注释;新版,魏德曼(Widmann)校订。

克雷松:柏林,1862—1876年和1875—1885年,八卷,斯条普(Steup)校订。

斯塔尔:铅印本,莱比锡,1873—1874年,二卷,原文附序言、校勘记。

梵·赫维敦(Van Herwerden):乌得勒支,1877—1882年,五卷,原文附校勘记。

琼斯(Jones):牛津,1898年,二卷,附原文。

休德:莱比锡,1898—1901年,原文附校勘记。

(丙)单卷版本

席勒多(Shilleto):第一卷、第二卷,伦敦,1872—1873年,附校勘及注释。

熊恩(Schoene):第一卷、第二卷,柏林,原文附校勘记。

克劳塞(Croiset):第一卷、第二卷,巴黎,1886年,附注释。

腊瑟福德(Rutherford):第四卷,伦敦,1889年。

美国《大学丛书》,波士顿,根据克雷松-斯条普的版本;莫理斯(Morris),第一卷,1887年;福勒(Fowler),第五卷,1888年;斯密司(Smith),第三卷,

1894 年;第六卷,1913 年;第七卷,1886 年。

兰柏敦(Lamberton):第六卷、第七卷,纽约,1886 年;第二卷、第三卷,1905 年。

荷尔登(Holden):第七卷,剑桥,1891 年。

谷德哈特(Goodhart):第八卷,伦敦,1893 年。

马强特(Marchant):第二卷,伦敦,1893 年;第六卷,1905 年;第七卷,1910 年。

斯普拉特(Spratt):第三卷,剑桥,1896 年;第四卷,1912 年;第六卷,1905 年。

福克斯(Fox):第三卷,牛津,1901 年。

塔克(Tucker):第八卷,伦敦,1908 年。

米尔斯(Mills):第二卷,牛津,1913 年。

注释中所引作家及其作品的简单说明

本书的注释，计有四种：第一种是从修昔底德原文中摘取其枝节的文句，作为注脚，列于每页之下，并以引号[“”]标识出来，表示这是修昔底德的原文。第二种是斯密司译本中的注释。这类注释最多，凡本书中未另加说明的注释均属此类。事实上他是集诸家注释之大成，他所引别家的注释也分别注明了来源。注释中有许多是关于校勘方面的；因为译者不懂希腊文，读者懂希腊文的也恐怕不多，故关于校勘方面的注释一概从略。第三种是昭伊特译本上的注释，于注后加一(昭)字，以示区别。昭伊特译本于1883年初出版时，原附有注释一卷；1900年的修订本，将该卷删去，附加的注脚，除有关校勘者外，为数很少。第四种是译者所加的注释。这类注释均于注后加“译者”，以示区别。

注释中引用了许多古代及近代作家的作品。有些作家只有一种著名的作品的，则直书其名以代表其作品，有些作品多的作家，则于作家名字后列其作品的书名或篇名。书名后附加的罗马数字及阿拉伯数字，为其卷、章和节的号码，或诗歌行数的号码。例如希罗多德，V. iv. 4，即指希罗多德的《希波战争史》第五卷，第五十五章第四节(实际上是节和句)。又例如普鲁塔克：《赛蒙传》，xii，即指普鲁塔克《希腊罗马名人传》中《赛蒙传》第十二节。又例如幼里披底：《奥勒斯特》，123，即指幼里披底的悲剧《奥勒斯特》第123行诗句。余类推。

本书的译文没有标记传统的章节号码，故在注中指本书时，只标明第几页，而没有用章节的号码。

这里所介绍的作家和作品大体上只以注中曾经引用者为限，间或也提到其在史料上的价值。

(甲)希腊作家

1. 荷马(Homer)：传说中公元前九世纪的盲诗人，他的两部史诗，《伊利亚特》(*Illiad*)和《奥德赛》(*Odyssey*),不仅是伟大的世界文学遗产,而且是研究古代希腊社会的重要资料,有中译本,傅东华译(《奥德赛》,商务印书馆《万有文库》本;《伊利亚特》,1958 年人民文学出版社)。所谓《荷马的颂歌》,如《阿波罗颂歌》(*Hymn to Apollo*)等,过去认为是荷马所作的,可能是吟诵歌手模仿荷马的作品。

2. 品达(Pindar,518—438 B. C.):底比斯的爱国诗人,其颂歌最有名。《奥林比亚颂歌》(*Olympian Odes*)是歌颂奥林匹亚赛会中胜利者的诗歌。
3. 希罗多德(Herodotus,484—428 B. C.):著《历史》(*Historiae*),或称《希波战争史》,九卷。有中译本,王嘉隽译,1959 年商务印书馆出版。
4. 索福克利(Sophocles,496—406 B. C.):希腊悲剧家,《伊勒克特拉》(*Electra*)为其作品之一。
5. 幼里披底(Euripides,480—406 B. C.):希腊悲剧家,《特洛耶的妇女》和《奥勒斯特》为其作品,见中译本《欧里庇得斯悲剧集》第二卷(罗念生、周启明译。1957 年人民文学出版社出版)。
6. 安多西德(Andocide,440—390 B. C.):雅典演说家。公元前 415 年以渎神罪被控,后来发表《神秘祭论》(*De mysteries*)以自辩。这篇演说词是研究当时雅典社会和政治的重要资料。
7. 莱西亚(Lysias,459—380 B. C.):雅典十大演说家之一,其代人起草的演说词反映当时雅典社会各方面的生活。
8. 阿里斯多芬(Aristophones,450—385 B. C.):他的作品,例如《骑士》(*Equites*)、《阿卡奈人》(*Acharnesis*)等都是反映伯罗奔尼撒战争时期雅典的社会和政治生活的。有中译本,罗念生译,1954 年人民文学出版社出版。
9. 色诺芬(Xenophon,434—355 B. C.):希腊史学家,著有《居鲁士的教育》(*Cyropaedia*)、《雅典的收入》(*Revenues of Athens*,有中译本,张伯健、陆大年译,1961 年商务印书馆出版)、《斯巴达政制》(*Resp. Lac.*)、《希腊史》(*Hellenica*)等书。他的思想是反动的。其集中有《雅典政制》一书,实际上不是他的作品,故称"伪色诺芬书"。
10. 伊索克拉底(Isocrates,436—338 B. C.):希腊演说家和修辞学家,罗依伯古典丛书中有他的著作的英译本三卷。

11. 柏拉图(Plato,427—347 B.C.):雅典反动的唯心主义哲学家,其著作有《筵话篇》(*Symposium*)、《修辞篇》(*Georgias*)等对话集。
12. 德谟斯提尼(Demosthenes,384—322 B.c.):雅典杰出的政治家和演说家。其《演说集》有英译本二卷。
13. 亚里士多德(Aristotle,384—322 B.C.):希腊著名哲学家,著有《修辞学》(*Rhetoric*)、《雅典政制》(*Athenian Constitution*)等书。《雅典政制》有中译本(日知、力野译,1957年三联书店出版),为研究雅典政治制度的重要史料。
14. 戴那卡斯(Deinarchus,361—291 B.C.):雅典十大演说家最后的一个,其演说词现存者仅三篇。
15. 埃拉托色尼(Eratosthenes of Cyrene,275—194 B.C.):希腊化时代的天文学家和地理学家,著有《地理学》(*Geographica*)三卷,详述各国地形、历史、风俗等。原书散佚,现仅有辑本。
16. 阿波罗多拉斯(Apollodorus):公元前二世纪雅典学者,著有《神话集》(*Bibliotheca*,罗依伯古典丛书中有英译本)及其他关于地理方面的书。
17. 西西里人戴奥多鲁斯(Diodorus Siculus):公元前一世纪的希腊史学家,著《历史丛书》(*Historical Library*)四十卷,现存者仅一至五,十一至二十诸卷。七至十七卷叙述自特洛耶战争至亚历山大时代的希腊史。
18. 戴奥尼素(Dionysius of Halicarnassus,约66 B.C.—10 A.D.):希腊史学家及修辞学家,著有《修昔底德论》(*De Thucydides Iud*)三篇和《古代罗马史》二十卷(现存者仅一至九卷)。
19. 科浓(Conon Mythographus,36 B.C.—17 A.D.):著有《希腊英雄故事集》(*Narrat*)。
20. 普鲁塔克(Plutarch,约46—120?):希腊传记家,著有《希腊罗马名人传》,他利用历史人物的琐碎言行,宣传其奴隶主阶级的唯心主义哲学思想,但因其反映出许多史籍上所缺少的资料,故不无参考的价值。他在另一部著作——《道德对话集》(*Moralia*)——中,利用对话的形式,宣传唯心主义道德思想,《七贤宴会篇》(*Convivium Septem Sapientium*)即其中的一篇。其集中所载《十大演说家传》(*Vitae decem Oratorum*)不是他的作品,故称为"伪普鲁塔克书"。《希腊罗马名人传》和《道德对话集》在罗依伯古典从书中均有英译本。

21. 波桑尼阿斯(Pausanias of Lydia):公元二世纪的地理学家,著有《希腊评述》(*Periegesis of Greece*)二十卷,为研究古代地理和历史的重要参考资料。罗依伯古典丛书中有英译本五卷。
22. 马赛林那斯(Marcellinus):公元五世纪人,根据古代注释,编撰《修昔底德传》,这是第一部系统的修昔底德传记,但其所记载的事实,不尽可靠。
23. 阿吉替阿斯(Agathias,536—582):拜占庭的学者,编有《警句集》(*Circle of Epigrams*),大约包括一百个警句。
24. 拜占庭人斯蒂芬那斯(Stephanus Byzantinus):公元六世纪初期拜占庭的地理学家,著有《地理辞典》(*Ethnika*),仅有断片遗传至今。
25. 戴奥真尼(Diogenes Laertius):生于公元三世纪前半叶,著《哲人传》,其中载有许多哲学家传记的材料。
26. 琉细安(Lucian of Samosata,120—180):罗马帝国时代的希腊讽刺作家,其思想接近于伊壁鸠鲁学派。著有《诸神对话》、《反对无知》(*Adversus Inductum*)等作品。

(乙)罗马作家

1. 西塞罗(Cicero,100—43 B. C.):罗马共和末年的政治家和演说家,他拥护骑士阶级的利益,反对民主运动。他的著作《布鲁图》(*Brutus, or De Claris Oratorilus*)是论雄辩术的自传性著作,公元前46年他献给布鲁图的。
2. 斯特累波(Strabo,63 B. C.—42 A. D.):罗马的地理学家,著有《地理学》十七卷,有关于地中海沿岸各地的历史和风俗的重要报道。罗依伯古典丛书中有英译本。
3. 李维(Titus Livius,59 B. C.—17 A. D.):罗马帝国初年的著名历史学家,其《罗马史》叙述罗马自建城以来至公元前九年间的历史,共一百四十二卷,十一至二十和四十六至一百四十二诸卷已失传。
4. 奥维德(Publius Ovidius Naso,43 B. C.—17 A. D.):罗马帝国初年的诗人,其最著名的著作是《变形记》(*Metamorphoses*),有中译本,杨周翰译,1958年作家书店出版。

5. 塔西佗(Cornelius Tacitus,55—120):早期罗马帝国时代杰出的史学家,其《编年史》(*Annals*)叙述自奥古斯都死时至尼禄皇帝死时的历史。
6. 奥拉斯·泽力阿斯(Aulus Gellius,123—165):罗马作家,其所著《亚狄迦之夜》(*Noctes Atticae*),二十卷(现首尾残阙),保存了许多有关古典时代的历史、文学、哲学及自然科学的资料。

(丙)近代资产阶级史学家

1. 墨勒(Karl O. Muller,1797—1840):德国古典语言学家及考古学家。著有《古代希腊文学史》(1847 年伦敦英译本)及《艺术考古手册》(*Handbuch der Archäologie der Kunst*,1878 年斯图加特出版)。
2. 柏克(August Bockh,1785—1867):德国古典学家。他利用希腊铭刻的材料,写成《雅典财政》(*Public Economy of Athens*),1824 年译成英文。他发起编纂《希腊碑铭集成》(C. I. G. ,即 *Corpus Inscriptium Graecarum*),第一卷出版于 1825 年。
3. 库齐乌斯(Ernst Curstius,1814—1896):他是墨勒和柏克的学生,著有《希腊史》三巨册,有英译本。《希腊碑铭集成》第三册是他编的。
4. 格罗特(George Grote,1794—1871):英国史学家,著《希腊史》十二卷,叙述梭伦改革至亚历山大时代的希腊历史,1846—1856 年出版。他对雅典的民主政治,估价甚高。
5. 赫伯斯特(W. Herbst):德国古典学家,著《密提林的暴动》(*Der Abfall Mytilenes*),1861 年出版。
6. 莱塔乌塞(Leithaüser):德国古典学家,著《密提林的暴动》,1874 年出版。
7. 和谟(Adolf Holms 1830—1900):德国史学家,著《古西西里史》(*Geschichte Siciliens in Atertum*),1870—1874 年,莱比锡出版。
8. 硕曼(G. F. Schoemann):德国古典学家,著《古希腊史》(*Gr. Alterthumer*)。
9. 布索尔特(Georg Busolt,1850—1920):德国史学家,著《希腊史》。
10. 赫采(Hutsch):德国古典学家,著《希腊罗马度量衡及货币的研究》(*Gr. und Prom. Metrologies*)。
11. 弗雷泽(J. G. Frazer):编有波桑尼阿斯的《希腊评述》,加注释,共六卷,

1898年出版。

12. 弗里曼(Edward Augustus Freeman,1823—1897):英国史学家,著《西西里史》(*History of Sicily*),1891—1894年出版。

13. 泽布(Sir Richard C. Jebb,1841—1905):英国古典学家,编著《亚狄迦演说家,从安替芬到爱栖阿斯》(*The Attic Orators, from Antiphon to Isaeus*),二卷,1893年,伦敦出版。

14. 格兰狄(G. B. Grundy):英国史学家,著《修昔底德和他的时代的历史》,(*Thucydides and the History of His Age*),二卷,1910年初版,1947年再版,牛津。

15. 瑟耳沃尔(Connop Thirlwall,1797—1875):他是格罗特的同学,续写《希腊史》八卷,1835—1847年出版。

16. 利克上校(Col. William Martin Leake,1777—1860):英国古典地形学家,1808—1810住在希腊,搜集古代碑铭,著《摩里亚》(*Morea*,1830)等书。摩里亚即古代的伯罗奔尼撒。

17. 克鲁斯(F. C. R. Kruse):德国史学家,著《希腊》(*Hellas*,1826)一书。(此外,校订修昔底德著作的学者,如休德、斯塔尔、熊恩、克雷松、阿诺德、斯条普等,均见修昔底德著作版本目录中,不重复。)

(丁)其他

1.《佩洛斯石刻》(*Parian Marble or Parian Chronicle*):此石刻的半块发现于佩洛斯,1627年运往伦敦,现由牛津大学保存;另有半块发现于1897年,现存佩洛斯博物馆。石刻长3½英尺,简单地记载公元前1318—264年间希腊的大事,现存者仅至公元前354年止。为校订希腊古典作品的重要资料。碑文见雅各比(F. Jacoby)编《希腊史学家残篇》(*Die Fragmente der griechichen Historiker*)。

2.《亚狄迦碑铭集成》(C. I. A.,即*Corpus Inscriptium Atticarum*):编集在亚狄迦所发现的古代铭刻而成,1825年后陆续出版,为研究希腊古史的重要资料。

3.《抄本F》(*Codex F*):见修昔底德著作版本目录抄本项下。

4.《赫尔密斯》(*Hermes*):德国研究古典语言学的杂志,1866 年创刊,德国古典学家讨论修昔底德著作的许多重要论文,都在此杂志上发表。

5.《希腊研究杂志》(*Journal of Hellenic Studies*):美国研究古代希腊语文及历史的杂志,1880 年创刊。

6.《德国考古研究所(雅典部门)通讯》(*Mitteilungen des deuschen arch Inst. Athenische Abteilung*)。

7.《希腊碑铭》(I. G. =*Inscriptiones Graecae*):柏林出版的希腊碑铭丛书。

雅典斯巴达战争史

雅典人修昔底德　著

本书著者修昔底德像

第　一　卷

第一章　这次战争的重要性。古代战争的不足道。海上势力的重要性。历史的方法和目的

在这次战争刚刚爆发的时候，我就开始写我的历史著作，相信这次战争是一个伟大的战争，比过去曾经发生过的任何战争更有叙述的价值。我的这种信念是根据下列的事实得来的：双方都竭尽全力来准备；同时，我看见希腊世界中其余的国家不是参加了这一边，就是参加了那一边；就是那些现在还没有参加战争的国家，也正在准备参加。这是希腊人的历史中最大的一次骚动，同时也影响到大部分非希腊人的世界，可以说，影响到几乎整个人类。虽然对于远古时代，甚至对于我们当代以前的历史，由于时间的遥远，我不能完全明确地知道了，但是尽我的能力所及，回忆过去，所有的证据使我得到一个结论：过去的时代，无论在战争方面，或在其他方面，都不是伟大的时代。

例如，现在所称为希腊的国家，在古时没有定居的人民，只有一系列的移民；当各部落经常受到那些比他们更为强大的侵略者的压迫时，他们总是准备放弃自己的土地。当时没有商业；无论在陆地上或海上，没有安全的交通；他们利用土地，只限于必需品的生产；他们没有剩余作为资本；土地上没有正规的耕种；因为他们没有要塞的保护，侵略者可以随时出现，把他们的土地夺去。这

样，他们相信在别处也和在这里一样，可以获得他们每日的必需品，所以他们对于离开他们的家乡也没有什么不愿意的，因此，他们不建筑任何或大或小的城市，也没有取得任何重要的资源。凡是土地最肥沃的地方，如现在的帖撒利、彼奥提亚、伯罗奔尼撒的大部分（阿卡狄亚除外）以及其他希腊最富饶的地区，人口的变动最为频繁；因为在这些肥沃的地区，个人容易获得比其邻人优越的权势，这就引起纷争，纷争使国家崩溃，因而使外族易于入侵。①

还有一点，照我看来，可以作为这个国家早期居民的弱点的良好证据：在特洛耶战争以前，我们没有关于整个希腊共同行动的记载。当然，我认为这个时候，整个国家甚至还没有叫作“希腊”。在丢开利翁的儿子希伦②以前，希腊的名称根本还没有；各地区以各种不同的部落名号来称呼，其中以“皮拉斯基人”的名号占主要地位。希伦和他的儿子们在泰俄提斯的势力增长，并且以同盟者的资格被邀请到其他国家以后，这些国家才因为和希伦家族的关系，各自称为“希伦人”。但是经过很久之后，这个名称才排弃了其他一切名称。关于这一点，在荷马的史诗中可以找得最好的证据。荷马虽然生在特洛耶战争以后很久，但是他从来没有任何地方用

① “很有趣的，让我们看看亚狄迦。因为它的土地贫瘠，没有政治纷争，它始终为同一个种族的人所居住。我说，别的地方发展的不平衡是民族迁徙的结果，对于这种说法，当然亚狄迦是一个重要的例证；希腊其他地方的人，因为战争或骚动而被驱逐的时候，其中最有势力的人逃入雅典，因为雅典是一个稳定的社会；他们变为公民，所以雅典的人口很快就比从前更多了。结果，后来亚狄迦面积太小，不能容纳这么多的公民，所以派遣移民到爱奥尼亚去了。”

② 根据希腊神话，丢开利翁是盗神火给人类的普罗米修斯的儿子，遇着洪水淹没全希腊，人类死绝，只有他和他的妻子获得保全。希伦是他的儿子，至公元前八世纪全希腊人才把他当作他们的共同祖先，而自称为希伦人。——译者

“希伦人”这个名称来代表全部军队。他只用这个名称来指阿溪里部下的泰俄提斯人；事实上，他们就是原始的希伦人。其余的人，在他的诗中，他称为“得纳安人”、“亚哥斯人”和“亚加亚人”。他甚至没有用过“外族人”这个名词；我认为在他的那个时候，希腊人还没有一个统一的名称，以和希腊人以外的世界区别开来。[①] 无论如何，这些不同的希伦人集团，在特洛耶战争以前，没有参加过集体的行动。就是对于特洛耶的远征，也只有在事先获得更多的航海知识的时候，他们才可能行动一致的。

根据传说，米诺斯[②]是第一个组织海军的人。他控制了现在希腊海的大部分；他统治着西克拉底斯群岛。在这些大部分的岛屿上，他建立了最早的殖民地；他驱逐了开利阿人之后，封他的儿子们为这些岛屿上的总督。我们很有理由料想得到，他必尽力镇压海盗，以保障他自己的税收。

这时候海上的交通比较便利些了，所以不只是希伦人，还有住在沿海一带和岛屿上的蛮族[③]都把海上掠劫作为共同的职业。海盗的领袖是强有力的人；他们作海盗的动机是为着自己的利益，同时也是为了扶助他们同族中的弱者。他们袭击那些没有城墙保护而分散在四处的村镇；他们以劫掠这些地区来谋得他们大部分的生活。在那个时候，这种职业完全不认为是可耻的，反而当作光荣的。这种态度，就是在现在的习俗中，还可以找到例证：大陆上居

---

① “照我看来，‘希伦人’这个名称似乎不仅指那些因共同语言发展的结果，一个城市一个城市地先后采用这个名称的人，并且还指那些后来把这个名称当作共同名称来称呼的人。”

② 传说中的克里特国王，其全盛时代约在公元前两千年代中叶。——译者

③ 例如腓尼基人，开利阿人，可能还有伊壁鲁斯人。

民中有些在海上行劫而致富的，他们还被认为是可以自豪的；在古诗中，我们也发现，对于由海上来的人，总是问这个问题："你们是海盗吗？"[①]被这样询问的人从不畏缩而否认曾经做过海盗的事实；询问他们的人也不会因为他们曾经做过海盗而谴责他们。

同样武装行劫的事情在大陆上也流行；就是现在希腊大部分地区还有古时的生活习惯——例如奥佐利亚的罗克里斯人，[②]埃托利亚人和阿开那尼亚人，以及大陆上这些地区附近的其他人民，他们随身携带武器的习惯就是古代劫掠风俗的遗留；因为有一个时候，住宅没有保障，彼此来往，很不安全，所以全希腊都有随身携带武器的习俗。过去随时携带武器是一件平常的事，正像现在的蛮族人一样。上面我所说的这些人民至今还是过着这种生活，这一事实足以证明过去在一切希伦人中，这是普遍的习俗。

雅典人是最早放弃这种随身携带武器的习俗而采取比较安逸和奢侈的生活的。事实上，有奢侈嗜好的富裕家族中的老辈只是近年来才不穿亚麻布的贴身衣，不把他们的头发打个椎髻吊在头后，用一个金蚱蜢扣针系着；[③]同样的风俗传到了他们在爱奥尼亚的同族中，并且在那里的老人中间继续了相当久的时期。斯巴达人是最早依照我们近代的风尚，穿着简单服装的，富裕的人也尽可能过着普通人的生活。他们也最早实行裸体运动，公开地脱掉衣

① 参阅《奥德赛》III. 73 以下，IX. 252；《阿波罗颂歌》450 以下。（昭）

② 希腊罗克里斯分为东西两部：东部是奥彭梯亚的罗克里斯；西部是奥佐利亚的罗克里斯。——译者

③ 把头发在头上打个椎髻，用一个蝉形的扣针插着，这种蓄发的方式在雅典似乎保留了很久，这是古老习俗的标志。

服;运动后,用橄榄油遍擦身体。在古代,就是在奥林匹亚赛会时,运动员常用腰带遮盖他们的腰部;在不久以前,这种习惯还是保存的。就是现在,许多蛮族人,特别是在亚细亚,当拳术比赛和摔跤比赛时,还系着这种腰带。当然,很多其他的例子可以说明早期希伦人的风俗和现在蛮族人的风俗是类似的。

在以后时期中,城市的位置不同了;因为航海事业比较普遍,有了资本储蓄,有城墙的新城市事实上是建筑在沿海一带的,有些地峡[①]被占据着,以为通商和防御邻国侵略之用。由于海盗的广泛流行,岛屿上和大陆上的古代城市是建筑在离海岸有一定距离的地方;这些城市,直到现在还留在原来的地址上。因为海盗们不但彼此掠劫,而且掠劫沿海居民,不管他们是不是以航海为职业的。

海上劫掠在岛屿上的开利阿人和腓尼基人中间也同样流行。他们事实上把这些岛屿的大部分殖民地化了。[②] 但是米诺斯组织海军后,海上交通改进了;他派遣殖民团到大部分的岛屿上,驱逐著名的海盗;结果,沿海居民现在才开始获得财富,过着比较安定的生活了。根据他们新财富的力量,他们有些为自己的城市建筑城墙。因为图利的普遍欲望,弱者安于忍受强者的统治;那些因为

① 有些半岛上建立了设防的城市,半岛以地峡与大陆相连,当时地峡上建筑城墙,以与大陆隔开而成为伊庇丹努(第 25 页)和波提狄亚(第 385 页)。

② “这一点由下面的事实可以证实:在此次战争中,雅典人在提洛岛上举行祓除祭典时,岛上的坟墓都被发掘。从殉葬武器的形式和埋葬的方式看来,墓中的人大半是开利阿人;这些武器和埋葬方式与现在的开利阿人所用的是相同的。”

按雅典在提洛岛举行祓除祭典是在此次战争的第六年,即公元前 426 年,参阅第 285 页。

获得财富而势力强大的人则控制小城市。当特洛耶远征时，希腊人沿着这些路线已经发展得相当远了。

依我看来，阿伽美浓[①]一定是当时最有权势的统治者；正因为这个缘故，他才能够召集舰队，进攻特洛耶，而不是因为那些向海伦求婚者对丁达里阿斯[②]宣了誓必须跟随他的缘故。[③] 根据伯罗奔尼撒最可靠的传说，彼罗普斯是由亚细亚来到伯罗奔尼撒的。他随身携带很多财富，定居在一个贫瘠的地区时，获得这样大的势力，以致他虽然是一个异乡人，但是整个地区因他而命名。[④] 他的子孙们更加兴旺了，攸利斯提阿斯在亚狄迦被赫丘利的后裔所杀；他在出国之前，把迈锡尼和迈锡尼的政府委托他的亲戚阿特里阿斯[⑤]，阿特里阿斯是因为克赖西巴斯[⑥]之死而被他的父亲所驱逐的。阿特里阿斯以力大著名，同时，他在迈锡尼很得人心，所以当攸利斯提阿斯没有回来的时候，他就因为迈锡尼人的请求（因为他们害怕赫丘利的后裔）而即迈锡尼王位，统治了攸利斯提阿斯所曾统治的全部领地。所以彼罗普斯的子孙开始比柏修斯[⑦]的子孙更有势力了。阿伽美浓正是继承了这个帝国，同时他有比其他统治者

① 传说中，迈锡尼的国王，希腊人进攻特洛耶时的联军总司令。——译者

② 海伦的父亲。——译者

③ 根据荷马以后的传说，所有向海伦求婚的人都宣誓要保护她所选择为丈夫的人，免受侵害。参阅伊索克拉底，X. 4；波桑尼阿斯，III. 9；阿波罗多拉斯，III. x. 9。

④ 传说中，彼罗普斯是伊利斯地方比萨的国王，他是阿特里阿斯的父亲，阿伽美浓的祖父。伯罗奔尼撒因他而得名，意为“彼罗普斯的岛屿”。——译者

⑤ “阿特里阿斯是攸利斯提阿斯的母舅。”

⑥ 克赖西巴斯是阿特里阿斯的同父异母弟，彼罗普斯和阿克西奥克的儿子。阿特里阿斯和他的弟弟泰厄斯特受了母亲喜波达迈亚的怂恿，把克赖西巴斯杀死了。

⑦ 传说中太林斯的国王，他的子孙统治太林斯。——译者

更强的海军；因此，照我看来，他之所以能够募集远征军进攻特洛耶的原因，不是由于同盟者对他的忠顺，而是由于同盟者对他的畏惧。如果我们能够相信荷马史诗上的证据的话，阿伽美浓自己指挥的船只似乎比其他任何人要多些，同时他又帮助阿卡狄亚人装备了一个舰队。[①] 在描写阿伽美浓所继承的权杖时，[②]荷马称他为：

> “许多岛屿和全亚哥斯的国王”。

他的势力根据地是在大陆上；如果他没有一个强大海军的话，除海岸附近的几个岛屿外，他不会统治着其他任何岛屿的。从这次远征，我们可以合理地推想到以前其他远征的情况了。

迈锡尼当然是一个小地方，当时的许多村镇，我们现在看来，都不是那么很大的，但是这点不足以成为一个可靠的证据来否认诗人们以及普通传说所说到这次远征军的庞大武装力量。举个例吧，假如斯巴达城将来变为荒废了，只有神庙和建筑的地基保留下来了的话，过了一些时候之后，我想后代的人很难相信这个地方曾经有过像它的名声那么大的势力。但是斯巴达人占有伯罗奔尼撒半岛五分之二的土地，它不但在整个伯罗奔尼撒半岛上，并且在半岛以外许多同盟国中占着重要的地位。因为斯巴达城不是有规则地设计的，城内没有壮丽的神庙或纪念物，而只是一些古老形式的村落的聚集，它的外表不如我们所料想到的。在另一方面，如果雅典有同样的遭遇的话，一个普通人从亲眼所看见它的外表来推测，会认为这个城市的势力两倍于它的实际情况。

① 参阅《伊利亚特》ii. 576 和 612，中译本，第 35—43 页。

② 参阅《伊利亚特》ii. 101—109，中译本，第 24 页。

公元前五世纪雅典卫城上的建筑

帕德嫩遗迹

古代斯巴达所在地

因此，我们不应单凭城市的外表来判断而不考虑它们的实力；我们没有理由不相信特洛耶远征是过去所有曾经发生过的最大一次远征。同时这次战争不是按照近代战争的规模进行的，这也是真的。我们可否完全相信荷马史诗中的人物，这是颇有问题的；因为他是一个诗人，他的人物可能是夸大了的。就是我们承认这些人物的话，但是阿伽美浓的军队似乎也比现在的军队少些。荷马记载船舶的数目是一千二百条。他说每条彼奥提亚船上的水手是一百二十人，每条法罗克提提斯船上的水手是五十人。[①] 我认为这些数字是他说明各种船舶上人数的最大量和最小量。总之，在他的船舶目录中，他没有记载水手的数目。这些人不仅是桨手，同时也是战士。关于这点，他在描写法罗克提提斯人的船舶时，说得很清楚，船上的桨手都是弓箭手。除国王和最高官吏外，船上不会有很多不是水手的人，尤其是因为他们必须携带全部军需，横过公海，而且他们的船上没有甲板，是仿照旧日海盗船的形式建造的。因此，如果我们把最大的船和最小的船一般平均数来计算作战的总人数的话，把它当作全希腊共同行动的军队来说，这个数目不是很大的。[②]

其所以这样的原因，不是由于人的缺少，而是由于钱的缺少。给养的缺乏使他们不得不减少人数，使他们能够在进行战争的国家中维持生活。就是他们在登陆获得胜利[③]之后，他们似乎也没有用全部军队作战；他们耕种刻索尼苏斯半岛的土地；并且因为给养不足的缘故，继续劫掠。正因为希腊军队的分散，特洛耶人才设法支持了十年的战争，因为他们有足够的力量来对付那些当时在战场上作战的一部分希腊军队。但是假如当阿伽美浓到达时，有充足的给养，假如他们能够利用全部军队继续不断地作战，而不分散他们的军队去劫掠和耕种土地的话，很明显的，他们会很容易地得到胜利的；因为当他们不是全军作战，而只利用他们所能够利用

① 参阅《伊利亚特》ii. 510，719，中译本，第35—43页。

② 人数是十万零二千；即一千二百条船，每条船上八十五人。

③ “很明显的，一定是打了一个胜仗，否则他们不可能在他们的阵地周围建筑要塞的。”

的那一部军队作战的时候，他们尚且能够牵制特洛耶人。因此，假如他们全部军队安定下来，同时进行围攻的话，他们会在更短的时间内，在遭遇着更少的困难中，把特洛耶攻下来的。

事实上，以前的远征，因为金钱的缺乏，都不是真正重要的。这次远征也是一样，虽然它比过去其他远征著名些，但是如果我们检查事实的证据，我们会发现，它并不是如我们所理想的，尤其不是如通过诗人的影响使我们相信的那么重要。

就是在特洛耶战争以后，希腊居民还是在迁动的状态中；在那里，经常有迁徙和再定居的事，因而没有和平发展的机会。经过很久之后，希腊军队才从特洛耶回来。这一事实的本身就引起许多变化。几乎所有的城市都有党派的斗争；那些被放逐而流亡的人建立了新的城市。特洛耶陷落后六十年，近代的彼奥提亚人[①]被帖撒利人驱逐出阿尼而定居于现在的彼奥提亚地方，这个地方过去叫作卡德密斯。再过二十年后，多利亚人和赫丘利的子孙们占领了伯罗奔尼撒半岛。

这样经过许多年代，遇着许多困难之后，希腊人才能够享受和平的定居生活，人民迁徙的时代才告终结。接着就是殖民时代。[②]雅典人殖民于爱奥尼亚和大多数的岛屿上。伯罗奔尼撒人建立大多数殖民地于意大利和西西里，也建立一些殖民地在希腊的其他地方。所有这些殖民地都是在特洛耶战争以后建立的。

古老的政体是世袭君主制，君主有确定的权力和限制；但是因

① “这个种族的一部分人在此以前即定居于彼奥提亚了，其中有些是参加了特洛耶远征的。”

② 大约公元前 12—前 6 世纪。——译者

为希腊的势力增加，获得金钱的重要性愈来愈明显，几乎所有的城市都建立了僭主政治。收入增加，造船事业兴旺，于是它们的野心开始倾向于海上势力了。

三列桨战舰及其桨手

一般人都认为科林斯人是最早采用近代方法建造航海设备的，[①]据说，希腊最早的三列桨大船是在科林斯建造的。当时科林斯有一个造船人阿密恩诺克利，他似乎替萨摩斯人建造了四条船。将近三百年以前（从伯罗奔尼撒战争结束时计算起）[②]，阿密恩诺克利到萨摩斯去。历史上所记载的第一次海军战役是科林斯人和科西拉人间的战争，这个战役大约发生在二百六十年以前。[③]

科林斯位于地峡之上，自远古以来即为重要的商业中心，虽然古代的交通是在陆地上而不靠海道进行的。住在伯罗奔尼撒半岛上的人和半岛以外的人来往必然经过科林斯的领土。所以科林斯因其财富而势力增加；这一点，古代诗人在科林斯的名字前面，常

① 这里似乎是指海港及船坞的建筑和船舶的构造（即船上安置甲板）而言。参阅第10—11页。

② 公元前704年。

③ 公元前664年。

加一个"富庶的"形容词①可以看出来。当希腊的海上运输事业更发达的时候，科林斯人有了一个舰队，镇压海盗；同时因为它能够在陆地上和海上供给通商的便利，从海陆交通上得来的收入使它富强起来了。

科林斯地峡

后来爱奥尼亚人也成为一个海上的势力，这是在波斯第一个国王居鲁士②和他的儿子冈比西③的时代。当然，在他们反抗居鲁士的时候，他们有一个时期控制了整个爱奥尼亚海。

当时萨摩斯的僭主波利克拉底④利用他的海军，增加了自己

① 参阅《伊利亚特》ii. 570，中译本，第 37 页；品达：《奥林匹亚颂歌》XII. 4。

② 公元前 559—前 529 年。

③ 公元前 529—前 522 年。

④ 公元前 532—前 522 年。

的势力。他征服了许多岛屿，累尼亚岛在内；他把这个岛屿贡献给提洛岛上的阿波罗神。[①]

当佛西亚人建立马赛时，[②]他们也在一次海上战役中打败了迦太基人。

这些是过去最大的海军，就是这些海军，虽然比特洛耶战争晚了许多世代，似乎有三列桨战舰[③]还不多；它们和过去一样，还是由一些长船和五十桨大船组织而成的。最早使用三列桨战舰较多的是西西里的僭主们和科西拉人。这正在波斯战争和继冈比西为波斯国王的大流士死亡[④]以前不久。在泽尔士远征之前，希腊没有其他重要的海军。雅典、厄基那和少数其他国家可能已经有了一种所谓海军，但是这些海军主要地是由一些五十桨大船组织而成的。在这个时期的末期，当雅典和厄基那作战以及外族将要入侵[⑤]的时候，地米斯托克利才说服他的同胞建造船舰，他们利用这些船舰在萨拉米作战。就是这些船舰也还不是完全建造了甲板的。

希腊的海军，无论在较远的时代或在较近的时期中，都是这样的；尽管如我所描述的，但这些海军还是各海上强国势力的来源。它们为国家取得收入，是帝国的基础。利用海军征服岛屿，最小的岛屿最先陷落。在领土的扩充中，没有陆地上的战争，只有边疆上的小冲突，没有派遣陆地上的远征军，离开本国去征服别的国家。

---

① 参阅第 285 页。

② 约公元前 600 年。马赛在当时叫作马萨利亚。——译者

③ 过去最大的船是五十桨大船，现在三列桨战舰上有桨手一百七十人，这是造船术上一大进步。——译者

④ 公元前 485 年。

⑤ 指泽尔士的入侵。这次厄基那战争在第 37 页中提到了。

没有小国在强国领导之下组织起来的同盟,也没有小国自己在平等的基础上组织共同行动的联盟。战争只是邻国间的地方事件而已。[①]

在它们的发展过程中,不同的国家遇着不同的困难。例如爱奥尼亚人的势力很快就兴起来了,但是波斯国王居鲁士和他统治下的波斯人消灭了克劳苏斯[②]之后,侵入哈利斯河与[爱琴]海间的土地,把大陆上爱奥尼亚人的城市并入波斯帝国之内。后来大流士利用腓尼基人的海军,也征服了一些岛屿。[③]

希腊国家由僭主们统治。僭主们总是考虑他们自己,他们个人的安全和他们自己家族的光耀。因此这些政府的主要政治原则是安全,它们没有值得提及的成就——事实上,除了它们的直接地方利益以外,它们什么事也没有做。[④] 因此,在长期中,整个希腊的国家不能联合一致,作出什么了不起的事业来,就是单独的城市也缺乏进取心。

但是最后斯巴达镇压了雅典[⑤]以及希腊其他地方的僭主政治。[⑥] 希腊其他地方的僭主政治大多数比雅典的僭主政治长久得

---

① “最近于联合行动的是古代卡尔西斯和耶利多里间的战争。在这次战争中,希腊世界其他国家,有些帮助这一边,有些帮助那一边。”

这次战争是为着争夺利兰丁平原(参阅希罗多德,V. xcix 中译本,第 558 页;斯特累波,X. i. 11.)。通常认为这次战争发生于公元前七世纪,但是库齐乌斯认为是发生于公元前八世纪(参阅《赫尔密斯》X. 第 220 页以下)。

② 公元前 546 年。

③ 公元前 493 年。

④ “西西里的僭主们是例外,他们扩张了很大的势力。”

⑤ 公元前 510 年。(昭)

⑥ “西西里的僭主政治除外。”

多。自从多利亚人定居在斯巴达的时候起，斯巴达有一个特别长久的政治混乱时期，但是斯巴达很早就有一个宪法[①]，它从来没有过僭主政治。四百多年以来，[②]他们的政府没有变更，这点不仅是它内部力量的源泉，并且使它能够干涉其他国家的事务。

希腊僭主政治终结不久，波斯人和雅典人发生了马拉松的战役。[③] 十年之后，外族敌人又带着巨大的军队想来征服希腊；[④]在这个危急的时候，斯巴达人指挥希腊的联军，因为他们的势力最为强大。雅典人在被侵略的时候，决心放弃他们的城市，拆毁他们的房屋，登上他们的船舶，全部人民成为水手。共同努力把外族的入侵击退。但是不久之后，希腊人——那些在战争中共同作战的和那些后来背叛波斯而来的——分裂为两个集团：一个集团以雅典为领袖，一个集团以斯巴达为领袖。雅典和斯巴达显然是两个最强大的国家，一个在陆地上称雄，一个在海上称霸。在一个短时期内，战时的同盟还继续存在；但不久后，争端即起，雅典和斯巴达各有同盟者，彼此间发生了战争，而其余那些自己有纠纷的希腊国家，时而参加这一边，时而参加那一边。所以自从波斯战争终结到伯罗奔尼撒战争开始，中间虽然有些和平的时期，但是就整个情况说来，这两个强国不是彼此间发生战争，就是镇压它们同盟者的暴动。因此，它们在军事准备方面都达到了高度的水平，同时在危难的艰苦训练中都获得了它们的军事经验。

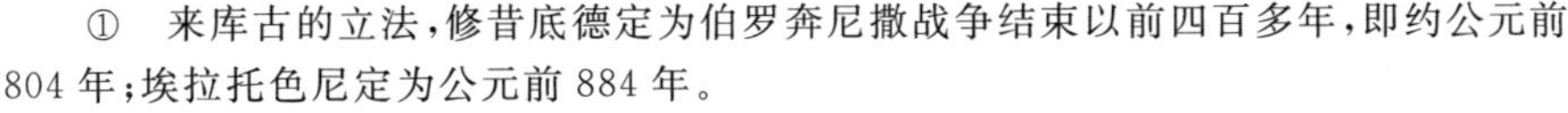

① 来库古的立法，修昔底德定为伯罗奔尼撒战争结束以前四百多年，即约公元前804年；埃拉托色尼定为公元前884年。

② “从这次战争结束时起计算。”

③ 公元前490年。

④ 公元前480年。（昭）

斯巴达人没有要求他们的同盟国缴纳贡款，但是注意使这些国家都是由那些为着斯巴达的利益而工作的贵族寡头所统治着；而雅典则逐渐夺取它的同盟国的海军（只有开俄斯[①]和列斯堡[②]是例外），要求它的同盟国缴纳贡款。因此，在这次战争中，单独雅典一国所能应用的军队比同盟全盛时期的同盟军的总数还要多些。

在研究过去的历史而得到我的结论时，我认为我们不能相信传说中的每个细节。普通人常常容易不用批判的方式去接受所有古代的故事——就是对于那些和他们本国有关的故事，他们也是这样。例如，多数雅典人以为被哈摩狄阿斯和阿利斯托斋吞所刺杀的希帕库斯[③]是当时的僭主，而不知道希比亚是庇西斯特拉图的儿子中的最长者和支配者，而希帕库斯和帖撒拉斯只是他的弟弟。[④]

其他希腊人[⑤]也同样地不但对于记忆模糊的过去，而且对于当代的历史，有许多不正确的猜想。例如，一般人相信斯巴达国王

① 参阅第 541 页，第 604 页。

② 公元前 427 年暴动后，丧失了它的独立。参阅第 243—244 页。

③ 公元前 514 年。关于这个题外的问题，可参阅希罗多德，V. iv. 中译本，第 535 页，VI. cxxiii；中译本，第 619 页，亚里士多德：《雅典政制》XVIII. 3—5，中译本，第 21—22 页。

④ “事实是这样的：正在他们准备行刺的那天，当然是在最后的俄顷间，哈摩狄阿和斯阿利斯托斋吞疑心有些同谋者已经把阴谋向希比亚告密了。他们相信希比亚预先受到警告，所以他们避开他。但是他们想在他们被捕之前，作出一番勇敢的事来。他们发现希帕库斯正在利俄科里翁组织泛雅典节游行，他们就把他杀死了。”（参阅第 461 页以下。按利俄科里翁在雅典内陶器区保护神阿波罗神庙附近。）

⑤ 这些被批评的希腊人中间，无疑地，希罗多德也是一个。关于两个表决权的事，参阅希罗多德，VI. lvii，中译本，第 590 页。

每人有两个表决权，而事实上他们每人只有一个表决权；也有人相信斯巴达人有一个名叫“彼塔那”团的军队。这样的一队兵士是根本没有的。事实上，大多数人不愿意找麻烦去寻求真理，而很容易听到一个故事就相信它了。

但是，我相信，我根据上面的证据而得到的结论是不会有很大的错误的。这比诗人的证据更好些，因为诗人常常夸大他们的主题的重要性；也比散文编年史家的证据更好些，因为他们所关心的不在于说出事情的真相而在于引起听众的兴趣，[①]他们的可靠性是经不起检查的；他们的题材，由于时间的遥远，迷失于不可信的神话境界中。如果我们考虑到我们是研究古代历史的话，我们可以要求只用最明显的证据，得到合乎情理的正确结论。至于目前这次战争，纵或普通人很容易想到他们所正在进行的战争是所有的战争中最伟大的；同时，当战争完结的时候，他们又回转来对于更古远的事迹感叹欣赏了；但是任何人，只要看到事实的本身，就会知道这次战争是所有的战争中最伟大的一次战争了。

在这部历史著作中，我利用了一些现成的演说词，有些是在战争开始之前发表的；有些是在战争时期中发表的。我亲自听到的演说词中的确实词句，我很难记得了，从各种来源告诉我的人也觉得有同样的困难；所以我的方法是这样的：一方面尽量保持实际上所讲的话的大意；同时使演说者说出我认为每个场合所要求他们

---

① 诗人和早期历史学家的著作，通常都是通过公开朗诵的方式传达到民众面前的。

说出的话语来。

关于战争事件的叙述，我确定了一个原则：不要偶然听到一个故事就写下来，甚至也不单凭我自己的一般印象作为根据；我所描述的事件，不是我亲自看见的，就是我从那些亲自看见这些事情的人那里听到后，经过我仔细考核过了的。就是这样，真理还是不容易发现的：不同的目击者对于同一个事件，有不同的说法，由于他们或者偏袒这一边，或者偏袒那一边，或者由于记忆的不完全。我这部历史著作很可能读起来不引人入胜，因为书中缺少虚构的故事。但是如果那些想要清楚地了解过去所发生的事件和将来也会发生的类似的事件（因为人性总是人性）的人，认为我的著作还有一点益处的话，那么，我就心满意足了。我的著作不是只想迎合群众一时的嗜好，而是想垂诸永远的。

过去最伟大的战争是波斯战争，但是那次战争在两次海军战役①和两次陆军战役②中就迅速地决定了胜负。而伯罗奔尼撒战争不仅继续了一个很长的时间；并且在整个过程中，给希腊带来了空前的痛苦。过去从来没有过这么多的城市被攻陷，被破坏，③有些是外族军队做的，④有些是希腊国家自己做的；⑤从来没有过这么多的流亡者；从来没有过这么多生命的丧失——有些在实际的

① 阿提密喜安之役和萨拉米之役。

② 德摩比利之役和普拉提亚之役。

③ “这些城市有些被攻陷后，即有新的居民移住。”例如索利安姆（第 143 页）、波提狄亚（第 174 页）、安那克托里安（第 333 页）、赛翁尼（第 423 页）和弥罗斯（第 473 页）。

④ 例如科罗封（第 229 页）、密卡利苏斯（第 582 页）。

⑤ 例如普拉提亚（第 259 页）、泰里亚（第 338 页）。

战斗中，有些是在国内革命中。过去有许多奇怪的古老故事，在近代的经验中没有得到证实的，现在都变为可信了。例如，广大地区受到猛烈地震的影响；日食和月食比过去从来所记载的都频繁些；在全希腊各地区有广泛的旱灾，继以饥馑；有严重的瘟疫，它所伤害的生命比任何其他单独的因素更加多些。战争爆发后，所有这一切的灾难都一齐降到希腊来了。

当雅典人和伯罗奔尼撒人破坏了攻陷优卑亚后所订立的三十年休战和约[①]时，战争就开始了。至于他们破坏和约的原因，我首先说明双方争执的理由和他们利益冲突的特殊事件，使每个人都毫无问题地知道引起这次希腊大战的原因。但是这次战争的真正原因，照我看来，常常被争执的言辞掩盖了。使战争不可避免的真正原因是雅典势力的增长和因而引起斯巴达的恐惧。双方所公开表示破坏和约而宣布战争的原因我在下面要说到的。

① 公元前 445 年。参阅第 89 页。

伊庇丹努
爱奥尼亚湾
伊利里亚
伊庇
丹里尼亚
阿波伦尼亚
赫拉克里亚
林卡斯人
马其顿
俄罗斯提亚人
巴拉维亚人
阿丁坦尼亚人
伊庇鲁斯
摩罗西人
腓尼西
多多那
帖撒利
特利卡
爱奥尼亚海
科西拉
科西拉
琉金密地角
西勃达岛
西斯普洛替斯
亚克兴
安布累喜阿
安布累喜阿湾
安斐罗基亚
阿格里
多罗比亚
伊尼安尼
琉卡斯
阿开那尼亚
斯特拉托斯
伊大卡
诺柏克都
塞法伦尼亚
普罗尼
克朗尼
赖昂姆海角
培特利
岱米
俄雷那斯
西林尼
伯罗奔尼撒
伊利斯
萨星修斯岛
萨星修斯
英里
0 5 10 20 30 40 50
斯塔狄亚
0 50 100 200 300 400

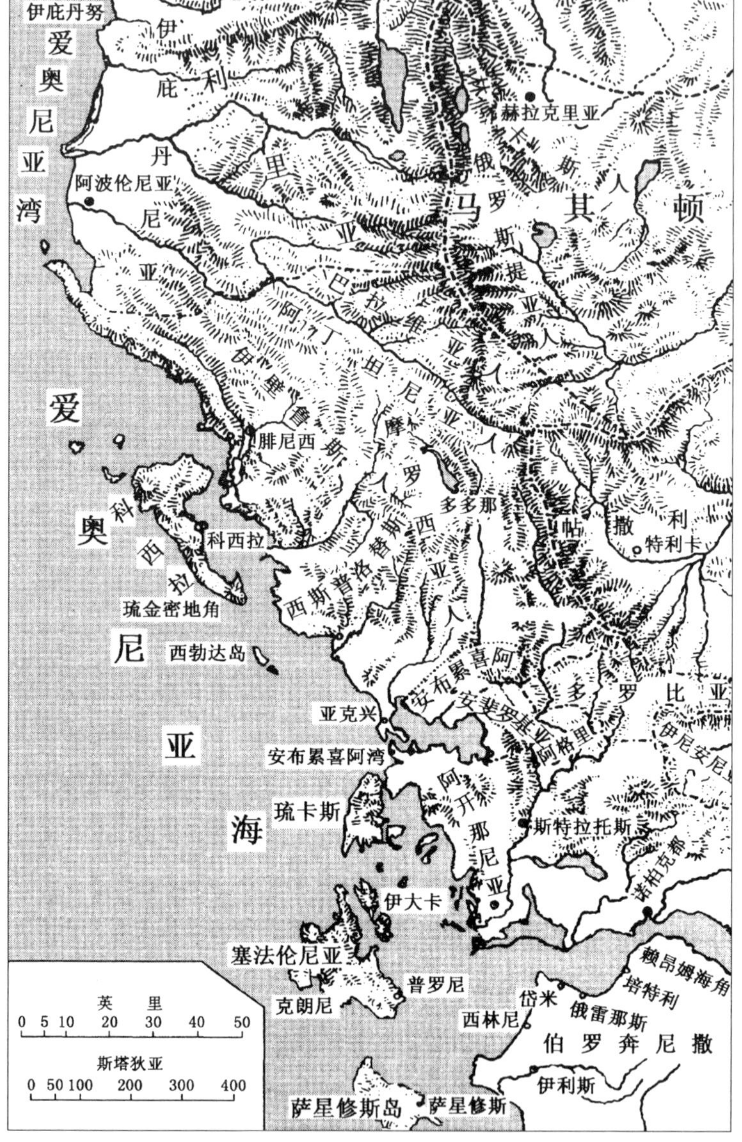

科西拉与希腊西北部

第二章　关于伊庇丹努的争端

伊庇丹努城位于爱奥尼亚湾入口的右边。它在蛮族的领土内，这个地方的居民是伊利里亚族的道兰提亚人。它是科西拉的殖民地，是赫丘利的后裔、科林斯人挨拉托克利德的儿子法利阿斯所建立的。依照旧日的风俗，城邦的建立者是由母国请来的。殖民中有些是科林斯人，也有些其他多利亚人。

经过相当长久的时间以后，伊庇丹努的势力逐渐强大起来，人口众多，但是后来发生多年的政治混乱，据说，这是因为和当地蛮族居民的战争所引起的。结果，伊庇丹努衰落，它的大部分势力丧失了。最后，正在雅典和斯巴达间的战争之前不久，[①]民主党驱逐了贵族党，于是贵族党人投奔城外的蛮族敌人，他们和蛮族敌人联合一起，从陆地上和海上向伊庇丹努作海盗式的袭击。城内的民主党人受到窘迫，派遣使团到科西拉去，请求母国救援，以免灭亡；请求它帮助他们和流亡党人订立和解协定，以结束和蛮族的战争。使者们坐在科西拉的希拉神庙中，呈递申请书，但是科西拉人民不肯接见使者们，他们交涉毫无结果就回去了。

当伊庇丹努人民知道他们不能从科西拉得到援助的时候，他们感觉恐慌，不知道怎样来应付这个局势。于是他们派人往特尔斐去问神，是不是他们应该把城市交给科林斯人；因为这个

① 公元前435年或公元前434年。（昭）

城市是科林斯人建立的，他们可能从那里得到援助。神的回答是：他们应该把城市交给科林斯人，并接受科林斯的领导。所以他们遵守神谶的指示，派人往科林斯，把殖民地交给科林斯人。他们指出：原先建立这个城市的是科林斯人；他们说出他们从特尔斐得到的神谶，请求科林斯人援助他们，使他们不至于遭到毁灭。

科林斯人同意援助他们。科林斯人觉得他们很有权利这样做，因为他们认为：他们和科西拉人一样，可以把这个殖民地当作他们自己的；同时，他们怨恨科西拉人，因为科西拉人对科林斯没有表示一个殖民地对母国应有的尊敬。科西拉人和其他殖民地不同，在公共节日赛会[①]时，没有给予科林斯人以特权和荣誉；在祭神的时候，也没有给予科林斯人以应有的便利。[②] 他们轻视他们的母邦，自称他们当时的金融势力可以和希腊最富裕的国家匹敌，而他们的军力大于科林斯。他们特别夸耀他们自己的海军优势；据说，著名的水手腓阿西亚人是在他们以前住在科西拉的，[③]有时候，他们甚至把这一点当作他们海军强大的理由。[④]

这一切都引起了科林斯人对科西拉的恶感，所以他们很乐意

---

① 希腊有四个大赛会，此地无疑地是指在科林斯举行的地峡赛会。母国的“特权”是指荣誉的地位，殖民向母国呈献的牺牲，派遣代表参加科林斯的节日典礼，等等。

② 依照希腊城市的习惯，外人不能贡献牺牲，除非通过一个公民做他的代表。祭神时，把作为牺牲用的动物的前额毛割下来，交给科林斯的代表，使他投入火中（克拉森）。

③ 参阅第 261 页，这里提到科西拉有一个腓阿西亚国王阿尔辛诺阿的神庙圣地。古人相信科西拉就是荷马史诗中的社里亚，但是这在《奥德赛》诗中是没有根据的。

④ “这种信仰使他们特别注重他们的海军。他们的海军不小。在这次战争爆发的时候，它有一个一百二十条三列桨战舰所组成的舰队。”

派遣援兵到伊庇丹努去。他们招募志愿者到那里去移居，并派遣了一支军队去，这支军队里面有安布累喜阿人、琉卡斯人和他们自己的公民在内。这支军队由陆地上进至科林斯的殖民地阿波伦尼亚，他们避免海道，因为恐怕中途被科西拉人所截断。

当科西拉人发现这些移民和军队到达伊庇丹努，以及殖民地已交给科林斯的时候，他们大为愤怒。他们得到这个消息后，马上驾着二十五条船舰驶往伊庇丹努，后面还跟着另一个舰队。他们用最威胁和最恶劣的语言要求伊庇丹努人：第一，恢复流亡党人的职位；[①]第二，遣散科林斯的驻军和移民。

这两个要求，伊庇丹努人都拒绝了，于是科西拉人利用四十条船舰的舰队向伊庇丹努人进攻。他们带着流亡者（他们允许恢复流亡者的权力）和一支伊利里亚人的军队。他们兵临城下的时候，即宣布：凡自愿离开城市的人，不管是不是公民，他们都不加伤害；凡没有利用这个机会离开的人都会被当作敌人看待。对于这个宣言，没有任何反应；于是他们开始围城，这个城市是位于一个地峡上的。

伊庇丹努的使者不久之后就带着伊庇丹努被围的消息到了科林斯，科林斯开始准备派遣援军。同时，他们招募志愿者在伊庇丹努建立一个新的殖民地。凡往那里去的都有绝对平等的权利；凡不准备马上去，但是愿意在殖民地中有一份的，可以缴纳五十科林斯德拉克马的款项，购买一份，保留他们的权利。这个建议有很大

① “以前，这些流亡者已经跑到科西拉去了，他们利用他们和科西拉人间的宗族联系（指着他们的共同祖先的坟墓），请求科西拉帮助他们回国。”

的反响，愿意马上去的人和愿意缴纳款项的人都很多。他们请各城市派遣船舰护送，以防科西拉人在中途阻难。麦加拉供给了八条船舰，塞法伦尼亚的培尔城供给四条，埃彼道鲁斯供给五条，赫迈俄尼供给一条，托洛溱供给二条，琉卡斯供给十条，安布累喜阿供给八条。他们请求底比斯人和夫利亚西亚人供给金钱，请求伊利斯人供给金钱和船身。科林斯人自己准备一个三十条船舰的舰队和三千重装步兵。

当科西拉人听到了这些准备的消息，他们派遣代表团往科林斯去，并带了一些斯巴达和西息温的代表同去，来支持他们。他们要求科林斯把它的军队和移民退出伊庇丹努，因为伊庇丹努和科林斯毫无关系。但是（他们说）如果科林斯提出反要求来的话，他们愿意接受仲裁。他们可以用协商的办法，选择伯罗奔尼撒的城市来作仲裁，仲裁者断定这个殖民地应该归哪一方面就归哪一方面。如果这样做还不可以的话，他们建议去询问特尔斐的神谶。他们劝告科林斯不要发动战争；并且说，如果它真的发动战争的话，他们纯粹为着自卫计（不是由于他们自己的过失）就不得不转向别的地方，转向他们原不愿意的地方去寻找朋友。[①]

科林斯人的答复是这样的：如果科西拉人从伊庇丹努撤退他们的舰队和蛮族军队的话，那么，商谈可能有好处；但是，当伊庇丹努还在被围的时候来谈仲裁，这是很荒谬的。

科西拉人又建议说：如果科林斯人从伊庇丹努撤退军队，则他们也撤退。或者，他们准备签订休战和约，保持原状，直到仲裁结

① 这是威胁科林斯人，说他们将和雅典人订立同盟。

果宣布时为止。

这些建议，科林斯人都拒绝了。这时候，他们的船员已经配备齐全，他们的同盟者也已经准备了。他们派遣一个传令官当着同盟者的面前宣布战争。[①] 于是他们带着七十五条船舰和二千重装步兵航往伊庇丹努去和科西拉人作战。舰队由培利卡斯的儿子阿利斯提阿斯、卡利阿斯的儿子卡利克拉底和提曼提斯的儿子提曼诺尔指挥。陆军由攸利提摩斯的儿子阿基提摩斯和伊萨库斯的儿子伊萨基达斯指挥。

他们航行到安那克托里亚的亚克兴（在安布累喜阿湾的口子上），那里有一个阿波罗的神庙。他们在那里遇着科西拉人派来的一个传令官，他乘着轻舟而来，带着指令，劝他们不要进攻。同时，科西拉人也正在配备他们的船员；他们在旧式的船上安置新的横梁，使之适于航海，并注意他们其余的船舰准备作战。这时候，他们的传令官回来了，报告他的和平建议被拒绝了。他们一共配备了八十条船舰[②]的船员。于是他们航出海上，抵抗敌人；他们排成横队，开始作战。战争的结果是科西拉取得了决定性的胜利，他们摧毁了科林斯人的十五条船舰。正在同一天中，围攻伊庇丹努的军队迫使伊庇丹努投降了。投降的条件是所有驻军中的外国军队和移民[③]都被卖为奴隶；科林斯的公民则被俘虏，他们的命运等待将来决定。

战后，科西拉人在科西拉的琉金密地角建立一个胜利纪念碑。

---

① 公元前 435 年。——译者

② 还有四十条船舰正在围攻伊庇丹努。

③ 即安布累喜阿人和琉卡斯人。参阅第 26 页。

于是他们把科林斯人以外的俘虏都杀死，科林斯人则还是被幽囚着。

这次海军战败后，科林斯人和他们的同盟者回国去了，现在科西拉在它自己的领海上有完全的控制权。科西拉的舰队袭击科林斯的殖民地琉卡斯，把它的领土完全破坏。他们又焚毁伊利斯人的海港西林尼，因为伊利斯曾以船舰和金钱供给科林斯。这次战役后的大部分时间内，科西拉人控制了海上，派遣舰队袭击科林斯的同盟国。但是最后，在夏季开始的时候，科林斯人看见他们的同盟国遭受灾祸，派出了一个舰队和一支陆军。为着保护琉卡斯和其他友好的城市起见，这些军队在亚克兴和环绕着基美利乌姆（在西斯普洛替斯）建筑要塞。科西拉人也用他们的海军和陆军防守琉金密的阵地，与之相对峙。在整个夏季中，两军就在这里相持，双方都没有进攻；直到冬季开始的时候，两国的军队才各自回到本国的根据地去了。

第三章　科林斯和科西拉的辩论

和科西拉的战争引起科林斯人的愤怒。在战后的整个两年中[①]，科林斯人建造船舰，尽一切可能的努力以增加他们海军的效率。从伯罗奔尼撒半岛本身招募桨手；并以优良的待遇招募希腊其他地区的桨手。

---

① 公元前435年，公元前434年。（昭）

这些准备的消息引起科西拉的恐慌。他们在希腊没有同盟者，因为他们既没有参加斯巴达同盟，也没有参加雅典同盟。后来他们决定转向雅典，参加雅典同盟，看他们能不能够从那方面得到支援。

当这个消息传到科林斯的时候，科林斯人也派代表到雅典，因为他们恐怕雅典和科西拉的联合海军势力阻碍他们不能按照他们自己的意志去解决对科西拉的战争。雅典召开民众会议，[①]双方代表发生辩论。科西拉的代表发言如下：

“雅典人：在目前的形势之下，最恰当的是应该首先把一些问题弄清楚。我们请求你们援助，但是我们没有权利说，因为我们过去对你们有什么重大的贡献，或者根据现有的同盟关系，你们有帮助我们的义务。我们必须说服你们，首先，你们援助我们是对于你们自己有利的，或者，至少对于你们自己是没有害的；其次，我们要说明，我们一定会感激你们的。如果在这几点上我们觉得我们的言辞不能说服你们的话，那么，对于我们的使命之失败，我们一定不觉得诧异。

“现在科西拉派遣我们到你们这里来，相信在请求加入你们的同盟的时候，在这几点上我们是能够使你们满意的。事实上我们过去的政策似乎是不合于我们目前的利益的，使我们不宜于向你们请求援助。过去我们有意地不参加一切同盟，而现在又来请求援助，当然这似乎是不恰当的；正因为这个政策的缘故，现在我们和科林斯发生了战争的时候，我们完全孤立了。过去我们常认为

① 公元前 433 年。(昭)

我们的中立是一件聪明的事，因为它可以使我们不至于因为别人的政策而被牵入危险之中；现在我们很清楚地知道，这是缺乏远见，同时也是我们软弱的原因。

“当然不错，在最近的海战中，我们单独地战败了科林斯。但是现在他们正在伯罗奔尼撒半岛和希腊其他地区招集更大的军力来向我们进攻。我们认识到，如果我们只有我们自己国家的资源的话，我们不可能自存；如果他们战胜了我们的话，我们的前途是我们所能够想象得到的。因此我们不得不向你们和其他的人请求援助。你们不要谴责我们，说我们遇着现实时，就改变了我们旧日的孤立政策。我们过去的行为不是怀有恶意的，不过现在我们认识我们是错误了。

“如果你们允许我们的请求的话，你们会发现，我们在这个时候加入同盟，在许多方面是一件好事。首先，你们不是帮助侵略者，而是帮助被侵略的人民。第二，现在我们正在极端危急之中，如果你们在此刻欢迎我们加入同盟，我们会对你们永远感激。第三，除你们之外，我们是希腊最大的海军势力。如果你们建立这样的海军势力，你们一定要花费很多金钱；如果我们站在你们一边，你们一定会很乐意的。这样看来，我们自愿参加你们的阵容，投靠在你们一边，不致引起任何危险，或任何费用，难道这对于你们还不是一件难能可贵而且将引起你们敌人嫉妒的幸运吗？在这种情况之下，你们帮助了我们，我们对你们会很感激的；对于你们的慷慨好义，全世界会钦佩的；而且你们自己也会因此比以前更加强大了。这些利益能够同时得到的例子，在历史上是很少有的；同时，在过去也少有的是：要求加入同盟的国家可以向它请求帮助的国家说，它能够提供这样多的荣誉和保证，绝不少于它将会接受的。

“一旦发生战事，很明显的，我们对于你们是有用的，但是你们中间有些人也许认为目前没有发生战争的危险。那些这样想的人是欺骗他们自己；他们没有看见事实上斯巴达害怕你们，想要发动战争；而科林斯是你们的敌人，[①]它在斯巴达是有势力的。科林斯首先向我们进攻，以便后来再向你们进攻。它不想把我们两个国家同时当作敌人，使我们两个国家联合起来反对它。它想从下面两个方法中采取一个来对付你们，以便取得初步的优势：不是消灭我们的势力，就是吞并我们的势力以符合它的利益。但是我们的政策是先发制人，这就是我们请求你们允许我们加入同盟的原因。对于这些事情，我们最好是采取主动的地位——首先采取我们自己的政策，而不要处于被动的地位来应付别人对我们的阴谋。

“如果科林斯人说你们没有权利接受他们的一个殖民地加入你们的同盟的话，那么，你们可以告诉他们：如果一个殖民地受到良好的待遇的话，它是尊重它的母邦的；只有它遭到虐待的时候，它才对母邦疏远。派到国外去的移民不是留在母国的人的奴隶，而是他们的平辈。就我们而论，很明显的，错误是在科林斯方面。我们请求他们以仲裁的方式来解决伊庇丹努事件；但是他们不以合理的方法来解决，而想用战争来实现他们的要求。[②]我们是他们的同族人，他们对待我们的态度应该使你们警惕，你们不要堕入他们的诡计中，或者听从他们那些似乎老实的要求。对敌人让步

① 这种说法，在科林斯的发言中加以否认，参阅第 36 页。

② 参阅第 27 页以下。（昭）

的人往往会后悔的；让步愈少，则愈为安全。

“如果你们允许我们加入同盟，不能说你们是破坏了你们和斯巴达所订的条约。[①] 我们是中立的，你们的条约中有明文规定，在这种情况之下，任何希腊国家是可以自由参加任何方面的同盟的。真正可恶的是科林斯能够从它自己的同盟国中以及从希腊其他地区（尤其包括你们自己的人民在内）替它的船舰找到水手；而我们则完全被封锁，没有一个完全正式的同盟国，当然也不能从任何其他地方得到援助：达到顶点，甚至如果你们允许我们的请求，他们也会谴责你们，说这种行为是非法的。事实上，如果你们不愿支持我们的话，我们将有更大得多的理由来埋怨你们：我们不是你们的敌人，而你们拒绝我们；他们是你们的敌人，同时也是侵略者，而你们不但不阻止他们，反而实际上让他们利用你们自己帝国内的资源来扩充他们的势力。难道这是正义的吗？无疑地，你们应该制止他们从你们自己的人民中招募军队，或者也给予我们以你们认为适当的帮助。最好是你们允许我们公开地加入你们的同盟，用这种方式来帮助我们。

“我们已经提到，这样的政策对于你们自己是有很大的利益的。[②] 对你们最大的利益可能是你们可以完全信赖我们，因为你们的敌人也正是我们的敌人，同时这些是强大的敌人，很有能力加害于那些叛离他们的人的。对你们说来，拒绝一个海军强国加入同盟和拒绝一个陆地强国加入同盟，完全是一回不同的事。无疑

① 参阅第 89 页。（昭）

② 第 30 页。

地，你们的目的，如果可能的话，是根本不许任何其他国家有海军；如果这一点做不到的话，其次，最好是使现在最大的海军强国站在你们一边。

“你们中间也许有人虽然承认我们所说的，这个同盟对你们是有利的，但是你们还觉得恐怕违背了你们和斯巴达所订的休战和约[①]。这样想的人应该知道：不管他们怕不怕，如果我们加入你们的同盟，你们的势力一定会加强；这样就会使你们的敌人必须慎重考虑，然后向你们进攻；[②]但是如果你们拒绝我们的话，不管你们有多么大的信心[③]，事实上你们的势力会因此而削弱，强大的敌人对待你们就不会那么尊重了。目前你们在考虑这次正将发生的战争——事实上，这是一个已经爆发了的战争。像科西拉这样的一个国家，它的友谊对于你们是多么有利；它的敌视，对于你们是多么危险；如果你们现在还犹疑不决，不知道要不要把科西拉拉到你们这一边来的话，那么，你们对于你们自己城邦的考虑是太没有远见的。除其他许多利益之外，科西拉在往意大利和西西里的沿海途中占着优越的地位，[④]因此它能够防止从那里往伯罗奔尼撒半岛去的，或者从伯罗奔尼撒半岛往那些国家去的海上援兵。

“全部事情可以简单地说出来，这几句话可以把你们不应该放弃我们的全部论据告诉你们。希腊有三个大的海军势力——雅典、科西拉和科林斯。如果科林斯控制了我们，你们让我们的海军

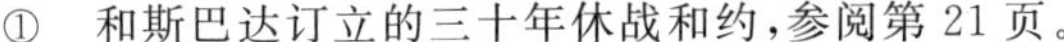

① 和斯巴达订立的三十年休战和约，参阅第 21 页。

② 意思说，他们的敌人自己会破坏休战和约的。

③ 即对休战和约的保证。

④ 古代的水手宁愿紧靠海岸航行，而不愿通过公海航行。

和它的海军联合在一起，那么，你们就不得不与科西拉和伯罗奔尼撒的联合舰队作战。但是，如果你们允许我们加入你们的同盟，那么，你们就可以得到我们的船舰和你们自己的船舰并肩作战。”

科西拉人发言之后，科林斯的代表发表下面的演说：“这些科西拉人，在他们的发言中，没有把他们的论据限于你们是不是应该允许他们加入同盟的问题上。他们说我们是侵略者，而说他们自己是非正义战争的牺牲者。因此，在谈到其他论点之前，我们必须首先说明这两点。我们的目的是想使你们对于我们向你们请求的真实情况有一个清楚的概念，并且说明你们很有理由拒绝科西拉的请求。

“科西拉人用‘聪明’、‘中庸’等字眼来描写他们不参加同盟的旧政策。事实上，他们的动机完全是恶意的，他们完全没有什么好心肠。他们不要同盟者，因为他们的行动是不正当的，他们耻于招进他人来看见他们自己的恶行。科西拉的地理形势使其居民有相当的独立性。别国的船舶不得不经常进入它的港口，而科西拉的船舶则很少往别国的港口里去。因此，科西拉人侵害他国人民的案件是由科西拉人自己来审判，不是由和别国协商而指定的裁判官来审判的。他们这种中立的政策，听起来似乎是天真的，但事实上是他们所采用的伪装，其目的不是在于防止他们参加别人的恶行，而是在于他们自己可以自由作恶：当他们有足够的力量的时候，他们就用暴力夺取别人的财产；当他们能够逃避别人的注意的时候，他们就欺骗别人；享受他人的利得，毫不以为耻。但是，如果他们真的是正直的人，如他们自己所冒充的一样的话，他们的独立性就会使他们在这种公共正义的关系中有最好的机会，可以表现他们的善良品质。

“事实上，他们的行为，无论对我们或对任何其他的人，都是不正直的。虽然他们是我们的移民，但是他们对我们从来就不忠实。现在他们和我们作战了。他们说，他们被派遣出去的目的不是来受虐待的。我们说，我们建立殖民地的目的也不是来受他们的侮辱的，而是要保持我们的领导权，并且要他们对我们表示适当的礼貌。总之，我们的其他殖民地对我们是尊敬的，当然，它们对我们有很好的感情。既然大多数殖民地对我们满意，那么，很明显的，科西拉是没有理由说只有它是不满的；并且我们的作战不是没有原因的，只是受到他们特别挑衅的结果。即算我们错了的话，正当的做法也是要他们向我们申请；如果我们不尊重这样合理的态度的话，那就是我们的耻辱。事实上，因为他们妄自尊大和倚仗自己的财富，他们在许多事情上对我们极无礼貌，尤其是关于我们的属国伊庇丹努的事件。当这个地方遭到灾难的时候，他们没有采取步骤去控制它；但是当我们去援助它的时候，他们马上就用暴力占领它，并且至今还占据这个地方。

“他们说他们首先准备把这件事情交给仲裁来解决。一个已经偷偷地占据优势的人，从安全的地位作出这个建议来的时候，这句话是毫无意义的；只有在开始敌对行动之前，和敌人站在真正的，而不是虚伪的平等地位的时候，这种建议才是可以采纳的。他们的情况是这样的：在他们开始围攻伊庇丹努之前，他们没有提仲裁这个良好的意见；只在他们认为我们不会让他们这样做的时候，才提出这句空话来。

“在伊庇丹努事件中，他们自己既然是错了，现在他们又跑到你们这里来,他们不是来请求加入同盟的,而是来请求你们共同参加他们的罪恶行为的。他们正在和我们作战的时候来请求你们欢迎他们加入同盟。他们所应当做的是在他们真正安全的时候和你们靠拢,而不应当在这个时候,不应当在他们已经侮辱了我们而遭着危险的威胁的时候。在目前的形势之下,你们将帮助那些过去从来没有要你们分享过他们的权力的人,同时你们会迫使我们认为你们将和他们一样,负担同样的责任,虽然你们没有参加他们的恶行。无疑地,如果他们希望你们现在和他们共命运的话,他们应当过去和你们共享他们的权力。

"我们认为我们已经说明了我们有理由向他们提出控诉;同时,他们的行为是狂暴的和贪得无厌的。其次,我们想要你们知道:你们接受他们作为同盟者是不恰当的。虽然和约中有一条说,没有参加原有和约的任何城邦可以自由参加任何方面,但是这一条款不能指参加同盟的目的在于伤害其他的国家;它不能指一个城邦在暴动中寻找安全;在这种情况之下,如果不冷静地考虑的话,允许它加入同盟的结果,会不是和平,而是战争。如果你们不听我们的忠言,你们所遭遇的问题正是这样的:你们会不仅是帮助他们,而且是准备和我们作战,我们对于你们是负有条约上的义务的。如果你们和他们联合在一起来进攻的话,我们为着自卫起见,不得不对抗你们和对抗他们一样。

"无疑地,你们的正当行动是保持严格的中立;不然的话,就要参加我们一边来对抗他们。至少,你们对于科林斯是有条约上的义务的;而你们和科西拉间,就是和约也从来没有过。你们不要开一个先例,使一个国家接受另一个国家的叛变人民参加它的同盟。

当萨摩斯人叛变你们的时候，[1]伯罗奔尼撒诸国对于是否帮助他们的问题，意见分歧，当时我们不是投票反对你们的；相反地，我们曾公开地反对他人，说每个国家应当有权利控制它自己的同盟国。现在如果你们欢迎并且援助那些侮辱我们的人，你们会发现你们自己的人民正也有同样多的人会跑到我们这边来，而你们将开一个对于你们的祸害更大的先例。这一切，我们根据希腊的法律和习惯，有权利向你们要求。我们还想向你们进一忠言，并且提出我们有权利要求你们的报答。我们不是你们的敌人，因为我们没有向你们进攻的企图；但是我们和你们的友谊也不是那么亲密，以致常有相互间的帮助的。因此，我们可以说，过去我们帮助过你们，现在你们报答我们的时候到了。

“正在波斯人入侵之前，当你们和厄基那作战的时候，你们缺少船舰。当时科林斯把二十条船舰给你们。这种友好行动的结果使你们能够征服厄基那；又因为我们对你们其他的帮助，我们阻止了伯罗奔尼撒诸国援助萨摩斯，结果使你们能够处罚这个岛屿。我们作这些行为都是在紧急关头的时候，在人们尽力攻击敌人，不顾一切，只图获得胜利的时候。在这样的时候，人们甚至把过去的敌人当作朋友，只要这些敌人能够帮助他们；甚至把真正的朋友当作敌人，如果这些朋友阻挠他们的话；事实上，他们专心致志只图获得胜利，而不顾他们自己最大的利益了。

“我们希望你们仔细考虑这几点。关于这些事情，我们希望你们的青年问问他们的长辈，让你们决定你们应当对待我们犹如我

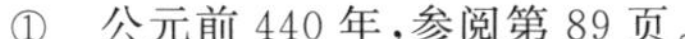

① 公元前440年，参阅第89页。

们过去对待你们一样。你们不要这样想:‘科林斯人所说的完全是对的;但是一旦发生战争,这一切都不符合我们的利益。’在考虑中最少犯错误的,通常是最好的政策。你们应当知道,虽然科西拉人想把将要发生的战争来讹诈你们去做不正义的事,但是战争不一定就会发生的。你们也许认为科林斯将来会变为你们的敌人,但是你们不要因为这种思想而误入迷途,因而现在就把我们当作公开的敌人了。一个聪明得多的政策是消除因为麦加拉的关系[①]我们对你们已有的怀疑。你们知道,给予及时的帮助能够消除旧日的嫌隙,其效果远远超过帮助本身。

“不要因为他们向你们提出一个强大的海军同盟而受他们的影响。公平地对待一个平等的国家比急于抓着一个表面上似乎有利而实际上很危险的便宜是更会得到真正的安全的。在斯巴达讨论的时候,我们定下了一个原则:每个国家应当有权利处罚它自己的同盟国;现在我们自己所处的地位正和你们在那时候所处的地位相同。我们要求你们维持这个原则。在那时候,我们的表决既然帮助了你们,你们也不应当用投票反对我们的方法来危害我们。不,你们应当对待我们犹如我们过去对待你们一样。你们应当知道:我们现在处于危难之中,援助我们,可以得到真正的友谊;反对我们,将得到真正的仇恨。不要和这些科西拉人订立同盟来反对我们。不要帮助和唆使他们进行罪恶的行为。这样,你们就做了你们所应当做的,同时也是采取了合于你们自己利益的最聪明的决议。”

① 很明显地,这是指禁止麦加拉人进入雅典统治下的海港而言(第 53 页)。

这就是科林斯使团的发言。雅典人听了双方的发言之后，在两次民众会议中讨论了。在第一次会议中，一般的意见似乎赞成科林斯人的论点；但是在第二次会议中有了变动，议决和科西拉人订立同盟。这不是双方有任何战争都参加的全面同盟；因为雅典人知道，如果科西拉要求他们联合起来进攻科林斯的话，那么就是违背了和伯罗奔尼撒所订的和约的。而这个同盟是防御性的，只有雅典、科西拉或它们的任何同盟国受到外敌攻击的时候，它才发生效力的。

一般人都相信伯罗奔尼撒战争是无论如何会发生的。雅典不希望科西拉的强大海军落在科林斯手里。同时它希望两国因互相战争而削弱；因为这样，如果战争真的爆发的话，雅典自己会比科林斯及其他海军国家[1]的势力都强大些。此外，事实上，科西拉在往意大利和西西里去的沿海道路中占着很便利的地位。[2] 因为这些缘故，雅典就和科西拉订立同盟了。

第四章　雅典干涉对科林斯的战争

科林斯的代表们回科林斯去了；不久之后，雅典就派了十条船舰去援助科西拉。这些船舰由塞蒙的儿子拉西达蒙尼阿斯、斯特罗姆毕库斯的儿子戴奥提摩斯和埃彼克里斯的儿子普罗提亚斯指

① 特别指第 24 页所说的那些国家。

② 参阅第 33 页。

挥。他们所受的命令是这样的:除在下面的情况下之外,他们应当避免和科林斯人发生战争。如果科林斯人向科西拉航行,其目的是想在科西拉本岛或科西拉领土内任何地点登陆的话,他们应当尽一切力量防止它。这些命令的目的是想避免破坏现有的条约。

这十条船舰到了科西拉,而科林斯人也完成了他们的准备工作,派了一个一百五十条船舰的舰队向科西拉航行。这些船舰中,十条是来自伊利斯,十二条来自麦加拉,十条来自琉卡斯,二十七条来自安布累喜阿,一条来自安那克托里安,九十条是科林斯自己的。每个分遣队有它自己的军官;科林斯的海军大将是攸西克里斯的儿子塞诺克莱得斯,他有四个副将。

这个舰队从琉卡斯出发,到了科西拉对岸的大陆,停泊在西斯普洛替斯境内的基美利乌姆。这里有一个海湾,并且在离海面有相当距离的地方是伊利斯地区的埃非里城。在埃非里附近,阿刻鲁西安湖的水流入海中,这个湖是因阿刻隆河而得名的。这条河通过西斯普洛替斯,流入湖中。这个地区还有一条赛阿密斯河,它是西斯普洛替斯和塞斯特林的边界。科林斯人停泊和扎营的地方正是大陆上这个地点。

科西拉人听到敌人将到的消息,马上配备一百一十条船舰的水手,由密西亚德、阿伊西马得和攸利巴都斯指挥,在西勃达群岛中一个岛上扎营。雅典的十条船舰也和他们在一起。他们的陆军驻扎在琉金密地角上,萨星修斯派了一千名重装步兵来增援。科林斯人在大陆上也得到了很多各地土人派遣来的增援,因为这些土人和科林斯人总是处于友好关系的。

科林斯人作好了一切准备之后,他们携带三天的粮食,晚间从基美利乌姆航入海中，想和敌人作战。黎明时，他们看见科西拉的船舰已在公海中，并且向他们突击。他们彼此看见了的时候，双方马上排好阵势，准备战斗。雅典的船舰在科西拉行列的右边，其余的阵地由科西拉人分三个分舰队占据，每个分舰队由一个海军大将指挥。这是科西拉人的战斗序列。在另一方面，麦加拉和安布累喜阿的船舰构成右翼，其余同盟国的分遣队在中央，而科林斯人自己带着他们最好的船舰，保持左翼，对抗雅典人和科西拉人的右翼。双方发出信号之后，他们就开始战斗了。这是一种颇为陈旧的战斗方式，因为在海军方面，他们还是落后的，双方都有一些重装步兵、弓箭手和投枪手在船上。他们虽然没有海战的技术，但是战斗还是很激烈的。真的，这与其说是海战，不如说是陆战。当船舰相碰的时候，这些船舰就很难完全逃脱，因为战斗的船舰这样多，同时它们又列成密集队形。事实上，双方都靠重装步兵来取得胜利；重装步兵站在甲板上，排成正规的队形作战，而船舰则停着不动。他们没有运用突破敌线，进行撞击的战术。① 事实上，在这种战役中，勇敢和单纯的气力比科学方法更为重要。在战斗中，到处都是混乱，四面八方都是叫喊的声音。

科西拉人受到窘迫的时候，雅典的船舰即来支援，以威胁他们的敌人。但是他们没有公开地参加战斗，因为雅典的司令官恐怕违反了雅典的命令。

科林斯阵线的右翼受到最大的损失。在这里，科西拉人领导一个二十条船舰的分遣队击溃了敌人，在混乱中把他们赶回大陆，

① 即突破敌人阵线，以便向敌舰的侧面或船尾撞击。

直追到他们的营地；科西拉人登陆后，把他们的军营放了火，把他们的财产洗劫一空。科西拉人在这里取得胜利，而科林斯人及其同盟者遭到失败。但在左翼，因为科林斯人自己在那里，情况就完全不同了。科西拉人的人数，在开始时，就比较少些，又有二十条船舰追赶敌人去了。现在雅典人看见科西拉人受到窘迫，开始更加公开地援助他们了。起初他们压制自己，不去撞击科林斯的船舰；但是最后，科西拉人毫无疑问地是战败了，而科林斯人还在继续猛攻；到了这个时候，每个雅典人都参加战斗，毫无顾忌了。在这种形势下，科林斯人和雅典人中间就不可避免地发生战斗了。

科林斯人胜利之后，他们没有把破坏了的船舰拖去，只注意船舰上的人。他们在海上巡逻，把破船上的人杀掉而不俘虏他们。这样，他们在无意之中，把他们自己一些朋友也杀掉了，因为他们不知道他们的右翼战败了。双方作战的船舰很多，作战的海面很广，所以一旦交锋，就很难辨别谁胜谁败了。当然，以船舰数目而论，这是两个希腊国家间所发生的一次最大的海战。①

科林斯人驱逐科西拉人到陆地上之后，他们开始注意到那些被击沉的船舰和他们自己的死亡者②，大多数这些死者的尸体他们都能找着，送回西勃达，③他们的土著同盟者是驻扎在那里来支援他们的。于是他们重整军队，又航行出来进攻科西拉人了。

科西拉人恐怕科林斯人在岛上登陆，于是带着他们所有的船

① 修昔底德没有把萨拉米之役计算在内，因为那个战役是希腊人反抗波斯人的战争。

② 失掉战斗力的船舰上的死者的尸体。

③ “是西斯普洛替斯的一个海港，但是没有人住在那里的。”

舰，包括雅典的十条船舰和他们自己所剩下来船舰在内，出来抵抗科林斯人。

当天已经很晚了，双方唱了战斗前的胜利歌；那个时候，科林斯的船舰忽然开始倒划。他们看见从遥远的地方又来了二十条雅典船舰。这些船舰是雅典后来派出来援助原先那十条船舰的，因为雅典人恐怕科西拉人战败而他们自己的那十条船舰不能够支援他们（后来事实证明，这是很正确的）。科林斯人所看见的正是这支援军。他们疑心这些船舰来自雅典，并且以为他们所看见的船舰后面还有更多的船舰。因此，他们开始退却。

从科西拉人准备进攻的方向看去，比较看不清楚，所以他们没有看见前面的船舰。当他们看见科林斯人退却的时候，他们觉得很诧异。最后有人看见了这些船舰，于是大声喊出，说前面有船舰。所以他们也退却了，因为当时天已将黑了，科林斯人绕过去，没有和他们接触。科西拉人回到他们在琉金密的营地；而雅典的二十条船舰在利格鲁斯的儿子格劳康和利奥哥拉斯的儿子安多西德的指挥下，通过许多破坏了的船舰和阵亡者的尸体，往他们的营地航行。这些船舰被看见之后不久，就开始向那里航行；因为现在是晚上了，科西拉人恐怕它们是敌人的船舰。但是后来它们被认识出来了，所以安然停泊。

第二天，三十条雅典的船舰和科西拉所有的船舰都开往科林斯人所停泊的地点——西勃达港，看科林斯人是否准备战争。科林斯人把船舰从海岸边开出，在公海中列成阵势。他们停在那里不动，无意发动攻势。他们看见了新从雅典开来的舰队，他们知道自己的困难：他们船舰上的俘虏需要有人防范；他们驻扎在这个荒凉的地方，没有修理船舰的便利。最使他们烦恼的，是他们怎样才能够由海上回到家乡的问题。他们担心雅典人认为他们之间的条约已因最近的战争而解除了；在他们回国的途中，雅典人可能截击他们。因此他们决定派一个使者，不带传令官的权标，[①]坐一条小船往雅典人那里去试探他们的企图。

他们派使者前往，使者对雅典人说："雅典人：你们错了，你们不遵守条约而发动战争。我们到此地来的目的是对付我们的敌人，而你们阻挠我们，拿起武器来反对我们。现在你们既然是有意阻止我们航往科西拉，或航往其他我们想要去的地方，换一句话说，你们既然破坏条约，那么，你们就可以把我们在此地的人当作你们的第一批俘虏，把我们当作你们的敌人。"

科林斯人说完之后，科西拉的军队里面听见了他们的说话的人都高声呼喊，要把他们俘虏起来，然后杀掉他们。但是雅典人回答说："我们不是发动战争，也不是破坏条约。这些科西拉人是我们的同盟者，因此我们来援助他们。如果你们往其他方向航行，我们不阻拦你们；但是如果你们航行去进攻科西拉或它的其他任何领土的话，我们将尽力阻止你们。"

科林斯人得到这个答复之后，就开始准备航行回国。他们在大陆上西勃达地方建立一个胜利纪念碑，以纪念他们的胜利。同时，科西拉人把他们遇难的船舰和阵亡者的尸体打捞起来。[②] 当

① 带传令官的权标是承认战争状态的表示，而科林斯人不愿意雅典人把他们当作敌人。

② 不请求敌人的允许而打捞死者的尸体，这表示他们保持住了他们的战场，因此，可以说他们是胜利了。

晚起了大风，所以这些尸体都被风和海流冲走，分散在四方了。于是他们在西勃达岛上建立一个胜利纪念碑，以表示他们在这次战役中的胜利。

双方都认为是胜利了，而树立胜利纪念碑的理由是这样的：直到傍晚，科林斯人在战斗中占优势；所以他们取得了大多数被击沉的船舰和他们自己死难者的尸体；他们所俘虏敌人至少有一千名和击沉敌舰约七十条。科西拉人击沉敌舰约三十条；雅典人到达之后，他们在沿海附近捞取了死难者的尸体和被击沉的船舰。战后的当天，科林斯人因为看见了雅典的舰队而倒划，在科西拉人的面前退却了；雅典人到达之后，科林斯人再没有从西勃达出来作战。因此双方都说自己是胜利的。

科林斯人在航行回国途中，占取了安布累喜阿湾口上的安那克托里安。这个地方原是科林斯人和科西拉共有之地，科林斯人利用阴谋夺取了这个地方。他们把自己的移民安插在那里，然后航行回国。在他们所俘虏的科西拉人中，他们卖了八百名原来是奴隶的；他们把其余的二百五十人仍然拘禁起来，但是对待他们很好，希望将来有一个时候，他们可以回去，使科西拉再转到科林斯这一边来。[①] 事实上，这些人大多数是在科西拉很有势力的人。

这样，科西拉在和科林斯的战争中仍然没有被征服，雅典的舰队离开了科西拉岛。但是这就是科林斯和雅典作战的第一个理由，因为雅典在休战和约还有效的时期内，已和科西拉一起向它作战了。

① 后来科林斯人实行这个计划，引起科西拉的流血党争；参阅第 261 页。

第五章　关于波提狄亚的争端

接着又发生了雅典和伯罗奔尼撒间的另一个争端。这个争端也是引起这次战争爆发的原因之一。这个争端和住在帕利尼地峡的波提狄亚人有关。他们虽然是科林斯的移民，但是他们是雅典的纳贡同盟者。① 科林斯正在寻找报复雅典的方法，而雅典也知道科林斯对它的仇恨。因此雅典向波提狄亚提出下列的要求：拆毁面向帕利尼方面的城墙，向雅典交纳人质，驱逐科林斯人派来的地方官，并且以后不许科林斯人每年再派遣这种地方官来。雅典提出这些要求，因为它恐怕波提狄亚受柏第卡斯②和科林斯人的影响，起来暴动，因而引起色雷斯地区内其他同盟城市的暴动。在科西拉海岸附近的海战以后，雅典对波提狄亚马上就采取了这些防范的政策。现在科林斯公开地仇视雅典；马其顿王柏第卡斯（亚历山大的儿子）虽然过去是雅典的朋友和同盟者，现在也是雅典的敌人了。柏第卡斯仇恨雅典，因为雅典和他的兄弟腓力以及得达斯订立同盟，他们联合起来反对柏第卡斯。他们的行动使柏第卡斯恐慌起来了，他不但派遣使者往斯巴达去，想使雅典和伯罗奔尼

① 雅典纳贡的同盟国有两类：一类是缴纳贡金的，一类是不纳金而出船的。后一类很少。——译者

② 柏第卡斯是亚历山大的儿子。在波斯战争中，亚历山大是希腊人的朋友。柏第卡斯原先只有下马其顿地方，后来他夺取了他兄弟腓力的领土上马其顿，现在是全马其顿的国王。参阅第 202 页以下。

撒间发生战争；并且和科林斯接近，以支持波提狄亚的暴动。他也交结色雷斯的卡尔西斯人和波提亚人，劝他们同时暴动。这些地方都在他本国的边界上，他认为如果他和他们结成同盟的话，有了他们的支援，他自己进行战争会更容易些。

雅典人知道他的活动，所以想在这些城市暴动之前，即先发制人。他们正在派遣一支有三十条船舰和一千名重装步兵的军队，往马其顿去，由来康米德的儿子阿撒斯特拉图和其他四个司令官指挥。他们所受的命令是去取得波提狄亚人的人质，拆毁波提狄亚的城墙，同时注意防止邻近城市的暴动。

同时，波提狄亚人派遣代表到雅典去，希望雅典人不要改变他们的现况。他们也派遣代表，和科林斯人同往斯巴达去，希望万一必要时，他们能够得到斯巴达的支援。他们在雅典长期谈判之后，没有得到满意的结果；他们虽然尽了一切的努力，但是派往马其顿的舰队已经受命出发了，这支军队也是来对付他们的。而斯巴达当局则答复他们说：如果雅典人进攻波提狄亚的话，斯巴达人就侵入亚狄迦。于是波提狄亚人认为这是一个好机会，他们就和卡尔西斯人[①]以及波提亚人订立同盟，叛离雅典。

正在这个时候，柏第卡斯说服了卡尔西斯人拆毁并放弃沿海一带的城市，迁居于奥林修斯内地，把它变为一个大城市。对于那些这样离开他们自己的家乡的人，他把自己在迈多尼亚境内博尔布湖周围的土地，在和雅典作战的时期内，供他们使用。于是卡尔西斯人毁坏他们的城市后，迁居内地，准备战争。当雅

① 即色雷斯的卡尔西斯人。

典人的三十条船舰到达色雷斯的时候，他们发现波提狄亚和其他城市已经暴动了。雅典的司令官认为在他们指挥下的军队不能对抗柏第卡斯和暴动城市的同盟；因此他们把注意力转向马其顿，因为马其顿是他们原来的目标。他们驻扎在海边，和腓力以及得达斯兄弟们联合起来作战，当时腓力和得达斯兄弟们已从内地侵入马其顿了。

因为波提狄亚已经暴动了，而雅典的三十条船舰驻在马其顿的海岸附近，科林斯人恐怕那个地方会失掉，他们把保全那个地方作为自己的责任。因此他们派遣一支军队，包括科林斯本地的志愿军和伯罗奔尼撒其他地方的雇佣军在内。这支军队共有重装步兵一千六百名，轻装步兵四百名，由阿第曼图斯的儿子阿利斯提阿断指挥，他总是波提狄亚人民的朋友。大部分科林斯志愿军之参加这次远征是由于他个人的深得民心。这支军队于波提狄亚暴动后的四十天到达了色雷斯。

这些城市暴动后，雅典人也马上得到消息了。他们也听到阿利斯提阿斯领导军队前往增援。他们派遣二千名公民重装步兵的陆军和四十条船舰的海军前往镇压这些地区的暴动。这支军队由卡利阿德的儿子卡利阿斯和其他四个司令官指挥。他们首先到马其顿；在那里，他们发现原有的一千人军队已经攻陷了德密，而现在正在围攻彼得那。于是他们参加了围攻彼得那的工作。他们围攻了相当的时候，但是最后他们和柏第卡斯达成协定，和他订立同盟。他们急于要和波提狄亚作战，同时阿利斯提阿斯已经到了那里，所以他们不得不这样做了。

他们离开马其顿后，到了培罗耶；又从培罗耶前往斯特累普萨。[①] 他们进攻斯特累普萨，但是没有攻下，就由陆地上往波提狄亚去了。他们有自己的三千名重装步兵；此外还有很多的同盟军和从腓力以及波桑尼阿斯[②]的军队里来的六百名马其顿骑兵。和他们在一起的，还有七十条船舰沿着海岸航行。他们缓步前进，于第三天到了基哥那斯，就在那里扎营了。

波提狄亚人和在阿利斯提阿斯指挥下的伯罗奔尼撒军队已经在等待雅典军队了；他们在面对着奥林修斯的地峡区域扎营，在城外建立一个供军队用的市场。同盟军推选阿利斯提阿斯为全部陆军的总司令，柏第卡斯为骑兵司令官。[③] 阿利斯提阿斯的计划是这样的：他带着他自己的军队驻扎在地峡上，在那里等着雅典人的进攻；卡尔西斯人、地峡外的其他同盟军[④]和柏第卡斯的二百名骑兵驻扎在奥林修斯；当雅典人进攻地峡的阵地时，这支军队即从他们的后方进攻，这样使敌人受两面夹攻。

但是雅典的将军卡利阿斯和他的同僚派遣他的马其顿骑兵和少数同盟军队往奥林修斯，以防止敌人从那方面来的增援。于是他们拆掉他们的营帐，向波提狄亚进军。他们到达地峡时，发现敌人已经准备作战了。他们也排成战斗行列，战斗马上开始了。阿利斯提阿斯所指挥的一翼是科林斯人和其他精兵，他们把敌军击

① 在迈多尼亚，位于德密之北。

② 马其顿人，得达斯的兄弟。——译者

③ “柏第卡斯马上又破坏了和雅典所订的同盟条约，现在帮助波提狄亚作战。他本人没有在那里，他派爱奥劳斯做他的代理司令官。”

关于他的第一次背叛雅典人，可参阅第46页。

④ 即波提亚人，他们也和卡尔西斯人一样，是住在地峡之外的。

溃，并追赶了相当的距离。但是波提狄亚人和其余的伯罗奔尼撒军队则被雅典人击败，逃入波提狄亚城中。当阿利斯提阿斯从追击中回来的时候，看见其余的军队都战败了，他很难决定，不知道要向哪一方跑才是安全的，往奥林修斯去呢，还是往波提狄亚城中去呢？最后，他决定把他的军队集中在一个最小的空间，以快步冲进波提狄亚城内。他是沿着通过海中的防波堤冲进城内的；但这是一场艰苦的战斗，因为沿途都有箭和标枪向他的部队射来；他虽然使大部分的人安全地通过了，但是他也丧失了一部分的人。

在战役开始的时候，信号旗升起了，[①]那些原来想用以增援波提狄亚人的军队驻扎在奥林修斯，奥林修斯距波提狄亚六十斯塔狄亚[②]，可以看得见波提狄亚。他们前进了一个短距离，想来助战；但是马其顿的骑兵守着阵地，阻止他们前进，雅典人很快地得到了胜利，信号旗就降下来了。因此，从奥林修斯城内出来的军队退回城中，马其顿的骑兵又和雅典人联合在一起了。所以双方都没有骑兵作战。[③]

战后，雅典人建立了一个胜利纪念碑，同时和波提狄亚人订了一个休战条约，使他们可以取回阵亡者的尸体。波提狄亚人和他们的同盟者被杀的将近三百人，雅典公民阵亡者一百五十人，[④]包括他们的将军卡利阿斯在内。

---

① 这些不是作战的信号，而是要奥林修斯的辅助军前来增援的信号；由于雅典人的迅速胜利，他们显然不能达到目的，所以这些信号旗马上降下来了。

② 约七英里。——译者

③ 雅典方面有六百名马其顿骑兵（第 49 页）；波提狄亚方面有在柏第卡斯指挥下的二百名马其顿骑兵。

④ 修昔底德没有说到雅典同盟军死者的人数。

雅典人马上建筑一条和那条横过地峡的城墙的北面相接的相对城墙，[①]并且派兵驻守。对着帕利尼的那一边，他们没有建筑要塞，[②]因为他们认为他们的力量不能够同时驻守地峡上的城墙，又横过地峡到帕利尼来建筑另一条城墙；他们恐怕他们的势力分散时，波提狄亚人和他们的同盟军将向他们进攻。

雅典国内的人听到没有建筑要塞封锁帕利尼的消息后不久，他们就派遣一支公民重装步兵一千六百名的军队，由阿索匹阿斯的儿子福密俄率领前来。福密俄到达帕利尼后，他把阿非提斯作为根据地，慢慢地向波提狄亚进军，沿途进行破坏。波提狄亚人没有从城中出来作战，所以他建筑一条城墙，使他们和帕利尼隔绝起来。因此，现在波提狄亚在两方面的陆地上都被严密地封锁起来；同时，雅典的船舰把它的海面也封锁起来。于是波提狄亚完全与外面隔绝，阿利斯提阿斯没有挽救它的希望了，除非有奇迹发生，或者伯罗奔尼撒人来援救。他劝告波提狄亚人等待顺风，然后航海逃出，只留五百名驻兵守城，使他们的粮食可以支持得长久一点。他本人也愿意留着守城。但是他的意见没有被采纳。他希望他能够在目前情况下，做到他所认为最有利的事，同时取得外面的援助；所以他从波提狄亚航行出来，偷偷地越过了雅典人的封锁线。于是他和卡尔西斯人在一起，帮助他们作战。除其他军事行动外，他在塞密尔城附近设置埋伏，杀了许多塞密尔人。他又和伯罗奔尼撒取得联系，想从那方面取得援助。

① 波提狄亚人在地峡一边的城墙，见第 49 页；在帕利尼一边的城墙，见第 46 页。

② 他们是这样包围波提狄亚的：利用封锁城墙，首先把城市的北部，后来把南部包围起来；城市的西部和东部面临大海，用船舰封锁起来。

因为波提狄亚已经完全被包围了，福密俄用他的一千六百人的军队，破坏卡尔息狄斯和波提亚地区，同时也攻陷了这些地区的一些市镇。

第六章 在斯巴达的辩论和战争的宣布

雅典人和伯罗奔尼撒人都已经有了互相控诉的理由了。科林斯诉苦，说雅典人在围攻它自己的殖民地波提狄亚，那里有科林斯人和其他伯罗奔尼撒人；而雅典也有它自己的理由向伯罗奔尼撒人控诉，说他们支持它的纳贡同盟城市的叛变，并且公开地和波提狄亚人联合起来和雅典作战。尽管这样，但是战争还没有公开地宣布，休战和约还是有效的。一切所发生的事情，到目前为止，还只是科林斯一方面私自发动的。

但是现在科林斯把问题公开提出来了。波提狄亚被围，科林斯自己有些公民在围城中。它又担心这个地方可能会陷落。所以它劝它的同盟国的代表们马上到斯巴达去。在那里，它自己的代表们猛烈地攻击雅典人，说他们破坏了休战和约，侵犯了伯罗奔尼撒人的权利。厄基那人站在它一边。他们害怕雅典人，所以没有派遣正式的代表团，但是暗中派了代表参加；对于战争的酝酿，他们起了很大的作用。他们说，他们没有得到条约中所允许他们的独立。斯巴达人也邀请他们自己的同盟国以及任何认为因雅典的侵略而受到损害的人，参加会议。于是他们举行他们的同盟代表大会常会，使代表们有发表意见的机会。许多代表在会议中提出各种控诉。尤其麦加拉的代表，提到许多其他痛苦之外，指出他们被排斥于所有雅典帝国的海港以及雅典市场本身之外，这是违背条约上所规定的。让前面发言人激动了斯巴达人之后，最后科林斯人站起来发言。他们是这样说的：

“斯巴达人：我们有意见发表，你们似乎不愿意听，这是因为你们相信你们自己的宪法和生活方式而不相信别人的。这种性格使你们在判断事物时，表现得稳健；但是你们在处理外交事务时，表现得有点无知，或许也是由于这个缘故吧！过去我们多次告诉你们，我们将受到雅典的祸害，你们每次总是不关心我们对你们所说的话，反而疑心我们的动机，认为我们所说的只是关于我们自己的痛苦。因此，你们不在我们受到损害之前，召集我们这个同盟代表大会。你们等待着，直到现在我们实际上已经受到了它的损害的时候，才来召集这个会议。在所有的这些同盟国中，可能我们是最有权利说话的，因为我们有最严重的控诉。我们一定控诉雅典的横蛮侵略，控诉斯巴达对我们的意见的忽视。

“假如关于雅典对整个希腊的侵略，还有任何怀疑或不够清楚的地方的话，那么，我们的责任就是要把事实摆在你们的面前，告诉你们一些你们所不知道的事情。事实上用不着冗长的发言。你们自己能够看见雅典已经怎样地剥夺了一些国家的自由，①还在计划剥夺其他一些国家的自由，特别是我们自己的同盟国家；因此，它自己已经长期准备，以防战争的不测；否则，它为什么要从我们手中夺去科西拉的统治权呢？为什么要围攻波提狄亚呢？波提

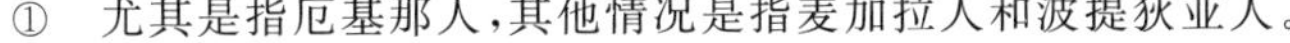

① 尤其是指厄基那人，其他情况是指麦加拉人和波提狄亚人。

狄亚是色雷斯最好的军事根据地，而科西拉可以供给伯罗奔尼撒同盟以一个很大的舰队。

“这一切都是你们应该负责的。在波斯战争以后，首先允许雅典人在他们的城市中设防，[①]后来允许他们建筑长城[②]的，都是你们。自从那时候以来，直到现在，你们不但压制了那些被雅典奴役的人民的自由，并且压制了你们自己同盟国的自由。当一个国家的自由被剥夺的时候，它谴责那个把枷锁加在它身上的国家是对的；但是它谴责那个有权力阻止它，而不使用这个权力的国家，更是对的——特别是那个享有希腊解放者的光荣名誉的国家。

“就是在这个时候安排这个大会也不是顺利的；就是在这个大会中，也没有确切的纲领。为什么我们还在考虑我们是不是受到了侵略的问题，而不考虑我们要怎样才能够抵抗的问题呢？能有真正行动的人，首先作出他们的行动规划来，然后毫不迟疑地去进行，而他们的敌人还没有打好主意。至于雅典人，我们知道他们的方法，他们怎样逐渐地侵略他们的邻人。现在他们是慢慢地进行，因此他们认为你们对于形势麻痹大意，使他们能够暗中进行而不被发觉；一旦他们知道你们看见他们所做的，而不去制止它的时候，你们就会知道，他们将以全力来进行的。

“在所有的希腊人中间，只有你们斯巴达人是很镇静地等待事变发生的；你们的防御不是靠你们的行动，而是靠使人家认为你们

① 参阅第 71 页以下。

② 参阅第 84 页。

将要行动;只有你们在早期阶段中不做一点事来防止敌人的扩充,你们等待,直到敌人的势力已经加倍地增长了。[①] 真的,你们是常以安全和稳健著名的,但是现在我们不知道这个名誉是不是名副其实。波斯人,我们自己知道的,来自遥远的地方,直到他们远达伯罗奔尼撒之后,你们才调出相当数量的军队到战场上去抵抗他们。和波斯人不同,雅典人就住在你们的邻近地区,但是你们似乎还没有注意到他们;你们不去抵抗他们,反而站着不动,等待着,直到你们受到攻击的时候,然后冒着一切危险来和这个比原先的势力强大得多了的敌人作战。

“事实上,你们知道,波斯人侵略失败的主要原因是由于波斯人自己的错误政策;你们也知道,我们多次勇敢地抵抗雅典人的侵略,这不是因为我们从你们那里得到了什么帮助,而是因为雅典人自己的错误。当然,我们已经能够想到许多的例子,说明那些依赖你们而自己不作准备的人,因为他们对你们的信任而遭到毁灭。[②]

“我们希望你们不要认为我们是对你们采取非友好的态度在这里说话。我们只是对你们进忠言,正好像一个朋友犯了错误我们向他进忠言一样,是很自然的。真正的控诉,我们要留着对付那些实际侵害我们的敌人。

“此外,我们认为我们和其他任何人一样,有权利指出我们邻人的错误,特别是我们认为你们和雅典人有很大的差异的时候。照我们看来,你们是很不知道这个差异的;你们从来没有想到过,

① 指雅典的海军因最近得到科西拉的舰队而加强了。

② 可能是暗指塔索斯人(第 79 页)和优卑亚人(第 88 页)。

将来会和你们作战的这些雅典人是怎么样的一种人——他们和你们多么不同，实际上是完全不同的啊！一个雅典人总是一个革新者，他敏于下定决心，也敏于把这个决心实现。而你们是善于保守事务的原况；你们从来没有创造过新的观念，你们的行动常常在没有达到目的的时候就突然停止了。其次，雅典人的勇敢常常超过了他们人力和物力的范围，常常违反他们的善良判断而去冒险；在危难之中，他们还能坚持自己的信念。而你们的天性总是想做得少于你们的力量所能够做到的；总是不相信自己的判断，不管这个判断是多么健全的；总是认为危险是永远没有办法可以挽救的。你们也想想这一点吧：他们果决而你们迟疑；他们总是在海外，而你们总是留在家乡；因为他们认为离开家乡愈远，则所得愈多，而你们认为任何迁动会使你们既得的东西发生危险。如果他们胜利的话，他们马上穷追到底；如果他们战败的话，他们绝不退缩。至于他们的身体，他们认为是给他们的城邦使用的，好像不是他们自己的一样；但是每个人培养他自己的智慧，其目的也是为着要给他的城邦做一点显著的事业。如果他们做一点什么事情而没有成功的话，他们认为他们所有的一切都完全被剥夺了；但是如果他们的事业成功了的话，他们就认为这种成功和他们所将要再做的事业比较起来，就算不得什么了。如果他们做一件事情没有成功的话，他们马上把他们的希望放在另一个方面，以来弥补这个损失。只有对于他们，我们可以说，他们一开始想要一件东西，他们就马上取得了那件东西，他们的行动是这样迅速地和他们的决心相伴随的。所以他们一生的时间都是继续不断地在艰苦危险的工作中度过的，很少享受他们的财产。他们把一个假期只看作是履行一种义务而已；他们宁愿艰苦而活动，不愿和平而安宁。一言以蔽之，他们是生成不能自己享受安宁的生活，也不让别人享受安宁生活的。

“这就是反对你们的那个城邦的性格。但是你们还是迟疑不决；你们不知道，最可能获得和平的方法是这样的：我们的力量是用来支持正义的，但是我们很明显地表示，我们是坚决地反对侵略的。相反地，你们认为正当的行为是避免妨碍他人，因而也免得自己受他人的妨碍，尽管这是保卫自己的利益的问题。纵或在你们自己的边界上有一个国家，和你们一样，坚持这个原则的话，这样的政策也很难成功的。但是现在，如我们所已经向你们指出来了的，你们整个生活方式，和他们比较起来，是已经过时了的。在政治上，也和在任何手艺上一样，新的方法必须排斥旧的方法。当一个城邦能够在和平和安宁中存在的话，无疑地，旧式的方法是好的；但是当一个城市经常遇着一些新的问题的时候，它必须用一个新的方式去理解这些问题。因此，有各种各样经验的雅典，和你们比较起来，是一个远为近代化的国家。

“你们的迟疑不动，已经造成了许多祸害。现在你们不要再这样了。你们应当依照你们在条约中规定的，援助你们的同盟国，特别是波提狄亚，并且马上侵入亚狄迦。不要让你们的朋友和同族人落在他们的死敌手里。不要让我们其余的人不得不在失望中去另找同盟者。如果我们这样做的话，无论那些我们当着他们宣誓的神祇也好，或者那些了解我们的处境的人也好，都没有理由来谴责我们的。破坏同盟条约是那些没有给予他们在誓言上所曾允诺的援助的人，而不是那些被抛弃在危难中，因而须另找援助的人。但是只要你们下定决心，行动起来的话，我们一定拥护你们。如果这样，我们还变心的话，这是违背天理；同时，我们也找不着另一个关系这样密切的同盟者。我们所要说的话，你们都听到了。仔细考虑你们的决议。你们从你们的祖先们那里继承了伯罗奔尼撒的领导权。请保持它的伟大。”

这是科林斯人的发言。这时正碰着有些雅典的代表们在斯巴达，他们是因为别的事情到那里去的。当他们听到了大会中的发言之后，他们决定也应当要求一个发言的机会。关于各城市对雅典的控诉，他们并不想替自己作辩护，只想作一个一般的声明，并且指出：这样重大的事情，需要进一步的考虑，不要马上作出决议来。他们也想说明他们的城邦是怎样的强大，以提醒大会中的年长者，使他们回忆他们自己所已经知道了的事实；并告诉年轻者，使他们知道一些他们所不知道的事情。他们想用这个方法来使听众不要主张战争而赞成维持现况。于是他们走近斯巴达人的面前，说，如果没有人反对的话，他们也想在大会中发言。斯巴达人允许了他们的请求。于是他们走向前面，发言如下：

“我们这个代表团不是到这里来和你们的同盟者争辩的，而是来办理我们城邦委派我们来办理的事务的。但是我们看见有人特别对我们攻击，所以我们上来说几句话。关于这些城市对我们的控诉，我们不作任何答辩，因为你们的会议不是一个法庭，没有权力听审他们的或我们的抗辩。我们的目的是希望你们对于这样重大的事情，不要因为听了你们同盟者的意见而采取错误的决议。同时，我们想考察他们所用以反对我们的一般原则，使你们知道我们所获得的是很合理的，而且我们的城邦是值得你们相当尊重的。

“我们用不着谈很久以前的事情，因为我们对于那些事情的证据只是耳闻，而不是目见。但是我们要提到波斯战争，提到你们大家都知道得很清楚的事件，纵或你们也许因为经常听到这个故事而感到厌倦了。在当时的战争中，我们为着共同的利益，冒着一切危险；你们也分享了这一切的利益；在这次战争所带来的光荣和利益中，你们不要剥夺我们所应有的一份。我们说这些事情的目的不是想来要求你们的爱顾，而是想证明你们不能仇视我们。我们想向你们说明，如果你们作出错误的决议来的话，你们将来和它进行战争的是怎样的一个城邦！

"这是我们的成就。我们在马拉松[①]抵抗波斯人到底，我们是单独对付他们的。以后他们再来进攻，我们在陆地上不能抵抗他们的时候，我们和所有的人民都登上船舰，在萨拉米交战。[②] 就是这次战役阻止了波斯人，使他们不能航海来进攻伯罗奔尼撒，使他们不能一个一个城市地破坏；因为面临着波斯海军的优势，互相防御的制度是不可能组织成功的。关于这一点，最好的证据是波斯人自己的行动。他们在海战失败以后，马上知道他们的军队失掉了战斗力，立即把他们大部分的军队撤退了。这就是那次战役的结果。这证明希腊的命运依靠它的海军。对于这个结果，我们有三个重要方面的贡献：我们提供了最多的船舰，我们供给了最有才智的将军，我们表现了最大无畏的勇敢精神。四百条船舰[③]中，将近三分之二是我们的。司令官是地米斯托克利；在海峡的战役中，

① 公元前 490 年。——译者

② 公元前 480 年。——译者

③ 根据希罗多德，是三百七十八条船舰（VIII. xiviii），中译本，第 744 页，其中二百条是雅典的（即一百八十条，再加上借给卡尔西斯人的二十条，VIII. 1，中译本，第 728 页）。雅典的代表们所说的数字可能有一点夸大。

他是主要负责的。很明显地，他是我们的救星。事实上，你们自己也因为这一点而对待地米斯托克利比对待任何其他外宾都要尊敬些。[①] 我们所表现的勇敢是无比的。陆地上没有人来援助我们；直到我们的境界上，所有的国家都被奴役了，而我们自愿放弃我们的城市，牺牲我们的财产；在那个时候，我们在共同事业中，尚且不肯遗弃我们其余的同盟者，也不分散我们的军队，使我们自己变为无用，我们登上船舰，选择了一条危险的道路；对于你们不早一点来援助，我们毫无怨言。在你们后方的城市中，还有人民居住，你们作战的目的是想保全他们；当你们派遣军队出来的时候，你们为他们而担心的多，为我们而担心的少（无论如何，一直到我们所有的一切都丧失了的时候，你们才出来）。而我们的后方是一个已经不存在了的城市，[②]但是我们还是继续前进，为着这个似乎不可能恢复了的城市，我们冒着生命的危险。因此，我们和你们联合在一起，不但挽救了我们，同时也挽救了你们。但是，如果我们也和其他的人一样，怕丧失了自己的土地，而在你们到达以前就和波斯人讲和，或者，如果后来我们以为自己遭到破坏，永久不能恢复了的，因而没有勇气登上船舰，那么，你们也没有任何据点可以和敌人在海上作战了，因为你们是没有足够的船舰的。那么，一切事情都会和波斯人所希望的一样，很顺利地进行了。

---

① 参阅希罗多德，VIII. cxxiv，中译本，第 776 页；普鲁塔克《地米斯托克利传》XVII. 3。

② 参阅阿第曼图斯的嘲笑语（参阅希罗多德 VIII. ixi. 7，中译本，第 749 页）："你们为着一个已经不存在了的国家而作战，"和地米斯托克利的著名回答（VII. ixi. 8，中译本，第 749 页）："我们一旦有了二百条装备得很好的船舰，我们马上就有一个比你们更大的城市和国家。"

“斯巴达人啊，对于我们在那个时候所表现的勇敢、毅力和能力，无疑地，希腊人是不应当把这样过分敌视的态度来报答我们的——特别是关于我们的帝国。我们不是利用暴力取得这个帝国的，它是在你们不愿意和波斯人作战到底的时候，才归我们的。那个时候，我们的同盟者都自愿跑到我们这一边来，请求我们领导。事物发展的实际过程迫使我们增加我们的实力，达到现在的程度：我们的主要目的是因为害怕波斯，虽然后来我们也考虑到我们自己的荣誉和利益。最后，我们的四周都有了敌人；我们已经镇压了一些暴动；你们对我们失去了过去的友好感情，反而起来反对我们，因而引起我们的疑心——在这个时候，如果我们放弃我们的帝国，特别是当那些叛离我们的同盟者将跑到你们那一边去了的时候，那么，很明显地我们是不会安全的。当一个人被卷入很大的危险中去了的时候，任何人也不能责备他，说他不应该只顾自己的利益。

“当然，你们斯巴达人，在你们领导伯罗奔尼撒诸国的时候，安排了各国的事务以适合于你们自己的利益。[①] 假如在我们现在所谈到年代[②]中，你们在战争中继续采取积极行动，在行使你们的领导权的过程中，也和我们一样不得民心的话，我们认为，无疑地，你们也会用强硬的态度来对待你们的同盟者的；同时，你们也会被迫着，不是强硬地统治，就会使你们自己的安全发生危险。

① 即在各国建立贵族政治，参阅第 18 页。

② 即希波战争的时候。——译者

“我们也是这样的。我们所做的没有什么特殊，没有什么违反人情的地方；只是一个帝国被献给我们的时候，我们就接受，以后就不肯放弃了。三个很重要的动机使我们不能放弃：安全、荣誉和自己的利益。我们也不是首创这个先例的，因为弱者应当屈服于强者，这是一个普遍的法则。同时，我们也认为我们有统治的资格。直到现在以前，你们也常认为我们是有资格统治的；但是现在，你们考虑了自己的利益之后，就开始用‘是非’、‘正义’等字眼来谈论了。当人们有机会利用他们的优越势力得到扩张的时候，他们绝对不因为这种考虑而放弃的。那些合乎人情地享受他们的权力，但是比他们的形势所迫使他们做的更注意正义的人才是真正值得称赞的。我们认为，如果任何其他的人处于我们的地位，那么，我们的行为是不是合乎中庸之道，无疑地，就会马上明白了。但是，正就是我们为别人着想的地方使我们受到责难而不是赞扬，这是很不合理的。例如，在因契约关系而和我们的同盟者所发生的诉讼案件[①]中，我们把自己处于不利的地位；我们把这种案件在雅典由公平的法庭审判的时候，人们只说我们过于好讼，没有人耐烦去查问，为什么那些虐待臣民远甚于我们的其他帝国反而没有受到这种责难：当然，事实上是因为它们利用武力，所以没有诉讼的必要了。在另一方面，我们常以平等的地位对待我们的同盟者；因此，在他们认为自己是对的，以及因为我们的法庭的判决或我们的帝国所授予我们的权力而受到一点不利的时候，他们就感觉失

① 公元前466年开俄斯人首先承认一切商业诉讼在雅典由雅典法官审判，其国内的刑事案件，非得雅典同意，不得处死刑。后来其他同盟国也照样。这是雅典干涉同盟国内政的行为。——译者

望了;那个时候,他们就不感激我们所已经给予了他们的一切利益:[①]当然,这种轻微的不平等的事情伤害他们的情感很深;如果我们自始即把法律抛弃在一边,公开地牺牲他们的利益以自肥的话,他们的情感反而会伤害得少些。在那种情况下,他们一定不会争辩,只说弱者应当屈服于强者了。事实上,人们对于法律的差错比对于暴力的虐待,似乎更觉得愤慨。在第一种情况下,他们认为是受到了平辈的打击;第二种情况下,他们认为是被一个优势者所强迫。当然,他们在波斯人统治之下的时候,他们忍受了更大的痛苦;但是现在他们认为我们的政府是压迫的。这也许是很自然的,因为受统治的人民总是觉得现在是最难忍受的。但是有一点,我们觉得毫无疑义的:假如你们摧毁我们,把我们的帝国夺去的话,你们就会马上失去他国因为害怕我们而对你们所表示的好感——就是,如果你们还是坚持过去在你们领导希腊人反对波斯人的短时期内所表现的那种行为的原则[②]的话。你们自己有规则的生活方式和别人的生活方式不相融洽。同时,事实上当你们中间任何人到了国外的时候,他既不依照你们自己的生活方式,也不依照其他希腊人的生活方式了。

"对于你们的决议,多花费一点时间来讨论,因为这是一个重要的决议。不要因为受别人的意见和别人的诉苦的影响而把你们自己牵入困难中,同时也想想不可预测的成分在战争中的重要性:现在在你们真正作战之前,想想这一点。战争延长得愈久,事物的变化依赖意外事故的程度愈多。这些意外的事故,你们不能够看

① 即他们在法律上平等。

② 例如第 101 页所描写关于波桑尼阿斯的行为。

得透，我们也不能够：我们只在黑暗中等待事变的结果。当人们开始作战的时候，他们所作的往往完全是颠倒的：他们首先是行动，只有在他们已经受到痛苦的时候，他们才开始思索。但是我们完全没有这种错误的态度；我们相信，你们也是这样的。所以我们奉劝你们：当我们双方都还可以自由地作出聪明的决议来的时候，你们不要破坏和约，不要背弃你们的誓言；让我们依照条约上的规定，以仲裁的方式解决我们的争端。如果你们不这样做的话，我们有那些听见你们的誓言的神祇作我们的见证。如果你们要发动战争的话，我们会在你们所愿意的全部战场上和你们会战。”

雅典人的发言如上面所述的。现在斯巴达人已经听到了他们的同盟者对雅典的控诉和雅典人的答辩。于是他们请所有的外人退席，他们自己讨论当前的形势。大多数人都倾向于一个结论——即雅典既已实行侵略，应当马上宣战。但是以聪明而温和著名的国王阿基达马斯走向前来，发言如下：

“斯巴达人：在我的一生中，我曾参加过许多战争；同时，我知道，你们中间和我年龄相同的人也参加过许多战争。他们和我都有经验，所以不会有要求战争的一般热忱，也不会认为战争是一件好事或安全的事。如果仔细考虑的话，你们会知道，你们现在所讨论的战争不会是什么小规模的。当我们和伯罗奔尼撒人或邻人[①]作战的时候，双方的军队是同一个类型的，[②]我们能够迅速地攻击

① 照修昔底德的意思，伯罗奔尼撒人是指斯巴达的同盟者，那么，邻人就是指没有参加同盟的伯罗奔尼撒国家，例如亚哥斯。

② 都是陆军而不是海军；同时，在财富、装备、没有国外资源、没有进贡的同盟国等方面也是类似的。

我们所希望攻击的地方。和雅典作战就不同了。这里和我们作战的人住得很远，他们有最广泛的海上经验，在所有其他一切方面都有很好的装备，无论个人或国家都是很富裕的，有船舰、骑兵和重装步兵，人口比希腊任何其他地方为多，同时也还有许多纳贡的同盟者。那么，我们怎么能够不负责地向这样一个部族发动战争呢？如果我们毫无准备地冒失投入战争中，我们所能凭借的是什么呢？是我们的海军吗？我们的海军不如他们的；如果我们适当地注意，建造海军达到他们的力量，那么，需要时间。或者我们可以依赖我们的财富吗？在这方面，我们的条件更差：我们没有公款，从私人来源求得捐款也不是一件容易的事。[①] 可能我们有信心的理由是重装步兵和实际人数的优势，这些是使我们能够侵入并破坏他们国土的资本。但是雅典在亚狄迦以外控制了许多土地，能够从海上输入它所需要的东西。如果我们想使它的同盟国背叛它，我们必须有一个舰队去支持它们，因为它们大多数是在岛上的。那么，我们所将进行的战争是怎样的一种战争呢？如果我们既不能在海上打败他们，又不能剥夺他们的海军所依赖的资源，那么，战争对我们的祸害多而对我们的利益少。到那时候，我们甚至想求得一个光荣的和约尚不可得，特别是人家认为争端是由我们发动的时候。我们不要因为这个虚假的希望而自信，以为如果我们破坏他们的领土，战争就会结束了。我担心我们很有可能把战争在我们死后遗留给我们的儿子们。我深信雅典人有很大的自尊心，不至

① 伯里克利所提到伯罗奔尼撒人的贫穷，见第113页。这句话对科林斯人以外所有的伯罗奔尼撒人都是对的，特别是对斯巴达人。

于变为我们自己国家的奴隶，他们也不至于像那些没有战争经验的人一样，在战争面前退缩。

“我并不是建议我们要毫不关心地让他们侵害我们的同盟国，而对他们的阴谋诡计闭眼不见。我所建议的是在目前我们不能作战，而要派人到他们那里去向他们抗议；我们不要太公开地用战争来威胁，虽然我们同时要说明我们是不会让他们这样一意孤行的。同时我们应当自己准备，从希腊人中间和外国人中间——从任何我们事实上能够增加我们的海军和财政资源的地方，争取新的同盟者；当我们的地位事实上被雅典人破坏的时候，我们和外国人以及希腊人订立同盟，以保护我们自己的安全，这是没有任何人能够责难我们的。同时，我们应当整顿我们自己的事务。如果他们注意我们的外交抗议，那么，再好也没有了。不然的话，再过两三年，我们的地位巩固得多了；如果我们决定要向他们进攻的话，我们就可以向他们进攻了。当他们看见我们所说的话和我们的实力是一致的时候，也许他们会更容易让步些，因为他们的土地还没有遭到破坏，在下决心的时候，他们会考虑到，他们的利益仍然在他们自己手中，没有受到摧残。因为你们应当把他们的土地当作担保品，土地耕种得愈好，则它的价值愈大，你们应当尽可能地长期爱惜它，不要把他们赶到绝望的地步，在那种情况之下，他们将会更难对付的。如果现在我们没有准备的时候，破坏他们的土地，仓促地采纳我们同盟中抱怨者的主张的话，我要提醒你们注意，不要给伯罗奔尼撒带来更多的耻辱和更大的困难。至于这些抱怨者，不管他们是城邦的代表们或私人的代表们，他们是能够和解的；但是当我们整个同盟，为着我们中间一部分人的利益而宣战的话，在战争结果尚不可能预测的时候，欲求得一个光荣的解决就完全不是一

件容易的事了。

“如果我们有许多城邦而迟疑不去进攻一个单独的城邦的话，不要让人家认为这是懦弱。他们也有和我们一样多的同盟者，而且他们的同盟者给付贡款。在战争中，金钱比军备更为重要，因为只有金钱才能使军备发生效力：特别在一个陆地强国和一个海上强国作战的时候，尤其是这样的，所以让我们首先检查我们的财政；在检查之前，我们不要被我们的同盟者的言辞所迷惑了。无论战争的好坏，对于战争的后果，将来负担最大责任的是我们，所以应当让我们有充分的时间来从容地估计到一些可能性。

“至于迟缓和慎重——这是人家常常批评我们的——这毫不足以为耻。如果我们在没有准备的时候，就把事情承担起来的话，在开始时匆忙的一定在结果上迟缓。并且我们的城邦总是自由的，总是著名的。‘迟缓’与‘慎重’和‘智慧’与‘贤明’是一样好的。无疑地，正因为我们有这些品质，所以只有我们在成功的时候不傲慢；在困难的时候，不和其他人民一样易于屈服。当别人用阿谀来劝我们走向我们所认为不必要的危险中的时候，我们不受阿谀的迷惑；当别人想用恶言来激怒我们的时候，我们也不至于因为自羞而采纳他们的意见。因为我们有良好秩序的生活，我们在战争中是勇敢的，在智谋中是贤明的。我们勇敢，因为自制是以自尊心为基础，而自尊心又以胆量为基础。我们贤明，因为我们没有受到太高的教育，以至于鄙视我们的法律和风俗。我们受着训练，避免那些无用的纤巧事物[①]——例如，对于敌人的陈述能够作出一个绝

① 看看雅典对于精神教育的注意，特别是对于雄辩术。

妙的理论批评，而在实践上不能好好地反抗敌人。我们不是这样的；我们受着教育，知道我们的思想方法和别人的思想方法中间，是没有很大的差别的，正确地估计由偶然性决定的事件，[①]是不可能的。我们所采取的实际政策总不是以我们的敌人是愚笨的假定作为基础的。我们应当把我们的希望寄托在我们自己谨慎的可靠性上，而不寄托在我们的敌人犯错误的可能性上。我们用不着去认为人与人之间有很大的差别：[②]但是实际上那些杰出的人是那些经过最严格训练的人。

“这种训练是我们的祖先遗传给我们的，我们现在还保持着，它总是给我们带来了好处；我们不要放弃这种训练。我们的决议将深刻地影响到许多人的生命和他们的财富，影响到许多城邦和它们国家的光荣，我们不要仓促地在一天的短时间内就通过决议。我们比其他的人更能持久，因为我们是强大的。至于雅典人，我主张派一个代表团到他们那里去，谈判波提狄亚以及我们的同盟者所说到他们遭受损害的其他事件。特别因为雅典人自己有意把案件提交仲裁，[③]我们更加应当这样做；当一造提出要求仲裁的时候，而向它首先进攻，这是非法的，纵或很明显地错误是在它的方面。但是同时，你们要继续准备战争。这是为着你们自己的利益所能作的一个最好的决议，也是最能引起你们的敌人畏惧的一个决议。”

阿基达马斯发言之后，当年监察官之一的斯提尼拉伊达走向

① 参阅第 54 页科林斯人责难斯巴达人，说斯巴达人所依赖的是偶然性。

② 参阅科林斯人对雅典人优越性的夸赞，第 56 页。

③ 参阅第 64 页。

前面，作了最后的发言。他的发言如下：

“雅典人所发表的这篇冗长的演说，我不懂。虽然他们说了许多赞扬自己的话，但是他们没有否认他们侵略我们的同盟国和伯罗奔尼撒的事实。无疑地，他们过去在反抗波斯人的时候行动是很好的，而现在对于我们的行动就很坏；既然这是事实的话，那么，他们应当受到加倍的处罚，因为他们过去是好的，而现在变坏了。我们过去和现在都是一样的；如果我们的脑筋是清醒的话，我们应当不许任何人侵略我们的同盟者，我们应当及早帮助他们，不再拖延。他们受了虐待，也不能拖延了。别人也许有很多的金钱，很多的船舰和很多的马匹，[①]但是我们有勇敢的同盟者。我们不应当出卖他们而投靠雅典人。这不是可以用法律诉讼或言辞辩论来解决的问题，因为我们自己的利益不是因为言辞而受到损害。我们应当迅速地以全力援助我们的同盟者。不要让任何人对我们说：当我们正在被别人攻击的时候，我们应当坐下来讨论；这种长期讨论只对于那些计划侵略的人是有利的。因此，斯巴达人啊，表决吧！为着斯巴达的光荣！为着战争！不要让雅典的势力更加强大了！不要完全出卖我们的同盟者！让诸神保佑，我们前进，和侵略者会战吧！”

发言之后，他亲自以监察官的权力，把问题提交斯巴达民众会议表决。他们是用高声呼喊的方式，而不是用投票的方式表决的。斯提尼拉伊达起初说，他不能辨别那一方面的呼喊声音大些。这是因为他想要他们公开地表示他们的意见，使他们更加热心地主张战争。因此，他说，“斯巴达人啊，你们中间那些认为和约已经破

① 参阅第 64—65 页。

坏而雅典人是侵略者的人，起来，站在一边。那些认为不然的，站在另一边。”他指出他们所要站的地方。于是他们站起来，分作两部分。大多数的人认为和约是已经被破坏了。

于是他们招请他们的同盟国代表到会场来，告诉他们说：他们议决，雅典人的行动是侵略的，但是当他们表决的时候，他们想要全体同盟国都来参加；[①]这样，如果他们议决作战的话，他们就可以在全体一致议决的基础上来进行战争。

同盟国的代表达到他们的目的后，就各自回国了。后来雅典的代表做完了他们来这里所要做的事之后也回去了。和约已经破坏了，这个斯巴达民众会议的决议发生于优卑亚事件[②]后所订的三十年休战和约[③]之后的第十四年[④]。斯巴达人之所以议决和约已经被破坏，应即宣战，不是因为他们受了他们的同盟者发言的影响，而是因为他们恐怕雅典的势力更加强大，因为他们看见事实上希腊的大部分已经在雅典控制之下了。

第七章 〔追述〕雅典势力扩大的开始

这章是记载雅典怎样获得这样大的势力的。

---

① 这是邀请全体同盟国参加会议；现在仅一部分同盟国被邀请了(第 52 页)。参阅第 92 页，在那里这个计划实现了。

② 参阅第 89 页。

③ 公元前 445 年。

④ 公元前 432 年。——译者

波斯人在海上和陆地上被希腊人打败了[①]之后，从欧洲回国，他们有些从海上逃往密卡尔的，又被歼灭了。后来在密卡尔指挥希腊军的斯巴达国王利俄提基德也带着伯罗奔尼撒诸国的同盟军回国了。但是雅典人带着叛离了波斯国王的爱奥尼亚和赫勒斯滂诸国[②]的同盟军留在后面，围攻塞斯都斯，当时塞斯都斯还在波斯人手中。他们在那里过冬；最后，波斯人撤退了，他们就占领了那个地方。于是他们从赫勒斯滂航行出来，各自回到自己的城市去了。

同时，当雅典人的土地从外族的占领下解放出来了之后，他们马上开始从他们所安置的地方[③]带回他们的妻子和儿女以及他们所剩下来的财产。他们也开始重建他们的城市和要塞；因为四周的城墙只有一小部分还保存着，他们大部分的房屋都变为废墟，只有少数曾为波斯的重要军官所驻扎的房屋还保存着。

斯巴达人听到了雅典人正在进行这些事，即派遣一个使团来到雅典。这一部分是因为他们自己不愿意雅典或其他城市建筑要塞，但主要地是因为受他们同盟国的怂恿；他们的同盟国看见雅典海上势力的加强和在反抗波斯人的战争中雅典人所表现的勇敢，因而感到恐慌了。斯巴达人建议，不但雅典不要建筑要塞，并且雅典应当和他们联合一起来摧毁伯罗奔尼撒以外现在还存在的一切要塞。对雅典人提出这个建议来的时候，他们隐藏了他们

① 公元前480年的萨拉米战役，公元前479年的普拉提亚和密卡尔战役。

② 指诸岛屿及小亚细亚沿岸诸城市；密卡尔战役及希腊人进军至阿卑多斯的结果，这些城市都加入希腊同盟了。

③ 指萨拉米、厄基那和特洛溱，参阅希罗多德，VIII. xli，中译本，第742页。

的真正用意和他们的真正恐惧；他们说，这个计划的目的是这样的：如果波斯再来侵略的话，他们不会有一个可以进军的强固根据地，如过去他们在底比斯所有的一样；并且伯罗奔尼撒能够供给每个国家的需要，既可以作为避难所，又可以作为反攻的根据地。

地米斯托克利像

斯巴达人发言之后，雅典人依照地米斯托克利的主张，回答说，他们将派遣一个使团到斯巴达去谈判这些已经被提出来了的问题，于是他们把斯巴达的使者送回去了。地米斯托克利建议，他们应当马上派遣他往斯巴达去，但是暂时不要把选出来的其他代表和他同去，而要等到他们建筑要塞达到相当高度，足够防御的时候，才派他们去。同时全城的人民都开始筑城，任何私人房屋或公共建筑，只要对于筑城有用的，都一律拆毁，在所不惜。

地米斯托克利作了这些指示，并且说明在斯巴达所要做的其他一切事，他自己都会安排的。于是他离开了雅典。他到了斯巴达的时候，并不马上去谒见政府当局，利用各种借口拖延。如果当局有人问他，为什么不出席民众会议，他回答说：他正在等待他的同僚，他们因为有重要的事情不能离开雅典，但是他希望他们早点来，同时他也诧异，为什么他们还没有到。斯巴达人相信他所说的话，因为他们很尊重他。但是当别些不断从雅典来的人都确切地说雅典人正在建筑要塞，并且已经达到了相当的高度，他们不能不相信了。地米斯托克利知道了这事之后，就对他们说：他们不要为谣言所误，应当派遣他们自己一些可靠的人亲自去看看，然后带着正确的消息回来。斯巴达人这样做了，而地米斯托克利暗中派人往雅典去，告诉雅典人留着斯巴达的代表在那里，尽可能地不要公开地拘禁他们，但是不要让他们回来，直到他和他的同僚回国时为止。现在他的同僚代表们——莱西克利的儿子阿布罗尼库斯和莱西马库斯的儿子亚里斯泰德——到了，并且告诉他，城墙已经建筑得相当高了。他们担心斯巴达人一旦听到这些真实情况，不会让他们回去了。

雅典人依照他的指示，留住斯巴达的代表们。地米斯托克利往见斯巴达的当局，终于公开地对他们说了。他说，雅典现在已经设防，足以保卫它的人民了；如果斯巴达人或他们的同盟者，无论为着什么事要派代表到那里去的话，他们去的时候要准备承认，雅典人对于他们自己的利益和希腊其他国家的利益，都能够自己决定的。他指出，当雅典人决定放弃他们的城市而登上船舰时，他们没有和斯巴达人商量，说他们要采取这个勇敢的决定了；凡是他们和斯巴达人商量的时候，很明显地，这是因为没有其他的人能够提供更好的意见。现在他们认为他们的城市建筑城墙是比较好些，这对于他们自己的公民是比较好些，同时对于整个同盟也是有利的；因为只有在平等力量的基础上，才可能平等地和公平地讨论共同的利益。这个意思就是：如果不能命令所有同盟的城市都拆掉城墙的话，就应当允许雅典人建筑自己的城墙。

斯巴达人听了这番话语之后，对于雅典没有不高兴的公开表示。事实上，他们原先派往雅典去的使团并没有表示有阻止他们行动的任何企图，只在那里提出意见而已。同时，这个时候是斯巴达对雅典特别友好的时候，因为雅典在反抗波斯人的战争中表现得很勇敢。但是斯巴达人的目的没有达到，暗中是因此而感到烦恼的。两国的代表各自回国，没有表示任何怨言。

这样，雅典人在很短的时间内就建筑了他们的城墙。就是现在[①]我们还能够看得出，这个建筑是仓促筑成的。[②] 它的基础是用各种石头建造的，有些地方的石头还没有合拢，只是当时把每块石头拿来就砌；有许多从坟墓中取出来的石柱和雕刻的断片和其他石头混合在一起。城市的范围在四周各方面都扩大了，他们在仓促建筑中，把一切可能找到手的材料都毫不吝惜地应用了。

地米斯托克利又说服他们完成了庇里犹斯的城墙，这个城墙过去在他做执政官的年内已经开始建筑了的。他很喜欢这个地方的形势，因为它有三个天然的海港，[③]他认为如果雅典人成为一个

① 从这段文字看来，修昔底德看见了雅典城墙的拆毁，但是没有看见科浓所建筑的新城，可见他是死于公元前 404 年以后和 393 年以前。——译者

② 现在我们所看见在庇里犹斯半岛四周城墙的遗址不是地米斯托克利城墙的遗址（地米斯托克利的城墙是伯罗奔尼撒战争结束时被拆毁了的），而是科浓在公元前 393 年建筑的城墙的遗址。在庇里犹斯半岛之北，靠近大陆的地方，有这些遗址的一小部分，正如修昔底德所描写的——是坚固的石头造成的，厚在二十五英尺以上。但是从大部分遗址中可以看见，墙的两边外层是石建的，中间的间隙是塞满了碎石和泥土。在曼尼基亚方面，地米斯托克利时代的坚固城墙没有一点痕迹了。

③ 这里所说的庇里犹斯是就广义来说的，它是一个半岛，其中心是曼尼基亚高地，从此地伸入海中，好像一片锯齿形的叶子，构成三个天然的港口——庇里犹斯、塞阿和曼尼基亚。

航海部族的话，他们有一切的优势，可以增加他们的势力。真的，他是第一个敢于对雅典人说，他们的将来是在海上的。[①]

城墙的厚度是依照他的计划建筑的，正如现在我们在庇里犹斯的周围还可以看得见的。两辆四轮马车载着建筑的石料可以在城墙上相对走过。墙的中间不是用碎石和泥土塞满，而是用大块石头镶砌起来的，外面用了铁和铅的夹板。他们所完成的城墙高度还只达到他原定计划的大约一半。他的用意是想利用这些巨大而高厚的城墙抵抗一切敌人的进攻，他认为他们只要用少数劣等的军队就可以很好地防守，而其余的人就可以在海军方面服务了。他的思想是特别集中在海军方面。我认为他知道，波斯军队从海上达到雅典比从陆地上来要容易些，所以依他的看法，庇里犹斯比雅典的上城[②]还重要些。当然，他总是劝告雅典人，如果有一天他们在陆地上被窘迫的时候，他们应当走向庇里犹斯，登上船舰，抵抗一切的敌人。

正在波斯人撤退之后，雅典人就这样建筑了他们的城墙，因此他们的地位一般地加强了。

不久之后，斯巴达派遣克利俄姆布罗塔斯的儿子波桑尼阿斯为希腊联军总司令。他率领伯罗奔尼撒的船舰二十条，雅典人有三十条船舰参加他的军队，此外还有其他同盟国的许多船舰。他们首先驶往塞浦路斯去，征服了这个岛上大部分的土地；后来他们又去进攻拜占庭，当时拜占庭尚在波斯人手中；他们在波桑尼阿斯指挥之下，迫使这个城市投降。但是波桑尼阿斯已经开始暴露他

① 其他的人马上帮助雅典人奠定了他们的帝国的基础。

② 上城即卫城，是城市最早建立的部分，最初为军事首领驻扎之地；后来城市发展，工商业人口增加，住在上城的周围，成为下城。——译者

妄自尊大的本性，[①]希腊人，尤其是爱奥尼亚人和那些新近从波斯统治之下解放出来的人，渐渐不喜欢他了。这些国家的人民和雅典人都是同族人，[②]所以他们靠拢雅典人，请求雅典人保护他们，制止波桑尼阿斯的专制行为。[③] 这些建议是雅典人所欢迎的，因为雅典人决定制止波桑尼阿斯，把一般事务安排得合于他们自己的利益。

同时，斯巴达人因为听到了各种情报，召回波桑尼阿斯去审问。许多到斯巴达来的希腊人对他提出严重的控告，说他似乎想把自己当作一个独裁者，而不是一个总司令的态度。他之被召回国，正在因为他丧失人心，而除伯罗奔尼撒的士兵以外，所有其他同盟国都倾向雅典一边的时候。

在斯巴达，对于波桑尼阿斯各种侵犯个人利益的行为被判为有罪；但是对于所告发的主要罪状，他被宣布为无罪。[④] 斯巴达人没有再派他为总司令，而派遣多尔西斯和其他军官带着很少的军队去了。但是这时候，同盟军已经不愿意接受他们为最高司令官了。斯巴达人知道这种情况，所以也就回国，以后斯巴达也没有派遣其他司令官去了。他们担心他们的军官到了海外，生活腐化，如他们在波桑尼阿斯的情况中所看见的一样；同时，他们不想再负担反对波斯的战争了。他们认为雅典人完全能够指挥，并且当时雅典人对他们也是友好的。

这样，雅典就取得了领导权；因为厌恶波桑尼阿斯的缘故，同

① 参阅第 101 页。

② 他们以雅典为母邦，参阅第 12 页。

③ 公元前 478 年。

④ “告发他的严重的罪状之一是他私通波斯人。关于这点，似乎是很有根据的。”

盟国也愿意雅典取得领导权。于是雅典人规定各同盟国在准备对付波斯的战争中所应缴纳的各种捐助，确定哪些国家是给付金钱的，哪些国家是贡献船舰的——其目的是劫掠波斯国王的领土，以报复他们过去所受的损失。在这时候，①所称为“希腊财政官”的官吏第一次由雅典人任命。这些官吏收取贡款，贡款是同盟国所缴纳金钱的名称。原来贡款的总数规定为四百六十他连特。同盟金库设在提洛岛上，同盟代表大会也在这地方的神庙中举行。②领导权是属于雅典的，但是同盟者是原来独立的国家，它们在代表大会中通过它们的决议。

第八章 〔追述，续〕雅典帝国的扩张

现在我将叙述，从波斯战争终结到伯罗奔尼撒战争开始中间一段时间内，雅典人在战争方面和在一般事务的管理方面所做的事情。在这些行动中，有些是对付波斯人的；有些是当他们的同盟国暴动时，他们对付自己的同盟国的；有些是对付伯罗奔尼撒诸国的，他们在各种事项中，常常和伯罗奔尼撒诸国发生纠纷。我离开我的主要叙述而追述这段历史的原因，是因为以前的作家没有谈到过这段历史，他们的主题不是波斯战争以前的希腊史，就是波斯

① 公元前476年。

② 因此称为提洛同盟。——译者

战争本身。赫拉奈卡斯①在他的《亚狄迦史》中，是他们中间唯一的一个作家接触到这个时期的，但是他对于这个题目没有给予多大的篇幅，而且他书中的年代也是不正确的。同时，这些年代的历史可以说明雅典帝国是怎样形成的。

雅典人第一次军事行动是围攻爱昂，这是波斯人在斯特赖蒙河畔占领的一个小市镇。他们在米太雅德的儿子塞蒙指挥下，攻陷了这个地方，把居民变为奴隶。② 于是他们转向爱琴海中的西罗斯岛，岛上的居民是多罗比亚人。他们把居民变为奴隶，把这个地方变为自己的殖民地。接着他们就对卡里斯都人进行战争，卡里斯都人没有得到优卑亚岛上其他城市的援助；结果，卡里斯都依照条件投降了。这次战争之后，那克索斯叛离同盟，于是雅典人对它作战。③ 在被围攻之后，它被迫又忠顺于雅典了。这是原来的同盟宪法遭到破坏的第一次例子，一个同盟国丧失了它的独立。这些暴动的主要原因是没有交纳贡款或法定数量的船舰，有时完全拒绝提交船舰。因为雅典人坚持严格履行义务；他们对于那些不惯于牺牲，也不愿意牺牲的同盟国进行严重的压榨，因此他们丧失人心。在其他方面，雅典人作为统治者的资格，也不如过去一样得到人心了：在实际战争中，他们的兵役负担超过了他们的应有份额；但是这样使他们更容易强迫任何想叛离同盟的国家回到同盟来。这种形势之产生是由于同盟国自己的过失。因为他们不愿意服兵役，他们大多数是依照规定的数额缴纳金钱，而不提供船舰，

① 公元前五世纪的希腊史学家，著作很多，希罗多德的著作引用了他的材料；但仅有断片遗传至今。——译者

② 公元前476年。

③ 公元前466年。

以避免在海外服役。结果，雅典人利用他们的金钱，建造强大的海军，而他们暴动的时候，总是发现他们自己的武装力量不够和战争经验缺少。

后来在旁菲利亚发生攸利密顿河之役，[①]雅典人以及他们的同盟者和波斯人在海上和陆地上会战。雅典人在米泰雅德的儿子塞蒙指挥下，在同一天中，海战和陆战都取得胜利，他们俘虏或毁灭了包括二百条三列桨战舰的整个腓尼基舰队。

经过相当时候之后，发生了塔索斯的暴动。[②] 这是因为对于对岸大陆上色雷斯的市场和塔索斯人所占领的矿产[③]发生争执而引起的。雅典人率领舰队驶往塔索斯；他们在海上战败塔索斯人之后，在岛上登陆。大约同时候，他们派遣自己的公民和同盟者一万人，移居于一个名叫"九路"[④]的地方（现在叫作安菲玻里）。这个地方原是伊东尼亚人居住的；雅典人驱逐伊东尼亚人，占领这个地方。但是当他们深入色雷斯内部时，他们的军队在伊东尼亚人的市镇德拉比斯卡被色雷斯人的联合军截成片断，色雷斯人认为雅典人在"九路"建立殖民地是对他们的一种敌对行为。

同时，塔索斯人战败后，现在被包围了，他们向斯巴达求援，劝斯巴达人侵入亚狄迦，以解除他们的包围。斯巴达人没有把他们

① 赛蒙这次光荣胜利的日期（公元前 466？年）不很确定。参阅戴奥多拉斯，xi. 60；普鲁塔克，《赛蒙传》，XII。

② 公元前 465 年。

③ 塔索斯人在色雷斯海岸旁边斯加普特-亥尔地方有一金矿，他们从那里得到巨大的收入。参阅希罗多德，VI. xlvi 以下，中译本，第 586 页。

④ 根据克劳莱等译本，这个地方又叫作厄尼亚-荷多依。——译者

伊汤姆山及美塞尼亚城墙

的意见告诉雅典，允许了塔索斯人的要求。但是当时发生了地震①，同时②又发生了希洛人③和一些庇里奥西人的暴动④，他们逃往伊汤姆而宣布独立，所以斯巴达人不能侵入亚狄迦了。现在斯巴达人要镇压伊汤姆的叛变者，所以塔索斯人在被围的第三年，被

① 在第99页，称为“大地震”。

② 公元前464年。

③ 古斯巴达分为三个阶层：(1)斯巴达人，是一个军事贵族集团，本书中常称为“军官阶级的斯巴达人”；(2)庇里奥西人，是斯巴达人在征服拉哥尼亚过程中被驱逐到边区的居民，保持人身自由，但无政治权利，在本书中常被称为“非军官阶级的斯巴达人”；(3)希洛人，是斯巴达人征服拉哥尼亚和美塞尼亚过程中的被征服者，处于斯巴达国家奴隶的地位。——译者

④ “发动这次暴动的是希洛人和庇里奥西人中的图里阿人和伊泰安人。希洛人多半是古代美塞尼亚人的后裔，他们在一次著名的战争中被奴役了。因此他们都开始被称为美塞尼亚人。”(这次暴动即第三次美塞尼亚战争[公元前464—前453]。——译者)

迫而接受雅典的条件:拆毁他们的城墙,交出他们的海军,马上给付一笔赔款,以后缴纳贡款,放弃在大陆上的权利和金矿。

现在斯巴达人知道在伊汤姆的战争没有结束的希望,所以他们请求同盟国(包括雅典在内)的援助。雅典人带着一支大军,在塞蒙指挥之下,来到斯巴达。他们请求雅典人援助的主要原因是由于雅典人是以善于围城战术著名的;经过长期围攻之后,斯巴达人很清楚地知道他们自己缺少这一门战术的经验;否则他们早已用猛击的方法攻陷那个地方了。这次远征是雅典和斯巴达间发生第一次公开争执的原因。斯巴达突击伊汤姆,没有攻下的时候,他们害怕雅典人的冒险和革命精神;同时,他们也认为雅典人是异族人,担心雅典人留在伯罗奔尼撒,也许会听伊汤姆人的话,而煽动一些革命的政策。所以他们留下了其余的同盟者而遣送雅典人回国;他们没有公开地说出他们的疑心,只说他们不再需要雅典人的帮助了。但是雅典人知道,他们的被遣回不是这样的一个光荣的理由,而是因为他们被人猜疑的缘故。他们感到愤怒,认为斯巴达人不应当这样对待他们。他们回国后,马上就通告废除原先和斯巴达所订立的反抗波斯的同盟条约,而和斯巴达的敌国亚哥斯订立同盟。同时,亚哥斯和雅典都根据完全相同的条件和帖撒利人订立同盟条约。

同时,伊汤姆的暴动者经过十年战争[①]之后,不能再支持下去了,于是和斯巴达人谈判成功,他们投降的条件是这样的:在保障生命安全的条件下,他们离开伯罗奔尼撒,再不到那里来了;如果

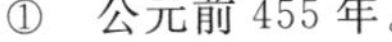

① 公元前455年。

将来有人再来的话，任何人捉着他的，就可以把他作为奴隶。[①] 因此，他们带着他们的妻室儿女离开伯罗奔尼撒。雅典人因为对斯巴达的恶感已经增加，所以接受这些被放逐的人，把他们安置在诺帕克都市镇中，这个市镇是他们最近由奥佐利亚的罗克里斯人手中夺来的。

这时候，麦加拉也参加了雅典同盟；它废除了和斯巴达的同盟，因为它和科林斯人发生边疆纠纷，而科林斯人向它进攻。这样，雅典人占据了麦加拉和培加[②]，替麦加拉建筑从麦加拉到尼塞亚[③]的长城，并派雅典军队驻守。这就是科林斯人对雅典怀着深恨的主要原因。

大约在这个时候，埃及边界上的利比亚国王萨美提卡斯的儿子伊那罗斯在腓罗斯岛之南一个市镇美里亚，发动了几乎整个埃及的暴动，脱离波斯国王阿塔薛西斯而独立。他既取得政权之后，请求雅典援助。正碰着雅典人率领他们自己的和同盟国的船舰二百条，准备远征塞浦路斯岛；[④]他们放弃了这个远征，来到埃及，[⑤]由海道入口，溯尼罗河而上。他们控制了尼罗河和孟斐斯城的三分之二，于是他们企图攻下其余的三分之一，那个地方叫作白塞，那些逃走了的波斯人和米提人以及没有参加暴动的埃及人都住在那里。

① “斯巴达人从特尔斐得到一个神谶，神谶指示他们释放在伊汤姆祈祷宙斯神的人。”

② 培加是科林斯湾上一个麦加拉的海港。

③ 尼塞亚是萨罗尼湾上一个麦加拉的海港。

④ 参阅第 75 页。

⑤ 公元前 460 年。

在这个时候，雅典人又派遣一个舰队在哈利伊斯登陆。在这里，他们和科林斯人以及埃彼道鲁斯人的军队作战，科林斯人胜利了。后来在西克鲁菲利亚附近，雅典的舰队和伯罗奔尼撒的舰队发生海战，雅典人胜利了。

这次战役之后，雅典和厄基那间发生战争，在厄基那附近，雅典人和厄基那人在海上大战，双方都有同盟国的支持。在战争中，雅典人胜利了，他们俘虏了七十条船舰。于是他们在斯特罗布斯的儿子利俄克拉特的指挥下，在厄基那登陆，开始围攻厄基那。正在这个时候，伯罗奔尼撒人带着三百重装步兵在这个岛上登陆，想解除厄基那的包围；这些军队是过去帮助科林斯人和埃彼道鲁斯人的。同时，科林斯人夺取哲朗尼亚高地，居高临下，攻入麦加里德，他们相信雅典人不可能来援助麦加拉，因为雅典人在厄基那和埃及已经有了两支大军在作战了；他们认为，如果雅典真的想援助麦加拉的话，它必须从厄基那撤退它的军队。但是雅典人完全不是这样做的。他们召集留在雅典的老年人和年轻人组织军队，[①]在迈隆尼德指挥下，进入麦加拉。在那里，雅典人和科林斯人发生战争，胜负不决。战争终止时，双方都认为自己是占优势的。但是科林斯人撤退后，雅典人建立一个胜利纪念碑；事实上，在战争中，雅典人是尽了一切力量的。科林斯人受到自己城里的年老者的唾骂后，作好准备，大约十二天之后，又出发到了那里，建立自己的一个胜利纪念碑，表示在那次战争中，他们是胜利的。雅典人又从麦

① 这些人只在非常时期才服兵役的；老年人是五十至六十岁的人，年轻人是二十岁以下的人。

加拉出来，击溃了正在那里建立胜利纪念碑的分遣队，进而和其余的敌人作战，也把他们打败了。当战败了的科林斯人正在撤退的时候，一支人数颇多的军队，因为被雅典人紧紧地追击，又不识路，冲入一个私人的园地，园地的四周都有深沟，没有出路。雅典人知道了这种情况，就用他们的重装步兵把守主要的入口，用轻装步兵包围园地的其余部分，把所有在沟里面的敌人都用石头打死。这对于科林斯人是一个严重的打击。他们大部分军队撤退到科林斯去了。

大约同在这个时候，①雅典人开始建筑他们达到海边的两条大长城：一条到法勒隆，一条到庇里犹斯。同时，佛西斯人进攻多利斯，这是斯巴达人的原始家乡，包括培翁姆、锡丁尼昂和伊林翁姆等市镇在内。当他们攻陷了一个市镇之后，斯巴达人就派遣他们自己的重装步兵一千五百人和同盟军一万人来援助多利亚人。这支军队由克利俄姆布罗塔斯的儿子尼科美德代替国王普雷斯多安那克斯指挥，因为国王尚未成年。斯巴达人强迫佛西斯人议和，并退还他们已经占领了的市镇。斯巴达人于是准备回国了。如果他们由海道横过克利塞湾的话，雅典人的舰队可能追上来阻挠他们；同时，横过哲朗尼亚的道路似乎也不安全，因为雅典人占据了麦加拉和培加。越过哲朗尼亚山峡的道路是很难走的，并且总是有雅典人驻守在那里；何况这个时候，斯巴达人已经得到消息，说雅典人想尽一切方法来阻止他们从那里通过。因此，最好的办法似乎是留在彼奥提亚，等着看从哪方面进军是一条最安全的路线。

① 公元前457年。

同时，雅典有一个党派，正在秘密地和他们商谈，希望推翻民主政治，阻止长城的建筑；斯巴达人也受到这种事实的影响，所以决定留在彼奥提亚了。

雅典人出动他们的全部军队来对抗斯巴达人了。他们有亚哥斯的军队一千人，以及其他同盟国的分遣队来支援，共有军队一万四千人。他们想向斯巴达人进攻，一则因为他们认为斯巴达人在归国途中发生了困难，二则他们怀疑有推翻民主政治的阴谋。

这次战役是在彼奥提亚的塔那格拉进行的。双方都受到很大的损失之后，斯巴达人和他们的同盟军获得了胜利。于是斯巴达人进入麦加里德，砍伐了一些农场的树木之后，横过哲朗尼亚，由地峡回国了。战后的第六十二天，雅典人在迈隆尼德指挥之下，攻入彼奥提亚。他们在恩诺斐塔的战役中打败了彼奥提亚人，征服了整个彼奥提亚和佛西斯。他们摧毁了塔那格拉的城墙，在奥彭梯亚的罗克里斯人中，取得一百名最富裕的人以为人质。同时，他们完成了他们的长城建筑。不久之后，厄基那投降了，[①]被迫而拆毁城墙，交出它的舰队，并承认以后缴纳贡款。当时，雅典人又在托尔马阿斯的儿子托尔密德指挥之下，环绕伯罗奔尼撒半岛航行，焚毁斯巴达人的船坞，[②]攻陷科林斯的城市卡尔西斯，并在西息温登陆后，打败了西息温人。

同时雅典人及其同盟军仍在埃及作战；他们遭受着战争中的

① 公元前455年。

② 即在拉哥尼亚湾上的基赛阿姆。

各种意外变化。起初，雅典人占据了埃及，波斯国王派了一个波斯人麦加培扎斯，带了金钱到斯巴达去，想贿赂斯巴达人侵入亚狄迦，以迫使雅典人从埃及撤回他们的舰队。但是这些谈判没有成功，金钱花掉而无结果，所以麦加培扎斯带着余下来的金钱，被召回亚细亚去了。于是波斯国王又派了一个波斯人琐皮罗斯[1]的儿子麦加培扎斯率领一支很大的军队[2]往埃及去。他由陆路达到埃及，战败埃及人和他们的同盟军，并且把希腊人赶出了孟斐斯。后来他把他们赶往普罗斯匹提斯岛上，把他们包围了一年又六个月。最后，他把岛的四周围的水引到别处，使之干涸。这样，雅典的船舰都搁浅，岛的大部分和大陆相连起来了，于是他的军队步行进攻岛上，把它攻陷了。所以希腊人的这次冒险行军，经过六年战斗之后，完全被消灭了。[3] 全部大军里面，只有少数人通过利比亚，安全达到塞勒尼；此外，几乎全军覆灭。埃及又归波斯国王统治，只有沼泽地区的国王阿密尔塔阿斯仍然保持独立。[4] 因为沼泽地区面积太广，波斯人不能捉着他；同时，沼泽地区的人民是埃及人中最善战的。发动埃及暴动的利比亚国王伊那罗斯为人们所卖，交给波斯人后，被钉死于十字架上。同时，雅典及其同盟国的五十条船舰驶出，来增援在埃及的军队，进入尼罗河的门提西亚河口，他们不知道埃及方面所发生的事情。他们在陆地上受波斯军队的攻击，在海上受腓尼基舰队的攻击。大部分的船舰都丧失，只有少数

① 攻陷巴比伦的英雄。

② 根据戴奥多鲁斯的记载，他和阿塔培扎斯有军队三十万人（xi. 75）和船舰三百条（xi. 77）。

③ 公元前 454 年。

④ 参阅希罗多德，III. xv，中译本，第 365—366 页。

设法逃跑了。这就是雅典人和他们的同盟军大举远征，进攻埃及的结果。

同时，帖撒利国王爱撒克拉提德的儿子奥勒斯特被逐出本国后，劝雅典人恢复他的王位。雅典人带着彼奥提亚和佛西斯的军队（彼奥提亚和佛西斯现在是他们的同盟国），向帖撒利的法赛鲁进军。他们在这里控制着帖撒利，但是他们不能远离他们的军营。[①]他们没有攻下法赛鲁；他们没有取得任何结果，又带着奥勒斯特回国了。

以后不久，[②]雅典军队一千人在培加乘船（培加此时在雅典人手中[③]），沿海航行，往西息温去。这支军队是由桑西巴斯的儿子伯里克利指挥的。他们在西息温登陆，战败了那些和他们作战的西息温人。于是他们马上带着亚加亚人，渡过海湾，进攻阿开那尼亚的市镇伊尼亚第，把这个市镇包围起来。但是他们没有攻下这个市镇就回雅典去了。

三年之后，[④]雅典和伯罗奔尼撒订立了一个五年休战和约。雅典人在希腊没有战争了，于是他们在塞蒙指挥之下，带着他们自己的和同盟国的二百条船舰远征塞浦路斯。其中六十条，因为埃及沼泽地区国王阿密尔塔阿斯的请求，被派往埃及；他们带着其余的船舰围攻息提昂姆，但是因为塞蒙之死以及粮食的缺乏，他们不得不从息提昂姆撤退。[⑤] 当他们离开塞浦路斯的萨拉米的时候，

① “帖撒利的骑兵使他们不能离开他们的军营。”

② 公元前454年。

③ 参阅第73页。

④ 公元前451年。

⑤ 公元前449年。

他们和腓尼基人、塞浦路斯人以及西里西亚人的陆军和海军发生战争。他们的陆军和海军都获得胜利，然后和从埃及回来的六十条船舰一同回国了。

此事之后，斯巴达人参加了所谓神圣战争。他们占领了特尔斐的神庙，把神庙交还给特尔斐人。他们撤退后，雅典人马上进军，又夺取神庙，把它交还给佛西斯人。

过了一些时候之后，彼奥提亚的流亡者占领了奥科美那斯、喀罗尼亚和其他一些彼奥提亚的市镇。雅典人即派托尔马阿斯的儿子托尔密德率领雅典人及其同盟者的重装步兵一千人向敌人的根据地进攻。[①] 他们攻陷了科罗尼亚，把所有的居民变为奴隶，留军驻守，然后离开那里。在奥科美那斯的彼奥提亚流亡者（他们有罗克里斯人的援助）、优卑亚的流亡者和其他政治观点相同的人在途中袭击雅典人于科罗尼亚。他们打败了雅典人。雅典人有些被杀，有些被俘。于是雅典人和他们订立条约，取回被俘虏的人，以退出整个彼奥提亚为代价。彼奥提亚的流亡党恢复了政权，其他各国也恢复了独立。

此后不久，[②]优卑亚叛变了雅典。伯里克利率领雅典军已经渡过海峡，到了优卑亚；当时他得到消息，说麦加拉暴动，伯罗奔尼撒人将侵入亚狄迦，以及麦加拉的雅典驻军除少数人逃往尼塞亚者外，都被麦加拉人所歼灭了；麦加拉人准备暴动时，已经引导科林斯人、西息温人和埃彼道鲁斯人的援兵进入麦加拉。伯里克利

---

① 公元前 447 年。

② 公元前 446 年。——译者

急引军从优卑亚撤回；不久之后，伯罗奔尼撒人在国王普雷斯多安那克斯（波桑尼阿斯的儿子）指挥下，侵入亚狄迦，大肆蹂躏，直达埃琉西斯和特利阿斯。但是他们没有继续前进，即撤兵回国了。

雅典人在伯里克利指挥之下，又渡过海峡，攻入优卑亚，征服了全岛。优卑亚将来的地位，在条约中规定；[①]只有赫斯替亚的居民被雅典人驱逐，他们的土地被雅典人占领了。

雅典人从优卑亚回来之后不久，他们和斯巴达人及其同盟者订立了三十年休战和约：他们放弃了在伯罗奔尼撒所侵占的一切地方——尼塞亚、培加、托洛溱和亚加亚。

订立休战和约后的第六年，[②]萨摩斯和米利都为着争夺普赖伊尼发生战争。米利都人在战争中惨败之后，来到雅典，对萨摩斯提出严重的控诉。他们的主张为萨摩斯一些想建立一个不同的政体的各种私人所支持。所以雅典派遣四十条船舰往萨摩斯，在那里建立民主政治。他们取得儿童五十人，成年五十人，作为人质，并把这些人质安置在雷姆诺斯岛上。他们留驻军在萨摩斯后，即回国了。但是有些萨摩斯人不留在岛上，而逃往大陆上去。他们和那些还留在城中的寡头贵族取得联系，并和当时萨第斯的波斯总督匹苏斯尼（喜斯塔斯皮的儿子）订立同盟。他们招募雇佣军约七百人，乘夜间渡海到萨摩斯。他们首先攻击民主党，把大多数民主党的领袖下于狱中；然后从雷姆诺斯岛上夺回他们的人质，于是宣布独立。他们把驻扎在萨摩斯岛上的雅典军队和军官们交给匹

① 如建立民主政治等等（参阅《亚狄迦碑铭集成》IV. 27a）。

② 公元前440年。

苏斯尼，马上就准备进攻米利都。同时拜占庭也参加了他们的暴动。

雅典人听到这个消息后，他们派遣六十条船舰驶往萨摩斯，其中有十六条船舰没有参加战斗，[①]其余的四十四条船舰由伯里克利和其他九个将军[②]指挥，和正从米利都回来的七十条萨摩斯的船舰(内有二十条运输船)的舰队在特累基亚附近发生战争。结果，雅典人胜利了。

后来雅典又派四十条船舰，开俄斯和列斯堡派二十五条船舰，来增援他们。他们在萨摩斯登陆；在陆地上的军队取得优势之后，他们建筑三条城墙，封锁萨摩斯城，这个城市在海面上已经是被封锁了的。伯里克利听到了腓尼基人将向他们进攻[③]的消息，他马上从停泊在萨摩斯附近的舰队中，调出六十条船舰，迅速地驶往考诺斯和开利阿。正当伯里克利不在那里的时候，萨摩斯人突然袭击雅典的军营，他们发现雅典的军营没有设防。他们毁灭了雅典的守望船舰，战败了其他来和他们作战的船舰。所以大约十四天之内，他们控制了他们岛屿四周的海面，可以自由地把他们所需要的东西运进去或运出来。但是当伯里克利回来的时候，他们又被海军封锁了。后来雅典的舰队又得到了新的援兵：从雅典来的船舰中，有四十条是修昔底德[④]、哈格浓和福密俄指挥的，有二十条

① “这十六条船舰中，有些是被派往开利阿去，以防范腓尼基人的舰队；有些是开往开俄斯去请求援兵。”

② 索福克利是当年十将军之一，也在船舰上。

③ “实际上是斯泰赛哥拉斯和其他的人乘着五条船舰，去请求腓尼基人来援助的。”

④ 有些人认为这就是著本书的历史学家；但是也有人认为这是美利西阿斯的儿子，伯里克利的政敌：还有人认为是阿刻都斯自治村(得莫)的诗人。

是特雷波利摩斯和安提克利斯指挥的；还有三十条船舰是从开俄斯和列斯堡开来的。萨摩斯人在海上抵抗了一个短时期后，就不能支持了，经过九个月的包围后[①]被迫而接受投降条件了：他们拆毁自己的城墙，交纳人质，交出他们的舰队，并承认分期缴付赔款。拜占庭也承认恢复到附庸城市的地位了。

第九章　斯巴达第二次同盟代表大会。科林斯人的发言。表决赞成宣战

不过几年后，[②]就发生了我在上面所已经叙述了的一些事件——科西拉事件[③]，波提狄亚事件[④]和一些构成雅典和斯巴达间战争原因的其他事故。[⑤] 我在上面已经说到，希腊人彼此间以及抵抗外族的一些军事行动都是发生于泽尔士的败退和这次战争之间大约五十年的时间内。[⑥] 在这些年代中，雅典人使他们的帝国日益强大，因而也大大地增加了他们自己国家的权势。斯巴达人虽然知道雅典势力的扩大，但是很少，或者根本没有制止它；在大部分的时间内，他们仍然保持冷静的态度，因为在传统上，他们如

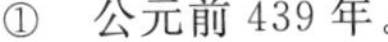

① 公元前 439 年。

② 不到四年，因为科西拉人和科林斯人间的海战似乎是发生在公元前 435 年。

③ 参阅第二至三章。

④ 参阅第五章。

⑤ 斯巴达民众会议中的交涉，参阅第六章。

⑥ 即公元前 476—前 432 年。

果不是被迫而作战的时候，他们总是迟迟作战的；同时也因为他们自己国内的战争，[①]他们不能采取军事行动。所以最后，雅典的势力达到顶点，人人都能够很清楚地看见了；同时，雅典人开始侵略斯巴达的同盟国了。在这时候，斯巴达人感觉到这种形势不能再容忍下去了，所以决定发动现在这次战争，企图以全力进攻，如果可能的话，他们想消灭雅典的势力。

斯巴达人虽然已经议决[②]雅典人的侵略破坏了休战和约，但是他们还派人到特尔斐去问神，他们是不是可以作战。据说，神是这样回答的：如果他们以全力作战的话，胜利是属于他们的；不论他们是不是向神祈祷，神自己也会保佑他们的。但是斯巴达人还召集了他们的同盟者，[③]因为他们希望同盟者对于应不应当宣战的问题表示态度。各同盟国的代表们来了。在大会中表示了他们的看法，大多数是攻击雅典，主张宣战的。科林斯人恐怕再迟缓的话，他们会失掉波提狄亚，所以他们已先派遣自己的代表到各同盟国去，劝它们赞成战争。他们自己也出席这次大会。他们的代表们最后发言。他们的发言如下：

"盟友们：我们现在不能再向斯巴达人抱怨了。他们自己已经表决赞成战争，并且召集我们到这里来同样这样做。真的，这是一个领导者所应当做的——照顾自己的利益和其他任何人一样，但是为着报答别人对他们所表示的尊崇起见，也特别考虑到共同的利益。

"现在，对于我们那些和雅典人已有来往的人，用不着说，我们

① 希洛人暴动，见第 80 页以下。
② 继续第 70 页的叙述。
③ 公元前 432 年。

应当防范他们；但是那些住在内地和离开商路很远的人应当认识到这个事实：如果他们不支持海滨强国的话，他们很难为他们的出口货找到出路，也很难得到从海上输入的货物；因此，他们应当仔细考虑我们现在所说的话，不要以为这是和他们没有什么关系的；他们一定要看到，如果海滨强国受到牺牲的话，危险就会很快地扩展到内地来，直到他们也受到威胁时为止；因此，这个讨论会影响到他们正和影响到我们一样的。他们不应当因为采取战争而不采取和平的前途而畏缩迟疑。聪明的人，只要他们没有受人侵略的时候，当然愿意过着安静的生活的；但是勇敢的人，当他们受到损害的时候，就会拒绝和平而宁愿战争，虽然在战争的过程中，他们随时准备达到协议。事实上，他们既不会因战争胜利而骄傲，也不会因迷恋和平的幸福而忍受别人的侵凌。凡是考虑到自己的幸福而对战争畏缩的人，很可能因为他的迟疑不决而丧失了那些正是使他畏缩的幸福；反过来说，凡是因为战争胜利而抱着过奢的野心的人是不知道他的信心是虚假的。许多计划得很坏的事业常常侥幸成功，因为敌人表现得更加愚笨；甚至更多的时候，有些似乎计划得很好的事，但是结果没有成功，反而遭到耻辱。没有人能够在实行的时候和在计划的时候一样，有同样的自信心；当我们作计划的时候，我们觉得十分安全；但是在行动的考验时，我们的恐惧心就使我们的理想丧失了。

"所以在目前的情况下，我们是被侵略者，我们有充分的理由，所以我们要作战了；一旦我们得到安全，不受雅典的侵略了，在适当的时候，我们就可以恢复和平。有许多理由，我们一定会胜利的：第一，我们在人数方面和军事经验方面，比他们占优势；第二，

我们一心一意服从指挥。至于海军方面，他们虽然强些，但是我们可以利用我们同盟国现有人力和物力，以及奥林比亚和特尔斐的资财[①]来建设我们的海军。如果我们从那些地方借贷金钱的话，[②]我们可以利用高薪的办法，吸引雅典海军中的外国雇佣水手。因为雅典的势力倚靠着它的雇佣水手，而不是倚靠它自己的公民；而我们受这方面的影响可能少些，因为我们的力量在于人，而不是在于钱。如果他们一旦在海上打了一个败仗，他们的一切很可能都完蛋了。[③] 如果他们真的能够设法支持下去的话，那么，这就使我们有更多的时间可以改进我们自己的海军战术；一旦我们的技术达到他们一样的水平，在勇敢方面，我们无疑地是处于优势的。我们天生的善良品质不是他们所能通过教育而获得的；而他们在技术上的优势是我们可以通过艰苦训练而获得的。实行这些计划时，需要金钱，我们愿意捐献。他们的同盟国从来没有停止过捐献款项来维持自己的奴役地位；而我们的目的在于复仇和自存，反而不愿意花费金钱来防止我们所积蓄的这些金钱被雅典人夺去，因而造成我们的痛苦，这是一件多么令人惊异的事情啊！

"我们还可以用别的方法来进行战争。我们可以煽动他们的同盟国叛变——这是剥夺他们的力量所在的资源的最好方法。或者我们可以在他们的领土内建筑要塞。还有其他的方法，我们在目前不能预见的；因为战争，无疑地，不是那种依照一定的模型来

① 参阅第130页，伯里克利也建议利用同样的资源。根据第91—92页的记载，特尔斐的神谶也袒护伯罗奔尼撒人。

② 希腊神庙掌握雄厚资金，常借贷给各邦政府。——译者

③ 因此被雇佣的水手会成群地跑往伯罗奔尼撒那边去，以图得到较高的薪水。

做的事情；而它常常造成自己的条件，在这些条件下，一个人要让自己适合于变动中的局势。所以当人作战时，如果他维持冷静的头脑，他会更安全些；而过于紧张的一边是最容易犯错误的。

“还有一点要考虑到的。如果这只是平等国家中间的一个边疆争执的问题，只影响到个别国家的话，那么，局势就不会这样严重；但是事实上我们作战的对象是雅典，而雅典比我们同盟国中任何一个国家都强大得多，所以它能够抵抗我们全体国家联合起来的势力。如果我们不是每个城市、每个国家抱着同一目的，以全力对雅典作战的话，它发现我们的势力是分散的，就会很容易征服我们了。虽然听来是可怕的，但是我们一定要知道，战败的后果只能是我们全体都变为奴隶而已。只要提到有这样的可能性，就是这样多的城市将遭受到一个城市的压迫的话，这就是伯罗奔尼撒人的莫大耻辱。假如这种事情真的发生了的话，别人不是说我们应当受这些痛苦，就会说，由于懦弱，我们忍受他们，表示我们远不如我们的祖先；因为我们的祖先使全希腊获得自由，而我们不但不能保卫自己的自由，而且容许一个国家在希腊做暴君，尽管我们在个别国家中确定了推翻暴君的原则。在我们看来，这样的政策必不可避免地犯着三个最大的错误：缺少智慧、缺少果断或缺少责任心。我们认为你们只自夸优于敌人，也不能免除这些恶名。这种优越感曾经产生过很多危害；真的，许多事例可以证明，这种优越感常常带来巨大的灾祸，所以它开始有了一个完全不同的名字——不是优越，而是可鄙的愚笨。

“但是对于过去的事情，除了那些对于目前有用的以外，我们不要再抱怨了。至于将来，你们一定要保持你们现在所有的，愿意

担当牺牲，将来是有指望的。把一切美德当作辛勤劳动的结果，是你们的传统；纵或你们在财富方面和势力方面暂时有点优势，你们不要变更这种习惯；因为以富裕的缘故而失掉了所有因贫乏而获得的东西是错误的。我们不应当这样，而应当勇往直前，参加战争，因为我们知道有许多理由可以自信：我们的行动得到了神的允许，神自己也答应支持我们；并且在这次战斗中，所有希腊的其他国家都会站在我们这一边，不是因为恐怕遭到奴役，就是希望得到解放。首先破坏和约的不是你们，因为神在命令我们作战的时候，认为和约已经是被破坏了。而你们是在执行一个已被人破坏了的和约。和约是第一个侵略行为所破坏的，而不是为着自卫而采取的对策所破坏的。

"因此，从各方面看来，你们有很好的理由作战。这个方针是我们把它当作我们全体的利益来推荐的，因为我们知道，城市和城市间或个人和个人间利益一致是最可靠的保证。因此你们应当马上援助波提狄亚的人民，不要再迟延了。他们是多利亚人，现在正在被爱奥尼亚人所围攻——这是和过去完全不同的一种情况。你们也应当帮助其他地区的人民争取自由，不要再迟延了。我们中间有一些人已经遭受了侵略；如果敌人知道我们在这里开会，而不采取自卫的策略的话，我们中间其余的人也一定会受到同样的痛苦的；所以毫无问题，已经不能再拖延了。不，盟友们啊，你们应当认识，严重的时机已经到了，我们所给你们的意见是最好的意见，你们应当表决赞成战争。不要担心暂时的恐怖，要争取战后的永久和平。战争使和平得到巩固；如果为着安宁而不肯作战的话，那么，仍然不能免于危险的。至于那个在希腊已经建立起来了的暴君城市，我们深信它是想同样地统治全希腊的，它现在正在计划征服那些还没有被它征服的国家。让我们进攻它，毁灭它，让我们将来能够安全地生活着，让我们解放那些已经被奴役了的希腊人!”

这就是科林斯人的发言。现在斯巴达人已经听到了每个人的意见，于是让所有出席会议的大小同盟国一个城市一个城市地表决。大多数表决赞成战争。但是他们议决，在目前他们还没有准备的情况之下，不能马上进攻；只是议决，每个国家应当自己作好准备，不得再迟延。尽管这样，他们从事于这些必要的准备工作，经过一年或不到一年之后，他们才侵入亚狄迦，公开地进行战争。

第十章　战前的间隔时期。波桑尼阿斯和地米斯托克利的故事

在战争爆发前的间隔时期中，伯罗奔尼撒人不断地派遣代表团到雅典去，提出各种抗议，使他们在被拒绝的时候，尽可能有一个作战的借口。

斯巴达派往雅典去的第一个代表团受着指示，要求雅典人“驱逐那些被女神诅咒的人”。这句话的意思是这样的：过去有一个名叫库伦的雅典人，他是奥林匹亚赛会的一个胜利者，出身于贵族家庭，他本人是有很大势力的。他娶麦加拉人特西阿真尼之女为妻，特阿真尼是当时麦加拉的僭主。库伦到特尔斐去问神，神的回答是要他在“宙斯的大节日”夺取雅典卫城。特阿真尼给他一些军队，所以当伯罗奔尼撒的奥林匹亚节日到了的时候，他召集他自己的一些朋友和他在一起，夺取卫城，想自己做僭主，[①]因为他认为奥林匹亚节日一定就是神谶中所说的“宙斯的大节日”，同时他也认为这是适合于他自己的情况的，因为他是在奥林匹亚赛会中获得了胜利的。[②] 神谶中所指的节日是在亚狄迦[③]或在其他地方，他根本没有考虑到，神谶中也没有任何启示。所以他认为他的看法是对的，他企图夺取政权。但是当雅典人发现这件事的时候，他们都从乡村中赶来，以全力抵抗库伦的党羽，把他们包围在卫城中。经过相当长的时候之后，雅典人对围城工作感到厌倦了，他们大部分散去，只留九个执政官[④]在那里继续围城，他们有全权依照自己的意思处理一切事务。同时，被包围的库伦及其党羽，因缺乏粮食和饮水而感到痛苦。库伦和他的兄弟设法出逃，但是其余的人大受窘迫，事实上有些人饿死了。于是他们坐在卫城上神坛[⑤]前面祈祷的位置上。防守着他们的雅典人看见他们将死于神庙中，劝他们离开那个地方，并且有一个谅解，不伤害他们的生命；但是雅

① 公元前630年。——译者

② 关于在雅典第一次建立僭主政治的企图，可参阅希罗多德，V. lxxi，中译本，第541—542页；普鲁塔克《梭伦传》xii。（僭主政治运动是反对贵族政治的市民运动。库伦没有在广大农民中树立自己的支柱，所以农民反而帮助贵族，把暴动镇压了。——译者）

③ “事实上雅典人也有一个大宙斯节日，叫作第阿西亚。这个节日的祭典是在城外举行的，所有的人都在那里用此地所特有的祭品来祭祀，不用动物作牺牲。”（第阿西亚是雅典人每年二三月中举行的节日，用一些动物形状的饼子作为祭品，而不用牺牲。——译者）

④ “当时雅典主要的政权在九个执政官手里。”（公元前506年克利斯梯尼改革以后，执政官的权力减少，主要以司法职权为限；政权在十个将军手里了。——译者）

⑤ 即保护女神雅典娜的神坛。

典人引导他们出来后，就把他们杀死了。有些在途中逃避于恐怖女神的神坛[①]面前，雅典人也把他们杀死了。因此，这些杀死他们的人及其后裔[②]都被称为女神的罪人和被诅咒者。当然这些罪人被雅典人驱逐了；后来斯巴达人克利奥密尼斯得着雅典一个党派的支持，又驱逐了他们一次；雅典党人放逐了他们的生者，掘开死者的坟墓，抛出死者的遗骨。但是后来他们又从放逐中跑回来了，他们的后裔还住在雅典。

现在斯巴达人所要求驱逐的正是这些"被诅咒的人"。他们说他们第一个目的是对神表示尊敬，但是，他们当然知道桑西巴斯的儿子伯里克利在他的母系方面，是和这个诅咒有关系的，[③]他们认为如果他被放逐了的话，他们比较容易取得雅典人的让步。他们并不是真的预料到雅典人会放逐他，但是他们实在希望使他在雅典不得人心，因为雅典人会以为战争一部分是因为他的缘故[④]而引起的。他是当时最有势力的人；在他掌握政权的时候，他不可避免地要反对斯巴达，他不会让步而要劝雅典人作战的。

雅典人对斯巴达人提出相对的要求来，要求他们驱逐塔纳鲁斯的被诅咒者，因为斯巴达人过去有一次把一些在塔纳鲁斯地方波赛敦神坛前面祷求庇护的希洛人拖出去杀掉了。他们认为斯巴达的大地震[⑤]是这次渎神事件所引起的结果。雅典人也要求斯巴

① 即攸门尼德神殿，位于卫城和阿勒乌柏果斯小丘之间。

② 主要是阿克密尼德族，其首领是麦加克利斯，他在库伦暴动时为执政官。

③ 伯里克利是麦加克利斯的第六代子孙，他的母亲阿加利斯特是阿克密尼德族克利斯梯尼的侄女（希罗多德，VI. cxxxi，中译本，第623—624页）。

④ 因为他和那个被诅咒的家族是有血缘关系的。

⑤ 参阅第80页。

达人驱逐那些被黄铜宫[①]中雅典娜女神诅咒的人。这句话的意义是这样的：

斯巴达人波桑尼阿斯第一次[②]被他的政府从他在赫勒斯滂指挥军队的职位上召回受审，并被宣布无罪以后，他没有以政府的职位被再派往那里去了。但是，他没有得到政府的允许，私自乘着一条三列桨战舰，从赫迈俄尼镇航往赫勒斯滂。他假装是去和波斯人作战的，但是事实上他是去私通波斯国王，这事在过去已经开始了的，他的目的是想做全希腊的统治者。他第一次使波斯国王感激的是下面一件事情，这就是他整个阴谋的开端。当他以前从塞浦路斯[③]回到那个地区的时候，他攻陷了拜占庭（过去拜占庭是在波斯人手中的），他在城中俘虏了一些波斯国王的亲戚朋友。那时候，他瞒着他的同盟者，把他们送回去，说他们是逃走的。这件事情是通过耶利多里人龚基拉斯做的，龚基拉斯正是负责防守这些俘虏和拜占庭本城的。他并且派龚基拉斯带了一封信给波斯国王。这封信后来被揭发出来了，内容是这样的："斯巴达总司令波桑尼阿斯，因为想对你表示好感，特意把他在战争中所俘虏的这些人送回来。同时，我向你建议，如果你允许我和你的女儿结婚的话，我可以把斯巴达以及希腊其余的地方都归你统治。我认为，如果得到你合作的话，我完全能够做到这点。因此，如果你同意的话，请派一个可靠的人到海边来，我们将来可以通过他，互通

① 这是斯巴达卫城中雅典娜女神庙的名称。波桑尼阿斯说（III. xvii. 2），神庙和女神像都是黄铜造的。

② 公元前478年，参阅第76页。

③ 参阅第75页。

消息。”

信中所揭发的就是那么多。泽尔士收到这信时，很高兴。他派法那西斯的儿子阿塔培扎斯到海滨，并且命令他代替麦加巴特做达西利翁姆省的总督。他把回答波桑尼阿斯（他在拜占庭）的信交给阿塔培扎斯，要他把信赶快送过去，并且把国王的印鉴给他看；如果波桑尼阿斯对国王的事务有任何提议的话，就应当忠实地、竭尽全力地支持他。

阿塔培扎斯达到海滨时，马上执行国王的命令，把信送到拜占庭。国王的回信是这样的：“国王泽尔士致书于波桑尼阿斯：你救出了你从拜占庭海外送给我的那些人，我很感激，我的王室将永远不忘。你的来信我也喜欢。你应当日夜注意履行你对我所许的诺言，不要让任何东西阻碍你——金银的费用也好，军队的数目也好，只要你在任何地方需要的话。我派了一个好人阿塔培扎斯到你那里来，你可安心地和他交涉，依照对我们两人最好和最可能成功的方式促进你我两人的利益。”

就是在过去，因为他在普拉提亚战役中所表现的将才，波桑尼阿斯在希腊人中有很大的声誉；现在，他收到了这封信的时候，他更自命不凡，不能再安于普通的生活方式了。因此他从拜占庭到外地去的时候，常常穿着波斯人的服装；当他旅行经过色雷斯的时候，他常有波斯人和埃及人的卫队护送；他按照波斯人的方式举行宴会；当然，他的真正目的已经完全不能隐瞒了，因为在小事情方面，他把将来在大规模上所要做的事情很清楚地表现出来了。他和别人的平常接触隔绝了，他对任何人都是一种粗暴的态度，所以没有人能够和他接近。这就是同盟军转而倾向于雅典人的主要原因之一。

正因为斯巴达人听说他的行为是这样的，所以他们已经把他召回来了一次。现在他没有得到斯巴达人的允许，又乘着船舰从赫迈俄尼出去了。很明显地，他的行动和过去正是一样的。当他被雅典人包围而驱出拜占庭的时候，他没有回到斯巴达去；有人报告监察官，说他驻在特罗阿德的科伦尼，和波斯人进行阴谋活动，无故逗留在国外。这时候，监察官不能再等待了。于是他们派一个传令官，带着急令权标①，命令他随着传令官回国；如果他不回去的话，斯巴达人将宣布他为公敌。

波桑尼阿斯希望他能够避免嫌疑，同时他自信他能够利用贿赂把自己的罪名洗清。所以他第二次回到斯巴达了。他一到斯巴达，监察官就把他投入牢狱中（他们是有权力幽禁国王的），但是后来他设法使自己被释放了；他表示在审问时，他将对任何控告答辩。

斯巴达人——无论他的私敌也好，整个国家也好——都没有对他不利的直接证据，没有什么确切的事实足够判决这样一个王族的成员，而且当时处于这么高的职位的人。② 但是因为他对于礼仪的轻视，对外国人生活方式的模仿，斯巴达人广泛地怀疑他是不愿意遵守斯巴达的现行习惯的；于是进而仔细检查他过去其他一切行动，看他的生活方式是不是有违反现行习惯的地方。有一

① 斯巴达人有两个大小相同的圆形权标，一个放在斯巴达，一个在海外的司令官手中。一个纸条斜着卷在权标上，急令纵着写在纸上。当所卷急令打开的时候，急令的内容是不知道的；但是斜着卷在司令官的权标上，命令就可以看得出来了。

② “国王普雷斯他库斯（利奥尼达的儿子）是他的侄儿，尚未成年，所以他为摄政王。”

个特尔斐的三脚香炉[①]事件。这个三脚香炉是希腊人把它当作反抗波斯战争的第一批胜利果实贡献给神的。波桑尼阿斯擅自在香炉上面雕刻下列的对句：

> “战争中希腊人的领袖，反抗波斯人的胜利者，波桑尼阿斯建造这个纪念品，献给飞巴斯。”[②]

斯巴达人马上把这个对句擦掉，刻上所有联合起来打败波斯人，并贡献这个纪念品的那些城邦的名字。就是在当时，这件事情也被认为他是犯罪的；但是现在，从他最近的活动看来，这件事情和他现在的思想一点也不矛盾。同时也有人报告，说波桑尼阿斯正在和希洛人阴谋，这也是事实。如果希洛人参加他的暴动，并帮助他实现他的计划的话，他允许给予他们以自由权和完全的公民权。

就是监察官从希洛人那里得到了一些消息的时候，他们还不相信，对波桑尼阿斯没有采取任何行动。这是符合于对于处理他们自己人民的事务时的通常习惯的；非根据铁一般的绝对证据，他们是不会下这个不可撤回的判决的。但是，据他们说，最后有一个人将拿着波桑尼阿斯最后写给波斯国王的一封信送给阿塔培扎斯，这个人就是波桑尼阿斯的总角交、向来对波桑尼阿斯很忠实的阿吉拉斯，他现在变为一个告发者了。因为过去派去的使者都是

---

① 安置在一条三头的青铜蛇上的一个黄金香炉（希罗多德，IX. lxxxi，中译本，第825页）。黄金香炉在神圣战争中被佛西斯人运走了（波桑尼阿斯，X. xiii. 5）。三条蛇缠着的青铜支柱，高十八英尺，后来被君士坦丁运往君士坦丁堡，放在马戏场（即近代的阿特麦丹）中，现在还在那里。香炉内部雕着参加波斯战争的三十一个希腊国家的名字。

② 这个对句是西蒙尼德作的。（飞巴斯意为太阳神，因为这个香炉是贡献给阿波罗的。——译者）

一去不复返，他恐惧起来了。因此他伪造一个图章，这样，如果他的疑心是错误了的话，或者如果波桑尼阿斯要取回他的信来修改的话，他不至于被发觉。于是他把信拆开了。他发现信中正如他所疑心的——就是信上附载着要把他杀死。

当他把这封信给监察官看的时候，当然他们发现这是一个比较令人信服的证据；但是他们还想要亲自听听波桑尼阿斯自己说出一点情况来。因此，他们和阿吉拉斯布置好：他到塔纳鲁斯的神庙中去，装作一个求神者。他留在一个小屋子里，小屋分为两个房间。他把一些监察官隐藏在内房里。当波桑尼阿斯来看他的时候，监察官就听到了全部情节。他首先抱怨波桑尼阿斯在信中关于他的指示；于是他谈到所有其他的详细情节，指出在波桑尼阿斯和波斯国王的谈判中，他从来没损害过波桑尼阿斯的利益，而他现在所得到的报酬是和普通仆役一般的待遇，将被处死。所有这一切，波桑尼阿斯自己都承认了，请求他不要因此而生气。波桑尼阿斯把他从祈祷的位置上扶起来，保证他安全地离开神庙，并劝他马上出发，不要耽误谈判。

监察官仔细地听了这些话。他们暂时跑开，但是，因为他们现在完全相信这些事情是真的了，他们计划在城内逮捕波桑尼阿斯。据说，他在街上正将被捕的时候，他从一个走近他的监察官的面部表情中知道他走来的目的了；另一个监察官，由于对波桑尼阿斯表示友谊的关系，向他暗中点头，表示他有危险；于是他开始迅速地逃跑，想跑进黄铜宫女神的神庙中去，以免被捕，因为神庙的围墙就近在咫尺。他跑进庙内一个小房间里面，以免受露天之苦。他安静地躲在房内，好像他不在里面的一样。监察官在追赶中暂时落在后面，但是后来他们揭去房屋的屋顶，发现他确实是被关闭在里面，于是他们砌墙把门堵起来，四周布置守卫者，想使他在里面饿死。当他们发现他被囚在房屋中正将死亡的时候，他们在他还有呼吸的时候，把他从神庙中抬出；[①]刚刚抬出来，他就死了。[②] 他们起初想把他的尸体投入塞达斯山谷[③]中，这是他们抛弃犯人的地方；后来他们决定把他埋葬在城市的附近。以后特尔斐的神命令斯巴达人把他的坟墓迁移到他死的地方；[④]因为他们所做的事给他们带来了神的诅咒。神又命令他们替黄铜宫雅典娜女神雕塑两个神像，而不是一个。所以斯巴达人塑造了两个黄铜雕像，贡献给女神，以代替波桑尼阿斯。[⑤]

临危的波桑尼阿斯被从神庙中抬出

① 如果让他死在那里的话，神庙将被污秽。

② 公元前 470 年。——译者

③ 这是离斯巴达城不远的山脉中一个山谷(可能是现在的密斯特拉附近)。上古时期的犯人以及后来犯人的尸体是投入这个山谷中的。

④ “他的遗体现在埋葬在圣地的入口处，那里有些圆柱上的铭刻可以为证。”

⑤ “神自己既然宣布这件事情构成一个诅咒，所以雅典人答复斯巴达人，要求他们驱逐这些被神诅咒的人。”参阅第 99 页。

放逐地米斯托克利的碎陶片

关于波桑尼阿斯私通波斯的事，斯巴达派了一个代表团到雅典；根据在审问时所发现的证据，他们控告地米斯托克利也犯了同样的罪行。他们劝告雅典人也用同样的方法处罚他；雅典人同意这样做。不过那时候，地米斯托克利已被放逐，住在亚哥斯，但是他常在伯罗奔尼撒其他地方走动。于是雅典人派了自己的官吏，随同斯巴达人往伯罗奔尼撒去，命令他们无论在什么地方发现他的时候，就逮捕他，送回雅典。斯巴达人也很愿意帮助他们追寻他。地米斯托克利知道这些活动了，他从伯罗奔尼撒逃往科西拉。科西拉人把他当作一个恩人来尊敬。① 但是科西拉人说，如果他们冒昧地隐藏他，他们恐怕引起斯巴达和雅典的敌视，所以送他渡过海峡，到对岸的大陆上。在这里，因为雅典的官吏发现了他的行踪，紧紧地追踪他，他受到窘迫，不得不在摩罗西亚人的国王阿德密塔斯的家里停留下来。阿德密塔斯和他是没有友好的关系的。

① 他们尊他为恩人，或者因为在科西拉和科林斯间的争执中，他帮助了科西拉人（普鲁塔克：《地米斯托克利传》XXIV），或者因为他原谅了他们没有参加波斯战争。地米斯托克利信赖这个避难的权利，因为他们已经承认他是他们的恩人了。

那时候正碰着阿德密塔斯不在家里，地米斯托克利向国王的妻子哀求，国王的妻子要他抱着他们的小孩，坐在灶边。不久之后，阿德密塔斯回来了，地米斯托克利说出他是什么人。“不错”，他说，“当你请求雅典人援助的时候，我曾经反对过你；但是如果当我在流亡的时候，你来报复的话，那么，你就不对了。在目前，对于比你弱得多的人，我尚且要乞哀求怜。在平辈的人处于不利地位的时候去报复，这是不义的。并且当我反对你的时候，那不是一个生死攸关的问题，而只是你提出一个要求；但是，如果你把我交出的话，毫无问题地，你会使我丧失生命。”他告诉国王，追踪他的是一些什么人，以及他们的企图。

阿德密塔斯听了他的话，于是把他扶起来，国王自己的儿子也一起被扶起来了，因为地米斯托克利坐在那里，总是抱着那个小孩的——当然，这样使他的恳求最能感动人。不久之后，斯巴达人和雅典人到了，虽然他们坚决地要求，但是阿德密塔斯拒绝把地米斯托克利交出。地米斯托克利希望到波斯国王那里去，所以阿德密塔斯把他送到亚历山大[①]在爱琴海岸边的城市彼得那。在那里，他找着一条商船，他乘着商船向爱奥尼亚航行；但是风暴把他吹着靠近正在围攻那克索斯的一个雅典舰队。船上的人不知道他，他恐怕发生事故，所以告诉了船长，他是什么人以及逃亡的原因，并且说：如果船长不营救他的话，他就要告发船长，说船长接收了他的贿赂，保证他逃跑的。他说：他们两人的安全完全靠不让任何人离开船，直到他们可以再开始航行的时候为止；如果船长按照他的

① 马其顿国王。

指示做的话，他答应给船长一笔很大的报酬。船长依照他所说的话做了；他们在离雅典舰队不远的地方停泊了一天一夜，后来到了以弗所。

地米斯托克利给了船长一笔钱，[①]作为报酬。于是他和一个住在海岸旁边的波斯人一同往内地去，并且写了一封信给泽尔士的儿子阿塔薛西斯，他是最近即王位的。信的内容是这样的："我地米斯托克利已经到你这里来了。当我被迫而自卫，以免受到你父亲的侵略的时候，我对于你的王室所作的祸害比任何希腊人都多些；但是在撤退中，当我是安全而他是危险的时候，我所做的好事比我过去所做的祸害更多。因为我那时候对你们的帮助，我应当受到报答。"（于是他说明他在萨拉米时，及时提醒波斯人撤退，以及没有破坏横过赫勒斯滂的浮桥，[②]他冒称浮桥之未遭破坏是由于他努力的结果，这完全是假的。）"现在我到此地来，有能力对你们作出重大的贡献；我被希腊人追逐，正因为我对你的友好关系。但是我希望等待一年的时间，那时候我将亲自说明我到这里来的原因。"

据说，波斯国王因为他这种坚毅果决的性格而大为惊异，要他依照他所希望的去做。地米斯托克利在他等待的时期内，尽量学习波斯的语言文字和风俗习惯。一年之后，他就到了波斯王廷，成为很重要的人物，真的，比任何曾经到过那里的希腊人都有势力

---

① "他到了以弗所以后不久，他就收到了雅典的朋友们所寄来的钱和他在亚哥斯的存款。"

② 关于地米斯托克利忠告泽尔士及时早退，否则来不及了，以及他自称没有破坏浮桥，可参阅希罗多德，VIII. cviii—cx，中译本，第769—771页。

些，一部分因为他已经有了很大的名声，一部分因为他提出了为波斯国王征服希腊的希望；但是主要地是因为他经常证实他有才能和智慧。

真的，地米斯托克利是一个表现得有显著天才的人；在这方面，他是超凡的，比任何其他的人都更值得我们钦佩些。对于当场要解决而不容许长期讨论的问题，他用不着事先研究或事后考虑，只用他天赋的智慧，就能得到正确的结论，在估计将来可能产生的结果的时候，他对将来的预测总是比任何其他的人更为可靠些。任何他熟悉的问题，他能够说明得很好；就是对于他本行以外的事情，他也能够提供很好的意见。他有特别惊人的本领，能够看透未来，看出其结果好坏的可能性。总之，可以说，由于天才的力量和行动的迅速，他能够正在恰当的时候做出真正恰当的事情来，远非他人所能及。

他是病死的，[①]虽然有人说，当他知道他对波斯国王所许的诺言不能实现的时候，他自己服毒自尽。[②] 但是无论如何，亚细亚的马格尼西亚[③]市场上有他的一个纪念碑。据说，他的遗骨，依照他的志愿，由他的亲属携带回国，秘密地埋葬在亚狄迦。[④]

斯巴达的波桑尼阿斯和雅典的地米斯托克利在他们的时代，

① 约卒于公元前462年。——译者

② 关于各种记载，可参考西塞禄：《布鲁图》XI. 43；普鲁塔克：《地米斯托克利传》，XXXI；戴奥多鲁斯，XI. 58；亚里斯多芬：《骑士》，83。

③ “这是他统治的地区；因为波斯国王给他马格尼西亚（这个地方每年收入五十他连特）以供给他的面包；给他拉姆普萨卡斯（这个地方是当时出产最好的酒的），以供给他的酒；给他迈奥斯，以供给他的肉食。”

④ “秘密是必要的，因为把因犯叛国罪而被放逐的死者的遗骨埋葬在亚狄迦是犯法的行为。”

是希腊最著名的人物;他们的事业的结局是这样的。

第十一章 斯巴达的最后通牒和伯里克利的答复

斯巴达的第一个代表团[①]是如我所已经叙述了的:他们要求驱逐那些被神诅咒的人;同时,他们从雅典也得到同样的要求。后来他们又派了一个代表团来,要求解除波提狄亚之围和给厄基那以独立。但是他们所明白地提出来最主要的一点是:如果雅典能够撤销那个排斥麦加拉人于雅典帝国内一切港口以及亚狄迦本身市场之外的麦加拉法令,[②]那么,战争就可以避免了。

雅典人既不肯在头两点上让步,也不愿意撤销这个法令。他们控诉麦加拉人,说他们耕种圣地,耕种不属于他们自己的土地[③]和隐藏雅典的逃亡奴隶。

最后,一个代表团带着最后通牒到了雅典。斯巴达的代表是拉姆斐亚斯、密利西配斯和阿哲桑达。他们没有提到过去他们所说过的一些普通的问题,只简单地说道:"斯巴达希望和平。现在和平还是可能的,只要你们愿意给予希腊人以自由的话。"

---

① 接着第97页的叙述。

② 参阅第53页以及亚里斯多芬《阿卡奈人》,520—523和533页以下。这个法令的年代一定和战争爆发的时间相近。

③ 第一点是指耕种埃琉西斯女神的土地;第二点是指雅典和麦加拉争执的土地,因为那里还没有确定界碑。(埃琉西斯的女神是指地母神狄密特和她的女儿柏塞芬尼。——译者)

于是雅典人举行民众会议，讨论这件事，决定把整个问题一劳永逸地仔细考虑一下，然后给斯巴达一个答复。许多人站起来发言，两方面的意见都有人表示了。有些人认为战争是必要的，有些人说麦加拉法令可以撤销，不要让它成为和平的障碍。桑西巴斯的儿子伯里克利是当时雅典人的领导人物；无论在行动上或辩论上，他是最有力量的人。他也发了言。他的意见是这样的：

"雅典人，"他说，"我的意见完全和过去一样：对伯罗奔尼撒人，我反对作任何让步，虽然我知道，说服人们参加战争时的热烈情绪到了战争开始行动的时候是不会保持得住的，并且人们的心理状态是随着事件的发展过程而变化的；但是我认为这时候我一定向你们提出和我过去所提出的完全相同的意见。我请求你们那些因我的言辞而被说服的人以全力支持我们现在正在一起所作出来的一些决议，我请求你们坚持这些决议，虽然在某些地方我们发现自己会遭遇着困难的；因为，如果不是这样做的话，在事情进行得顺利的时候，你们不能表现你们的智慧。事物发展的过程往往不会比人们的计划更来得有逻辑性些；正因为这样，所以当事物的发生出乎我们意料之外的时候，我们常常归咎于我们的命运。

"很明显地，过去斯巴达是阴谋反对我们的；现在甚至更加明显了。和约上规定：我们之间的争执应当由仲裁来解决；在仲裁之前，双方应当维持现状。对于他们所抱怨的事情，他们宁愿以战争来解决，而不愿意以和平谈判的方式来解决；现在他们到这里来，不是提出抗议，而是向我们下命令。他们命令我们解除波提狄亚之围，给予厄基那以独立和撤销麦加拉法令。最后，他们到我们这里来，宣称我们应当给予希腊人以自由。

“如果我们拒绝撤销麦加拉法令的话，你们任何人不要以为我们不应该为这一点小事情而作战。这一点是我们特别坚持的。他们说，如果我们撤销这个法令的话，战争可以不发生；但是，如果我们真的作战的话，你们心中不要有一点怀疑，以为战争是为着一件小小事情的争执。对于你们来说，这点小小的事情是保证，是你们决心的证据。如果你们让步的话，你们马上就会遇着一些更大的要求，因为他们会认为你们是怕他们而让步的。但是如果你们采取坚决态度的话，你们向他们很明显地表示他们应当以平等地位来对待你们。你们打算怎样做，你们现在就一定要下定决心——不要在他们还没有伤害你们的时候，就向他们屈服；就是，如果我们将要战争的话(我认为这是应当的)，就下定决心，不管外表上的理由是大的或小的；无论怎样，我们不会屈服，也不会让我们的财产经常有受人干涉的威胁。在请求仲裁之前，处于平等地位的人向他们的邻人提出要求，而把这些要求当作命令的时候，向他们屈服，就是受他们的奴役，不论他们的要求是怎么大或怎么小。

“至于战争以及双方所能利用的资源，我想要你们听听我的详细报告，认识到我们的势力不是较弱的一边。伯罗奔尼撒人自己耕种他们自己的土地；无论在个人方面或国家方面，他们没有金融财富；因此，他们没有在海外作战的经验，也没有作长期战争的经验；因为他们彼此间所发生的战争，由于贫穷的缘故，都是短期的。这样的人民不能经常配备一个舰队的海员，也不能经常派遣陆军；因为这样，就会使他们离开自己的土地，花费自己的资金，何况我们还控制着海上。战争经费的支持依靠储金的积累，而不能依靠税收的突增。并且，那些耕种自己的土地的人在战争中，对他们的金钱比对他们的生命更为担心;他们有一种刻薄的观念,认为他们自己的生命是会安全地从危险中逃出的,但是他们的金钱在那时候是不是会完全被花光了,他们完全没有把握,特别是当战争出于他们意料之外地延长的时候,战争很可能是会延长的。在单独一个战役中,伯罗奔尼撒人和他们的同盟者能够抵抗其他所有的希腊人;但是他们不能跟一个和他们完全不同的强国作战,他们没有一个慎重考虑的中央政权可以作出迅速果决的行动,因为他们都有平等的代表权,他们来自各个不同的国家,每个国家只关心它自己的利益——其结果,往往是一事无成,因为有些国家特别急于为它们自己报复一个敌人,而其他的国家并不那么焦急,以免自己受到损害。只经过很长的间隔时期后,他们才举行会议;就是在会议中,他们也只花费一小部分的时间来考虑他们的共同利益,大部分的时间都花费在处理他们个别的事件上。他们中间没有一个人想到一个国家的漠不关心会损害到全体的利益的。每个国家都认为它自己的前途是其他国家的责任;因为每个国家暗里都有这种思想,没有人注意到,这种情况使整个事业日趋衰微了。

“但是最重要的一点是这样的:金钱的缺乏会使他们处于不利的地位,在筹得金钱的过程中,所需要的时间会使他们迟延。但是在战争中,机会是不等待任何人的。

“并且,对于他们的海军,我们一点也用不着害怕;对于他们将来在亚狄迦建筑要塞的事,[①]我们也用不着吃惊。关于这一点,要建筑一个城市,有足够的力量控制另一个城市的话,就是在平时,

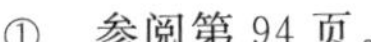

① 参阅第94页。

也不是一件容易的事;而现在要在敌国的境内,面临着我们自己的要塞来建筑一个城市,那么,这就更加困难得多了,何况我们的要塞有足够的力量对付他们所能建筑的任何东西。如果他们只建筑一些小的前哨据点的话,他们虽然能够从事劫掠,收容我们的逃亡者,给我们一部分土地带来一些灾祸,但是这绝对不能阻止我们利用我们的海军力量,航海到他们的领地上去,在那里建筑要塞,以资报复。因为我们从海军战役中所得到的陆战经验,远远地超过他们从陆地战役中所得到的海战经验。至于航海技术,他们会觉得这是他们所很难学得的一课。你们自从波斯战争以来,一直总是在这里学习的,至今还没有完全精通这一项技术。那么,怎么能够认为他们在这方面有什么发展呢?他们是农民,而不是水手;并且他们也绝对没有学习的机会,因为我们将用强大的海军封锁他们的。对抗一个弱小的封锁军队时,他们可能由于愚昧无知,相信自己的人数众多,而准备冒险作战;但是如果他们面对着一个强大的舰队,他们不会冒险冲出的,所以训练的缺少会使他们对于航海技术更加不能熟练了,而技术的缺少会使他们更加不敢冒失了。航海技术,也和任何其他技术一样,是一门艺术。它不是什么只是偶尔作为闲暇时的职业的;当然,一个从事航海事业的人也不可能有闲暇去学习别的东西。

“假如他们攫取奥林匹亚或特尔斐的金钱,而提供高的薪水以吸引我国海军中的外国水手,那时候,假如我们自己和住在我国的异邦人都在船舰上服务,还不是他们的敌手的话,这就是一件严重的事了。但事实上,我们总是能够对付他们的。还有一点也是很重要的:在我们自己的公民中间,所有的舵手和水手比希腊其他一切地区所有的舵手和水手总合起来还要多些。那么，我们的外国水手有多少人会为着几天的额外工资，不仅冒着被战败的危险，并且还冒着被他们自己的城市剥夺法律上的保护[①]的危险，而去替对方作战呢？

“对于伯罗奔尼撒人所处的地位，我认为我已经作了一个很公平的叙述。至于我们自己的地位，在我说到他们的缺点之中，我们一个也没有；至于其他方面，我们完全有自己的优点。如果他们从陆地上来进攻我国的话，我们一定从海上进攻他们的国家，结果，伯罗奔尼撒半岛一部分土地的破坏对于他们的影响，比整个亚狄迦的破坏对于我们的影响，更要厉害些；因为他们除了伯罗奔尼撒以外，非经过战争不能再得到土地，而我们在岛屿上和大陆上都有充足的土地。

“海上势力是非常重要的。让我们从这方面看看。假如我们住在一个岛上的话，难道我们不是绝对安全，不受他人的攻击吗？事实上，我们一定要努力把我们自己看作岛上居民；我们必须放弃我们的土地和房屋，保卫海上的城市。我们一定不要因为丧失土地和房屋而愤怒，以致和远优于我们的伯罗奔尼撒陆军作战。如果我们胜利了，我们还是不得不用同样多的军队来和他们再战；如果我们战败了，我们会丧失我们的同盟国，同盟国是我们力量的基础；如果我们所剩下来的军队不够派出去镇压同盟国的话，它们马上会暴动的。我们所应当悲伤的不是房屋或土地的丧失，而是人

① 雅典的雇佣水手是雅典同盟国的人，凡是参加伯罗奔尼撒一边的人都不许回到他自己的城市里去的。

民生命的丧失。人是第一重要的;其他一切都是人的劳动成果。假如我认为能够说服你们去做的话,我愿意劝你们往外去,并且亲手把你们的财产破坏,对伯罗奔尼撒人表示:你们是不会为了这些东西的缘故而向他们屈服的。

"只要你们在战争进行中,下定决心,不再扩大你们的帝国,只要你们不自动地把自己牵入新的危险中去,我还可以举出许多理由来说明你们对于最后的胜利是应当有自信心的。我所怕的不是敌人的战略,而是我们自己的错误。但是这一点,我要在另一个机会,[①]当我们实际作战的时候,才再说了。在目前,我建议:送回斯巴达的代表,并给他们带回我们下面的答复:我们愿意允许麦加拉人应用我们的市场和港口,只要斯巴达也同时对我们和我们的同盟者停止执行它禁止外人入境的法令(因为和约中并没有条款禁止他们的法令,也没有禁止我们反对麦加拉人的法令);我们愿意允许我们的同盟国独立,只要它们在订立和约的时候已经是独立了的,同时斯巴达人也要允许他们自己的同盟国独立,允许它们各自有它自己所愿意有的那种政府,而不是那种服从于斯巴达利益的政府。让我们又说:我们愿意,依照和约中明文的规定,提交仲裁;我们不会发动战争,但是我们将抵抗那些实际发动战争的人。这是一个正当的答复,同时也是我们这样一个城市所应当作的一个答复。我们要知道,这个战争是强迫加在我们身上的,我们愈愿意接受挑战,敌人向我们进攻的欲望将愈少。我们也要知道,无论对于城市也好,对于个人也好,最大的光荣是从最大的危险中得来

① 参阅第128—130页。

的。当我们的祖先反对波斯人的时候，他们还没有我们现在所有的这样的资源；就是他们所有的那一点资源，他们也放弃了，但是他们驱逐了外族的入侵，把我们的城邦建成现在这个样子，这是由于他们的贤智，而不是由于他们的幸运；由于他们的勇敢，而不是由于他们的物质力量。我们要学他们的榜样：我们应当尽一切力量，抵抗我们的敌人，努力把与平常一样伟大的雅典遗传给我们的后代。”

这就是伯里克利的发言。雅典人认为他的发言是最好的，所以照他的意见表决了。对斯巴达人的答复——总的原则上和各个论点上——就是他所建议的那个答复：他们不愿在强迫命令之下，做任何事；但是愿意依照和约上的规定，在公平与平等的基础上，对于各项争点达到调解。使者们回斯巴达去了，以后再没有派代表团来了。

这些就是战争爆发以前两国间所发生的责难和争执。这些争执在伊庇丹努和科西拉事件之后，马上就发生了的。两国间仍有往来，往来的进行没有用传令官，[①]但是已有很大的猜疑，因为构成破坏和约与成为公开战争口实的一些事件尚在发展之中。

① 这是还没有宣战时所必有的手续。

第　二　卷

第一章　进攻普拉提亚。战争的爆发。双方的同盟者

我们现在到了战争真正开始的时候了，交战的一方面是雅典人和他们的同盟者，另一方面是伯罗奔尼撒人和他们的同盟者。除开通过传令官外，他们两方面间已经断绝了来往。战争开始以后，就一直继续下去，没有停辍。一切事件都是按照每年夏冬两季[①]实际发展的顺序记载下来的。

优卑亚再度被征服后所订的三十年休战和约继续有效了十四年。在第十五年中，[②]波提狄亚战役之后六个月，正在初春，一支底比斯军队，约三百多人，由他们的司令官毕丹基拉（斐利德的儿子）和第姆波鲁斯（翁尼脱利德的儿子）率领，大约在头更的时候，武装开入了普拉提亚，那是彼奥提亚的一个市镇，也是雅典的一个同盟者。底比斯人是诺克里底和他的朋友所领导的一个政党邀请来的，他们把城门打开，让底比斯军队进城。这个政党的目的是想屠杀他们自己的政敌，使普拉提亚和底比斯建立同盟，以便自己取得政权。这个计划是和利俄提亚德的儿子攸利马卡斯商定的，攸

---

① 这种计算时间的方法是修昔底德时代及以后很久通行的方法。（根据这个方法，夏季大约包括四月至十月；冬季大约包括十一月至三月。——译者）

② “这就是在亚哥斯克赖西斯当女祭司的第四十八年，在斯巴达伊尼西阿斯当监察官的那年，也就是雅典执政官皮索多勒斯执政任期前两个月。”（即公元前 431 年。战争开始的年代是用三个最重要的希腊国家习惯上纪年的方式记载的。——译者）

利马卡斯是底比斯一个最重要的人物，因为底比斯人知道战争[1]一定会发生的，他们很想在和约尚未破坏，战事尚未真正开始之前，首先把一向和他们有仇恨的普拉提亚加以控制。他们这样容易地进入了普拉提亚而没有被人发现，因为普拉提亚人没有放哨。

底比斯军队于是开入市场，把兵器放在地上。邀请他们进城的那些人劝他们立刻行动起来，跑进敌对党人的屋宇中去。但是他们没有采纳这个意见；相反地，他们决定以合理的条件，发表一个宣言，因为他们宁愿达到一个友好的协议，他们认为用这种方式，他们很容易把这个城市争取到自己这一方面来。因此，他们的传令官宣告全城：凡愿意回到彼奥提亚同盟中适当的传统地位的人都应当跑到市场上来，和他们订立协定。

至于普拉提亚人，他们眼见底比斯人扬长而入，俄顷之间就取得了城市，也愿意和他们订立一个协定。这一部分是由于恐惧，一部分是由于在黑夜中看不出真实的情况，他们估计进城的人数远远地超过了实际的人数。所以他们接受了这个提议，不抵抗底比斯的军队，尤其是因为底比斯军队没有以暴力加于任何人。

但是协商正在进行的时候，他们发现进城的底比斯军队力量不大；如果他们起来反抗，敌人是很容易被打垮的。并且大部分人民不愿意放弃和雅典的同盟。他们决计抵抗。为着避免敌人窥见他们在城内的行动，他们把毗连在一起的屋宇的墙壁凿成孔道，大家集合起来；他们把大车拖入街中，造成障碍；其他一切对于他们有利的工作，他们都做好了。准备工作尽可能地完成了之后，他们

① 雅典和斯巴达间的战争。

等候，在曙光未启，到处还是漆黑的时候，他们从屋中冲出，一齐进攻底比斯人。他们的用意是这样的：如果白日进攻，敌人比较有把握，能够在相等的条件下来对抗自己；至于晚间，敌人对于自身的把握就比较少了，况且在夜间敌人不如本地居民一样熟悉地形，也是一个弱点。所以他们黑夜进攻，战争于是乎爆发了。

当底比斯人发现自己被诡计欺骗了的时候，他们马上整队，向攻击他们的敌人反攻，两三次他们把敌人打退了。但是进攻的人们呼声震天，同时妇女和奴隶都在屋顶上大声叫喊并且抛下石头和瓦片，又加以通夜大雨不停。最后，底比斯人丧胆了，回转头来向城外逃跑，大多数的人在黑暗[①]和泥淖中，不知道要向哪个方向跑才有生路，而追击者却很知道怎样防止他们逃窜。结果，底比斯人大部分都被杀死了。他们原先走进来的城门是唯一开了的城门。一个普拉提亚人把这个城门关闭了，又用标枪上的大铁钉把门闩钉紧；所以就是这条唯一的逃命之路也完全被堵住了。有些逃命的人爬上城墙，向城外跳下去，大多数就这样跌死了。有一队人找着了一个未曾防守的城门，他们从一个妇人手中取得一把斧头，把门闩打开；但是他们还是被追击者所发现，只有很少的人逃出去，其余的人都是在城内被消灭了。最大的一支队伍集结得比较好些，他们冲进城墙旁边的一幢大屋子，那幢屋子的大门恰恰是敞开的，底比斯人以为那就是城门，可以走向城外。普拉提亚人看见敌人这样投入罗网，大家商量，还是放火把他们烧死在这幢屋子里面，还是另想方法来应付敌人。最后，关在这幢屋子内的以及在

① “这些事情都发生在月尾一个无月光的黑夜里。”

他处留得性命的敌人都缴纳兵器，向普拉提亚人无条件投降了。这就是进入城内的人的命运。

其余的底比斯人原定于黎明前全部进城，以防备进城的底比斯人万一出了差错，可以增援。底比斯这支军队正在途中，就得到了前方的消息，赶忙前进，以图解围。但是普拉提亚和底比斯相距约七十斯塔狄亚①，那夜的大雨阻碍了他们的行军，因为阿索配斯河涨了水，横渡是很不容易的。冒雨前进，再加上渡河的困难，等到他们到达目的地时，整个先头部队不是被杀死，就是被俘虏了。

当他们发现上述的情况时，他们想向郊外的普拉提亚人进攻，当时，田野中尚有人民和财产，因为事变是在和平的时候意外地发生的。因此，如果可能的话，底比斯人想俘虏一些郊外的普拉提亚人，万一他们自己的人在城内也被俘虏，就可以彼此交换被俘虏的人们。这是他们的计划。他们正在筹商的时候，普拉提亚人也料到了这一着棋，为了保护郊外普拉提亚人的安全，他们派了一个传令官向底比斯人说：在和平时期进攻普拉提亚本来是完全不应该的，所以他们警告敌人不要伤害郊外的居民，否则他们会把城内被俘的底比斯人一齐杀掉；同时，如果底比斯人撤退军队，他们一定把俘虏交出来。这是底比斯人对于这件事的说法；他们并且坚决地说：这个调停的办法是曾经用誓言承认了的。但是在普拉提亚人一方面，他们不承认他们答应立即释放俘虏；只有经过协商，成立条约后，俘虏才可能释放；他们不承认有过誓言。不管实际情况怎样，底比斯人的确离开了普拉提亚的境界，没有任何破坏，而普

① 约合八英里。——译者

拉提亚人却匆忙地将郊外所有的财产迁入城内后，把俘虏的底比斯人都杀死了，总共杀了一百八十人，连和普拉提亚奸民进行协议的攸利马卡斯也包括在内。

事后他们派了一个使者到雅典去；根据休战和约，把死者的尸体交还底比斯人；同时，在城内则按照那时的实际情况，进行了一切他们认为最好的准备工作。关于普拉提亚所发生的一切，消息立时传到雅典，雅典人把亚狄迦境内的彼奥提亚人全部逮捕，并且派遣一个传令官到普拉提亚去，要求他们在雅典做出决定以前，对于俘虏不要作出不可挽回的处分。那时雅典人还不知道俘虏已经被杀死了，因为第一个使者是在底比斯人初入城时离开普拉提亚的；而第二个使者离开城市时，底比斯人刚战败被俘；所有后来发生的一切，他们都不知道。雅典人的指示是在不明了情况的时候作出的。使者到场，才知俘虏都被杀了。雅典人事后开入普拉提亚，运入粮食，留下了一支防守的部队，[①]把女人、小孩和不适合于战斗的人们一齐带走了。

普拉提亚事件很明显地把条约撕毁了，现在雅典人方面准备作战；斯巴达人和他们的同盟者的情况也是如此。他们打算派遣专使访问波斯国王以及其他任何外国，[②]希望从那些地方能够取得援助；他们努力想和那些尚未加入任何一方面的其他希腊国家建立同盟。除原有的船舰以外，斯巴达命令意大利和西西里的各同盟国[③]增造船舰：增造船舰的数目依照各城邦的大小为比例，总

① 参阅第 182 页。

② 斯巴达人派使者往见波斯国王，商谈没有成功，见第 172 页；派往其他国家，指和雅典人有联系的奥德里西王廷，见第 141—142 页和第 171—173 页。

③ 指多利亚人在意大利和西西里的殖民（参阅第 272 页），但是这些殖民地直到公元前 412 年才贡献出船舰来（参阅第 654 页）。

数要达到五百条。这些城邦并须各筹一笔经费。在那时候以及准备工作未做好以前，这些城邦应当继续维持中立，允许单独的雅典船只开入它们的港口。在另一方面，雅典人抓紧自己现有的同盟者，并且特别派遣专使前往伯罗奔尼撒附近各地，和科西拉、塞法伦尼亚、阿开那尼亚和萨星修斯，认为只要他们能够和这些地方取得坚强的友好关系，他们就可以在伯罗奔尼撒半岛的周围进行战争。

这些计划都不是在一个狭小而简陋的范围内进行的：双方面都竭尽全力从事于这次战争，这是很自然的。在一个任务开始的时候，热情总是很高的。那时，在伯罗奔尼撒和雅典两方面，都有不少的青年人，从来没有看见过战争，所以都很高兴加入这个战争。至于其他希腊国家，当这两个主要城邦进入战争时，大都是见机观变的。在将要参战的城邦和其他地方以内，流传着各种预言和神谶。战事将要爆发之前提洛岛上发生地震，这在希腊人的记忆中是从来没有见过的事情。[1] 大家都以为这是大事将临的朕兆；如果其他类似的事情发生了，也会同样地仔细研究它的意义的。

舆论的情感大致是倾向于斯巴达一方面的，尤其是因为他们宣布了他们的目的就是解放希腊。希腊各邦和个人都热烈地在一切可能范围以内援助他们，既用言辞，又用行动。大家都觉得，除非以切己的关系投入这一事件，整个奋斗就会受到牵制。一般的

① 可能这是有意对希罗多德的记载提出异议，因为希罗多德在 VI. xcviii（中译本，第 609 页）中说，马拉松战役之前不久发生了一次地震，但是以后没有发生过。

情绪对于雅典人是很恶劣的，无论那些想逃避他们的控制的人们也好，或者那些恐怕受到他们管辖的人们也好，其心情大概是这样的。

这就是战争刚要发动的时候，双方准备的情况和人民的心理状态。两个交战集团都各有他们的同盟者，其分布的情况如下：在斯巴达一方面的是处在地峡内的伯罗奔尼撒各国，只有亚哥斯人和亚加亚人是和双方面都维持友好关系的。亚加亚诸国中又只有帕利尼是在开始交战时即加入了斯巴达一边的，后来其他亚加亚诸国也跟着它走向斯巴达一边了。除了伯罗奔尼撒以外，斯巴达还有麦加拉人、彼奥提亚人、罗克里斯人、佛西斯人、安布累喜阿人、琉卡斯人和安那克托里亚人。供给船舰的同盟国计有：科林斯、麦加拉、西息温、帕利尼、伊利斯、安布累喜阿和琉卡斯。供给骑兵的同盟者计有：彼奥提亚人、佛西斯人和罗克里斯人。其余的各国都须供给步兵。

这是斯巴达联盟。在雅典那一方面，同盟国计有：开俄斯、列斯堡、普拉提亚、诺帕克都的美塞尼亚人、阿开那尼亚的大部分、科西拉和萨星修斯。此外还有下列各地区内一些缴纳贡税一类的城市：开利阿沿岸（包括邻近的多利亚人城市在内）、爱奥尼亚、赫勒斯滂、色雷斯、伯罗奔尼撒半岛和克里特中间靠近东边的各岛屿以及弥罗斯和塞拉以外的西克拉底斯群岛。这些同盟国中，开俄斯、列斯堡和科西拉供给船舰；其余的同盟国供给步兵和金钱。

上面所述的是双方的同盟国和他们作战的资源。

第二章　伯罗奔尼撒人侵入亚狄迦。雅典的资源和对策

普拉提亚事件发生后，斯巴达立即派遣使者往伯罗奔尼撒诸国以及伯罗奔尼撒以外的同盟国去，命令它们准备军队和军需以应付国外的出征。这个出征的目的就是攻入亚狄迦。这些准备工作都实行了，在指定的时间，它们都集合在地峡一带，每个国家派出了三分之二的兵力。全部军队集中以后，指挥军事行动的斯巴达国王阿基达马斯召集了各国的将军们和重要人物，发表了下面的演说：

“伯罗奔尼撒人和各同盟者：我们的祖先在伯罗奔尼撒境内和境外参加过许多战役，我们部队里的老辈对于战争不是没有经验的，但是我们从来没有集合比今天更大的兵力从事过远征。我们人数之多和士气之高是过去所从来没有过的；同样，我们所进攻的城市，其力量也发展到了最高峰。我们不要作我们祖先的不肖子孙，也不要玷污我们自己的名

阿基达马斯像

誉。整个希腊注视着我们的行动，因为大家都仇恨雅典，大家都希望我们取得胜利。因此，我们虽然挟着巨大的军力进攻雅典，虽然我们的敌人不敢冒险来抵抗我们，我们不可因为这些优势而减低我们行军时的警惕：各国的官长和士兵应该在受到威胁的各个地方准备随时单独作战。在战争中，许多事情是预料不到的，攻击动作往往发生于一时的冲动。在数字上占劣势的军队，常常因为小心翼翼，而击败了过于自信而疏忽警戒的优势敌人。当然，我们应当满怀信心地攻入敌国，但是为了策划万全计，我们在敌人境内也必须采取一切实际措施。这样的军队，才可能在进攻时勇猛精进，在防卫时持重可靠。

"我们所进攻的敌人绝对不是没有自卫力量的。他们在各方面都是装备得异常完好的，我们应当知道，敌人很可能整军出来和我们接战；纵或在我们进攻之前，敌人不出来迎战，但是他们看见我们在他们的领土内，破坏他们的土地，毁灭他们的财产的时候，他们一定会出来和我们作战的。人们受到过去从来没有受过的痛苦，而这些痛苦的事情都在自己的眼前进行，他们自然会愤怒。他们不是等着事变而加以考虑的，而是自身受到冲动的刺激而投入行动的。这样的做法，在雅典人尤其是可能的，因为他们自己认为他们享有特权，处于至高无上的地位，他们总是惯于侵略和毁灭别人的土地，而很少看见自己的领土被别人侵入的。大家要知道你们是进攻一个很大的城邦；要想到你们可能给你们的祖先和你们自己带来光荣，也可能带来耻辱，如果你们受到挫折的话。记住这个指示，跟着你们领导者走，严格注意你们的纪律和安全。如果大军的纪律特别好，使整个军队的行动恰如一个人的行动一样，那是最好的事,也是最安全的事。”

说完了这篇简短的演说之后,阿基达马斯把会议解散。在未做更进一步的行动以前,他派遣斯巴达人提阿克利都的儿子密利西配斯前往雅典,探询雅典看见了大军压境,是不是有接受谈判的可能。但是雅典人不许他进城,更不许他接近民众会议。那是伯里克利预先决定的办法,只要斯巴达人离开了他们的本国,雅典就不接见他们的任何传令官或使节。所以他们不接见密利西配斯,要他当天就离开雅典,并且对他说:如果斯巴达人有话要说,首先要把军队撤回到自己的领土内,然后派使节来。他们派人押送密利西配斯回去,以防止他和别人接触。密利西配斯走到边境上,刚要自己回去的时候,说了这样一句话:“今天是希腊大灾难开始降临的时候。”

密利西配斯回到自己的军队里后,阿基达马斯知道雅典人还是坚决地不肯让步。他把军队开进亚狄迦。彼奥提亚准备了一个分遣队[①]和骑兵参加伯罗奔尼撒的大军;他们其余的军队进攻普拉提亚,并破坏那里的土地。

当伯罗奔尼撒人在地峡上集合军队的时候,或正将出发向亚狄迦进攻的时候,桑西巴斯的儿子伯里克利(雅典十将军之一)知道敌人将来进攻了。正碰着阿基达马斯是他的朋友,他疑心阿基达马斯也许会经过他的地产而不加破坏,这种做法可能是出于阿基达马斯私人的好意,也许是奉行斯巴达人的指示,以引起大家对伯里克利的恶感,正好像他们过去曾经宣称要驱逐那些被神诅咒的人[②]一样,

① 即其全部分担额的三分之二(参阅第127页)。

② 参阅第99页。

其目的也就是指着他。伯里克利于是在民众会议中发言说：虽然阿基达马斯是他的朋友，这一事实无损于雅典人的利益。假如他的地产和房屋不被敌人毁灭，如同别人的地产和房屋一样的话，他愿意将自己未遭毁灭的财产捐献公家，以免大众因此对他怀疑。对于当前的大局，他的意见和过去还是一样的，[①]那就是说：大家准备作战，要把郊外的财产迁入城内，大家不要出城求战而要走入城内，固守城垣；他们尽力所能运用的海军要安排得达到最高的效能；对他们的同盟者要紧紧地抓住，因为同盟者所缴纳的金钱就是雅典的力量，战争的胜利全靠聪明的裁断和经济的资源。在这一点上，伯里克利要大家有信心；他说，除了从别的来源所取得的收入[②]以外，每年由各同盟国所缴纳的贡款平均达到六百他连特；[③]在雅典的卫城内，还存有

雅典娜女神像

① 参阅第111页以下。

② 除同盟国的贡款外，雅典的经常收入有关税、商业税、住在雅典的异邦人所缴纳的人头税、国家财产的租税（特别是银矿的租税）、法院所收的诉讼费和罚款。

③ 提洛同盟成立时，原来规定的数目是460他连特（第77页）。这里所说的数字是平均数量，因为贡款的定额是每四年在泛雅典娜节日修订一次的。

六千他连特银币[①]。除此以外，还有各私人或国家所捐献而未铸成货币的金银；还有在赛会游行和竞技时所用的礼神杯盏和器皿；也有来自波斯人的战利品以及其他一切一切的资源，其总数也不下于五百他连特。他说：别的神庙中所储存的金钱，于必要时，也可以取来用，其数目也是很有可观的。到了极窘迫的时候，就是雅典娜女神像身上的黄金片也可以利用。[②] 这个女神像上，据他说，有纯金四十他连特，那都是可以取下来的。[③] 但是，他指出来，如果为了保持自己的生存而真的动用了这项黄金的话，他们事后一定要以同量的或更大量的黄金送还雅典娜女神。

他对于雅典的经济状况就是这样向雅典人保证的。至于军队，他们有一万三千名重装步兵，再加上防守各地和实际上参加防守雅典城市工作的一万六千名。[④] 骑兵人数，连同骑兵射手在内，共有一万二千人；此外，还有一千六百名徒步射手，三百条三列桨

① “这项储备金的最高额曾达到九千七百他连特，为着建筑雅典卫城正门普洛匹利亚及其他建筑物和为着波提狄亚，曾经用出了一些。”

（雅典卫城的正门约完成于公元前432年。“其他建筑”是指帕德嫩神庙、奏乐馆和埃琉西斯神殿等。参阅普鲁塔克：《伯里克利传》XIII。）

② 菲狄亚斯所造帕德嫩神庙中雅典娜女神的黄金象牙雕像。

③ 据普鲁塔克：《伯里克利传》上的记载（XXXI），菲狄亚斯依照伯里克利的意见，把雅典娜女神雕像装上黄金片，这些黄金片都是可以取下来衡量轻重的。

④ “这个数目的人原先是选拔出来以备敌人入侵时负担防御工作的，这支军队的来源是军队中最年老和最年轻的公民以及有当重装步兵资格的雅典异邦人。法勒隆城墙从海边到环绕雅典的城墙长四十英里，环绕雅典的城墙将近五英里的距离是有兵防守的，虽然有一部分（即长城和法勒隆城墙间一段）没有兵守卫。那么，从雅典到庇里犹斯的长城长四点五英里，其外墙是有兵防守的。还有环绕庇里犹斯及曼尼基亚的要塞长七点五英里，其中一半的距离是有兵防守的。”

雅典的兵役年龄是十八至六十岁；十八至二十岁的青年只召集来负担亚狄迦境内防守的责任。取得完全公民权的年龄是二十岁。

希腊的战士

战舰准备随时加入战争。[①] 伯里克利用他常说的论据来向他们证明：最后的胜利是有把握的。

雅典人接受了伯里克利的意见，把他们的妻室儿女以及日用家具都从郊外搬进城中，连房屋中的木造部分，如门板、窗格等，都搬走了。牛马等牲畜都送往优卑亚及海岸附近的岛屿上去了。这种迁移对于雅典人是一个颇为艰巨的经验，因为大多数人都是在郊外住惯了的。

真的，从很早的时代以来，这种乡村生活就是雅典人民生活的特征。自从西克罗普斯[②]和初期国王的时代一直到提秀斯时代，亚狄迦人民总是住在独立的市镇中的，各有各的市政厅和政府。只有处在危急的时候，他们才集合起来，和国王商讨办法；其余的时候，各市镇各自照料自己的事务，作出自己的决定。从前也有时候，有些市镇真的对雅典作战，譬如攸摩尔巴斯领导下的埃琉西斯就反对过国王伊累克修斯。但是到了提秀斯做国王的时候，他表现得既明智又强大。在他改革国家的计划中，最重要的就是取消各市镇的议事会和政府，使他们都团结在雅典的下面，创造一个共有而详慎的民众会议和一个政府机构。个人可以和从前一样，照料自己的财产，但是提秀斯只许他们成立一个政治中心，那就是雅典，因为他们都成了雅典的公民。提秀斯所遗留给后代的，的确是一个伟大的城市，直到今天，雅典人为了纪念雅典娜女神而由公帑项下开支，以举行雅典统一节[③]，这是从提秀

① “这是在预料伯罗奔尼撒人将入侵的时候以及战争爆发之初，对于雅典在各方面可能利用的资源的一个估计，这个估计是正确的，可能还保守了一点。”

② 雅典传说中第一个国王。——译者

③ 雅典统一节是在赫卡汤姆培康月十六日举行的。（赫卡汤姆培康月是雅典历的一月，即我们现在的八月下半月到九月上半月。——译者）

斯开始的。在此以前，[①]雅典城所包括的，只是现有的卫城（阿克罗波利）和它下面向南的一部分地方。[②]

这样，雅典人从长久的时间以来就是在分散于全亚狄迦的独立乡村中生活着的；就是亚狄迦统一以后，古时的习惯依然是保留下来的。大多数雅典人，从早几代一直到这次战争发生的时候，都是生长在乡间。现在必须带着全部家属和家具迁移，尤其是在波斯战争后，大家刚刚安定下来的时节，忽然来一个迁移运动，他们心里是很不舒服的。他们很悲伤，很不愿意抛弃他们的家园和他们祖先遗留下来的古代神庙，很不愿变更他们整个的生活方式，把每个人所认为是自己的市镇加以抛弃。

他们到了雅典，少数人有自己的房屋可以住，也有少数人能够托庇在亲戚朋友的宇下；但是大多数人要在没有建筑房屋的地方，在庙宇中和古代英雄的神殿中栖止下来；但是雅典的卫城、埃琉西斯的狄密特女神庙和其他类似的地方是严格地禁止人们去住的。在卫城下面，有一大块土地，名叫“皮拉斯基人的土地”[③]，那是在

① 即在提秀斯统一亚狄迦以前。

② “关于这点的证据，可以从下面的事实中找到：其他各地的神庙，也和雅典娜女神庙一样，是在雅典的卫城内；卫城外的神庙主要是在城市的南部——例如奥林匹亚的宙斯神庙、彼提亚的阿波罗神庙、土地神庙和马什的道尼修斯神庙；比较古老的道尼修斯节日仍在花月（即现在的三月。——译者）举行，以庆祝道尼修斯神，从雅典来的爱奥尼亚人至今还保留这个习惯。其他古老的神庙也是在城市的南部。那里有一个泉水；自从僭主们开凿这个泉水以来，这个地方就叫作恩尼克罗诺斯，意为‘九泉’，但是过去当泉水笔直从地下涌出时，常被称为卡利尔荷，意为‘芳溪’。在那个时候，人们常利用这个泉水作一切用途，因为泉水就在附近；现在在婚礼中以及其他宗教仪式中，利用这个泉水的风俗，就是从他们这种古老的习惯中产生出来的。同时，现在雅典人还称卫城为‘城’，这也是因为过去他们是常住在那里的。”

③ “皮拉斯基人”建筑了一个要塞在卫城的西边，只有这一边是敌人可以攻入卫城的。遭到神的诅咒的地方是在卫城下面和这个要塞上面的一块空地。

神的诅咒之下，不许人们居住的；同时，彼提亚的阿波罗的神谶断片也宣布同样的禁令，其词句如下：

"让皮拉斯基人的土地荒着，

住在这里的人灾祸临头。"

但是因为当时的迫切需要，这块土地上面也盖起房子来了。[①] 还有不少的人在城墙上面的谯楼中住下来了。事实上，无论什么地方，只要有空隙的地方，他们就住下来了。因为他们都迁入城中，地方不够分配，后来长城的外围以及庇里犹斯的大部分都分给大家使用了。

此时，一切都建立在战时的基础上面。对同盟国发出了号召，一百条船舰都配备好了，准备开往伯罗奔尼撒去。这就是雅典准备战争的情况。

第三章　战争的第一年

现在伯罗奔尼撒的军队向前推进了，他们达到的第一个地方是亚狄迦的伊诺；他们想从这个地方深入亚狄迦内地。他们在此地驻扎下来，准备用攻城的机械或别的方法进攻城垣。伊诺位于亚狄迦和彼奥提亚间的边境上是一个有围墙的小镇，雅典人在战争爆发时用以作防卫边境的要塞。伯罗奔尼撒人准备在此进攻，

① "照我看来，这个神谶的实现，和人们所预料的相反。雅典遭着灾难，不是由于在此地的非法居住，而是由于战争，使人们不得不在此地居住。虽然可以预料到，如果这地方有人住，一定是雅典遭着困难的时候了；但是神谶中并没有提到战争。"

花费了很多时间，而没有进攻的行动。因为这一点，阿基达马斯受到严厉的批评；就是在战争刚发生的前一段时间以内，人民也觉得他软弱，有同情雅典的倾向，因为在他的言论中，他是不赞成全面作战的。[①] 到了动员以后一段时间内，他的名誉更加受到影响，因为在地峡一带耽误了一些时日，而后来的进军，也是迟迟其行。此时在伊诺城下停留下来，尤其是不应该的；因为雅典人就利用这个时间，将财物迁入城内，而伯罗奔尼撒人以为，如果阿基达马斯不采用拖延战术的话，他们可能迅速地进军，雅典人一切财物还留在郊外。所以在围攻伊诺的时候，军中对于阿基达马斯很有恶感。据说，他的趑趄不前是因为他料定雅典人不愿意使自己的土地被人践踏摧毁；在土地还未受到蹂躏以前，他们会采取和解态度的。

等到伊诺的进击失败了，其他一切围攻计划也没有收到效果，而雅典的传令官也没有出现，军队最后才开始进攻亚狄迦。[②] 最初他们驻扎在埃琉西斯附近，破坏埃琉西斯一带和色利亚平原。在赖提或"群溪"地方，他们击败了雅典一个骑兵队。他们沿着伊加拉斯山的西麓继续前进，通过克罗匹亚[③]，达到阿卡奈，这是亚狄迦最大的得莫(即自治乡镇)。他们就在这里驻扎他们的军营，停留下来，长久地继续破坏整个地区。

人家说，阿基达马斯之所以带着准备战斗的军队，停留在阿卡

---

① 参阅第64—68页。

② "这次进攻是在普拉提亚事件之后约八十天开始的，当时是仲夏，正当麦子熟了的时候。侵略军是由斯巴达国王阿基达马斯(沙西达摩斯的儿子)指挥的。"(这里所说的是亚狄迦历的夏季，所以仲夏大约是五月底，这通常是亚狄迦割麦子的时候。——译者)

③ 这是伊加拉斯和巴尼斯间的一个得莫。

奈，而不在入侵时，居高临下，攻入平原，是因为他有一个深谋远虑的计划。他希望雅典人出来作战，因为雅典有最卓越的青年群众，他们对于战争，有了从来所没有过的准备，他们不会让他们的土地遭到蹂躏的。他在埃琉西斯时，或在色利亚平原时，他们没有向他进攻；他想试试看，如果他在阿卡奈驻扎下来，他们是不是会出来和他会战。在他看来，阿卡奈本身是一个很好建立军营的地方；同时，他认为阿卡奈人有三千名重装步兵，他们在国家中占重要的地位；因此，他们不会让自己的财产遭到破坏，而会强迫其他的人出来和他们一同作战的。从另一方面说来，如果在这次入侵时，雅典人不出来作战的话，将来伯罗奔尼撒人再入侵的时候，会更有信心来破坏平原地带，一直进军到雅典城下。那个时候，阿卡奈人自己的财产已经丧失，他们更会不愿意为着别人的财产来冒生命的危险；因此，雅典人的意见就不会一致了。这就是阿基达马斯的策略，所以他在阿卡奈按兵不动。

至于雅典人，当敌军在埃琉西斯和色利亚平原的时候，他们还希望敌军不继续向他们进攻。他们记得在十四年前，斯巴达国王普雷斯多安那克斯（波桑尼阿斯的儿子）率领一支伯罗奔尼撒军队侵入亚狄迦，达到埃琉西斯和色利亚之后，即撤兵回国，没有继续前进了。[①] 他们亲眼看见自己的土地遭到破坏——这件事情，青年人从来就没有看见过，老年人只在波斯人入侵的时候看见过。但是阿卡奈离雅典不过六十斯塔狄亚[②]，他们看见敌军驻扎在阿

① “事实上，此事的结果，斯巴达人把他逐放了，因为他们以为他是受了贿赂而退兵的。”

② 约合六英里。——译者

卡奈，这种情况是他们所不能容忍的。很自然地，他们会因此而感到愤怒，特别是青年人，他们要出来阻止敌军的破坏的。双方意见激烈地争辩，有些人要求领导他们出来作战，有些人则反对这个要求。职业的预言者说出各种预言，各派人士热心地听着。阿卡奈人知道他们是全国的重要部分，同时认为他们的土地正在遭着蹂躏，所以他们特别坚持出兵。当时，雅典处于一种很紧张的状态中：他们迁怒于伯里克利，对于过去他所给予他们的忠言，他们完全不注意了；他们反而辱骂他，说他身为将军，而不领导他们去作战，把他们自己所受痛苦的责任完全加在他的身上。

伯里克利深信他自己主张不出战的观点是正当的，但是他看到目前雅典人因愤怒的情感而误入迷途了。所以他不召集民众会议，或任何特别会议，因为恐怕一般讨论的结果，他们在愤怒之下，而不在理智的影响之下，作出错误的决议来。同时，他注意城市的防御工作，他尽力维持镇静的态度。但是他经常派遣骑兵队出去，防止敌人的巡逻队冲入雅典郊外乡村中进行破坏。雅典的骑兵队（有帖撒利骑兵的帮助）和彼奥提亚的骑兵队在福里基亚发生小战。雅典和帖撒利的骑兵处于优势；直到伯罗奔尼撒的重装步兵来援助彼奥提亚人的时候，他们才败退，少数雅典人和帖撒利人被杀。但是他们没有请求休战，当天就把死者的尸体收回了。翌日，伯罗奔尼撒人建立一个胜利纪念碑。[①]

---

① “帖撒利支援雅典，是根据一个旧条约上的规定。来助战的帖撒利人是拉利萨人、法塞鲁人、克拉浓人、彼拉西亚人、基尔顿尼亚人和非累人。拉利萨派来的军队由波利米底和亚里斯托诺斯指挥，各人领导一队。美浓是法塞鲁军队的司令官。其他城市亦各有各的司令官。”（关于雅典和帖撒利间的旧条约，参阅第 81 页。——译者）

最后，因为雅典人没有出来会战，伯罗奔尼撒人离开了他们在阿卡奈的军营，进行破坏巴尼斯山和布里勒撒山间的乡镇（得莫）。[①] 当伯罗奔尼撒人还在亚狄迦的时候，雅典人派遣他们已经配备好了的一百条船舰去环绕伯罗奔尼撒半岛。[②] 船舰上有一千名重装步兵，四百名弓箭手。司令官是谢诺提马斯的儿子卡那纳斯、埃彼克里斯的儿子普罗丢斯和安提根尼的儿子苏格拉底。这支远征军出发了，而伯罗奔尼撒人还留在亚狄迦，直到军粮不给的时候，他们才采取和他们来时不同的道路，由彼奥提亚撤退回国。当他们经过俄罗巴斯时，他们破坏了格累伊斯地区[③]，这个地区是雅典的属民俄罗巴斯人耕种的。[④]

伯罗奔尼撒人撤退后，雅典人在陆地上和海上设立了防守据点，他们想在战争期中，驻守这些据点。他们也决定从卫城的存款中提出一千他连特，[⑤]作为特别储金，不得动用。战费由其他经费开销；如果不是敌人率领舰队从海上进攻雅典而需要保卫城市的时候，凡建议动用此款或将动用此款的提案付诸表决者，即处死刑。和这些钱一起，他们提出一个一百条三列桨战舰的舰队，这些是每年最好的战舰，并且指定舰长。这些船舰，也和这些金钱一样，只能用于同一个目的，以应付同样的危机，如果这个危机真的发生了的话。

① 这个地区通常被称为彭泰利卡斯，这是因山南的彭泰利乡镇（得莫）而得名。

② 参阅第 135 页。

③ 这个地方因古镇 Γραια（《奥德赛》，498）而得名。

④ 这是公元前 412—前 411 年彼奥提亚人攻陷俄罗巴斯以前写的。

⑤ 这是卫城中存款六千他连特中的一部分（参阅第 130 页）。

同时，环绕伯罗奔尼撒半岛的那个包括一百条战船的雅典舰队仍在继续航行。雅典人又有科西拉派来的五十条船舰和那个地区的同盟国派来的其他船舰的增援。他们在各地破坏后，在斯巴达境内的美敦尼登陆，进攻那里的要塞。但是正碰着斯巴达军官伯拉西达（推利斯的儿子）率领一支守卫军在那里。当他知道这个形势时，他率领一百名重装步兵来援救这个地方的驻防军。他看见雅典的军队分散在乡间，他们的注意力只集中在要塞，他就进攻，一直通过雅典军队，达到美敦尼；在这次军事行动中，他丧失了少数兵士，但是挽救了这个城市。因为这次功绩，他是这次战争中第一个受到斯巴达政府的祝贺的。

此事之后，雅典起航，继续环绕海岸航行。他们在伊利斯的腓伊亚登陆，花费了两天工夫来破坏那个地方的土地，打败了从伊利斯盆地及腓伊亚邻近地区精选出来的三百名军队。但是当时大风刮起来了，他们留在一个没有港口的地方是危险的，所以他们大部分又上了船，环绕“鱼岬”，[①]航入腓伊亚的港口。同时，那些没有能够上船的美塞尼亚人和其他的人从陆地上到腓伊亚，把它攻下了。后来那些沿着海岸航行的船舰在那里把他们带上了船。于是他们放弃了腓伊亚，继续航行；因为这时候，伊利斯人的主要军队已经跑来抵抗他们了。雅典人继续他们的巡逻，沿途破坏了其他地方。

大约同在这个时候，他们又派了三十条船舰环绕罗克里斯航行，同时保卫优卑亚。指挥这个舰队的司令官是克莱尼阿斯的儿

① 其他译本都作“伊克提斯地角”。——译者

子克利奥彭帕斯。他在沿岸各地登陆，破坏其乡村，攻陷特洛尼昂，并从特洛尼昂取得人质。罗克里斯人前来抵抗他，他在阿罗比地方把他们打败了。

在同一个夏季中，雅典人把厄基那人及其妻室儿女逐出厄基那，把战争的大部分责任归咎于他们。同时，因为厄基那位于伯罗奔尼撒沿岸附近，他们认为，如果他们派遣他们自己的移民占据那个地方，会比较安全些；后来不久，他们真的派人去占领了那个地方。从厄基那迁出来的人从斯巴达得到泰里亚镇住下来，有土地可以耕种。斯巴达人之所以这样做，一部分是因为厄基那人对雅典人是仇恨的，一部分是因为厄基那人在斯巴达地震及希洛人暴动[①]时，曾给斯巴达人以有力的支持。泰里亚的土地位于亚哥里斯和拉哥尼亚的边界上，由此扩展，下至海滨。有些厄基那人定居于此，而其余的人散居于全希腊各地。

同一个夏季中，在阴历月初[②]（似乎只有在这个时候，这样的事才是可能发生的），午后发生日食。太阳变为新月形，在它恢复常态前，有些星还可以看得见。

在同一个夏季中，雅典人任命尼姆福多拉斯做他们在色雷斯的代理人，[③]并且召他到雅典去，虽然过去雅典人是把他当作敌人的（尼姆福多拉斯是阿布提拉人派多斯的儿子，他的姊妹嫁给西塔尔西斯，他本人有能左右西塔尔西斯的势力）。雅典人这样做的目

① 参阅第 80 页。

② 公元前 431 年 8 月 3 日。

③ 做代理人以照顾雅典人在色雷斯的利益（参阅第 209 页注①）。

的是想争取色雷斯王西塔尔西斯(特里斯[①]的儿子)作为同盟者。当争取他作为同盟者的时候,他们想利用他的帮助,以控制柏第卡斯和色雷斯的市镇。当尼姆福多拉斯来到雅典时,他商妥了和西塔尔西斯的同盟,使西塔尔西斯的儿子萨多卡斯做雅典的公民,并承认劝西塔尔西斯派遣一支色雷斯的骑兵队和盾兵队来解决色雷斯的战事。他又把柏第卡斯拉拢到雅典人这边来,劝雅典人把德密[②]退还柏第卡斯。此事之后,柏第卡斯马上就帮助福密俄领导下的雅典人,[③]对卡尔西斯人进行战争了。这样,雅典就和色雷斯国王西塔尔西斯(特里斯的儿子)以及马其顿国王亚历山大的儿子柏第卡斯订立了同盟。

同时,雅典一百条船舰的舰队还在伯罗奔尼撒的领海内。他

① “西塔尔西斯的父亲特里斯是奥德里西大王国的建立者,这个王国占有色雷斯大部分土地,虽然色雷斯还有颇大的一部分土地是独立的。这个特里斯和那个娶雅典人班岱翁之女普罗克尼为妻的特里阿斯无关。这两个人甚至于不是同一个地方的色雷斯人。特里阿斯住在现在佛西斯地区内的道利斯,但是那时候这个地方是色雷斯人居住的。就是在这个地方,这些妇女犯了和伊提斯有关的著名罪行,许多诗人称夜莺为‘道利斯鸟’。可能班岱翁以其女的婚姻缔结同盟,其目的在于能够彼此互相援助。那么,和道利斯缔结同盟比和奥德里西缔结同盟更为实际些,因为道利斯离雅典很近,而奥德里西离雅典有许多天的路程。并且两个人的名字也不同,这个特里斯是奥德里西第一个有势力的国王。”

希腊传说,雅典王班岱翁有二女,普罗克尼和菲洛密拉。普罗克尼嫁色雷斯王特里阿斯。后来特里阿斯诈称普罗克尼已死,请求派遣菲洛密拉往色雷斯。菲洛密拉至色雷斯,特里阿斯凌辱之,并割其舌,使之不能说出她所受的凌辱。菲洛密拉把这件事情织于花毯上。后来普罗克尼知其事,与妹合谋,杀其子伊提斯,把肉献给特里阿斯吃,以资报复。特里阿斯发现这件事情后追逐她们姊妹两人。诸神看见了,把三人都变为鸟类:特里阿斯变为戴胜鸟,普罗克尼变为夜莺,菲洛密拉变为燕。修昔底德在此辨明西塔尔西斯的父亲特里斯不是传说中的特里阿斯(参阅阿波罗多拉斯,III,193以下;奥维德:《变形记》VI. 424以下,中译本,第81—88页)。——译者

② 参阅第48页。

③ 参阅第52页。

们攻陷科林斯的索利安姆镇，把这个市镇和它的土地分给巴利拉的阿开那尼亚人。他们又进攻阿斯塔卡斯，那个地方是僭主挨维卡斯统治的；他们赶走挨维卡斯之后，使那个地方和他们建立同盟。然后他们航往塞法伦尼亚，①不战而取得了这个岛屿。不久之后，这个舰队就回雅典去了。

这年的夏季中，雅典全部军队（包括雅典的异邦人在内）在桑西巴斯的儿子伯里克利率领下，侵入麦加里德。在这个时候，正碰着那个环绕伯罗奔尼撒半岛的一百条船舰的舰队在它的归国途中，达到厄基那；当他们听到雅典全军都在麦加拉的时候，他们航行过来，和雅典全军联合在一起。真的，这是雅典曾经召集过的最大一次军队。这时正当雅典的全盛时期，它还没有遭受瘟疫的损失。在那里的，至少有公民重装步兵一万名（在波提狄亚的三千名②尚没有计算在内）；雅典异邦人参加这次侵略的不下三千名重装步兵；此外，还有数目很大的轻装步兵。以后，雅典人每年多次侵入麦加里德，或用骑兵，或用全军，直到尼塞亚被攻陷时③为止。

在这个夏季的末尾，雅典人又在阿塔兰塔④建立设防据点，以防止海盗从奥巴斯和罗克里斯其他港口驶出来破坏优卑亚。

这一切军事行动都是发生于伯罗奔尼撒人从亚狄迦撤退后的夏季中。在同年的冬季里，阿开那尼亚人挨维卡斯想回阿斯塔卡

① “塞法伦尼亚岛上对着阿开那尼亚和琉卡斯的一边有四个城邦，即培尔人，克朗尼人，萨米人和普罗尼人。”

② 参阅第48页。

③ 参阅第344—348页。

④ 离奥彭梯亚的罗克里斯海岸不远的一个岛屿，过去是没有人住的。

斯，所以他劝科林斯人派四十条船舰和一千五百名重装步兵到那里去，以恢复他的势力。他自己也雇用了一定数量的雇佣兵。指挥这次远征军的司令官是亚里斯托尼马斯的儿子幼发密达、提摩克拉底的儿子提摩森那斯和克赖西斯的儿子攸马卡斯。他们驶往阿斯塔卡斯，恢复了挨维卡斯的势力以后，他们想取得阿开那尼亚沿海一带其他地方，但是没有成功。于是他们回国了，在回国途中，他们停泊在塞法伦尼亚，在克朗尼人的领土内登陆。起初，克朗尼人欺骗地装作要和他们订立条约的样子，后来突然向他们进攻；因此，他们在此地丧失了一些士兵。于是他们经过了一些困难才上船，回到科林斯去了。

第四章　阵亡将士国葬典礼上伯里克利的演说

在同一个冬季中，雅典人依照他们每年的习俗，对于那些首先在战争中阵亡的人，给予公葬。公葬的仪式是这样举行的：在葬礼的前两天，死者的遗骨运来了，安置在一个事先建筑好了的幕篷中，人们可以拿各种他们所愿意拿出来的祭品向他们自己的死者致祭。于是举行丧葬游行，用四轮车子载着柏木棺材。每个部落有一个棺材，同一部落成员的遗骨都放在一个棺材里。在游行时，他们还抬着一个装饰好了的空柩架一起走：这是为那些在战争中失踪而尸体没有找着的人设的。凡是愿意的，不论是公民或外国人，都可以参加这个游行，和死者有关系的妇女在坟墓前志哀。遗骨埋在公葬地，这是郊外风景最美的地区[①]。雅典人总是把阵亡将士埋葬在这里的。唯一的例外是在马拉松阵亡的人，因为他们的功勋是十分特出的，他们就埋葬在阵亡的地方。

当遗骨埋葬了之后，雅典城市选择一个他们认为最有智慧和最享盛名的人发表演说，以歌颂死者；演说之后，大家就散了。这就是这种葬礼的程序。在整个战争中，雅典人在埋葬阵亡将士的时候，总是遵照这个古老的习俗。在埋葬这次战争中首先阵亡的将士时，桑西巴斯的儿子伯里克利被推举来发表演说。到了适当的时候，他从坟地跑向前去，站在一个高台上，尽量使多数人能够听到他说的话。他发言如下：

伯里克利像

“过去许多人在此地说过话的人，总是赞美我们在葬礼将完时发表演说的这种制度。在他们看来，对于阵亡将士发表演说，似乎是对阵亡将士一种光荣的表示。这一点，我不同意。这些在行动中表现自己勇敢的人，我认为，在行动中就充分宣布他们的光荣

① 这个地方是在狄斐隆门外的外陶器区；这里有一条大街通雅典，正好像阿比阿路通罗马一样。

了，正如你们刚才从这次国葬典礼中所看见的一样。我们相信，这许多人的勇敢和英雄气概毫不因为一个人对他们说好或说歹而有所变更。当听众不相信发言者是说真情的时候，发言者是很难说得恰如其分的。那个知道事实和热爱死者的人，以为这个发言还没有他自己所知道的和他所愿意听的那么多；其他那些不知道这么多的人会感觉对死者嫉妒，当发言者说到他们自己的能力所不能做到的功绩时，他们认为发言者对于死者过于颂扬。颂扬他人，只有在一定的界线以内，才能使人容忍；这个界线就是一个人还相信他所听到的事务中，有一些他自己也可以做到。一旦超出了这个界线，人们就会嫉妒和怀疑了。但是事实上，这个制度是我们的祖先所制定和赞许的；我的义务是遵照传统，尽我的力量所及来满足你们每个人所希望和预期的。

“首先我要说到我们的祖先们，因为在这样的典礼上，回忆他们所作的，以表示对他们的敬意，这是适当的。在我们这块土地上，同一个民族的人世世代代住在这里，直到现在；因为他们的勇敢和美德，他们把这块土地当作一个自由国家传给我们。无疑地，他们是值得我们歌颂的。尤其是我们的父辈，更加值得我们歌颂，因为除了他们所继承的土地之外，他们还扩张成为我们现在的帝国，他们把这个帝国传给我们这一代，不是没有经过流血和辛勤劳动的。今天我们自己在这里集合的人，绝大多数正当盛年，我们已经在各方面扩充了我们帝国的势力，已经组织了我们的国家，无论在平时或战时，都完全能够照顾它自己。[①]

“我不想作一篇冗长的演说来评述一些你们都很熟悉的问题：

① 就是指金钱、军队和海军，在第129—133页伯里克利所列举的。

所以我不说我们用以取得我们的势力的一些军事行动，也不说我们父辈英勇地抵抗我们希腊内部和外部敌人的战役。我所要说的，首先是讨论我们曾经受到考验的精神，我们的宪法和使我们伟大的生活方式。说了这些之后，我想歌颂阵亡将士。我认为这种演说，在目前情况下，不会是不适当的；同时，在这里集会的全体人员，包括公民和外国人在内，听了这篇演说，也是有益的。

"我要说，我们的政治制度不是从我们邻人的制度中模仿得来的。[①] 我们的制度是别人的模范，[②]而不是我们模仿任何其他的人的。我们的制度之所以被称为民主政治，因为政权是在全体公民手中，[③]而不是在少数人手中。解决私人争执的时候，每个人在法律上都是平等的；让一个人负担公职优先于他人的时候，所考虑的不是某一个特殊阶级的成员，而是他们有的真正才能。任何人，只要他能够对国家有所贡献，绝对不会因为贫穷而在政治上湮没无闻。正因为我们的政治生活是自由而公开的，我们彼此间的日常生活也是这样的。当我们隔壁邻人为所欲为的时候，我们不至于因此而生气；我们也不会因此而给他以难看的颜色，以伤他的情感，尽管这种颜色对他没有实际的损害。在我们私人生活中，我们是自由的和宽恕的；但是在公家的事务中，我们遵守法律。这是因为这种法律深使我们心悦诚服。

① 暗中指着斯巴达人，因为据说，斯巴达人的制度是模仿克里特的；事实上，整篇演辞中，都是和斯巴达的情况相对照。

② 可能是暗指公元前 454 年罗马派人来研究梭伦的法律（李维，iii. 31）。据近代学者的考证，罗马人是往南意研究希腊法律，不是往雅典。——译者

③ 奴隶主民主政治实质上是奴隶主阶级专政，因为奴隶和异邦人都是不能享受政权的。——译者

"对于那些我们放在当权地位的人,我们服从;我们服从法律本身,特别是那些保护被压迫者的法律,那些虽未写成文字、但是违反了就算是公认的耻辱的法律。

"现在还有一点。当我们的工作完毕的时候,我们可以享受各种娱乐,以提高我们的精神。整个一年之中,有各种定期赛会和祭祀;[①]在我们的家庭中,我们有华丽而风雅的设备,每天怡娱心目,使我们忘记了我们的忧虑。我们的城邦这样伟大,它使全世界各地一切好的东西都充分地带给我们,使我们享受外国的东西,正好像是我们本地的出产品一样。[②]

"在我们对于军事安全的态度方面,我们和我们的敌人间也有很大的差别。下面就是一些例子:我们的城市,对全世界的人都是开放的;我们没有定期的放逐,以防止人们窥视或者发现我们那些在军事上对敌人有利的秘密。这是因为我们所依赖的不是阴谋诡计,而是自己的勇敢和忠诚。在我们的教育制度上,也有很大的差别。从孩提时代起,斯巴达人即受到最艰苦的训练,使之变为勇敢;在我们的生活中没有一切这些限制,但是我们和他们一样,可以随时勇敢地对付同样的危险。这一点由下面的事实可以得到证明:当斯巴达人侵入我们的领土时,他们总不是单独自己来的,而

① 特别是指主要节日的赛会,如泛雅典娜节和道尼修斯节:在这些节日里,不仅有体育锻炼,同时也有心智和精神的娱乐,因为那时有艺术布景和表演。

② 修昔底德在这里所指的,不仅是自然产品,而且是精神产品。这些东西都是因为雅典的伟大而被吸引来的;诗歌、音乐和艺术都和商品一样,在雅典找着了舒适的家乡。关于商品的流入雅典,可参阅伪色诺芬的《雅典政制》(ii. 7)(这部书写作的时候早于修昔底德的这一段文字):"凡是在西西里、意大利、塞浦路斯、埃及、吕底亚、本都、伯罗奔尼撒或任何其他地方所能找着的合意的东西,都被带到雅典来了,因为它是海上霸国。"

是带着他们的同盟者和他们一起来的；但是当我们进攻的时候，这项工作是由我们自己来做；虽然我们是在异乡作战，而他们是为保护自己的家乡而战，但是我们常常打败了他们。事实上，我们的敌人从来没有遇着过我们的全部军力，因为我们不得不分散我们的注意力于我们的海军和在陆地上我们派遣军队去完成的许多任务。但是如果敌人和我们一个支队作战而胜利了的时候，他们就自吹，说他们打败了我们的全军；如果他们战败了，他们就自称我们是以全军的力量把他们打败的。我们是自愿地以轻松的情绪来应付危险，而不是以艰苦的训练；我们的勇敢是从我们的生活方式中自然产生的，而不是国家法律强迫的；我认为这些是我们的优点。我们不花费时间来训练自己忍受那些尚未到来的痛苦；但是当我们真的遇着痛苦的时候，我们表现我们自己正和那些经常受到严格训练的人一样勇敢。我认为这是我们的城邦值得崇拜的一点。当然还有其他的优点。

"我们爱好美丽的东西，但是没有因此而至于奢侈；我们爱好智慧，但是没有因此而至于柔弱。我们把财富当作可以适当利用的东西，而没有把它当作可以自己夸耀的东西。至于贫穷，谁也不必以承认自己的贫穷为耻；真正的耻辱是不择手段以避免贫穷。在我们这里，每一个人所关心的，不仅是他自己的事务，而且也关心国家的事务：就是那些最忙于他们自己的事务的人，对于一般政治也是很熟悉的——这是我们的特点：一个不关心政治的人，我们不说他是一个注意自己事务的人，而说他根本没有事务。我们雅典人自己决定我们的政策，[①]或者把决议提交适当的讨论；因为我

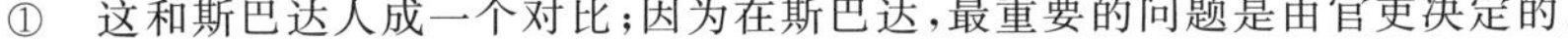

① 这和斯巴达人成一个对比；因为在斯巴达，最重要的问题是由官吏决定的。

们认为言论和行动间是没有矛盾的;最坏的是没有适当地讨论其后果,就冒失开始行动。这一点又是我们和其他人民不同的地方。我们能够冒险;同时又能够对于这个冒险,事先深思熟虑。他人的勇敢,由于无知;当他们停下来思考的时候,他们就开始疑惧了。但是真的算得勇敢的人是那个最了解人生的幸福和灾患,然后勇往直前,担当起将来会发生的事故的人。

“再者,在关于一般友谊的问题上,我们和其他大多数的人也成一个显明的对比。我们结交朋友的方法是给他人以好处,而不是从他人方面得到好处。这就使我们的友谊更为可靠,因为我们要继续对他们表示好感,使受惠于我们的人永远感激我们:但是受我们一些恩惠的人,在感情上缺少同样的热忱,因为他们知道,在他们报答我们的时候,这好像是偿还一笔债务一样,而不是自动地给予恩惠。在这方面,我们是独特的。当我们真的给予他人以恩惠时,我们不是因为估计我们的得失而这样做的,乃是由于我们的慷慨,这样做而无后悔的。因此,如果把一切都联合起来考虑的话,我可断言,我们的城市是全希腊的学校;我可断言,我们每个公民,在许多生活方面,能够独立自主;并且在表现独立自主的时候,能够特别地表现温文尔雅和多才多艺。为着说明这并不是在这个典礼上的空自吹嘘,而是真正的具体事实,你们只要考虑一下:正因为我在上面所说的优良品质,我们的城邦才获得它现有的势力。我们所知道的国家中,只有雅典在遇到考验的时候,证明是比一般人所想象的更为伟大。在雅典的情况下,也只有在雅典的情况下,入侵的敌人不以战败为耻辱;受它统治的属民不因统治者不够格而抱怨。真的,我们

所遗留下来的帝国的标志和纪念物是巨大的。不但现代，而且后世也会对我们表示赞叹。我们不需要一个荷马的歌颂，也不需要任何他人的歌颂，因为他们的歌颂只能使我们娱乐于一时，而他们对于事实的估计不足以代表真实的情况。因为我们的冒险精神冲进了每个海洋和每个陆地；我们到处对我们的朋友施以恩德，对我们的敌人给予痛苦；[①]关于这些事情，我们遗留了永久的纪念于后世。

“那么，这就是这些人为它慷慨而战、慷慨而死的一个城邦，因为他们只要想到丧失了这个城邦，就不寒而栗。很自然地，我们生于他们之后的人，每个人都应当忍受一切痛苦，为它服务。因为这个缘故，我说了这么多话来讨论我们的城市，因为我要很清楚地说明，我们所争取的目的比其他那些没有我们的优点的人所争取的目的要远大些；因此，我想用实证来更清楚地表达我对阵亡将士们的歌颂。现在对于他们歌颂最重要的部分，我已经说完了。我已经歌颂了我们的城邦，但是使我们的城邦光明灿烂的是这些人和类似他们的人的勇敢和英雄气概。同时你们也会发现，言辞是不能够公允地表达他们的行为的；在所有的希腊人中间，和他们这种情况一样的也是不会很多的。

“在我看来，像这些人一样的死亡，对我们说明了英雄气概的重大意义，不管它是初次表现的也好，或者是最后证实的也好。无疑地，他们中间有些人是有缺点的；但是我们所应当记着的，首先

① 这是指雅典人的殖民地而言；按照当地居民的态度，有些殖民地的居民受到虐待（例如俄累俄斯，后来的厄基那），有些得到恩惠（例如色雷斯沿岸的殖民地）。

是他们抵抗敌人、捍卫祖国的英勇行为。他们的优点抵消了他们的缺点，他们对国家的贡献多于他们在私人生活中所做的祸害。他们这些人中间，没有人因为想继续享受他们的财富而变为懦夫；也没有人逃避这个危难的日子，以图偷生脱离穷困而获得富裕。他们所需要的不是这些东西，而是要挫折敌人的骄气。在他们看来，这是最光荣的冒险。他们担当了这个冒险，愿意击溃敌人，而放弃了其他一切。至于成败，他们让它留在不可预测的希望女神手中；当他们真的面临战斗的时候，他们信赖自己。在战斗中，他们认为保持自己的岗位而战死比屈服而逃生更为光荣。所以他们没有受到别人的责难，把自己血肉之躯抵挡了战役的冲锋；顷刻间，在他们生命的顶点，也是光荣的顶点，而不是恐惧的顶点，他们就离开我们而长逝了。

“他们的行动是这样的，这些人无愧于他们的城邦。我们这些还生存的人们可以希望不会遭遇着和他们同样的命运，但是在对抗敌人的时候，我们一定要有同样的勇敢精神。这不是单纯从理论上估计优点的一个问题。关于击败敌人的好处，我可以说得很多(这些，你们和我一样都是知道的)。我宁愿你们每天把眼光注意到雅典的伟大。它真正是伟大的；你们应当热爱它。当你们认识到它的伟大时，然后回忆一下，使它伟大的是有冒险精神的人们，知道他们的责任的人们，深以不达到某种标准为耻辱的人们。如果他们在一个事业失败了，他们下定决心，不让他们的城邦发现他们缺乏勇敢，他们尽可能把最好的东西贡献给国家。他们贡献了他们的生命给国家和我们全体；至于他们自己，他们获得了永远长青的赞美，最光辉灿烂的坟墓——不是他们的遗体所安葬的坟墓，而是他们的光荣永远留在人心的地方；每到适当的时机，永远激动他人的言论或行动的地方。因为著名的人们是把整个地球做他们的纪念物的：他们的纪念物不仅是在自己的祖国内他们坟墓上指出他们来的铭刻，而且也在外国；他们的英名是生根在人们的心灵中，而不是雕刻在有形的石碑上。你们应该努力学习他们的榜样。你们要下定决心：要自由，才能有幸福；要勇敢，才能有自由。在战争的危险面前，不要松懈。那些不怕死的人不是那些可怜人和不幸者，因为他们没有幸福生活的希望；而是那些昌盛的人，因为他们的生活有变为完全相反的危险，他们敏锐地感觉到，如果事情变糟了的话，对于他们将有严重的后果。一个聪明的人感觉到，因为自己懦弱而引起的耻辱比为爱国主义精神所鼓舞而意外地死于战场，更为难过。

"因为这个原因，我不哀吊死者的父母，他们有很多是在这里的。我要努力安慰他们。他们很知道他们生长在一个人生无常的世界中。但是像阵亡将士一样死得光荣的人们和你们这些光荣地哀吊他们的人们都是幸福的；他们的生命安排得使幸福和死亡同在一起。我知道，关于这一点，我很难说服你们。当你们看见别人快乐的时候，你们也会想起过去一些常常引起你们快乐的事情来。一个人不会因为缺少了他经验中所没有享受过的好事而感到悲伤的：真正悲伤是因为丧失了他惯于享受的东西才会被感觉到的。你们中间那些在适当年龄的人仍旧要支持下去，希望更多生一些儿女。在你们自己的家庭中，这些新生的儿女们会使你们忘记那些死者，他们也会帮助城邦填补死者的空位和保证它的安全。因为如果一个人不是和其他每个人一样，有儿女的生命作为保证[①]的话，他是不可能对于我们的事务提出公允而诚实的观点来的。至于你们中间那些已经太老，不再生育了的人，我请你们把你们享受幸福的大部分生命作为一个收获，记着你们的余年是不长了的，你们想到死者的美名时，你们心中要想开些。只有光荣感是不会受年龄的影响的；当一个人因年老而衰弱时，他最后的幸福，不是如诗人所说的，是谋利，[②]而是得到同胞的尊敬。

“至于你们中间那些死者的儿子们或弟兄们，我能够看见，在你们面前有一个艰巨的斗争。每个人总是颂扬死者，纵或你们有了最高度的英勇壮烈精神，但是你们所得到的名誉，很难和他们的标准相近，更不要说和他们的相等了。当人活着的时候，他总是易于嫉妒那些和他们竞争的人的；但是当人去世了的时候，他是真诚地受人尊敬的。

“你们中间有些妇女现在变为寡妇了；关于她们的责任，我想说一两句话。我所能够说的只是一个短短的忠言。你们的大光荣没有逊于女性所应有的标准。妇女们的最大光荣很少为男人所谈论，不管他们是恭维你们也好，批评你们也好。现在依照法律上的要求，我已经说了我所应当说的话。我们暂时对死者的祭献[③]已

---

① 未满三十岁者不得为贵族会议的议员，那时候他差不多可以确定为已经结婚了的；根据戴那卡斯（§71）的记载，没有合法的男性后裔者，在民众会议中没有发言权。

② 指西蒙尼德。参阅普鲁塔克：《道德对话集》（786b）：有人批评西蒙尼德爱钱，西蒙尼德说：因为年老，其他乐趣都没有了，但是他还有一种乐趣以自娱，那就是谋利。

③ 在典礼中对死者致敬的其他仪式，在第144—145页中叙述了，可以和致颂辞者的言辞比较。

经做了,将来他们的儿女们将由公费维持,直到他们达到成年时为止。这是国家给予死者和他们的儿女们的花冠和奖品,作为他们经得住考验的酬谢。凡是对于勇敢的奖赏最大的地方,你们也就可以找到人民中间最优秀的和最勇敢的精神。现在你们对于阵亡的亲属已致哀吊,你们可以散开了。”

第五章　战争的第二年。瘟疫及其影响

公葬典礼就是这样在战争第一年末的冬季里举行的。在下年夏季之初,①伯罗奔尼撒人和他们的同盟者,和从前一样,②用他们全部军队的三分之二侵入亚狄迦,又是由沙西达摩斯的儿子阿基达马斯指挥的。他们建立营地后,马上就开始破坏那个地区。

他们到亚狄迦之后不久,瘟疫③就首先在雅典人中发生了。据说,这种瘟疫过去曾在雷姆诺斯附近许多地区和其他地方流行过,但是在记载上从来没有哪个地方的瘟疫像雅典的瘟疫一样厉害的,或者伤害这么多人的。起初,医生们完全不能医治这种病症,因为他们不知道正确的医疗方法。事实上,医生们死亡最多,因为他们经常和病者接触。任何技术或科学都毫无办法。向神庙

① 公元前430年。

② 参阅第127页。

③ 在雅典所发生的瘟疫是现在已知的病症中的哪一种,很难确定。格罗特认为这是发疹伤寒。它的病征和斑疹伤寒的病征较为类似。

中祈祷，询问神谶等等办法，都无用处；最后，人民完全为病痛所困倒，所以他们也不再求神占卜了。

据说，这种瘟疫起源于上埃及的爱西屋比亚，由那里传布到埃及本土和利比亚，以及波斯国王的大部分领土内。它在雅典突然出现，首先得这种病的是庇里犹斯的居民；他们以为是伯罗奔尼撒人在蓄水池①中放了毒药。但是后来这种病在上城也出现了，这时候，死亡的人数大大增加。至于这种病症最初是怎样产生的，为什么这种病症对于身体有这样剧烈的影响等问题，我将留给那些有医学经验或没有医学经验的人去考虑。我自己只描述这种病症的现象，记载它的征候；这些知识使人们能够认识它，如果它再发生的话。我自己患过这种病，也看见别人患过这种病。

一般人都承认，那年特别没有其他的病症；纵或有一些以前患别种疾病的人，但是结果，都得了这种瘟疫。但是另外有一些人，似乎没有受这种病症侵袭的理由。身体完全健康的人突然开始头部发烧；眼睛变红，发炎；口内从喉中和舌上出血，呼吸不自然，不舒服。其次的病征就是打喷嚏，嗓子变哑；不久之后，胸部发痛，接着就咳嗽。以后就肚子痛，呕吐出医生都有定名的各种胆汁。这一切都是很痛苦的。大部分时间是干呕，产生强烈的抽筋；到了这个阶段，有时抽筋停止了，有时还继续很久。抚摸时，外表上身体热度不高，也没有现苍白色；皮肤颇带红色和土色，发现小脓疱和烂疮。但是身体内部发高热，所以就是穿着最薄的亚麻布，病者也不能忍耐，而要完全裸体。真的，他们大部分人喜欢跳进冷水中。

① “当时庇里犹斯还没有井。”

有许多没人照顾的病人实际上也是这样做了，他们跳进大水桶中，以消除他们不可抑制的干渴；因为他们无论喝多少水，总是一样的。于是他们长期患着失眠症，不能安静下来。

当这种疾病达到顶点的时期，病人的身体并没有衰弱，表现有惊人的力量，能够抵抗所有的痛苦，所以在第七天或第八天的时候，他们还有一些力量留着；正在这个时候，他们多半因为内部高热而死亡。但是如果病者经过这个危险时期而不死亡，于是病入肠胃，产生强烈的溃烂和不可控制的大泻；因而引起衰弱，后来多半就会死亡了。因为这种疾病首先从头部起，进而轮流影响到身体的各个部分，纵或病者逃脱了最恶劣的影响，但是在身体的四肢还留下它的痕迹：它影响生殖器、手指和脚趾；许多病后复原的人丧失了这些器官的作用；也有一些人的眼睛变瞎了。[①] 也有一些人，当他们开始好转的时候，完全丧失了他们的记忆力，他们不知道他们自己，也不认识他们的朋友。

这种疾病的一般情景不是语言文字所能描写得出的；至于个人的痛苦，它似乎不是人所能忍受的。这里特别有一点表现这种瘟疫和其他平常疾病不同的地方：虽然有许多死者的尸体躺在地上，没有埋葬，吃人肉的鸟兽不是不跑近尸体，就是，如果尝了尸体的肉的话，后来就因此而死亡。关于这点，从下一事实可以得到证明：所有吃肉的鸟类完全绝迹；在尸体附近或其他地方，都看不见有这类的鸟。但是如果要观察瘟疫的这种效果，狗提供了最好的

① 很明显地，这是由于血液循环的停止引起坏疽的结果。这种斑疹伤寒的结果，在 1915 年巴尔干山脉地区所爆发的瘟疫中是常见的。

机会，因为它是和人住在一起的。

这些是这种疾病的一般情况，但是我省略了每个病人所发生的各种特殊现象。同时，在所有这个时候，没有任何其他普通疾病流行；如果有其他普通疾病发生的话，其结果也终于成为瘟疫。有人因为疏忽而死亡；有些人，虽然尽力医疗，也死亡了。可以说，还没有找到一个公认的医疗方法：对某些人有益的，对另外一些人是有害的。那些生来就身体强壮的人不见得就比身体衰弱的人更能抵抗这种疾病，强者和弱者同样地因这种疾病而死亡，就是那些医疗得最好的人也是一样。最可怕的，是当人们知道得到这种疾病时，即陷于绝望中；因此他们马上就采取一种毫无希望的态度；这样屈服了，就丧失了一切抵抗的力量。由于看护别人的结果而获得疾病的人，像羊群一样地死亡着，这种情景也是可怕的。真的，这样死亡的，比因为任何其他原因而死亡的更多。因为人们害怕去看病人，病人即因无人照顾而死亡；真的，因为无人照顾的缘故，许多人全家都死光了。从另一方面说来，当他们真正去看病人的时候，他们自己也丧失了生命，对于那些把这种礼貌当作有关体面的事的人，尤其是这样的。这样的人觉得考虑自己的安全是可耻的；他们时常跑到朋友家里去，虽然那时候死者的家属为沉重的灾难所压倒，以至于放弃了哀悼死者的通常习惯。但是感觉到病者和垂死者最可怜的是那些他们自己得了瘟疫，后来病愈复原的人。他们知道这种病痛的情况，同时觉得他们自己得到安全了，因为没有人会第二次得这种疾病的；或者，如果第二次得了这种病的话，也是不会致死的。这样的人得到各方面的祝贺；在他们复原的时候，他们自己也很得意，以致他们愚蠢地以为他们以后也不会因其他任何疾病而死亡的。

使雅典人的情况更加恶劣的一个因素是他们把乡村居民迁移到城市里来，这件事对于新来者影响特别不好。他们没有房屋住，事实上他们在炎热的季节里，住在空气不流通的茅舍中，他们像苍蝇一样地死亡着。垂死者的身体互相堆积起来，半死的人在街上到处打滚，或者群集于泉水的周围，因为他们想喝水。他们所居住的神庙中，充满了死者的尸体，这些人是在他们中间死掉的。因为这个灾祸有这样压倒的力量，以致人们不知道下一次会发生什么事，所以对于宗教上或法律上的每条规则都毫不关心。过去所遵守的丧葬仪式，现在都不遵守了；他们尽他们能力所及，埋葬死者。许多人缺乏埋葬时所必需的东西，因为他们家庭中的人口已经死亡很多了，所以采取最可耻的方式来埋葬。他们首先到别人已经做好的火葬堆去，把他们的死者放在火葬堆上，然后点起火来；或者，他们发现另一个火葬堆正在燃烧着，他们把他们抬来的尸体放在别人的尸体上，就跑开了。

希腊人的火葬堆

在其他方面，由于瘟疫的缘故，雅典开始有了空前违法乱纪的情况。人们看见幸运变更得这样迅速，这样突然，有些富有的人忽

然死亡，有些过去一文莫名的人现在继承了他们的财富，因此他们现在公开地冒险作放纵的行为，这种行为在过去他们常常是隐藏起来的。因此，他们决定迅速地花费掉他们的金钱，以追求快乐，因为金钱和生命都同样是暂时的，至于所谓荣誉，没有人表示自己愿意遵守它的规则，因为一个人是不是能够活到享受光荣的名号是很有问题的。一般人都承认，光荣的和有价值的东西只是那些暂时的快乐和一切使人能够得到这种快乐的东西。对神的畏惧和人为的法律都没有拘束的力量了。至于神祇，他们认为敬神和不敬神是一样的，因为他们看见好人和坏人毫无区别地一样死亡。至于违犯人为的法律，没有一个人预料他能够活到受审判和处罚的时候；反而每个人都感觉得，对于他已经下了更为沉重的判决，正悬在他的头上，他想在这个判决执行之前，得到一些人生的乐趣，这是很自然的。

这是雅典所遭遇的灾难；真的，当时的日子是艰苦的，因为城内的人们在死亡，而城外的田地则被蹂躏。在这样痛苦的时候，人们自然会回忆到过去的神谶。据年老人说，神谶中有这样的一句诗：

> “和多利亚人的战争一旦发生，死亡与之俱来。”

关于这句古诗曾经有过争辩。有人说，诗句中所用的字眼，是“饥馑”，而不是“死亡”。在目前的情况下，自然主张“死亡”的占优势了；这就是人们使其回忆适合于他们的痛苦遭遇的一个例子。当然，我认为如果这次战争之后，再有一次和多利亚人的战争，而那次战争的结果引起饥馑的话，那么，很可能人们会采取这句诗的另一个解释了。

同时，也有一些知道情况的人想起另一个给予斯巴达人的神谶说，当他们去问神，他们是不是可以作战的时候，他们得到回答说：如果他们以全力作战的话，胜利是属于他们的；同时，神自己也会保佑他们。[①] 实际上所发生的事情和这个神谶上的辞句很相符合；真的，这个瘟疫是正在伯罗奔尼撒人侵入亚狄迦之后发生的。而且对于伯罗奔尼撒人完全没有影响，或者不严重；瘟疫流行最厉害的是在雅典；雅典之后，就在人口最密的其他城市中流行。

和瘟疫有关的事实就是这些。同时，伯罗奔尼撒人蹂躏亚狄迦平原之后，进入巴拉利亚地区，[②]达到罗立温，就是雅典的银矿所在地。首先他们蹂躏了面对着伯罗奔尼撒半岛的一边，后来他们又蹂躏了面对着优卑亚和安德罗斯的一边。

伯里克利现在还是将军，和上次伯罗奔尼撒人进攻时一样，他还是深信雅典人不应该出来和他们交战。但是当侵略者还在平原地带，没有进入巴拉利亚地区的时候，他组织了一个一百条船舰的远征军，进攻伯罗奔尼撒半岛。当一切准备好了的时候，这个远征军即出发。在船舰上，伯里克利率领四千名公民重装步兵和三百名骑兵。旧船改为运输船，这些船是这时第一次用来运马。开俄斯和列斯堡派来五十条船舰参加远征。当这支雅典军队出发时，伯罗奔尼撒人还留在后面亚狄迦的巴拉利亚地区。他们在伯罗奔尼撒半岛的埃彼道鲁斯登陆后，蹂躏了大部分土地，进攻埃彼道鲁斯城。有一个时候，他们似乎就要攻下那个城市了，但是结果，这

① 参阅第 91—92 页。

② 这个平原是指雅典四周的平原，而巴拉利亚地区是在沿海地带，或东南部。到修尼阿姆地角为止。

次进攻没有成功。他们离开埃彼道鲁斯，蹂躏托洛溱、哈利依斯和赫迈俄尼——这些都是伯罗奔尼撒沿岸的城市。然后他们继续航行，达到拉哥尼亚海滨的要塞普拉西依。他们蹂躏这个地方的土地，攻陷了这个要塞，大肆掠夺。后来他们就回国了；他们发现伯罗奔尼撒人也退军，已经不在亚狄迦了。

当伯罗奔尼撒人在亚狄迦以及雅典人从事这次海上远征的整个时期内，雅典城内和军队里面的人还是继续患瘟疫而死亡着。真的，据说，伯罗奔尼撒人比他们原定的计划提早回国了，因为他们恐怕传染(他们从雅典的逃兵口中听到城内疾病的传染；同时，他们也看见雅典人在建筑坟墓)。但是这次入侵的时间比任何一次都长些，他们留在亚狄迦大约四十天，把整个地区都蹂躏了。

在同一个夏季中，尼西阿斯的儿子哈格浓和克利尼阿斯的儿子克利奥彭帕斯(他们都是伯里克利的同僚将军)率领伯里克利用以远征伯罗奔尼撒沿岸的军队，①马上出发远征色雷斯的卡尔西斯人和波提狄亚，当时波提狄亚还在被包围中。② 当他们到达那里的时候，他们马上利用围城机械进攻波提狄亚，费尽一切力量想攻陷它。但是一切都不顺利。他们既没有攻下这个城市，也没有取得这样一个军队所预料到要取得的成就。这是因为在这里，雅典人中间也发生了瘟疫，对于军队有极严重的影响。就是那些从前在这里的军队，③过去是完全健康的，现在也从哈格浓的士兵那里得到了这种疾病。福密俄和他所率领的一千六百人幸而已经不

① 关于伯罗奔尼撒沿岸的远征，可参阅第161页。

② 参阅第52页。

③ 第一次远征军是三千人：参阅第143页和第48页。

在卡尔息狄斯了。[①] 结果，哈格浓率领他的船舰回雅典去了，他原有重装步兵四千名，大约在四十天之内，因瘟疫而死亡者一千零五十名。过去在那里的军队还是留在他们原来的岗位上，继续围攻波提狄亚。

第六章　伯里克利政策的理由

伯罗奔尼撒人第二次侵入亚狄迦之后，雅典人的精神有了一个改变。他们的土地两次遭到蹂躏，他们必须同时跟战争和瘟疫作斗争。现在他们开始谴责伯里克利，说他不应当劝他们作战，认为他们所遭受的一切不幸都应当由他负责；他们渴望和斯巴达讲和，事实上他们也派遣了大使们到那里去，但是这些大使们没有得到任何结果。因此，他们完全失望，他们把他们所有的愤怒情感转移到伯里克利身上了。

伯里克利很清楚地知道他们在这种形势下对他的恶感；事实上他知道他们现在的举动正如他事先所预料到的一样。因为当时他还是将军，所以他召集民众会议，想鼓舞他们的勇气，并且想把他们的激昂情绪引导向较为温和而自信的情绪上去。他走向他们的面前，发言如下："你们对我的愤怒，我是预料到了的，因为我很了解你们对我愤怒的原因。我召集这次会议的目的是想提醒你们

① 参阅第51页。福密俄之离开卡尔息狄斯一定是在第206页所叙述的事件之前，但是在别处没有提到。

过去所下的决心，并且向你们提出我自己的理由来，看你们对我的愤怒和在灾难面前低头是不是合理的。我自己的意见是这样的：每一个人在整个国家顺利前进的时候所得到的利益，比个人利益得到满足而整个国家走下坡的时候所得到的利益要多些。一个人在私人生活中，无论怎样富裕，如果他的国家被破坏了的话，也一定会牵入普遍的毁灭中；但是只要国家本身安全的话，个人有更多的机会从私人的不幸中恢复过来。这样说来，个人在痛苦中能够得到国家的支持，但是在政府肩上的重担不是任何个人所能承担的。我们集合所有的力量来保卫国家，难道这是错了吗？你们现在的行为，难道是对的吗？你们因为自己的家园受到灾难，而不肯注意公共的安全；你们正在攻击我，因为我曾主张战争；同时也攻击你们自己，因为你们自己也表决赞成战争。

“以我而论，你们对我愤怒，我认为我至少和任何其他的人一样，能够看到我们所应当采取的政策，能够说明我所看到的；我爱我的城邦，不受金钱的影响。一个有知识而不能很清楚地表达他的知识的人，比一个根本没有任何思想的人要强些。一个有知识，同时又能表达，但是缺少爱国主义精神的人，是不会实行他的职责，替自己的人民说话的。纵或他同时是爱国的，但是如果不能抗拒贿赂的引诱的话，那么，这个缺点会暴露出一切都可以出卖的危险。所以，如果你们在采纳我的意见而进行战争的时候，你们曾经考虑到，在这些品质方面，我的成绩比其他的人，哪怕只略胜一筹的话，那么，现在你们遣责我做错了，无疑地这是很不合理的。

“如果一个人有选择的自由，能够安静地生活下去的话，那么，进行战争是绝对愚笨的。但是如果被迫而选择——不是屈服而马上变为奴隶，就是冒着危险以求生存的希望——的话，那么，我宁愿做那个勇敢地冒着危难的人而不愿意做那个逃避危难的人。至于我，我现在还是和过去一样，没有改变；改变了的是你们。事情是这样的；当你们还没有接触到灾难的时候，你们采纳了我的意见；当你们进行不顺利的时候，你们后悔你们的行动；你们之所以认为我的政策是错误的，原因是你们决心的软弱。这个政策是会引起痛苦的，你们每个人都已经知道这种痛苦是什么；但是它的最后利益还在很远的将来，而你们所有的人都还没有看得清楚。所以，因为你们遭遇着一个巨大而突然的灾难，你们就没有力量来把你们过去所下的决心实现到底。当事情突然意外地发生，和事先一切计划相反的时候，人们容易丧失胆量；无疑地你们遭遇了这种事情，其中尤其严重的是瘟疫。但是你们应当记着，你们是一个伟大城邦的公民，你们在生活方式中所受的教养适合于这个城邦的伟大性；[①]因此，你们愿意正视最大的灾祸，绝不牺牲你们的光荣。我们都厌恶那些妄自尊大，装做有那种他们不配有的声誉的人；但是那些由于缺乏道德品质使他的行为和他的声誉不相称的人，也应当同样地受到谴责。因此，你们每个人应当努力抑制自己个人的悲伤，而和其余的人联合起来，参加保卫我们大家安全的工作。

“如果你们认为我们的战时痛苦会日益增加，而不会使我们更加接近胜利的话，你们应当满足于我在其他机会上所常用的论证，足以说明这种恐惧是毫无理由的。[②] 但是还有一点，我要提到的，

① 伯里克利在阵亡将士国葬典礼上所描述的，见第145—152页。

② 参阅第129页以下和第110—117页。

在考虑到你们帝国的伟大的时候，我想，有一个利益你们从来没有考虑过，在我过去的发言中也从来没有提到过。真的，因为听来几乎是吹牛，所以如果不是我看见你们有这种不合理的沮丧情绪的话，我现在也不会用这个论证。现在你们心中所想的，以为你们的帝国只是你们的同盟国所组成的，但是我还有其他一些事情要告诉你们。我们目前的整个世界可以分为两部分：陆地和海洋；每个部分都是对人有价值和有用的。这两部分中，整个一个部分是在你们控制之下——不仅是现在在你们手中的地区，而且其他的地区也在内，如果你们有意进一步扩展的话。因为你们有了目前的海军，世界上没有哪一个强国能够阻挠你们在任何你们愿意去的地方航行——波斯国王不能够，世界上任何人民也不能够。你们的这种势力是和你们从房屋或耕地得到的一切利益性质上完全不同的一种利益。你们也许认为你们丧失房屋和耕地的时候，你们受到了很大的损失；但是事实上，你们不要对于这些东西过于重视了；你们应当把这些东西和你们力量的真正源泉衡量一下，在比较中，你们知道这些东西的价值不过和那些与财富俱来的花园和其他奢侈品一样的。你们也要知道，如果我们自己努力，保全自由的话，自由会使我们很容易地恢复我们旧日的地位；但是如果屈服于他人的意志的话，这就意味着就是我们现在还有的东西也会丧失。你们的祖先不仅用他们的辛勤和血汗取得了一个帝国，不是从别人手中接受过来的；而且能够保持它的安全，以传给你们，你们不要做你们祖先的不肖子孙。并且，已有的东西被人剥夺比在新事业中的失败更为可耻。所以不仅勇敢，而且实际上的优越感也应当鼓舞你们勇往直前，对抗敌人。就是懦夫，由于无知和幸运，也可能产生自信心；而这种优越感，则只有那些有真正理由知道他们比敌人优越，像我们一样的人，才能够有的。当双方的机会平等的时候，才智加强了勇敢——这种才智使人能够藐视他的敌人；这种才智的产生，不是由于对将来盲目的乐观（这种方法只在绝望的形势下，才是有用的），而是由于估计事实，因而对于所预料的事物有更清楚的认识。

“那么，你们应当维持雅典帝国的庄严。这是你们都可引以自豪的。你们如果不同时负担起帝国的责任来，你们就不能再享受这种特权了。你们不要认为我们战争的目的单单是为了享受自由或遭受奴役的问题；同时也牵涉到帝国的丧失以及管理这个帝国时所引起的仇恨而产生的危险。虽然也许有些在突然恐慌状况中，对政治漠不关心的人真的认为放弃这个帝国是一种好的和高尚的事，但是你们已经不可能放弃这个帝国了。事实上你们是靠暴力来维持这个帝国的：过去取得这个帝国可能是错误的，但是现在放弃这个帝国一定是危险的。主张放弃帝国，并且劝别人采纳他们的观点的那些人，很快地将使国家趋于灭亡；纵或他们自己孤独地生活着，也会使国家趋于灭亡。因为这些对政治冷淡的人也只有在采取行动的人的支持下，才能够生存的。虽然他们在一个被别人控制的城市中，可以安稳地做奴隶；但是他们在一个控制着帝国的城市中，是毫无用处的。

“但是你们不应当被像这些人一样的公民牵引着误入迷途；关于战争的必要性，过去你们和我一样，得到了相同的结论，因此你们也不要迁怒于我。当然敌人已经侵入了我们的国家，作出了你们在不肯屈服时所能预料到的一切；后来我们又遭到了瘟疫，这是

我们所没有预料得到的。在一切事物中，只有这一件是我们所没有预料得到的。我知道我之所以失掉人心，大部分是由于这一件事。这是很不公平的，除非你们把将来所遇着的每一件幸运也都归功于我。但是驯顺地忍受神明所降的灾祸，勇敢地抵抗敌人，这是正当的。这是雅典人过去的习惯，不要让你们的行为妨碍这种习惯的流行。同时，你们也要记着，雅典之所以在全世界享受最大的名誉是因为它从来不向困难低头；而在战争中，它比任何其他国家牺牲了更多的生命和劳动，因此获得了历史上所从没有过的最大强国，这样的强国后世将永远记着的，纵或现在我们被迫而屈服的时候到了（因为一切东西生成就要衰坏的）；但是同时你们也还要记着；在希腊一切国家中，我们所统治的希腊人人数最多；在对抗他们的联合军队和对抗他们个别国家的大战役中，我们是站得很稳的；我们住在一个各方面设备完美和希腊最大的城市中。

"无疑地，对政治冷淡的人会轻视这一切；但是那些和我们一样，宁愿采取积极行动来生活的人会努力仿效我们；如果他们没有得到我们所已经得到了的东西的话，他们会嫉妒我们。所有那些以统治别人为自己的责任的人，暂时会引起仇恨和不得人心；但是如果一个人有伟大的目标去追求的话，这个被人嫉妒的负担是应当接受下来；同时，接受这个负担也是聪明的。仇恨是暂时的；但是目前的显耀和将来的光荣会永远保存在人们的记忆中。你们要保卫将来的光荣，不要现在作出不光荣的事情来。因此，现在是你们表现你们的精力，达到这两个目标的时候了。不要派使团到斯巴达去；不要给人一个印象，以为你们在目前的痛苦下低头了！尽可能用开朗的心情，承担起灾难来，并且迅速地反抗它——无论对于城市或个人，这都是真正的力量。”

伯里克利这样企图阻止雅典人对他的愤怒，引导他们的思想离开目前的痛苦。关于国家的政策，他们接受了他的论点，没有再派使团到斯巴达去了，同时表现对战争的进行增加了力量；但是在私人方面，他们还是感觉受到沉重的灾难。人民大众的财产在过去就是很少的，现在连这一点也被剥夺了；富有的阶级丧失了他们美好的地产和乡村中富丽堂皇、设备优良的房屋；而最坏的，是他们生活在战争中，而不是在和平中。事实上，对伯里克利的恶感还是普遍存在，直到他们判处伯里克利一笔罚款，[①]他们才心满意足了。但是不久之后（群众方式总是这样的），他们又选举他做将军，把他们一切事务都交给他处理。那时候，人民对于自己私人的痛苦感觉得没有过去那么厉害了；以国家公共的需要而论，他们认为伯里克利是他们所有的人中间最有才能的人。真的，在他主持国政的整个和平时期内，他英明地领导国家，保卫它的安全，雅典的全盛时代正是他统治的时期。当战争爆发的时候，在这方面他似乎也正确地估计到雅典的势力。战争爆发后两年又六个月他才去世；他去世之后，他对于战争的先见更加明显了。因为伯里克利曾经说过，如果雅典等待时机，并且注意它的海军的话，如果在战争过程中它不再扩张帝国的领土的话，如果它不使雅典城市本身发生危险的话，雅典将来会获得胜利的。但是他的继承人所做的，正和这些指示相反；在其他和战争显然无关的事务中，私人野心和私

① 根据戴奥多拉斯的记载（XII. xlv），是八十他连特；但是根据普鲁塔克：《伯里克利传》XXXV 的估计，大约是十五至五十他连特。根据柏拉图：《修辞篇》576 的记载，他的罪状是擅用公款。

人利益引起了一些对于雅典人自己和对于他们的同盟国都不利的政策。这些政策,如果成功了的话,只会使个人得到名誉和权利;如果失败了的话,就会使整个雅典作战的力量受到损失。① 其所以会造成这种情况,是因为伯里克利的地位。他的贤明和他有名的廉洁,能够尊重人民的自由,同时又能够控制他们。是他领导他们,而不是他们领导他;因为他从来没有从不良的动机出发来追求权力,所以他没有逢迎他们的必要:事实上他这样崇高地受人尊敬,以至于他可以对他们发出怒言,可以提出反对他们的意见。无疑地,当他看见他们过于自信的时候,他会使他们感觉到自己的危险;当他们没有真正的理由而丧失勇气的时候,他会恢复他们的自信心。所以虽然雅典在名义上是民主政治,但事实上权力是在第一个公民手中。但是他的继承人,彼此都是平等的,而每个人都想要居于首要的地位,所以他们采取笼络群众的手段,结果使他们丧失了对公众事务的实际领导权。在一个统治着帝国的大城市中,这样的政策自然会引起许多错误,西西里远征②就是这些错误之一。西西里远征不是一个判断上的错误,如果我们考虑到我们所要对付的敌人的话;这个错误是在于国内的人没有给予海外的军队以适当的支援。因为他们忙于个人的阴谋,以图获得对人民的领导权,他们让这个远征军失掉了它的动力;由于他们的不和,开始使国家的政策发生紊乱。他们大部分的舰队和其他军队在西西里丧失之后,雅典内部已经发生革命,但是他们还支持了八年,以

① 这特别是指西西里远征;其致命的结果在狄西里亚战争中可以看得出来。

② 关于西西里远征的历史,参阅第 562—633 页。

对抗他们原来的敌人（这些敌人已经有了西西里人的增援）；对抗他们自己的同盟国（它们大部分已经暴动）；对抗波斯王子居鲁士（他后来帮助伯罗奔尼撒方面，以金钱供给伯罗奔尼撒人建造舰队）。结果只是因为他们自己内部的斗争，毁灭了他们自己，他们最后才被迫投降。当伯里克利预言雅典可以很容易地战胜伯罗奔尼撒人的时候，在他心目中，雅典的资源是极其雄厚的。

第七章　战争第二年的终结。波提狄亚的陷落

在同一个夏季里，斯巴达人和他们的同盟者率领一百条船舰远征伊利斯对岸的萨星修斯岛。萨星修斯的居民是伯罗奔尼撒半岛上亚加亚的移民，他们是帮助雅典人作战的。船舰上有一千名斯巴达的重装步兵，舰队的海军大将是纳谟斯，他是属于军官阶级的斯巴达人。他们在岛上登陆，蹂躏了大部分土地；但是因为萨星修斯人不愿投降，他们又航回本国了。

在这个夏季的末尾，[①]他们派了一个使团到亚细亚去，使团包括科林斯的代表阿利斯提阿斯，斯巴达的代表安纳里斯都、尼科拉斯和斯特里托德摩斯，提基亚的代表提马哥拉斯和一个名叫波利斯的亚哥斯人（他是以私人资格自动参加的[②]）。他们的目的是想

① 公元前430年。

② 因为亚哥斯是一个中立国；参阅第126页。

说服波斯国王供给金钱，参加战争，以帮助斯巴达人。但是他们首先到色雷斯，访问特里斯的儿子西塔尔西斯；如果可能的话，他们想劝他取消和雅典的同盟，并且派军队去解救波提狄亚之围，当时波提狄亚还是在被雅典人包围之中。同时，他们也想要他帮助他们渡过赫勒斯滂，以达到亚细亚的目的地，在那里他们可以会见法那西斯的儿子阿塔培扎斯，[①]他会护送他们去见波斯国王的。但是正碰着雅典的两个使者，卡利马卡斯的儿子利尔卡斯和非利蒙的儿子阿美尼亚德也在西塔尔西斯那里。当时，西塔尔西斯的儿子萨多卡斯刚刚归化为雅典公民，[②]雅典的两个使者劝萨多卡斯把伯罗奔尼撒的使者交给他们，不要让他们渡过赫勒斯滂到波斯国王那里去，以危害他所自愿归化的城邦。萨多卡斯应允了。当他们在色雷斯途中，走向那条将载着他们渡过赫勒斯滂的船舶的时候，他派遣军队跟着利尔卡斯和阿美尼亚德去，把他们逮捕起来。他事先命令他的军队，把他们交给两个雅典使者。两个雅典使者接收了他们之后，马上把他们送到雅典去了。过去雅典在波提狄亚和色雷斯所遭遇的困难，主要是阿利斯提阿斯造成的；雅典人恐怕阿利斯提阿斯逃跑了，会给他们更多的祸害，因此他们一到雅典，雅典人没有经过审判，也没有让他们说出他们想为自己辩护的话来，就把他们全体杀死，把尸体抛在竖坑中。雅典人认为这种行为是对斯巴达行动的一个合法的报复，因为斯巴达人曾经把在航绕伯罗奔尼撒半岛的商船中所俘虏的雅典及其同盟国商人全部

① 当时达西利翁姆省的总督；参阅第 101 页。

② 参阅第 142 页。

杀死，抛在竖坑中。真的，在战争之初，斯巴达人把所有他们在海上所俘虏的人，不管是雅典同盟国的人也好，中立国的人也好，全部当作敌人杀死了的。

大约同时，在夏季将要完了的时候，安布累喜阿人率领他们自己的军队和他们所招募的一支很大的土著军队，进攻安非罗基亚的亚哥斯和安非罗基亚的其他地区。他们对亚哥斯人仇恨的起源是这样的：在特洛耶战争之后，安非阿拉斯的儿子安非罗卡斯回到他在伯罗奔尼撒半岛上的亚哥斯家乡；因为不满意于当地的情况，[①]他往安布累喜阿湾去，在那里建立了安非罗基亚的亚哥斯，并且向安非罗基亚其他地区移民。他把他的故乡亚哥斯的名称作为这个城市的名称，这是安非罗基亚最大的城市，其居民的势力最为强大。但是许多世代之后，亚哥斯人遭遇着困难的时期，他们邀请住在安非罗基亚边界上的安布累喜阿人来参加他们的殖民地。这些安布累喜阿人成为他们的同胞公民，他们现在说着的希腊语言就是从这些安布累喜阿人那里学来的，而其余的安非罗基亚人则说他们自己的语言。过了一些时候之后，安布累喜阿人驱逐亚哥斯人，他们自己占领了这个城市。于是安非罗基亚人走到阿开那尼亚人那里去，安非罗基亚人和阿开那尼亚人联合起来，求援于雅典。雅典人派福密俄为将军，率领三十条船舰去援助他们。他到达后，即袭取亚哥斯，把那地方的阿布累喜阿人都变为奴隶。因此，安非罗基亚人和阿开那尼亚人一同住在这个城市里。此后雅

① 安非罗卡斯的哥哥阿克密翁杀了他们的母亲伊利非尔（参阅第 206 页注①）。其他作家（斯特累波，vii. 326C；阿波罗多拉斯，III. 7）把安非罗基亚的亚哥斯之建立归功于阿克密翁或他的儿子安非罗卡斯。

典人和阿开那尼亚人第一次建立同盟。因为亚哥斯人把安布累喜阿人变为奴隶，安布累喜阿人开始仇恨亚哥斯人。后来当这次战争爆发时，安布累喜阿人就聚集了上面我所说的军队，由他们自己的人、查俄尼亚人和邻近地区的其他土著部落组织而成。他们进攻亚哥斯，占领这个地区，但是袭击亚哥斯城没有成功。因此他们撤退，军队遣散，每个分遣队回到自己的家乡去了。

这一切都是夏季发生的。接着，冬季里雅典人派了二十条船舰环绕伯罗奔尼撒航行。这个舰队由福密俄指挥，他自己驻扎在诺帕克都，设立封锁线，以防止任何船舰从科林斯和克利塞湾出进。又派了美利山达率领六条船舰往开利阿和吕西亚，以征收这个地区的贡款，同时也防止伯罗奔尼撒人的私掠船利用这个地区作为根据地，以袭击从法西利斯和腓尼基以及亚细亚沿海一带航来的商船。美利山达率领船舰上的雅典军队和一些同盟军队进入吕西亚内地之后，战败被杀，丧失了他所领导的许多军队。

在同一个冬季中，波提狄亚人向雅典人投降，因为他们不能再抵抗雅典人的围攻了。伯罗奔尼撒人的进攻亚狄迦，没有使雅典人撤退他们的军队。[①] 城内粮食没有了，饥馑带来了许多骇人听闻的事。事实上已有人吃人的事情发生了。所以波提狄亚人不得不向雅典的将军们请求投降。指挥雅典军队的将军们是幼里披底的儿子色诺芬、阿里斯托克利伊德的儿子黑斯提奥多鲁斯和卡利马卡斯的儿子法诺马卡斯。雅典的将军们愿意接受这个建议，因为事实上他们知道他们的军队暴露在战场上，受着很大的痛苦，同

① 参阅第 47 页。

时也考虑到雅典在围城方面已经花费了二千他连特。双方承认下列的条件：波提狄亚人和他们的妻子、儿女和雇佣军队[1]离开波提狄亚，男子每人可以携带外衣一件，妇女两件；他们也可以携带一定数量的金钱，以做旅费。在这些协议的条件下，他们离开波提狄亚，往卡尔息底亚或其他能够找着的地方去了。但是雅典人责备将军们，没有得到本国政府的同意，擅自订立这个协议，他们认为可以获得无条件投降的。后来他们派遣他们自己的移民往波提狄亚去，再定居在那个地方。这一切都是冬季里发生的事，修昔底德所记载这次战争的第二年[2]就这样完结了。

第八章　战争的第三年。普拉提亚之围

次年的夏季，伯罗奔尼撒人不进攻亚狄迦，而向普拉提亚进军。斯巴达国王阿基达马斯（沙西达摩斯的儿子）指挥这个军队。他驻扎在普拉提亚城下，正准备开始蹂躏这个地区了，当时普拉提亚人派遣代表到他那里来。他们这样说："阿基达马斯和斯巴达人：你们这次侵入普拉提亚地区是不正当的。真的，这种行动玷污了你们自己或者你们祖先的荣誉。请你们记住斯巴达人克利俄姆

---

① 参阅第 48 页。
② 公元前 430 年。

布罗塔斯的儿子波桑尼阿斯所做的事。他利用全希腊人的帮助，前来冒着危险，在我们的城市附近作战，[1]从波斯人统治之下解放了希腊之后，他在普拉提亚市场上向解放者宙斯神前举行祭祀；召集所有的同盟者在一起，把普拉提亚人的土地和城市交还给普拉提亚人，让他们作为一个独立国家而存在着，保证永远不许他们无故受人攻击，不许他们受外人的统治；如果我们的国家受到威胁的话，他号召当时在场的同盟者，按他们的力量来援助我们。这是因为我们在艰苦和危难的时期中所表现的勇敢和能力，你们的祖先所给予我们的诺言。但是你们的行动违反了这个诺言。你们和我们的死敌底比斯人联合起来，想把我们变为奴隶。因此，我们向那些做誓言见证的神祇们，向你们祖先的神祇们，向我们本国的神祇们呼吁。我们请求你们不要无故进攻普拉提亚的土地，以破坏誓言，而要允许我们维持独立，如波桑尼阿斯所要我们做的。”

他们说到这里的时候，阿基达马斯打断他们的话，说：“普拉提亚人，只要你们依照你们所说的做，你们所说的是很公平的。因为你们可以正如波桑尼阿斯所希望你们做的去做——就是你们可以享受你们的独立，也可以参加解放那些过去和你们共患难，和你们共同宣誓，而现在受雅典人统治的其他希腊人的工作。这次军队的召集和这次战争的爆发，其目的就是解放他们和像他们一样的其他的人。最好是你们参加这种解放工作，所以你们要遵守誓言。但是如果这一点你们做不到的话，那么，请你们做我们所要求你们做的：保持中立，独立生活，不要参加任何一边；允许双方军队进入

[1] 公元前479年普拉提亚之役。

你们的城市，但是不要让任何一边利用你们的城市作战。这样，我们就满意了。”

普拉提亚的代表们听了阿基达马斯的话之后，回到普拉提亚，把他所说的话向民众会议报告了。然后他们又回到阿基达马斯那里，他们的答复是这样的：因为他们的妻室儿女都在雅典，[①]他们没有得到雅典人的同意时，他们不能做到阿基达马斯所要求的；同时表示他们为着他们城市的整个局势而焦急。当伯罗奔尼撒的军队撤退时，雅典人可能对付他们，把他们控制着；不然的话，底比斯人也可能用武力来夺取这个城市，因为根据所建议的条款，他们也有权利进入城内的。

阿基达马斯想消除他们的顾虑，所以对他们说：“你们应该做的是把你们的城市和你们的房屋移交给我们斯巴达人。把你们的田地疆界、你们的果树数目以及一切可以用数量计算的其他财产都告诉我们。然后，在战争时期内，你们可以随意到什么地方去。一旦战事结束，我们从你们手中所接收过来的一切东西，我们一定都退还给你们；直到那时候为止，我们一定要替你们保管这些东西，注意田地的耕种，给付你们定期的津贴，足够供给你们的需要。”

普拉提亚的代表们听了这些话之后，又回到他们的城里去，在民众会议中讨论这些建议。于是他们说：首先他们要把阿基达马斯的建议告诉雅典人；如果雅典人允许的话，他们就愿意接受他的建议。同时，他们向他请求休战，在休战时期内，他不要蹂躏他们

① 参阅第124页。

的田地。阿基达马斯给他几天的休战，足够往还雅典所需要的时间；在这个时期内，他对他们的土地没有进行破坏。

普拉提亚的代表到了雅典，他们在那里协商之后，带着下面的消息回到普拉提亚："普拉提亚人，雅典人向你们保证，自从你们和他们订立同盟[①]以来，他们从来没有遗弃过你们，使你们受到侵略者的损害；现在他们也不会遗弃你们。他们一定要尽力帮助你们；他们庄严地以你们祖先所发誓言的名义向你们呼吁，不要变更现有的同盟条约。"

普拉提亚人从他们的代表们口中听到了这个消息后，就决定不要背叛雅典人；如果迫不得已，看到他们的田地被破坏和他们遭到其他一切痛苦的话，他们也要忍受。他们同意不再派代表去，但是他们在城墙上把他们的答复通知斯巴达人，说他们不能照斯巴达人所建议的去做。

当他们把这个答复通知斯巴达国王阿基达马斯的时候，阿基达马斯首先向当地的神祇们和英雄们呼吁。他说："普拉提亚地方的神祇们和英雄们，请你们为我作见证：从开始的时候起，我们就不是来侵略的，不过因为普拉提亚人首先破坏了他们和我们所定的条约，我们才侵入这个地方，在这个地方，我们的祖先在战败波斯人之前，曾向你们祈祷；在这个地方，你们曾显示吉兆，作为希腊人作战的地点了；在我们现在的行动中，我们也不是实行侵略。我们已经提出了许多合理的建议，但是这些建议都被拒绝了。因此，请你们援助我们，让罪恶的处罚落在那些首先作恶的人的身上，让

① 约公元前480年，参阅第261页。

我们正义的复仇获得胜利。”

阿基达马斯祈祷诸神之后，就开始军事行动。首先他们利用他们所砍伐的树木，建筑环城的木栅，以防止城内出兵突击。然后他们靠着城墙，造一个土山；他们预料到，因为有这样多的军队从事工作，他们会迅速地攻陷普拉提亚的。他们从西萨隆砍伐树木，在土山的两旁边建筑一个用木材直角相交而成的方格子形状的木架子[①]，使土山不至于塌下去。土山本身是用木料、石头和泥土以及任何可以填满其中空隙的东西造成的。这个工作，日夜连班进行了七十天，所以当一批人在那里睡觉或吃饭的时候，总是有另一批人在那里搬运材料。受命指挥各同盟国分遣队的斯巴达军官们监督他们，使他们努力工作。

但是普拉提亚人，当他们看见土山逐渐增高的时候，也建筑了一个木架，安置在他们自己的城墙顶上，和斯巴达人建筑土山的地方相对峙。在木架之内，他们利用附近房屋的砖造成一条墙。他们利用木材把砖墙绑起来，以防止砖墙因高度增加而无力。木材的上面有皮革制成的遮盖物，可以保全木架，免受火箭的攻击，可以掩护在城墙上工作的人。因此，这个城墙迅速地建筑得很高；而对面的土山也以同样的速度增高。普拉提亚人也打算把他们自己的城墙和斯巴达人所正在建筑的土山相接触的地方，加以破坏，把松土运入城中。伯罗奔尼撒人发现他们这样做的时候，他们利用芦苇紧密地包着泥土，填满坍塌的部分，使他们的材料更加巩固，以免这些材料像松土一样地被运走了。普拉提亚人的计划失败

① 架子是用木材直角相交（♯），造成方格子或席子花纹。

后，他们放弃了这个办法；但他们又想出一个办法来，从城内挖一条地道，估计通过一定的距离，达到土山的下面，他们又从这个地道运走了建筑土山时所用的材料。经过长久的时间，围城者不知道这件事情；他们虽然努力建筑，但是土山没有增高到应有的程度，因为土山下面的泥土继续被运走了，山顶总是下沉为空穴。

尽管这样，但是普拉提亚人害怕他们的少数军队不能够抵抗这样大的军队，因此他们又想出一个防御的方法来了。他们停止建筑土山对面的大木栅，而从大木栅的两端，在原有低墙开始的地方，着手建筑一条内墙，向城内作一条新月形的曲线；这样，如果高墙失陷的话，他们还有这条新墙可以保护，而敌人势必另造一个土山；当他们继续向内前进时，他们又会遇着同样的困难，同时也更处于容易受到攻击的地位。

在伯罗奔尼撒人建筑土山的同时，他们拿出攻城机械来进攻城市。这些机械之一就是用来冲击土山对面的大木栅。木栅很大的一部分被轰击下来了，引起普拉提亚人很大的恐慌。其他机械是用来攻击城墙的各部分的。这些机械，有的被普拉提亚人利用套索捉着后被破坏了；他们又利用两个木杆平放在城墙顶上，木杆的一端用一根很长的铁索悬挂一条巨大的梁木；当敌人把撞墙车安置好，准备撞击的时候，他们扯着梁木，和撞墙车成一直角，[①]然后放松铁索，使梁木突然落下来，打掉撞墙车的头部。

因此，经过一些时候之后，伯罗奔尼撒人看到他们用攻城机械也失败了，并且普拉提亚人建筑城墙，和他们的土山相对抗，因此，

① 就是和城墙平行。

他们得到结论，利用过去他们所尝试过的一切战术，他们是不可能攻陷这个城市的；他们开始准备建筑一条环绕这个城市的城墙，但是他们决定首先试一试利用火攻的效果，看看利用风力的帮助，他们是不是可以把这个城市烧掉，因为这个城市是很大的。事实上，他们试用了各种可能的计划，总想不要长期围攻而能取得这个地方。他们首先把柴捆从土山上向下面丢入土山和城墙间的空隙中。因为参加这项工作的人数很多，这个空隙很快就被填满了，所以他们继续堆集柴捆，从土山顶上，尽他们的能力所及，堆集柴捆及于城内。然后他们把柴烧起来，利用硫黄和松脂，使之易于燃烧，因此产生了从来所没有看见过的大火，或者，无论如何，比人类所产生的任何大火都要大些；除了山林中有过树枝被风吹着摩擦而产生的森林大火。但是不管怎样，这真的是一次很大的火；普拉提亚人抵抗了其他一切攻击之后，这次大火几乎把他们完全毁灭了。它使城市的大部分不能支持；假如真的如敌人所盼望的，刮起风来，把火焰吹向城中去的话，普拉提亚人一定不能免于死亡。但是并没有刮风，据说，当时雷雨大作，把火灭熄，这样就挽救了危机。

伯罗奔尼撒人这次失败之后，他们遣散了他们大部分的军队，只留下一部分军队来建筑环绕普拉提亚的城墙。各同盟国分别负责建筑一部分。墙内和墙外都有壕沟，他们从壕沟中取出泥土来作砖。大约大角星升起的时候①工程完毕了。他们留下一部分军队防守城墙的一半；其余部分由彼奥提亚人驻军防守。其余的军队撤退，各回本国去了。普拉提亚人已经把他们的妻室儿女以及

① 约九月中旬。

老人和所有其他不能服兵役的人都送到雅典去了。留在城内抵抗围攻的人数是四百个;此外还有八十个雅典人和为驻军准备伙食的一百一十个妇女。这是在围城之初,城内人口的总数,此外并没有其他的人,不管是奴隶也好,自由民也好。普拉提亚之围开始时的情况就是这样的。

第九章　伯罗奔尼撒人在陆地和海上的失败。福密俄的胜利

在同一个夏季中,当对付普拉提亚的战役尚在进行中的时候,雅典派遣其公民军队(重装步兵二千名,骑兵二百名)进攻色雷斯的卡尔西斯人和波提亚人。这是麦子正熟的时候。[①] 指挥军队的将军是幼里披底的儿子色诺芬。

这个军队进军到波提亚的斯巴托拉斯城,把麦田破坏了,他们希望通过城内亲雅典党人的手,使这个城市投降。但是城中有不同观点的其他公民派人通知奥林修斯,奥林修斯派遣重装步兵和其他军队来保卫这个城市。这支军队从斯巴托拉斯城中冲出,和正在城外的雅典人会战。卡尔息底亚的重装步兵及其辅助军被雅典人打败了,退回斯巴托拉斯城中;但是卡尔息底亚的骑兵和轻装步兵打败了雅典的骑兵和轻装步兵。[②] 卡尔西斯人已经有了少数

① 五月中。

② 这是说明在雅典人方面有轻装步兵,从雅典来的只有骑兵和重装步兵,参阅七段。

来自克鲁西斯的轻装步兵；双方交战后，马上又有一些从奥林修斯派来的轻装步兵的增援。斯巴托拉斯城内的轻装步兵看到这种情况，他们有了新的信心，因为就是以前他们还可以保持自己的阵地，而现在有新的援兵到了。于是他们有了卡尔息底亚的骑兵和新到的军队的帮助，再向雅典人进攻。雅典人退回到他们留着保卫辎重的两个分队那里去了。当雅典人进攻时，他们的敌人退却；但是雅典人撤退时，敌人马上又开始进攻，把标枪向雅典人投射。卡尔息底亚的骑兵驰来，看见有机会就进攻。真的，他们引起雅典人恐怖，因而溃败，他们追逐很远。最后，雅典人逃往波提狄亚；后来在休战条件下，才取回他们死者的尸体。余下来的军队就回雅典去了。他们丧失了他们所有的将军们和四百三十名士兵。卡尔西斯人和波提亚人建立了一个胜利纪念碑，取回死者的尸体，然后各自回到自己的城市里去了。

此后不久，在同一个夏季中，安布累喜阿人和查俄尼亚人说服斯巴达人，用同盟国的资源装备一个舰队，并且派遣一个重装步兵一千名的军队到阿开那尼亚去。他们的目的是想征服那里的整个地区，使之脱离雅典同盟。他们说：如果斯巴达人在陆地上和海上同时参加他们的战役的话，滨海的阿开那尼亚人就不能联合起来防御；[①]取得阿开那尼亚之后，他们就能够很容易征服萨星修斯和塞法伦尼亚，这样，就会使雅典人派遣他们的舰队环绕伯罗奔尼撒半岛更加困难了；除此之外，还有攻陷诺帕克都的可能性。

① 因为他们的海岸附近有伯罗奔尼撒的舰队。

斯巴达人相信了这些话，马上派遣纳谟斯率领一些重装步兵，乘着几条船舰出去，当时纳谟斯还是海军大将。[①] 他们命令同盟舰队尽快地作好准备，驶往琉卡斯。[②] 所以科林斯和西息温以及那个地区其他市镇所派遣的船舰都准备航行；而琉卡斯、安那克托里安和安布累喜阿的船舰最早达到琉卡斯，在那里等待其他国家的船舰。同时，纳谟斯带着他的一千名重装步兵从伯罗奔尼撒偷渡海湾，没有被福密俄发觉，福密俄当时带着二十条雅典船舰，守卫着诺帕克都附近。[③] 于是他们马上准备从陆地上进军。纳谟斯带着希腊军队，包括安布累喜阿人、琉卡斯人和安那克托里亚人；此外，他还有他自己带来的一千名伯罗奔尼撒人。他还有土著军队一千名查俄尼亚人，这个部落不是国王统治的。这支土著军队由福喜阿斯和尼堪诺率领，他们是统治家族中当年执政的两个成员。和查俄尼亚人在一起的，还有一些西斯普洛替斯人，这个部落也是没有国王统治的。摩罗西亚人和阿丁坦尼亚人由萨比林修斯率领，他是国王塞里普斯的监护人，因为国王还没有成年。巴拉维亚人由国王俄里都斯率领；和他们在一起的，还有一千名俄累斯提亚人，他们是国王安提卡斯的臣民，国王把他们归俄里都斯指挥。[④] 勒谟斯没有等到科林斯的舰队来，就率领这些军队出发了。他们通过安非罗基亚的亚哥斯领土，掠劫利姆尼亚地区没有设防

① 参阅第 171 页。

② “对于所有这些事情，科林斯人特别有力地支持安布累喜阿人，因为他们是科林斯人自己的移民。”

③ 参阅第 173 页。

④ “柏第卡斯也瞒着雅典人，派遣一千名马其顿军队来了，但是因为他们到迟了，所以没有参加这次远征。”

的村镇，达到斯特拉托斯，斯特拉托斯是阿开那尼亚最大的市镇；他们认为如果他们首先攻陷此地，阿开那尼亚其余的地方就会很容易落在他们手中了。

当阿开那尼亚人看见他们在陆地上已经受到大军的侵略，同时他们在海上也马上会遭遇着敌舰的侵袭，他们没有打算联合他们的军队来防卫，只是就地保卫他们自己的地区。他们派人向福密俄求援，但是福密俄回答说，当时科林斯的舰队正将驶出，他不得不防卫诺帕克都。同时，伯罗奔尼撒人和他们的同盟者分作三路，向斯特拉托斯进兵。他们的目的是想把他们的军队驻扎在城的附近，如果不能用谈判的方式取得这个城市的话，他们就进攻城市。在他们进兵的时候，查俄尼亚人和其他土著军队在中央；琉卡斯人和安那克托里亚人以及和他们一起来的人为右翼；纳谟斯带着的伯罗奔尼撒人和安布累喜阿人为左翼。这三路军队中间有很大的间隙，有些地方甚至彼此都看不见。希腊人很有秩序地前进，小心戒备，直到他们在一个很好的地势上建立他们的军营为止。但是查俄尼亚人，因为他们在附近的部落中是以善战著名的，觉得他们自己很有把握，所以不等到他们驻扎营地，就和其他土著军队一齐向前冲去，他们认为他们可以一下就攻陷那个城市，因此，可以由整个军事行动而获得光荣。

当斯特拉托斯人知道他们还在进军的时候，他们得到一个结论：如果他们能够打败这支孤立的军队的话，则希腊人那部分军队后来向他们进攻的可能性会少得多。因此，他们在城市的四周布置埋伏。当查俄尼亚人走近来了的时候，城内的人和埋伏的人同时向他们进攻。这样造成查俄尼亚人中很大的混乱；他们许多人被杀了;其他土著军队看他们被打垮,就纷纷逃跑。同时,两支希腊军队都不知道战事已经发生了,因为查俄尼亚人在他们的前面很远,他们以为查俄尼亚人急于冲往前面去寻找扎营的地方。但是当土著军队逃跑,冲向他们的军队的时候,他们把逃回的军队放在他们的后面,把两支军队合为一支,当天他们就停留在那里了。斯特拉托斯人没有走近他们,因为阿开那尼亚其他地区的援兵还没有到,但是斯特拉托斯人在相当距离内,利用弹石不断地袭击他们,用这种方法给他们以很大的骚扰,因为他们不穿盔甲就不能行动。真的,阿开那尼亚人是特别精于这种战术的。

一到晚上,纳谟斯急忙地带着他的军队退到阿那配斯河畔,这条河离斯特拉托斯八十斯塔狄亚[①]。次日,他在休战条件下,收回死者的尸体。友好的部落伊尼亚底人和他在一起;在阿开那尼亚人的援兵还没有到的时候,他就通过伊尼亚底人的领土而撤退。他的军队中各国的分遣队都在那里分散,各自回到本国去了。斯特拉托斯人建立一个纪念碑,以纪念他们打败查俄尼亚人的胜利。

同时,科林斯以及克里塞湾沿岸其他同盟国派遣的舰队原想来支援纳谟斯,使沿海的阿开那尼亚人不能援助其内地的同胞的;但是这个舰队并没有做到这一点。大约和斯特拉托斯战役同时;这个舰队被迫而和驻守诺帕克都的福密俄指挥下的二十条雅典船舰作战。

当敌人船舶沿着海湾的岸边航行的时候,福密俄只监视它们,因为他想在公海上才向它们进攻。至于科林斯人和他们的同盟

① 约合九英里。——译者

者，他们绝对没有想到海战，他们的船舶只作军事运输船装备，以供应阿开那尼亚战役的军需的；他们也没有想到，雅典的二十条船舰敢于冒险和他们的四十七条船舰作战。但是当他们沿着自己的海岸航行的时候，他们看见雅典人在对岸也列成直线，和他们平行；当他们想从亚加亚的培特利横渡到对岸大陆上，前往阿开那尼亚去的时候，他们看见雅典人又从卡尔西斯和挨维那斯河航出，向他们冲来。虽然在晚上，他们想从他们停泊的地方，偷偷地走去，但是他们还是被发觉了。所以最后，他们不得不在两岸间水面的中途作战。① 各同盟国的派遣队各有各的司令官。科林斯的司令官是马卡昂、伊索克拉底和阿加塔尔西达斯。

伯罗奔尼撒人列成圆圈队形，船头向外，船尾向内。圆圈的大小恰恰使船舶紧密地排列着，中间没有过大的空隙，使敌舰不能冲进来；随着远征的轻船都在圆圈之内；圆圈之内还有五条航行最快和装备最好的战舰；凡圆阵受敌人攻击的地方，这五条战舰即随时驶出援救。

雅典的船舰排成一个纵队，环绕着伯罗奔尼撒的舰队航行；他们继续前进，和敌舰渐相接近，佯作正要向敌舰撞击的样子，迫使伯罗奔尼撒船舰的圆圈队形逐渐向内缩小。实际上，事先他们受了福密俄的命令，非到他自己亲自发出信号时，他们不要进攻的。他希望，和陆军一样，敌人的队伍混乱，战舰互相碰撞，他们的轻小船舶更增加了他们的纷乱；当他环绕着伯罗奔尼撒人航行时，他也

① 即在培特利和挨维那斯河口之间的水面上，海湾两岸的地区相对，他们的舰队想从这里走入一个港口中去。

等待海湾方面刮起风来，平时每当黎明时，海湾的风就刮起来了的；如果风刮起来了，敌人马上就会受到窘困。同时，他认为他的船舰是比较好的帆船，他可以随时进攻，而最好进攻的时候是风刮起来了的时候。当风真的刮起来了的时候，伯罗奔尼撒人已经拥挤在一起了，一方面要应付风，另一方面要应付他们自己的那些轻船，他们的秩序马上就纷乱了。船舰互相碰撞，必须用篙竿把船推开；因为船和船间彼此的呼唤声、叫喊声、诅咒声，以致船长们所要做的，或舵手们所下的命令都不能听见；因为事实上，他们缺少经验，他们的桨手们不能在有风浪的海中划行，因此舵手们更难应付他们的船舶了。正在这个危急的时候，福密俄发出信号。雅典人进攻了。他们首先击沉了海军大将的一条船，然后破坏他们所遇着的每一条船。敌人在普遍纷乱中，没有任何抵抗，逃入亚加亚的培特利和岱米。雅典人追逐他们，俘虏了十二条船舶和他们大部分的水手。于是他们航行到莫利克里昂，建立一个胜利纪念碑于赖昂姆地角，把一条船贡献给波赛敦神。后来，他们回到诺帕克都去了。伯罗奔尼撒人马上带着他们的残余船舶，从岱米和培特利沿着海岸航行，到伊利斯人在西林尼地方的造船所。纳谟斯在斯特拉托斯战役之后，带着联合舰队的一部分船舰[①]也从琉卡斯到了这里。

现在斯巴达人派了一个顾问团到纳谟斯和他的舰队那里来，这个顾问团包括提摩克拉底、伯拉西达和来科夫隆。他们所受的命令是再来一次海战；因为斯巴达人，特别是他们初次尝到海战的

① 即琉卡斯、安那克托里安和安布累喜阿等地的分遣队，参阅第184页。

滋味以后，不知道他们怎么会失败的；他们完全不知道自己海军的弱点，以为他们海军的失败是由于懦弱的结果，没有考虑到双方的对比：雅典人有长期的经验，而他们自己的水手只受到短时的训练。所以他们是在愤怒的情绪下派遣顾问团去的。

顾问团到达时，就和纳谟斯共同工作，派遣使者往各国去，要求再派船舰来，把他们已有的船舰重新装配。福密俄也派人到雅典去，报告他海战的胜利和敌人的准备。他请求雅典人迅速地尽量多派船舰来，因为每天都有发生战斗的可能。雅典人派了二十条船舰去支援他，但是命令指挥这个舰队的司令官首先驶往克里特。因为克里特的哥太恩人尼西阿斯（雅典在克里特利益的代理人[①]）劝他们驶往进攻西顿尼亚，这个城市是反对雅典的；他说，他可以使这个城市转到雅典这一边来。事实上，他这样做，是为了波利喜那人的利益，波利喜那人是西顿尼亚人的邻居。所以他率领船舰到克里特，利用波利喜那人的帮助，蹂躏了西顿尼亚人的土地。逆风和恶劣的天气使他们在那里浪费了很久的时间。

当雅典人停留在克里特的时候，在西林尼的伯罗奔尼撒人对战争的准备工作已经做好了，沿着海岸驶往亚加亚的帕诺马斯，他们的陆军也进到那里来支援他们。同时，福密俄也沿着对岸航行，到了莫利克里昂的赖昂姆，带着他从前用以作战的二十条船舰停泊在这个地方的外面。这边的赖昂姆是和雅典有友好关系的，在对岸伯罗奔尼撒半岛上的赖昂姆是反对雅典的；两地之间约有七

① 参阅第209页注①。——译者

斯塔狄亚[①]的海面，为克利塞湾的入口。伯罗奔尼撒人看见雅典人停泊在对岸的时候，也把他们的七十七条船舰停泊在这边亚加亚的赖昂姆，这个地方离他们的陆军驻扎的地点帕诺马斯不远。

他们双方对岸相持了六七天，双方都训练着，准备战争。伯罗奔尼撒人方面的计划是不要航出赖昂姆海峡，进入公海，因为恐怕遭着上次战败的覆辙；雅典人方面的计划是不要航入海峡中，因为他们认为在狭小的水面上对敌人是有利的。纳谟斯和伯拉西达以及其他伯罗奔尼撒的司令官们希望在雅典的援兵还没有到的时候，赶快作战；但是他们看见，因为上次战败的影响，他们大部分士兵的士气低沉，完全没有作战的热忱。因此，他们首先召集他们的士兵，举行会议，用下面的号召来提高他们的士气：

"伯罗奔尼撒人！如果因为上次战争的结果，你们中间有人害怕战争的话，那么，现在我们又将作战了；我们应当说，这种畏惧是毫无理由的。在上次战役中，你们知道，我们没有作好准备；我们航行出去的目的不是想在海上作战，而是想在陆地上作战的。并且当时有许多因素对我们不利；同时，我们缺乏经验也是我们第一次海战失败的一部分原因。因此，我们在上次战役中的失败，不是由于我们这一方面的懦弱；也不要因为偶然发生的事故而挫折了我们的毅力；我们知道，我们的毅力不是暴力所能屈服的，我们的毅力还有许多需要辩白的。我们要记住，所有的人都可能遭遇着

① 约合 3/4 英里。根据利克上校(《摩利亚》ii. 148.)的记载，两地间的海面的宽度将近 1½英里，因为河中泥沙冲积的关系，其南岸的土地增加了约二百五十码，其北岸的土地似乎增加得少一点，所以在古代这个海面还要宽些。可能修昔底德对于此地的情况不很熟习(参阅昭伊特译本第 1 卷，cix 页)。——译者

意外的事故，但是真正的勇敢是绝对不会变更，真正勇敢的人绝对不会以缺乏经验作为懦弱的借口的。以你们来说，你们也许缺乏敌人所有的经验，但是你们比他们勇敢，这就不只补偿了你们的缺点。你们所最害怕的是他们的技能，但是这种技能也必须和勇敢结合起来的，那么，在危急的时候，他们要记住怎样去运用他们在教训中所学来的东西。但是，如果缺乏勇敢精神的话，所有的技能，在面临危机的时候就会毫无用处了。所以当你们想到他们有更多的经验的时候，你们应该也想到你们自己有更大的勇气；当你们因为上次遭到失败而感到恐惧的时候，你们要记住，那时候，你们丧失了警惕，没有作好准备。在你们方面，你们确实有许多优点：你们有最强大的舰队，你们在自己的海岸附近作战，有重装步兵支援你们。一般说来，胜利总是属于人数众多、配备良好一边的。因此，没有一个理由可以认为我们是会失败的。就是上一次我们所犯的错误，现在也成为对于我们一个有利的因素；因为从这些错误中，我们可以得到教训。我们希望舵手们和水手们同样满怀信心地履行他们的义务，任何人不得离开他被指定的岗位。我们自己的能力也一定不会弱于你们以前的司令官，一定要准备战争，不让任何人有成为懦夫的借口。如果任何人要做懦夫的话，他应当得到他所应有的处罚；但是勇敢的人们一定要受到他们所应得的奖励。"

伯罗奔尼撒的司令官这样鼓励他们的士兵。福密俄也因为他自己的部下的士气消沉而吃惊。他看见他们三五成群地聚集在一起，很明显地他们是因为敌军人数众多而慌张。因此，他把他们召集起来，想鼓励他们的锐气，在目前的形势下，给他们一些指示。

过去他常对他们说话，给他们心中一个印象，认为没有一个舰队他们不能在战斗中对抗的，不管它多么强大；长久的时间以来，他的水手对于自己感觉自豪，认为他们作为雅典人，无论在多少伯罗奔尼撒船舰面前，是不会屈服的。但是现在他知道，他们目前所看见的情景使他们士气消沉了，他认为应当恢复他们的自信心。因此，他把雅典人召集起来，对他们这样说：

“士兵们！我看见你们因为敌人人数众多而惊慌了；我召集这个会议，因为我不希望你们在没有什么值得可怕的时候感到恐惧。首先，他们之所以配备这么多的船舰，而不是以平等的条件来和我们会战，是因为他们已经被我们打败了一次，就是他们自己也承认他们不是我们的敌手。在他们对抗我们的时候，他们所最自信的是自以为只有他们自己是勇敢的，但是这种聊以自慰的信心只是根据他们陆战的经验得来的；由于陆战的经验，他们取得了许多胜利。他们以为他们这种经验，在海上也是同样地有用的；但是，在这方面，如果他们的论点还有一点理由的话，优势一定是在我们这方面。当然，他们不会比我们更勇敢些；至于自信心，我们和他们都有；而在海上，我们有更多的经验。并且斯巴达人指挥他们的同盟军只是为着斯巴达的光荣；他们的同盟者被拖入危险中是违反同盟者自己的意志的；否则他们既遭到大败之后，不会再来冒海上战争的危险了。所以你们毫不要害怕他们的胆量。并且他们害怕你们，所以你们更加用不着害怕他们。他们害怕你们是更有理由的：一则因为你们已经打败了他们一次；二则他们认为除非你们指望取得很大的胜算，你们是不会起来对抗他们的。当一方面人数比较多，和现在我们敌人的情况一样的时候，它的进攻靠它的武

力，而不靠它的毅力。但是如果另一方面，在物质资源上比较弱得多，在没有必要的时候接受挑战的话，那么，这方面一定依靠心中有很大的毅力。这就是我们的敌人所估计的；我们出乎他们意料之外的行动使他们吃惊，更甚于我们在平等条件之下和他们会战的时候。过去也曾经有过人数众多的军队被人数少的军队打败，有时是因为缺少技术的缘故，有时是因为缺少勇气的缘故。这两种品质，我们都不缺少。

"至于这次战役，如果我能够控制的话，我不会在海湾中作战，也不会航进海湾里面去。我完全认识到，海上面积的狭窄，对于船舰少、经验多、航行迅速的舰队和许多管理得很差的船舰作战是不利的。如果一条船舰对于前面的敌舰没有一个远距离的观察的话，它不可能适当地驶上去，以撞击的方式向敌舰进攻；当它自己受到窘迫时，也不能及时退却；同时也不可能航行冲破敌人的战线，然后再回转来向敌舰撞击——这些都是航海技术比较优越的舰队所要采取的正当战术。如果不是这样的话，就不得不在进行海战时好像陆战一样；在这种情况下，船舰比较多的方面就会处于优势。所以你们可以深信，我必尽我的能力所及，注意这些事情。至于你们，你们必须坚守你们在船舰上的岗位，遵守秩序，注意听从指挥。因为敌人停泊的地方这样靠近我们，这点就特别重要。当战争开始的时候，注意纪律和肃静；这两点，在任何战争中都是很重要的，特别是在海战中。因此，你们要勇敢地和敌人作战，要无愧于你们过去的荣誉。这次战斗对于你们是有重要关系的——不是毁灭伯罗奔尼撒人在海上的希望，就会给雅典人带来在海上

更近的忧患。我要再提醒你们一次，这个舰队的大部分船舰[①]是已经被你们打败过了的；曾经被击溃的人，当他们再来碰着同样的危险的时候，绝对没有和前次一样的毅力的。”

福密俄是这样鼓励他的部下的。因为雅典人不会航进海湾的狭窄海面，伯罗奔尼撒人想引诱他们进入狭窄的海面，不管他们是不是愿意。因此，伯罗奔尼撒人在黎明的时候，开始航行，他们的船舰列成四条一排的纵队，沿着伯罗奔尼撒海岸，按着他们停泊时的次序，由右翼领队，向海湾内部航行。他们把装备最好和航行最迅速的二十条船舰放在右翼。他们的用意是这样的：如果福密俄以为他们是向诺帕克都航行，就会沿这个方向跟着他们来，以保护诺帕克都；于是他们的二十条船舰把雅典人隔绝开来，使他们在伯罗奔尼撒人向他们进攻的时候，不能航过或逃出伯罗奔尼撒人的防线。果然，如他们所预料的，福密俄为那个地方的安全着急，因为那里没有留下驻防军；当他看见敌人开始航行的时候，他马上急忙地违反他自己的意志上了船，沿着自己的海岸航行，美塞尼亚人的陆军也沿着海岸进军，作为他的支援。

伯罗奔尼撒人看见雅典人的船舰单行沿着海岸航行，已经进入海湾内，和陆地非常接近（这正是他们希望雅典人达到的地方）了，信号一发出，他们突然回转头来，向雅典人的阵线冲去，每条船舰都以最快的速度航行，希望隔绝整个雅典的舰队。但是雅典的

① 在第一次海战中，伯罗奔尼撒人有船舰四十七条（第187页）和福密俄的二十条船舰（第165页）作战。在第二次海战中，伯罗奔尼撒人有船舰七十七条（第190页）。因为在第一次海战中，伯罗奔尼撒人损失了十二条船舰，这里说“大部分船舰”是不十分正确的。

十一条领头的船舰设法逃出了伯罗奔尼撒人的翼队和它的突转运动，达到了公海。其余的船舰都陷入圈套中，它们虽然努力想逃跑，但是都被冲回到岸边，丧失了战斗力，那些不能游泳逃上岸去的雅典人都被杀了。伯罗奔尼撒人把一些雅典船舰系在自己的船上，拖着空船去了；有一条船舰连同舰上的水手都被俘虏了；有一些，他们正在拖着走的时候，被美塞尼亚人救出了，因为美塞尼亚人穿着盔甲，跳入水中，登上船舰，在甲板上打退了伯罗奔尼撒人。

这样，在此地伯罗奔尼撒人是胜利了，他们毁灭了对抗他们的雅典船舰。同时，他们的右翼二十条船舰正在追逐那十一条逃出伯罗奔尼撒人的突转运动而进入公海的雅典船舰。那十一条船舰，除了一条之外，完全逃掉了，达到诺帕克都；它们在阿波罗神庙附近列成阵势，把船头对着敌人；如果伯罗奔尼撒人驶入，向它们进攻的话，它们准备自卫。不久之后，伯罗奔尼撒人追到了，当他们一齐航行的时候，他们一路唱着凯歌。在他们前面很远的地方，有一条琉卡斯的船舰，正在追赶那条落在后面的雅典船舰。正碰着那里先有一条商船停泊在岸边，雅典的船舰首先达到那里，环绕商船旋转，然后撞击那条追赶它的琉卡斯船舰的腹部，把它击沉。这是一个意外的、几乎令人不能相信的行动。这个事故造成伯罗奔尼撒人间的惊慌；同时，伯罗奔尼撒人因胜利而骄傲，在追赶时，队形零乱。有些船舰上的桨手把他们的桨沉在水中，放慢航行的速度，让大队船舰好赶上他们——这是很危险的，因为雅典人和他们是这样靠近，而且准备向他们进攻的；有一些船舰，因为不知道岸边海水的深浅，在浅水的地方搁浅了。

雅典人看见了这种情况，增加了信心。命令一发出，他们一声

大喊，就向敌人冲去。伯罗奔尼撒人，因为他们自己所犯的错误，以及在目前这样纷乱的情况下，只作了短时间的抵抗，于是就开始向帕诺马斯逃走，他们原来也是从那里航行出来的。雅典人紧紧地追着，俘虏了最靠近他们的六条船舰，又取得了战争之初、在海岸旁边被敌人破坏的自己的船舰。船舰上的水手们，有些被他们杀死了，有些被俘虏了。斯巴达人提摩克拉底乘着那条在商船附近被击沉的琉卡斯船舰上；当他的船舰被破坏的时候，他自杀了，他的尸体被海水冲入诺帕克都的港口内。

雅典人回来的时候，就在他们反抗敌人、获得胜利的地方[①]建立一个胜利纪念碑。他们取回他们自己海岸旁边的破船和死者的尸体，并且依照休战条件，把敌人的尸体交还给敌人。伯罗奔尼撒人也建立一个胜利纪念碑，以纪念他们在岸边破坏雅典船舰时所获得的胜利；在胜利纪念碑附近，即亚加亚的赖昂姆地方，他们把他们所俘虏的一条船舰贡献给神。做完这事以后，他们恐怕雅典的援兵会到了，[②]除琉卡斯人之外，他们全体于晚间航入克里塞湾中，航往科林斯去了。他们撤退之后，从克里特航来的二十条雅典船舰[③]到了诺帕克都，它们应当在战争之前就到福密俄那里的。

夏季就是这样终结了。但是在遣散那些退到科林斯和克里塞湾的舰队之前，纳谟斯、伯拉西达和其他伯罗奔尼撒司令官们采纳

① 这个地方不能确定，不是在莫里克里昂的赖昂姆附近（第 190 页——译者），就是在阿波伦尼安（即阿波罗神庙圣地）附近（第 195 页）。

② 参阅第 189 页。

③ 参阅第 189 页。

了麦加拉人的献计，决定于冬季之初进攻雅典的港口庇里犹斯；这个港口是敞开的，没有设防——这自然是因为雅典海军有绝对优势的缘故。他们的计划是这样的：每个水手拿着他的桨、坐垫和桨架上的皮带，由科林斯的陆地上跑到雅典的海边；到了那里的时候，他们就尽快地跑往麦加拉，正碰着尼塞亚的船坞中有四十条船舰，他们就把这些船舰送下水，直接航往庇里犹斯。他们知道庇里犹斯没有舰队守卫；真的，没有人预料到敌人会这样袭击的；因为他们当然不敢公开进攻而希望不会遇着抵抗；纵或他们想出这样的主意，他们一定会首先被发觉的。

庇里犹斯港

这就是伯罗奔尼撒人的计划，他们马上就实行起来。他们在晚间达到尼塞亚，使船舰下水。但是他们没有照原来的计划实行，马上航往庇里犹斯。他们害怕这样做所引起的危险；同时，据说，风的方向阻碍了他们。他们航往面向麦加拉的萨拉米地角。那里有一个小的要塞和一个三条战船的分舰队，这个分舰队是用来防止麦加拉海港船舶的出进的。他们向这支军队进攻，把这些战船空着拖去了，然后出乎意外地进攻要塞，开始蹂躏萨拉米其余的地区。

烽火燃烧起来了。雅典得到警报，知道敌人的进攻，因此产生了和这次战争①中任何一次恐慌一样大的恐慌；因为城里的人民以为敌人已经航入庇里犹斯而庇里犹斯的人民以为敌人已经取得萨拉米，正将航入庇里犹斯港口。真的，他们能够很容易航入庇里犹斯港口，假如他们能够设法克服他们的恐惧心理的话；当然，单是风是不会阻止他们的。

在黎明的时候，雅典人召集他们在庇里犹斯所有的军队，把船舰下水，很匆忙地在大声叫喊中登上船舰。他们领导这个舰队驶往萨拉米，用他们的陆军防守庇里犹斯。伯罗奔尼撒人已经蹂躏了萨拉米的大部分土地；但是当他们知道援军将要到了的时候，他们匆忙地回到尼塞亚，带着他们的俘虏、掠获物和在布多隆姆要塞守卫的三条船舰。同时，他们因为他们船舰的情况大为吃惊，这些船舰下水不久，就已经漏水了。他们到麦加拉之后，即又步行回到科林斯去了。雅典人在萨拉米没有找着敌人后，也回去了。此事发生之后，他们采取办法，注意以后更好地保卫着庇里犹斯。港湾的入口也封锁了，②并且采取了其他戒备的措施。

① “这次战争”一定是指狄西里亚战争（即伯罗奔尼撒战争的最后十年），因为在第710页，我们看见有一句话说：“引起了雅典人从来所未曾有过的一次最大恐慌。”

② 就是延长入口处的城墙，中间只留一条狭窄的通道，这个通道可以用铁链封锁起来。

第十章　西塔尔西斯在马其顿的战役。福密俄的回国

大约同时，在冬季开始的时候，色雷斯地方奥德里西人国王特里斯的儿子西塔尔西斯进攻马其顿国王亚历山大的儿子柏第卡斯以及色雷斯的卡尔西斯人。西塔尔西斯的目的是希望对他所允许的一个诺言得到实现，同时也履行他自己所作的一个诺言。在战争之初，柏第卡斯受到窘迫，他和西塔尔西斯订立和约，承认他和雅典人和解而西塔尔西斯则不恢复他的兄弟腓力的王位，因为腓力是反对他的。但是柏第卡斯并没有遵守这个条约。在那个时候，西塔尔西斯在和雅典人联盟①的同时，也承认停止和色雷斯的卡尔西斯人的战争。因此，他远征卡尔息狄斯有两个理由。他带在身边的有腓力的儿子阿明塔斯，②想立他做马其顿王；有雅典的使者，他们碰巧正在他那里商量此事；有哈格浓，他以哈格浓为将军；③因为他认为雅典也要派遣一个舰队和尽量多的军队④来支援他，以和卡尔西斯人作战的。

西塔尔西斯首先率领奥德里西人，然后召集希马斯山⑤和罗

① 参阅第141页。

② 当时腓力已死。

③ 他预料雅典军队是会来的，故以哈格浓为雅典军队的将军；但是雅典的军队没有来(第204页)。

④ 参阅第204页。

⑤ 现在的巴尔干山脉。

多彼山[①]之间，下至海边，他所统治下的色雷斯部落；后来又召集希马斯山脉那一边的基提人和多瑙河[②]以南，向攸克星海[③]一带的其他部落。[④] 他又召集了许多色雷斯的附属山区部落，他们是以短剑为武器的。他们称为提伊人，大部分是住在罗多彼山上。有些跟着他做雇佣军，有些是做志愿军而来的。他又召集了阿格里安尼亚人、雷依亚人，以及他统治下的其他培奥尼亚人部落。[⑤] 这些部落住在他的帝国的边疆上，他的帝国的边缘是雷依亚的培奥尼亚人和斯特赖梦河，[⑥]这条河从斯康姆布拉斯山下流出，通过阿格里安尼亚人和雷依亚人的土地；在这个地区以外，住着独立的培奥尼亚人。在特里巴利人（他们也是独立的）的方面，他的帝国以特累里斯人和替拉提亚人的居地为界，他们住在斯康姆布拉斯山之北，向西部扩展到奥斯西阿斯河边。[⑦]

奥德里西帝国[⑧]的海岸线是从阿布提拉到攸克星海中的多瑙河口。一条商船依照最短的途径沿着海岸航行，沿途有风向船尾吹着的时候，需要四天四夜的时间；一个跑得快的人由陆地上沿着

① 现在的得波托达。

② 希腊人称为伊斯特河。——译者

③ 即黑海。——译者

④ “基提人以及其他部落都是西徐亚人的邻居，其武装设备相同，都是骑马的弓箭手。”

⑤ 住在马其顿边区山地的达奥尼亚人部落，这个地区有上斯特赖梦河和阿克西阿斯河灌溉着；他们大部分以后是臣属于马其顿的。

⑥ 现在的斯特鲁玛河。

⑦ “这条河和内斯塔斯河以及希布鲁斯河都是起源于同一个山脉。这是一个广大而无人居住的山脉，和罗多彼山相连。”（奥斯西阿斯河即现在的爱斯开河，内斯塔斯河即现在的马斯塔河，希布鲁斯河即现在的马里乍河。——译者）

⑧ 大体上和现在的保加利亚相符合。

最短的途径，由阿布提拉到多瑙河，需要十一天的时间。它的海岸线长度就是这样的。至于它内地的广度，一个走得快的人由拜占庭到雷依亚人住的地方和斯特赖梦河(内地离海最远的地方)，需要十三天的时间。在西塔尔西斯的继承人撒西斯[1]统治的时候，他把贡税增加到最高额，从土著地区以及希腊城市收入的贡税总额约金银四百他连特。除素的和绣花的织物及其他材料之外，还有作为礼物贡献的金银，其总额至少和这个数目相等。这些礼物不仅送给国王，而且也送给奥德里西人的要人和贵族。真的，这里的现成习惯和波斯王国的习惯正相反；[2]国王是收受礼物而不是给予礼物的；他们认为当人要求自己的礼物而不给予时，比自己向人要求而被拒绝时更是有失体面的。这种风俗在其他色雷斯人中间也是流行的；但是因为俄德里西人的势力大，所以这种风俗在他们中间特别流行，因为如果不事先送礼，那么，无论什么事也不可能做成功。因此，它成为一个强大的王国。真的，在金融资源和普遍繁荣方面，它是爱奥尼亚湾和攸克星海之间所有欧洲国家中最大的一个国家；虽然在军队的力量和人数方面，它显然不如西徐亚人，[3]他们是无可比拟地比欧罗巴任何其他部族都要大些。事实上，如果西徐亚人联合起来，就是在亚细亚，也没有一个部族能够单独地抵抗他们的，虽然在贤明地管理他们自己和聪明地使用他们的资源方面，他们却在一般水平之下。

① 西塔尔西斯的侄子和继承人；参阅第205—206页；第370—371页。

② 在波斯人中，国王是给予礼物而不是收受礼物的。参阅色诺芬：《居鲁士传》VIII. ii. 7。

③ 和希罗多德V. iii.，中译本，第512页的记载相反。

因此，当西塔尔西斯准备进军的时候，他是一个大帝国的国王。当一切事情准备好了的时候，他就出发进攻马其顿；他首先通过他自己的国土，然后越过无人居住的塞辛山脉，这个山脉是星提亚人和培奥尼亚人间的边界。他越过这个山脉的道路是他和培奥尼亚人作战时，他砍伐森林开辟出来的一条道路。当他们越过这个山脉，离开奥德里西人的国家的时候，他们右边有培奥尼亚人，左边有星提亚人和密狄亚人。在山脉的那一边，他们到了培奥尼亚的德培鲁斯；在行军的过程中，除病死者外，他的军队没有损失一个人。事实上他的军队反而是增加了，因为许多独立的色雷斯人自愿跟随他，希望有掠夺的机会；所以他的军队总数，据说，至少达到十五万人。这支军队大部分是步兵，只有约三分之一的骑兵。奥德里西人自己，其次是基提人，构成骑兵的大部分。步兵中最善战的是罗多彼山中的独立的剑士。其余跟着他的一大群之所以令人可怕，主要是由于他们人数的众多。

这支军队聚集于德培鲁斯，准备从山上下来，侵入柏第卡斯的王国下马其顿。[①] 马其顿这个滨海的地区（现在叫作马其顿）首先是柏第卡斯的父亲亚历山大及其祖先取得的；他的祖先原来是出自亚哥斯的泰明尼德族，他们把彼伊里亚人打败，并驱逐出彼伊里亚，[②]把波提亚人（他们现在是卡尔西斯人的邻居）驱逐出波提亚

---

① “在内地的也是马其顿人，即林卡斯人、伊里密俄特人和其他部落；他们是马其顿国王的同盟者和依附者，但是各有他们自己的国王。”

② “后来彼伊里亚人定居于法格里斯以及斯特赖梦河外潘给犹斯山下的其他地区。真的，潘给犹斯山的山坡到海滨一带地区至今还称为彼伊里亚盆地。”

之后，就在这个国家做了国王。他们也取得了培奥尼亚沿着阿克西阿斯河[①]，从山脉到培拉和海滨一个狭长地带的土地。后来他们驱逐伊东尼亚人，取得了现在的迈多尼亚的土地，这个地区位于阿克西阿斯河和斯特赖梦河之间。他们也把挨奥狄亚人赶出现在的挨奥狄亚[②]地方，把阿尔摩比亚人赶出阿尔摩比亚。下马其顿的马其顿人也征服了其他的部落，占领其土地——安提马斯、克莱斯吞尼亚、俾萨尔提亚和上马其顿大部分的土地。现在整个地区称为马其顿。在西塔尔西斯入侵的时候，亚历山大的儿子柏第卡斯正是马其顿的国王。

马其顿人面临着这样庞大的侵略军队，他们不可能在战场上抵御敌人，所以退到当时国内所有的各根据地和要塞。那时候，这些根据地和要塞是不多的；现在马其顿所有的根据地和要塞都是后来柏第卡斯的儿子阿基拉斯做国王的时候[③]建筑的。阿基拉斯也建筑了通过全国的直线道路，重新组织骑兵和步兵的武装以及一般设备，使马其顿在战争中的地位比在他以前八个国王统治的时代强大得多了。

现在色雷斯的军队从德培鲁斯进兵，首先侵入过去属于腓力的地区。他们袭取了爱多美尼；哥太尼亚、阿塔兰塔和其他地区，因为忠顺于腓力的儿子阿明塔斯的缘故，和他们谈判成功，当时阿明塔斯是和西塔尔西斯在一起。他们围攻优罗配斯，但是没有把

① 现在的发达尔河。

② “他们大部分都被杀了，虽然有少数人还住在非斯卡的周围。”

③ 公元前 413—前 399 年。他以犯罪的行为夺取王位；在他统治的时期内，他有显赫的成绩，因此著名。

它攻下来。

于是西塔尔西斯进入塔拉和西尔胡斯以西马其顿的其他地区。他们没有越过这个地区侵入波提亚和彼伊里亚，但是蹂躏了迈多尼亚、克莱斯吞尼亚和安提马斯。马其顿人从来没有想用步兵来抵抗他们，只派人到内地的同盟国去请求骑兵的援助；他们的人数虽然少得多，但是遇着机会，他们就用骑兵向色雷斯军队进攻。他们是很好的骑手，并且有胸甲的装备，所以每当他们进攻的时候，没有人能够抵抗他们；但是他们发现自己有被人数多得多的敌人包围的危险，所以他们终于放弃了这种进攻，觉得自己的力量不够和人数这样占优势的敌人去冒险作战。

现在西塔尔西斯开始和柏第卡斯谈判关于他的远征所想达到的目的；因为雅典人（雅典人以为他不会进兵的）虽然派遣使者送了一些礼物给他，但是没有派遣舰队来，他就分派他的一部分军队进攻卡尔西斯人和波提亚人，迫使他们退入要塞中，对他们的土地进行蹂躏。

当西塔尔西斯在这些地区的时候，住在南方的一些人——帖撒利人、马格尼西亚人，以及帖撒利人的依附人民和南至德摩比利的希腊人——都怕这支军队南下向他们进攻，所以都准备战争了。同时，斯特赖梦河以北平原地带的色雷斯人也感觉得同样的恐慌；他们是培尼亚人、俄多曼提人、德罗依人和得西亚人，都是一些独立的部落。和雅典人为敌的希腊人中间也有许多关于西塔尔西斯的谣传，因为他们恐怕他可能是受雅典人的引诱，依照他和雅典人的条约，也来向他们进攻。

事实上，他跑遍了卡尔息狄斯、波提亚和马其顿，蹂躏这些地区的土地；但是他原来的侵略目的，一个也没有达到，他的军队缺少粮食，同时也受着天气寒冷的痛苦；所以他采纳了他的侄子撒西斯（斯巴拉达卡斯的儿子，他部下最重要的一个司令官[①]）的献策，尽量迅速地撤退了。柏第卡斯秘密地把撒西斯拉拢到自己一边来，允许把自己的妹妹嫁给他，并且给他以巨额的金钱。西塔尔西斯采纳了撒西斯的献策，迅速地率领他的军队回到本国去了。这次行军共计三十天，其中八天是在卡尔息狄斯。后来柏第卡斯依照他的诺言，把他的妹妹斯特拉吞尼斯嫁给撒西斯。西塔尔西斯的远征就这样终结了。

在同一个冬季里，在诺帕克都的雅典人，于伯罗奔尼撒舰队遣散之后，在福密俄率领之下，从事远征。他们沿着海岸航行到阿斯塔卡斯，带着舰队上的四百名雅典重装步兵和四百名美塞尼亚人登陆后，进入阿开那尼亚内地。他们把那些他们认为不可靠的人从斯特拉托斯、科隆塔以及其他地区驱逐出去，恢复了西奥利都斯的儿子星尼斯在科隆塔的地位，然后再回到他们的船舰上来。至于伊尼亚第（这是阿开那尼亚地区内唯一的一个总是反对雅典的地方），他们认为在冬季里不可能进攻这个地方。因为阿基洛斯河从宾都斯山流出，通过多罗比亚和阿格里人及安非罗基亚人居住的地区，以及阿开那尼亚平原，其上游经过斯特拉托斯，在伊尼亚第附近流入海中，在伊尼亚第城的四周造成许多湖泊，由于河水泛滥，冬季里不可能在这个地方进军。同时，挨金那提斯群岛正在伊尼亚第的

① 西塔尔西斯自己的儿子萨多卡斯过去曾归化为雅典公民（第 142 页；第 172 页），这时候早已死亡。他的侄子撒西斯于公元前 424 年继位为国王。

对面。这些岛屿实际上是在阿基洛斯河口中;这条河是一条急流,经常有泥沙淤塞河道,结果有些岛屿已经和大陆相连,很可能,不久之后,其余的岛屿都会和大陆接连起来的。因为河流水急,河面又宽,又多泥沙,岛屿彼此接近,其间又多冲积土壤淤塞;这些岛屿不是前后排成直线,而是不规则地散布的,以致岛屿中间没有直接的水道,可以让河水流入海中。这些岛屿都是很小,没有人居住的。[①]

福密俄和他所率领的雅典人从阿开那尼亚起航,达到诺帕克都;在初春的时候就航回雅典去了。他们带回他们在海战中所俘获的船舰和俘虏的自由民。这些俘虏都是以一个对一个和伯罗奔尼撒人交换了。这个冬季就这样终结,修昔底德所记载的这次战争的第三年也就是这样终结了。

① “有一个故事谈到这些岛屿和安非阿拉斯的儿子阿克密翁。当阿克密翁杀死了他的母亲伊利非尔之后,到处流荡的时候,据说,阿波罗的神谶告诉他住的地方。神谶是这样说的:除非他能够找到一个在他杀他的母亲的时候太阳所没有看见的地方,就是当时还不是陆地的地方,在那里居住,他心中的恐惧是不能免除的;因为地球上所有的地方都被他玷污了。据说,他起初不知道要怎么办才好,但是最后他终于注意到阿基洛斯河口这块冲积土壤,于是他得到结论:自从他杀了他的母亲到这时,他已经流荡了一些时候,那里可能已经形成了新的土地,是够维持他的生活了,所以他定居在伊尼亚第附近的地区,成为这些地区的统治者;整个地区称为阿开那尼亚,就是从他的儿子阿开南的名字而来的。这就是祖先传给我们关于阿克密翁的故事。”

第　三　卷

第一章　战争的第四年。密提林的暴动。一些普拉提亚人的出亡

次年[①]夏季里，正当谷物熟了的时候，伯罗奔尼撒人和他们的同盟者在斯巴达国王阿基达马斯（沙西达摩斯的儿子）指挥之下，进兵亚狄迦。他们驻扎在乡间，开始破坏。和以前几次一样，雅典骑兵在一切可能的地方进行突击，以阻止敌人的轻装步兵队伍离开他们的主力军的保护而在城市附近地区进行破坏。伯罗奔尼撒人留在亚狄迦，直到他们的军粮用完了的时候才撤退，分别回到各城市去了。

正在伯罗奔尼撒人入侵之后，列斯堡全岛，[②]除麦提姆那外，都叛离雅典了。就是在战争以前，列斯堡人已经想要暴动了，但是斯巴达人不愿意和他们订立同盟；现在他们不得不提早在原定计划之前暴动。他们原想等待到他们封锁了他们的港口，完成了他们已经开始的要塞和船舰建筑的时候；同时也等待从本都运来的各种支援——弓箭手、谷物以及他们所需要的其他物资——到了

① 公元前428年。

② 密提林是一个贵族政体的国家，其附属城市是安替撒、匹剌和伊勒苏斯，只有北部海滨的麦提姆那还保持民主政治，和雅典仍有联系。关于这次暴动，可参阅戴奥多鲁斯，xii. 45。密提林人抱怨的理由是说雅典阻止他们的集权。参阅赫伯斯特：《密提林的暴动》（1861）；莱塔马塞：《密提林的暴动》（1874）。

的时候才暴动的。但是同时，特内多斯人（他们的敌人）、麦提姆那人和他们自己城内某些私人[①]告诉雅典人说：密提林人想要以武力统一列斯堡全岛，成为一个国家，受密提林的统治；他们所忙碌地从事的各种活动都是和斯巴达人以及他们同族的彼奥提亚人合谋，想举行暴动的；如果雅典不马上采取防止的措施，它会失掉列斯堡。

但是这时候，雅典人正遭着瘟疫以及最近发生的战争，而且战争正是激烈的时候。他们认为又和列斯堡作战，真是一件严重的事情，因为列斯堡自己有一个舰队，而且它的资源没有受到损失。因此，由于他们偏重于自己的愿望着想，起初他们不相信这些密告是真的。但是后来当他们派遣代表去，不能说服密提林人放弃统一列斯堡的思想，或放弃战争准备的时候，他们开始吃惊，决定先发制人，以免后悔莫及。有一个包括四十条船舰的舰队已经配备好了，原来是准备远征伯罗奔尼撒沿海地区的；他们急忙命令第尼阿斯的儿子克莱披底和其他两个人率领这个舰队前往。雅典人得到情报，说密提林人正在城外举行庆祝马里阿的阿波罗[②]节日，全城的人都参加；所以如果他们行动迅速的话，他们有一个出乎意外地袭击密提林人的好机会。如果这个计划成功，那么就更好；如果不成功的话，他们将命令密提林人交出他们的船舰，拆毁他们的城堡；如果他们不肯依从，雅典人就同他们作战。

① “这些人都是雅典人在密提林的利益的代理人。”（这种代理人原文是 proxeni，意为“公客”或“朋友”。在款待和协助他们所代表的外国的使节和公民时，他们享有该国某些特权。他们很像现在的“领事”或“驻节公使”，但是他们总是本国人而不是外国人。——译者）

② 即马里阿的神阿波罗；马里阿是密提林城北的一个地方（参阅第 210 页），那里有一个阿波罗神庙。

这样，舰队就出发了。碰着密提林有十条三列桨战舰，依照同盟条约的规定，在舰队中服务；雅典人就扣留这些战舰，并且逮捕舰上的全部水手。但是雅典人远征的消息已经由一个人传到了密提林，他从雅典渡海到优卑亚，步行到吉拉斯都，发现有一条商船在那里正要开了，他离开雅典后的第三天就由海道到了密提林。所以密提林的人民没有跑到马里阿的神庙去。他们在他们的城墙还没有完成的那一部分和港口加筑木栅，以资防守。

不久之后，雅典的舰队到了。当将军们看到这种形势，他们传达了他们的命令；密提林人拒绝服从，于是他们就向密提林人作战了。密提林人事先没有准备，突然被迫作战，所以他们只把舰队开出港口不远，装作要作战的样子，但是马上被雅典人驱逐回来了。于是他们和雅典的将军们进行谈判，希望如果可能的话，在任何合理的条件下，使雅典的舰队暂时撤回。雅典的将军们不相信他们自己有对付整个列斯堡的能力，所以接受了密提林人的建议。签订休战和约之后，密提林人派了一个使团到雅典去(使团中包括一个以前告密反对他们、而现在忏悔了的人)，希望能够说服雅典人撤退他们的舰队；同时使他们相信密提林没有革命的危险。同时，密提林人用一条三列桨战舰遣送一些使节往斯巴达去，这条战舰停泊在密提林之北的马里阿，避开雅典人的注意；因为他们知道派往雅典去的代表们不会有什么结果的。

代表团经过横渡公海的困难航行之后，到了斯巴达，开始谈判，他们希望得到军事援助。派往雅典去的使团没有得到任何结果就回来了。因此，密提林以及麦提姆那以外所有其余的列斯堡各城市和雅典人进行战争。麦提姆那人，和音不洛斯人、雷姆诺斯人以及其他一些同盟者一样，帮助雅典人作战。

密提林人现在全军出来，突击雅典人；在战斗中，他们颇处于优势，但是他们对自己缺少信心，不敢冒险露营城外，所以退回城内去了。以后，他们没有动静，在没有得到伯罗奔尼撒或其他地方任何援助的时候，他们不打算再出来碰运气了。因为一个拉哥尼亚人美里阿斯和一个底比斯人赫米翁达现在到了那里。这两个人是在暴动之前，就被派往密提林去的；但是他们没有能够在雅典舰队出现之前到达列斯堡。现在这次战役之后，他们设法偷偷地乘着一条三列桨战舰到达了那里，劝密提林人派遣一些使节乘着另一条三列桨战舰跟他们一同往斯巴达去。密提林人照他们说的做了。

同时，因为密提林人按兵不动，雅典人大大地受到鼓舞。他们从同盟国中召来军队；这些军队看见列斯堡人方面没有采取强有力的军事行动，更加来得快些。他们把船舰停泊在城南附近，把两个港口都封锁了。这样，他们使密提林人不能利用海面，虽然密提林人和他们的同盟者控制了陆地上。雅典人所占据的只是他们营寨周围一小块地区，他们只利用马里阿作为他们的市场和停泊船舰的港口。

当上述的密提林战争正在进行的时候，雅典人约在夏季中同一个时候，派遣一个三十条船舰的舰队，环绕伯罗奔尼撒航行。这个舰队由福密俄的儿子阿索区阿斯率领，因为阿开那尼亚人坚决请求派往他们那里去的司令官一定要是福密俄的儿子，或者是他的亲属。当这个舰队在拉哥尼亚附近航行的时候，沿岸各地都遭到破坏。后来阿索匹阿斯把大部分船舰送回雅典，而他自己带着十二条船舰到诺帕克都去了。于是他在整个阿开那尼亚地区征集了一批陆军，进攻伊尼亚第。陆军破坏乡村各地而舰队沿阿基洛斯河而上。但是伊尼亚第并没有屈服的表示；他遣散了他的陆军之后，航往琉卡斯，在内里卡斯登陆。在他从内里卡斯回来的时候，这些地区的人民得到少数驻防军[①]的支援，起来反抗他，他和许多士兵都被杀了。雅典人首先航海离开那里，后来才根据休战和约，从琉卡斯人那里取回阵亡者的尸体。

同时，斯巴达人告诉那些密提林用第一条战船派去的大使们到奥林匹亚去，使其他同盟者也能够听到并且讨论他们所要说的话。因此，他们就到奥林匹亚去了。[②] 祭祀完毕之后，召集了一个同盟会议；在会议中，他们发言如下：

"斯巴达人和同盟者！我们知道希腊人中间的成规惯例。当一个国家在战争中途暴动，放弃它的同盟者的时候，那些欢迎和它建立同盟的人正因此而很高兴，因为他们知道这件事对于他们是有利的；而另外一些人则认为这是最坏的，因为它出卖了它从前的朋友。如果暴动的国家和它所叛离的国家间，在政策上和情感上有共同的心情，在势力上和资源上不相上下的话，如果暴动没有合乎情理的理由的话，这种对事物的看法是完全公平的。而我们和雅典人中间的情况完全不是这样的，人们不要以为我们是很坏，以

① 是外国人，可能是科林斯人。

② "这是罗得斯的多里阿斯第二次获得冠军的那个奥林匹亚节纪。"（带阿哥拉斯的儿子多里阿斯在奥林匹亚赛会中连续地获得了三次冠军〔波桑尼阿斯，VI. vii. 1〕，还在许多其他竞赛中获得冠军〔波桑尼阿斯，VI. vii. 4〕。在狄西里亚战争中，他在斯巴达军队中作战，为雅典人所俘虏，但是因为他是个著名的运动家，所以没有缴纳赎金而被释放了〔色诺芬：《希腊史》I. v. 19；波桑尼阿斯，VI. vii. 4，5〕——译者）。

为我们在和平的时候受到雅典人的尊重，而在危急的时候叛离了他们。

“我们首先要谈到正义和诚实的问题，特别是因为我们现在是来请求和你们订立同盟。我们知道，如果双方没有诚实的信念，没有其他方面的某些共同的心理状态的话，人与人之间绝对不可能有坚强的友谊，国与国之间也不可能建立真正的联盟；因为思想不同的人行动也不会一致的。

“我们和雅典间的同盟起于波斯战争将结束的时候；当时，你们退出领导的地位，而雅典人留下来完成这个工作。但是同盟的目的是解放希腊人，使他们免受波斯人的压迫，而不是要雅典人来奴役希腊人。只要雅典人在领导的时候，尊重我们的独立，我们是热心跟随他们的。但是当我们看见他们对于波斯的敌视愈来愈少，而关心奴役他们自己的同盟者愈来愈多，于是我们开始恐惧了。因为复表决的制度，同盟者不能够联合起来自卫，所以除我们和开俄斯人之外，同盟者都被奴役了。因为我们被认为是独立的，在名义上是自由的；所以在同盟军中，我们供给自己的分遣队，但是过去所发生的事情使我们得到教训，我们对雅典的领导不再信任了。他们把那些和我们平等的国家控制了之后，如果他们有力量做的时候，很可能他们也会用同样的方法来对付我们的。

“如果我们这些同盟者还都是独立的话，我们比较相信他们不至于改变现有的情况。但是因为他们的同盟者大部分已经被征服了，而只有我们被看作平等者，自然他们会反对这种大部分同盟者均已屈服而只有我们独立的局势，特别是因为他们的势力愈来愈大而我们外面的支持愈来愈小了。一个同盟的安全保证是在平等的基础上互相畏惧;因为,那么,想要破坏信用的一方顾虑到它不一定操有胜算,就不敢了。

"事实上,雅典人允许我们独立的唯一原因是因为他们在创造他们的帝国的时候,认为他们利用巧妙的言辞和政策的方法比利用暴力更易于取得势力。我们对于他们是有利的,因为他们可以向我们指出来说,我们是和他们一样有表决权的,我们参加他们的各次远征一定是出自心愿的,我们参加远征只是因为他们领导我们去进攻的是那些犯了错误的人。利用这种方法,他们首先领导较强的国家去进攻那些较弱的国家,而把最强大的国家留在最后面;一到其余的国家都被并吞之后,这个强大的国家也因而削弱,他们就有把握来对付了。反过来说,如果他们首先对付我们,当时其余的国家尚有力量,同时还有一个中心,它可以团结这些国家在它周围,那么,他们就不会这样容易地征服它们了。同时,他们也怕我们的海军,一旦我们的海军团结一致,和你们或其他强国联合起来,那么,就会成为对雅典的一个威胁。我们能够保全独立的另一个因素,是我们费尽心血以讨好雅典的民众会议和他们各个主要的政治家。但是从他们对待其他国家的办法中,我们得到了教训:如果不是这次战争爆发的话,我们绝对没有希望能够保持得多么久了。

"当我们处在这种形势之下,我们怎么能够感觉到有真挚的友谊,或者对于我们的自由有什么信心呢?我们彼此所接受的条件是违反我们双方的真正情感的。在战时,他们尽力对我们表示好感,因为他们害怕我们;而在平时,我们努力对他们表示好感,也是因为我们害怕他们。在大多数的情况下,善意是忠顺的基础;但是在我们的情况之下,是依靠畏惧来作保证;我们的同盟关系是由于畏惧，而不是由于友谊来维持的。任何一方在任何时候，首先觉得破坏盟约能够使自己安全的时候，它就会破坏这个盟约的。所以如果有人因为雅典尚未采取行动，向我们进攻，而责难我们不应该首先离叛，或者说，我们应该等到确实知道他们会采取什么行动的时候才离叛，这种说法是错误的。因为如果我们有和他们一样的能力，可以计划进攻，可以推迟的话，那么，我们和他们是势均力敌，也用不着做他们的属民了。事实上，他们所处的地位，随时可以向我们进攻；我们的自卫也应当先发制人。

“斯巴达人和同盟者！这些就是我们暴动的根据和理由。这些已经是很清楚，足以使我们的听众相信我们的行动不是不恰当的；这些情况使我们有充分的理由感到警觉，因而使我们不得不寻找获得安全的办法。真的，很久以前我们就想这样做了的；当还在和平的时候，我们派了使节到你们这里来商谈这个问题；但是我们没有能够得到你们的援助，因为你们不肯接受我们。现在我们马上答应了彼奥提亚人的邀请，[①]我们决定和过去的关系作双重的决裂——一方面和希腊人[②]的关系决裂，另一方面和雅典的关系决裂。对于希腊人，我们不再和雅典人联合在一起来侵略他们了，而要支持他们的解放工作；对于雅典人，我们要采取主动，叛离他们，以免后来被他们灭亡。

“但是我们的暴动，比我们原定的计划，提早发动了，我们没有充分地准备好。因此，你们应当和我们订立同盟，迅速地支援我

① 这件事情在以前没有明确地说明，但在第 209、210 页上暗示了这件事情。

② 指提洛同盟。

们；这样，就可以表示你们能够援助那些应当援助的人，同时也能够伤害你们的敌人。这是你们所从来没有过的机会。由于瘟疫和战费的负担，雅典人已经到了民穷财尽的地步；他们的舰队一部分正在环绕你们的海岸航行，[①]其余的在封锁我们。他们不可能还有船舰留在国内，如果在这个夏季里，你们第二次用海陆军同时进攻的话，他们一定不能抵抗你们，或者他们不能不从你们的沿海一带和我们国家里撤退他们的舰队。

"不要以为你们是为了一个和你们毫无关系的国家使你们自己的人冒着危险。可能你们认为列斯堡离你们很远；但是你们会发觉这件事对于你们的利益近在目前。决定战争胜负不是在亚狄迦，如有些人所想象的，而是在于亚狄迦所以从那里吸取它的力量的那些国家。它的财力来自同盟国所缴纳的贡款；如果我们被征服了的话，它的财力会更大了。因为没有其他的暴动，我们的资源就会加入到它的资源中，他们对待我们，会比对待那些在我们之前被奴役的人更加苛刻些。[②] 但是如果你们支援我们的话，你们自己会获得一个有强大海军的国家(海军是你们所最需要的)；你们所处的地位会好得多，可以分散雅典的同盟国，以摧毁雅典的势力，因为别的国家会受到很大的鼓舞而转到你们这一边来了；同时，你们也可以避免人家对你们的责难，说你们是不支援暴动者的[③]。一旦你们以解放者的身份[④]而出现的话，你们会发现你们在

① 参阅第 211 页。

② 特别是在榨取贡款一方面。

③ 参阅第 54、55 页。

④ 参阅第 125 页。

战争中的力量将大大地增加了。

“因此，我们请求你们，不仅要尊重希腊人对你们的希望，并且要尊重奥林匹亚的宙斯，因为我们是以祈祷者的身份站在他的神庙里。请求你们支援密提林。请求你们做我们的同盟者，不要遗弃我们。我们现在正在冒着我们自己生命的危险；但是我们这样做的时候，如果成功的话，所有的人都会普遍地得到好处；如果你们不听我们的忠言，因而我们失败了的话，你们会遭遇到更大的普遍灾殃。因此你们应该做希腊人所期望你们做的，和我们的忧虑所要求你们做的那种人。”

这是密提林人的发言。斯巴达人和他们的同盟者听了这个发言之后，就接受了这些建议，欢迎列斯堡加入他们的同盟。他们决定侵入亚狄迦，命令出席会议的同盟各国以其全军的三分之二，[①]尽量迅速地在地峡集合。斯巴达人最早到达那里，他们准备拖曳机械，把船舰从科林斯拖过地峡，达到雅典那一边的海中，所以他们能够从陆地上和海上同时进攻。在做这一切工作的时候，他们表现了很大的努力；但是其余的同盟军则来得迟些，因为他们正在忙着收获他们的谷物，同时也厌恶军役。

雅典人知道敌人作战的准备是根据雅典自己的弱点，他们希望表明敌人的这种想法是错误的，他们用不着从列斯堡召回他们自己的舰队，就可以打退伯罗奔尼撒舰队的进攻。因此，他们用自己的公民[②]

① 参阅第127页。

② 雅典公民分四个等级：即五百麦斗级、骑士级、牛轭级和贫民级。通常只有贫民（他们是轻装的陆战部队）在舰队中服务的（第511页）；但是在紧急的时候，以上三等级的人（他们正常的义务是在重装部队中服务的）可能不得不在舰队中服务（第652—653页）。

(骑兵级和五百麦斗级除外)和住在亚狄迦的异邦人配备了一百条船舰的海员,航往地峡,他们在那里示威,随意在伯罗奔尼撒沿岸登陆。斯巴达人看见情况完全不是如他们所预料的,因此,他们得到结论,认为列斯堡人所说的话[①]不是真的;同时,他们认为远征有许多困难,因为他们的同盟军还没有到,他们又听到消息,说雅典的三十条船舰[②]环绕伯罗奔尼撒沿海一带,现在正在破坏斯巴达城本身附近的乡村。因此他们回国去了;但是后来[③]他们准备好一个舰队,派往列斯堡。他们命令各同盟国总共派了四十条船舰,任命阿尔息达为海军大将,率领舰队前往。当雅典人看见斯巴达人撤退了的时候,他们也带着他们的一百条船舰回国去了。[④]

当斯巴达人在地峡的时候,密提林人利用雇佣军队的支援,由陆地向麦提姆那进攻,因为他们认为城内有人会响应他们的。他们袭击那个城市;但是不如他们所预料的,于是他们撤退到安替撒、匹剌和伊勒苏斯。他们作了安排,以巩固这些地方内部的安全,加强它们的城墙,于是很快地就回去了。

---

① 参阅第 215 页。

② 参阅第 211 页。

③ 参阅第 224 页。

④ “当这个舰队下水的时候,这样多的船舰同时服军役,这似乎是雅典过去所从来没有过的,装备也很华丽。但是在战争之初,它有同样多的船舰,或者还要多些。那时候,它有一百条船舰保卫亚狄迦、优卑亚和萨拉米;另外还有一百条船舰巡逻于伯罗奔尼撒沿岸,还有其他的船舰在波提狄亚和其他各据点,一个夏季中服现行军役的船舰共二百五十条。雅典财源的枯竭主要是由于供给这些船舰和波提狄亚战役的费用;因为在波提狄亚驻防的重装步兵的薪给是两个德拉克玛一天(一个是给士兵本人的,一个是给他的侍仆的)。在开始的时候,有重装步兵三千名,直到围攻完毕的时候,这个数目没有减少。此外,还有福密俄带来的一千六百名,但是他们在波提狄亚被攻陷以前就离开那里了。船舰上水手的薪给和重装步兵的相同。这是最初雅典用最多船舰服役的时候所耗费的金钱。”

密提林人撤退后，麦提姆那人进攻安替撒，但是安替撒人和他们的雇佣军队出城突击，打败了麦提姆那人。许多麦提姆那人被杀，其余的迅速地撤退了。雅典人得到这个消息后，知道密提林人控制了整个地区，他们自己的军队太少，不足以制止密提林人了，所以在秋季之初，他们派遣伊壁鸠鲁的儿子帕撒斯率领一千名公民重装步兵到那里去。这些重装步兵自己划桨；[①]他们到了密提林的时候，就建筑一条单墙，把那个地方完全包围起来，在城墙的重要地方都有要塞，驻兵防守。这样，密提林从陆地上和海上都被坚固地封锁了。这时正是冬季到了。

雅典人虽然第一次从他们自己的公民中征收了二百他连特的捐税，[②]但是他们还需要更多的钱，以供围城之用。现在他们派遣莱西克利和其他四个人率领十二条船舰去向同盟国征收贡款。莱西克利航往各地，征收了贡款之后，深入内地，从开利阿的米欧斯，横过米安得河平原，上至散第阿斯的山陵地带。在那里，他被开利阿人和安尼亚人袭击，他本人和他的大部分军队都被杀死了。

在同一个冬季里，还被伯罗奔尼撒人和彼奥提亚人围攻[③]的普拉提亚人感到自己深受痛苦，因为他们的粮食已经吃完了，还没有看见雅典的援兵来，也没有别的方法可以自存了；因此，他们和那些跟他们一起在围城中的雅典人计划，他们想离开自己的城市，尽一切力量爬过敌人的城墙。首先想出这个计划来的是预言家托

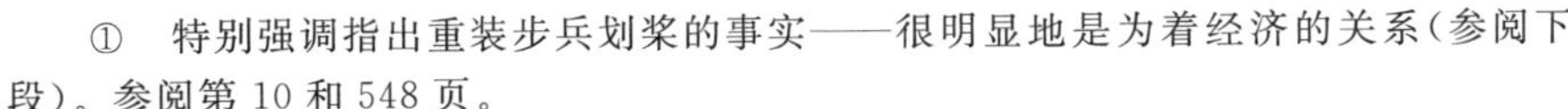

① 特别强调指出重装步兵划桨的事实——很明显地是为着经济的关系(参阅下段)。参阅第 10 和 548 页。

② 这种特别税只在战时征收的。参阅柏克:《雅典财政》，第 612 页。

③ 关于这次围攻以前的讨论，可以参阅第 175—182 页。

尔密德的儿子提阿尼都和戴伊马卡斯的儿子攸蓬披底(他们的一个将军)。原来的计划是要全体的人都参加的;但是后来他们中间有一半的人认为这件事情太冒险,因而不敢做了。还有二百二十个自愿者坚持突围而出的主张。他们的办法是这样的:他们制造一些梯子,以达到敌人的墙顶上;因为面对着普拉提亚城一方的敌人城墙没有涂上泥土,他们可以从砖的层数计算出敌人城墙的高度来。许多人同时数砖的层数;虽然有些人可能会得着错误的数目,但是大多数人得着的数目会是正确的,特别是因为他们三番四次地数着砖的层数,同时他们离敌墙不远,他们可以看得清楚。这样,他们猜着单砖的厚度,由此可以计算出他们的梯子需要多么长。

伯罗奔尼撒人的墙是这样建筑的:事实上有两道墙,每道墙构成一个圆形;一道对着普拉提亚,另一道对着外面,以防御雅典人的进攻。两墙之间有空隙约十六英尺,在空隙中他们建筑了一些小屋,守卫的人就驻扎在这些小屋子里面。这些建筑是连续的,[①]所以从外面看来好像是一道厚墙,西边都有城垛。每十个城垛的地方有一个相当大的城塔,塔的厚度和墙一样,从墙的里面一边达到外面一边,除了经过塔中之外,没有其他道路可以从墙上走过。在有风雨的夜间,他们不驻守城垛,而只守着城塔,塔上有屋顶,塔与塔之间相隔不远。

这就是这种墙的构造,普拉提亚人就是被这种墙包围住。现在一切都准备好了,等到一个有暴风雨而无月光的晚上,他们由发起这个计划的人领导,偷偷地溜出城外。首先他们越过环城的壕沟,跑到了敌人的城墙下,而没有被哨兵发觉;因为哨兵在黑暗中

① 即两道围墙用一个屋顶连起来。

希腊士兵的皮带鞋

不能看见他们，在狂风怒号中也不能听到他们了。他们彼此间也维持了相当的距离，以免他们的兵器有互相碰着而被敌人发觉的危险。他们配备着轻武装，只在脚上穿着皮带鞋，以免在泥中滑倒。他们达到两个城塔正中间的城垛下，他们知道这个地方是没有人守卫的。拿梯子的人首先达到那里，把梯子安置好；然后由科勒布斯的儿子安密阿斯领导十二个轻武装的人爬上城墙，他们都拿着匕首，穿着胸甲。安密阿斯是第一个爬上去的，他的部下跟着他上去；每边六个人，分途走向两边邻近的城塔。后面跟着更多的轻装兵士，他们拿着长矛；他们的后面就是拿盾的兵士，当他们和敌人接触时，后面的兵士就可以把盾递给他们。直到他们大部分爬到了城墙上面的时候，他们才被城塔内的哨兵发觉；因为一个普拉提亚人抓着城垛时，打下了一块瓦，瓦片落下来时，发出响声来了。于是哨兵马上叫喊，守卫军队冲上城墙。在黑暗中和暴风雨中，他们不知道发生了什么危险；而同时留在城内的普拉提亚人从城中出来，向他们的自己人在爬墙的地方的对面城墙进攻，以尽量牵制敌人的注意力。所以围城的军队还在混乱中，没有人敢于离开自己的岗位去援助别的地方，也猜不出发生了什么事故。但是那些指定在危急时应用的三百名士兵跑出墙外，向发出警报的地方走去。他们发出烽

火信号向底比斯求援；但是城内的普拉提亚人也从他们自己的城墙上发出许多烽火信号来（这些烽火是他们事先准备好了，专为此事用的），使底比斯人不能辨别敌人的烽火信号，因而不来援助，使底比斯人在普拉提亚人逃走后，达到安全地带之前，不知道事情发生的真相。

同时，普拉提亚人爬到了城墙上。那些首先爬上去的人夺取了两个城塔，杀死了哨兵。于是他们自己把守着塔中的通道，使敌人的援兵不能通过这条道路来向他们进攻。他们又把梯子从墙上搭在塔上，许多人爬到塔顶上，于是他们从上面和下面[①]同时射击，使敌人不能跑拢来。同时，其余的主要队伍把许多梯子靠着外墙安放着，把城垛毁掉，继续从两塔中间越过。每个越过城墙的人，在壕沟旁边和其他的人列成队伍，他们从那里向所有沿着城墙来阻止他们的同伴们越过的人射箭和投击标枪。当其余的人都越过了的时候，最后那些在城塔里面的人经过一些困难之后才走下来，跑到壕沟旁边；正在这个时候，敌人的三百名士兵到了，他们都带着火把。普拉提亚人在黑暗中，站在壕沟旁边，看见敌人比较清楚，而他们自己反而不被敌人看见。他们向那些没有穿盔甲的敌人射击。火把的光使敌人在黑暗中更不容易看见他们，所以就是他们最后一个人都设法渡过了壕沟，虽然这是经过艰苦困难的奋斗才达到的。当时刮东风，而不是刮北风，壕沟里的水面虽已结冰，但是带有水分，不够坚强，不能从冰上走过，晚上下雪，同时又刮大风，使壕沟中的水暴涨了，所以他们渡过壕沟时，水淹到他们

① 就是塔顶上和城墙脚下。

的颈部和肩部。但是他们之所以能够设法逃掉，主要是由于暴风骤雨的缘故。

于是普拉提亚人全部从壕沟出发，沿着往底比斯的道路前进。英雄安得洛克拉底的神殿在他们的右边。他们认为这条道路是通到敌国那里去的，因此敌人不会猜着他们是走这条道路的；事实上，当他们到了路上的时候，他们看见伯罗奔尼撒人拿着火把，在往雅典的路上，向西萨隆和德鲁阿斯-刻法利一带努力寻找他们。普拉提亚人沿着往底比斯的道路上走了六七斯塔狄亚的路程，然后回转来，沿着往山地去的道路，向厄立特利亚和希西亚走。达到山地后，他们就很安全地前往雅典，总共是二百一十二人。他们有些没有越过城墙的，回到城里去了；一个弓箭手在外面的壕沟旁边被俘虏了。

伯罗奔尼撒人不再追寻，回到他们的岗位上去了。城内的普拉提亚人完全不知道经过的实际情况，那些跑回去的人告诉他们说，逃出去的人全部都被杀害了。所以天一亮的时候，他们就派遣一个传令官，请求休战，以便他们可以收回死者的尸体；但是当他们知道真实情况的时候，他们就放弃了这个主张。这些普拉提亚人就是这样越过围墙，到达安全地带的。[①]

在同一个冬季的末尾[②]斯巴达派遣斯巴达人萨利修斯乘着一条三列桨战舰往密提林去。他由海道往匹剌，从那里沿着一条河床步行，达到一个可以越过包围城墙的地方，所以他偷偷地溜进城

① 关于普拉提亚城以及留在城内的人的命运，可参阅第 244—260 页。

② 公元前 428 年。

内而没有被发觉。他告诉密提林的执政者，说斯巴达人就将侵入亚狄迦了，派来支援他们的四十条船舰[①]就要到了，他本人就是斯巴达派来预先告诉他们这个消息，同时负担处理一般事务的责任的。密提林人因此大受鼓舞，不想和雅典人讲和了。这样冬季就终结了，修昔底德所记载这次战争的第四年也就这样完结了。

第二章　密提林的投降。伯罗奔尼撒舰队的无能

次年[②]夏季，伯罗奔尼撒人派遣海军大将阿尔息达指挥四十二条船舰往密提林。他们自己和他们的同盟军侵入亚狄迦；因此，雅典人在海陆两方面同时遭着困难，更难派遣舰队去迎击伯罗奔尼撒人派往密提林的舰队了。这次侵略军的司令官是克利奥密尼斯，他是代替国王波桑尼阿斯（普雷斯托安那克斯的儿子）率军出征的，因为国王尚未成年，而克利奥密尼斯是普雷斯托安那克斯的兄弟。侵略军把过去所破坏的地区内再生长出来的一切东西都破坏，并且继续破坏了以前侵略时所没有触动到的财产。因此，除了第二次侵略[③]之外，这次侵略是破坏性最厉害的。敌人停留在亚狄迦的时间延长了，蹂躏了大部分的乡村，因为他们经常在等待他们的舰队在列斯堡所做的事情的消息，他们认为他们的舰队一定

① 参阅第218页。

② 公元前427年。

③ 参阅第161页。

已经到了那里的。但是他们的期望没有实现，而他们的军粮已尽，因此他们撤退，分别回到各城市去了。[①]

同时，密提林人不得不和雅典人议和了。他们的粮食吃完了，而伯罗奔尼撒人派去的舰队还不知道什么时候才可以到，因为这个舰队在途中耽误了时间。他们是在这样的情况下投降的：萨利修斯本人也认为舰队没有来的希望了。现在他把重武装[②]发给人民（以前人民只是和轻装步兵一样装备的），想领导他们出来和雅典人决战。但是当人民有了适当武装的时候，他们马上就不服从政府的命令了。他们自己举行会议，要求政府当局公开地把所有的食物拿出来，分配给全体人民。他们说，如果不这样做的话，他们自己会和雅典人议和，把城市交给雅典人。

政府当局知道他们完全不能阻止人民的行动了；同时，如果订立和约而他们没有参加，那么，他们自己会危险了。因此，他们和人民一起，跟帕撒斯和雅典的军队议和了。投降的条件是这样的：对于密提林的人民，雅典有权自由处理；雅典军队可以进城；密提林人派遣代表们往雅典去陈述他们的情况；在这些代表们回来之前，帕撒斯应承认不监禁、奴役或杀害任何人。

投降的条件虽然是这样的，但是密提林人中间那些为着斯巴达人的利益而最为活跃的党人还是恐惧——当雅典军队进城的时候，他们更加害怕了，所以他们觉得他们必须跑到神坛前面去请求

① 意思是说，斯巴达人原来的计划，和以前一样，是想在这个夏季里掠夺某些地区，听到他们的舰队在列斯保胜利之后才撤退的。但是因为他们舰队的迟误，他们留在亚狄迦的时间比原定的计划延长了一些。

② 有盾、矛和胸甲。轻装步兵携带矛或弓，而没有防御性的武器。

庇护。帕撒斯把他们从祈祷的位置上扶起来，允许不伤害他们，把他们安置在特内多斯岛上，以保护他们的安全，直到他知道雅典人对他们处理的决定到达时为止。他又派遣一条三列桨战舰往安替撒去，占领了那个地方，并采取了其他必要的军事措施。

同时，那四十条船舰上的伯罗奔尼撒人本应当急忙去援救密提林的；但是他们在环绕伯罗奔尼撒半岛本身的航程中，浪费了许多时间，然后从容地前进，最后他们没有被雅典本国内的舰队所发现，而到达了提洛岛。

他们从提洛岛继续航行到爱卡鲁斯和密康诺斯，[①]在那里他们才听到密提林陷落的消息。因为他们想得到更正确的消息，他们继续航行到厄立特利亚的恩巴敦，到达那里的时候已经是密提林投降后大约七天了。现在他们得到了他们所想要得到的消息，于是他们开始讨论，由当时的情况看来，他们应当怎样办。伊利斯人推提阿普拉斯发言，向他们提出下面的意见：

“阿尔息达和伯罗奔尼撒的同僚司令官们！我建议，在他们还不知道我们到了这里的时候，迅速地驶往密提林。因为他们刚刚取得那个城市，很可能我们会发现他们的警惕性大大地松懈了的；在海上一定是这样的，因为他们没有想到在海上有受人攻击的可能，而事实上我们的主要力量正碰着在海上。同时，他们的陆军在胜利之后，也很可能分散在城内的房屋中，没有适当地组织起来。所以，如果我们在夜间突击，我想，有城内那些还在我们这一边的

① 这个次序说倒了，应当先到密康诺斯，然后到爱卡鲁斯（参阅昭伊特译本，第一卷，cx 页）。——译者

人的援助，我们应当可以取得这个地方。我们不要怕危险，但是我们不要忘记，这是战术上奇兵制胜的一个范例。一个好的司令官，对他自己方面，防备这种奇兵；但是对敌人方面，则利用奇兵进攻。”

但是阿尔息达不相信他的意见。他的舰队中有一些爱奥尼亚的流亡者和列斯堡人向他建议：如果他认为这个计划太冒险了的话，他应当夺取一个爱奥尼亚的城市，或者伊奥利亚的丘米，利用它作为根据地，以组织爱奥尼亚的暴动。他们说，这很明显地是有可能性的，因为他们到这里来，到处都会受到人家的欢迎。他们的目的是切断雅典和这个地方的关系，剥夺它最大的经济来源；同时，如果雅典决定维持一个舰队来攻击他们的话，会使它负担一笔更大的军费。并且他们还说，他们认为可以说服匹苏斯尼，使它参加他们这一边来。

就是这个计划，阿尔息达也不赞成；因为他的主要思想是这样的：他既然来迟了，不能援救密提林，就应当迅速地回到伯罗奔尼撒去。因此，他从恩巴敦起航，沿着海岸航行，到提奥斯的市镇迈昂尼苏斯。在那里，他把航行中所获得的俘虏都杀死了。后来当他停泊在以弗所的时候，一个住在安尼亚的萨摩斯人[①]代表团来拜访他，对他说：那些人从来没有举起手来反抗过他，他们不是他的敌人，只不过是在强迫之下成为雅典的同盟者；现在他把他们都屠杀了，这不是解放希腊的正当方法；如果他不停止的话，他不但不能使任何敌人变为朋友，反而会使大多数的朋友变为敌人了。

① 这些人可能就是公元前439年萨摩斯暴动被镇压后，住在萨摩斯岛对岸海边安尼亚的萨摩斯人（参阅第89页）。在第219页，他们被称为“安尼亚人”。

阿尔息达被说服了，他释放了还在他手中的开俄斯人俘虏和少数其他地方的人；因为他的舰队出现时，沿海一带的人民并没有逃跑，[①]反而跑近他的船舰来，他们以为这些船舰一定是雅典人的，他们从来没有想到，雅典人控制海上，而一个伯罗奔尼撒人的舰队可以渡海到爱奥尼亚来的。

阿尔息达匆忙地从以弗所起航逃跑了。当他还停泊在克拉鲁斯附近的时候，[②]他被雅典的战舰——萨拉明尼亚号和巴拉洛斯号[③]发现了，因为正碰着这两条战舰从雅典航来。他怕被追逐，所以横渡大海；如果可能的话，他决定在到达斯巴达之前，不在任何地方靠岸。

同时，关于他在那里的消息，从厄立特利亚——事实上是从四面八方——传到了帕撒斯和雅典人的耳朵里。因为爱奥尼亚的城市都没有设防，居民非常恐慌，虽然伯罗奔尼撒人无意在那里停留，但是当他们航行的时候，他们可能登陆破坏市镇。现在巴拉洛斯号和萨拉明尼亚号带来消息，说它们在克拉鲁斯看见了敌人的舰队。因此，帕撒斯马上就出发追逐，追到帕特摩斯岛。他从那里又转回来了，因为阿尔息达似乎已经逃掉，追赶不及了。事实上，因为他没有设法在公海上追赶伯罗奔尼撒人，他认为幸而没有发现他们在任何地方；不然的话，他们必然在那个地方建筑防寨，因而使雅典人有组织海上和陆地上正规封锁的麻烦。[④]

---

① 因此，阿尔息达俘虏了很多的希腊人。

② 正当他在从恩巴敦到以弗所的途中。

③ 这是雅典国有的两条航行迅速的三列桨战舰，经常配备了水手，以为非常时期之用的。阿尔息达知道这两条战舰会把他的所在地告诉帕撒斯所领导的主要舰队而帕撒斯会来追赶他的。

④ 这样的封锁不仅需要很多金钱，并且将使他们的舰队不可能在列斯堡进行工作。

在沿着海岸航回的途中，他航入科罗封的海港诺丁姆，当上城被意大明尼斯和他的外国军队[①]（这些外国军队是为着个人政治野心而招来的）攻陷的时候，[②]科罗封人即定居在这里了的。但是那些定居在诺丁姆的流亡者又分裂为两个敌对的党派。其中一个党派从匹苏斯尼那里招请阿卡狄亚的和外国的雇佣兵，把他们驻扎在城内一部分地区，这个地区用一道城墙和其余的地区隔绝起来，因此，他们利用上城科罗封人中亲波斯党人的帮助，构成一个国家。诺丁姆城中另一个党派的人逃走流亡在外，现在招请帕撒斯来了。帕撒斯邀请城内的阿卡狄亚人雇佣军司令官希比亚来和他商谈，并且保证，如果没有达到协议的话，他会使希比亚安全回到城中。于是希比亚出来和帕撒斯会面，帕撒斯把他禁押起来，但是没有加手梏脚镣。帕撒斯马上突击，袭取这个城堡。他把城内所有的阿卡狄亚人和外国人军队都杀死；然后，依照他所允诺的，把希比亚带回城中。希比亚到了城内之后，马上被捕，被弓箭射死了。帕撒斯把诺丁姆交还给亲波斯党人以外的科罗封人。后来雅典人把其他各城市中所有的科罗封人都集合起来，派遣他们来此地定居，把这个地方变为殖民地，实行雅典的法律。

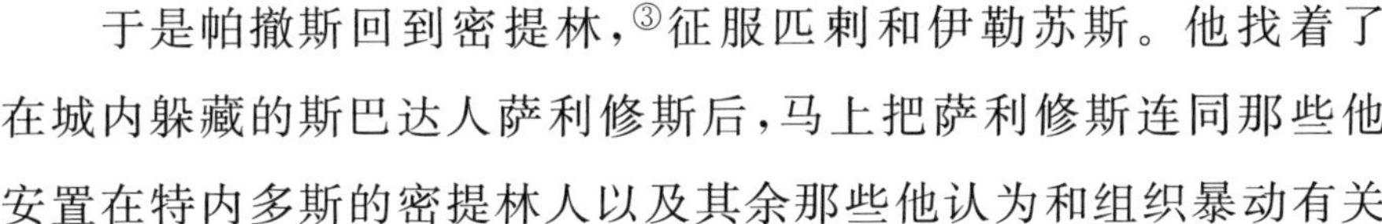

于是帕撒斯回到密提林，[③]征服匹剌和伊勒苏斯。他找着了在城内躲藏的斯巴达人萨利修斯后，马上把萨利修斯连同那些他安置在特内多斯的密提林人以及其余那些他认为和组织暴动有关

① 即波斯人。意大明尼斯不详。

② “这个城市的陷落，大约在伯罗奔尼撒人第二次侵入亚狄迦的时候。”（即公元前430年春季。）

③ 公元前427年。

的人一块送往雅典去。他又遣回他大部分军队。他本人和其余的军队留在那里,依照他自己的意思解决密提林和列斯堡其他各地的事务。

第三章　关于密提林的辩论

当萨利修斯和其他战俘到达雅典的时候,虽然萨利修斯建议他可以替雅典人做许多事,其中一件是使伯罗奔尼撒人撤退普拉提亚,因为当时普拉提亚还在被围中,但是雅典人马上把他处死了。于是他们讨论怎样处理其他战俘的问题;他们在愤怒的情绪下,决定不仅把现在已经在他们手中的密提林人,并且把密提林全体成年男子都处死刑,而把妇女和未成年的男女都变为奴隶。他们对密提林的责备是这样的:它并没有和其他国家一样,被当作属国看待,而它竟暴动了;而伯罗奔尼撒人的舰队竟敢于渡海到爱奥尼亚来支援暴动,因此雅典人对它更加痛恨,他们认为:如果不是长期以来预谋暴动的话,这种事情是不会发生的。所以他们派了一条三列桨战舰到帕撒斯那里去,把这个决议通知他,并且命令他把密提林人处死。

但是第二天,雅典人民的情绪有了突然的改变,他们开始想到这样的一个决议是多么残酷和史无前例的——不仅杀戮有罪的人,而且屠杀一个国家的全部人民。在雅典的密提林代表团[①]看

① 参阅第 225 页。

到了这种形势，于是和那些支持他们的雅典人一同去见政府当局，主张把这个问题在民众会议中再提出来讨论一次。政府当局自己也很清楚地知道，大部分公民都希望有一个机会重新考虑这个问题，因此他们更容易说服政府当局。所以马上召集民众会议。双方面都表示了各种意见，克里安尼都的儿子克里昂又发言了，处死密提林人的原有议案是因为他的缘故而通过的。在雅典人中，他是最激烈的；这时候，他对人民的影响最大。他发言如下：

“在过去，有时我个人常常观察到民主政治不能统治别人；现在我看见你们对于密提林人的情绪改变，我更相信这一点了。因为在你们彼此之间的日常关系中，不受恐惧和阴谋的影响，①你们就认为和你们同盟者的关系也是这样的。你们不知道，当你们让他们说服你们作一个错误的决议的时候，当你们因为自己怜悯的情感而屈服的时候，你们表现出你们的弱点，这个弱点对于你们是危险的，同时也不会使他们更爱你们。你们不知道，你们的帝国是一个对属民统治的暴君统治；②这些属民不喜欢它，总是阴谋反对你们的；你们不会牺牲你们自己的利益而给他们以恩惠，使他们服从你们；你们的领导权依靠你们自己的优越势力，而不是依靠他们对你们的好感。通过一些政策，后来又取消这些政策——这是最坏的事情。我们应该知道，一个城市有坏的法律而固定不变，比一个城市有好的法律而经常改变是要好些；无知与健全的常识相结合比聪明与粗鲁相结合更为有用；一般说来，普通人治理国家比有

① 参阅第 147 页。

② 参阅第 166 页。

智慧的人还要好些。这些有智慧的人常想表示自己比法律还聪明些；在公开的讨论中，他们总想按照自己的意思去做，因为他们觉得他们不能在更重大的问题上表现自己的智慧，结果，往往引导国家走到毁灭的路上去。但是，另外有一种人，对于自己的智慧没有那么自信，承认法律比自己聪明些，承认自己没有批判一个巧妙发言的能力；但是他们是毫无偏见的裁判者，而不是有利害关系的竞争者；所以在他们当权的时候，事务的进行通常是很顺利的。我们这些政治家，也应该和他们一样，不要单因巧妙的言辞和表现自己聪明的欲望而误入迷途，因而向你们大家提出一个我们自己尚不相信的意见。

"至于我自己，我没有改变我的主张；对于那些建议重新考虑密提林人问题的人，我觉得诧异，因为这样会引起迟误，而迟误是有利于犯罪者的。经过相当久的时间之后，受害者才来对付作害者，那时候受害者的怒火已经消失了；惩罚罪犯最好和最适当的办法是马上报复。如果有人反对我，企图证明密提林人对我们所作的祸害是对我们有真正好处的，或者证明我们受到痛苦的时候，我们多少是危害了我们的同盟者，那么，我也觉得诧异。很明显地，说这种话的人一定相信他的演说能力，所以他努力想说服你们，把已经最后议决了的事说成是还没有完全决定的事；或者他一定是受了贿赂，把一些煞费苦心地想出来的言辞凑合起来，想利用这种言辞来引诱你们走到错误的道路上去。但是在这种竞赛中，国家把报酬给别人，而它本身负担一切危险。这是你们的过失，因为你们愚笨地规定这种竞赛的表演。你们经常是言辞的欣赏者；至于行动，你们只是从人家的叙述中听来的；如果将来需要做什么事情的时候，你们只是从听到关于这个问题的一篇好的演说辞来估计可能性；至于过去的事情，你们不根据你们亲眼所看见的事实，而根据你们所听到关于这些事实的巧妙言辞评论，一个新奇的建议马上骗得你们信任；但是被证实了的意见，你们反而不愿意采纳；凡是平常的东西，你们都带着怀疑的态度来看待；遇着似是而非的理论，你们就变为俘虏。你们每个人的愿望是自己能够演说；如果你们不能做到这一点的话，其次最好的就是利用下面的方法来和那些能够演说的人竞赛；当你们听到别人提出他们的看法来的时候，你们就装作你们的机智不减于他们的；当说话的人还没有说出他的漂亮词句来的时候，你们就喝彩；你们很快就会知道一个论点会怎样发展的，但是很迟慢才能了解这个论点最后所要达到的结果。我要说，你们总是时时刻刻在寻找普通经验范围以外的东西；但是就是你们眼前的生活事实，你们也不能直接地考虑。你们是悦耳言辞的俘虏；你们像是坐在职业演说家脚下的听众，而不像是一个讨论国家事务的议会。

“我努力想使你们不要这样做。我说，没有哪个单独的国家对你们所作的祸害比密提林还多的。对于那些因为他们觉得我们的统治不能容忍而暴动的人，或者因为敌人的军事行动而不得不暴动的人，我个人能够原谅。但是现在他们的情况完全不同：他们住在一个岛上，在他们自己的城堡中，除海上外，他们不怕敌人的进攻，而在海上，他们利用他们自己的三列桨战舰的力量已有充分的保障；他们有自己的政府，我们很尊重他们。而现在他们作出这样的事情来，这不是我们所应当称作暴动的（因为人民只有在被压迫之下才暴动的）；这是一个有计划的侵略，处心积虑地帮助我们的死敌来毁灭我们。这比他们只是因为要扩充自己的势力而向我们作战，还要坏得多。他们的邻人曾经暴动而被我们征服了，他们丝毫没有从他们的邻人的命运中得到教训；在他们铤而走险之前，他们没有因为他们所享受的繁荣而迟疑；他们对于将来有信心，因而对我们宣战，他们的希望超过了他们的能力，但是没有超过他们的野心。他们下定决心，先用武力，后讲公理，选择他们认为可以获得胜利的时机，然后无故向我们进攻。

“事实上，当一个国家突然意外地获得很大的繁荣的时候，它往往产生傲慢。享有中等成就的人比那些获得和他们不相称的幸运的人要安稳些；我可以说，维持幸福比防止困难更为不易。老早以前，我们就应该对待密提林人和对待所有其他同盟者一样；那么，他们就不会这样傲慢了的，因为一般人性都是轻视那些待他们好的人而敬畏那些不让步的人。因此，他们应该得到他们的罪有应得的处罚。不要把过失归之于贵族统治者而人民是无辜的。事实上，他们全体都联合起来进攻你们，虽然在那时候，人民是可以转到我们这一边来的；如果他们真的转到我们这一边来了的话，他们现在就可以回去管理他们的城市。但是他们没有这样做，他们认为和贵族分担危难是比较安稳些，因而他们参加了贵族的暴动！

“现在你们想想你们的同盟者吧！如果你们对于那些受敌人压迫而暴动的人和对于那些自动暴动的人给以同样的处罚的话，那么，他们都会利用很小的借口举行暴动，因为如果成功了，他们可以获得自由；如果失败了，也没有可怕的后果，难道你们没有看到这一点吗？同时，我们将花费我们的金钱，冒着生命的危险，向一个一个的国家进攻；如果我们胜利的话，我们需要恢复一个破坏了的城市，因而丧失了这个城市将来的收入，而这种收入是我们的力量所依赖的；如果我们不能征服它的话，那么，除了我们已有的敌人之外，我们必须对付更多的敌人，我们会花费那些我们应当用来抵抗我们目前敌人的时间来和我们自己的同盟者作战了。

“因此，我们不要使密提林人有任何希望，以为我们会受巧妙演说或巨大贿赂的影响，而以他们的错误是合乎情理为理由来宽恕他们。他们对我们所做的祸害都是出于自愿的；他们知道他们所做的是什么事，他们都是事先计划好了的；我们只能宽恕那些出于无意的行动。至于我自己，我现在和过去一样[①]还是要向你们强调地指出，你们不要变更你们以前的决议。有怜悯之感，迷恋于巧妙的辩论因而误入迷途，宽大为怀，不念旧恶——这三件事情对于一个统治的国家都是十分有害的。你们不要犯这些错误。对于那些和我们一样，也会怜悯我们的人，我们有怜悯之感，这是恰当的；但是对于那些确定不移总是我们的仇敌的人，我们不能有怜悯之感，因为他们和我们完全没有同样的情感。至于那些用他们的辩论使人娱乐的演说家，他们应当在讨论那些比较不重要的问题上展开他们的竞赛，而不要在这样重要的问题上显示他们的辩才，因为在这个场合中，虽然演说者自己无疑地可以因为他们美好的言辞而获得美好的报酬，但是国家因为这种短时的娱乐而付出了重大的代价。宽大为怀，不念旧恶的美德只是用以对付那些将来是我们的朋友的人，而不是用以对待那些过去是、现在是和将来还

① 指前一天民众会议的情况；在那次会议中，他主张把密提林人都处死，后来这个主张被采纳了；重新考虑这个问题是直到这次会议中才提出来讨论的。

是我们的仇敌的人。

“让我把我所要说的话总括起来，我说，关于密提林的问题，如果你们采纳我的意见的话，你们不仅是做得正当，而且是合乎你们自己的利益的。如果你们作出不同的决议来的话，你们不仅不能得到他们的感激，而且你们是对你们自己宣布了判决；因为他们既然有叛乱的理由，那么，一定是你们行使统治权的错误。但是如果你们不管是非怎样，总是要维持你们的统治的话，那么，依照你们的利益，这些人，无论是非怎样，也是应该处罚的。如果不这样做的话，另一个唯一的办法是放弃你们的帝国，使你们能够博得仁慈的美名。因此，下定决心吧，以其人之道，还治其人之身。逃掉了他们的阴谋而没有受到损害的人，在报复的时候不要表现得不如发动阴谋者的敏捷。你们要记着，如果他们胜利的话，他们会怎样对待你们的，特别是因为他们是侵略者。那些无故伤害一个邻居的人就是那些迫害他们的邻居置于死地的人，因为他们知道，如果让敌人活着的话，这是多么危险的啊！无故受到伤害的人，如果他还活着的话，是会比一个公开的敌人更为危险的，因为一个公开的敌人是人家预料得到会伤害别人，同时也会受到别人的伤害的。

“因此，我劝你们不要违背你们自己的初意。只要你们自己回想：当你们最初受到痛苦的时候，你们是怎么感觉的；记着你们在那时候，你们是多么愿意牺牲一切以来镇压他们。现在报复他们吧！在目前，不要因为忘记了当时的大难临头而软化。按照他们罪有应得的方式处罚他们，给你们的其他同盟者一个教训，很明显地表示暴动者死。一旦他们认识到这一点的时候，你们就不会常常因为你们和你们的同盟者作战而忽略了你们和你们的敌人之间的战争了。”

这是克里昂的发言。在他之后，攸克拉底的儿子戴奥多都斯站起来说话；在上次会议中，他也是激烈地反对处死密提林人的建议的。他的发言如下：

“我不责难那些建议重新讨论密提林问题的人，我不赞成刚才我听到别人所发表的意见，说常常讨论重要的问题是不好的。在我看来，匆忙和愤怒是阻碍我们得到善良主张的两个最大的障碍——匆忙通常是和愚笨连在一起的，而愤怒是思想幼稚和心胸狭窄的标志。凡是主张言辞不是行动的指南的人[①]如果不是一个笨伯，就一定是一个有私人利害关系的人：如果他认为可以通过别的媒介来说明尚不可知的将来的话，那么，他一定是一个笨伯；如果他的目的是想说服你们去做一些可耻的行为，他知道他不可能为了一个坏的主张而作出好的演说来，因此他利用一些恶意的诽谤来恐吓他的反对者和听众，那么，他是一个有私人利害关系的人。更不能容忍的，是那些人责难发言者，说他因为受了贿赂而故意炫耀自己的辞令。[②] 如果只是责难发言者是愚笨无知的话，那么，发言者不能说服听众的时候，他还可以从辩论中退出，人家虽然把他当作一个不很聪明的人，但是还把他当作一个诚实的人。但是责难发言者受贿的时候，如果他成功的话，他会被人怀疑；如果他失败的话，人家将认为他不但愚笨，而且不诚实。这种事情对于城邦是没有好处的；因为城邦的顾问会不敢发言，城邦得不到他们的服务。如果我所说的这类公民没有表达自己的能力的话，对

① 指克里昂的言论，第 233 页以下。

② 像克里昂一样，第 233、235 页。

于我们的城邦再好也没有了，因为，那么，我们就不会被他们说服去犯这样多的错误了。

“善良的公民不要只想威胁那些反对他的人，而应当用公平的论据来证明他的主张。一个贤明的国家虽然不一定要给予最好的顾问以特殊的荣誉，但是一定不要剥夺他们已经享有的荣誉；当一个人的意见没有被采纳的时候，他不应当因此而受到侮辱，更不应当因此而受到处罚。这样，成功的发言者不会发表违心之言，以追求更多的荣誉而博取人心；不成功的发言者也不会用同样的逢迎方法以获得群众的欢心。但是我们现在所做的正相反。如果有一个人提供了最好的意见，但是有一点私利的嫌疑的话，我们就怨恨他的私利（实则完全是没有被证实的），因而使国家不能得到他忠言的利益。因此产生了一种情况：一个诚实地提出来的善良建议也和一个坏得透顶的建议同样地被人怀疑；结果，一个主张一些凶恶政策的发言者必须欺骗人民以便得到人民的同情，而有好意见发表的人，如果他们想要得到人民的信任的话，也必须说谎。因为这种过度的聪明，雅典处在一种独特的地位；只有对于它，从来就没有人能够公开地做一件好事而不要用欺骗手腕的；因此，如果有人公开地做一个爱国行为，对于他的劳绩的报酬是被人疑为图谋私利。尽管这样，但是我们现在讨论的一个很重要的问题，我们向你们提出意见来的人应当比你们这些只注意表面的人要看得深远些——特别是因为我们对于我们所提出的意见是负责的，[①]而你

① 根据违法法案申诉的程序，任何雅典公民对任何法律或命令都可提出弹劾，说它是违反现行法律，不正当或不适宜，如果确系违法的话，原提案人应处死刑或罚款。（可参阅第684页注①。）——译者

们听取我们的意见是不负什么责任的。真的，如果提出建议的人和那些表决赞成这个建议的人都要受同样的处罚的话，那么，你们对于你们的决议会注意些。事实上，当你们的情感冲动，使你们遭到灭殃的时候，你们迁怒于那个原先建议的人，而不处罚你们自己，虽然事实上你们是多数，你们也和他一样是错误的。

“但是我站起来谈密提林人问题的目的不是要反对任何人，也不是要控诉任何人。如果我们是有理智的话，我们要考虑的不是密提林人是不是有罪的问题，而是我们的决议对于我们自己是不是正确的问题。我可以证明他们是世界上最有罪的人；但是我不会因此而主张把他们处死，除非那样做对于你们是有利的；我可以力争他们应当受到赦免，但是如果我认为那样做，对于国家不是最有利的话，我是不会主张赦免他们的。

“照我看来，我们的讨论对于将来的关系大而对于现在的关系少。克里昂的主要论点之一就是说：把他们处死刑，对于我们将来是有利的，因为可以防止其他城市的暴动；我也是和他一样，关心将来的；但是我的意见和他相反。我请求你们不要因为他的似是而非的言论而拒绝我有实际利益的言辞。你们可能觉得他的发言是动人的，因为它更适合于你们目前对密提林人愤怒的情绪；但是这不是一个法庭，在法庭中，我们就应当考虑什么是适当的和公平的；这是一个政治议会，而问题是怎样使密提林对于雅典最为有利。

“现在，在人类社会中，对于许多没有这件事情那样严重的罪犯都规定处以死刑。但是当人们有足够的信心的时候，他们还是冒犯这种危险。如果犯罪者认为他的计划不会成功的话，他就不会去冒犯法的危险了。国家也是这样的。如果一个国家相信它自己的资源或从它的同盟国得到的资源不足的话，它就不会暴动的。城邦和个人一样，都是天性易于犯错误的。没有任何法律能够阻止它，由下面的事实可以得到证明：人们试用了各种刑罚，刑罚愈来愈多，以图减少罪犯而获得安全。可能古代对于罪大恶极的处罚没有现在的严峻，但是还有人犯法，经过相当时间以后，死刑应用得普遍了。尽管这样，但是还有人犯法。因此，不是我们应该发现一种比死还可怕的恐怖，就是我们应该至少承认死刑已不足以防止犯罪了。在贫穷迫使人们勇敢的时候，在财富的傲慢和豪华养成人们的野心以及在其他人生事故中他们不断地受到一些不可救药的强烈情欲支配的时候，他们的冲动还是促使他们走入危险中。希望和贪欲到处都有；贪欲在前，希望跟着来；贪欲产生计划，希望暗示计划可以成功——这两个因素虽然看不见，但是比我们眼前所能看得见的恐怖还强烈得多。此外，认为一个可以遇着幸运的思想也和其他东西一样，使人产生过分的信心，因为有时候，人们意外地遇着幸运，所以幸运引诱人们，就是在他们没有充分准备的时候，也会去冒险。对于整个国家，尤其是这样的，因为它们是以最大的代价作为孤注一掷的——不是为着它们自己的自由，就是为着控制他人的权力——而每一个人，当他作为国家的一部分而行动的时候，总是不合理地把他自己的权力估计得超过了实际的权力。简单一句话，只要是认真进行某一件事情的时候，想利用法律的力量或其他恐怖的手段去阻止它，这从人的天性来说是不可能的（只有脑筋最简单的人才会否认这一点）。

“因此，我们不应当因为过于相信死刑的效力而得到错误的结论；我们不应当剥夺叛逆者悔过的可能和他们尽快地赎罪的机会，而使他们陷于绝境。现在你们要考虑到这一点：现在①如果有一个城邦已经叛变，后来知道它不能成功了，当它还能够给付赔款和以后继续缴纳贡款的时候，它就会投降。但是如果采纳克里昂的办法的话，每个城邦不但在叛变时将作更充分的准备，而且在被围攻的时候，将抵抗到底，因为迟早投降是一样的，难道你们还不能看到这一点吗？无疑地，这对于我们是不利的——我们要花费很多金钱去围城，因为它不会投降；如果我们攻陷了那个地方，我们也只取得一个破坏了的城市，因而丧失了将来从这个城市可以取得的收入，而这种收入正是我们战时的力量所依靠的。

“因此，我们不要像一个严格地审查一个犯人的法官一样，因而损害我们自己的利益；而应当想出办法来，减轻处罚，使这些城邦将来能够为我们充分利用，这些城市会给我们带来重要的贡献的。我们应当认识到，我们正当的安全基础在于善良的管理，而不在于刑罚的恐怖。而我们事实上所做的正与此相反：当一个被我们以武力征服的自由城邦叛变而宣布独立（这是我们意料得到的）的时候，我们认为我们应当以最严厉的方法处罚它。但是对待一个自由人民的正当方法是这样的：不要在他们叛变之后，处以严重的惩罚；而应当在他们叛变之前，特别注意他们，使他们连叛变的思想都不会产生；如果我们不得不用武力的话，我们也应当只归咎于尽量少数的人。②

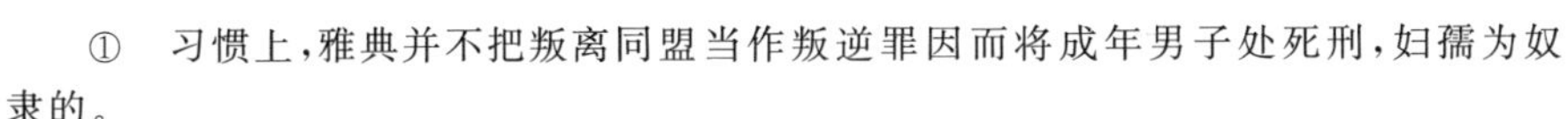

① 习惯上，雅典并不把叛离同盟当作叛逆罪因而将成年男子处死刑，妇孺为奴隶的。

② 答复克里昂的要求，第234页。

"你们要考虑一下,如果你们采纳克里昂的意见,正在这一点上你们犯了多么大的错误啊!在目前的情况下,各城邦的人民对你们是友好的,他们拒绝和贵族一起来叛变,或者,如果被迫而参加了叛变的话,他们还是时常仇视叛变者,因此,当你们和叛变者作战的时候,人民是帮助你们的。密提林的人民没有参加叛变;当他们得到武器的时候,他们马上自愿地把城市交给你们;如果你们杀害他们的话,第一,你们是犯罪,杀害那些曾经帮助你们的人;你们所做的正是反动阶级所最希望你们做的。以后他们发动叛变的时候,他们自始即可以得到人民的支持,因为你们已经表现得很清楚,犯罪者和无辜者将受到同样的处罚的。但是事实上,纵或他们是有罪的,你们也应当装作他们是没有罪的,使这个没有反对你们的唯一阶级能够帮助你们。我认为,对于保全我们的帝国最有利的是宁可让人家对我们不住,而不要把那些活着对我们有利的人处死,不管处死是怎样正当的。克里昂说,[①]在这种报复的行为中,正义和自己的利益是一致的;但是在这件事情中,两者是完全不可能一致的。

"因此,我请求你们把我的建议当作一个比较好的建议而加以采纳。不要太为怜悯和宽容的心情所支配。我和克里昂一样,不希望你们受这些情绪的影响。我只根据我所提出的论点,请求你们采纳我的建议:从容地审判那些帕撒斯认为有罪而送到雅典来的人,[②]让其余的人在他们自己的城市中生活着。如果采取这种

① 参阅第 236 页。

② 参阅第 229 页。

办法，你们的行动对于将来是有利的，同时使你们的敌人现在畏惧你们了，因为敌人害怕那些作出聪明的决定来的人更甚于害怕那些不瞻前顾后而采取强暴行动的人。”

这是戴奥多都斯的发言。当这两个彼此对立的建议提出来了之后，雅典人虽然情感上最近有了一些改变，但是还保持着各种不同的意见。举手表决时，双方的票数几乎是相同的。但是戴奥多都斯的建议通过了。[①]

于是马上另派一条三列桨战舰急忙地出发，因为他们担心：如果这条战舰不赶上第一条战舰的话，他们会发现他们到达时，城市的居民已被杀害。第一条战舰已经在先一天一晚的时间出发了。密提林的使节们供给舰上水手们的酒和大麦，并且允许水手们，如果及时到达目的地的话，将给他们一笔很大的酬金。当他们吃大麦饼（是大麦粉和油及酒混合而成的[②]）的时候，他们还是继续划桨；到睡眠时，他们轮流划桨。[③] 幸而没有逆风，因为第一条战舰负担一个这样可怕的使命，它从容地航行；而第二条战舰这样紧急地追赶，结果第一条战舰早到一点，帕撒斯刚刚看完了命令，准备执行的时候，第二条战舰进了港口，阻止了这次屠杀。密提林的逃脱危险是间不容发的。

帕撒斯[④]所认为对于这次暴动应负主要责任而送往雅典的

① 在雅典民众会议中，议案的通过只需要多数票，不需要大多数票的。——译者

② 通常的食物是大麦粉和水及油混合而成。

③ 平时水手在用餐时不划桨；晚间也停泊休息。

④ 后来帕撒斯被控告，说他对于列斯堡的男女有可耻的暴行（阿吉替阿斯：《警句集》lvii）；当被审问时，他在裁判官面前自杀了。

人，因为克里昂的建议，都被处死刑了，其数目在一千人以上。[①]雅典人又拆毁密提林的城堡，取得他们的海军。后来他们不向列斯堡征收贡款，而把所有的土地（麦提姆那人的土地除外）分为三千块份地，其中以三百块份地贡献为神的圣地，其余的都以抽签方法分配给雅典派往那里去的移民。列斯堡人同意自己耕种这些土地，每块份地每年给付二米那的租金。[②] 雅典人又取得了大陆上密提林所占领的市镇。[③] 所以后来密提林人就变为雅典的属民了。列斯堡事件的经过就是这样的。

第四章　普拉提亚的灭亡

在同一个夏季里，雅典人征服列斯堡之后，在尼塞拉都的儿子尼西阿斯的指挥之下，远征米诺亚岛，这个岛在麦加拉海岸附近。麦加拉人在那里建筑了一个前哨据点。尼西阿斯想把雅典人的封锁军队驻扎在这个岛上，因为这个岛比现在他们在布多隆姆和萨拉米的据点更接近麦加拉些；同时，他希望防止伯罗奔尼撒人偷偷地带着三列桨战舰从那里航行出来（他们曾经这样做过[④]），或者从那里派遣私掠船出来；也阻止任何船舶进入麦加拉港内。

首先他利用船上的围城机械，夺取了向尼塞亚一边的海中突

---

① 这样大的数目与第225、229页所说的不相符合，因此斯条普猜想这是抄写之讹。

② 租金总额达九十他连特。

③ 参阅第334—335页，在那里这些市镇称为“阿克提安诸城市”。

④ 指伯拉西达的企图，见第196页。

出的两个城塔[①]，为进入这个岛和海岸间海峡的道路扫除了障碍。于是他在大陆上一块地方建筑城墙，从那块地方搭一座桥，横过沼泽地，可以派遣军队从桥上直达岛上，因为这个岛和大陆是很接近的。几天之后，这项工作就完成了。他又在岛上建筑一个要塞，留兵驻守之后，他就率领军队回雅典去了。

在同一个夏季中，大约和上面的事件同时，普拉提亚人[②]粮食吃完，不能再抵抗围城的军队，因而向伯罗奔尼撒人投降了。事情的经过是这样的：伯罗奔尼撒人向城墙进攻，普拉提亚人已经不能抵抗。斯巴达的司令官知道他们的弱点，因而无意于攻取这个地方了。[③] 他派遣一个传令官去问普拉提亚人是不是愿意把城市交给斯巴达人，让他们受斯巴达人的审判，彼此间有一个谅解，就是有罪者必受处罚，但是必须经过审判后，才能处罚。

当传令官传达了他的消息后，普拉提亚人马上投降了，因为他们已经到了毫无办法的地步。伯罗奔尼撒人给普拉提亚人几天的伙食，一直等到五个审判官从斯巴达的到来。这些审判官到了的时候，他们没有对普拉提亚人提出公开的控诉。他们把普拉提亚人叫来，只简单地问他们这样一个问题："在目前的战争中，你们做了一点什么事情来帮助斯巴达人和他们的同盟者吗？"普拉提亚人请求允许他们作一个较长的发言。他们推举阿索波劳斯的儿子阿

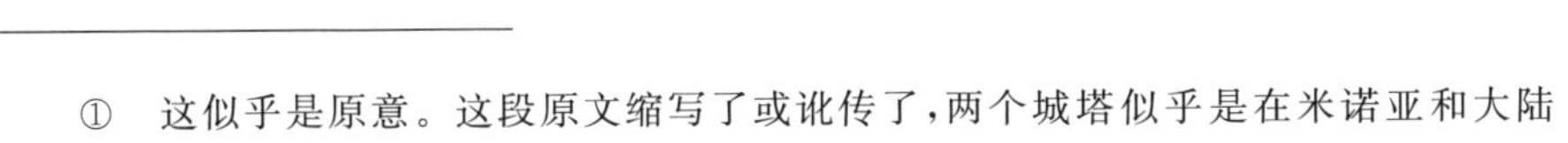

① 这似乎是原意。这段原文缩写了或讹传了，两个城塔似乎是在米诺亚和大陆间的海峡旁边，一边一个，在两个防波堤的尽端；建筑这两个塔，是使海峡变为狭窄的。

② 接着第225页第一段末的叙述。

③ 这是因为他受到斯巴达的命令；斯巴达下这个命令是有鉴于将来和雅典订立和约时，有条款规定：双方都要退还在战争中所征服的地方。这样，因为普拉提亚是自愿参加斯巴达一边的，它就不一定要退还了。

斯泰马卡斯和爱恩尼斯都的儿子拉康做他们的代言人，拉康是斯巴达人在普拉提亚的利益的代理人。① 这两个人站起来，发言如下：

“斯巴达人！当我们把城市交给你们的时候，我们相信你们，我们没有预料到会遭遇着这样的审判的，我们以为是要经过比较正常的法律手续的。我们也没有预料到像现在我们一样，受别人审判的。我们以为你们自己会做我们的审判官的；从你们的手中，我们最可能受到公平的待遇。事实上，在这两点上，我们恐怕都会失望了。我们很有理由担心我们的问题简直是生死的问题，而你们自己不会公平地行事。这些推测是我们从下面的事实得到的：你们没有对我们提出控诉来要求我们答辩，而是我们不得不请求说话；你们向我们所提出的问题这样干脆，如果我们照实情回答，我们就会受到处罚；如果我们说假话，则我们的虚伪马上就会被发觉。我们左右失措，所以我们不得不做似乎最安全的事——那就是不顾一切，说出我们心中的实话来。像我们一样的处境，如果留着没有说出的话语，我们日后会想到，如果说出来了的话，我们可能得到挽救，因而谴责我们自己。那时候，我们也很难有力量说服你们了。如果我们彼此不熟悉的话，我们可以向你们提出一些对于我们有利的新证据来；但是事实上，我们只能向你们说出一些你们已经知道了的事实来，我们所害怕的不是你们心中已经决定：我们没有履行对你们的义务，因而把这一点作为控诉的理由；乃是你们为了讨好另一个国家②，给我们这种样子的审判，而判决是早已

① 即公众居停主人或领事。他曾在马拉松之役中指挥一个普拉提亚的分遣队。

② 即底比斯。普拉提亚人用尖锐的讽刺，把斯巴达人很明显的目的归之于斯巴达人自己——他们使普拉提亚人在有成见的法庭面前受审，以“讨好底比斯人”。

预定好了的。但是我们同样地要说出我们所不得不说出的话来，以证明在我们和底比斯的争端中以及关于你们和其他希腊人的事务中，我们是有相当理由的。我们将提醒你们关于我们过去的功绩[①]，并设法使你们了解我们的看法。

“在回答你们的简短问题——在这次战争，我们是不是做了一点什么事情帮助过斯巴达和它的同盟者——的时候，我们要反问一句，你们问这一个问题的时候，你们是把我们当作敌人，还是当作朋友呢？如果你们把我们当作敌人的话，那么，你们就不能单单因为我们没有帮助过你们，而埋怨说我们伤害了你们；但是，如果你们把我们当作朋友的话，那么，你们向我们进攻，错误在于你们。

“我们的成绩，无论在和平的时候或在波斯战争的时候，都是很好的。就目前的情况来说，我们不是第一个破坏和平者。至于过去，我们是彼奥提亚唯一的一个国家[②]参加了解放希腊的共同事业的。我们虽然住在内地，但是我们在阿提密喜安的海战中服务；在我们自己的领土上的战役[③]中，我们和你们，和波桑尼阿斯并肩作战；在那些年代中希腊人所共同从事的其他每个事业中，我们所负担的一部分工作都是超乎我们自己的力量的。对于你们斯巴达人，特别是在斯巴达遭受从来所没有过的危机的时候——地震之后，希洛人暴动，跑到伊汤姆去的时候——我们派遣了自己公民的三分之一来援助你们。我们认为，这件事情你们是没有忘记的。

① 指普拉提亚人在波斯战争中的功绩。

② 这是修辞上的错误，因为特斯匹伊人也参加了这次战争的（参阅希罗多德，VII. cxxxii，中译本，第680页）。

③ 公元前479年普拉提亚之役。参阅希罗多德，IX. lxii（中译本，第817页）以下。

“在过去历史的重要的时期中，我们自愿采取的道路是这样的。只在以后的时期，我们才成为你们的敌人，这是你们要负责的。当底比斯压迫我们的时候，我们请求和你们订立同盟，但是你们拒绝我们，要我们向雅典请求，因为雅典近些，而你们住得很远。但是在这次战争中，我们从来没有无理地反对过你们，将来也不会这样做的。当我们拒绝你们要我们叛离雅典的要求的时候，我们是没有错误的。当你们不愿意帮助我们的时候，他们曾经帮助过我们抵抗底比斯人；如果我们叛离他们，这是不荣誉的事，特别是因为他们过去是我们的好朋友；当我们自己请求的时候，他们才和我们订立同盟的，并且允许我们享受一些雅典公民的特权。因此，我们自然愿意服从他们的命令。下命令的无论是你们也好，雅典人也好，如果有事情做错了的话，负责的应该是领导者，不应该是附属者。

“至于底比斯人，他们常常侵略我们，他们最近一次侵略行为造成我们目前的恶劣情况，这件事你们是知道得很清楚的。他们企图夺取我们的城市，不但是在和平的时期，而且是在宗教节日的时候；我们处罚他们，完全是正当的，并且符合于抵抗侵略者总是正当的这一条公认的法律的。现在我们因为他们的缘故而受到痛苦，这是不合理的。如果你们把你们目前的利益和他们对我们的仇恨心理作为你们的司法标准的话，那么，你们必须承认你们是只注意追求自己的利益而不注意真实地判断是非的人。但是，如果底比斯现在对于你们是有益的话，你们应该知道，过去有一次，当你们遭着更大的危险的时候，我们和其他希腊人曾经对于你们是更有益得多的。现在你们侵略别人，使别人畏惧你们；但是，过去当外国人入侵，我们大家有做奴隶的危险的时候，底比斯是投降敌人的。因此，我们应该有资格把我们现在可能犯了的错误和我们那时候所表现的爱国主义精神来较量一下。你们会发现我们的功绩远远地超过我们的过失；我们的功绩是在这样的情况下表现出来的：当时，希腊人以他们的勇敢对抗泽尔士的武力，这还是难能可贵的；当时，得到更多的称赞的是那些采取勇敢、冒险和光荣的道路，而不是只顾自己安全的利益不抵抗敌人侵略[①]的人。我们是属于这一类的，因此我们受到特殊的尊敬；但是现在我们恐怕正因为这种行动，我们会丧失我们的生命，因为我们对雅典自愿地做了一些正当的事，而对斯巴达没有做有利的事。但是到处都应该应用同样的原则，你们应当认识到，正确的政策不仅在于保护一个国家的目前利益，而且在于注意使一个勇敢的同盟者确信它将永久感激同盟者对它的帮助。

"你们也应该考虑到，在目前大多数希腊人中，你们是被看作有信用和荣誉的典范。但是如果你们在这次审判中，下一个不公平的判决（这个判决是不能不公开的，因为你们这些裁判官是普遍地受人尊敬的，而我们这些被告也不是没有声誉的），你们要当心；不然的话，舆论会谴责你们的，不管你们比我们有多么强大，因为你们对于善良的人们下了一个无价值的裁判，因为你们把从那些曾经对希腊有过巨大贡献的普拉提亚人手中掠夺来的东西贡献于国家神庙中。如果斯巴达毁灭普拉提亚，这个城市的名字曾经被你们的父辈刻在特尔斐的三脚香炉上面，以表扬它在战争中的光

① 如底比斯所做的。

荣，而现在这个城市被你们，而且是为了底比斯的缘故，从地图上抹掉，人家会认为这是多么可怕的一件事情啊！真的，我们的地位已经降低了；我们在波斯人入侵时，丧失了我们的城市；[①]你们过去是我们最好的朋友，而现在你们喜欢底比斯人，不喜欢我们。我们遭遇两个最大的考验：如果我们不投降的话，首先是饥饿的考验；现在是为着生命，受你们审判的考验。所以我们普拉提亚人，过去为着希腊，贡献了我们所有的一切，甚至超过了我们所有的一切；而现在被每个人所遗弃了，孤立无援。我们旧日的同盟者没有一个在此地支持我们；至于你们斯巴达人，这是我们最后的希望，但是我们还不能确定我们是不是可以信赖你们。

“但是我们还是以那些曾经见证我们过去同盟的神祇的名义，为着我们对希腊所作出的巨大贡献的缘故，请求你们怜恤我们；如果你们已经听了底比斯人的话，[②]请求你们改变你们的心。请求你们收回你们可能已经许诺送给他们的礼物，不要杀害我们，给你们自己带来耻辱。你们应当使我们正义地感激你们，而不要让他们非正义地感激你们；不要为着满足别人的欲望而自己得着恶名。你们可以取我们的生命于俄顷之间，但是你们这种行动的恶名将永久不能被人忘记。我们不是你们所应当处罚的敌人，而是被迫和你们作战的朋友。因此，饶恕我们的生命才是正当的判决；你们也应该考虑到，我们是自愿向你们投降的，我们作为祈祷者的身份向你们伸出手来，希腊的法律是禁止在这种情况下杀害人的；同

① 指泽尔士焚毁他们的城市；参阅希罗多德，VIII. 1，中译本，第 745 页。

② 底比斯人要求将普拉提亚人处死。

时，你们也应当考虑到，在我们整个历史中，我们是帮助过你们的。请你们看看你们父辈的坟墓，他们是被波斯人杀害而埋葬在我们的国土上的。我们每年以公费致祭他们，呈献衣裳[①]和一切适当的祭品，把我国四季一切出产的第一批果实贡献给他们；我们是以朋友的身份，友好的国家和同盟者的资格，向我们旧日的战友贡献这些祭品的。

“但是，如果你们下了一个错误的判断的话，你们的行动和我们的正相反。当波桑尼阿斯埋葬他们在这里的时候，他相信他是埋葬他们的遗体在友邦的领土内，也是在友好的人民之中。但是如果你们杀害我们，把普拉提亚的土地变为底比斯人的领土的话，那么，你们是把你们的父辈和亲属遗留在敌人的领土内，也是在那些杀害他们的人[②]中间，把他们现在所享受的荣誉都剥夺了。同时，你们也将奴役那个希腊人在那里获得自由的国家，把他们在战胜波斯人之前在那里祈祷的神庙变为荒芜的地方；你们会使那些创立这些祭祀制度的人不能祭祀你们的祖先。

“斯巴达人！这种行动不会给你们带来光荣，因为你们违背了希腊现行的法律，触犯了你们的祖先和杀害了我们；我们过去对你们有过很大的贡献，我们没有损害过你们，你们只是因为别人对我们的仇恨而杀害我们。为着你们的信誉计，你们应当饶恕我们的生命，大发慈悲，以贤慧的恻隐之心对待我们，不要单单想到威胁我们的可怕命运，也要想到将要受到这种命运的人是一种什么样

① 以衣裳为死者的祭品，参阅索福克利：《伊勒克特拉》，452；幼里披底：《奥勒斯特》，123，1436；塔西佗：《编年史》iii.2。但是也有人认为 ἐσθήμασι 是指晨服而言。

② 因为底比斯人是和波斯人联合起来进攻希腊联军的。

的人。你们也要记着，将来是多么不能预料的；要说出其次受到命运的打击的是哪一些人，不管他们是怎样的无辜，这是多么不可能的啊！因此，我们有权利，同时需要迫使我们不得不恳求你们允许我们的要求，我们在我们大家祈祷的神坛面前，向希腊的神祇们大声呼吁。我们诉之于你们的父辈所做的誓言，请求你们不要忘记这些誓言；我们以祈祷者的身份，站在你们父辈的坟墓面前，大声呼吁，他们可能使我们不至于落入底比斯人的手中——使我们，他们最亲爱的朋友，不至于落入他们所深恨的敌人的手中。我们也提醒他们：在那时候，我们和他们那样光荣地并肩作战——而今天，我们遭遇着最可怕的命运的危险。

"现在我们必须终结我们的发言了——这是必需的；但是对于处于我们这种情况中的人来说，是很困难的，因为当我们的发言完结的时候，我们的生命危在旦夕。因此，最后我们宣布，我们不是向底比斯人投降。与其投降底比斯人，我们宁愿忍受耻辱，饥饿而死。我们是向你们交涉，因为我们信任你们。如果我们的言辞不足以说服你们的话，你们应当让我们恢复我们原来的地位，让我们选择自己的道路来对付我们所遭遇的危难，这才是公平的。同时，我们是普拉提亚人，过去慷慨地为希腊的共同事业而服务，现在是你们的祈祷者，因此，斯巴达人啊！我们请求你们不要利用我们对你们的信任，而把我们从你们的手中交给我们最恨的仇敌底比斯人；而应当作我们的救命恩人，不要当你们解放了其余的希腊人的时候，完全毁灭了我们自己。"

普拉提亚人的发言就是这样的。底比斯人恐怕这个发言对于斯巴达人有些影响，所以站起来，说他们也想发言，因为普拉提亚人得到允许，作了长篇的发言（他们认为这是不正当的），而没有单纯地回答向他们所提出来的问题。审判官允许他们发言，于是他们发言如下：

“如果普拉提亚人直接回答了向他们所提出来的问题，而不转而谴责我们，同时在人家没有申斥他们的地方，夸耀他们自己，对于和本案无关，而我们也从来没有向他们提出的控诉，作长篇大论的辩护的话，我们现在绝不请求发言。但是事实上，我们必须答复他们对我们的责难，驳斥他们的自夸，使我们的卑鄙恶名和他们的光荣声誉都是对于他们毫无益处的，因而使你们听了我们两方面的真实情况之后，才下定你们的判决。

“我们争端的起源是这样的：我们定居在彼奥提亚其余的地区之后，我们建立了普拉提亚和其他地方；这些地方都是我们驱逐当地各种混合种族的居民[①]之后才占有的。普拉提亚人拒绝遵守原有的协定，不承认我们的领导权。他们不遵守他们的部族传统，把他们自己和其余的彼奥提亚人分开出来；当我们用军队进攻他们的时候，他们倒向雅典一边去了，他们利用雅典人的帮助，给我们很多的祸害；对于这些祸害，我们也报复了一些。

“后来，当外族侵入希腊的时候，他们说，在彼奥提亚只有他们一个国家没有和波斯人合作。这一点是他们最常用以吹嘘自己而辱骂我们的。我们说，他们之所以没有和波斯人合作的唯一原因是因为雅典人没有这样做；根据同样的原则，我们发现，当雅典人侵犯全希腊人的自由的时候，普拉提亚是彼奥提亚唯一的一个国

① 斯特累波提到皮拉斯基人、色雷斯人和海安提安人。

家和雅典人合作的。

“你们也应该考虑，当这些事件发生的时候，我们两国的政体是怎样的。当时，我们的宪法既不是所有的人在法律上都有平等权利的贵族政治，[①]也不是民主政治；政权在有势力的一个小集团手中，这种政体和僭主政治最相接近，离开法律和中庸美德最远。如果波斯人侵略成功了的话，这个小集团的人还希望为自己获得更大的权势，所以他们以武力镇压人民，勾引波斯人进来。这不是整个城邦的行动，因为城邦不能自主地作出自己的决定，它不应当因为它在没有正式合法政府的时候所犯的错误而受到责难。你们应该看看波斯人撤退，底比斯取得合法的政府之后我们所做的事情。你们会发现，当雅典侵犯其他希腊人，企图征服我们的国家的时候(真的，由于我们内部的党争，他们已经占有我们大部分的土地[②])，我们和他们作战，在科罗尼亚打败了他们，[③]因此，解放了彼奥提亚；现在我们也全心全意参加解放其他希腊人的工作；[④]不但供给骑兵，而且供给步兵多于任何其他的同盟国家。

“关于我们和波斯人合作的责难，我们的答辩就是这样的。现在我们要证明，给希腊带来损害而应当受到惩罚的是你们普拉提亚人而不是我们。按照你们的说法，[⑤]你们成为雅典的同盟者和公民是为着自卫。如果是这样的话，你们应当只招集他们来反对

① 即和斯巴达一样，统治阶级都有平等的权利。

② 公元前458年恩诺斐塔之役以后。参阅第85页。

③ 公元前446年。参阅第88页。

④ 提到这一点的目的是想影响斯巴达的审判官。

⑤ 参阅第248页。

我们，而不应当和他们联合一起来向其他的人进攻。这一点你们是一定可以做得到的，如果你们真正感觉到他们领导你们去做你们所不愿意做的事情的话。你们已经和斯巴达建立同盟，①反抗波斯，如你们所常常喜欢指出的。这一点就足够使我们不向你们进攻，更重要的，我们也会允许你们选择你们自己的道路而不加干涉了。但是不然，你们是在无人强迫的情况下，自愿地遵从雅典的政策的。你们说，离叛你们的恩人是可羞耻的。但是背叛你们的同盟者——全体希腊国家，比单独背叛雅典人更加可耻得多，更加邪恶得多，因为全体希腊国家正在解放希腊，而雅典人正在奴役希腊。并且你们替他们所做的事和他们替你们所做的事完全不同，这才是你们应当引以为耻的。依照你们自己的说法，你们请求雅典人援助，因为你们是被压迫者，因此你们帮助和唆使雅典压迫其他的人民。但是以不正义的行动报答正义的恩情，比不报答更加可耻。

"你们的行动表现得很清楚，如果在过去只有你们没有和波斯合作的话，这不是为着希腊的缘故，而只是因为雅典也没有和波斯合作的缘故，你们要和雅典人一起来反对其他的人。现在你们把这件事情说成是你们为了别人的缘故而做的好事，你们应该因此获得报酬。这是一种不合理的提法。你们所选择的是雅典，你们应当和它共存亡。你们也不能够提出过去的盟约，而说现在你们

① 此地所指的斯巴达人的同盟似乎是波斯战争中全希腊的同盟，斯巴达人是同盟的领导者；而在第 249 页上，普拉提亚人所说的同盟，特别是指第 175 页上所说到的同盟条约，据说，在普拉提亚战役之后，因波桑尼阿斯的建议，同盟国订立盟约，互相保证全希腊各国的独立，特别是普拉提亚人的独立。

应该受到它的保护。你们已经离开了那个同盟，违犯了盟约的条款，你们不阻止，反而帮助雅典人征服厄基那[①]和那个同盟的其他同伴成员；你们这样做是出于自愿的；同时，你们的政制，从那时到现在没有更改，和我们不同，没有人用暴力来强迫你们。最后，正在围攻你们的城市之前，我们向你们建议：[②]如果你们保守中立的话，我们不伤害你们。这个建议，你们拒绝了。你们这些想毁灭希腊而夸耀自己英勇的人，试问，哪些人比你们还更应当遭到希腊人的仇恨呢？至于你们自己说，你们过去曾经有过善良的品质，现在你们已经向我们表现，这些品质不是你们真正的性格：你们的真正性格和经常目的现在已经被揭露出来了；因为雅典人采取不正义的道路，而你们跟着他们跑。

“那么，关于我们不愿意和波斯合作而你们愿意和雅典合作的事情，我们所要说的就是这些。现在我们要说到你们对我们最后的一个责难，说我们非正义地在和平的时期，正当宗教节日的时候向你们进攻。我们认为在这件事情上，你们的罪过也是比我们的多。如果我们首先发动，以武力进攻你们的城市，破坏你们的土地的话，那么，当然我们是有罪过的。但是事实上，当时是你们自己的公民，著名家族中富有的人[③]自动请求我们的援助，因为他们想废止你们和外国的同盟而恢复你们在彼奥提亚人中的传统地位，那么，又怎么能够说我们是有罪过的呢？如你们所说的，犯错误的是领导者而不是跟从者。[④] 但

---

① 参阅第 83、85、141 页。

② 参阅第 177 页。

③ 参阅第 120 页。

④ 对第 254 页上普拉提亚人所说的话的讽刺。

是在我们看来，他们完全没有错误，我们也没有。他们也和你们一样，是普拉提亚的公民，只不过他们可能遭受的损失会更多些；他们打开自己的城门，把我们当作朋友而不是当作敌人，带进他们自己的城内，使你们中间的坏人不至于变得更坏，使正直的人们得到他们应有的权利，使你的议会实行聪明的政策，而不放逐你们；远不是这样，因为他们是把你们带回到你们亲属的大家庭中，所以远不是把你们变为任何人的敌人，而是使所有的人同样地对你们负担条约上的义务。

“我们没有采取敌对的行动，由下面的事实可以得到证明：我们没有伤害任何人，而只发表宣言，说，凡是那些想要一个遵守彼奥提亚部族传统的政府的人应该到我们这一边来。这一点，起初你们是很乐意作的；你们和我们订立协约，在你们不知道我们在那里的人数是很少的时候，你们是很安静的。现在我们的行动可能似乎还是不正当的，因为我们进入了你们的城市，不是你们人民大众所邀请的；但是你们对待我们的行为完全不是这样的。你们不和我们一样避免强暴行动；你们不和我们商谈，使我们退出城市，而是破坏协定，向我们进攻。我们有一些人，在战斗中被你们杀害了；他们的命运，我们没有那么伤心，因为这样做，至少还有一点理由。但是对于其他的人，你们所俘虏的人——他们已经伸出手来，向你们乞怜，后来你们也允许我们，不杀害他们的——你们破坏一切法律，把他们都杀死，难道这不是一个万恶的行为吗？你们接连地犯了三大罪恶：你们破坏你们的协定，你们后来杀死了这些人，你们欺骗地不履行你们对我们所允许的诺言，说，如果我们不破坏你们乡村中的财产，你们是愿意赦免他们的。尽管这样，而你们现

在说，错在我们，而你们自己对于你们的行为是不应当负责的。我们说，不是这样的——如果现在这些审判官正当地判决的话，绝不是这样的。为了你们所有的这些罪行，你们应当受到处罚。

“斯巴达人！为着你们的缘故，同时也为着我们的缘故，我们详细地说明了这些事实，我们希望你们知道，如果你们严厉处罚这些人，你们是做得对的；我们要更清楚地表示，我们要求复仇，这也是正义的要求。不要让你们的决心，因为听了他们说到他们过去的善行而软化，纵或这是善行的话。过去的善行只能对于那些被害的人有所帮助；对于那些作出可耻的行为来的人，只能加重他们的处罚，因为在犯罪的时候，他们违反了他们自己过去的德性。不要因为他们痛哭悲伤，因为他们向你们父辈的坟墓和他们自己孤立无援的情景呼吁而让他们得到便宜。为着答复这一点，我们能够指出，我们自己的青年，当他们被普拉提亚人屠杀时，遭受着更可怕的痛苦，他们的父辈有些是为着要争取彼奥提亚倒向你们这一边来，因而在科罗尼亚战役中作战身亡，[①]其余活下来的也孤零在家，度过残年，他们更有理由要求你们主持正义，处罚这些作恶的人。对于那些不应当受痛苦而受了痛苦的人，我们感觉怜悯；但是那些罪有应得而遭受他们的命运，和普拉提亚人一样的人，不但不能引起怜悯之心，反而是一件快事。至于他们目前孤立无援的情况，这是咎由自取；他们可能有更好的同盟者，但是他们拒绝了。他们的罪行不是因为我们以前的行动而引起的；引起他们有这种决定的是仇恨而不是正义，就是现在，我们认为对他们的处罚还不

① 和第249页一样，提到此事以讨好斯巴达人。

足以抵偿他们的罪行，因为他们受到法律的裁判，他们的地位不是在战斗中伸出手来，要求饶恕，如他们所说的，[1]而是在他们一定要受审判的条件下投降的。

“斯巴达人！你们应当维护这些人所已经破坏了的希腊法律，你们应当补偿我们这些因为他们的罪行而受到痛苦的人，以报答我们为你们的热心服务。你们不要让他们的言辞离间我们中间的感情，而应当向希腊明白地表示，你们所要求的是行为而不是言辞。善良的行为不需要冗长的说明。如果行为是错误的话，用美好的辞令装饰的发言只是掩蔽罪行的烟幕。但是如果当局者，和你们一样，把一切事物总括在一个问题中，向所有的人同样地询问这一个问题，然后根据这个基础裁判，那么，人们就不会寻找美丽的辞句，以遮盖他们的罪恶行为。”

这就是底比斯人的发言。于是斯巴达审判官就决定：他们的问题——他们在战争中是不是得到普拉提亚人的帮助——是他们所提出的正当问题，因为依照波斯战争以后和波桑尼阿斯所订原有条约，他们总是信赖普拉提亚人的中立的（他们这样说）；后来在围攻之前，他们也向普拉提亚人提出原有条约中的中立条件，但是普拉提亚人没有采纳这个建议；他们的用意是正义的，因此他们自己认为他们以后就没有履行条约的义务了；在这点上，他们就受到了普拉提亚人的损害。因此，他们把普拉提亚人一个一个地带到他们的面前，向每一个人提出同样的一个问题：“你在战争中做过一点什么事情帮助过斯巴达人和他们的同盟者吗？”当每个人回答

① 参阅第250页。

"没有"的时候,他就被拖去处死,毫无例外。这样被屠杀的普拉提亚人不下二百人,同时被杀的还有和他们同在围城中的二十五个雅典人。妇女变为奴隶。至于城市,他们交给一些麦加拉的政治流亡者和普拉提亚人中现在还活着的亲斯巴达党人,许他们使用一年。以后,他们把城市完全削平,在希拉女神庙附近建筑一个大旅舍,周围二百英尺,上下楼都有房间。他们建筑时,利用普拉提亚人的屋顶和门户。他们又利用城墙中其他的材料——铜、铁物件——制造一些长椅,贡献给希拉女神;他们又为希拉女神建筑一所大石庙,每边长一百英尺。他们没收普拉提亚人的土地,租给底比斯人耕种,以十年为期。斯巴达人对待普拉提亚人这样残酷,主要地或完全地是为了底比斯人的缘故;他们认为在这个战争阶段中,底比斯人对于他们是有用的。普拉提亚就在它和雅典建立同盟之后的第九十三年[①]这样灭亡了。

第五章　科西拉的革命

前往援救列斯堡的四十条伯罗奔尼撒战舰,前面已经说过,[②]横渡公海逃走,后面有雅典人追赶,后来它们驶到克里特附近,遇着暴风雨,分散地回到伯罗奔尼撒。当他们到达西林尼的时候,他们发现琉卡斯和安布累喜阿派来的十三条三列桨战舰以及推利斯

① 公元前427年。

② 接着第228页的叙述。

的儿子伯拉西达，他是来作阿尔息达的顾问的。在列斯堡失败之后，斯巴达人想加强他们的舰队，并派往科西拉去，因为科西拉发生了革命。在诺帕克都的雅典人只有十二条战舰，所以斯巴达人的计划是想在雅典能够增援之前到达科西拉。因此，伯拉西达和阿尔息达准备实行这个计划。

科西拉的革命是在伊庇丹努附近两次海战中被科林斯人俘虏的人[①]跑回来的时候开始的。事情的经过是这样的：这些俘虏被科林斯人释放回国，由他们政府的代理人交出八百他连特以为抵押；事实上，他们已经受了贿赂，想把科西拉拉到科林斯一边来，因此，他们个别地和一些公民商谈，想使城市脱离雅典。当一条雅典船舰和一条科林斯船舰载着两国的代表们到达那里的时候，科西拉人民对于这个问题展开了辩论，他们表决：赞成依照现有的协定[②]，维持和雅典的同盟，同时和伯罗奔尼撒保持友好的关系。

回国的俘虏们第二步工作，就是想控告佩西阿斯，佩西阿斯是自愿地做雅典的代理人，以照顾雅典人在科西拉的利益的，又是民主党的领袖。他们对他所提出罪状是他使科西拉受雅典的奴役。审判结果，佩西阿斯被宣布无罪。为了报复起见，他控告他的反对党中五个最富裕的人，说他们在宙斯和阿尔辛诺斯的神庙圣地砍伐葡萄树而取其树干；依照法律上的规定，每枝树干应罚款一斯塔特[③]。这些人都被判为有罪。因为他们需要缴纳这样大一笔罚款，他们跑到神庙里，站在祈祷者的位置上，请求重新估计他们所

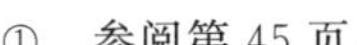

① 参阅第 45 页。

② 这个协定是一个防守同盟，参阅第 38—39 页。

③ 斯塔特是古代希腊货币的名称。

应赔偿的损失。但是佩西阿斯正是议会中一个成员，他说服了他的同僚们，坚决执行法律上的处罚。被处罚的那五个人现在完全受法律的严格制裁；同时他们知道，只要佩西阿斯仍然是议会中的一个成员的话，他有意说服人民和雅典订立攻守同盟。因此，他们五个人和他们党中其他的人联合起来，带着匕首，突然冲入议会中，杀害了佩西阿斯和大约六十个其他的人，有些是议会的成员，有些是私人。有少数和佩西阿斯的观点相同的人逃跑了，躲避在雅典的三列桨战舰上，因为当时雅典的战舰还留在港中。

经过这次暴动之后，他们召集科西拉人民开会，他们说，他们所作的会产生最良好的后果，使科西拉不再受雅典的奴役。他们建议将来不接待任何一边，除非是根据和平的条件，每次不得超过一条船舰；比这个数目多的船舰将被当作敌人看待。当这个建议提出来的时候，他们马上强迫民众会议通过。于是他们立即派遣代表往雅典去，照他们自己的说法说明事变的经过，同时设法说服在雅典的科西拉流亡者，不要采取反对他们的行动，以致引起推翻科西拉现政府的运动。他们到达的时候，雅典人立即根据叛乱罪的名义把他们和所有听他们的话的那些科西拉流亡者逮捕起来，关禁在厄基那。

同时，当一条科林斯三列桨战舰载着斯巴达的代表们到达那里的时候，科西拉的执政党人进攻民主党人，在战斗中把民主党人打败了。将近傍晚的时候，民主党人退到卫城上，这是城市中较高的地方。他们在这里集中他们的军队，建筑城墙，同时控制了亥拉伊克港[①]。执

① 可能就是现在的察利歧奥浦隆湾。

政党占有市场一带(大多数人是住在市场的四周的)和市场附近面对着大陆一边的港口[①]。

次日,只有一点远距离的斗争。双方都派遣代表往乡村去,允许解放那些参加斗争的奴隶。大部分奴隶参加民主党一边;而贵族党在大陆上获得了八百雇佣兵的援助。

经过一天之后,战事又爆发了,民主党人占据比较优良的地势,并且人数较多,所以胜利了。妇女们也勇敢地和他们一起斗争,从屋顶上投下瓦片,在混战中英勇抗敌,其毅力超乎一般女性之上。在夕阳西下的时候,贵族党人完全溃退,他们恐怕民主党人扫荡而下,袭取他们的兵器库,把他们杀死了,所以他们把市场一带的房屋和公寓[②]都放起火来,使人不能接近他们。不论是他们自己的财产或是别人的财产,都是在所不惜,结果,许多货物都付诸一炬。如果刮风,把火焰吹向其他建筑物的话,整个城市很可能都会被毁灭的。

现在战斗停止了,双方放哨,晚间亦无战事。民主党人胜利之后,科林斯的船舰偷偷地逃出海港,大部分的雇佣兵也偷偷地逃往大陆去了。

翌日,雅典将军尼科斯特拉图(第依特累斐的儿子)率领十二条船舰和五百名美塞尼亚人的重装步兵,由诺帕克都到了这里。他的目的是想达到一个协定,他说服了两个党派自己协商,把十个[③]主要负责的人提出来审判(这十个人马上隐藏起来了),其余的人彼此讲和,和平地共同住在一起,全国和雅典订立攻守同盟。

---

① 现在的喀斯特拉都湾。

② 租给几个贫苦人家的大建筑物(类似罗马的几个家族群居的长屋)。

③ 斯密司的译本作"十二个人",克劳莱和华尔纳的译本都作"十个人"。——译者

这个协定订立后，尼科斯特拉图正要回国了，但是民主党的领袖请他留下五条船舰来，以防止反对党人进行任何活动，而他们配备自己的五条船舰跟他一路回雅典。尼科斯特拉图允许他们了，于是民主党的领袖们把他们敌人的名字写下来，准备要这些人在船舰上服务。但是这些人恐怕被送往雅典去，坐在带奥斯邱赖神庙中祈祷者的位置上。尼科斯特拉图向他们提出保证，和他们谈话，以安他们的心；但是他的言辞没有效果。民主党人就以此为借口，武装他们自己，认为如果这些人对于同尼科斯特拉图一路航行表示怀疑的话，这些人是别有用心的。他们把反对党人的武器从他们的房屋中夺去，如果不是尼科斯特拉图阻止的话，他们会把房屋里面的人都杀掉。其余的贵族党人看见了这种情况，就跑到希拉女神庙中去，坐在祈祷者的位置上。他们至少有四百人。民主党人恐怕他们暴动，劝他们起来，带着他们到神庙对面一个岛上去，把粮食也送到那里。

在革命的这个阶段中，就是这些人被带到对面岛上之后四五天，伯罗奔尼撒人的舰队从西林尼开到那里了；[①]这个舰队自从爱奥尼亚回来后就驻扎在西林尼的。共有船舰五十三条，和从前一样，是由阿尔息达指挥，但是有伯拉西达同他一路航行，做他的顾问。这个舰队在大陆上的西勃达港内停泊；黎明的时候，驶往科西拉。

现在科西拉人[②]是在极端混乱的情况中，一则因为城内所发

① 参阅第261页。

② 现在是民主党执政。

生的事故，二则因为敌舰的到来，他们大为恐慌。他们马上配备六十条船舰的水手；配备好了之后，立即派遣它们去抵抗敌人。虽然雅典人建议，先让雅典人驶出，然后科西拉人带着全部船舰出来支援雅典人；但是科西拉人没有采纳这个意见。当科西拉的船舰靠近敌舰的时候，四处分散，毫无秩序，有两条船舰马上逃跑了，其余船舰上的水手们自己互相混战，秩序大乱。伯罗奔尼撒人看见这种情况，分出二十条船舰来对抗科西拉人；把所有其余的船舰都来向雅典的十二条船舰进攻，萨拉明尼亚号和巴拉洛斯号也在这十二条船舰里面。

科西拉人方面的战斗不久就吃紧了，因为他们进攻时毫无秩序，每次只有几条船舰。雅典人恐怕敌人的船舰过多，自己有被包围的危险，所以不和敌舰全面作战，也不进攻敌人的中央，而向敌人的一翼进攻，击沉了敌人一条船舰。于是伯罗奔尼撒人把他们的船舰列成圆圈阵形，雅典人环绕敌人的舰队航行，想引起敌舰的混乱。和科西拉人作战的其他伯罗奔尼撒人看到了这种情况，恐怕蹈诺帕克都战役[①]的覆辙，驶来支援，于是伯罗奔尼撒人的整个舰队向雅典人冲去；现在雅典人开始倒划，[②]退出自己的阵地。他们在他们自己最好的时候实行这种战术，希望当敌人面对着他们作战的时候，科西拉的船舰有充分的机会先逃入港中。[③]战斗是这样进行的，一直继续到太阳下山的时候。

现在科西拉人恐怕敌人乘胜驶来进攻城市，或夺取那些被关

① 参阅第 187 页以下。
② 使他们面对着敌人。
③ 他们损失了十三条船舰。

禁在岛上的人，或采取其他冒失的行动，所以他们又从岛上把那些犯人带到希拉女神庙里来，并准备城市的防御工作。但是伯罗奔尼撒人虽然在海上胜利了，他们不敢冒险驶来进攻城市，而带着他们所俘获的十三条科西拉的船舰回到大陆上他们原来所驻扎的地方去了。次日，虽然科西拉人完全在混乱和恐慌状况中，但是伯罗奔尼撒人并没有攻城的意思。据说，伯拉西达曾劝阿尔息达攻城，但是他没有阿尔息达那么大的权力。伯罗奔尼撒人只在琉金密地角登陆，破坏乡村。

同时，科西拉的民主党害怕有敌舰进攻的危险，他们和过去在神庙祈祷的人以及反对党的其他成员进行谈判，以求挽救城市，他们说服了一些反对党的人往船舰上去。这样，他们配备了三十条船舰的水手，准备抵抗敌舰的进攻。

但是伯罗奔尼撒人在破坏乡村的土地后，到中午时又离开了那里。将近傍晚，他们得到烽火信号的通知，说有六十条[①]雅典船舰将从琉卡斯驶到了。当雅典人听到科西拉发生革命以及阿尔息达的舰队将驶往科西拉的时候，他们就派遣这个舰队来，这个舰队是由修克利斯的儿子攸利密顿指挥的。于是伯罗奔尼撒人马上起航回国，紧紧地靠着海岸航行，他们拖着他们的船舰横过琉卡斯地峡，[②]以免环绕地角时被敌人看见，所以他们逃脱了。

当科西拉人知道雅典的舰队快到而敌人已经逃跑了的时候，他们招请城外的美塞尼亚人[③]进城，命令那些他们已经配备了水

① 斯密司译本作“四十条”，克劳莱译本作“六十条”。——译者

② 这个地峡是现在的圣大-卯剌，连接琉卡斯和大陆，广约三斯塔狄亚。

③ 这就是尼科斯特拉图带来的那五百人，其目的是威胁贵族党人。

手的船舰开进亥拉伊克港中；[1]在航行的途中，他们杀掉所有他们能够找着的敌人。那些被他们说服而上船舰的人，在上陆时也都被他们杀死了。他们又跑到希拉女神庙中去，说服了大约五十个在庙中祈祷的人去受审判；审判结果，这些人都被处死刑。其余的祈祷者看见这种情况，大部分拒绝受审，在神庙中彼此互相杀死了；有些在树上吊颈，有些用其他各种方法自杀。当攸利密顿带着他的六十条船舰停留在那里的七天中，科西拉人继续屠杀他们自己的公民中他们所认为是敌人的人。被他们杀害的人都被控以阴谋推翻民主政治的罪名；但是事实上，有些是因为个人的私仇而被杀害的，或者因为债务关系而被债务人杀害的。有各种不同的死法。正如在这种形势之下所常发生的，人们往往趋于各种极端，甚至还要坏些。有父亲杀死儿子的；有从神庙中拖出，或者就在神坛上屠杀的；有些实际上是用围墙封闭在道尼修斯神庙中，因而死在神庙里面的。

这次革命是这样残酷；因为这是第一批革命中间的一个，所以显得更加残酷些。当然，后来事实上整个希腊世界都受到波动，因为每个国家都有敌对的党派——民主党的领袖们设法求助于雅典人而贵族党的领袖们则设法求助于斯巴达人。在和平时期，没有求助于他们的借口和愿望；但是在战争时期，每个党派总能够信赖一个同盟，伤害它的敌人，同时巩固它自己的地位；很自然地，凡是想要改变政府的人就会求助于外国。在各城邦中，这种革命常常

① 其目的是想把贵族党人和他们在市场附近及希拉女神庙中的朋友们断绝联系。

引起许多灾殃——只要人性不变，这种灾殃现在发生了，将来永远也会发生的，尽管残酷的程度或有不同；依照不同的情况，而有大同小异之分。在和平与繁荣的时候，城邦和个人一样地遵守比较高尚的标准，因为他们没有为形势所迫而不得不去做那些他们不愿意去做的事。但是战争是一个严厉的教师；战争使他们不易得到他们的日常需要，因此，使大多数人的心志降低到他们实际环境的水平之下。

这样，一个城市接着一个城市爆发了革命；在那些革命发生较迟的地方，因为知道了别处以前所发生的事情，引起许多革命热忱的新的暴行，表现于夺取政权方法上的处心积虑和闻所未闻的残酷报复上。为了适合事物的改变，常用词句的意义也必须改变了。过去被看作是不瞻前顾后的侵略行为，现在被看作是党派对于它的成员所要求的勇敢；考虑将来而等待时机，被看作是懦夫的别名；中庸思想只是软弱的外衣；从各方面了解一个问题的能力，就是表示他完全不适于行动。猛烈的热忱是真正丈夫的标志，阴谋对付敌人是完全合法的自卫。凡是主张激烈的人总是被信任；凡是反对他们的人总是受到猜疑。阴谋成功是智慧的表示，但是揭发一个正在酝酿中的阴谋，更加是聪明些。凡是不想做这些事情[①]的人是分裂党派本身的统一性而害怕反对党。总之，先发制人，以反对那些正将要作恶的人和揭发任何根本无意作恶的人，都同样地受到鼓励。家族关系不如党派关系的强固，因为党员更愿意为着任何理由，趋于极端而不辞。这些党派组织的目的不是享

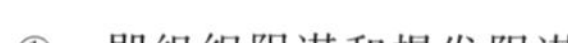

① 即组织阴谋和揭发阴谋。

受现行法律的利益，而是推翻现行制度以夺取政权；这些党派的成员彼此相信，不是因为同一个宗教团体的教友关系，而是因为他们是犯罪的伙伴。如果反对党的人发表合理的言论，执政党不会宽大地接受，反而采取各种戒备的方法，使他们的言论不产生实际的效果。

报复比自卫更为重要。如果两个党派订立互相保证的协定的话，这种协定的订立只是为了应付暂时的紧张局势，只有在它们没有其他的方法应用的时候，这种协定才能维持它的效力。如果机会到了的话，首先大胆地抓住这个机会的党人，乘敌人之不备，得到报复，这种违背信约的报复比公开的进攻更为称心。他们认为这样做是比较安全些；同时，利用诡计取得胜利，使他们有一个精明的美名。真的，大多数的人宁愿称恶事为聪明，而不愿称头脑单纯为正直。他们以第一种品质而自豪，而以第二种品质为耻辱。

由于贪欲和个人野心所引起的统治欲是所有这些罪恶产生的原因。一旦党派斗争爆发的时候，激烈的疯狂情绪发生作用，这也是原因之一。许多城邦的党派领袖们有似乎可以使人佩服的政纲——一方面主张民众在政治上的平等[①]，另一方面主张安稳而健全的贵族政治[②]——他们虽然自己冒充为公众利益服务，但是事实上是为着他们自己谋得利益。在他们争取优势的斗争中，没有什么事可以阻拦他们；他们自己的行动已经是可怕了的；但在报复的时候，更为可怕。他们既不受正义的限制，也不受国家利益的

① 民主党的口号。——译者

② 贵族党的口号。——译者

限制；他们唯一的标准是他们自己党派一时的任性；所以他们随时准备利用不合法的表决来处罚他们的敌人，或者利用暴力夺取政权，以满足他们一时的仇恨。结果，虽然双方都没有正义的动机，但是那些能够发表动人的言论，以证明他们一些可耻的行为是正当的人，更受到赞扬。至于抱着温和观点的公民，他们受到两个极端党派的摧残，不是因为他们没有参加斗争，就是因为嫉妒他们可能逃脱灾难而生存下去了。

这些革命的结果，在整个希腊世界中，品性普遍地堕落了。观察事物的淳朴态度，原是高尚性格的标志，那时候反而被看作是一种可笑的品质，不久就消失了。互相敌对的情绪在社会上广泛流传，每一方面都以猜疑的态度对待对方面。至于终止这种情况，没有哪个保证是可以信赖的，没有哪个誓言是人们不敢破坏的；人人都得到这样一个结论，认为希望得到一个永久的解决是不可能的；所以他们对于别人不能信任，只尽自己的力量以免受到别人的伤害。通常那些最没有智慧的人表现得最有生存的力量。这样的人认识到他们自己的弱点和他们敌人的智慧；因为他们害怕在辩论中失败，或者在阴谋诡计中为机警的敌人所战胜，他们大胆地直接开始行动；而他们的敌人过于相信自己能够预料事务的发生，认为没有必要来以暴力夺取那些他们能够利用政策获得的东西，因而他们更易于被杀害，因为他们丧失了警惕性。

无疑地，破坏法律和秩序最早的例子发生于科西拉。在那里，有过去被傲慢地压迫而不是被贤明地统治的人，一旦胜利了的时候，就实行报复；有那些特别为灾难所迫，希望避免他们惯常的贫困而贪求邻人财产的人所采取的邪恶决议；有野蛮而残酷无情的

行动，人们参加这种行动，不是为着图利，而是因为不可抑制的强烈情感驱使他们参加互相残杀的斗争。就是在有法律的地方，人性总是易于犯法的；现在因为文明生活的通常习惯都在混乱中，人性很傲慢地现出它的本色，成为一种不可控制的情欲，不受正义的支配，敌视一切胜过它本身的东西。因为，如果不是为了这种嫉妒的有害影响的话，人们不会这样重视复仇而轻视宗教，重视图利而轻视正义的。真的，不错，在对他人复仇的时候，人们开始预先取消那些人类的普遍法则——这些法则是使所有受痛苦的人有得救的希望的——他们不让这些法则继续存在，以准备他们在危急时也可能需要这些法则的保护。[①]

所以当科西拉人在他们的城市中最初流露出内战的情绪时，攸利密顿率领雅典舰队离开了科西拉。后来大约五百个被放逐的科西拉人设法逃跑，渡过海峡，安全地到达大陆上，夺取了那里几个要塞，占领了海峡对岸的科西拉领土，利用这个地方作为根据地，以掠夺岛上他们自己的同胞。这样他们给科西拉带来了很大的损失，引起科西拉城内的严重饥荒。他们也派遣代表们往斯巴达和科林斯去，想设法使他们自己恢复在科西拉的地位。但是他们的谈判没有成功。后来他们聚集了一些船舶和一些雇佣军队，带着大约六百人渡过海峡，到达岛上，他们在那里焚毁他们的船舶，使他们除了最后征服这个地方之外，再没有其他希望了。于是他们跑到伊斯吞山，自己建筑要塞。他们占领乡村地区后，开始向

① 休德和几乎所有近代注释家都把这一段文字用括弧标识出，认为是伪造的，因为这段文字为古代文法学家所责难，哈利加纳苏的戴奥尼素也没有提到这一段，抄本中，在这一段文字上曾加了一个问号。

城内的人民进攻。

第六章　雅典人在西西里和弥罗斯。斯巴达人在赫拉克里亚殖民的失败

在这个夏季末，雅典人派了二十条船舰往西西里去，因为在西西里，叙拉古人和林地尼人发生了战争。指挥这个舰队的是梅兰诺配斯的儿子雷歧兹和攸斐勒都的儿子察里阿德。除卡马林那之外，所有其他多利亚人的城市都和叙拉古同盟；这些城市，在战争爆发之初，就已经和斯巴达订立了同盟条约的，但是它们没有积极参加战争。林地尼有卡马林那和卡尔西斯人的城市作为同盟者。意大利的国家中，罗克里人在叙拉古一边；而利吉姆人则支援他们同族的林地尼人。[①]

林地尼的同盟者现在派了一个代表团[②]到雅典去，根据他们昔日的同盟条约[③]和他们同为爱奥尼亚人的理由，请求派遣舰队来援助他们，因为他们在陆地上和海上都被叙拉古人封锁了。雅典派了一个舰队，名义上说是因为他们和林地尼人是同族的关系，但是他们的真正目的是防止谷物从西方运往伯罗奔尼撒去，以及初步试探他们是不是可以占领西西里。他们驻扎在意大利的利吉

① 参阅第512页。

② 这个代表团以著名的修辞学家哥尔基亚为首。

③ 关于阿普修德执政时代（公元前433—前432）重订条约的片断，可参阅《亚狄迦碑铭集成》33。

姆，他们从那里和他们的同盟者联合起来，进行战争。

于是夏季结束了。接着冬季里，[①]瘟疫第二次在雅典人中间爆发了。[②] 事实上，瘟疫从来就没有完全停止过，虽然瘟疫的严重性大大地衰减了。第二次瘟疫延续了将近一年，而第一次延续了两年。没有什么其他的灾祸比瘟疫给雅典人带来了更大的损失，或削弱了雅典人更多的战斗力量。[③] 在正规军队中，因瘟疫而死亡的将近四千四百名重装步兵和三百名骑兵；在人民大众中，没有人知道死亡者的人数。这个时候，在雅典、优卑亚和彼奥提亚，特别是彼奥提亚的城市奥科美那斯，也发生了许多次地震。

在同一个冬季里，在西西里的雅典人和利吉姆人率领三十条船舰远征伊奥拉斯群岛；这个地方在夏季里是不能进攻的，因为那里缺少水。奈达斯的移民——利帕剌人占领这些岛屿。他们居住在群岛中一个不大的岛上，这个岛叫作利帕剌。他们把这个岛作为中心，分别去耕种其他的岛屿：狄狄密、斯特龙基利和亥厄拉。[④] 这些地方的人民相信赫斐斯塔斯[⑤]的冶铁场是在亥厄拉，因为晚上看那里有火焰升天，白天烟雾罩着。这些岛屿是在西塞尔人住的海滨和麦散那地区的附近，它们和叙拉古联盟。雅典人破坏他们的土地，但是，因为这些居民不肯和雅典人合作，雅典人又回到利吉姆去了。

① 公元前 427 年。

② 参阅第二卷第五章。

③ 写这句话的时候，著者似乎不知道以后的战事情况，特别是西西里远征的不幸结果（参阅斯密司译本序言，xiii页）。

④ 斯特累波还提出了三个岛的名称，近代地理学家提出了十一个或十二个。斯特龙基利就是近代的斯特隆波里，是一个活火山的所在地，近来特别有名，因为它和麦散那以及勒格俄相近，1908 年 12 月 28 日这两个地方都发生地震。

⑤ 希腊的冶铁神，宙斯和希拉的儿子。——译者

这样冬季就完了，修昔底德所记载的战争的第五年也终结了。

次年夏季，[①]伯罗奔尼撒人和他们的同盟者在斯巴达国王阿基斯(阿基达马斯的儿子)指挥下，出发进攻亚狄迦，到达地峡。但是那里发生许多地震，因此，他们没有侵入亚狄迦就回去了。大约在同一个时期中，当地震常常发生的时候，在优卑亚的奥罗比伊地方，海水从当时的海岸引退，后来巨浪又冲上来，把城市的一部分淹没了；当海水退时，还有一部分在水底下，所以过去是陆地的地方现在变为海了。那些没有及时逃往高地的居民都葬身于洪水之中。同样的水灾也发生于奥彭梯亚的罗克里斯海岸附近的阿塔兰塔岛上；在这里，雅典人的要塞[②]一部分也被海水冲掉，两条被拖到岸边的船舰中有一条被海水冲得粉碎。在佩巴里修斯，海水也引退，离开海岸相当的距离，但是没有发生水灾；又有一次地震，摧毁了城墙的一部分，以及市政厅和其他少数建筑物。依我看来，这些事情是由地震引起的。在地震最强烈的地方，海水就被吸引，离开海岸，然后更强烈地冲回来，因此产生水灾。[③] 如果没有地震的话，我不知道这样的事情怎样能够发生的。

在同一个夏季里，不同的交战双方在西西里进行各种战役。西塞利奥特人[④]内部彼此互相战争，雅典人及其同盟者也进行了一些远征。我在此地只提到一些最重要的事情：即雅典人及其同

---

① 公元前426年。

② 参阅第143页。

③ 修昔底德指出地震和水灾的连带关系。地震最强烈的地方，水灾最大。但是这个影响是间接的，因为地震过了之后，海水的引退直接引起水灾。(昭)

④ 即西西里的希腊人。——译者

盟者的军事行动和敌人反抗他们的战略。

雅典将军察里阿德在和叙拉古人作战中被杀，所以雷歧兹现在单独指挥他们的舰队了。他带着他的同盟者出发进攻麦散那的市镇迈利。正碰着有麦散那人的两个大队驻守迈利，他们埋伏以待从船舰上登陆的雅典人。但是雅典人打败了埋伏兵，使他们受了很大的损失。于是雅典人进攻要塞，迫使他们交出卫城，并且和雅典人一起去进攻麦散那。雅典人和他们的同盟者到达的时候，麦散那也投降了，它把人质和雅典所要求的一切其他保证都交给雅典人。

在同一个夏季里，雅典人派遣阿尔西提尼的儿子德谟斯提尼和狄奥多拉斯的儿子普罗克利率领三十条船舰，环绕伯罗奔尼撒巡逻。他们又派遣尼塞拉都的儿子尼西阿斯率领六十条船舰和二千名重装步兵往弥罗斯。他们想征服弥罗斯，因为弥罗斯虽然是一个岛，[①]但是不肯屈服于雅典，甚至拒绝参加雅典同盟。虽然雅典人破坏了他们的土地，但是他们不肯投降，所以雅典舰队离开了弥罗斯，航往格累亚的领地俄罗巴斯。他们在这里停泊了一晚，他们的重装步兵马上登陆，由陆地上进攻彼奥提亚的塔那格拉。他们商量好了的，在那里燃起烽火信号，雅典就派遣卡利阿斯的儿子希波尼卡斯和修克利斯的儿子攸利密顿率领全军出发，到那里来和他们会师。他们驻扎在那里，用一天的时间来破坏塔那格拉的领土，又在那里过了一夜。翌日，塔那格拉人和一些来支援他们的底比斯人从城内出来，和雅典人会战，结果，雅典人胜利了。雅典

① 西克拉底斯群岛中，只有弥罗斯和塞拉两个岛上的居民没有参加雅典同盟，因为他们是拉哥尼亚的移民(第 464 页)。

人夺取了一些武器，建立了一个胜利纪念碑，然后撤退了，大部分军队回雅典，其余的回到船舰上。尼西阿斯带着六十条船舰沿着海岸航行，破坏了罗克里斯沿海一带的土地，然后回国。

大约在这个时候，斯巴达人在特累启斯建立他们的殖民地赫拉克里亚。他们这样做，是为了下列几个理由：马利亚的居民是三个部落组成的：巴拉利亚人、亥厄拉人和特累启斯人。特累启斯人和他们的邻居伊塔人作战，损失很大；起初他们想和雅典人同盟，使雅典人保护他们。但是后来他们怕雅典人不能够给他们以充分的安全，因此他们派遣提撒曼那斯做他们的代表到斯巴达去。斯巴达的母邦多利斯也受伊塔人的压迫，所以也派人参加了代表团，同往斯巴达，作同样的请求。斯巴达人听了这些使节们的话，决定派遣一个移民团，因为他们想同时援助特累启斯人和多利亚人。同时，他们认为新城市的地位便于对雅典人作战，因为这个地方可以作为海军根据地，直接进攻优卑亚，这是渡海到优卑亚最短的路线；同时，这个地方在往色雷斯的道路上，对于他们也是有利的。因此，他们热心地建立这块地方，是有许多理由的。

首先他们询问特尔斐的神。他们得到一个有利的答复之后，就从斯巴达本城以及斯巴达领土内其他城市[①]中派遣移民；他们又从希腊其他地区招请志愿者（爱奥尼亚人、亚加亚人和其他一些人除外）。这个城市的建立者和这次远征的领导者是三个斯巴达

① 即斯巴达人和庇里奥西人；庇里奥西人意为“边区人”，因为他们住在边区。——译者

人：利翁、阿尔息达和达马刚。所以他们建立一个设防的新城市，这个新城市现在叫作赫拉克里亚，离德摩比利约四十斯塔狄亚[①]，离海滨约二十斯塔狄亚[②]。他们开始建筑船坞；为了使其地位安全起见，他们在面向德摩比利的一边，离河口本身不远的地方建筑城墙。

这个城市的建立，首先引起雅典很大忧惧；因为从这里渡海到优卑亚的市镇森尼昂很近，雅典人认为斯巴达人建立这个城市的目的在于优卑亚。但是后来事情并不是这样的，这个新的居留地对于雅典毫无损害。原因是这样的：在这个地区，帖撒利人是最有势力的，他们的领土受到新居留地的威胁，他们恐怕在他们的边界上有一个强国，所以经常侵掠新居留地，和新的居民作战，直到新居民的势力完全削弱，达到毫不重要的地位时为止。原先新居民的人数是很多的，因为他们很有信心地跑到斯巴达人所经营的居留地来，他们认为这个城市是安全的；虽然如此，但是事实上，这个城市的衰落和人口的减少，斯巴达本城派去的总督们是应当负主要责任的，他们的严酷和不公平的行政管理把大多数的移民吓跑了，所以使他们的敌人更容易战胜他们。

第七章　德谟斯提尼在西部希腊和埃托利亚。诺帕克都受到威胁

在同一个夏季里，大约和雅典人停留在弥罗斯同时，雅典人环

① 约合四英里半。——译者
② 约合二英里多。——译者

绕伯罗奔尼撒半岛巡逻的另一个三十条船舰的舰队，首先以伏兵之计，消灭了琉卡斯的市镇厄罗门那斯的一些驻军，然后进攻琉卡斯本城。这时候，雅典的军队大大地加强了，阿开那尼亚人，除了伊尼亚第人以外，都以全军参加雅典军队；此外，还有一些萨星修斯人和赛法伦尼亚人以及十五条科西拉的船舰都来助战。琉卡斯人虽然看见地峡[①]内外他们的城市和阿波罗神庙所在地都遭到破坏，但是在雅典人人数众多的压迫下，他们不敢出战。阿开那尼亚人劝雅典将军德谟斯提尼建筑一条城墙，切断琉卡斯城和外界的联系，以封锁它；他们认为这样很容易使之发生饥荒，迫使它投降；同时也消灭一个总是敌视他们的地方。

但是同时，美塞尼亚人劝德谟斯提尼：有了这样大的一支军队，最好是进攻埃托利亚。埃托利亚人对于诺帕克都是一个威胁；如果他征服了他们的话，也很容易把大陆上那个地区内所有的其他部落都争取到雅典一边来。真的，埃托利亚人是一个人数众多而好战的部族，但是他们住在一些分散得很广而没有设防的乡村中；他们只有轻装武器，所以美塞尼亚人说，在他们能够动员一个联合军队以自卫之前，他们就会很容易地被征服了。美塞尼亚人劝德谟斯提尼首先进攻阿波多提亚人，然后进攻奥斐尼亚人，最后进攻攸利坦尼亚人；攸利坦尼亚人是埃托利亚人数最多的部落。据说，他们说一种完全不能懂的语言，他们吃生肉。如果这些部落

① 这个地峡此时联系着岛和大陆，过去科林斯人曾在此地开凿运河（斯特累波，452c）；但是在伯罗奔尼撒战争爆发以前已为积沙淤塞了。在本书中常常提到拖着船舰从此地通过，可以为证。从本文中可以清楚地看到，琉卡斯人的领土是包括大陆上阿开那尼亚一部分土地在内。

被征服了的话，争取其余的部落就不难了。

德谟斯提尼赞成这个计划，一部分是因为他想讨好美塞尼亚人，但是特别是因为他认为，如果埃托利亚人加入作他的大陆上的同盟者的话，他不需要用雅典的人力，就可以从大陆上进攻彼奥提亚；其路线是通过奥佐利亚的罗克里斯到多利斯的锡丁尼昂，居于帕那萨斯山的左边，直到他居高临下，进入佛西斯。他认为佛西斯人会愿意和他联合起来，侵入彼奥提亚的，因为他们一向总是对雅典人友好的；如果他们不愿意的话，他可以强迫他们和他联合在一起；如果他进入佛西斯，那么，他就已经到达彼奥提亚的边界上了。

因此，他违反了阿开那尼亚人的意志，带着他的全部军队，从琉卡斯起程，沿着海岸航行，到了索利安姆。他在这里把这个计划告诉了其他的阿开那尼亚人，但是他们不愿意接受这个计划，因为他不赞成封锁琉卡斯。所以他自己带着其余的军队[①]开始向埃托利亚进攻了。

他把罗克里斯的伊尼昂作为他的根据地，因为奥佐利亚的罗克里斯人是雅典的同盟者；已经商谈好了，他们应当带着所有他们能够利用的军队进入内地，和他在那里会合起来。因为他们是埃托利亚人的邻居，有和埃托利亚人一样的武装，雅典人认为他们的援助是极有用的，因为他们对于这个地区和当地人作战的方法都是很熟习的。

① “即赛法伦尼亚人、美塞尼亚人、萨星修斯人和他自己船舰上三百名雅典水兵。这时候，科西拉派来的十五条船舰已经回国去了。”

当晚德谟斯提尼驻扎在尼米亚的宙斯神庙附近，[①]翌日黎明出发，进攻埃托利亚。在进军的第一天，他取得了波提丹尼亚；第二天，取得了克罗西里昂；第三天，取得了替基昂。他在这里停下来了，把战利品送回罗克里斯的攸帕利昂。他的计划是想继续进攻这个地区，达到奥斐尼亚人住的地方；如果他们不肯屈服的话，就回到诺帕克都，然后从那里第二次进攻他们。

但是这次入侵是埃托利亚人意料到了的。这些计划最初确定的时候，他们就已经知道了；现在当雅典军队进入他们的境内的时候，他们聚集大军，整个地区都派遣分遣队来了，就是最远的奥斐尼亚人诸部落（包括波密亚人和卡利阿斯人在内，其地区直达马利亚海湾）都来参加了。

但是美塞尼亚人对德谟斯提尼还是提供和以前一样的意见。他们向他保证，征服埃托利亚是一件很容易的事，劝他尽快地进军，沿途一个一个地攻取他所遇着的村落，使埃托利亚人没有时间全体联合起来反抗他。德谟斯提尼受了这个意见的影响，同时相信他自己的幸运，因为过去他是从来没有战败过的；因此，他不等待本应到了的罗克里斯人就进兵了；罗克里斯的援兵可以补救他的军队的主要缺点，因为他缺少轻装的标枪射手。他进攻伊基提昂，袭取了那个地方。当地居民逃跑了，驻扎在市镇上面的山丘上；市镇位于离海岸约八十斯塔狄亚[②]的高地上。

正在这个时候，埃托利亚人的主力军到了伊基提昂，向希腊人

① “据说，诗人希西阿德是在这里被本地居民杀死的，因为有一个神谶说，他命中注定将死于尼米亚。”（关于这个传说的详情，可参阅普鲁塔克《七贤宴谈篇》xix。）

② 约合九英里。——译者

和他们的同盟者进攻。他们从四面八方的山上跑下来，投射标枪；当雅典人前进时，他们退却；当雅典人退却时，他们马上又跑转来了。这样战斗了相当久的时候，交互地几进几退，不论进退，都是雅典人吃了亏。但是当雅典的弓箭手还有箭，而且能够用箭的时候，他们还能够支持，因为轻装的埃托利亚人受箭的射击时，总是退却的。但是后来弓箭手的队长被杀死，弓箭手分散了，而重装步兵因为经常使用这种烦累的动作而精疲力竭了，埃托利亚人利用标枪射击紧紧地压迫雅典人，所以最后雅典人向后退却，开始逃跑，许多人冲下来，有的陷入一个没有出口的干河道中，有的因为他们的美塞尼亚人向导克洛蒙战死而迷失道路，因而都被杀死了。埃托利亚人继续使用他们的标枪；他们行动迅速，武装轻便，所以赶上了雅典人；雅典人被击溃后，许多人当场被杀死了。而且雅典人的主力军走错了路，冲入森林中，在森林中他们没有出路可以逃跑，而敌人放火烧山，四面火起，事实上，一个逃亡军队所可能遭遇的一切危难，雅典人都遭遇到了，兵士以各种各样的死法，丧失了生命。生存者经过很大的困难，才逃到海边罗克里斯的伊尼昂，他们原先是从这个地方出发的。许多同盟者和一百二十名重装步兵被杀了。这些雅典人，人数这样多，都是壮年，无疑地，都是雅典在这次战争中所丧失的最好的人。德谟斯提尼的同僚普罗克利也阵亡了。

他们根据休战和约，从埃托利亚人手中取回阵亡者的尸体后，就回诺帕克都；从那里上船，回雅典去了。但是德谟斯提尼留在诺帕克都或附近地区，因为此事发生后，他怕回去面见雅典人。

大约同时候，在西西里的雅典人航往罗克里，[①]在那里登陆，打败了和他们作战的罗克里人，攻陷了哈勒克斯河畔的要塞。

同一个夏季中，在雅典人远征埃托利亚之前，埃托利亚人早已派遣代表们到科林斯和斯巴达去，请求派遣军队来进攻诺帕克都，因为诺帕克都招请雅典人来进攻他们。埃托利亚的代表们是一个奥比翁尼亚人托洛法斯，一个攸利坦尼亚人波利阿德和一个阿波多提亚人替山达。他们的请求得到圆满的答复。在秋季之初，斯巴达人派遣了他们的同盟者三千名重装步兵前往，其中五百名是他们新建的殖民地赫拉克里亚派来的。斯巴达人攸利洛卡斯受命为司令官；此外，还有两个其他斯巴达人，马卡里阿斯和门尼达里阿斯，跟他同去。

他们的军队会集于特尔斐，攸利洛卡斯从那里派了一个传令官到奥佐利亚的罗克里斯人那里去，因为往诺帕克都去的道路正通过他们的领地，同时他想引诱他们脱离雅典同盟。他在罗克里斯得到了安斐萨人最有力的支持，因为他们害怕佛西斯人的敌视。他们是最早交人质的；他们说服其他国家也交人质，因为其他国家都害怕侵略军；首先是他们的邻居迈昂尼亚人（他们占据进入罗克里斯的最险要的通道），然后伊斐亚人、美撒比亚人、特里提亚人、卡利安人、托洛丰尼亚人、赫西亚人和伊安西亚人——所有这些人都参加了远征。奥尔匹人提交了人质，但是没有参加远征。海伊亚人只是在他们的乡镇波利斯被攻陷后，才提交人质。

当一切准备作好了，人质也被安置在多利斯的锡丁尼昂之后，

① 即伊壁犀斐里亚的罗克里，在利吉姆之北。

攸利洛卡斯就率领他的军队出发，通过罗克里斯，进攻诺帕克都。在进兵的过程中，他攻陷了罗克里斯的两个市镇，伊尼昂和攸帕利昂，因为它们不肯和他合作。当他达到诺帕克都的领土的时候，埃托利亚人来支援他了。他们一起破坏这地区的土地，攻陷了这个没有建筑城墙的市镇的外部。他们又攻陷了莫利克里昂，这是科林斯的殖民地而臣服于雅典的。

雅典人德谟斯提尼自从在埃托利亚惨败之后，仍留在诺帕克都附近；当他听到敌军就会到了的时候，他很为诺帕克都的安全担心。他跑去说服阿开那尼亚人派兵来救援（虽然经过很大的困难，因为他过去从琉卡斯撤退了）。他们派了一千名重装步兵跟他乘着船舰[①]回到诺帕克都，挽救了这个地方。在他们到达之前，担心这个市镇不能支持，是很有理由的，因为应当防守的城墙范围很大，而可供防守之用的士兵则很少。

当攸利洛卡斯和他的同盟者发现这支军队已经进入诺帕克都的时候，他们知道，袭取这个城市已经是不可能，于是把军队撤退了，但是他们没有回到伯罗奔尼撒去而侵入过去称为伊奥里斯，而现在称为卡利敦的地方和普利乌隆，也侵入这个地区的其他市镇和埃托利亚的普洛斯基姆。这是因为安布累喜阿人来了，劝他们联合起来向安非罗基亚的亚哥斯以及安非罗基亚和阿开那尼亚其他地区进攻；他们说，如果这些国家被征服了的话，大陆上所有其

① 这是阿开那尼亚人自己的舰队，因为德谟斯提尼所率领的三十条船舰已回雅典去了（第281页）而第254页所提到船舰尚没有到。根据克劳莱的译本和华尔纳的译本，这些船舰是德谟斯提尼带去的；根据斯密司的译本，这些船舰是阿开那尼亚人的。——译者

余的地方都会倒到斯巴达这一边来。攸利洛卡斯同意这些建议。他遣散了埃托利亚人的军队，带着其余的军队留在这些地区，没有行动，一直等到安布累喜阿人动员起来，而他也在亚哥斯附近和他们联合在一起的时候。夏季就这样结束了。

第八章 提洛岛上的祓除祭典。德谟斯提尼的大捷。战争第六年的终结

接着在冬季的时候，[①]在西西里的雅典人带着他们的希腊同盟者和那些跟他们联合在一起的西塞尔人同盟者[②]进攻西塞尔人的市镇因尼萨，它的卫城是由叙拉古人驻守的。他们进攻卫城，但是没有攻下，所以撤退了。在撤退时，雅典人的同盟者为殿军；叙拉古人从卫城中跑出来，向他们进攻，把他们大部分军队打败了，杀了他们许多人。此事以后，雷岐兹领导雅典人在罗克里一些地方登陆，在卡星那斯河畔，打败了开配吞的儿子普洛克星那斯领导来抵抗他们的大约三百个罗克里人。他们夺取了一些武器之后，就撤退了。

在同一个冬季里，雅典人依照某种神谶的指示，举行祓除祭典。在过去，僭主庇西斯特拉图[③]曾在这个岛上举行过祓除祭典，但是范围不是在全岛上——只是在从神庙所能看得到的地方。这一次是依照下面的方式，在全岛范围内进行：过去所有在提洛岛上

① 公元前426年。

② “这些人以前是叙拉古的同盟者，但是因为苦于叙拉古的苛政，现在叛离了。”

③ 他第一次建立僭主政治是公元前560年；他死于公元前527年。

死亡者的坟墓一律发掘出来，宣布以后在提洛岛上不得再有出生和死亡的事；凡是那些将要死亡或生产的人都运往累尼亚岛上去，这个岛和提洛岛是很相近的，所以萨摩斯僭主波利克拉底（他统治了很多其他的岛屿[①]）在海上称霸时代，征服了累尼亚，把这个岛献给提洛岛上的阿波罗神，用铁索把累尼亚和提洛岛连接起来。[②]

举行祓除祭典之后，雅典人在这里第一次庆祝五年一度的提洛赛会节日。在远古时代，已经有许多爱奥尼亚人和邻近岛屿上的居民在提洛岛上举行过大的集会。他们常带着他们的妻室儿女到这里来参加节日的庆祝，正和现在的爱奥尼亚人到以弗所去参加节日的庆祝一样。他们也常在那里举行体育、诗歌和音乐的比赛，每个城市提供它自己的合唱队。这样的赛会，荷马[③]的阿波罗颂歌[④]中下列的诗句很清楚地说明了：

“飞巴斯神啊，你心中最喜欢的提洛岛，
在那儿，爱奥尼亚人穿着他们拖曳的长袍，聚集在一起，
带着妻室儿女在他们的周围，在你的圣道上行走，
他们斗拳、跳舞和唱歌，给你以娱乐，
他们按次比赛的时候，高呼你的名字。”

从同一首颂歌的下列诗句中，他很清楚地说明，那里有音乐和诗歌的比赛。同时，爱奥尼亚人也参加了这些比赛。他赞美提洛

① 西克拉底斯群岛。

② 库齐乌斯说：这是“象征地表示两岛不可分解的联合”。

③ 修昔底德很清楚地把荷马当作这里所引的颂歌的作者。他说：“在这些诗句中，他也提到了他自己。”由此可见，修昔底德是把荷马当作确有其人的。

④ 修昔底德在这里所引的诗句是摘自《提洛岛阿波罗颂歌》第 146 行以下和第 165 行以下。

岛上妇女的合唱之后，用下列的诗句结束他对她们的歌颂；在这些诗句中，他也提到了他自己：

> “少女们，我向您们全体告别了，
> 愿阿波罗和阿提密斯保佑您们。
> 在将来，请您们想到我，
> 无论什么时候，有其他旅途中疲乏了的人来到这里，
> 询问您们：‘少女们啊，请告诉我，
> 所有的流浪歌手中，谁的歌声最甜蜜？
> 请告诉我，谁的歌声您们最喜欢？’
> 那时候，您们一定要用您们优雅的言辞，众口同声地回答：
> ‘住在开俄斯石岛上的盲目歌人。’”

因此，从荷马的诗歌中，我们可以得到证据，说明在远古时代，提洛岛上也有很大的集会和节日。后来岛上居民和雅典人还是派送合唱队和敬神祭品到那里去的，但是竞赛和其他仪式则没有继续举行了，可能是因为当时的种种困难；直到现在雅典人才恢复了竞赛，又增加了赛马，这是过去所没有的。

在同一个冬季中，安布累喜阿人依照他们劝攸利洛卡斯和他的军队留在那里时所允诺的，率领三千名重装步兵，进攻安非罗基亚的亚哥斯，占领了奥尔匹，这是靠近海边山上的一个要塞，过去阿开那尼亚人建筑这个要塞，作为法庭[①]。这个地方离海岸边的亚哥斯城大约二十五斯塔狄亚[②]。

---

① 这或者是阿开那尼亚人的同盟法庭，如斯条普所主张的（参阅硕曼：《古希腊史》ii. 3，第 76 页），或者是阿开那尼亚人和安非罗基亚人的共同法庭（参阅克虏斯：《希腊》ii. 第 333 页），如克拉森所说明的。后一个说法有拜占庭人斯蒂芬那斯的著作为证。

② 约合二又四分之三英里。——译者

同时，阿开那尼亚人派了一部分军队去援助亚哥斯，其余的军队驻扎在安非罗基亚一个叫作克勒尼或“泉水”的地方，以防范攸利洛卡斯指挥下的伯罗奔尼撒人，使他们不能偷偷地从那里跑过去，和安布累喜阿人联合在一起。他们又派人到德谟斯提尼那里去，请他来指挥他们；当时德谟斯提尼领导远征军，已经进入埃托利亚了。他们又派人去请雅典的那二十条船舰[①]来援助他们；这个舰队在提摩克拉底的儿子亚里斯多德和安廷尼斯都的儿子海厄罗丰指挥下，正在伯罗奔尼撒半岛沿岸巡逻。

在奥尔匹的安布累喜阿人也派遣使者到安布累喜阿城去，请求他们的同胞们派遣全军来支援他们，因为他们恐怕攸利洛卡斯的军队不能通过阿开那尼亚，那么，在这种情况之下，不是他们自己必须孤军作战，就是，如果他们想要撤退的话，他们会遭遇着很大的危险。

同时，攸利洛卡斯指挥下的伯罗奔尼撒人听到安布累喜阿人已经到了奥尔匹的时候，他们马上离开普洛斯基姆，来支援安布累喜阿人。他们渡过阿基洛斯河之后，进军通过阿开那尼亚，他们发现当地的居民都走光了，因为这些居民都去援救亚哥斯去了。他们的右边是斯特拉托斯城和城内的驻军；左边是阿开那尼亚其余的地方。他们通过斯特拉托斯人的领土前进，横过菲提亚，绕过麦第温的边界，然后通过利姆尼亚。在这里，他们越过了阿开那尼亚的边界，进入阿格里人的领土，阿格里人和他们是友好的。他们到

① 雅典的三十条船舰回国(第 281 页)之后，这二十条船舰又被派出来，巡逻于伯罗奔尼撒半岛沿岸。它们的真正目的地是诺帕克都(第 293 页)，但是因为阿开那尼亚人的请求，它们暂时转往安布累喜阿湾去(第 288 页)。

达泰阿莫斯山(山在阿格里人的领土内),由峡口越过山岭,在黄昏后进入亚哥斯的领土内。那么,他们通过亚哥斯城和阿开那尼亚人在克勒尼驻防地之间的道路,而没有被发觉,就和奥尔匹的安布累喜阿人联合在一起了。

现在两军联合了,黎明的时候,他们在一个叫作麦特罗玻里的地方布置阵地,在那里建立营幕。不久之后,那二十条雅典船舰驶入安布累喜阿海湾了。和他们在一起的,有德谟斯提尼领导的二百名美塞尼亚重装步兵和六十名雅典弓箭手。舰队停泊在奥尔匹的山丘对岸的附近。同时,阿开那尼亚人和少数安非罗基亚人①已进入亚哥斯城内,准备和敌人作战。他们推举德谟斯提尼为全体同盟军的总司令,和他们自己的将军们合作。他领导他们出来,在阿尔匹附近一个地方驻扎军营;在这里有一个山谷,把两支军队隔开来了。

两军相持了五天,双方都未出战;但是到了第六天的时候,双方列成战阵。伯罗奔尼撒人的军队人数较多,处于优势;德谟斯提尼恐怕被敌人包围,因此,他把大约四百名重装步兵和轻装步兵埋伏在一个灌木丛生的暗道上,他的计划是想正在两军交战的时候,这些军队就从埋伏的地方跑出来,从敌人突进的侧翼后面进攻。

双方准备好了的时候,他们前进作战。德谟斯提尼带着美塞尼亚人和少数雅典人在右翼;中央和左翼是由阿开那尼亚人和当时在那里的安非罗基亚标枪射手各分队组织而成。在另一方面,阵线是由伯罗奔尼撒人和安布累喜阿人的混合队伍组成,只有门

① “大部分安非罗基亚人为安布累喜阿人所牵制了。”

丁尼亚人全在左边，但不是最左翼，因为最左翼是攸利洛卡斯和他自己的军队，跟德谟斯提尼和美塞尼亚人相对。当两军相搏的时候，伯罗奔尼撒人的左翼处于优势，正将包围敌人的右翼了，当时阿开那尼亚人从埋伏中突然起来，从他们的后方突击，一下就把他们完全打垮了，他们没有一个人能站在阵地上来抵抗的。真的，他们所受的惊慌传布于其余大部分的军队里；因为攸利洛卡斯的部队是他们所有的最好的部队，别人看见这些部队尚且被打败了，他们自己更加感觉恐慌。这次战役的功绩是属于德谟斯提尼指挥下的美塞尼亚人的，因为他们正首当其冲。同时，安布累喜阿人[①]和右翼的军队战胜了敌军，追逐敌军到亚哥斯。但是当他们回来的时候，他们看见主力军战败了，胜利的阿开那尼亚人向他们进攻，他们经过很大的困难才逃回奥尔匹。他们中间许多人被杀死了，因为在突围的时候，他们没有秩序，也没有纪律；在退却的时候，只有门丁尼亚人还保持着完整的队伍，比任何其他部队都要好些。

战斗继续到黄昏的时候。翌日，因为攸利洛卡斯和马卡里阿斯都已阵亡，门尼达阿斯负指挥军队之责；在这次大败之后，他不知道要怎样办才好。如果留在那里的话，他不知道怎样才能抵抗围攻，因为他在陆地上和海上都被雅典的军队和舰队包围了；如果退却的话，他很少有安全逃脱的希望。因此，他和德谟斯提尼以及阿开那尼亚的将军们商谈，不仅请求收复阵亡者的尸体，并且要求一个他可以撤退的休战和约。他们把阵亡者的尸体交还给他，他们自己建立了一个胜利纪念碑，收复了他们自己阵亡者的尸体，其

① “事实上，安布累喜阿人是这些地区所有的部落中最好的战士。”

数约三百人；至于让他依照休战和约撤退的问题，他们对全体军队公开表示拒绝；但是德谟斯提尼和他的阿开那尼亚同僚者秘密地订立协定，允许门丁尼亚人、门尼达阿斯和伯罗奔尼撒的其他司令官及重要人物马上回去。德谟斯提尼的目的，一部分是想以此削弱安布累喜阿人及其雇佣军队①的势力，但是主要是想要使这些地区的人不信任斯巴达人和伯罗奔尼撒人，认为他们是只顾自己的安全而不顾同盟者的利益的。

因此，伯罗奔尼撒人取回他们阵亡者的尸体，尽他们的能力所及，迅速地埋葬死者。那些被允许可以回去的人秘密地计划怎样逃跑。同时，德谟斯提尼和阿开那尼亚人得到消息，说安布累喜阿城的居民，依照从奥尔匹派去的第一批使者的要求，以全军出发，通过安非罗基亚。他们想和在奥尔匹的军队联合在一起；关于已经发生了的事情，他们完全不知道。德谟斯提尼马上派遣一部分军队去在路上布置障碍，占据敌人进军路线上的要地，同时准备带着其余的军队去抵抗他们。

同时，门丁尼亚人以及秘密协定中所包括的其他的人，以搜集蔬菜和木柴为借口，离开军营，总是装作在搜集那些他们特别要出来寻找的东西的样子，三三两两地跑掉了。当他们已经离开奥尔匹相当远的时候，他们更加迅速地逃跑。但是在正规分遣队里和他们一道从军营里出来的安布累喜阿人以及其他的人看见他们逃跑了，也急忙地在后面追赶，想赶上他们。起初，阿开那尼亚人以

① 这些雇佣军队是一些什么人；关于这个问题有各种不同的意见。他们可能是来自邻近的伊壁鲁斯人部落的雇佣兵，受安布累喜阿人的薪给的。

为他们是没有遵守休战和约，整批逃跑了；他们开始追逐伯罗奔尼撒人；有些伯罗奔尼撒的司令官们要他们不要追赶，说伯罗奔尼撒人是依照休战和约撤退的，因此，他们认为自己是被卖了，于是把标枪向伯罗奔尼撒的将军们投射。但是后来他们让门丁尼亚人和伯罗奔尼撒人逃跑，开始杀戮安布累喜阿人了。因为很难辨别谁是安布累喜阿人，谁是伯罗奔尼撒人，产生了很大的混乱。被杀者约二百人；其余的人越过了边界，逃入阿格里，受阿格里国王萨林修斯的保护，因为他对他们是友好的。

同时，安布累喜阿城派来的军队到了爱多美尼。这个地方是两座高山组成的。其中更高的一座山已于晚间被德谟斯提尼从军队中选拔出来的先遣部队所占据了。他们没有被安布累喜阿人看见，先到了山上；但是安布累喜阿人先到了那座较小的山上，就在山上建立他们的军营。

晚餐后，德谟斯提尼带着其余的军队马上在黄昏的时候出发。他本人带着一半军队向山峡进军；其余一半军队采取通过安非罗基亚群山中的道路。正在黎明之前，他向安布累喜阿人进攻，当时安布累喜阿人尚在睡眠中。他们不知道发生了什么事情，事实上还把德谟斯提尼的军队当作自己的同胞；因为德谟斯提尼把美塞尼亚人放在前哨，命令他们用多利亚方言和敌人谈话，使敌人的哨兵不至于怀疑他们；同时，这些哨兵不能用视觉来认识他们，因为当时还在黑暗中。

所以当他向安布累喜阿人进攻时，他立即把他们打垮了。他们大部分的人就当场被杀。其余的人逃往山中，但是山中的道路已经被占据了，并且安非罗基亚人对于他们自己本国很熟悉，他们是轻装以对抗他们重装的敌人；而安布累喜阿人对于当地很不熟悉，不知道要向哪里逃跑才好。在这种情况下，他们冲入山谷中，或者冲入那些已经有了埋伏在那里等待他们的地方，因而被杀死在那里。在他们拼命逃跑的时候，有一些人事实上投入附近的海中。他们看见雅典人的船舰正在陆地上战斗发生的时候，沿着海岸驶来；当时，他们这样惊慌，以至于向雅典人的船舰游泳，因为他们认为，如果他们一定不免于死亡的话，他们宁愿死在那些船舰上的人手里，而不愿意死在那些他们所痛恨的野蛮人安非罗基亚人手里。经过这些灾难之后，安布累喜阿人的大军中，只有极少数的人安全地跑回了他们的城市。

阿开那尼亚人剥掉了阵亡者身上的东西之后，建立一个胜利纪念碑，然后回亚哥斯去了。翌日，那些从奥尔匹逃往阿格里去的安布累喜阿人派来了一个传令官。他来请求允许他们收回第一次战役中阵亡者的尸体，当时他们和门丁尼亚人一路从奥尔匹逃出，门丁尼亚人是得到了休战和约的允许，而他们是没有的。当传令官看到那些从安布累喜阿城派来的援兵身上所取下来的武器有这么多的时候，他大为吃惊，因为他不知道后来所发生的事，以为这些武器是他们自己原来所隶属的军队的。有人误会，以为这个传令官是驻在爱多美尼的军队派来的，问他为什么这样吃惊；同时问他，阵亡者有多少人？传令官回答说："大约二百人。"

"如果我们根据这里的武器来看的话，"问话的人打断他的话，说，"这不是二百人，而是一千多人！"

"那么，"传令官说，"这些不是那些和我们一起作战的人们的武器。"

“这些无疑地是的，”那个人说，“如果你昨天在爱多美尼作战的话。”

“但是昨天根本没有战争，”传令官说，“那是前天我们退却的时候。”

“无论如何，”那个人又说，“无疑地，我们昨天是和这些人作战，他们是安布累喜阿城派来的援兵。”

听了这句话之后，传令官才知道安布累喜阿城派来的援兵也被歼灭了。于是他号啕大哭；这个惨剧使他悲伤过度，他没有完成他的任务，不再请求收回阵亡者的尸体，马上就跑回去了。

希腊人的盔和武器

事实上，在这次整个战役中，无疑地，这是单独一个城市在同样的日数之内所遭遇的最大一次灾难。我没有记载阵亡者的人数，因为如果我们考虑到这个城市的大小，传说的阵亡人数是不可信的。但是我确实知道，如果阿开那尼亚人和安非罗基亚人听从德谟斯提尼和雅典人的主张，而进攻安布累喜阿的话，他们能够毫不费力地夺取这个地方。事实上，他们害怕，如果雅典人占据了这个地方的话，对于他们说来，雅典人比安布累喜阿人是更加危险的邻居。

后来阿开那尼亚人瓜分了胜利品，把三分之一给雅典人，其余的分给他们自己的城市。雅典人分得的一分战利品在航行归国途中被劫夺去了。现在我们看见存在亚狄迦神庙中的三百副甲胄是阿开那尼亚人特别分给德谟斯提尼，后来他亲自由海道带回雅典的。过去德谟斯提尼由于埃托利亚的惨败，他不敢回国；因为这次的胜利，他回国比较安全了。

那二十条船舰上的雅典人也回到诺帕克都去了。德谟斯提尼和雅典人离开那里之后，阿开那尼亚人和安非罗基亚人承认跟那些逃往萨林修斯和阿格里人那里去的安布累喜阿人和伯罗奔尼撒人订立休战和约。安布累喜阿人和伯罗奔尼撒人于是离开了萨林修斯那里，往伊尼亚第去，阿开那尼亚人允许在他们从那里撤退的时候，不加干涉。关于以后的事情，阿开那尼亚人和安非罗基亚人跟安布累喜阿人订立了一个一百年同盟条约。这个条约上规定：双方互助，以保卫他们自己的领土；但是和伯罗奔尼撒人作战的时候，阿开那尼亚人不得要求安布累喜阿人参加；在和雅典人作战的时候，安布累喜阿人也不得要求阿开那尼亚人参加。安布累喜阿人退还安非罗基亚人的人质和他们所占领安非罗基亚人的市镇，将来不得支持安那克托里安，因为安那克托里安是敌视阿开那尼亚人的。依据这些条件，阿开那尼亚人和安布累喜阿人间的仇视被消除了。后来科林斯人派遣他们自己公民组织的一个驻军——三百名重装步兵，由攸西克里斯的儿子塞诺克莱得斯率领到安布累喜阿去。这支军队经过许多困难，才横过大陆，到达目的地。安布累喜阿事件的历史就是这样的。

在同一个冬季里，西西里的雅典人在希米拉的领土上登陆；西塞尔人支援雅典人，由内地侵入希米拉的边界。雅典人又航往伊奥拉斯群岛。他们回到利吉姆的时候，发现雅典已经派遣伊索洛卡斯的儿子皮索多勒斯来代替雷歧兹指挥舰队了。西西里的雅典同盟者派人往雅典去，劝雅典人更多派一些船舰来支援他们。他们指出，叙拉古人已经占领了他们的土地；叙拉古人虽然被一个小舰队封锁了，但是他们正在装备一个自己的舰队，以免继续被雅典人封锁。因此雅典人配备了四十条船舰的水兵，派来增援。他们认为这样可以使西西里的战事更早地结束；同时，他们把这当作一次有益的海军练习。所以他们派遣一个将军皮索多拉斯率领少数船舰先来；准备派遣索斯特拉提德的儿子索福克利和修克利斯的儿子攸利密顿率领主力军跟着后面来。同时，皮索多拉斯取得了雷歧兹的舰队指挥权。在冬季末，他航海去进攻罗克里人的要塞，这个要塞过去曾为雷歧兹所攻占。[①] 他被罗克里人打败了之后，又回来了。

在春季开始的时候，[②]厄特那山喷出的火山熔岩流下来，破坏了卡塔那人的一些土地，因为他们正住在厄特那山的斜坡上，厄特那是西西里最大的山。据说，这是五十年以来第一次火山爆发；[③]自从希腊人殖民于西西里[④]以来，火山共爆发了三次。

这些都是这个冬季里发生的事情，修昔底德所记载的战争的第六年就这样终结了。

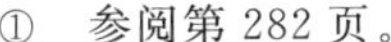

① 参阅第 282 页。

② 公元前 425 年。

③ 《佩洛斯石刻》(lii. 67 以下)提到厄特那火山的爆发和普拉提亚之役同时(公元前 479 年)；所以这里说“五十年以来第一次”的说法是不很正确的。从他后面的文字看来，很清楚地说明，当修昔底德写这段文字的时候，他还不知道以后公元前 425 年的一次爆发。因此，他一定是死于公元前 396 年以前，或者，如果他在这年以后还活着的话，他没有修改这段文字。

④ 即公元前八世纪以后；参阅第 477 页以下。

第　四　卷

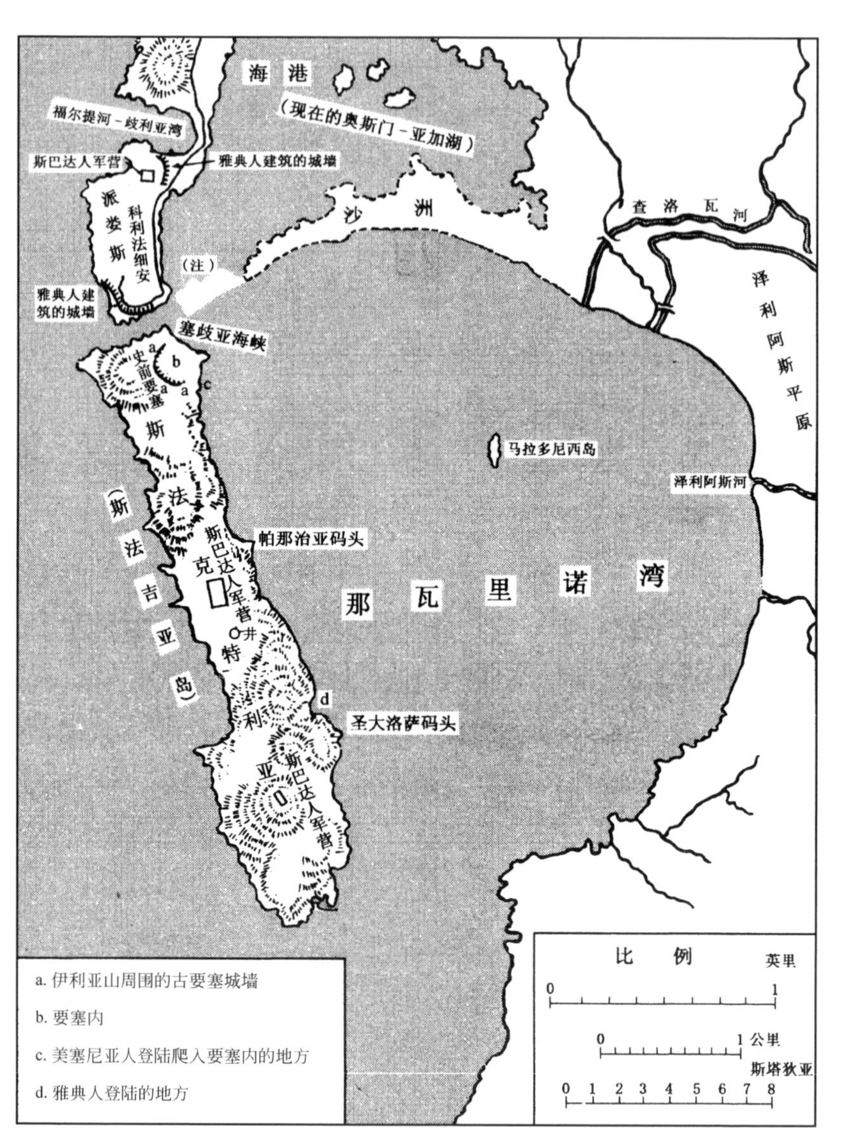

派娄斯和斯法克特利亚

（注）现在的沙洲西面直接与派娄斯岛相接；

公元前425年时，沙洲没有向西伸展得这样远。

第一章　雅典人在派娄斯的胜利。斯巴达求和的被拒绝

接着在夏季里[①]，麦子正出穗的时候，因为麦散那人的请求，十条叙拉古船舰和十条罗克里船舰一路开往西西里的麦散那，并占据了那个地方。这样，麦散那就背叛了雅典。这个变动大概是由叙拉古人策动的，因为他们觉得麦散那可以作为进攻西西里的基地，恐怕将来雅典人利用这个基地，率领大军向他们进攻，所以就先发制人了。罗克里人是仇恨利吉姆人的，他们想从海峡的西面进攻，以毁灭这个敌人；同时，想用这支海上远征军大力侵略利吉姆人的领土，使他们不能支援麦散那。在这一次军事行动中，由利吉姆放逐出来，而和罗克里人交好的流亡人士也有所策划，他们欢迎罗克里人来干涉内政。利吉姆曾经长期陷于党争，所以他们现在不能抵抗罗克里人，这也是罗克里人急于进攻的一个原因。把土地摧毁了之后，罗克里人的陆军撤退了，船舰则留在那里，防守麦散那。同时，他们也正在那里配备其他船舰的人员，一面防守麦散那，同时准备从那里作战。

同在那个春季里，当新麦尚未完全成熟的时候，伯罗奔尼撒人和他们的同盟者把军队交给斯巴达国王阿基斯（阿基达马斯的儿

① 公元前 425 年。

子)指挥,进攻亚狄迦。他们攻入了亚狄迦,把地方蹂躏了。

那时候,雅典人把他们配备好了的四十条船舰[①]交给其他两个将军——攸利密顿和索福克利[②]——开往西西里去,并且命令他们在沿着海岸航行的途中,尽力援救那些被逃往山中的流亡党人所袭击的科西拉人。[③] 当时,伯罗奔尼撒人已经率领了六十条船舰航往那里去援助流亡党人了;因为城内发生严重的饥荒,他们觉得要控制那里的局面不是一件难事。德谟斯提尼由阿开那尼亚回来[④]以后,没有担任官方的职务,但是由于他自己的请求,雅典人允许他在这个舰队环绕伯罗奔尼撒巡逻的途中,可以随意利用这个舰队。

当他们航行到拉哥尼亚海岸附近的时候,他们知道伯罗奔尼撒的船舰已经到了科西拉。攸利密顿和索福克利主张迅速地驶往科西拉,但是德谟斯提尼想要他们先在派娄斯停泊一下,把他自己的任务完成以后,再由那里开往。其他两位将军反对这个办法;那时恰有风暴,船舰不能不开进派娄斯。德谟斯提尼马上建议将派娄斯的防御工作建立起来——实际上,这就是他参加这次远征的目的。他告诉他们,树木和石头是那个地方所富有的,那个地方的天然形势很好,并且周围一带的地方都是没有居民。[⑤] 其他两位将军告诉他说:"你如果想浪费雅典的金钱的话,除此地之外,伯罗

① 参阅第294页。

② "另外还有一位将军皮索多勒斯早已到了西西里。"

③ 参阅第271页。

④ 参阅第294页。

⑤ "派娄斯离斯巴达四十五英里,本是美塞尼亚人的地方。斯巴达人称它为科利法西安。"

奔尼撒的四周围还有许多可以占领的荒凉海角地带。”而在德谟斯提尼看来，这块地方有很大的优点：它的附近有一个海港；这个地方原是美塞尼亚人的，而美塞尼亚人的语言和斯巴达人的语言相同；他认为，如果美塞尼亚人占领这个地方作为基地的话，他们可以为害于斯巴达，也可以作为防守此地很可靠的驻军。

德谟斯提尼把他的计划交各队长讨论，但是他既不能使将军们，也不能使士兵们相信他的办法是对的。当时，天气不好，他留在那里无所事事，直到士兵们没有事做厌倦起来了，忽然想起一个办法，把自己编成小队，以从事于建筑要塞的工作。他们着手干这个工作，而且继续干下去了。他们没有铁器，斧削石头的形状，他们就用自己的手去搜求石块，把它们聚集拢来，配合成形。他们把捶石头的擂钵背在背上（因为他们没有拌石头、捶石头的大槽）。背多了，身子不能直立，弯着腰，把两只手放在后面，拖着石头行走，免得石头溜下来。他们努力工作；在斯巴达人还没有前来进攻的时候，把易于被攻的地方都加强起来；因为那个地方大部分是天然的要塞，不需要人力去建造的。

那时候，斯巴达人正在庆祝佳节，对于雅典人占据派娄斯这个消息，没有给以应有的注意，他们觉得很有把握，他们去进攻的时候，不是雅典人望风而退，就是那个地方可以唾手而得。他们的主要军力还留在雅典城下，这一点也是他们不急于进攻的一个原因。

雅典人花费了六天的工夫把面向大陆的那一部分地方以及他们所需要注意的地方做了防御工事。他们留下五条船舰给德谟斯提尼，防守这个地方；他们带着大队海军匆匆地开向科西拉和西西里去了。

在亚狄迦的伯罗奔尼撒人听见派娄斯陷落了，立即退回本国。斯巴达人和阿基斯都以为自己的要害所在受到威胁；同时也觉得这次进攻来得太早了，青苗在望，大部分军队缺少粮食；[①]并且气候不佳，雨和风都比往年的同一季候要多些，对于行军是颇为困难的。所以他们有种种原因，把军队提早撤退，使这次侵略很快就结束了。[②]

差不多在同时，雅典将军西蒙尼德占领了色雷斯区域的爱昂，那是门德的一个殖民地，对雅典是仇视的。西蒙尼德集合了一支队伍，包括驻防军中的少数雅典人和附近的同盟军在内。爱昂是因为内有奸细而取得的；但是随后卡尔西斯人和波提亚人赶到了，西蒙尼德受了不少的损失，而后被迫退出了那个市镇。

伯罗奔尼撒人从亚狄迦回来以后，斯巴达人自己和附近的市镇[③]调来的军队立即开往派娄斯，以营救那个地方。其他拉西第梦人稍微慢一点，也赶着来增援了，因为他们是刚从别的地方远征归来。凡在伯罗奔尼撒一带的军队都接到命令，赶紧向派娄斯方面进发。在科西拉的那六十条船舰[④]也奉到了开拔的命令。这些船舰都被拖过琉卡斯地峡，以避免被雅典人留在萨星修斯的舰队所发觉。他们到了派娄斯的时候，陆军已经先到了。当伯罗奔尼撒舰队在中途前进的时候，德谟斯提尼预先防备了，秘密派了两条

① 每个派遣队有自己的军需部，有些分遣队的供应比大部分的军队要好些。克拉森说明，“粮食不足以供给这样大的军队”。

② “他们在亚狄迦只停留了十五天。”

③ 即庇里奥西人住的地方。——译者

④ 参阅第300页。

船舰，将派娄斯危险的情况告诉了攸利密顿和留在萨星修斯的雅典舰队，要他们赶快来援救。舰队依照命令，尽快地向派娄斯进发了。

斯巴达人准备从海陆两方面进攻要塞，盼望很容易地攻下它来，因为要塞是在匆迫中建筑的，并且只有很少的人留守在那里。但是他们也知道驻扎在萨星修斯的雅典舰队会来赴援，所以斯巴达人的主意是：要塞如果不能在援军赶到以前攻下，即将走进港口的道路封锁起来，使雅典人不能开进去，以增加防守的力量。因为斯法克特利亚岛的地位靠近大陆海岸，横在港口的前面，使海港成为一个入口很狭窄的安全地带——在距派娄斯和雅典要塞最近的地方只能容许两条船舰齐头并进；在最靠近大陆的一边，也只能容许八九条船舰同时并行。① 斯法克特利亚林木密茂，没有居民，所以也没有通行的道路。这个海岛大约有十五斯塔狄亚长。② 斯巴

① 近代的注释者几乎都认为派娄斯港就是现在的那瓦里诺湾。但是斯法吉亚（即斯法克特利亚）之南的那瓦里诺湾入口处的海峡，现在的广度是¾英里以上，在修昔底德的时代一定也是这样宽的，这就和修昔底德所记载的不相符合，因为他描写这个水道的宽度“只能容许八九条船舰同时并行”。正如阿诺德所说的：“一百条希腊船舰并行也和八九条船舰并行一样，绰有余裕。”那么，很明显地，修昔底德本人对于这个地方是不熟悉的，所以关于港口的广度，他得到了错误的知识，如利克所推想的。不然的话，我们一定要推定修昔底德所说的入口广度是指科利法细安（现在的佩勒俄-卡斯特罗）之北和南的入口的广度，而他所说的“港口”不是那瓦里诺湾，如他所认为的，而是那瓦里诺湾之北的奥斯门-亚加湖，这个湖，现在有一个沙洲把它和海湾分开来了。这是格兰狄的意见——他在 1895 年 8 月间花了十四天的时间在那里测量。这是关于南部的入口。至于北部的入口，他认为在修昔底德的时代已经封闭了，而修昔底德似乎完全不知道这个事实。参阅阿诺德，第四卷，关于斯法克特利亚的附录；格兰狄，《斯法克特利亚和派娄斯区域地形的研究》，（见《希腊研究杂志》第六卷，第 1—54 页）；斯条普，lv. viii. 5，附录。

② 十五斯塔狄亚，即约三千码。根据近代人的调查，该岛长约 2¾ 英里，即四千八百码，和修昔底德的记载不完全符合。（参阅昭伊特译本第一卷，第 clx 页。）——译者

达人的计划是把港口的前面用一系列的船舰堵塞起来，船头都向着大海；他们又恐怕敌人会占领斯法克特利亚岛，利用它来攻击自己，他们带了一些重装步兵，横渡海面，达到岛上；又在大陆上布置了一些重装步兵。按照斯巴达人的计划，雅典人在岛上和大陆上都会遇到敌人的抵抗；他们不能在大陆上或岛上登陆；并且因为派娄斯面向大海一边的海岸上，没有港口[①]——只有在斯法克特利亚后面的一个港口——雅典的舰队没有援救在派娄斯的雅典人的作战基地。斯巴达人不必冒着在海上作战的危险，他们很可能会用包围的方式攻陷派娄斯，因为派娄斯是临时建筑的，在粮食方面没有准备。斯巴达人把计划决定后，就派遣重装步兵渡海到岛上，这些重装步兵都是从军队各师部中抽签选拔出来的。各种人员都分批渡海，到达岛上，轮流履行他们的职务，直到接班人来的时候才回去；最后一批渡海而被俘的重装步兵总数是四百二十名，他们都带有希洛人做侍从。这支军队是摩罗布拉斯的儿子厄匹塔达斯所率领的。

德谟斯提尼准备应付斯巴达人进攻的工作，他知道敌人的进攻是会由水陆两方面同时发动的，他把留在他手下的三列桨战舰[②]拖到要塞下面，用一排木栅把它们掩护起来。在战舰上面服务的水手们都配给了盾牌，这种盾牌大都是用不好的材料做成的，大部分是用柳条织成的，因为在旷无居民的荒地上，无从取得军器。就是这些不好的盾牌也还是从他们偶然碰着美塞尼亚人的一

① 即入口之北的西部海岸边。

② 总共只有三条战舰。本来留给他五条，但是其中两条，他已派出通知驻扎在萨星修斯的舰队去了。

条三十桨武装民船和一只大艇上取来的。美塞尼亚人还供给了四十名左右的重装步兵。德谟斯提尼把这些步兵和其他军队一起利用。他把他的大部分军队,有武装的,和没有武装的,都驻扎在面对着大陆一边,要塞建筑得很坚固的地方,命令他们:如果敌人来进攻,尽力抵抗。他又从全部军队中精选了六十名重装步兵和少数弓箭手;带着这些人走出城垣,直到海边他认为敌人企图登陆可能性最大的地方。那是一个巉岩多石、难于攀登的地点,面临着大海,但是雅典城垣最弱的地方也就在那里,所以德谟斯提尼认为敌人可能在那里企图突破防线。雅典人原认为他们绝对不会遇着一支比他们更为强大的海军前来进攻的,所以没有把这一段要塞建筑到适当坚固的程度;假如敌人在那里发动攻势,他很可能会失掉那个地方。因此,他一直走到海岸边,集合了他的重装步兵,准备敌人万一登陆,予以阻击。他向士兵们发表了下面的谈话:

"士兵们:我们都在一块儿,我不愿意你们中间有人仔细地估计我们处境的危险,以表现自己的聪明;我所盼望你们的,只是勇往直前,不要瞻前顾后,要有克服困难的信心。我们已经被迫而处于这个状况,瞻前顾后是没有用的;我们要迅速地决定,把一切的一切作为孤注一掷。事实上,我们还是处于优势,只要我们坚守阵地,不为敌人的人数众多所吓倒而放弃我们的优越地位。我们一个有利的条件就是在这个地方很不容易登陆,但是只有我们坚守我们的阵地的时候,这点才是对我们有利的。假使我们退却的话,无论怎样难于进攻的地方,敌人也会大踏步地走近来的,因为没有人去抵抗他们。以后纵或我们想要设法赶走他们,我们更难对付他们了,因为敌人的退却是崎岖困难的。当敌人还在船舰上面的时候，他们是最容易被驱逐的；因为一到了陆地上，他们作战的条件就和我们平等了。至于人数，不要为此而恐惧。他们的人数虽多，不论怎么的多，但是他们只能分批作战，因为敌人不能把所有的船舰都靠拢海岸边。我们不是在相等的条件下和人数超过我们的敌人在陆地上作战。反转来说，他们是在船舰上作战；海上的战斗必须有许多条件[①]有力地配合起来，才能发生效力的。我认为我们的人数虽然少，敌人的困难足以和这个缺点相抵消。雅典人从亲身的经验中，都知道在外国登陆是怎么一回事；如果驻防军守着阵地，不因为害怕风涛，或害怕扬帆直进、其势汹汹的敌人而放弃职责的话，要想赶退守军是多么不可能的。因此，我要求你们记着这一点，坚守你们的阵地，在海边上击退敌人，以保全这个地方，保全我们的生命！”

听了德谟斯提尼振奋人心的演说后，雅典人增强了信心，开拔前线，在海边上迎击敌人。这时候斯巴达人开始进攻了，他们把陆军和船舰上的水手同时向要塞进攻。作战的有四十三条船舰，海军大将色雷西密里达（克雷提西克利的儿子，一个斯巴达的正式军官）亲自带着舰队作战。他进攻的地点正是德谟斯提尼所预料的地点。

雅典人在水陆两方面防卫自己。敌人分批作战，每批只有几条船舰，因为地方窄狭，更多的船舰不能展开使用，所以有些进攻，有些休息，轮番作战，士气壮旺，作战时彼此互相鼓励，想压迫驻防军，以便占领要塞。表现得比别人格外出色的是伯拉西达。他指

① 例如，顺风，船舰运动的空间，等等。

挥一条三列桨战舰；当他看见舰长们和舵手们因为地势崎岖，虽然有登陆的可能，但为着避免船舰受伤，都有趑趄不前的模样，他就大声疾呼地质问他们，为什么为着爱惜船身而容忍敌人的要塞存在于自己的国土之内；他告诉他们，只要能够强迫登陆，船身打碎了是没有关系的；并且呼吁各同盟者，为了报答斯巴达过去对他们的恩情，现在应该牺牲船舰，使船舰搁浅，用种种方式达到登陆的目的，把对方的土地和防军完全征服。

伯拉西达是这样鼓励别人的。同时，他强迫自己的舵手向陆地驶去，他站在船头的跳板上。当他企图登陆的时候，雅典人都向他进攻，他受了很多的伤，昏倒在船舷上。他的盾牌从他的手膀上溜下来，落在海中；这个盾牌，后来被抛上岸，雅典人拾着，悬挂起来，作为纪念胜利的战利品。

其余的人也都是够坚强的；但是因为地势险峻，雅典人丝毫不肯退让，强迫登陆很久没有成功。这真算是一个反乎常态的奇迹：雅典人在陆地上作战，并且是在斯巴达的领土上作战，对从海上来进攻的斯巴达人作战；而斯巴达人用海军设法在他们自己的海岸（这个海岸现在在敌人手中）登陆，以进攻雅典人。那时斯巴达人自负是大陆上的强国，而雅典人自负是一个海上强国，有世界上最大的海军。

战争在当天和第二天的上午继续进行着。最后斯巴达人放弃了进攻，第三天他们把一部分船舰开往阿细恩，搜寻木料来做围攻的机械，因为他们想利用围攻的机器进攻海港附近的城垣，那里的要塞虽然筑得高些而登陆比较容易些。那时，雅典的舰队从萨星修斯开到了。那个舰队包括五十条船舰，有些在诺帕克都担负巡逻任务的船舰和从开俄斯开来的四条船舰也都加入了这个舰队。

他们看见大陆上和岛上都满布着重装步兵，敌人的船舰停泊在海港边，没有开动的模样；雅典人知道自己没有地方可以停泊船舰，于是把船舰开到普罗特，这是派娄斯左侧不远的一个无人居住的海岛。他们在那里过了夜，第二天准备开出去作战。他们盼望在公海中攻击敌人，如果敌人出来迎击自己的军队的话；否则他们自己驶入港内，在港内攻击敌人。在斯巴达人方面，他们既不将舰队开出海面，也没有按照他们的原意，把海港的进口堵塞。他们安静地停泊在海岸边，将士兵配置在各船舰上，准备在雅典船舰开入的时候，在面积并不很小的港内迎击敌人。

雅典人看见了这种形势，他们从两个入口进攻敌人了。敌人的船舰大部分都在海面上，并且都摆成作战的行列；雅典人径往扑击，把他们打散了。雅典人在一个面积有限的地区内尽量追逐敌舰，一部分敌舰丧失了战斗力，五条船舰被俘；其中有一条，水手都是完全无缺的。他们将逃往海岸边的船舰加以撞击，使那些还有水手在上面的其他船舰，在未曾逃出港外时，因受伤而不能行动。有些船舰上的水手逃跑了，他们用自己的船把空船拖跑了。

斯巴达人看到这种情况，大为恐慌，因为他们觉得自己在岛上和外界完全隔绝了。他们冲入阵地，穿着铠甲，投入海中，抓着船舰，拼命想把船舰扭回，每个人投入战斗中，好像一切都靠他个人的挣扎。到处都是喊声，到处都是扰攘；在这个争取船舰的战斗中，两方面又是一个反乎常情的奇事：斯巴达人在绝望的紧张情绪中，实际上是在陆地上作海战；而胜利的雅典人，因为想充分地保持他们的胜利成果，从船舰上作步兵战斗。

激战之后，两方面负伤的人数都是很多的。战事停止了，除掉最初被俘虏的船舰外，斯巴达人把其余的空船都救护回去了。两方面的军队都回到军营里去了。雅典人树立了一个胜利纪念碑，把阵亡敌人的尸体退还，把破烂的船舰收捞起来，马上开始环航这个岛，做巡缉工作了。他们的敌人和外界的联系都被切断了，他们对敌人严加监视。在大陆上的伯罗奔尼撒人和各地来的援兵都集合在派娄斯。

希腊军官的侍从

当派娄斯的消息传到斯巴达的时候，人们认为这个问题是很严重的，所以决定政府人员应往前方，当机立断地拿出办法来应付事变。他们在前方知道，要把被围困在岛上的人救护出来是不可能的；让他们冒着饿死的危险，或者被迫而向人数较多的一边投降，也是他们所不愿的。他们后来决计在派娄斯和雅典的将军们订立休战协定；如果那些将军们愿意的话，他们也打算派遣使节到雅典去谈判，以便尽快地结束战事和取回那些被围困的人们。

雅典的将军们接受了这个建议，休战协定就在下面的条件下谈妥了：

斯巴达人将参加过战斗的船舰开到派娄斯，悉数交给雅典人，其他在拉哥尼亚的船舰也同样的交出；他们不得从海上或陆地上

进攻要塞。

雅典人应当允许在大陆上的斯巴达人将搓成面条的粮食按照规定的数量运往留在岛上的斯巴达人。此项口粮规定每人大麦饭两夸脱，酒一品脱[①]和一些肉类；侍从减半。

这些口粮应在雅典人监视之下运送前往；禁止私运。

雅典人应该和以前一样，继续对海岛加以监视，但不得登陆，也不得从海上或陆地上进攻伯罗奔尼撒军队……

如果任何方面有丝毫违背本协定之处，休战即应终止。休战协定有效时期截至斯巴达代表们从雅典回来之日为止。

雅典人应该用一条三列桨战舰将斯巴达代表们接到雅典去；事竣后，仍将他们送回。

斯巴达代表们回来时，休战的期限即告完结。雅典人所交还的船舰应当保持接收时的原况。

这就是休战协定的内容。交给雅典的船舰共六十条。斯巴达代表们去了。他们到达雅典，作了下面的发言：

“雅典人！斯巴达人派我们来交涉关于我们那些留在岛上的人们的问题，并且订立协定，使你们取得利益，同时也使我们在现在不幸的情况下取得我们可以取得的光荣。假使我们的言辞说得长了一点，请你们不要认为那是违反了我们语言短简的习惯。假使少说些可以够用的话，我们是不愿意多费唇舌的；但是遇着应该多说一点以完成重大任务的时候，我们的尺度就比较放松了一些。

① 二品脱为一夸脱，一夸脱约相当于我国一点一四市升（干量）或三十六市两（液量）。——译者

请你们不要用敌对的态度来听取我们的言辞，也不要以为我们是把你们当作知识不够的人而来向你们反复开导。我们向来尊敬你们的见识；你们是知道怎样议定聪明的决议的，我们今天所要说的，只是提醒你们注意而已。

“现在你们可以充分利用你们的幸运，保持你们所把握的东西，同时也取得光荣和名誉。你们不会和那些得到异常幸运的人一样，因为成功出乎意外，于是得陇望蜀，更想获得意外的幸运。但是备尝甘苦的人知道运气可以好转，也可以恶化，他们才相信好运不是会永远存在的。真的，你们和我们的城邦都有足够的经验，使我们汲取这个教训。

“举一个例吧，请看我们现在的情况。我们在希腊各邦中曾享有过最大的荣誉，我们现在来此要求我们以前惯于给予别人的东西。这个转变不是由于我们的力量衰落，也不是由于我们的骄妄乱为、一意扩充势力的结果所造成的。我们的资源和从前是一样的；我们不过是错误地估计了我们的资源，而这种错误是人人都可能犯的。假如你们以为你们有了现在的力量，有了现在的收获，幸运就会永远在你们那一边，这就是一个不合理的推论。只有很谨慎地运用现在所既得的利益才是真正聪明人的表现，因为他们知道事变是无常的，同时，当他们处于逆境的时候，他们也表现得比别人聪明些；至于战争，他们知道战争的过程会受到战争中整个形势变迁的约制，绝不会如这一方面或另一方面的人们所盼望而永远固定的。这种人不会因战争中一次胜利而产生过分的自信心，因而比较不大容易犯错误；如果可能的话，他们会很殷切地盼望在自己走顺境的时候，和对方订立协定。

“雅典人！这是你们有机会和我们共同处理的事情；只有这样才能避免将来很可能招致的失败，如果协定不能成立的话。假如将来失败了，别人会认为你们现在的胜利是侥幸得来的；反转来说，你们现在对于自己的力量和智慧都有机会留下一个安稳和固定的名誉。

“斯巴达请求你们缔结条约，停止战争。它向你们请求和平，请求成立同盟条约和亲密的友谊关系。在另一个面，它所盼望于你们的就是归还那些留在岛上的人们；它觉得为两方面着想，最好是不要把事情推到极端——不是被围的人利用意外的幸运，设法脱逃，就是他们受封锁的影响，更成为你们的俎上肉。从我们看来，当彼此有很深的仇恨的时候，如果在战争中胜利的一方面强迫对方宣誓履行不平等的条约，想在复仇的心情中建立一个持久的协定，这是不可能成功的；只有力量强大，能够压迫对方受到屈辱的那一方面不这样硬干，而采取比较合理的态度，在宽大仁厚的心情中战胜他们的敌人，使敌人料想不到战胜者能够提出那样温和的条件来的时候，持久的协定才可能成立。在这种情况下，对方没有争回被强力夺去的权益的必要，才会采取以德报德的精神，在保持荣誉的情况下，更衷心愿意维护和约的条件。这样，人们对于最大的敌人比对于小有意见的普通人反而会更加乐意和解。别人愿意让步时，自己也自然会甘心让步；反转来说，如果遇见骄慢可恶的态度，无论什么人也会坚持不屈，反抗到底，就是明知对于自己不利，也会不顾一切地硬干下去的。

“谈到斯巴达和雅典，在双方都还没有遭遇着不可挽救的灾难的时候，在私人方面或政治方面还没有到非彼此永久互相仇视不可的地步，以至于无法接受我们今日所提出的办法[①]的时候，要寻找一个机会恢复和平，现在就是最好的时候了。最后的结果还没有决定，你们已经取得了光荣，同时也可以接受我们的友谊；在我们这一方面，还没有发生可耻的事件，我们的困顿使我们能够接受一个合乎情理的和解。让我们恢复和平而抛弃战争吧！让希腊其他各国从困难中得到苏息吧！为了和平的恢复，希腊其他各国对于雅典比对于斯巴达会更为感激。至于它们所加入的战争，它们不知道是谁发动的；但是和平的产生主要地是依靠你们。如果和约成立，它们会感激你们。接受我们的建议，你们就取得了斯巴达的真挚友谊，因为这个友谊不是用暴力夺得，而是我们自己提出，你们以好意接受的。请你们想想和平取得了的后果。假使雅典和斯巴达站在一块儿了，其他希腊国家的地位较低，对于我们两方面自然都会表示最高的尊敬。”

斯巴达的代表们说了这些话。他们满以为雅典要求和平的心思比斯巴达来得更早，[②]当时因为斯巴达不会同意，所以没有提出来；现在斯巴达就范了，自然会抓着这个机会，把岛上的人们一律释放。但是雅典人希望取得更多的利益。对于接受和平，他们觉得岛上的人们既然已经被他们控制了，他们随时都可以取得和平。比别人更进一步鼓励雅典人采取这种态度的是克里安尼都的儿子克里昂，他是当时很得人心的人物，在群众中很有势力。他告诉他们，适当的答复是：岛上的人们应该投降，把武器缴给雅典人；斯巴

① 即和平、同盟和亲密的友谊（见第 312 页）。

② 即公元前 430 年，在雅典瘟疫和伯罗奔尼撒人第二次侵入亚狄迦之后。参阅第 163 页。

达要把尼塞亚、培加、托洛溱和亚加亚退还雅典，这些地方都不是在战争中被征服的，而是雅典在灾患中，比现在更迫切地需要和平的时候，依照以前的和约交出来的。[①] 如果这些地方退还了，留在岛上的斯巴达人可以回去，休战的期间可由双方面决定。

对于这个答复，斯巴达代表们没有发表意见。他们要求成立一个委员会，他们可以和委员会商讨每个细节，在安静的气氛中找出协定的基础来。这一点就使得克里昂对斯巴达代表们大加攻击。他说，他老早就知道斯巴达人的意念是不诚恳的；他们不愿意向全体民众说话，而愿意和一个极少数人组织的委员会商谈一切，这就表明他的推测是不错的。假如他们的意念是真诚的，他们尽可以对每个人说出他的意见来。

斯巴达人则认为他们不能在雅典民众面前把他们所要说的话宣达出来。他们看清楚了，就是他们决定在目前困难情况之下，打算对雅典作出若干让步；如果说出他们心里想说的话来，他们不一定能够达到目的，而在同盟者方面就会得到一个恶名。无论如何，雅典人是不会在一个合理的情况之下接受斯巴达人的建议的。所以斯巴达的代表们没有取得任何结果就离开了雅典。

他们回去就意味着在派娄斯的休战和约中止了。斯巴达人要求雅典人按照以前他们所同意的办法将斯巴达的船舰退回。按照雅典人的说法，斯巴达人有一次进攻派娄斯城垣，这就是破坏了条约。他们还提出了别的怨言，那些怨言是没记载的价值的；他们不肯交回斯巴达的船舰，他们的立场是毫厘不爽地站在条约的规定

① 参阅第 89 页。

上面，那就是说，如果最小的地方违背了条约，休战就可立即终止。斯巴达人不承认这种说法，除了对雅典不公正的行为提出正式的抗议以外，他们回去就准备继续作战了。

因此，在派娄斯，双方面又开始激烈地战争了。雅典人在白天里经常有两条船舰担负斥候工作，他们环绕岛的四周，向两个不同的方向巡逻；在夜间，整个舰队停泊在岛的周围，只有在发现大风暴之间，面向大海的那一面不停泊船舰。为了加强封锁的效力，他们又从雅典调来了二十条船舰，总共有七十条船舰参加这个战争。在伯罗奔尼撒人方面，他们在大陆上建立营垒，继续对城垣进行攻击，并寻找机会以营救那些被围困在岛上的斯巴达人。

第二章　西西里事件。雅典人在派娄斯的最后胜利

在西西里方面，叙拉古人和他们的同盟者把他们一部分船舰装备好了，[①]配备人员，和其他防守麦散那的船舰，会合在一起。在那里，他们继续进行战争，主要鼓动战争的人就是罗克里人，因为他们是仇恨利吉姆的，他们已经用全力侵略了利吉姆的领土。叙拉古人也想在海战中寻找他们的幸运，因为他们看见那时雅典人只有少数船舰在利吉姆；又听说，雅典派来的主要舰队当时正忙于封锁斯法克特利亚。叙拉古人认为，如果他们能够树立他们的

① 参阅第 299 页。

海军优势，他们会很容易地封锁利吉姆，切断它在陆地上和海上的联系，可以把利吉姆放在自己的势力范围之内；那就会使他们取得一个优越的地位。意大利的利吉姆地角和西西里的麦散那是那么接近，如果有他们的舰队在那里[①]控制着海峡[②]，雅典人想要在那里进行战争，是不可能的。

叙拉古人和他们的同盟者在这些很狭窄的海道中进行战争，天色很晚的时候，想把他们舰队中一条船舰航行过去。他们把三十多条船舰来对付十六条雅典船舰和八条利吉姆船舰。在战斗中，他们被雅典人打败了，损失了一条船舰，他们仓促地撤退，回到麦散那和利吉姆的基地。天黑了，战斗也没有延长下去了。这场战事以后，罗克里人就从利吉姆的领土上撤退了。叙拉古人和他们的同盟者联合起来，停泊在麦散那领土内的柏罗拉斯地角附近；在那里，他们有自己的陆军支援。雅典人和利吉姆人驶往那里，发现那些敌人的船舰没有配备海员，就向他们进攻；结果，自己损失了一条船舰，因为那条船舰被一只小锚钳住了；但是舰上的水手都由海上游泳逃脱了。叙拉古人后来把军队开到船舰上，把船舰拖到麦散那海岸旁边；那时，雅典人又向他们进攻了。叙拉古人很快地离开了海岸，抢先向雅典人进攻，击毁了一条雅典船舰。他们将船舰开入麦散那海港；他们在沿着海岸航行的时候，在初次战争中

① 那就是，如果叙拉古人取得了利吉姆的话。

② “这就是位于利吉姆和麦散那中间的一段海面，那里是西西里靠大陆最近的地方，这也就是神话中所说，奥德修斯所通过的卡立布狄斯急旋涡。这个地方，以其险要，得到这样一个名称，是很自然的；因为在那个地方水道很狭窄，同时，一边是第勒尼安海，另一边是西西里海，两个海冲入的急流，激起了很大的浪潮。”

总算占了上风。

雅典人得到了消息，知道卡马林那城市将被阿基阿斯和他的党羽出卖给叙拉古人了，于是他们向卡马林那进发。趁着雅典人不在那里的机会，麦散那人带着水陆两军的全副武装力量，进攻他们边境上的那克索斯，那是卡尔西斯人的殖民地。头一天，他们将那克索斯人赶入城内，把城外的地方摧毁了。第二天，他们的舰队沿着阿塞西恩河把被围的城垣巡行一次，把那个区域内的土地都摧毁了，而他们的陆军则向城垣方面进发。那时，有大批西塞尔人从山上走来援助那克索斯人，攻击麦散那人。看见他们来了，那克索斯人精神复振了，他们相信林地尼人和其他希腊同盟军都正在前来援救他们的途中，这种信心也鼓舞了他们。因此，他们从城市中出来，向麦散那人突击，把麦散那人击溃了，杀死的敌人在一千人以上。逃得生命的败军在归途中遇着了很大的困难，因为本地人不断地向他们进攻，杀死了不少的人。同盟者的舰队开进了麦散那，后来各自回去了。

林地尼人和他们的同盟者，偕同雅典人，趁着麦散那人的失败，马上进攻。雅典人乘船开入海港，陆军则进攻城市。但是麦散那人联合一些罗克里人以及战败后留守城垣的德摩特尔猝然发动一个突击，把林地尼人大部分军队打垮了，杀死了很多敌人。雅典人看见了，登陆助战。队伍紊乱的麦散那人，经此一击，又被赶进城内。雅典人树立一个胜利纪念碑之后，开回利吉姆。自此以后，西西里的希腊人在陆地上继续彼此进攻，雅典人不参加他们的战争。

在派娄斯，雅典人依然围困着留在岛上的斯巴达人，伯罗奔尼撒人的军队仍旧驻扎在大陆上。因为粮食和水的缺乏，雅典人的封锁工作是很艰苦的。除开派娄斯的卫城里面有一个小小的泉流以外，更无其他的泉源，大部分的人要在海岸上的沙砾中去寻找可作饮料的水。因为地小不足以回旋，他们都把营帐紧密地结在一起；因为缺乏停船的港口，①他们只能轮班登陆吃饭，其余的人则仍留在海面上的船舰中间。围守工作拉长到了一个意料之外的长时期，使他们受到打击，原来他们估计围困在旷无居人的绝岛上面的人们，只有咸水作饮料，不到几天就可以使他们屈服的。事实是这样的：斯巴达人招募了志愿者，将面粉、酒、乳酪以及其他在围守中有用的东西运进岛上。他们悬重赏于希洛人，并允许给他们以自由，只要他们能够将食物运到岛上。很多人愿意冒险担任这项工作，尤其是希洛人，他们在夜间把船只从伯罗奔尼撒各处地方渡海，开到岛上朝向大海的一边岸上。他们尤其注意寻找船尾受风的时候，海风把他们送到海边。海上起风的时候，他们比较容易逃避三列桨战舰的瞭望；因为那时候，雅典人的船舰不可能停泊在岛的四周，而希洛人则预先将偷运食物的船只估定价值，不管受伤与否，冒险偷运，而雅典的重装步兵都只在寻常登陆的地点等候他们。但是在风平浪静的时候，企图偷运的船只则往往被捕获了。泅水夫也从海港的下面，潜泳到岛上，他们拖着装有罂粟、蜂蜜及亚麻仁粉等混合食品的皮袋，进入岛内。起初，这些动作都瞒过了防守的人们，后来瞭望工作加强了。所以两方面都在开动脑筋，寻找办法，一方面想运入食物，另一方面想破获或防止偷运。

① 指留在海岛周围进行斥候工作的船舰。靠近海岸，朝着大海的一边，没有可以停泊的地方（第 304 页），所以吃饭的时候，一部分水手设法登陆吃饭，其余的仍留在海上担任瞭望的工作。

军队中的困难和食物如何偷运给岛上被围的斯巴达人的消息传到了雅典，雅典人不知道怎样对付这个局面，又恐怕到了冬天，封锁就会归于失败。他们眼见护运的船只不可能再将食物绕行伯罗奔尼撒以达到前方；在派娄斯本地，就是在夏季里，也没有足够的东西供应地方的需要的；没有港口的地区，雅典的船舰要想维持封锁的局面也是不可能的。围困在岛上的人们或者会因解围而逃去，或者等到天气不好的时候，会乘着偷运食物进来的船只而离开本地。最重要的是斯巴达人的坚强态度使雅典人震动了，因为大家都明了，斯巴达人不再作商谈和平的要求，就是他们对于自己维持局势的力量有足够的信心。因此，现在雅典人追悔以前是不应该拒绝议和的。

至于克里昂，他自己知道，因为他以前阻挠和议，已不得人心，他声言从派娄斯传来的消息是不正确的。报信的人请求派遣调查员前往视察，如果大家不相信他的话。于是克里昂和特阿真尼被推选为调查员，去视察实际情况。现在他晓得他为情势所迫，回来报告的情况会和报信人所说的不相上下，否则只好捏报情况，自居于扯谎者的地位。他也晓得，雅典人不会反对再派一支远征军前往作战；于是他向大家声言，派遣调查员浪费时日，会失去良好的机会，如果大家相信报信人所说的，就应该扬帆出征，向那些敌人进攻。他于是指出当时身任将军而为他所仇恨的尼西阿斯（尼塞拉都的儿子）。他归咎于尼西阿斯，并且声言，如果雅典的将军们是真正的大丈夫的话，就应该马上带兵前去，把岛上的斯巴达人俘虏起来；他说，假如他是指挥军队的人员的话，他自己一定会做到这一点。

这时候，雅典人中很有人埋怨克里昂，如果问题真正是那么容易的话，他就不应该不肯担负调查任务，躬赴前方。尼西阿斯知道了这一点，又知道自己是克里昂所攻击的人，他就对克里昂说，从将军们一方面来说，克里昂尽可随意带领任何军队前赴海岛，研究自己应付军事的方法。起初克里昂认为尼西阿斯的推荐不过是作为一个争论之点而提出的，所以他很畅快地接受了这个意见；哪里晓得认了真，指挥军队的任务真正会移交到他的身上，他于是又变了卦，说指挥军队的将军是尼西阿斯，而不是他。他现在真正惊惶了，他完全没有料到尼西阿斯会把自己的职务推让给他的。尼西阿斯一再地推荐克里昂，并请雅典人们替他作证，他是已经解除了指挥派娄斯作战之职的人。雅典人的态度是群众经常的态度。克里昂越推让躬赴派娄斯的任务，越想收回他自己所说的话，群众就越鼓励尼西阿斯移交军权。他们都大声叫唤，要克里昂出发。结果，克里昂知道，取消自己的诺言是不可能的，只好担负责任，扬帆出征。他走出来，声言他不会为斯巴达人所震慑，他不从雅典带一个人前往，只带着城内的雷姆诺斯人和音不洛斯人以及从伊纳斯来助战的轻装步兵和别处可能调用的弓箭手四百名前往。利用这支兵力和留在派娄斯的现有兵力，他能在二十天之内，把斯巴达人活活地捉到雅典来，或者把他们当地击毙，这种不负责任的声言引起了许多的笑声，但是比较聪明的听众对于这个宣言，没有不愉快的表现，因为他们估计克里昂的声明反正是有利的：要么就是他们从此除掉了克里昂——这正是他们所盼望的；要么就是他们的估计错了，斯巴达人可以落入他们的掌握中。

克里昂在会议中进行安排计划，当雅典人选举他为司令官的时候，他推荐正在派娄斯的德谟斯提尼和他共同指挥军队。他准备尽快地起航。他推荐德谟斯提尼，因为他听说，德谟斯提尼已经计划在岛上登陆。前方的士兵受够了痛苦，他们的境况是很艰窘的，他们觉得自己的处境与其说是包围者，还不如说是被包围者，因此，极愿打出个究竟来。而德谟斯提尼自己对进攻也有了信心，因为那时岛上发生了一次大火灾。以前他心存戒惧，因为岛上有很多地方是林木茂密而又无居民，所以到处都没有蹊径：照德谟斯提尼的看法，这都是有利于敌人的：因为他如果带领大批军队登陆，敌人会从他的视线所达不到的地方向他进行致命的攻击；敌人的数目，他无法估计；敌人就是犯了错误，他也察觉不了，因为密林掩护了一切，至于他自己的军队如果有了错误，敌人是能够察觉的；他们可以从任何地点进攻他的军队，因为主动权操在他们手里。从另一方面来说，假使他能强迫敌人在林深菁密的区域进行肉搏战争，那熟习地形的小部队比不熟习地形的大兵团的用处要大些。他自己的部队，数目虽然很大，可能在不知不觉之中被人消灭；因为视线狭小了，一队士兵不能在必要时援助另一队士兵。他的这种估计都是根据埃托利亚惨败的经验作出来的，因为以前在埃托利亚，德谟斯提尼作战的失败[①]一部分是受了树林的影响的。

事有凑巧，兵士们因为地面狭小，不能展开，只好麇集于岛上的一隅；他们在那里吃饭，并且放了步哨，免得为敌人所袭击。内中有一个士兵偶然失慎，把树林燃烧起来了。那时有风，差不多全部树林都在无意中被火烧光了。德谟斯提尼从此知道岛上的敌人

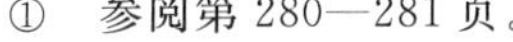

① 参阅第280—281页。

数目比他所想象的要多些。他从前以为偷运进来的口粮是供应较小的人数的。[①] 但是他现在也发现在岛上登陆的工作比从前所想象的要容易些，所以他开始准备这个企图，他觉得雅典人为达到他们的目的而认真努力的时候到了。他从附近的同盟者中间征调部队，从事于一切部署。

克里昂先派人去告诉德谟斯提尼，说他马上就会到那里来了。现在他统率着他所要求使用的部队达到了派娄斯。经过会商以后，两个将军首先派了一个传令官到大陆上去，询问敌军是不是想避免把事件扩大到极端；如果不想的话，他们应该命令在岛上的人们缴械投降，保证他们在整个问题得到解决[②]以前，只受到温和的拘留而已。这个提议对方没有接受。

将军们等了一天，第二天将所有的重装步兵分作几船，在黑夜中装运出港口，正在黎明之前从大海和海港两方面向岛上登陆，登陆的总数大约有八百人。他们首先向岛上的第一个据点进攻。敌人的布置是这样的：第一个据点大约有三十名重装步兵；中部及有水源的[③]平衍地带都是由司令官厄匹塔达斯所指挥的主要军队驻防；一个小支队防守岛上面对着派娄斯的一端，陡壁悬崖，深入海中，从陆地上来进攻是很不容易的。那里有一个古时堡垒，是用石头很粗糙地接合拢来的；[④]如果他们十分被压迫而必须退却的话，这个堡垒敌人认为对于他们是颇有用处的。

① 参阅第310页。

② 即订立总的和约。

③ 参阅第318页。

④ 就是用没有经过砍削的天然石头堆积起来的。

斯巴达人方面的部署就是这样。雅典人突过第一条警戒线，把防守那里的人都消灭了（他们或在睡梦中或企图武装抵抗）。登陆是出乎敌人的意料之外，因为他们以为雅典船舰的移动不过是照寻常的动作，开到晚间歇宿的地方去而已。[①] 拂晓时，其余的军队也登陆了。这就包括七十多条船舰的全部水手（只有最低一层的桨手除外[②]），他们都是尽可能地武装完整的；还有八百名弓箭手，至少有八百名轻盾兵，美塞尼亚支队以及其他驻在派娄斯的部队，只有要塞的驻军不在内。在德谟斯提尼指挥下的军队大概是二百人分为一队，有的多点儿，有的少点儿，他们都占据最高的地点，目的是想四面包围敌人，使之无力作战，没有一个被攻击的地方可以施行反击；敌人在各方面都暴露在大批军队之前：他们如果进攻前面的话，后面就会遭到射击；如果他们进攻一翼的话，其他一翼就会向他们射击。随他们走到哪里，后面都有雅典人追击；雅典人是轻装的步兵，但是很难对付，因为他们的箭、标枪、石头、投掷器都能很有效地远距离投射，所以没有方法可以和他们进行肉搏战；至于逃跑，也是对他们有利的，因为他们走得快，追赶的人一停止，他们马上又回头进攻追击者了。这就是德谟斯提尼原定的作战计划，这个计划在这次作战中实施了。

厄匹塔达斯所指挥的队伍是敌方在岛上的主要部队，他们看见前哨被打垮后，一支军队前来进攻他们自己了，于是摆成行列，准备迎击雅典的重装步兵，目的是想和敌人短兵相接的，因为雅典

① 参阅第 315 页。

② 这时三列桨战舰上的桨手，最低一层是五十四人，中层是五十四人，上层是六十人，后备桨手三十人。

的重装步兵正在他们的前面，而轻装部队排列在两翼和后面。但是他们的军队不能和雅典的重装步兵交战，也就是说，他们不能利用他们自己的特殊训练，因为他们被雅典两翼的轻装步兵所投射的武器挡住了，而正面的雅典重装步兵又不走拢来接战，只守着自己的阵地。虽然他们把走到面前的雅典轻装部队击走了，但是雅典人一面退却，一面回击，因为雅典人的装备轻便，行走起来，很容易超过敌人的速度。直到那时为止，作战的地区是旷无居民、崎岖难走的，斯巴达人的厚重武装使他们不能纵横如意地进行驱逐战。

这种远距离的战斗继续进行了相当的时候。后来在他们的战线将要被突破的各据点上，斯巴达士兵不能和从前一样地迅速地迎战了；看见他们的敌人对于他们的进攻没有从前那样抵抗得迅速，雅典人的轻装部队增强了信心；他们现在能够清楚地看出他们的人数比斯巴达人超过了好几倍，他们明了斯巴达人没有他们所想象的那样可怕，因为他们第一次同斯巴达人接战的经验使他们知道敌人狰狞可怕的程度比起他们初登陆时所想象的要差得远了。从前他们的脑子中所回环缭绕的就是他们将要真正进攻斯巴达人了；现在他们开始藐视敌人。当他们集合起来迎击的时候，他们高声呼叫，用石头、弩箭、标枪以及一切可能抓到手中的武器，向敌人飞也似地投掷过去。斯巴达人对于这种战斗方式没有习惯，随着攻击而来的高呼声音使他们惊慌失措。新近被火烧毁的树灰扬起尘土，和云雾一样，许多战士所投射的石块和弩箭在尘雾中飞舞起来，眼睛面前的东西都看不见了。斯巴达人的情况恶化了；他们觉得头盔不能抵住箭石；当他们被长矛刺中时，折断了的矛头留在甲胄里面，他们看不见前面的一切，没有方法进行回击；命令的声音被高呼的声音压倒了，听不清楚；各方面都有危险，他们找不出自卫或逃走的方法。

最后，许多人受了伤，被雅典人包围住了，不能行动自由，他们密集了队伍，走向岛上后端的小堡垒，那是离他们不远、而且是由他们自己的军队驻守的。现在雅典的轻装队伍看见敌人退却了，呼声更大，更有信心地向前推进。他们把所有能够截住的退却兵士都杀掉了，但是大部分斯巴达人取得了堡垒的防卫，和原有的驻防军队联合起来，将全部要塞的防御工作接管了，使可能受到攻击的据点都可以得到保卫。雅典人跟着进攻了，因为地势的关系，他们不能将要塞的周围完全包围住。他们从前面进攻，想把要塞轰打下来。经过了很久的时间，差不多经过了一天，虽然他们因为作战、口渴和日光照耀而精疲力竭，两方面都支持下去了：雅典人努力想把敌人从高地赶走，斯巴达人想保住他们的据点。但是现在斯巴达人的防御工作比从前容易些了，因为两翼没有威胁他们的包围军队。

战斗似乎会无限地延长下去。美塞尼亚人的司令官[①]跑去见克里昂和德谟斯提尼，告诉他们：这样的耗费力量是没有结果的；但是如果他们把一部分弓箭手和轻装步兵拨给他，他会找出一条道路，绕道达到敌人的后面，他相信这样的做法会使他们的攻击收到效果。他们把他们要求的东西给了他，从敌人看不见的一个地点，向前进袭。他沿着岛上的悬崖努力寻找道路前进，而他所走的

① 根据波桑尼阿斯，IV. xxvi. 2 的记载，这个司令官名叫康梦。

道路又是斯巴达人认为地形险峻可恃，不必加以防范的地方。经过最大的艰苦，他走到了斯巴达人的后面而没有被发觉，他猝然在后路的高地上出现了。这个意外的事情使敌人震惊万分，也使盼望好消息的雅典人增加了取得胜利的信心。

斯巴达人四面受敌了。真的，如果把小事比拟大事，他们现在所处的境遇正和德摩比利战役的情况一样；[1]在那个战役中，斯巴达军队被从后面绕出的波斯军队消灭了。现在斯巴达人也是进退维谷，没有法子支持自己的地位了。对方的人数既超过了他们自己，又因粮食不继而精力疲惫，斯巴达人守不住了，所有的进口都被雅典人攻陷了。

到了这个时候，克里昂和德谟斯提尼遏止了自己的士兵，停止战斗。他们知道，斯巴达人如果再往后退却，就会被雅典军队完全消灭；他们想把斯巴达人的士气摧毁以后，把他们活活地俘虏起来，送往雅典去，因为四面危险的压力会迫使他们接受劝告而放下武器。因此，他们通过传令官，发布一个晓谕，询问他们是不是愿意把他们的生命和武器交与雅典人，任凭他们处理。

听见了传令官的话，大部分斯巴达人都把盾牌放下来，摇着手，表示接受了条件。战事告终了，雅典的克里昂和德谟斯提尼与斯巴达的司令官斯蒂芬(法拉克斯的儿子)开了一个会。至于从前的斯巴达司令官，第一个是厄匹塔得，已经战死了；第二个是希巴格里塔，虽然还是活着，却和死尸躺在一起，大家都认为他是死了。按照斯巴达人的习惯，比斯蒂芬职位高的两个军官发生事故，位居

① 参阅希罗多德，VII. ccxiii，中译本，第716页。

第三的应该出来掌握军事，所以斯蒂芬就被推为指挥军队的人了。现在斯蒂芬和他的军事顾问们都说他们愿意派遣一个传令官向留在大陆上的斯巴达人请示办法。雅典人不许他们走到大陆上去，但是欢迎大陆上派传令官来；经过了三番四次的询问和答复，最后，从大陆上派来的人们带来了下面的一个命令："斯巴达命令你们自己作出决定，只要你们不作出有伤名誉的事情来。"斯巴达人在内部商讨了一下，后来就缴械投降了。当天和整个晚上，雅典人监视他们；第二天在岛上树立了一个胜利纪念碑，把俘虏们都分配给三列桨战舰的舰长监视。大陆上的斯巴达人派了一个传令官来，把阵亡者的尸体运回去了。阵亡和俘虏的人数如下：原来渡海的重装步兵共四百四十名，被俘虏送到雅典的有二百九十二名，其余的都在战争中被杀死了。俘虏中有一百二十名是军官阶级中的斯巴达人[①]。雅典人的损失极微，因为在这次战争中没有发生肉搏战。

围攻的时间，从海战到岛上的陆战一共继续了七十二天。在和平谈判的代表们派出去后的二十天内，被围者所需要的粮食是准其运入的；在其余的时间内，粮食是偷运进去的。岛上发现了剩余的谷物和其他粮食，因为司令官厄匹塔得发给的口粮，其数量比储存粮额所能供给的要少些。现在雅典人和伯罗奔尼撒人都把他们的主要军队从派娄斯撤回去了。克里昂所说的话虽然是乱发狂言，但是他的话总算是兑现了。的确，正如从前他所承诺的，在二十天之内，他把斯巴达人俘虏回来了。

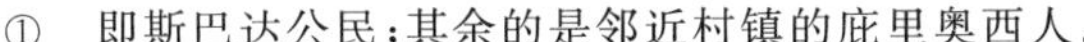

① 即斯巴达公民；其余的是邻近村镇的庇里奥西人。

这件事在希腊人中间所造成的惊讶比战争中任何其他事件都厉害些。一般人的印象认为斯巴达人，不管挨饿或受其他的压迫，总是不会缴械投降的；他们总是支持到最后的时候，尽可能死在战斗之中。很难令人相信，投降的人和战死的人是同一个类型的人们。真的，有一次，一个雅典的同盟者侮辱一个俘虏，问他是不是只有那些死在战场上的才是真正勇敢的斯巴达人。[①] 俘虏回答说："箭头如果能够辨别勇敢的人和胆怯的人的话，那么，箭头的价值就大了。"这个答复就是告诉人们，阵亡的只是那些石头和箭头偶然击中的罢了。

俘虏送到了雅典，雅典人把他们关在牢狱里，等到战事解决时再行发落；如果在战争还没有结束的时候，伯罗奔尼撒人侵略亚狄迦的话，雅典人就准备把这些俘虏一起杀掉。派娄斯很坚固地防守着。诺帕克都的美塞尼亚人把他们一部分最精锐的部队也送往派娄斯，因为派娄斯本来是他们的祖国。这些部队时常侵袭拉哥尼亚，他们和那些被他们侵袭的人都是说同样的语言，所以被侵袭者因他们而受到很大的损害。斯巴达人对于这种游击战术从前是没有经验的，依附他们的希洛人开始逃亡了；他们怕国内革命运动会蔓延下去，十分感觉不安。他们虽然不愿意把这种情绪透露给雅典人，他们还是派了代表们到了雅典，要求雅典人交还派娄斯和俘虏们。但是雅典人的目的是想取得更多的利益，所以虽然使节频繁，多所请求，雅典人总是使他们毫无收获，空手而回。派娄斯的经过情形就此完全结束了。

---

① 意思说，生存下来的都不是的。

第三章　雅典人在科林斯的胜利。科西拉革命的终结。雅典人攻陷锡西拉。斯巴达人的失望

同一夏天，在上面所叙述的各项事件发生之后，雅典开出了远征军，进攻科林斯的领土。远征军的力量计有船舰八十条，雅典重装步兵二千名，骑兵二百名，骑兵都是用运载马匹的船只运往的。支援这一支远征军的还有从米利都、安德罗斯和卡里斯都开来的同盟分遣队。尼塞拉都的儿子尼西阿斯和其他两个同僚指挥这支远征军。

这支军队出发了，黎明的时候，在刻索尼苏斯半岛和累都斯中间的海滨登陆，那个地方面临着苏力基亚山冈，在古代的时候，[①]多利亚人占领这个山冈，向城中的科林斯人进攻。那时的科林斯人是伊奥利亚人，现在这座山冈上还有一个村庄叫作苏力基亚。远征军登陆的这个海滨距村庄约有十二斯塔狄亚，距科林斯约有六十斯塔狄亚，距地峡约有二十斯塔狄亚。

科林斯人早就从亚哥斯得到了消息，晓得雅典远征军要来进攻他们了；在若干时候以前，他们就把所有的军队集中在地峡一带。只有在地峡以北居住的人和在安布累喜阿及琉卡底亚负有征戍任务的五百名士兵[②]没有参加这次防御工作。其余的人都全部

① 在赫拉克莱德族人（赫丘利的子孙）领导多利亚人占领伯罗奔尼撒的时候（参阅第 12 页）。参阅布索尔特：《希腊史》x^{i^2}，208。

② 其中三百名已于上年冬季被派往安布累喜阿去了（第 294—295 页），安布累喜阿也是科林斯人的殖民地。

调齐，以防备雅典人登陆。

雅典人都是在半夜驶到海滨的，他们没有被驻防的士兵窥见。布置在海上的烽火台把警报告诉了驻防军，他们立即集合起来，抵抗侵略。他们担心敌人会进攻克罗密昂[①]，把一半军队留在森克里伊[②]，以备策应。在战场上指挥军队的两位将军中间，有一位名叫巴都斯，他带了一队兵士防守苏力基亚村庄，因为那个地方是没有城垣的。另一位将军来科夫隆带了其余的军队攻击敌军。起初，科林斯人攻击正在刻索尼苏斯半岛前面登陆的雅典军右翼，后来他们和其余的部队联合起来作战。自始至终，这场战争是一个肉搏战。雅典军的右翼和布置在战线极右端的卡里斯都人迎击敌人，费了许多气力才把敌人打退。科林斯人退到他们后面高地上的一座石墙边，用石块向雅典人猛烈地投掷，一面唱着凯歌，一面又开始进攻。雅典人抵抗这次攻击，战事又转入肉搏战。另外一队科林斯人前来增援他们的左翼，他们把雅典的右翼打败，把他们驱逐到海上；雅典人和卡里斯都人又一度从船上把敌军击退。两方面的其余部队都奋勇作战，尤其是科林斯人的右翼，在那里负指挥责任的来科夫隆迎击着雅典的左翼；他们料到雅典人会在那里想法子突破战线，进攻苏力基亚村庄。

双方面在很久的时间内，彼此坚守阵地，没有退却。雅典人的优势是他们在战斗中使用的骑兵（科林斯人根本没有骑兵），最后科林斯人败溃了，退到山冈上，很安静地停辍了一下，没有设法向

① 地峡和麦加拉中间海岸线上一个重要地方，离科林斯城约一百二十斯塔狄亚。传说中提秀斯所杀的野猪即住在这里（波桑尼阿斯 I. xxvii. 9；II. i. 3）。

② 科林斯东边一个海港，离科林斯城七十斯塔狄亚。

下进攻。他们的伤亡，连他们的将军来科夫隆包括在内，都是他们的右翼溃退时所发生的。其余的部队，上面说过了，都是被迫而向后退却，但是没有总崩溃，也没有受到坚强的追击，所以他们都达到了较高的地带，守住了他们的阵地。

雅典人看见敌人不再出来迎战，于是把自己阵亡者的尸体带回，剥掉敌军死亡者的衣服，树立了一个胜利纪念碑。为着防备雅典人进攻克罗密昂而驻扎在森克里伊地方的那一半科林斯军队，因为奥奈昂高阜遮住了他们的视线，又不晓得战事的情况，只看见烟尘上升所表现的是什么一回事，他们前来救援了。当时，科林斯城中年纪较大的人看见了这个情况，也赶来了。

雅典人看见许多军队前来进攻他们，以为他们都是从伯罗奔尼撒各邦开来的援兵，赶忙就退却到船舰上，将战利品都带走了。除开两名死亡者的尸体没有找着，只好留在战场上外，其余雅典阵亡者的尸体都带走了。回到船上，他们又驶往离海岸不远的一些海岛，从那里派了一个传令官，借休战的掩护，把留下来的尸体寻着了。在这个战役中，科林斯人有二百一十二人死亡，雅典人死亡者不到五十名。

雅典人从海岛上出发，当天就开到了科林斯领土内的克罗密昂，那个地方距科林斯约有一百二十斯塔狄亚。他们在那里停泊，把地方破坏了，在陆地上过了一夜。第二天首先沿着海岸走到埃彼道鲁斯的领土，登了陆；又走到墨色那，那是位于埃彼道鲁斯和托洛溱中间的一个地方，他们在那里沿着地峡修筑了一条城墙，把这个地方和大陆间的交通断绝了。他们留下一支军队防守这个地方，后来这支驻防军在托洛溱、哈利阿及埃彼道鲁斯的领土上进行袭击。这个地方的要塞工作做好以后，雅典舰队就回到雅典去了。

和上面叙述事件发生的同时，攸利密顿[①]和索福克利率领雅典舰队离开派娄斯往西西里进发，到了科西拉，偕同城内的执政党[②]进攻那些驻在伊斯吞山上的反对党[③]。他们攻击反对党的堡垒，把它攻下来了。防守的人全体逃到高地。在高地上他们接受了下面的条件：他们必须交出雇佣兵，呈缴自己的武器，遵守雅典人的裁判。在休战条件下，将军们把他们带着渡海，送往提歧亚[④]岛上，把他们拘押起来，等到将来送往雅典；并且声明，如果被拘押的人们中间有任何人企图逃跑而被拿获了，这个休战条约对于全体投降的人们就都失去效力。

科西拉民主党的领袖们恐怕将这些人运到雅典后，雅典人不杀掉他们。于是民主党人采取了下面的计划：他们秘密派遣和少数俘虏有交情的人前往岛上，在他们中间进行工作，告诉他们，为着他们自己的利益，最好是赶快逃跑，需要的船只可以替他们准备；并且说，这些打算都是因为雅典的将军们正要将他们移交给科西拉民主党而作出来的。这种说服的方法发生了效果。这个逃跑的计划是民主党人事先布置的，所以当他们上船的时候，全体都被捉获了。休战条约立即失去效力，全部俘虏都移交科西拉人民[⑤]处理。

---

① 参阅第 303 页。

② 自从公元前 427 年以来就掌握了城邦政权的民主党（参阅第 271 页）。

③ “这些人就是我从前说过的那些科西拉人，他们在革命发生以后，渡海到大陆上，占据那些乡村地区，常常为害于城邦的。”

④ 现在名叫微多岛。

⑤ “这件事大部分是应当由雅典的将军们负责的。他们很明显地表示，因为他们是在往西西里的途中，他们不愿意别人获得护送俘虏到雅典去的荣誉；他们这种态度鼓舞了阴谋者大胆地进行工作，并且使俘虏们更容易听信阴谋者的话。”

俘虏到了科西拉人手中，全体都被禁闭在一个大屋子里面，随后就把他们分成二十个人一批，要他们分批从两排重装步兵中间形成的一条小道通过，他们是被捆在一起的；如果两排重装步兵中有人发现俘虏中谁是他私人的仇敌，就加以刺击和殴打。手执鞭子的人们跟在俘虏后面走，将那些走得慢的人们加以鞭笞。大约有六十名俘虏这样提出来行走而被杀死了的时候，大屋子里的俘虏方才知道；因为他们起初以为他们只是从一个监狱提到另一个监狱而已。后来有人把实际的情况告诉了他们，他们才恍然大悟，要求雅典人自己把他们杀死，如果雅典人愿意的话。他们不愿意再离开那个屋子，并且说，他们会尽力阻止别人进去。科西拉人无意于从正门攻入。他们上了屋顶，把屋顶毁坏，将瓦片和箭从上面向屋内的俘虏投射，俘虏们尽量防护自己，实际上大多数的人们都把射来的箭头刺入自己的喉咙，或用床上寻得出来的绳索，或将自己的衣服撕成布条，自缢而死。夜晚来了，他们还是用种种方法结果自己的生命，屋顶上也常有箭来射死他们。等到天明，科西拉人把死尸堆起来，捆在一起，送上货车，运往城外。在堡垒里抢获的妇女都被卖为奴隶。

山中的科西拉人都被城中的民主党用这种方法消灭了。这是一个巨大的革命斗争；但是就这次战争的时期而论，这场斗争算是完结了，因为两个党派中有一个党派差不多完全消灭了。雅典人航行到了西西里，那是他们原来的目的地；在那里，他们和同盟者一起进行战争。

夏季快要完了的时候，诺帕克都的雅典人得到了阿开那尼亚人的援助，向安那克托里安进行远征；安那克托里安是位于安布累喜阿海湾口上的一个科林斯人的城市。他们利用内应把这个城市取得了，阿开那尼亚人从国内各地运送人民前往移居在那里，把这个地方占领起来。夏季就此完结了。

接着在冬天，阿基配斯的儿子亚里斯泰德[①]（指挥雅典船舰赴各同盟国去征收金钱的军官之一）在斯特赖梦河畔的爱昂地方捕获了一个名叫阿塔斐尼的波斯人，他是波斯国王派往斯巴达去的。这个波斯人被送到雅典，他随身携带的文书都由雅典人从亚述文字翻译出来阅读了，文书里面谈到许多问题，而其中对斯巴达人提出的最重要的问题就是：波斯国王不晓得斯巴达所要求的究竟是什么，因为到国王那里去的使节们各有各的说法；如果斯巴达人有一定的意见向他提出，他们最好派遣代表们随同这个波斯人前往波斯。后来雅典人打发阿塔斐尼乘着一条三列桨战舰回到以弗所，并派了几个使节一同前去。在以弗所，他们听得泽尔士的儿子阿塔薛西斯[②]已经死了（恰恰是那时死的），他们就折回来了。

在同一个冬季中，开俄斯人民把他们的新要塞拆毁了，因为雅典人担心他们有企图暴动的事情，压迫他们拆毁要塞；但是他们也取得了雅典人最可靠的保证，绝不变更开俄斯的一切现况。冬季就此终结，修昔底德所写的第七年战事也就此完毕了。

接着夏季一开始，[③]就在新月出现的时候，发生局部的日食；在同一个月初，又发生地震。从密提林以及列斯堡其他地方被放

① 在第351页又提到他是这个海上地区的一个将军。

② 他统治了波斯四十年（公元前464—前424年）。——译者

③ 公元前424年。

逐出来的人们得到了伯罗奔尼撒雇佣兵及本地招募的军队的帮助，从大陆上出发，攻陷了累提安；他们对于累提安没有加以任何损害，又从那里撤退了，只索取了二千佛西斯金币[①]的赎金而已。后来他们进攻安坦德拉斯，利用内应，把这个地方占据了。他们的计划是想把曾经一度为密提林所有而现在归雅典掌握的其他阿克提安诸城市[②]都加以解放。他们对于这些地方所特别注意的就是安坦德拉斯。他们一旦占据了这个地方，就便于制造船舰，因为那里有树木，伊达山近在咫尺；其他的供应也是容易取得的。有了这个基地，他们容易侵袭相距不远的列斯堡，也容易征服大陆上伊奥利亚人的诸城镇。这就是他们想要实行的计划。

在同一个夏季里，雅典人带了六十条船舰，二千名重装步兵、少数骑兵以及从米利都和其他地方调来的同盟支队向锡西拉进攻。司令官是尼塞拉都的儿子尼西阿斯、戴奥特累斐的儿子尼科斯特拉图和托尔马阿斯的儿子奥托克利。被攻击的锡西拉是在马里阿的对面、距拉哥尼亚海岸不远的一个岛屿。它虽然是属于半独立的性质，但其居民都是斯巴达的庇里奥西人。每年斯巴达委派一个事务官前往锡西拉，也经常派遣重装步兵驻守这个地方。斯巴达人对于这个地方是很注意的，因为从埃及和利比亚来的商船都在那里停泊；并且它可以保护拉哥尼亚，使之不受到海盗的攻击——这是一个要害的地方，因为整个拉哥尼亚是突入于西西里海和克里特海之间。

① 佛西斯金币是以黄金（实为金银合金）成色特别坏著名的；参阅德谟斯提尼，xl.36。其价值约等于二十三银德拉克马。参阅赫采：《希腊罗马度量衡及货币的研究》2,184。

② 在列斯堡以北大陆上的地角上。这些城市曾被帕撒斯从密提林手中夺取过来了的（参阅第 244 页）。它们又在《亚狄迦碑铭集成》i.37 中被提到。

在这里，雅典的远征军开进了港口。他们利用米利都的十条船舰和二千名重装步兵，[①]把斯干狄亚城市[②]占领了；利用其余的兵力，在岛上面向着马里阿的那一部分海岸上登陆，进攻锡西拉的下城，[③]他们在那里发现所有的居民都列成阵势，准备迎战。两下接触了，锡西拉人把阵地坚守了一个时候，后来他们溃败，逃往上城。最后他们和尼西阿斯以及其他雅典司令官谈好条件，同意在保证生命安全的条件下，接受雅典人的约束。[④]

锡西拉人投降以后，雅典人占领了港口上的斯干狄亚城镇，并且留了防守军驻扎在锡西拉。雅典人航行到了阿细恩、希洛和海岸上大多数的地方，在有些地方登了陆，在方便的地方并且停泊过了夜。他们大约花了七天工夫，继续进行破坏这些地方。

至于斯巴达人，他们看见雅典人征服了锡西拉，意料到在他们领土内其他地方也可能有类似的登陆；但是他们没有集合全军于一点，以和雅典人会战。他们只将防守的重装步兵布置在国内各地，防守军的数量依照各地的实际需要而决定，但是在大体上他们

① 这是一个难于置信的大数目。在第653页，提到他们在自己的国内作战，米利都人只能用八百名重装步兵来抵抗敌人。并且十条船舰也载不得这样多的壮丁。或者是由于抄写的原因，数字符号上有了错误。

② 这是锡西拉的港口，离锡西拉约十斯塔狄亚。

③ 在这里必须采用斯塔尔的解释："一支雅典军队在斯干狄亚登陆；另一支军队在东北岸上登陆，向卫城进兵。第二支军队发现锡西拉人已经准备应战，接着发生战争，锡西拉人溃败了，逃往上城，即卫城。"这个说明，从现在的遗迹中可以得到证实。参阅夫剌萨校订的波桑尼阿斯，iii. 385，386；并参阅外尔在《德国考古研究所（雅典部门）通讯》v. 224—243发表的文章（斯普拉特）。

④ "尼西阿斯和一部分锡西拉人中间的商谈早就进行了，因为这个缘故，所以投降条件对于锡西拉无论现在或将来，都是很有利的。如果不是事前就有协商的话，雅典人会把岛上的全部居民驱逐，因为他们和斯巴达人有同族的关系，并且这个岛和拉哥尼亚是这么接近的。"

都是采取守势的。在斯法克特利亚发生了意外的灾难之后，派娄斯和锡西拉都落到雅典人手中；事实上他们处于四面都是战争之中，行动迅速最为重要，因为敌人从何处进攻是无从防备的——在这种情况之下，斯巴达人所最害怕的就是发生反对政府的革命运动。他们集合了四百名骑兵和一队弓箭手——和他们平常处理事情的方式迥然不同——事实上，他们在军事行动中比起过去来，是游移不定的；他们所面临的局势超出了他们现在的组织范围以外，那就是说，战事是海上发生的，是和雅典人在作战——雅典人是觉得一刻不进攻别人，就会牺牲了那一刻胜利的机会。[①]同时，意料之外的灾难也使斯巴达人丧了胆，他们总怕还有别的灾难会同斯法克特利亚的灾难一样，落在他们的身上。因此，当他们进入战场以后，他们没有信心；他们以前没有受过灾难的锻炼，所以他们的士气沮丧了，他们觉得他们所采取的一切措施都是错误的。

所以当雅典人在斯巴达沿海进行破坏的时候，很少有人出来抵抗。无论在哪一支防军守御的地区内发现登陆事件，防军的态度总是和我上面所述的一样，以为自己力量不够，不能出来迎战。有一支防军在科提尔塔和阿富罗狄西亚附近抵抗了敌军；他们的进攻使敌军散开的一群轻装步兵中间感到惊恐；但是和敌军的重装步兵交战时，他们又被打败了，在战场上损失了少数士兵，遗弃了一些武器。雅典人在离开那里，回到锡西拉去之前，在那里树立了一个胜利纪念碑。

---

① 参阅第56页。

雅典人从锡西拉环绕埃彼道鲁斯-里摩拉的海岸航行，把一部分地方毁坏了之后，到了泰里亚，这是位于拉哥尼亚和亚哥斯领土间的边界上辛那里亚的土地。这本是斯巴达的土地，但是斯巴达人将它让与被放逐的厄基那人，作为他们居住的地方，因为他们在地震和希洛人暴动的时候，曾经帮助过斯巴达人；又因为他们虽然是雅典的属民，但是总和斯巴达人站在一边的。

当雅典人还在中途的时候，厄基那人放弃了正在海岸上建筑的要塞，而退居上城，上城距海边大约十斯塔狄亚路[①]。这里原来有一支斯巴达驻军，协助他们建筑要塞；现在他们要求驻军同他们一起走入城中；驻军以为固守在城中是危险的，所以拒绝了他们的要求。驻军退到了较高的地方，觉得自己的力量不够应付敌人，就据守在那里，不肯出击。雅典人登陆后，全部军队前进占领了泰里亚。他们把城市烧毁，把城内的财产抢劫一空。凡没有在战场上杀死的厄基那人和在战场上受了伤而被俘虏的斯巴达司令官坦塔拉斯（帕特洛克利的儿子）都被雅典人带回雅典。他们也把少数锡西拉人带回雅典；因为为着安全计，这些人是应当迁移开了。雅典人决定把这些人安置在各岛屿上。其余的锡西拉居民可以留在自己的土地上，但是要缴纳四十他连特的贡税；被俘虏的厄基那人都被杀掉，因为他们是和雅典人有深仇积怨的；坦塔拉斯则和从斯法克特利亚带来的斯巴达人关禁在一起。

① 依照利克上校的记载（《摩利亚》，ii. 490），这个地方离海岸最少有三英里多路，十斯塔狄亚只合一英里多路（参阅昭伊特译本第一卷，第 cx 页）。——译者

第四章　西西里内部的媾和。赫摩克拉底的演说

同在这一个夏季中，在西西里，首先卡马林那人和机拉人商订了一个休战和约。后来其他西西里各城邦的代表们都在机拉集合，讨论各城邦是不是可以和解的问题。代表们发表了许多不同的看法；他们对于他们认为没有得到公平处理的各项问题，都提出了他们的控诉和要求。最后一个叙拉古人，赫蒙的儿子赫摩克拉底，在会议上作了一个最有力的演说。演说辞如下：

"西西里人：在我的谈话中，我得声明，我不是代表西西里一个无足轻重的城邦，也不是代表一个受战祸最深的城邦来说话的；我所要作的就是把我心中认为对于整个西西里最有利的一个政策清清楚楚地提出来，请求讨论。战争的祸害是大家都知道的，我用不着把这些祸害来分条细说。没有人是浑浑噩噩被卷入战争旋涡的；同时，如果他认为在战争中有利可图，他也不会因为畏惧而置身于战争局外的。事实上是一方面认为它可能得到的利益超过它可能遭受到的损害，而另一面则宁肯冒着危险而不愿意遭受目前的损失。假使在这些问题上，双方面都是做得不对的话，那么，调停的尝试就不会是无益的了。只要我们相信这一点，这就是我们目前所迫切需要的。

"当我们开始投入战争的时候，毫无疑义，我们都是想扩充自己的利益的；现在我们提出一系列的要求和反要求，以求得解决，我们

的愿望也是这样的。如果事情的发展不能使每个人满足自己的要求，战事就又会爆发了。我们如果有头脑的话，我们应该知道这个会议不是纯粹为了各个城邦私自的利益而召开的；我们也应该想到我们是不是能够保全整个西西里的生存。照我看来，整个西西里的生存是被雅典人威胁了，我们应该把雅典人当作我们必须和平的一个最有力的论据，其力量远在我所说的言辞之上。雅典是希腊最大的国家，他们有少数船舰在我们这里，窥视我们的错误。虽然从性质上说来，他们一定把我们当作他们的敌人，但是他们总是借口法律上的同盟关系，想把事件安排得适合他们的心愿。假使我们自己攻击自己，招引雅典人来援助的话（他们不要招引也是准备干涉我们的），假使我们运用自己的资源削弱自己，替他们将来的帝国做初步工作的话，很可能的结果就是：雅典人看见我们精疲力竭了，有一天会带着更多的船舰来，设法把我们全体都放在他们的统驭之下。

“如果我们还有头脑的话，我们结成同盟，蒙犯险阻，其目的无非是想取得自己所没有的东西，而不是毁灭我们自己所已有的东西。我们应该知道，内部的斗争是我们各城邦衰亡的主要原因；西西里的情况也一定会是这样的，如果我们这些居民——受到威胁的居民，还是彼此不团结，城与城之间还是彼此斗争的话。只要认识到这一点，我们应该做朋友，个人是这样的，城市也是这样的，为着保卫整个西西里而团结一致。应该没有人抱着这种观念：以为我们中间的多利亚人是雅典的敌人，而卡尔西斯人是很安全的，因为他们有爱奥尼亚人的血缘关系。[①] 雅典人的干涉和各民族的血

① 参阅第272页。

缘联系是没有关系的；他们攻击我们，不是因为他们仇恨这个城邦或那个城邦；他们所垂涎的只是西西里的好东西——我们大家的公共财产。这一点，在他们接受卡尔西斯人的请求中间，表现得很清楚。卡尔西斯人从来没有一次依照他们和雅典所订的条约，提供任何支援给雅典；但是雅典自愿地热心提供援助，甚至于超过了条约上所规定的义务。雅典既有这些野心，一定会根据这些野心来制定它的计划，现在这是完全可以理解的。我现在不是责备那些坚决要统治的人们，而只是责备那些更愿意屈服的人们。对于一般人说来，如果对方对于侵略不加抵抗的话，他们自然会获得控制权；如果我们既知道这一切，而不采取预防的办法，或者如果我们到此地来，就认为我们还有比团结起来对抗威胁我们大家的危险更重要的事的话，那么，我们是大错了。如果我们协同一致的话，我们就能够很快地免除这个危险，因为雅典人不是从他们自己国内的根据地向我们进攻，而只是从此地请他们来的一些国家中的根据地向我们进攻的。所以我们彼此间不要继续进行战争，我们的争端是可以和平解决的；至于那些从外面请来的人，他们到这里来，是利用表面上似乎有理由的借口，以图达到他们不善良的目的；但是现在他们有真正善良的理由，没有达到目的而离开这里了。

“从雅典人方面来说，这些是我们采取这个贤良政策的优点。但是除此之外，人人都承认：和平是最大的幸福，因此，难道我们自己中间还不应该建立和平吗？假定你们中间有一个人享受到利益，而另一个人在困难中辛勤劳动，如果要保全利益，免除困难的话，难道你们不认为和平比战争对于两种人都有好处吗？难道和平不是有它的名誉和光荣，比在战争中被人家打败的危险性更少些吗？难道和平不是还有许多言语数不尽的其他好处，正如战争有许多言语数不尽的痛苦吗？

“这些是你们要考虑的要点；因此，你们不要忽视我的忠言；而你们每个人，为着保全自己的生命，应当采纳我的忠言。如果这里有人相信他可以利用暴力或公理达到某些目的的话，让他不要因为失望而过于伤心了。他应当知道，过去有许多人想惩创侵略者，但是对于敌人没有报复，而往往自己遭到毁灭；过去也有许多人相信他们的势力能够使他们获得某些利益，但是，结果，他们并没有得到利益，反而把他们已有的一切都丧失了。如果有人作恶，惩创作恶者的企图不一定是会成功的；单纯相信自己的势力，势力也不一定是靠得住的。未来不可预测的成分终于会起作用的。正因为这种不可预测的成分常常蒙蔽了我们，所以它对于我们也可能是最有用处；因为，如果我们大家都同样地怕它，我们在彼此互相攻击之前，就会慎重考虑了。

“现在我们所害怕的有两个原因：一个是对于不可预测的将来的无限恐惧，一个是对于雅典人的实际到来的恐惧。因此，我们每个人如果没有完全获得他所想获得的一切的话，我们应当认识这是很有原因的。让我们把正在威胁我们的敌人逐出我们领土之外。至于我们自己，如果不能订立一个永久和平条约的话，至少让我们在一个尽量长的时期内，言归于好，把我们私自的争端推迟到另一个时期去解决。总之，让我们认识到，如果采纳我的忠言，我们将各自保全我们城邦的自由；我们在这些城邦之内，一定能够以真正独立的精神行动，以德报德，以恶报恶。反过来说，如果不采纳我的忠言，我们将处于别人势力之下；到了那个时候，不再有什么我们能够伤害敌人的问题，我们所能遭遇的最好的情况也只是我们被迫而把我们的敌人当作朋友，而把应该做我们的朋友的人当作敌人。

“至于我自己，我在开始就说到了，我是一个大城邦的代表，可能关心侵略别人的多，而关心自卫的少。但是当我考虑到将来的危险的时候，我准备对别人让步。我认为这样伤害我的敌人以至于使自己遭到毁灭，是不对的；同时，我认为，我也不至于因为有了侵略他人的狂热，而以为我能控制命运（命运是我所不能控制的），好像我能够支配我自己的计划一样。我准备作一切合理的让步。我号召你们其余的人也照我们的榜样——彼此让步，而不要等敌人来强迫我们让步。对自己同族的人让步——多利亚人让多利亚人，或者卡尔西斯人让卡尔西斯人——，算不得什么丢脸的事情；所有的人总括起来，我们都是邻居，都是住在同一个地方，四面有海洋环绕着，我们都叫作西西里人。无疑地，将来有时候，我们会再发生战争；有时候，我们也会再来协商，订立和约。但是当我们遇着外敌侵略的时候，如果我们是聪明的话，我们总是会联合一致，抵抗外侮，因为在这里，对于一个国家的伤害是会危害到我们所有其余的人的。今后我们绝对不邀请外地的同盟者或仲裁者到我们这里来。这样做，我们现在马上对于西西里做了两件好事：解除了受雅典人侵略的危险和停止了内战；将来我们有一个自由的国家，而不是那么受外敌侵略的危害了。”

这是赫摩克拉底的发言。西西里人采纳了他的意见，他们同意停止内战，每个国家保持原有的领土，只有卡马林那人占领摩根

廷那，付给叙拉古一定的款额作为代价。雅典的同盟者招请雅典的将军们来，告诉他们说：他们将订立和约，这个和约对于雅典人也是适用的。于是他们订立和约，并且取得了雅典人的同意。以后，雅典的舰队就离开西西里了。但是当他们回到国内时，雅典的雅典人放逐了两个将军，皮索多勒斯和索福克利，对于第三个将军，攸利密顿则处以罚款；理由是说，他们本来是有力量占领西西里的，但是因为受贿而离开了。当时雅典的繁盛使雅典人认为无论做什么事情，他们是没有不顺利的；可能的事和困难的事，他们都同样地可以做到，不管他们运用的军队是强大也好，完全不够也好。他们在许多方面的意外成功，使他们产生这种心理，认为凡是他们所希望的，他们就有力量得到。

第五章　雅典人攻陷尼塞亚。伯拉西达营救麦加拉

下列的事件也是发生在同一个夏季中。在和雅典的战争中，麦加拉人所受的痛苦很深，因为雅典人每年以全军侵略麦加拉两次。同时，他们也被他们自己逃亡在培加的人所窘迫，这些逃亡者是在革命中被民主党人驱逐的，他们现在以掠劫行动骚扰麦加拉。因此，麦加拉人开始自己谈论，现在最好是把逃亡者召回国，以免麦加拉因为和两面敌人作战而削弱。同情逃亡党的人看见这种舆论正在发展中，他们自己更加公开地出来，坚持这个建议的好处。民主党的领袖们知道，人民大众在他们所受到的一切痛苦中，将不

能坚决支持他们的，所以他们在惊慌中进而和雅典的将军们，阿利福隆的儿子希波克拉底和阿尔西提尼的儿子德谟斯提尼谈判，想把麦加拉城向雅典人投降。他们认为这样做比较召回他们所放逐的贵族党人更为安全些。

他们商谈好了的办法是这样的：雅典人首先占领长城（从麦加拉到尼塞亚，差不多有一英里长），以防止伯罗奔尼撒人从尼塞亚来干涉；尼塞亚完全是由伯罗奔尼撒军队驻守的，以防止麦加拉叛变的。以后他们将设法使上城投降；只要第一着实现了的话，麦加拉人就会很容易同意上城投降的。

双方订好了他们所要说的和所要作的计划之后，雅典人即于晚间航往麦加拉附近的米诺亚岛；希波克拉底率领六百名重装步兵，驻扎在附近一个石坑中，建筑城墙的石头通常是在这里采取的。另一个将军，德谟斯提尼，率领普拉提亚人和雅典的城防军埋伏在音尼阿利阿神庙的附近，这个神庙离麦加拉城更近。除了那些知道这个计划的人之外，那晚上没有一个人是知道这些事情的。

正将黎明的时候，麦加拉城内那些出卖麦加拉的人开始实行他们的计划了。相当长一段时间以来，他们惯于在晚间得到守卫官[①]的同意后，将载在马车上的一条轻船沿着壕沟走到海边，装作要出来袭击的样子。在破晓之前，他们常将马车上的轻船由城门口运入城内——据他们说，他们的用意是设疑兵以迷惑驻扎在米诺亚的雅典封锁舰队，因为在黎明的时候，在海港中根本看不见一条船。

所以，现在当马车到了城门口，城门照例打开了，让船进去的

① 即伯罗奔尼撒的驻军。

时候，雅典人（事先已和雅典人计划好了的）看见了，从埋伏中出来，尽力快跑，以便在城门再关闭之前跑到城门口，而那部马车还停留在城门口，使城门不能关闭。同时，亲雅典党的麦加拉人开始杀害城门口的卫士。首先跑进城的是德谟斯提尼、普拉提亚人和雅典城防军，正在胜利纪念碑现在所在之地。那时候，离现场最近的伯罗奔尼撒人已经知道所发生的事情了，马上跑来营救，但是他们被普拉提亚人打败了；普拉提亚人把守着城门，把城门打开，让雅典的重装步兵进城。

当雅典军队涌进城内的时候，每个人都向城墙边跑去。起初，有些伯罗奔尼撒人坚守防地，反击雅典军队，他们有少数人被杀了。但是因为敌人夜袭，同时他们发现麦加拉的叛党也向他们进攻，他们以为全体麦加拉人都倒向雅典一边去了，他们大部分的人都惊慌地逃跑了。同时，正碰着雅典的传令官自动地高声宣布：凡是愿意倒向雅典一边的麦加拉人，就要来参加雅典人的行列。当伯罗奔尼撒人听到了这个宣言的时候，他们的抵抗垮了。他们觉得他们是被雅典人和麦加拉人的联合军队所攻击，因而他们逃往尼塞亚去了。

黎明时，长城已被攻陷，城内的麦加拉人处于混乱的情况中。和雅典人私通的人说，他们应当打开城门，出外作战；其他民主党人也支持这个建议，因为他们是知道这句话的用意的。他们已经商量好了，只等城门一打开，雅典人就冲进去，而亲雅典党人头上涂上许多橄榄油，表示和别人的区别，使雅典人不至于伤害他们。现在他们打开城门，更为安全了，因为依照预定的计划，雅典有四千名重装步兵和六百名骑兵从埃琉西斯连夜进军，现在已经赶到了。

当亲雅典党人自己头上涂了橄榄油，已经到了城门口的时候，有一个参加阴谋的人把这个计划秘密地告诉了贵族党人，于是贵族党人联合一致，跑上来说：他们不应该出城外作战；事实上，过去他们的势力比现在强的时候，也从来没有出城外作过战；使城邦这样很明显地处于危险的地位，是不对的。他们还说，如果不听他们的话，那么，战争就会马上在城内进行。他们没有表示他们知道了这个阴谋，但是坚持他们的意见是最好的。同时，他们站在城门口，守着城门，使阴谋者没有实现阴谋的机会。

雅典的将军们知道他们的阴谋出了毛病，已经不能利用袭击的方式取得麦加拉城了。因此，他们马上开始封锁尼塞亚；他们认为，如果他们能够在援兵到来以前攻陷尼塞亚的话，麦加拉也会投降的。石匠、铁以及其他所需要的一切东西都从雅典带来了。他们从他们所占领的城墙开始，向着麦加拉一边建筑一条城墙，直达尼塞亚两端的海边，以断绝尼塞亚和麦加拉间的联系。军队中各个支队负责完成一段城墙或壕沟；他们在近郊采取石头和砖，并且砍伐果树或其他木材，在必要的地方建筑栏栅。近郊也有一些房屋，他们把这些房屋加筑防御墙，使之坚固后，自然成为要塞系统的一部分。

这项工作整天在进行中。次日下午，城墙正将完成了的时候，尼塞亚的驻军惊慌起来了。他们没有食物了（因为他们通常是每天把粮食从上城运来的），他们觉得伯罗奔尼撒人不会很快地来援救他们的；同时，他们又以为麦加拉人都是反对他们的。因此，他们就向雅典人投降了。投降的条件是这样的：他们缴械后，每个人都可以用一定的款额赎回；城内的斯巴达司令官以及其他斯巴达人听候雅典人处理。这些条件商谈好了之后，驻军就出来了。于是雅典人毁坏长城和麦加拉城相连接的地方，占领尼塞亚，准备下一个军事行动了。

这时候，斯巴达军官伯拉西达（推利斯的儿子）正巧在西息温和科林斯的附近，准备一支军队远征色雷斯。当他听到雅典人进陷长城的消息的时候，他担心尼塞亚的伯罗奔尼撒驻军的安全；同时，恐怕麦加拉城本身也会失陷。因此，他派人到彼奥提亚人那里去，要求他们马上派军队来，和他在特利波第卡斯[①]会合。同时，他亲自率领二千七百名科林斯重装步兵，四百名夫利亚西亚人，六百名西息温人[②]和他已经召集起来了的全部军队出发，希望在尼塞亚还没有陷落之前到达那里。当他发现尼塞亚已经失陷了的时候（他于晚间进军往特利波第卡斯），他从他的军队中选出了三百名精兵。不等到敌人知道他来了的时候，他就向麦加拉城进军，而没有被雅典人发觉，因为雅典人在海边。表面上他说是想恢复尼塞亚，如果可能的话，他真的会尝试；但是最重要的，是想进入麦加拉城，以保全这个城市。因此，他请求麦加拉人让他和他的军队进入城内；并且告诉他们，说他有希望恢复尼塞亚。

但是麦加拉城内的两个党派都害怕了：民主党人害怕伯拉西达恢复逃亡者而驱逐他们；而贵族党人则担心民主党人因为害怕被伯拉西达所驱逐而恢复逃亡者，将向他们进攻。如果城内发生

① “这个村庄在麦加里德的哲朗尼亚山下。”

② 斯密司译本作七百西息温人。——译者

战事，而紧靠在城下的雅典人看见这种情况，麦加拉就会沦陷。因此，他们拒绝伯拉西达入城，两党都宁愿维持和平，等待事件的发展。双方面都希望雅典人和援军间发生战斗，认为等到他们的朋友获得胜利后，才和朋友们联合在一起，比较安稳些。

伯拉西达没有达到他的目的后，即回到他其余的军队里去了。黎明时，彼奥提亚人和他会合在一起了。就是在伯拉西达派人到他们那里去之前，他们已经有意来援助麦加拉了的。因为他们认为麦加拉所处的危险对他们也是有影响的；他们已经集合了全部军队在普拉提亚。当伯拉西达的使者来的时候，他们更加要来支援了；于是他们马上派遣二千二百名重装步兵和六百名骑兵来支援他，而带着其余的大部分军队回国去了。现在全部军队会合在一起，至少有六千名重装步兵。

雅典的重装步兵在尼塞亚的周围和海边，列成阵势；但轻装步兵却分散在平原上。这些轻装步兵被彼奥提亚人驱逐，退到海边；彼奥提亚骑兵的进攻完全出乎雅典人意料之外，因为过去从来是没有任何地方派遣援兵来帮助过麦加拉的。于是雅典的骑兵出来和彼奥提亚人交战。战斗了相当时间，后来双方都宣布胜利。彼奥提亚的骑兵司令官和少数其他的人向前推进，达到尼塞亚，都被雅典人所杀，他们的盔甲也被剥夺了，尸体落在雅典人手中。在休战条件下，雅典人才把尸体退还给彼奥提亚人。雅典人建立了一个胜利纪念碑。但就整个战役而论，双方都没有决定性的胜利。彼奥提亚人回到自己的部队，而雅典人回到尼塞亚去了。

这次战役之后，伯拉西达和他的军队向前移动，跟海边和麦加拉城更加接近了。他们占据一个有利的地方作为阵地，列成阵势，以等待雅典人向他们进攻，他们知道麦加拉人在等待着，看哪一方面胜利。在他们的心目中，从各方面看来，这个计划似乎是很好的；他们用不着首先进攻，或者出来冒战斗的危险，因为他们很明显地表示他们只准备自卫，所以用不着费很大的气力，他们就可以勉强认为是胜利了；同时，这也是合于他们在麦加拉的利益的。因为如果他们不来装作要作战的样子的话，他们根本就没有机会，他们一定会被认为是战败了，马上就会失掉麦加拉。事实上，雅典人很可能不想出来交战，因为他们根本用不着战斗，已经达到了他们的目的。实际上，结果真的是这样的。雅典人列阵在长城之外，因为敌人没有向他们进攻，他们也留守在自己的阵地上。根据他们的将军们的估计，如果他们向人数较多的敌人首先进攻的话，他们太冒险了。他们已经达到了大部分的目的；现在如果一战而胜的话，他们也不过获得麦加拉城；但是如果一战而败的话，他们重装步兵的最好部队会受到严重的损失。而在另一方面，敌人的军队是由各国的分遣队组成的；在全军中，每个分遣队只冒一部分的危险，因此，他们会表现得更加勇敢，这是可以意料得到的。因此，两军对峙了相当的时候，任何一方都不进攻。于是雅典人回到尼塞亚去了，后来伯罗奔尼撒人也回到他们原来驻扎的地方去了。这时候，麦加拉城内同情逃亡者的党人有了信心，他们认为伯拉西达获得胜利，而雅典人不愿再战了；因此，他们替伯拉西达和各国的司令官们打开城门，请他们进入城中，和他们进行谈判，亲雅典党人这时候，恐慌起来，不敢妄动了。

以后，伯拉西达遣散同盟国的分遣队，让他们各自回国，而他自己则回到科林斯去了。他在那里继续准备他已经开始了的远征色雷斯的军队。雅典人也回国去了，城内和雅典人私通的麦加拉人知道他们已被发觉，马上溜跑了。其余的人和逃亡党人的友好谈判，从培加召回逃亡党人，逃亡党人宣誓：他们只能为城邦谋利益，绝对不报复既往的私仇。

但是流亡者恢复政权之后，马上检阅重装步兵，把各军队分驻在城市的各地方。于是他们挑选出约一百个和他们有私仇的以及有和雅典人私通的重大嫌疑者，强迫人民公开表决宣判。这些人都被判处死刑。于是他们在城邦内建立了严格的贵族政治。这是少数人变更政体，但是这个政体延续了一个很长久的时间。

第六章　伯拉西达在色雷斯

在同一个夏季中，密提林人正将实行他们在安坦德拉斯[①]建筑要塞的计划了。但是雅典派去征收贡税的舰队司令官德谟多卡斯和亚里斯泰德，[②]当他们在赫勒斯滂的时候，听说这个地方正在建筑要塞，他们恐怕这个地方之为害，正如安尼亚[③]对萨摩斯之为害一样。因此，他们从同盟国召集军队后，即起航，他们打败了从安坦德拉斯出来反抗他们的人，夺回了那个地方。不久之后，已经

---

① 参阅第 335 页。

② “第三个司令官拉马卡斯带着十条船舰已经航入黑海。”

③ “这是萨摩斯的流亡党人所住的地方，他们从这个地方援助伯罗奔尼撒人，派人给伯罗奔尼撒人做舵手，同时扰乱萨摩斯城，欢迎一切从萨摩斯放逐出来的人。”（参阅第 227 页。）

航入黑海的拉马卡斯停泊在赫拉克里亚领土内的卡勒克斯河中，因为内地大雨，突涨洪水的结果，他丧失了他的船舰。他本人率领他的军队，步行通过海峡对面亚洲领土内俾泰尼亚的色雷斯人所居住的地方，达到黑海口上麦加拉的殖民地卡尔西顿。

同一夏季中，正在雅典人从麦加里德回来之后，雅典将军德谟斯提尼率领四十条船舰到了诺帕克都。一些彼奥提亚的城市中，有一些人跟德谟斯提尼和希波克拉底勾结，阴谋推翻当地的政府，实行和雅典一样的民主政治。底比斯的逃亡者提奥多拉斯在这些阴谋中负主要的责任。他们预订的计划是这样的：一个党派将西菲镇出卖给雅典（西菲是特斯匹伊领土内克利塞湾畔的一个市镇）；另一个党派是奥科美那斯人，他们准备把喀罗尼亚交出（喀罗尼亚是通常称为迈尼安-奥科美那斯，而现在叫作彼奥提亚的奥科美那斯之属地）。在这个阴谋中，奥科美那斯的逃亡者特别活跃，他们雇佣一些伯罗奔尼撒人，组织军队，有些佛西斯人也参加了这个阴谋。[①] 同时，在计划中，雅典人将夺取第力安，这是塔那格拉境内面向优卑亚的阿波罗神庙所在地。这一切都计划在预定的日期同时进行，使彼奥提亚人不能开拔全军去进攻第力安的雅典人，而必须先对付国内各地的内乱。如果一切进行顺利，在第力安能够建筑要塞的话，他们预料：纵或彼奥提亚诸城市不会马上就发生革命，但是一旦这些地方被占据了的话，整个地区都会遭到掠劫，所有反对政府的人都容易逃亡；这样一来，各城市的现况是不能够维持得很长久的。实际上，事物的发展将终如阴谋者所盼望的，因

① “喀罗尼亚在彼奥提亚的边界上，和佛西斯的法诺替斯城很相接近。”

为雅典人将在那里支持叛变者，而政府不能派遣联合军队去对抗他们。

他们预定的阴谋就是这样的。预定的日期到了的时候，希波克拉底本人即率领雅典军进入彼奥提亚。同时，他派遣德谟斯提尼首先率领四十条船舰往诺帕克都，使他在那里从阿开那尼亚人及其他同盟者中召集一支军队，然后起航去接受西菲的投降。他们确定了一个日期，使两方面的军事行动同时进行。当德谟斯提尼到达那里的时候，他发现阿开那尼亚人的联合军队已经强迫伊尼亚第加入了雅典同盟。他本人召集那个地区所有的同盟军，进攻萨林修斯和阿格里人[①]。他强迫这些地方和雅典建立同盟后，就准备一切，使他能够在预定的日期达到西菲。

大约在这个夏季的同一个时候，伯拉西达率领一千七百名重装步兵已在往色雷斯区域的途中。当他到达特累启斯的赫拉克里亚的时候，他派遣一个使者往他在法赛鲁的朋友们那里去，请求他们沿途护送他和他的军队。结果，帕那鲁斯、多拉斯、希波洛基达、托利劳斯和斯特罗法卡斯（他是卡尔西斯人的代表）等人在亚加亚的麦利提亚和他相会合。在他们护送之下，伯拉西达继续前进；跟他们一起护送的还有一些帖撒利人，包括拉里萨人尼科尼达（他是柏第卡斯的朋友）在内。

没有护送而想要通过帖撒利，绝对不是一件容易的事；当然，带着军队通过是更加困难些。实际上，未得到允许而通过邻国，在所有的希腊国家中，都同样地会惹起猜疑的。再加以那时候，帖撒

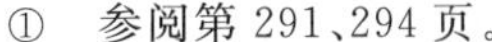

① 参阅第291、294页。

利人和雅典人总是友好的。所以，如果当地的政府是民主政治，而不是在一个有势力的阶级手里的话，伯拉西达是绝对不能前进的。当地的政府虽然是贵族政治，但是伯拉西达在进军到伊尼匹阿斯河畔的时候，还遇着反对党的人，阻止他的前进，他们说他没有得到全体人民的同意，而从那里通过，这是非法的行动。护送他的人回答说：当然，他们不愿意违背当地居民的意旨而领导他通过这个地区；不过他既然意外地到达了这里，他们是他的朋友，所以和他一路走。伯拉西达自己也说：他是以帖撒利人的朋友的资格来的，他进军的目的只是反对雅典人，因为他是和雅典人作战；而不是反对帖撒利人；他知道帖撒利和斯巴达没有任何纠纷，彼此通过两国的领土是不会受到阻碍的；现在如果他们拒绝的话，他当然愿意停止前进（事实上也不可能前进）；但是他认为，如果他们阻止他前进，那是不对的。

帖撒利人听了这些话之后，就跑开了；伯拉西达听了那些护送他的人的劝告，以最可能的速度向前推进，没有停止，使帖撒利人来不及召集更多的军队来阻止他。因此，他在一天之内就从麦利提亚到了法赛鲁，驻扎在阿匹丹那斯河畔。他从那里往法西阿斯，再从法西阿斯往柏希比亚。到了这里之后，护送他的帖撒利人回去了。柏希比亚人是帖撒利的属民，他们把他带到第安①，第安已经是在柏第卡斯王国领土之内了。

伯拉西达就是这样通过帖撒利，没有遇到任何困难，阻止他前进的军队也来不及召集起来，他就到了柏第卡斯那里和卡尔息狄

① “第安是帖撒利边界上奥林配斯山下一个马其顿的市镇。”

斯。伯罗奔尼撒军队正是柏第卡斯和叛离雅典的色雷斯诸城镇请来的，因为他们看见雅典势力的扩大而恐慌起来了。卡尔西斯人认为雅典下一次进攻的对象就是他们了（同时，还没有暴动的邻近城市也秘密地派人去请伯罗奔尼撒人来）；柏第卡斯虽然没有公开和雅典作战，但是他因为过去和雅典人的纠纷而恐慌，特别是他想征服林卡斯国王阿拉皮阿斯。

那时候斯巴达人作战不利，所以他们更加容易从伯罗奔尼撒请得这支军队，因为雅典人正在进攻伯罗奔尼撒，特别是进攻斯巴达本国的领土，斯巴达人认为转移这些进攻的最好的办法就是派遣军队到雅典的同盟国去，特别是那些愿意给养军队和正在请他们的军队来，以便叛离雅典的同盟国去，给雅典人以同样的骚扰。斯巴达人也乐于有个好的借口，派遣一些希洛人出国；因为在目前形势之下，派娄斯尚在敌人手中，他们害怕发生革命。事实上，希洛人顽强的性格和人数的众多，使斯巴达人害怕到这样的程度，以致他们采取下列的计划[①]：他们发表宣言，要求希洛人从自己的人中间选出那些他们自己认为战功最多的人来，暗示这些人可以获得自由。但是这只是一个试探，他们认为那些表现得最勇敢，首先起来要求自由的人就是那些最容易起来反抗斯巴达的人。结果，选出了大约两千人，他们头戴花冠，环绕神庙行走，以为他们将获得自由。但是不久之后，斯巴达人把他们都除掉了；甚至于这些人中，每个人是怎样弄死的，也没有一个人确切地知道。

现在这一次，斯巴达人乐于派遣七百名希洛人，作为重装步兵

① “斯巴达人对希洛人的政策总是完全以自己的安全为基础的。”

随着伯拉西达服务远征。他其余的军队是在伯罗奔尼撒招募而来的雇佣兵。斯巴达人派遣伯拉西达，大部分是由于他自己的志愿，虽然卡尔西斯人也渴望他去，因为他在各方面的能力使他在斯巴达本国有很高的声誉，他在国外的功绩对于他的国家也是很有利的。这一次他对于这些城市的正直和温和的行动，使他能够引起许多城市叛离雅典，同时能够利用内应的手段取得其他的城市，所以当斯巴达要讲和（后来它终于讲和了①）的时候，它有地方提出来和雅典所占领的地区相交换；同时使伯罗奔尼撒减轻了很多战争的负担。在战争的后期，在西西里远征之后，使雅典同盟者中产生亲斯巴达情绪的主要原因是伯拉西达的勇敢和他在此时所表现的智慧——伯拉西达的这些品质，有些人是从自己亲身经历中知道的，有些人是因为听得人家说而推想知道的。他是第一个这样派遣出来的人，他在各方面获得很好的名誉，所以他留给以后的人一个根深蒂固的信仰，认为其他的人也是和他一样的。

雅典人听说他到了色雷斯之后，马上对柏第卡斯宣战，因为他们认为这次远征军是他引起来的，他们更紧密地监视这个地区的同盟者。柏第卡斯有了他自己的军队之外，再加上伯拉西达的军队，马上进攻林卡斯的马其顿国王阿拉皮阿斯（布洛马拉斯的儿子）；阿拉皮阿斯的国家和他自己的国家相毗连，同时因为阿拉皮阿斯和他不和睦，他想征服阿拉皮阿斯。但是当他带着他的军队和伯拉西达到了进入林卡斯的山峡的时候，伯拉西达说，他想在作战之前，先去和阿拉皮阿斯商谈，看是不是可以使阿拉皮阿斯加入

① 公元前 421 年；参阅第 412 页。

斯巴达同盟。事实上,阿拉皮阿斯已经自己提出来了,他准备承认伯拉西达为仲裁者;和伯拉西达在一起的卡尔西斯人的代表们也劝他,为着保证柏第卡斯对他们自己的事务有充分的支持起见,最好在开始的时候不要让柏第卡斯太占便宜了。并且柏第卡斯派往斯巴达去的代表们在斯巴达也说到,柏第卡斯将使其邻近的许多地方都加入斯巴达同盟;在这个基础上,伯拉西达认为他和阿拉皮阿斯交涉的时候,他有权力从更广泛的意义上考虑这个问题。但是柏第卡斯回答说:他带伯拉西达到那里去的目的不是来作仲裁者,以解决他和阿拉皮阿斯之间现有的纠纷的;伯拉西达的职责只是来消灭他(柏第卡斯)所指出来的敌人的;同时他维持伯拉西达一半军队的给养,而伯拉西达竟和阿拉皮阿斯谈判,这也是不对的。但是伯拉西达不承认这种看法。他违反柏第卡斯的意旨,和阿拉皮阿斯谈判。阿拉皮阿斯说服了他率领他的军队离开那里,而没有侵入阿拉皮阿斯的国家。此后,柏第卡斯认为他受了委屈,因此他只负担伯拉西达军队三分之一的经费而不肯负担一半了。

在同一个夏季中,伯拉西达马上率领他自己的军队和卡尔西斯人,正在葡萄将要收获之前,进攻安得罗斯的殖民地阿堪修斯。对于接待他的问题上,当地居民分成鲜明的两派:一派是那些和卡尔西斯人一起邀请他来的人;另一派是一般民众。但是人民因为担心他们郊外的果实,所以听了伯拉西达的话,让他一个人进城来,在他们做最后决定之前,听听他所要说的话。因此,他们允许伯拉西达进城,出席民众会议。对于一个斯巴达人说来,他绝对不是一个拙于言辞的。他发言如下:

"阿堪修斯人:斯巴达人派遣我和我的军队出来的目的是履行

我们在战争之初所发表的宣言——就是我们将和雅典作战，以解放希腊。如果我们已经来迟了的话，这只是因为在我们自己国内战争的进行不是如我们所预料的。我们所希望的，只是用我们自己无外援的力量粉碎雅典，而不使你们有丝毫的冒险。现在你们不要因为我们姗姗来迟而责难我们，因为一旦有机会，我们就来了。有了你们的援助，我们将尽我们的力量使雅典人屈服。但是我很诧异，你们不兴高采烈来欢迎我，反而闭着城门来反对我。我们斯巴达人认为我们是到那些需要我们的同盟者那里来的；这些同盟者，就是我们没有来的时候，也常在心中想念我们是和他们在一起的；所以我们冒着一切危险，多日行军，通过异邦人的土地，尽我们一切的力量来从事这个冒险。如果你们有不同的想法，你们拒绝你们自己以及其他希腊人的解放的话，真的，这是一件不好的事情。这不仅是你们自己反对我的问题；我到其他的人民那里去的时候，他们也将不和我联合的，因为他们会这样想：我首先到你们这里来——你们的城市是重要的，你们的贤德是有名的，——而你们不欢迎我。那么，我就不可能使人民相信我的目的；他们不是认为我所提出来的解放希腊是假的，就会认为我到此地来是懦弱无能，如果雅典人来进攻的话，我不能保护你们的。但是当我去援救尼塞亚的时候，雅典人所不敢向它进攻的正就是我现在这支军队，虽然他们的人数多些，他们不会派遣和他们在那里一样多的军队，渡过海洋来进攻你们的。至于我，我到这里来的目的，不是来危害希腊人；我的使命是来解放他们，我可以指出我国政府所宣布的最神圣的誓言，保证我所拉到我们那一边的一切同盟国的独立。我们不想利用武力或阴谋的手段以求取得你们的同盟；正相反，我们是要和你们联合在一起，帮助你们脱离雅典的羁绊。在我看来，我的这个目的似乎已经有了充分的证明；我想，怀疑我个人或认为我不能保护你们，这是没有理由的。我认为你们应当鼓起精神，宣布拥护我。

“你们中间也许有人害怕某些私人，而不愿帮助我，提防我把城邦交给这个或那个党派；这些担心是完全没有理由的。我到这里来的目的不是想在你们的内政中偏袒任何一边的；假如我忽视你们自己的宪法，而使少数人奴役多数人，或者使多数人奴役少数人的话，我认为我不是给你们以真正的自由。这样将会比受外族人的统治更加恶劣些，而我们斯巴达人的辛勤劳绩也不会使人感激。我们所得到的将不是名誉和光荣，而是被人谴责。那么，我们自己正会犯着我们所谴责雅典人的，以及我们所以进行这次长期战争来反对的那些恶行；这些恶行在我们身上比在那些从来没有宣布自己的美德的人身上，只会更加可恨些。因为利用伪善的欺骗手段以达到自己的目的，比公开地利用暴力更为可耻，至少对于过去有过道德美名的人是这样的。因幸运而获得势力的人痛痛快快地实行侵略，还可以说是有一点理由的；而另一种进攻的方式则完全只是恶心肠想出来的诡计。对于我们，这些原则最重要的，我们极端慎重地遵守这些原则；除我们所宣誓的誓言外，你们可能有的最可靠的保证是把我们所说的言辞和具体的事实来比较一下，你们一定会得到这样结论：我们按照我们所说的去做，是合于我们的利益的。

“现在我已经把我的立场说清楚了，如果你们还说你们没有能力办到，但是对我们有友好的感情，因此你们不应该因为拒绝我而

受到痛苦,说你们把自由当作一个有危险性的东西,只能把自由给予那些能够接受的人们才是对的,而不要违背任何人自己的意旨,强加于他的身上,那么,我将呼吁你们国家的神祇和英雄们作见证,我到这里来帮助你们,而不能使你们了解这一点。我将破坏你们的土地,以武力强迫你们倒向我们这一边来。一旦到了那个地步,我就不会认为我是做错了的。我认为在我这方面有两个很好的理由,使我不得不采取这种行动:第一,如果你们不肯和我们联合在一起的话,我应当不许你们(我们的朋友)继续给付金钱予雅典,以危害斯巴达;第二,我应当不许你们阻碍希腊人脱离雅典的羁绊。不然的话,我们就完全没有权利作我们所正在做的一切事情了。我们斯巴达人只有在解放那些自己不愿意解放的人们的行动中才能证明我们是有理由的,因为我们的行动是为着全体人的利益。我们没有建立帝国的野心;我们努力的目的是推翻帝国。如果我们允许你们阻碍我们向全体人所保证的独立,那么,我们就是损害大多数人的利益了。

"请你们考虑我所说的话而作出贤明的决议来。把希腊独立运动的始创者作为你们奋斗的目标,保证你们自己永久的光荣。这样,你们可以为你们的个人避免可能发生的损失,为你们整个城邦获得最好的名誉。"

这就是伯拉西达的发言。阿堪修斯人经过双方面发言讨论之后,举行秘密投票;一部分因为他们受了伯拉西达演说的影响,一部分因为他们担心他们郊外的果实,大部分人都赞成叛离雅典。他们首先要求伯拉西达保证他自己所说的,就是斯巴达政府派遣他出来的时候所宣誓的誓言,保证一切他所说服过来的同盟者的独立，然后他们欢迎他的军队进城。不久之后，安得罗斯的殖民地斯塔基拉斯[①]也一起叛离雅典了。这一切都是那个夏季发生的事。

第七章　雅典人在第力安的败绩

接着在冬季开始的时候，[②]彼奥提亚的一些地区原先是计划要交给雅典将军们希波克拉底和德谟斯提尼手中的；德谟斯提尼带着他的舰队要达到西菲，而希波克拉底要达到第力安。但是他们各人把动身的日期弄错了。德谟斯提尼首先用船舰载着阿开那尼亚人的军队以及这些地区的许多同盟军驶往西菲，但是没有任何成就。这个阴谋已经被法诺替斯一个名叫尼科马卡斯的佛西斯人所泄露，他秘密地告诉了斯巴达人，斯巴达人又秘密地告诉了彼奥提亚人。彼奥提亚各地的援兵都开到了；而希波克拉底还没有到那里，以分散彼奥提亚人的兵力；所以他们预先坚守着西菲和喀罗尼亚，参加阴谋的人知道了这个错误，不敢在城中采取进一步的行动了。

以后当彼奥提亚人已经从西菲回来了的时候，希波克拉底带着从雅典公民和雅典的异邦人以及城内的外族人中所召集来的全部军队才达到第力安。他和他的军队驻扎在这里，开始在第力安

① 在阿堪修斯之北约十二英里，亦称斯塔吉拉，是亚里士多德的出生地。

② 接着第355页的叙述。

设防。他们在神庙和圣地的周围挖掘壕沟，把挖掘出来的土建筑城墙，沿着城墙树立木桩。他们把神庙园地上的葡萄树砍下来，和砖头、石头一起丢进去，这些砖是从他们破坏的房屋中取来的。所以他们尽一切努力把要塞筑得高些。在必要的地方以及神庙建筑物防卫不够的地方（那里有一块地方的柱廊是塌下来了的），他们建筑木塔。他们在离开雅典后的第三天就开始工作，第四天继续工作，直到第五天中午时为止。那时候，大部分工作已经完成了，他们的军队启程回国，离开第力安大约有十斯塔狄亚了。大部分轻装步兵继续从那里一直向前走，但是重装步兵停下来休息了。希波克拉底还在第力安，忙于组织驻防军和适当地安排完成要塞的其余部分。

在这五天里，彼奥提亚人调动他们的军队到了塔那格拉。当各城市的分遣队到了的时候，他们发现雅典人已经动身回国了；彼奥提亚十一个将军中间有十个反对交战，因为雅典人已经不在彼奥提亚境内了。[①] 但是底比斯的两个将军中间有一个是伊奥利达的儿子帕冈达（另一个是莱西马库斯的儿子阿里安提德），他是当时指挥全部军队的总司令官，他主张交战，认为这个冒险是值得的。他把一个一个中队召集到他的面前来，使他们不至于同时离开他们的武器，劝他们进攻雅典人，勇敢地和雅典人作战。他的演说如下：

"彼奥提亚人：我们是你们的将军，我们中间任何人心中都不应该认为单单因为我们发现雅典人不在我们自己的国境之内就不

① "当他们停下来的时候，他们大概在边境上的俄罗巴斯。"

和他们交战了。他们越过边界，来到这里，他们在这里已经建筑了一个设防的据点，他们的用意是来破坏我们的国土的。因此我认为他们无论在什么地方，只要我们能设法赶上他们，他们在他们出发来危害我们的那个地方，仍然一样是我们的敌人。事实上他们总是我们的敌人。如果在目前你们中间有任何人认为不去惹雅典人是比较安全些的话，那么，他应该去掉这种思想。当一个受人攻击而应当考虑他自己国家的安全的时候，他不能只考虑慎重从事。只有那些自己的国家已经安全，处心积虑地想攻击别人，以求扩张自己的势力的人才要慎重从事。你们的传统是和外国的侵略军作战，不管它是在你们国境之内或在任何邻近地区。对于雅典人，我们更加要这样做，因为他们和我们的边界相连。在邻国的一切关系中，只有能维持自己的自由的时候，才能获得自由；对于那些不满意于邻近的国家，一心只想广泛地扩张其领土的邻国，我们只有作战到底。我们在一水之隔，就有优卑亚的例子；我们也知道，其余大部分希腊的国家对于雅典的感觉是怎样的。我们应当知道，别的国家是为着边界问题而和邻国作战；但是对于我们说来，如果我们被征服了的话，那么，根本就没有什么边界的纠纷了，因为全国只有一个边界了。他们将来只要跑来，就可以把我们所有的一切用武力夺去。实际上，和雅典人做贴壁邻居是最危险的事。

“同时，当人们对于自己的力量有很大的信心而进攻他们的邻人（正如现在雅典人的情况一样）的时候，他们通常是更加勇敢地进攻一个按兵不动，只在自己国内防卫自己的敌人；但是如果他们发现有人出来和他们在国外交战，乘机采取主动进攻的时候，他们就不会这样有决心来搏战了的。在对付这些雅典人的时候，我们

自己已经有了这种经验。在雅典人因我们有内争而占领彼奥提亚的时候,我们在科罗尼亚打败了他们,[①]因为这次胜利,我们使我们的国家得到了安全,直至今日。这件事情我们应该记着,我们中间年纪老一点的人应该按照他们过去的行动去做;而年纪轻一点的人(他们是那时候作这样伟大事业的人的儿子们)应该努力,不要给他们遗传下来的勇敢名誉带来羞耻。我们能够相信,他们非法设防,而且现在还占据的神庙的神明会帮助我们,我们也相信我们所供奉的牺牲的吉祥预兆。那么,让我们勇往直前,进攻他们,向他们表示:他们只有进攻那些不打算自卫的人民,才能够取得他们所想要的东西;至于我们,则认为始终要为国家的自由而战,绝不非正义地奴役他国,这是荣誉攸关的问题;不打一仗是不放他们逃跑的。"

帕冈达用这些鼓励的言辞,说服了彼奥提亚人去进攻雅典人。当天已经晚了,他迅速地开拔他的军队,领导他们前进。当他和雅典军队相接近了的时候,他在一个地方停下来,这个地方有一个小山,把他们和雅典人隔开了,彼此都不能看见。他就在这个地方把他的军队列成阵势,准备战斗。

希波克拉底在第力安,但是当他听到彼奥提亚人进军的消息,他命令他的军队列成阵势;不久之后,他自己来了。他留下了大约三百名骑兵驻守第力安,以防敌人的进攻;同时也等待机会来参加对彼奥提亚人的战斗。

彼奥提亚人分出一些军队来专门对付这支雅典军队。当他们

① 公元前447年;参阅第88、254页。

的准备工作完成了的时候，他们在山顶上出现，列成准备作战的阵势。他们有七千名重装步兵，一万多名轻装步兵，一千名骑兵和五百名轻盾兵。底比斯及其邻近地区的军队列在右翼；哈利阿提亚人、科罗尼亚人、开帕依斯人以及滨湖[①]地区的其他人列在中央；特斯匹伊人、塔那格拉人和奥科美那斯人列在左翼；骑兵和轻装步兵列在两翼的极端。底比斯人列成纵深二十五盾的队形，其他军队列成各种不同的队形。这就是彼奥提亚军队和战争行列的情况。

在雅典人方面，重装步兵列成纵深八排的阵势，站在整个前线，人数和敌军的重装步兵相等，骑兵列在两翼。这次战争没有适当武装的轻装步兵，雅典也没有这类军队。参加这次侵略的轻装步兵人数比彼奥提亚方面的多得多，但是他们大部分只是跟着武装不完备的军队一起，作为雅典公民和异邦人全体远征军中的一部分，因为他们首先启程回国，所以还留在军队里面的人数就极少了。

现在两军都列成阵势，正要交战了，将军希波克拉底沿着雅典军队的行列行走，用下面的演说鼓励他们：

“雅典人：我对你们只说几句话，但是对于勇敢的人说话，简短的演说和长篇的演说是一样地有益的。我不想激动你们的情感，只提醒你们一些事实。我希望你们不要因为我们在外国，就以为我们所处的危险是和我们没有重大关系的。我们虽然在他们的国境内作战，但是我们是为了我们自己的国家而作战。如果我们胜

① 即开帕依斯湖。

利了的话，伯罗奔尼撒人得不到彼奥提亚人的骑兵的帮助，绝对不会再侵略我们的国家了；在这次战役中，你们将获得彼奥提亚，同时也解除了雅典的危险。你们是我们都自豪称为希腊第一个城邦的公民，你们的父辈曾经在迈隆尼德领导之下，在恩诺斐塔[①]打败过他们的，那么，你们应该以伟大城邦公民的精神，像你们的父辈一样，勇往直前，和他们会战吧！”

希波克拉底发表这篇鼓励士兵的演说时，沿着行列走了一半，但是不能再向前走了；因为现在彼奥提亚人在帕冈达也匆匆地向他们演说之后，高唱战歌，开始从山上向下面进攻了。雅典人向前抵抗，两军跑步相迎。双方的两翼极端没有接触，因为两方面都同样地为暴涨的河道所阻。但是在其他各处的战斗是激烈的，盾和盾相压迫。彼奥提亚人的左翼直到中央，被雅典人打败了；在这里，雅典人给彼奥提亚人以很大的损伤，特斯匹伊人死伤尤多，因为支持他们的军队败退的时候，特斯匹伊人被围在一个狭窄的地域内，在肉搏战斗中被杀死了。有些雅典人在这里也被自己的军队所杀，因为在包围运动中，他们混战一团，把自己的人误作敌人了。

在这部分战场上，彼奥提亚人的情况是最糟糕的，他们逃回到那些还在那里战斗的军队里去了。但是右翼是底比斯人，他们战胜了雅典人，起初压迫雅典人步步退却，还继续压迫着。正碰着帕冈达看到他的左翼受窘迫，因而派遣两个骑兵队绕过山后，使雅典人看不见。当他们突然出现了的时候，他们引起已经胜利了的雅

① 公元前 457 年。

典右翼惊慌，因为雅典军队以为这是另一支军队来向他们进攻了。现在一方面因为右翼受到了这个惊慌；另一方面，因为底比斯人继续向前冲进，突破了左翼，于是雅典全军开始逃亡。有些向第力安和海边逃走，有些向俄罗巴斯逃走，有些向巴尼斯山逃走，或者向任何他们认为有安全希望的方向逃走。彼奥提亚人追赶他们，把他们砍倒——特别是彼奥提亚骑兵和罗克里斯人，因为雅典人开始溃退的时候，这些骑兵和罗克里斯人就已经赶上了他们。但是因为天黑了，他们不能再追赶，所以大部分逃亡者比较容易逃掉。次日，在俄罗巴斯和第力安的雅典军队从海道回国，[①]留下了一支驻防军队守着第力安；雅典人虽然战败了，第力安还是在他们手里。彼奥提亚人建立了一个胜利纪念碑，收回了他们自己的阵亡者的尸体，剥掉阵亡雅典人的衣服，派一个卫队守着。然后他们回到塔那格拉，计划进攻第力安了。

同时，雅典人派遣一个传令官往彼奥提亚去请求退还雅典阵亡将士的尸体，雅典的传令官在中途遇着彼奥提亚的传令官。彼奥提亚的传令官告诉雅典的传令官说，在他（彼奥提亚的传令官）完成他自己的任务之前，雅典的传令官是不会达到目的的；所以他要雅典的传令官回去。于是彼奥提亚的传令官往雅典人那里去，传达彼奥提亚人的通知。通知是这样说的：雅典人做错了，违犯了希腊的法律。全希腊所遵守的共同规则是侵入他国者不得侵犯那个国家的神庙。但是雅典人在第力安设防，并且驻扎在第力安。

① 很有趣的，苏格拉底参加了第力安的战役，救了亚西比得的生命（参阅柏拉图：《筵话篇》221e）。

他们在那里做了人们只能在非神圣地方做的一切事情；那里的水，除了在祭祀前作为洗手之用以外，彼奥提亚人是绝对不许动用的，而雅典人汲取这些水来作普通用途。因此，为着神祇，同时也为着他们自己，彼奥提亚人用这个地方的神明和阿波罗的名义，警告雅典人，首先离开神庙，然后他们才可以取回他们自己阵亡者的尸体。

彼奥提亚的传令官说了这些话之后，雅典人派遣他们自己的传令官到了彼奥提亚人那里，他这样说：关于神庙，他们没有做错；如果他们办得到的话，他们将来也不会损坏这个神庙；他们占领这个神庙，原来没有这种用意，只是利用这个神庙来自卫，以抵抗彼奥提亚人，因为彼奥提亚人才是真正的侵略者；按照希腊的法律，无论何人征服一个地区之后，不管地区的大小，地区内的神庙一定同时也为他所占有，他也有责任，尽可能地维持通常的宗教典礼；彼奥提亚人自己以及其他大部分的人也曾经驱逐一个地方的原有居民，而自己占领那个地方，把那个地方的神庙据为己有；当他们初占领的时候，这些神庙也是他人的财产；如果雅典人能够征服彼奥提亚更多的土地的话，这个原则对于雅典人还是适用的；事实上，他们把占领的地区视为己有，他们是不愿意自动离开的；至于扰乱圣水的问题，这是出于不得已，而不是由于缺少宗教情感；他们为着自卫起见，不得不利用它，以反抗首先侵入亚狄迦的彼奥提亚人；在战争和危急的情况下所做的事情，神明也会宽恕，这是很有理由可以推测得到的；不错，神的祭坛是不自觉的犯罪者的逃避所，真正犯法的人不是那些为情势所迫而采取一些颇为激烈的行动的人，而是那些没有必要而作恶的人。至于死者的尸体问题，彼

奥提亚人的态度表现得比雅典人更加轻视宗教信仰得多，因为彼奥提亚人想以死者的尸体交换神庙，而雅典人不肯为着要收回那些他们有权利收回的东西而放弃神庙；他们应当从彼奥提亚撤退的条件已经没有了，因为他们的所在地已经不是彼奥提亚而是雅典人以武力征服的地方了；因此，他们要求彼奥提亚人遵守现成的习惯，允许他们根据休战条件，收回死者的尸体。

彼奥提亚人回答说：如果雅典人在彼奥提亚境内的话，他们应当退出彼奥提亚后，才能收回死者的尸体；如果雅典人在自己国内的话，他们可以随心所欲地去做。彼奥提亚人认为俄罗巴斯的周围地区（事实上，死者的尸体就在那里，因为这次战役是在边界上打的）虽然是属于雅典人的，但是雅典人非得到彼奥提亚人的允许，是不能够收回死者的尸体的。彼奥提亚人觉得没有理由给予一个在雅典领土内施行的休战和约，他们认为用"首先退出彼奥提亚，然后可以取得你们所请求的东西"这一个公式来回答雅典人，这是完全公平的。雅典的传令官听了他们的话之后，没有达到目的就回去了。

彼奥提亚人马上派人往马利亚湾去，要那个地区派遣标枪手和弹石手来。同时又有了二千名科林斯的重装步兵、从尼塞亚撤退的伯罗奔尼撒驻军和一些麦加拉人来援助他们；科林斯的重装步兵是上次战役后到那里的。他们带领这些军队向第力安进军，袭击第力安要塞。他们应用各种方法进攻，最后用一种机械把这个要塞攻下来了。这种机械的构造是这样的：他们用一根很大的树梁从中间锯作两部分，把两半边的中间完全凿空，然后再紧密地合拢来，像一根管子一样。树梁的一端，用铁索系着一个大锅，从树梁的空处插入一根铁管，弯入锅中。树梁的表面上，大部分用铁皮包着。他们把这个机械从相当距离外，用马车运往主要是葡萄树及其他木材造成的那部分城墙下。当机械靠近城墙的时候，他们把大的鼓风箱插入树梁的一端，鼓风入内。铁管内的风直吹入锅内，锅内是装满了已经燃烧了的煤炭、硫黄和松脂的。于是产生巨大的火焰，使城墙燃烧起来，守城者不能站在他们的岗位上了。他们放弃了他们的岗位而逃跑；因此要塞失陷了。要塞的驻防军有些被杀死，二百人被俘虏，其余大部分跑上他们的船舰后，回国去了。

这次战役后的第十七天，彼奥提亚人收复了第力安。不久之后，雅典的传令官又来请求阵亡者的尸体，他还不知道第力安的失陷。现在彼奥提亚人把阵亡者的尸体交还给他，没有和上次一样地回答他了。在这次战役中，彼奥提亚人阵亡者近五百人；雅典人近一千人，他们的将军希波克拉底也在内；还有许多轻装部队和运输辎重的人也阵亡了。

战后不久，德谟斯提尼因为他航往西菲[①]后，一事无成，这个地方的内应也没有实现，就率领他船舰上的军队（阿开那尼亚人、阿格里人和四百名雅典重装步兵）在西息温的领土内登陆。当他的船舰还没有全部达到岸边的时候，西息温人的军队来了，把已登陆的军队打败，驱逐他们退到船舰上，雅典军队有些被杀，有些被俘。于是西息温人树立一个胜利纪念碑，根据休战和约，把死者的尸体退还给雅典人。

大约和第力安战役同时，奥得里西人的国王西塔尔西斯[②]死

① 参阅第 361 页。

② 参阅第 172、199、204 页。

了；他曾经率领军队进攻特里巴利人，[①]而被特里巴利人打败了。他的侄子撒西斯[②]（斯巴拉多卡斯的儿子）继承了奥得里西人的王国和西塔尔西斯所占有色雷斯的其他土地。

第八章　伯拉西达夺取安菲玻里及其他地方。战争第八年的终结

在同一个冬季中，伯拉西达和他的色雷斯同盟军进攻安菲玻里，安菲玻里是斯特赖梦河畔雅典人的一个殖民地。过去曾经有人企图在这里建立过殖民地——首先是米利都人阿立斯塔哥拉斯，[③]当他从波斯国王大流士那里逃出来的时候，[④]想在那里建立殖民地。但是他被伊东尼亚人所驱逐。三十二年之后，雅典人派遣他们自己的公民和其他地方的志愿者一千人往那里去移民。这支远征军在德拉比斯卡被色雷斯人消灭了。二十九年之后，雅典人又派遣远征军到那里去，以尼西阿斯的儿子哈格浓为殖民地的首领。他们驱逐伊东尼亚人，在那个地方建立了一个市镇。这个地方过去叫作厄尼亚-荷多依，或"九路"。他们开始进行活动的基地是爱昂，这是他们的海港和贸易据点，位于河口，离现在的城市二十五斯塔狄亚，这个城市哈格浓称之为安菲玻里[⑤]，因为它的两

① 参阅第 200 页。

② 参阅第 204—205 页。

③ 参阅希罗多德，V. 126，中译本，第 567 页。

④ 公元前 497 年。

⑤ 安菲玻里的意思是"向两面看的城市"。

面都被斯特赖梦河包围着，他建筑这个城市使它从海上和陆地上都可以被显著地看见。在大陆上，他建筑了一条长城，横过河曲，使整个城市完全被包围起来。

现在伯拉西达进军的目的是来攻打这个城市。他从卡尔息狄斯的阿尼出发，在傍晚时达到奥隆和布洛密斯卡[①]（就是博尔布湖水流入海中的地方）。他停下来，用了饭之后，当晚又继续进军。当时，天气多风暴，空中飘着微雪。因此，他更尽力加快行军的速度，因为他想在除了那些准备内应的人之外，没有任何人知道他将到来的时候，达到安菲玻里。那些和他私通的人是安得罗斯的殖民地阿吉拉斯的移民，他们住在城内，有其他的人民支持，这些人不是被柏第卡斯，就是被卡尔西斯人拉拢过来了的。但是这个阴谋的主要发动者是阿吉拉斯城的人民，他们住在附近，常为雅典人所猜疑；对于安菲玻里，他们有他们自己的计划。伯拉西达到了色雷斯，这是他们的好机会，他们已经和住在安菲玻里城内的本国同胞阴谋了相当久的时间，想把安菲玻里出卖。现在他们欢迎伯拉西达进入阿吉拉斯，马上就叛离了雅典。当天晚上，在黎明之前，他们带着伯拉西达的军队达到河上的桥边。城市本身离渡河的地方还有一点距离，当时的城墙还没有和现在一样达到桥边。桥上仅有少数军队守卫着。伯拉西达很容易地打败了守卫者，渡过了那条桥，一则因为守卫军队中有叛变者，一则因为他们没有料到他会在暴风雨之夜来进攻的。这样，一下他就占有了安菲玻里人郊外整个地区内的一切财产。他的渡过那条桥完全是出乎安菲玻里

① 传说，幼里披底死在这里。

城内人民意料之外；城外的人，有些被俘虏，有些逃入城内。这一切引起城内的大骚动，特别是因为公民自己彼此都不相信任。甚至于有人说，如果伯拉西达继续前进，而不让军队转到别处去劫掠的话，很可能他当时就可以攻下这个城市。

他蹂躏了城外的乡村之后，当他发现他对于城中内应的期望不能实现的时候，他把他的军队驻扎在那里，暂时不再前进了。事实上，反对出卖城市的党派还是大多数，能够阻止马上打开城门。他们和雅典派来防守这个地方的将军攸克利派人到色雷斯另一个将军修昔底德（奥罗拉斯的儿子，本书的著者）那里去，请求援助。当时，修昔底德在塔索斯[①]。他听到这个消息后，他马上率领他指挥下的七条船舰起航。他的第一个目的，当然是及时赶到安菲玻里，使这个城市不至于陷落；如果他不能达到这个目的的话，无论如何，他想在伯拉西达到达爱昂之前，营救爱昂。

同时，伯拉西达看见海上援兵将从塔索斯驶来，他惊慌起来了；他又听说修昔底德在色雷斯的那个地区有开采金矿之权，因此对于大陆上的居民有很大的影响，所以他尽力想尽快地占领这个城市；他恐怕修昔底德一到，安菲玻里人就会相信他可以从海上以及内地取得同盟军来，以保障他们的安全，这样一来，他想要使安菲玻里人投降的机会就没有了。因此，他提出很温和的条件来，发表宣言说：凡是愿意投降的人，不论是安菲玻里人也好，雅典人也好，一律可以留在城内，享有他们的财产，保证他们有完全的政治权利；凡不愿意留在城内的，可以于五天之内，带着他们的财产离开安菲玻里城。

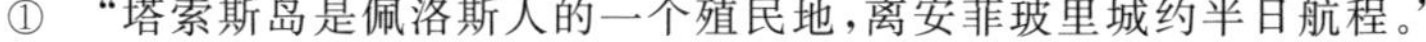

① “塔索斯岛是佩洛斯人的一个殖民地，离安菲玻里城约半日航程。”

这个宣言对于民众的心理有很大的影响，特别是因为城内的雅典人人数很少，而大多数人是来自各地方的。那些在城外被俘虏的人，很多和城内的居民有亲属关系。和他们所害怕的比较起来，他们认为这个宣言中的建议是很公平的；雅典人听说他们有离开此地的机会，他们也高兴，因为他们原来认为他们所畏惧的比其他的人更多些，同时，预料他们的得救不会那么快的；而一般民众则发现他们的危险出乎意外地获得解除了，同时他们的政治权利也没有被剥掉。民众的情感这样改变后，他们不再听当地雅典将军的话了。那些和伯拉西达私通的人看见了这种情况，现在公开地出来支持伯拉西达的建议，所以双方达成协议，他们根据宣言上的条件欢迎伯拉西达入城。安菲玻里城就这样投降了。当天傍晚的时候，修昔底德率领他的船舰驶入爱昂。至于安菲玻里，伯拉西达刚刚取到手；只隔一晚，他就要攻取爱昂了。如果修昔底德的舰队不是及时赶到那里的话，在黎明的时候，爱昂可能就落在他的手里了。

以后修昔底德即组织爱昂的防御工作，使之安全，免受伯拉西达眼前和将来的攻击。他容纳了所有那些根据条约上的规定，已决定从安菲玻里退出来的人进入城内。伯拉西达突然带着许多船舰，顺流而下，驶往爱昂，看他是不是可以夺取从城墙下突出来的地角，以便控制入口。这个进攻又有陆军的支援。但是海陆军的进攻都被击退，于是他回到安菲玻里去安排那里的事情了。伊东尼亚人另一个的城市密星那斯转到他一边去了。[①] 不久之后，塔

① “这事发生在伊东尼亚国王彼塔卡斯被哥克西斯的儿子们和他自己的妻子布拉罗杀害了之后。”

索斯的殖民地伽利普苏斯和伊西密也转到他一边去了。在伯拉西达刚刚取得安菲玻里的时候，柏第卡斯也到了那里，[①]和他合作。

安菲玻里的失陷引起雅典很大的惊慌。这个地方不仅因为它供给木材，以为建筑船舰之用，而且从这个地方得到很大的收益，对于雅典是很有用的；并且，虽然斯巴达人得到帖撒利人作为向导，达到了斯特赖梦河一带的雅典同盟国那里，但是如果他们没有控制河上的桥梁，他们就不能再进一步，因为河水在城市的上方构成一个很大的湖；而在面向爱昂的一面，他们容易被雅典的三列桨战舰封锁。但是现在这些困难都没有了。雅典人又恐怕同盟国叛变，因为伯拉西达的行为表现得十分温和，无论他到什么地方，他经常宣布他的使命是解放希腊。一些隶属于雅典的城市听到了安菲玻里的失陷，听到了对安菲玻里所提出的条件，听到了伯拉西达的慎重举动，它们渴望改变它们的现况，向伯拉西达提出条件，请求他继续前进，到它们的境内来，它们彼此争先叛离雅典。真的，它们认为这样做是十分安全的；但是后来事实证明雅典的实力正和它们在估计雅典实力上的错误是一样大的。实际上，它们的判断是根据自己的愿望，而不是根据可能性的健全估计；因为人们惯常是这样的：当他们需要什么东西的时候，他们会毫不深思熟虑地把他们所需要的东西寄托于自己的希望；而对于他们所不喜欢的东西，他们会用充分的理由来拒绝。此外，雅典人最近在彼奥提亚战败，伯拉西达说，雅典人在尼塞亚甚至于不敢来和他本人在那里率领的军队交战，[②]这句

① 柏第卡斯曾和伯拉西达发生意见（第 357 页），现在很明显地是和解了；参阅第 330 页。

② 参阅第 350、358—359 页。

话虽然是假的,但是很有煽动性。这一切使它们有了信心,使它们相信雅典不会采取任何步骤来保护它的利益。但是最使它们愿意冒一切危险的是当时的乐观情绪,它们好像是第一次发现斯巴达人真正积极行动起来了。

这一切都逃不过雅典人的注意,虽然是在这样短的时间内得到情报,而且又是在冬天,但是他们尽可能派遣驻军往各城市去。伯拉西达派人往斯巴达,请求再派一支军队去援助他,同时开始在斯特赖梦河上建筑三列桨战舰。但是斯巴达人毫没有帮助他,一则因为斯巴达的主要人物嫉妒他,一则因为他们真正的愿望是想恢复在岛上被俘虏的人和结束战争。

在同一个冬季里,麦加拉人收复了雅典人所占领他们的长城[①],他们把长城铲平了。

伯拉西达攻陷安菲玻里后,率领他的同盟军进攻阿克特。这是一个突出的地角,靠近大陆的一边,有波斯国王的运河[②];地角的尽端有亚陀斯高山,面临爱琴海。阿克特的城市有安得罗斯的殖民地散恩(这个城市正在运河附近,位于面对着优卑亚的海岸上)以及泰苏斯、克里奥尼、阿克洛多依、奥罗菲克塞斯和第安——后面一些城市中的居民都是外国种族的混合,他们所说的是希腊语言和他们自己的方言。也有一小部分卡尔西斯人成分,但是大部分是属于第勒尼安族的皮拉斯基人,[③]他们过去是和俾萨尔提

---

① 参阅第348页。

② 泽尔士运河;参阅希罗多德,VII.22(中译本,第644页)以下。

③ 依照希罗多德(VI.137〔中译本,第626页〕以下)的记载,他们是从亚狄迦被驱逐出来的,后来他们又被米太雅德从雷姆诺斯驱逐出来了。

亚人、克莱斯吞尼亚人以及伊东尼亚人同住在雷姆诺斯和雅典的。这些城市都是很小的。它们大部分都倒到了伯拉西达一边了，但是散恩和第安坚决地反对他。他带着他的军队留在这两个地方，破坏它们的土地。

当他知道它们不肯屈服的时候，他马上进攻卡尔息狄斯的托伦[①]，这个城市是雅典人占据的。城内有极少数的人招请他来，准备把这个城市出卖给他。他正在黎明前的黑夜中到了，他带着他的军队停留在带奥斯丘赖兄弟神庙的附近，离城约三斯塔狄亚。雅典驻军和大部分居民完全不知道他来了，但是那些和他私通的人知道他会来的（有极少数人秘密地出来和他相会），他们派人守望着，等待他来。当他们知道他已经到了的时候，他们马上引导七个轻装的人，带着匕首进入城内。原先已经派定了二十个人做这项工作的，但是只有奥林修斯人来西斯特拉图领导的七个人，敢于进城来。他们经过面临海滨的要塞而没有被发觉，爬上山丘（城市就在山丘上）杀死了守卫最高岗位的驻军，打开面向加那斯特勒安地角一边的后门。

同时，伯拉西达带着其余的军队稍微前进，又停下来了。他派遣一百名轻盾兵在前面，准备任何一扇门打开和约定的信号发出来的时候，他们就首先冲进去。这些轻盾兵等待了一些时候，不知道内应迟缓的原因，他们渐渐到了城下。城内私通敌人的人和那些已经进了城的人正在布置一切。当他们打破后门，截断通到市场去的大门上的门闩，把大门打开了的时候，他们首先引导附近一

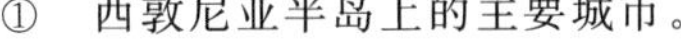

① 西敦尼亚半岛上的主要城市。

些军队从后门进城，这样，从后面以及两旁突然进攻，可以引起城内那些不知事情真相的公民很大的恐慌。于是他们按照预定的计划，举起烽火信号，并且把其余的轻盾兵从通达市场的一些大门中带进城内。

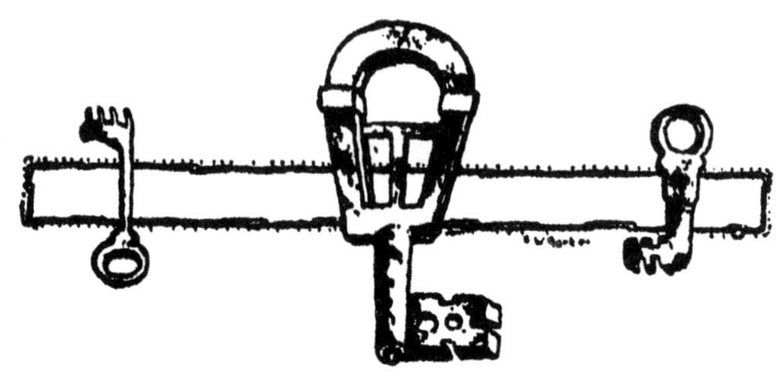

希腊城墙的门闩

当伯拉西达看见信号的时候，他马上命令他的军队起来，跑步前进。他们一齐大声呼喊，引起城内人民很大的恐慌。有些从城门中直冲入城内，有些沿着倚靠在城墙边的方块木料爬上城墙（这些方木块是用来拖运石头，以重建那部分倒下来了的城墙的）。伯拉西达带着他的主力军一直跑上山，达到城市较高的部分，因为他想使他完全有把握从底到顶占据整个城市。他其余的军队[①]则分散在全城中的各处。

城市就是这样被攻下来了，当时托伦的大部分人还在纷乱的情况中，不知道发生了什么事。但是内应者以及和他们的思想相同的人马上和侵略军联合在一起了。至于雅典人，他们大约有五十名重装步兵，睡在市场里，当他们知道事变发生了的时候，有少

① 即马其顿和色雷斯的非正规军队。

数在战斗中被杀，但是其余的都逃跑了，有些是从陆地上逃跑的，有些乘着正在那里巡逻的船舰，逃往勒西修斯去了；勒西修斯是雅典人夺取而占据的一个要塞，位于城市的尽端，突入海中，有一个狭窄的地峡与城市相隔绝[①]。托伦人中的亲雅典党人也逃往这个地方去了。

天亮的时候，伯拉西达已经把城市牢固地掌握在自己手中了，于是他向那些和雅典人一起逃亡的托伦公民发表宣言，邀请所有愿意回到自己的家乡的人回来，保证他们仍然享有公民权而不至于受到报复。他又派遣一个传令官到雅典人那里去，要求他们退出勒西修斯，因为这是卡尔西斯人的领土，并且说，他们可以根据休战和约，带着他们的财产离开。雅典人拒绝撤出那个地方，但是请求一天的休战，以便收葬他们的阵亡者。伯拉西达给他们两天的休战期间；在这两天中，伯拉西达把附近的房屋设防，而雅典人也加强他们自己的阵地。

同时，他把托伦人民召集拢来，开了一个会；在会议上，他的发言和他在阿堪修斯所说的[②]是一样的。他说，如果把那些帮助他攻取托伦城的人当作很坏的人，或者把他们看作卖国贼，这是不公平的。他们既没有想奴役这个城市的目的，也不是因为受贿而这样做的；他们所做的完全是为了托伦的利益，为了它的自由。那些没有参加这项工作的人也不要认为他们不会同样地享受其成果；因为他到这里来的目的不是想危害这个城市，也不是想危害某些

① 可能有一条城墙横过地峡。

② 参阅第357—360页。

个人。事实上，这正是他为什么对那些和雅典人一块出逃的人发表宣言的原因；他并不因为他们和雅典人友好，就认为他们是坏的；只要他们开始知道斯巴达人，他们就会同样地和斯巴达人友好的，实际上会更友好得多，因为斯巴达人的行动比雅典人更正义些；只是由于缺乏亲身体验，所以现在他们害怕斯巴达人。于是他劝他们全体下定决心，做他的忠实同盟者；同时认识到，今后他们如果再做错误的事情，他们是应当负责的。至于过去，他并不认为他们是委屈了斯巴达人，而是他们自己受到别的比他们势力强大的国家[①]的委屈；在那种情况下，他们反对他是情有可原的。

他发表了这个演说，以巩固他们的士气之后，等到休战期满的时候，他马上进攻勒西修斯。雅典人的防御工事是一条建筑得很差的城墙和一些有低墙的房屋。在第一天内，他们打退了敌人的进攻。第二天，敌人用一个机械来进攻，他们想用机械把火投入木筑的那部分城墙上；他们已经把军队调集到他们所认为这个机械最能发挥效力的地方和要塞最容易袭击的地方。为了对付这个威胁，雅典人在对面一个屋顶上建立一个木塔，他们把许多大瓮大桶的水和大块石头运入塔中，许多人也爬入塔内。但是重量过大，房屋不能负担，哗啦一声，房屋突然压垮了。那些在现场附近看见房屋垮下来了的雅典人不觉得恐慌，只觉得焦急；但是那些离开现场较远的人，尤其是那些离开现场有一些距离的人，以为要塞已经在这个地方被攻破了，他们马上逃往海滨，逃往他们的船舰上。伯拉西达看见他们放弃了他们的低墙，知道战事发展的情况。他领导

① 指雅典。

他的军队向前进攻，马上夺取了这个地方，把他在城内所发现的人全部都杀死了。

雅典人就是这样撤出了这个地方，乘着战舰和运输船，渡海往帕利尼去了。

伯拉西达在开始进攻的时候，曾经说过：第一个爬上城墙的人，他将给予三十个银米那的奖金。勒西修斯有一个雅典娜女神庙。伯拉西达认为勒西修斯之取得由于神助，而不是由于人力，因此他把三十个银米那献给女神，以为修建女神庙之用，拆毁勒西修斯的要塞，清除了这个地方，把全部土地献给女神。在这个冬季的其余的时间里，他把那些他已经取得了的地方加以整顿，同时筹划将来征服其他地方。这样冬季完了，战争的第八年也随之终结。

第九章 雅典和斯巴达的休战和约。伯拉西达不遵守和约

在下一个夏季前的春天[①]里，斯巴达人和雅典人订立了一个一年休战和约。雅典人估计：这样，伯拉西达就不能够再唆使他们的属国转到他一边去；同时，他们有充分的时间实行保护他们自己安全的政策；并且，如果妥当的话，他们还可以把和约的范围扩大。斯巴达人也正确地估计了雅典人的这种用心，他们认为雅典人在艰难困苦的战争中得到暂时休息的机会后，雅典人更加愿意和解，

① 公元前423年。

把战俘退还，订一个比较长期的和约。他们特别急于想在伯拉西达战争还顺利的时候，取回他们被俘虏的人。他们认为在他们所处的地位可以这样设想：如果伯拉西达再获得一些胜利，以抵偿雅典人所占领的一切土地的话，纵或他们失去了在斯法克特利亚被俘虏的人，他们还是可以在平等的条件下，作战到底，很有取得最后胜利的希望。因此，斯巴达和它的同盟国，根据下列的条款，订立休战和约：

1. 关于彼提亚的阿波罗的神庙和神谶，我们承认：凡愿意去咨询神谶的人都有权利依照每个人自己国家的现行法律去咨询，不要有欺诈，也不要有恐惧。这点已由斯巴达人和出席的同盟者所承认，他们并且负责派遣传令官去告诉彼奥提亚人和佛西斯人，尽力说服他们批准这个协定。

2. 关于神的财物问题，我们同意设法查出那些犯有盗取神物罪的人来，我们和你们都依照自己的法律，公正地和平等地进行检查；其他一切愿意这样做的人们都可以各自依照自己国家的法律进行。上列诸点，斯巴达和它的同盟国都同意了。

3. 如果雅典人准备订立条约的话，斯巴达人和其他同盟者同意下列各点：建议双方都留在自己的领土内，保持它们现在占领的地方。在科利法西安[①]的驻军还是留在布佛拉斯和托密阿斯的区域内；在锡西拉的驻军[②]不得和伯罗奔尼撒同盟国有来

---

① 斯巴达人称派娄斯为科利法西安（第300页注⑤）。布佛拉斯和托密阿斯是海岸边的两个高地。

② 参阅第336页。

往——我们不得和他们来往，他们也不得和我们来往；在尼塞亚[1]和米诺亚[2]的驻军不得越过从奈萨斯神庙门口到波赛敦神庙的大路，以及从波赛敦神庙直达米诺亚桥[3]上的大路；麦加拉人和他们的同盟者也不得越过这条大路；雅典人还是保有他们所占领的岛屿，[4]但是这个岛屿不得和同盟国来往，同盟国也不得和这个岛屿来往；至于托洛溱的领土[5]，依照和雅典人所订的协约，双方各自保持现在占领的土地。

4. 关于海上航行的问题，在他们自己和他们的同盟国海岸边，斯巴达人和他们的同盟者可以乘坐用桨划而没有超过五百他连特[6]的船舶航行。但他们不得乘坐战舰航行。

5. 一切交涉停止战争和调处双方要求的传令官和使节，以及他们的适当随员，在从陆地上或海上来往于伯罗奔尼撒和雅典之间的时候，应有安全的保障。

6. 在休战时期内，双方不得收容对方的逃亡者，不论是自由人或奴隶。

7. 我们向你们提出的要求和你们向我们提出的要求都应当依照我们国家的法律解决，争论之点应提交仲裁，而不要诉诸战争。

“上列诸条款，斯巴达人和他们的同盟者都同意。但是如果你们有更好和更公平的建议的话，请你们到斯巴达来告诉我们。斯

---

① 参阅第 347 页。

② 参阅第 244、345 页。

③ 指连接米诺亚和大陆间的桥；参阅第 245 页。

④ 这个岛屿大概是指阿塔兰塔；参阅第 274 页。

⑤ 雅典人在墨色那地峡上所建筑的要塞；参阅第 331 页。

⑥ 约十二吨半（一他连特等于二十六公斤。——译者）。

巴达和它的同盟国绝对不会拒绝你们正义的建议的。但是，如果你们派遣代表们前来的话，请让他们有全权处理，正如你们所要求我们作的。这个休战和约的有效时期为一年。”

“本约已为人民批准。[①]

“阿卡曼替斯部落[②]举行主席团会议。腓尼配斯做秘书，尼西阿德做主席。雷岐兹为雅典人民祝福，建议他们应当根据斯巴达和它的同盟国所提出，经人民批准的条件，签订休战和约；这个和约以一年为限，从当天，即埃拉菲波赖昂月十四日开始有效；在休战期内，两国应派使节和传令官商讨缔结永久和平协定的办法；将军们和议事会的主席团应召集民众会议，首先讨论使团往斯巴达去协商最后和约的条件；现在出席的使团应当立即向人民宣誓，保证遵守这个一年休战和约的条件。”

这些就是雅典和斯巴达以及双方的同盟国所承认的条件。这个和约是斯巴达历哲拉斯提阿月[③]十二日订立的。参加订立和约和倾倒奠酒的人如下：在斯巴达人方面，有爱撒提米底的儿子道拉斯，伯里克莱底的儿子雅典尼阿斯和伊利克西戴伊达的儿子菲洛卡利达；在科林斯人方面，有奥西都的儿子伊尼阿斯，亚里斯托尼马斯的儿子幼发密达；在西息温人方面，有诺克拉底的儿子达摩提

---

① 从本句起至下一段是雅典人批准休战和约的命令。

② 这是雅典十个部落中的一个部落。雅典的五百人议事会是由每部落选举代表五十人参加的，每部落的代表轮流担任主席团的职务，处理国家事务，以一年的十分之一时间（即三十六或三十七天）为期限。——译者

③ 格罗特推定哲拉斯提阿月十二日即埃拉菲波赖昂月十四日，这可能是正确的。（埃拉菲波赖昂月即雅典历的第九月，相当于我们现在的三月下半月到四月上半月。——译者）

马斯和麦加克利斯的儿子翁那西马斯；在麦加拉人方面，有西卡拉斯的儿子尼卡苏斯和安菲多拉斯的儿子门尼克拉底；在埃彼道鲁斯人方面，有攸配伊达的儿子安菲阿斯；在雅典方面，有三个将军：第依特累斐的儿子尼科斯特拉图，尼塞拉都的儿子尼西阿斯和托尔马阿斯的儿子奥托克利。

这就是双方同意的休战和约；在这个条约有效的整个时期内，双方举行了多次会议，想订立一个更为广泛的和约。

当这些会议在进行的时候，帕利尼半岛上的赛翁尼城叛离雅典，转到伯拉西达一边去了。[①] 这事发生后，伯拉西达马上于夜间渡海[②]到赛翁尼。他自己的一条三列桨战舰在前面走，而他本人则乘一条小船在后面跟着；他的用意是这样的：如果他碰着一条比他自己的小船大的船的话，这条三列桨战舰可以保护他；如果遇着另一条同样大的三列桨战舰的话，很可能这条三列桨战舰会不管这条小船而只进攻那条大舰，这样就可以使他能够安全地通过。

他渡过了海之后，召集赛翁尼的民众会议；在民众会议中，他发表了一篇演说，和他在阿堪修斯和托伦所发表的一样。他还补充说，他们是很值得赞扬的，因为地峡内的帕利尼虽然因为雅典人占领了波提狄亚而被隔绝，虽然这样他们处于孤岛居民的地位，但是他们还是自动地起来要求他们的自由，而不是畏缩地站在一边，等到外面的压力来强迫他们走向对于他们有显著利益的道路上

① “赛翁尼人说，他们来自伯罗奔尼撒的帕利尼，原先他们的始祖在从特洛耶航行回国的途中，被那次亚加亚人所遭遇的风暴吹到这个地方来了。”

（伯罗奔尼撒的帕利尼是在亚加亚，和西息温相近；这个地方的人是斯巴达的同盟者。这次风暴，在第 477 页又说到。——译者）

② 即从托伦渡海。

去。这表示他们在其他需要高尚品性的时机，也会表现同样的勇敢和决心的；如果他能够依照他的意旨处理事务的话，他一定把赛翁尼人看作斯巴达最忠实可靠的朋友，他一定在各方面对他们表示尊敬。

赛翁尼人很受这种言辞的鼓动；普遍地感觉到有了信心，就是那些过去反对这样做的人也有信心了；他们决定投入战争中，他们用各种荣誉来欢迎伯拉西达。他们公开地把金冠加在他的头上，称他为希腊的解放者，私人也常跑到他的面前来，把花圈加在他的身上，好像他是一个著名的运动家一样。他本人又渡海回去，只暂时留了一小队驻防军在那里；不久之后，他又派遣了一支比较大的军队渡海过去，因为他想利用赛翁尼人的帮助，袭取门德和波提狄亚。他认为赛翁尼既处于一个孤岛的地位，雅典人一定会派遣军队来进攻它的，他想先发制人。实际上，他和其他城市也在进行协商，想通过内应把它们夺取过来。

正在他将袭取这些地方的时候，一条三列桨战舰载着一些宣布休战和约消息的特派委员们到了，代表雅典的委员是亚里斯托尼马斯，代表斯巴达的是雅典尼阿斯。于是军队回到托伦去了，委员们把休战和约的条件告诉了伯拉西达。所有色雷斯的同盟者都接受了这些条件；亚里斯托尼马斯说他自己也满意了，只是他不肯把赛翁尼包括在休战和约之内，因为他计算日期，发现赛翁尼的暴动是在签订和约之后。伯拉西达坚决地反对，说赛翁尼的暴动实际上是在签订和约之前，他不肯放弃赛翁尼。亚里斯托尼马斯把这个情况报告雅典，雅典人要马上派遣一支军队进攻赛翁尼。于是斯巴达人派遣一个使团来说，这样就等于破坏了休战和约，他们相信伯拉西达的话，说这个城市是应当属于他们的。但是他们愿意把这问题提交仲裁。但是雅典人完全不愿意冒仲裁的危险，很想马上派遣一个远征军去，因为现在就是岛民也敢于叛离他们而相信于岛民毫无益处的[①]斯巴达陆军势力了；因此，雅典人大为愤怒。并且这次暴动的真实事迹也证明雅典人是有理由的，而斯巴达人是没有理由的。赛翁尼的叛变发生于休战和约订立之后两天。所以雅典人根据克里昂的提议，马上通过一个法令，收复赛翁尼，把赛翁尼的全体居民处死。因为现在雅典人在别处没有战争，他们马上准备实行这个法令。

同时帕利林的一个城市门德（耶利多里人的殖民地）也叛离雅典了。伯拉西达把门德人接收过来，当作同盟者；虽然门德人的转向他的一边去，很明显地是在休战和约有效时期内，但是伯拉西达认为他这样做是有理由的，因为，他说，雅典人也有些违背条约的地方。门德人看见伯拉西达坚决支持他们，又看见他不愿意放弃赛翁尼，因此得到一个适当的结论，认为他也不会出卖他们的，所以门德人更加愿意冒险了。和伯拉西达私通的人也只是极少数的人，他们早已经决定了，如上面所说的，现在他们也并不因为害怕暴露而放弃他们的阴谋，他们强迫他们的同胞公民违反大多数人的善良判断而跟着他们跑。这个消息使雅典人更加愤怒，他们准备进攻这两个城市。伯拉西达预料到雅典人会来进攻的，他把赛翁尼和门德的妇女和儿童送往卡尔息狄斯的奥林修斯，以保障他们的安全。他又派遣五百名伯罗奔尼撒的重装步兵和三百名卡尔

① 因为雅典人控制了海上。

息狄斯的轻盾兵，来援助他们，这些军队都由波利达密达指挥。留在赛翁尼和门德的人联合起来抵抗雅典人的进攻，他们预料雅典人很快就会来进攻了的。

第十章　伯拉西达在马其顿。雅典人的一些胜利。战争第九年的终结

同时，伯拉西达和柏第卡斯第二次联军[①]侵入林卡斯，进攻阿拉皮阿斯。柏第卡斯的军队是他自己的马其顿臣民组织而成的军队和一支由住在马其顿的希腊人组织的重装步兵军队。伯拉西达带着他自己其余的伯罗奔尼撒军队，同时还有卡尔西斯人、阿堪修斯人和可供利用的其他同盟者派来的分遣队。两军联合起来，共有希腊重装步兵三千人，马其顿人和卡尔西斯人的全部骑兵将近一千名，此外还有大群土著军队。他们进入阿拉皮阿斯的国境后，发现林卡斯人已经扎营在那里，占据对面的阵地，准备抵抗他们。对方的步兵都站在高地，两军之间有一个平原。首先双方的骑兵驶入平原，战斗开始了。于是林卡斯的重装步兵从山上跑下来，和他们的骑兵联合在一起，进行挑战；伯拉西达和柏第卡斯现在率领军队前进，来抵抗他们。两军交战，林卡斯人战败，损失很大。生存者逃往高地，他们留在那里，没有动静。

---

① 参阅第356页。

战后，胜利的军队建立了一个纪念碑，于是留在那里两三天，以等待伊利里亚的雇佣兵，他们会来帮助柏第卡斯的。当时，柏第卡斯想要进兵攻击阿拉皮阿斯的村庄而不愿意再留在那里了。但是伯拉西达担心门德，恐怕在他还不能回转来的时候，如果雅典人航海而上，那么，门德的命运就会发生危险了；同时，没有伊利里亚人的援助，他也不想继续向前推进而主张撤退。

当两人对于这个问题发生争执的时候，消息传来，伊利里亚人出卖了柏第卡斯，现在他们已经和阿拉皮阿斯的军队联合在一起了。伊利里亚人是一个善战的种族，双方都害怕他们，因此双方都同意撤退了。但是因为这个争执，他们没有具体安排什么时候开始撤退。当天将黑的时候，马其顿人和土著军队的全体士兵突然惊慌起来，逃跑了，这种荒唐无稽的惊慌在很大的军队中是很容易发生的；他们相信一支比实际到的人数要多许多倍的军队正在前来向他们进攻，因此，他们突然分途向本国逃奔。起初，柏第卡斯尚不知道发生了什么事，但是当他知道了的时候，他不得不出发，时间上来不及和伯拉西达会面了，因为两军驻扎的地方彼此相隔，还有一点距离。黎明的时候，伯拉西达发现马其顿人已经跑掉，知道伊利里亚人和阿拉皮阿斯已将向他进攻了。他把他的重装步兵列成方阵，轻装步兵居于中央，采取他自己的办法准备退却。凡是敌人进攻他们的地方，他就派最年轻的士兵冲出，他自己带着三百名精兵守在后方。他准备在退却的时候，利用这些军队回转来打击那些追迫他们最紧的敌军。现在在敌军还没有到的时候，他利用他所有的片刻时间，发表下面的演说，以鼓励他的士兵：

“伯罗奔尼撒人：如果不是我认为你们因为处于孤立地位，面

临人数众多的蛮族军队的进攻而精神沮丧的话，我只向你们说几句鼓励的话，而不至于向你们提出我现在的忠告。事实上，一则因为我们的朋友们抛弃了我们，二则因为敌军的人数众多，所以有几件事情我要提醒你们，还要向你们提出一些忠告，以便在最重要的地方满足你们的需要。

“希望你们在战争中表现勇敢，这不是因为你们在每个场合中都有同盟者和你们在一起，而是因为你们是天生勇敢的。你们不会因为对方的人数众多而被吓倒，因为你们来自一个少数统治多数而不是多数统治少数的国家；在这些国家中，战争和征服是国力的唯一基础。至于蛮族人，由于缺乏经验，现在你们害怕他们；但是从你们和蛮族中的马其顿人已有的战争中，从我自己对他们估计中，以及从我由他人口中听来的事实中，你们能够确有把握地相信他们不是很可怕的。当敌人炫耀他的力量，但实际上是很软弱的时候，对于形势的真知灼见会给予对方以信心；但是，当一方有真正可恃的优点的时候，他们的对方知道这些优点愈少，他们的进攻会愈勇敢。现在这些和我们作战的人，在没有经验的人的眼光中看来，似乎是危险的。他们的人数似乎是可怕的；他们的高声叫喊是令人难受的；他们把兵器在空中挥舞是很吓人的。但是当他们遇着那些能够坚守阵地，抵抗他们进攻的军队的时候，事情就完全不同了。他们作战时毫无秩序；在敌人压迫下放弃阵地，毫不知耻。向前推进和向后退却，在他们心目中，都是同样光荣的。他们的勇敢是受不起真正考验的，因为每个人都是照自己的意志作战，他们总是有很好的借口可以临阵脱逃。事实上，他们不愿和你们作肉搏战，他们认为使你们受到恐吓而他们不要冒危险，是比较安

稳些。不然的话，他们就会交战而不仅是大声叫嚣而且挥舞兵器了。因此，你们应当很清楚地知道，一切你们认为他们可怕的东西，虽然眼睛看来和耳朵听来似乎是可怕的样子，而实际上都是没有什么可怕的。那么，当他们进攻的时候，你们要坚守阵地；当时间到了的时候，你们又要有纪律地、有秩序地退却。这样，你们就会更快地达到安全地带；将来你们会知道，这种乌合之众，一旦他们的第一次进攻遇着坚强的抵抗的时候，只会做出恐怖的事情来威胁，以夸耀他们的勇敢，同时他们自己会好好地避开的；但是如果在他们面前退却的话，他们就会很快地追逐，极力利用他们的优点，表现他们在没有危险的时候是多么勇敢的。”

伯拉西达发表了这篇演说之后，开始领导他的军队离开那个地方；土著军队看见这种情况时，跑向前来，大声呼喊，做出很大的鼓噪声音；他们以为他会逃跑，他们可以捉着他杀掉的。但是他们发现，无论他们从什么地方进攻，行列中总有军队出来抵抗他们，伯拉西达本人带着他的精兵，坚强地抵抗他们的主力军。他们大为诧异，在他们第一次袭击时，对方并不退却；以后他们每次进攻，都遇着同样的抵抗。当他们停止进攻时，对方继续退却。这样，大部分土著军队放弃了在敞开的平地上向希腊人和伯拉西达进攻。他们留一部分军队在后面追赶，阻碍他的行军；其余的军队跑向前面去，追赶那些逃亡的马其顿人，把他们赶上了的人都杀掉。他们比伯拉西达先达到阿拉皮阿斯国境边界上的两座山间的狭窄隘口。他们占据这个隘口，因为他们知道这是他可以退却的唯一道路。在这里，正当他达到最难进行的一段路的时候，他们从各方面向他进攻，想把他俘虏起来。

伯拉西达看见了他们所做的一切，命令他的三百名精兵向前

冲去，每个人尽快地跑，没有保持他们的队形，他们跑上两座山中比较容易攻取的那一座山，努力击退已经占领了那座山的土著军队，当时包围他的主要土著军队还没有跑上山来。这三百名精兵进攻，战胜了山上的土著军队，现在希腊人的主要军队比较容易向较小的山上推进。当土著军队看见他们的士兵被赶下高地的时候，他们马上惊慌起来，不再紧紧地追赶了，因为他们认为希腊人已经越过边界逃脱了。伯拉西达看见他已经到达山上，很安全地前进，当天就达到了阿尼萨，这是他进入柏第卡斯王国所达到的第一个地方。他的军队愤恨马其顿人的撤退，使他们陷入危险之中，他们掠取一切财物，把他们在路上所遇着的牛群的牛轭解除，把牛群屠杀，把马其顿人丢在路上的包裹行李（这是在惊慌中黑夜退军时所常有的事）都攫为己有。正因为这件事情，柏第卡斯开始把伯拉西达当作敌人，对伯罗奔尼撒人表示仇恨了；这种仇恨和他的反雅典政策是不合的。由于这种必要的关系，他开始努力和雅典和解，以图尽快地和伯罗奔尼撒人脱离关系。

当伯拉西达从马其顿回到托伦的时候，他发现雅典人已经占领了门德。他认为他现在不能渡海到帕利尼去，恢复那里的地位了，所以他留在现在的地方，好好地监视托伦。大约和在林卡斯的战役同时，雅典人完成了我在前面已经说到[①]的准备工作之后，航海去进攻门德和赛翁尼，他们带着五十条船舰（其中十条是开俄斯的），一千名公民重装步兵，六百名弓箭手，一千名色雷斯雇佣兵，以及附近同盟者的一些轻盾兵。这支军队由尼塞拉都的儿子尼西

① 参阅第386页。

阿斯和第依特累斐的儿子尼科斯特拉图指挥。他们率领舰队从波提狄亚出发，达到波赛敦神庙对面的土地，进攻门德。门德人和来支援他们的三百名赛翁尼军队以及在那里来帮助他们的伯罗奔尼撒军队，共有重装步兵七百名，由波利达密达指挥，刚刚在城外一个地位很好的山上扎好军营。尼西阿斯带着一百二十名美敦尼轻装步兵，六十名精选的雅典重装步兵和全部弓箭手，企图从一条小路达到山上。同时，尼科斯特拉图带着其余的军队从更远的地方一个不同的方向走近这个山。要想登上这个山坡是很困难的，他的军队秩序大乱；真的，雅典的全军几乎战败了。门德人和他们的同盟者没有屈服的表示，所以雅典人撤退，建立军营。傍晚的时候，门德人也退入城中。

次日，雅典人航海到靠近赛翁尼的那一边去了，占领了它的郊外，他们整天破坏这个地方的乡村。没有人出来反抗他们；事实上，城内的人这时候的意见是分歧的。当晚上，那三百名赛翁尼兵士回来了。第二天，尼西阿斯带着一半军队进兵到门德和赛翁尼的边界上，破坏了那个地方的土地。尼科斯特拉图带着另一半军队，在往波提狄亚的道路旁边，靠近门德城北门的地方布置阵地。靠近这个地方的城内正是门德人和伯罗奔尼撒的同盟者储藏兵器的地方；现在波利达密达开始把他的军队列成阵势，准备战争，他鼓励门德人出城突击。但是现在门德人已经分裂为两个党派；民主党人中有人回波利达密达的嘴，说他们不愿出城，也不要战争。因为这个回答，波利达密达抓住那个人的手臂，把他拖到前面，开始把他乱打一顿。这件事使人民愤怒了，他们马上拿着他们的武器，向伯罗奔尼撒人以及跟伯罗奔尼撒人合作的反对党人进攻。

他们一下就把伯罗奔尼撒人和反对党打垮了，一则因为这个战斗是突然爆发的；二则因为对方恐怕城门已经打开，让雅典人进来了，因为对方认为这次进攻是他们事先和雅典人商量好了的结果。那些没有就地被杀的人逃往卫城中，因为卫城自从开始就是他们占领的。这时候，雅典的全军（因为此时尼西阿斯已经回到了城墙的附近）冲进城内。城门的打开是没有事先订立条约的，雅典人在城内大肆劫掠，好像这个城市是他们袭击而攻下来的一样。真的，将军们也很难禁止他们的军队屠杀居民。后来他们告诉门德人民，说他们可以和过去一样自治，但是要审判那些他们认为对于此次叛变应当负责的人。他们从卫城的两旁各筑一条城墙，直达海边，沿着城墙都设有卫兵守着，他们用这个方法来断绝卫城中党人和外界的联系。

雅典人这样取得门德之后，于是转向赛翁尼了。在这里，赛翁尼人和伯罗奔尼撒人冲出，向他们进攻，占据了城市前面一个山上的要害地势。敌人不占领这个山，就没有机会建筑封锁城墙。雅典人从正面猛烈地进攻这个山，打败了山上的驻军，把他们驱逐下来，于是在驻扎营帐和建立胜利纪念碑之后，就准备建筑他们的环城封锁线。不久之后，当他们正在忙于建筑封锁城墙的时候，那些被围困在门德卫城中的军队突破海边的防卫军，于黑夜中逃到赛翁尼来了。他们大部分人设法溜过了包围的军队，进入城中。

当赛翁尼正在被围的时候，柏第卡斯派一个传令官到雅典将军们那里去，和雅典人订立和约。这是因为从林卡斯撤退时有关的事情，他仇恨伯拉西达的缘故；在撤退后，他马上就和雅典人谈判和议了。[①]

① 参阅第392页。

当时斯巴达人伊斯卡哥拉斯正将率领一支军队来支援伯拉西达。柏第卡斯，一则因为尼西阿斯劝他，现在既已订立和约，他应当向雅典人证实他是可靠的；一则因为他自己也不愿意伯罗奔尼撒人在他的国内，所以他马上和他在帖撒利的朋友们（他和帖撒利的领导人物总是友好的）开始工作，这样，就阻碍了斯巴达远征军的前进，使他们甚至于不能达到帖撒利人的领土。但是伊斯卡哥拉斯本人和阿美尼阿斯以及阿利斯提阿斯毕竟设法达到了伯拉西达那里。他们是斯巴达人派来视察当地情况的。他们从斯巴达带来了一些年轻的人来做这些城市的总督（这是和斯巴达政府通常的惯例相反的），以免把这些城市托付给当地的人。伯拉西达任命克里奥尼马斯的儿子克利里达统治安菲玻里，任命赫哲山大的儿子帕息特立达统治托伦。

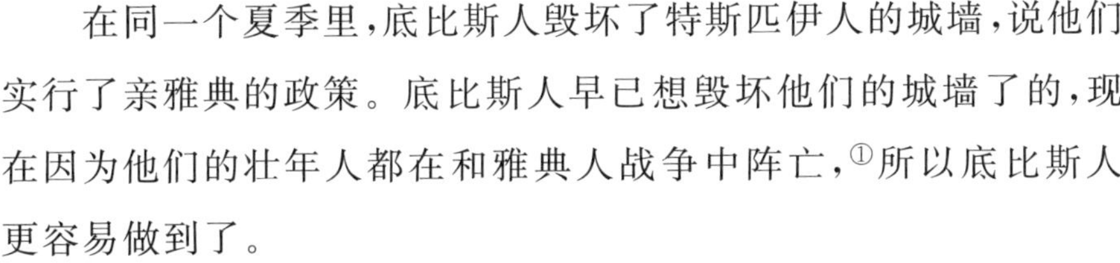

在同一个夏季里，底比斯人毁坏了特斯匹伊人的城墙，说他们实行了亲雅典的政策。底比斯人早已想毁坏他们的城墙了的，现在因为他们的壮年人都在和雅典人战争中阵亡，[①]所以底比斯人更容易做到了。

在同一个夏季中，由于女祭司克赖西斯[②]的疏忽，亚哥斯的希拉女神庙失火烧掉了。她把一个燃烧着的火把靠近花彩，于是睡觉了；结果，花彩着火，燃烧起来了，她才知道。克赖西斯害怕亚哥斯人，当夜逃往夫利阿斯去了。亚哥斯人依照正式的手续，另立腓伊尼斯为女祭司。在克赖西斯出逃的时候，她在这次战争中已经

---

① 在第力安的战役中，参阅第 364、365—367 页。

② 在公元前 431 年已经做了四十八年女祭司的就是她；参阅第 120 页注②。

做了八年半的女祭司了。

在夏季末，封锁赛翁尼的城墙已经筑成了，雅典人留了一个驻防军守着城墙，其余的军队回国去了。

接着在冬季里，雅典和斯巴达间，因为休战和约的关系，没有军事行动。但是门丁尼亚人和提基亚人各自带着自己的同盟者在奥勒斯提昂领土内的拉奥狄西安交战。在这次战役中，胜负未决，因为双方各把对方的一翼打垮了，双方都树立了胜利纪念碑，[①]双方都送了胜利品到特尔斐去。双方的损失都是惨重的；当战斗结果还没有决定的时候，因天已黑，战斗就停止了。但是提基亚人当晚就在战场上建立了胜利纪念碑；而门丁尼亚人撤退到布科赖昂，后来才建立胜利纪念碑的。

在这个冬季末，实际上是春季差不多开始的时候，伯拉西达又进兵，想夺取波提狄亚。他在晚间达到波提狄亚；在还没有被发觉的时候，他把梯子靠着城墙；他安置梯子的时候，正是守卫的兵士在传递警铃，还没有回到他自己的岗位上的时候。[②] 但是后来当伯拉西达的兵士还没有爬上梯子的时候，警报就马上发出来了。伯拉西达没有等到天亮，就迅速地率领他的军队回去。冬季就这样完了，修昔底德所记载这次战争的第九年也就这样终结了。

---

① 门丁尼亚人和提基亚人似乎是各把对方的左翼打垮了，左翼都是两方面的同盟军。

② 警铃似乎是从一个哨兵传递到另一个哨兵的；另一种方式可能更普遍些，就是一个巡官带着警铃巡查，每个哨兵必须回答这个信号，以考验哨兵的警惕性。

珍藏本
纪念版

汉译世界学术名著丛书

伯罗奔尼撒战争史

下册

〔古希腊〕修昔底德 著

谢德风 译

商务印书馆
SINCE 1897 The Commercial Press

2017年·北京

第　五　卷

第一章　安菲玻里之役。克里昂和伯拉西达的阵亡

下一个夏季里，[①]一年休战和约还继续有效，直到彼提亚赛会[②]时，休战和约才告终结。[③] 在休战时期内，雅典人把提洛人从提洛岛上驱逐出去，认为他们在过去犯有罪行，因此，把他们贡献给神[④]的时候，他们是污秽的；并且他们没有参加上次祓除典礼，因为，我从前曾叙述过，他们把死者的坟墓迁移一下，自己以为这样做就算很好地奉行了祓除典礼。至于被驱逐的提洛人，法那西斯把亚细亚一个市镇阿特拉密提昂给予他们，他们就从提洛岛移往那里居住了。

休战期满之后，克里昂说服了雅典人允许他向色雷斯区域各城市进攻。他有从雅典征集的一千二百名重装步兵和三百名骑兵，还有更多的同盟军队和三十条船舰。起初，他驶入赛翁尼，这个城镇还是在包围中；他在那里吸收了一些重装步兵，以壮大自己

---

① 公元前422年。

② 这是在特尔斐举行的赛会，以庆祝彼提亚的阿波罗神的，于每个奥林匹亚纪的第三年举行。——译者

③ 依照第384页的记载，其实休战条约在雅典历挨拉菲波赖昂月十四日（约三月底）满期，但是战事直到彼提亚赛会以后才又发生，而彼提亚赛会是在雅典历麦塔斋特尼昂月（即八月下半月到九月上半月）举行的。这是修昔底德语言最合理的解释。但是有许多编辑者的解释是这样的："下一个夏季里，一年休战和约已满期了，战事又发生，一直继续到彼提亚赛会时为止。"

④ 这是指四年前举行供奉阿波罗神的祓除典礼（第285页以下）。

的兵力。他开进了托伦领土内的港口科福斯，这个港口离托伦不远。逃亡者告诉他说，伯拉西达不在托伦，城内的兵力不足以和他一战。所以他带着他的军队从科福斯向托伦城进攻；同时，派了十条船舰绕道开往托伦的港口。他首先走近伯拉西达在托伦城前面所筑的要塞；伯拉西达建筑这些要塞的原意是想把郊区都划入城市范围内，他把旧的城墙拆毁一部分，使郊区和城市连成一片。斯巴达司令官帕息特立达带着他的防守部队开到了那里，想击退雅典人的攻势。但是他们受到窘迫；同时，绕道来进攻的雅典船舰也正将驶入港口；帕息特立达恐怕雅典船舰到达城市时，发现它没有防守，可能要袭取这个城市；如果要塞又失守，他自己会完全被包围住；所以他放弃了要塞，带着部队，用跑步走入城中。但是他还没有达到目的地，船舰上的雅典军已经取得了托伦城，而他们的陆军紧紧地追赶着他，冲进了从前被拆毁的那部分旧城墙内。有些伯罗奔尼撒人和托伦人在战斗中被杀了，其余的人，连同司令官帕息特立达本人在内，都被俘虏。那时候，伯拉西达带着军队来援救托伦；但在中途，听见托伦已经失陷，他又退回了。在托伦失陷的时候，他离托伦约四十斯塔狄亚[①]的路程没有赶到。克里昂和雅典人在港口和要塞附近树立了两个胜利纪念碑；托伦的妇女和小孩都变为奴隶。托伦的男子以及伯罗奔尼撒人和留在托伦的卡尔西斯人都被雅典人送到雅典去了。他们后来都回了家，伯罗奔尼撒人是在和约成立时回去的，其余的人是在和奥林修斯人交换俘虏时回去的。[②]

① 合四英里多。——译者

② 和被俘的雅典人彼此交换而回去的。

差不多在同一个时候，彼奥提亚人利用内奸把位于亚狄迦边界上的巴那克敦要塞占领了。

克里昂派兵防守托伦之后，由海道绕过亚陀斯，向安菲玻里进发。

同时，厄剌息斯特拉图的儿子斐厄克斯偕同两个同僚，以雅典使节的名义，乘坐两条船舰从雅典向意大利和西西里航行，他们的使命是这样的：过去西西里诸国订立和平条约[1]之后，雅典人从那里撤退的时候，林地尼人曾经批准了一批新公民，[2]当时那里的民主党人打算把土地重新分配一次；这个计划被统治者知道了，他们取得了叙拉古人的支援，把民主党人驱逐；于是民主党人散居于国内各地，而较为富裕的阶级就和叙拉古人订立协定；依照协定的规定，他们拆毁城墙，离开那里，迁居叙拉古，他们都取得了叙拉古的公民权。后来，他们中间有些人表示不满，离开了叙拉古，占领林地尼城的福西亚区和林地尼领土内的不利星尼要塞。很多过去被驱逐的民主党人都回来，和他们联合在一起，在设有防御工事的据点共同战斗。雅典人听见了这些事实，为着扩充其势力着想，所以派遣斐厄克斯前往，想说服他们在那里的同盟者，以及在可能范围以内，和其他西西里人联军反抗企图扩充势力的叙拉古，以援助林地尼的民主党人。斐厄克斯到了西西里，把卡马林那人和阿格立真坦人都争取过来了；但是在机拉，事情就没有那么顺手，他也没有再往他处了，因为他知道在别的地方恐怕不容易成功。他改变

① 参阅第 343—344 页。

② 那是为了加强民主党；为了他们的利益，把国有土地将重新分配一次。

了办法，通过西塞尔人的地区，回到卡塔那，又走到不利星尼，鼓励了那里的驻防军，然后回雅典去了。在他向西西里去和从西西里回来的中途，他和意大利一些城市进行协商，其目的是为雅典争取友好的联系；他也遇见了一些从麦散那被放逐出来而居留在罗克里的人。[1] 当他遇着他们的时候，正是他们在回到罗克里的中途。他没有伤害他们，因为他已和罗克里人订立[2]了一个和雅典商定条约的协议。[3] 以后斐厄克斯就依照正常的道路回雅典去了。

我们记得，克里昂从托伦沿着海岸向安菲玻里航行。他以爱昂为根据地，进攻安得罗斯的殖民地斯塔基拉斯，[4]没有成功；用突击的方式，把塔索斯的殖民地伽利普苏斯[5]取得了。他派遣代表去见柏第卡斯，劝他依照同盟条约的规定，[6]把军队开来支援他；他又派遣特使到色雷斯去，进见俄多曼提人的国王波尔斯，要他尽量调发色雷斯的雇佣军队来。他自己则驻在爱昂，静候他们的到来。

在伯拉西达方面，这些消息他都知道了。他在塞狄利安采取守势。那是属于阿吉拉斯的一个地方，居高临下，跨越河流，距安菲玻里不远，各个方面都在他的视线之内，克里昂和他的军队的一

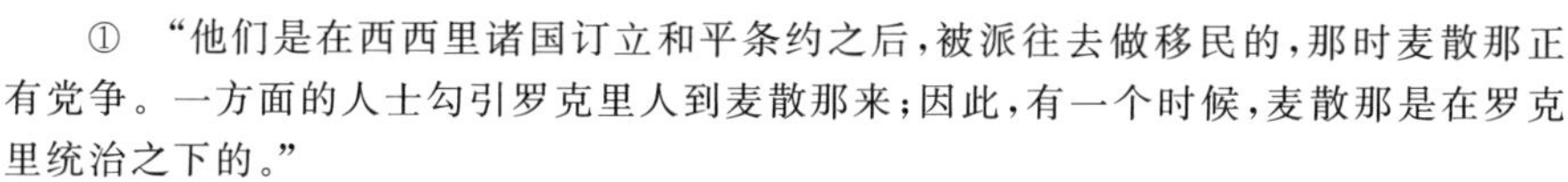

① “他们是在西西里诸国订立和平条约之后，被派往去做移民的，那时麦散那正有党争。一方面的人士勾引罗克里人到麦散那来；因此，有一个时候，麦散那是在罗克里统治之下的。”

② 在往西西里去的途中。

③ “在西西里诸国订立和约的时候，同盟国中只有罗克里人没有和雅典人订立和约。如果不是因为对希波尼安人和米第马人（他们住在罗克里的边境上，而且都是罗克里的移民）有战事而发生了困难的话，他们就在这个时候，也不会和雅典人订立协议的。”

④ 参阅第 361 页。

⑤ 参阅第 375 页。

⑥ 参阅第 395 页。

切行动,都不能逃过他的侦察。事实上,正如伯拉西达所期望的,克里昂一定会藐视对方抵抗他的兵力,一定会用他自己的军队[①]进攻安菲玻里。同时伯拉西达自己也在作准备,他雇用了一千五百名色雷斯人的军队,召集了全部伊东尼亚的骑兵和轻盾兵。除了驻扎在安菲玻里的军队以外,他还有一千名配备了轻盾武装的密星那斯人和卡尔西斯人。他的全部兵力将近两千名希腊重装步兵和三百名希腊骑兵。伯拉西达亲自率领其中的一千五百名士兵据守塞狄利安;其余的交给克利里达,防守安菲玻里。

起初一个时候,克里昂没有发动攻势,但是最后他不得不行动起来了,那正是伯拉西达所期望的。按兵不动,早就使士兵们对他不满了;在他们的思想中,早就把勇敢而机智的伯拉西达和他们自己懦弱无能的司令官作了一个对比;他们还记得,早在出发之时,他们就已经不很情愿跟随这位长官的。克里昂自己知道士兵们的不满,为着不使士兵们因长久没有军事行动而陷于意志消沉的状态中,他拔营前进了。那时候,他的满怀信心是和他在派娄斯的时候一样的,他过去的成就使他相信自己的智慧。所以那时候他料想不到居然有人出来和他作战的;他自己说,他正在向前视察阵地,他等待援军[②]的理由,不是因为他想在被迫作战的时候为自己多留安全的余地,乃是因为他想把城市完全包围起来,然后突来一次猛攻以夺取城市。因此他开拔了,把军队驻扎在安菲玻里前面一座很坚固的山上。他亲自把斯特赖梦河前面的沼泽地检查了一

① 就是不等待援兵的到来。

② 参阅第401页。

番，并且把面向色雷斯那一面城外的地形加以视察。他认为他可以随时不战而退，因为城上没有发现敌军，没有军队从城中出来突击，四面的城门都是封闭的。事实上，好像他没有随身带来攻城的机械倒是一个错误，否则这个没有防守的城市是不难一举而攻陷的。

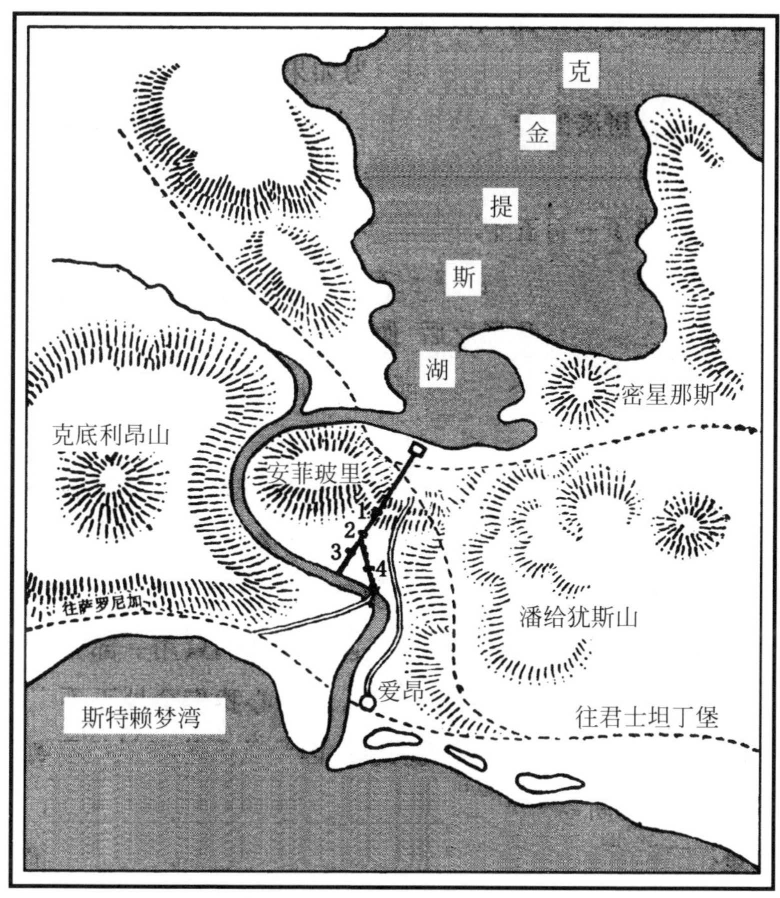

--------近代的道路　　══════古代的道路

1.色雷斯门　2.长城中第一门　3.从市镇往木栅内的门　4.木栅内的门

安菲玻里之役

伯拉西达发现雅典军队前进，他立刻就从塞狄利安走入安菲玻里城中。他没有出城部署军队来和雅典人决战，因为他对于自己的兵力还没有信心，他认为他的军队在数量上虽然和雅典军队不相上下，但质量上不如；这次远征的雅典军队都是头等的部队，而随着他们来的列斯堡人和音不洛斯人也是最精锐的队伍。因此，伯拉西达准备暗中进攻。他以为如果把自己军队的数目和那种粗糙而临时拼凑的装备暴露在敌人面前，他的胜利机会就会比较少些，不如把一切都掩蔽起来，使敌人觉得自己完全有理由藐视对方。他选拔了一百五十名重装步兵，而将其余的军队交给克利里达指挥，决定在雅典军队还没有撤退的时候，来一个突然的袭击。他认为雅典援军开到之后，他就再没有机会摧毁单独的雅典军队了。因此，他召集全军，发表下面的演说，一面鼓励军心，一面说明作战的计划：

"伯罗奔尼撒人：我用不着多说，我只提提几件事实：我们来自一个勇敢常常保全了自由的国家；你们是多利亚人，你们现在正要和那些常常被你们击溃的敌人爱奥尼亚人作战了。我所要讲的就是说明我们作战的方法，使你们不必因为我们只用一部分军队而没有用全部兵力来进攻我们的敌人，就担心我们会处于不利的地位。照我的估计，因为敌人轻视我们，因为他们绝对料想不到有人会进攻他们的，所以他们这样毫无戒备地跑到阵地上来了。他们现在是毫无纪律可言的。但是当敌人正在犯着这种错误的时候，如果有人看得比较清楚，知道充分地利用自己的部队，不采用显明为人所共知的方式，而采用最合于实际形势的方式作战，他必然会取得胜利的。就是凭着这种出奇制胜的方式，我们才能够获得最大的光荣；这种方式可以把敌人完全蒙蔽，这种方式对于我们自己是最为有利的。这时候，正当敌人还富于自信心而没有作准备的时候，据我所见，正当他们想怎样逃跑而不想坚守阵地的时候，正当他们的精神涣散，还没有振作起来的时候，我建议快步向前，在可能范围以内，对着敌人的中心予以猛烈的袭击。克利里达，你看见我已经向敌人进攻，敌军很可能发生混乱的时候，应当带着你的部队，连同安菲玻里人和别的同盟军，猝然打开城门，向外冲出，尽快地攻入敌军的里面。这样的做法，很可能使敌人惊慌，因为敌人正在和第一支军队相持的时候，忽然有第二支军队加入战线，那会使敌人受到很大的恐慌。克利里达，你必须表现我们期望一个斯巴达军官所应当表现的品质，你们这些同盟军必须跟着他奋勇作战。你们要记住，一个好军人的品质就是敏于作战，富于荣誉心，严守纪律；今天你们如果表现你们是大丈夫的话，你们就会获得自由，争得斯巴达同盟军的称号；不然的话，就会当雅典人的奴隶，你们所希望的当然不是被牵到奴隶市场去发卖，或者是被杀掉；如果不这样打算，你们的奴隶生活将比过去你们所知道的更要残酷，你们将使希腊其他各地方的人民得不到解放。不，你们知道这是多么重要的关头，你们绝对不会屈服的。至于我个人，我会让大家知道，我不仅对别人出主意，而且能够把我所说的话在行动中实现出来。”

演说后，伯拉西达自己作了进攻的准备，把其余的军队交给克利里达布置在色雷斯城门附近，依照商定的办法，准备冲出作战。

雅典军队看见伯拉西达从塞狄利安跑下来，看见他进了城，城中的一切都是能够从外面看见的；他们看见他在雅典娜女神庙附近作了祭祀，作了各样的军事调配。克里昂这时更进一步把地形视察了一番。他也得到了情报，城内的全部敌军都可以看得见，城门下面的人脚和马蹄的数目都是一目了然的。一般的印象是敌军会出城进击。得到这个报告后，克里昂马上自己到场察看。他明了一切，因为在援军未到的时候，他不愿冒险作战；他又知道，他有时间从容退却，所以他下令退兵。他的命令是要军队向爱昂退却，左翼开路，这是唯一可能撤退的方法。他以为他有充分的时间，自己带领右翼退却，走了一个迂回的道路，使没有充分武装的一面[①]暴露在敌军之前。那时伯拉西达看见机会到了，雅典军队撤退了，他对自己的军队[②]和友军说："这些敌人永远不能抵抗我们了；从他们的矛和矛头彼此互相撞碰的情况中，我们很明显地可以看出这一点来。军队这样纷乱，就没有应付敌人的力量了。让我们打开城门，赶快打出去，我们一定会胜利。"

希腊军官战前的祭祀

于是他从木栅里的大门中，走出长城（那时候是有一条长城的）的第一道城门，他用快步沿大路一直往前走，从山上最陡的地

① 即右边；因为左边是有盾牌保护的。

② 就是他所选拔的那一百五十名重装步兵（第404页）。

方（胜利纪念碑现在所在之地）向下进攻雅典的军队。雅典的军队对于自己慌乱的状态既已感到震恐，同时又被伯拉西达的勇猛进攻所冲散，使阵势不能维持平衡。伯拉西达把敌人的中坚击溃了；这时克利里达依照伯拉西达的指示，从色雷斯门中冲出，也向敌军进击。雅典军队猝然意外地遭受到这样的两面夹攻，产生了很大的混乱。向爱昂方面退却的左翼已经走了若干距离，这时立即溃乱而逃跑了。左翼既败，伯拉西达回转头来进击右翼。当进攻时，他受了伤，幸而雅典人没有看见他倒下来，就由他自己的士兵扶起来，抬着离开战场了。

雅典军队的右翼继续抵抗了一阵。克里昂自己没有坚守阵地的意志，他立即退走，在中途被一个密星那斯的轻盾步兵赶上而被杀死了。克里昂的士兵在一个山上集合起来，把克利里达的攻势击退了两三次；最后，密星那斯和卡尔西斯的骑兵和轻盾步兵把他们包围起来，用标枪从远距离向他们投射，那时候，他们才不能保持行列，因而失败了。所以整个雅典军队溃逃。很多人在战场上阵亡，或者被卡尔西斯的骑兵和轻盾兵所杀害了；没有被杀掉的都经过很大的困难，分途沿着山径，逃往爱昂去了。

将伯拉西达抬出战场的士兵们，在他还活着的时候，把他送入城内。他知道他的军队胜利了；不久以后，他就死了。其余的军队随同克利里达追逐了敌人之后，回转来，剥去敌人尸体上的衣服，树立一个胜利纪念碑。

后来，所有的同盟军都为着伯拉西达的公葬而在现在市场所在的地方，列队游行，表示敬礼。安菲玻里人在他的坟墓周围树立了一道墙垣，以后就把他当作一个英雄，向他致祭，并且举行各种赛会，每年祭祀，以纪念他。他们称他为殖民地的创立者，他们把哈格浓的建筑物全部拆毁，凡一切能使人们回忆到这个地方是哈格浓所创建[①]的物品都被毁掉，以灭痕迹。他们觉得伯拉西达是他们的救星；同时，因为害怕雅典，他们都极希望和斯巴达建立同盟。至于哈格浓，因为他们正在和雅典人作战，他们不能再和从前[②]一样，对他表示敬礼，使他们自己取得利益，或讨好于他本人了。

他们把阵亡雅典人的尸体退还给雅典人。雅典人阵亡者大约六百人，而对方却只死了七人。因为那不是一场正式的剧烈战争，而是一个意外的惊慌事件，其一切情形如我所叙述的。取回死者的尸体以后，雅典人航海回国去了；而克利里达和他的军队留在那里，处理安菲玻里的善后事宜。

差不多同时，在夏季将告终结的时候，斯巴达人拉姆斐亚斯、奥托卡里得和厄壁塞底达率领九百名重装步兵，来增援色雷斯区域各城市了。当他们达到特累启斯境内的赫拉克里亚的时候，他们重新调整了各种他们所认为应该注意的事务。安菲玻里的战役就是在那个时候发生的。那个夏季也就这样结束了。

第二章　战争第十年的终结。尼西阿斯和约

冬季刚开始，拉姆斐亚斯和他的军队开到了帖撒利的彼伊里

① 参阅第 371 页。

② 就是以前和雅典友好的时候。

安。帖撒利人不愿意他们再往前进；他们调集援军前来是为了伯拉西达，而现在伯拉西达已经死亡；他们就撤退回国了，因为他们认为雅典军队已经败退，作战的时间已经过去了，他们自己没有才能把伯拉西达耿耿于怀的计划付诸实施。但是撤退的主要原因还是因为他们在出发的时候，就知道斯巴达人的原意是赞成讲和的。

真的，事实上，自安菲玻里战役结束和拉姆斐亚斯的军队撤退以后，两方面都没有继续作战，反而都想如何订立和约，雅典人在第力安受到了严重的挫折，①跟着又在安菲玻里打了败仗；他们以前相信自己的力量，所以拒绝对方讲和的建议，以为他们会一帆风顺，取得最后胜利的；现在他们已经失掉了这种信心。他们对于同盟者也有疑虑，他们恐怕军事上的失败会引起同盟者策动一个形势更为严重的反抗运动；他们后悔在派娄斯战役之后，没有抓住那个顶好的机会，恢复和平。在斯巴达人一方面，他们认为战事没有如他们所期望的一样发展下去，他们原想凭借着摧毁雅典土地的办法，在几年之内，不难把雅典的力量完全消灭。斯法克特利亚岛上的灾难是斯巴达人从来没有经历过的；他们的土地，从派娄斯到锡西拉，常常受到侵袭；他们的希洛人不断地逃亡，大家都经常担心那些没有逃亡的希洛人会从那些逃亡的希洛人那里学得榜样，利用时局所给予他们的机会，造成一个革命运动，和过去他们所做的一样。② 斯巴达和亚哥斯的三十年休战时期又将要终结了；③亚

① 参阅第 369—370 页。

② 即希洛人的大暴动（第三次美塞尼亚战争）；参阅第 80 页。

③ 下年期满（参阅第 421 页）；因此断定起于公元前 457 年。

哥斯人不愿将休战和约继续下去，除非斯巴达人愿意把辛那里亚[①]退还给他们；而斯巴达如果和雅典及亚哥斯同时作战，这在事实上又似乎是不可能的。他们也怀疑伯罗奔尼撒各邦中有些会倒向亚哥斯一边去的，事实也证实了这一点。

两方面都想商谈和议，斯巴达人希望和平的心思更为迫切，因为他们很希望在岛屿上被俘虏的人们可以被释放回来。这些被俘虏的人中间，有斯巴达军官阶级的成员，[②]他们都是重要的人物，和政府中的人员是有关系的。斯巴达人早就直接商谈释放这些俘虏的办法，但是那时雅典人的军事进行顺利，他们对于合理的请求不愿接受。第力安战役失败之后，斯巴达人以为雅典人会愿意商谈条件的，马上就和雅典成立了休战一年的协议，协议中并有开会商讨延长休战期间的规定。现在雅典人又在安菲玻里人打了一个败仗，克里昂和伯拉西达又都战死了——这两个人是在双方面主战最力的人：伯拉西达主战，因为他个人的成功和荣誉都是从战争中得来的；克里昂主战，因为在和平安静的时期，人们会注意他的不良行为，会不相信他对别人的谗言。现在是时机了，当时雅典和斯巴达两个最有势力的政治家，作了很大的努力，促成和约的实现：一个是波桑尼阿斯的儿子普雷斯托安那克斯，即斯巴达国王；另一个是尼塞拉都的儿子尼西阿斯，尼西阿斯的军事才能超过当时代任何其他的人。他想在自己还未曾受到过灾难而享有盛名的时候，保持他的荣誉，使自己和全城的同胞从艰苦困难中立时得到

---

① 参阅第338页。

② 他们自成一个氏族，不仅有共同的祖先，并且以婚姻关系互相联系，他们在斯巴达是掌握政权的人。

苏息，替自己永远留一个为国效命而始终成绩卓著的声誉。他认为只有避免一切冒险行动，尽量使自己不倚靠幸运，这个目的才有达到的可能；而冒险的事情也只有在和平的时候才能避免。至于普雷斯托安那克斯，他自放逐中归来，总是为他的敌人所攻击的；事情不顺利的时候，国内的仇敌就一定把他的名字提出，说他的非法复辟是一切一切的根源。他们控告他和他的兄弟亚里斯多克利向特尔斐的女祭司进行贿赂，使她为历次因各种政务而前往访问的斯巴达代表们作出神谶，命令他们将宙斯半神儿子的种子从国外携带回来，否则他们会用银的犁头耕田，①因此，最后，照控诉者的说法，普雷斯托安那克斯在被放逐②到来西安山③的第十九年④怂恿斯巴达人用跳舞和献牲的仪式把他接回来，正和建立斯巴达的时候国王即位的仪式一样。很自然地，他很为这些攻击所苦，他以为在和平时代，不会有这些灾难；又以为被俘虏的斯巴达人一旦被释放回来，怨家就没有对他攻击的根据了；而且在战争时，居最高地位的人一定会因为每一个不幸的事情而受到埋怨。他所以极想和雅典言归于好。

在这个冬季中，商谈不断地进行着；春季将开始的时候，消息传来，斯巴达又将进攻了，各城邦都接到命令，准备在亚狄迦修筑

① 意思说，将有瘟疫流行，那时他们就会用很高的价格来购买粮食，好像用银工具耕田一样。

② “他的被放逐是因为斯巴达人认为他从亚狄迦撤兵是受了贿赂而退却的；又因为他为了害怕斯巴达人的缘故，他把他的房屋一半建筑在宙斯神庙圣地范围之内。”

③ 这座山在亚卡狄亚境内，上面有一个古宙斯神庙。

④ 即公元前 427 年，因为他是公元前 446 年离开自己的国家的。参阅第 89、137 页。

永久的要塞——这一切都只是使雅典人易于就范的一种姿态罢了。在商议时，各项要求都由双方提出了；后来大家同意，除开尼塞亚[①]应仍由雅典人控制[②]以外，双方在战争中所取得对方的土地都应归还原主，和议在这个基础上成立了。和议达到了这个阶段，斯巴达和它的同盟国举行了一个会议，除开彼奥提亚人、科林斯人、伊利斯人和麦加拉人不赞成以外，大家都赞成讲和，他们批准条约，于是雅典和斯巴达间的和约成立，双方宣誓遵守下列的条款：

"雅典人和斯巴达人以及双方面的同盟者缔结本条约，各个城邦宣誓遵守下列条款：

1. 关于国家的神庙，[③]凡愿意依照本国风俗入庙祭祀、游览、祈请神谶或作为其本国的代表参加赛会的人，无论在海上或陆地上行走时，都应有安全的保障。
2. 在特尔斐的阿波罗神圣地和神庙以及特尔斐人自己，都应当依照他们自己的法律管理，由他们自己的国家征税，由他们自己的法官进行审判；有关人民和土地的问题都应按照当地的风俗习惯处理。
3. 在雅典人（连同他们的同盟者）和斯巴达人（连同他们的同盟者）间，本条约的有效时间是五十年，无论在陆地上或海上不得有尔虞我诈或给予对方以损害的事情。

---

① 参阅第347页。

② "当雅典人要求普拉提亚时，底比斯人回答说，他们不是用武力占领那个地方而是和普拉提亚人自由协商的结果，也没有叛逆分子参加。雅典人说，他们占领尼塞亚的情况也是这样的。"（参阅第245页。）

③ 特别是指特尔斐和奥林匹亚。

4. 假如斯巴达人和他们的同盟者或雅典人和他们的同盟者有运用武力，企图对于对方加以损害的行为，无论采用何种方法或手段，其行为都是非法的。

5. 如果双方发生争执，其争执应该依照双方所同意的办法，采取宣誓或法律手续解决之。

6. 斯巴达人和他们的同盟者应将安菲玻里交还雅典人。

7. 由斯巴达交还雅典的城市中的居民，有按照他们自己的志愿选择居留地，并携带财产前往居住之权。

8. 这些城市应该按照亚里斯泰德所厘定的数目缴纳税贡；它们应当是独立自主的。

9. 条约一经成立，只要这些城市缴纳税贡，如果雅典人以武力侵略它们，这是非法的。

10. 上面所提到的城市是阿吉拉斯①、斯塔基拉斯②、阿堪修斯③、斯科拉斯、奥林修斯④和斯巴托拉斯⑤。这些城市既不和斯巴达，也不和雅典建立同盟。但是如果雅典人对它们进行说服而它们自己愿意的话，在法律上雅典是可以和它们联盟的。

11. 跟奥林修斯人和阿堪修斯人一样，麦西柏那人、散恩人⑥和新迦斯人应当在他们自己的城市里居住。

12. 斯巴达人和他们的同盟者应将巴那克敦⑦交还雅典人。

① 参阅第 372 页。
② 参阅第 361 页。
③ 参阅第 360 页。
④ 参阅第 47 页。
⑤ 参阅第 182 页。
⑥ 参阅第 376 页。
⑦ 参阅第 400 页。

13. 雅典人应将科利法西安[①]、锡西拉[②]、墨色那[③]、特利安及阿塔兰塔[④]交还斯巴达人；同样地，所有留在雅典或雅典管辖内地方监狱中的斯巴达俘虏都应交还斯巴达人。

14. 围困在赛翁尼[⑤]的伯罗奔尼撒人和斯巴达的同盟者以及柏拉西达派往赛翁尼的人们[⑥]并留在雅典监狱中或雅典所属地域内监狱中的斯巴达同盟者都应悉数释放。

15. 同样地，斯巴达人和他们的同盟者应将拘留在他们手中的雅典人和雅典同盟者一律交还。

16. 关于赛翁尼、托伦[⑦]、塞密利安和其他雅典控制下的城市，雅典人得依照他们自己认为适当的方法加以处理。

17. 雅典人应向斯巴达人及其同盟者，一个城市一个城市地次第宣誓，宣誓应当依照各该城市习惯上最有拘束力的方式[⑧]进行。双方各有代表十七人参加宣誓。誓词如下："我将忠实地、诚恳地遵守条约中的各项条款。"同样地，斯巴达人及其同盟者也应该向雅典人宣誓。宣誓手续应每年由双方面重新举行一次。在奥林匹亚、彼提亚[⑨]、地

① 参阅第 300 页。（即派娄斯。——译者）

② 参阅第 336 页。

③ 参阅第 331 页。

④ 参阅第 143 页。

⑤ 参阅第 394 页。

⑥ 参阅第 386 页。

⑦ 参阅第 399 页。

⑧ 在批准条约时，雅典人以宙斯、狄密特和阿波罗的名义宣誓。参阅佛兰克尔：《赫尔密斯》xiii. 460。乌尔立喜说，斯巴达人以带奥斯邱赖兄弟神的名义宣誓。（带奥斯邱赖是宙斯的一对双生子，卡斯忒和坡力都赛。——译者）

⑨ 即特尔斐。——译者

峡，在雅典的卫城中，在拉西第梦的阿密克利[①]神庙中，应当树立誓言的标柱。

18. 如果在任何问题上发现有疏漏之处，在不破坏誓词的限度以内，通过雅典人和斯巴达人的双方同意，并经慎重考虑之后，条约是可以修改的。

“条约于普雷斯托拉斯任监察官期内，阿提密喜安月 27 日在斯巴达生效；于阿尔西阿斯任执政官期内挨拉菲波赖昂月 25 日在雅典生效。

“在场宣誓并奠酒的，斯巴达方面有：普雷斯托安那克斯、阿基斯、普雷斯托拉斯、戴马吉都、开俄尼斯、麦塔真尼、阿堪修斯、戴苏斯、伊斯卡哥拉斯、菲洛卡利达、沙西达斯、安替福斯、推利斯、阿尔星那达、恩壁第阿斯、米那斯和拉斐拉斯。雅典方面有：兰本、伊斯谟尼卡斯、尼西阿斯、雷歧兹、攸西德马斯、普罗克利、皮索多勒斯、哈格浓、迈尔提拉斯、色雷西克利、特阿真尼、亚里斯多克拉底、爱奥尔西阿斯、提摩克拉底、利翁、拉马卡斯和德谟斯提尼。”

这个和约的订立恰恰是在冬季的末尾和春季的开始，正是城市道尼修斯节日[②]刚刚结束的时候，也就是第一次侵入亚狄迦和这次战争[③]开始以后的十年零几天[④]。

依照抽签的结果，斯巴达人应当首先交回侵占的土地，并且马

① 离斯巴达城两三英里路程。

② 城市道尼修斯节或大道尼修斯节开始于春分之前，持续几天。

③ 亚狄迦演说家通常称最初十年的战争为阿基达马斯战争（参阅斯密司译本序言第 1 卷，xiii 页）。

④ “用我的方法计算年代，比较根据各邦的执政首长或其他重要人员在职时期计算过去重大事件发生的年代要准确些。采用旧的办法，不能很精确地计算出时间来，因为某件事情可能发生在某官在职的初期，或中间，或末期。但是我的办法是用夏冬两季计算，每季等于半年，则第一个战争经过了十个夏季和十个冬季。”

上释放他们在战争中所俘虏的人们。他们也派遣了伊斯卡哥拉斯、米那斯和菲洛卡利达为代表，前往色雷斯区域，命令克利里达将安菲玻里交还雅典，并且命令其他的同盟者接受条约上规定他们所应当做的一切事件。但是，因为那些条件不是他们所欢迎的，他们拒绝履行。克利里达和卡尔西斯人相处得很好，所以他也不愿意退还安菲玻里。他声称他不可能违背卡尔西斯人的意思而把安菲玻里交还雅典；他立刻带着当地的代表前赴斯巴达，为他自己作辩护，以对付伊斯卡哥拉斯和其他的委员们说他违抗命令的控诉，并且他还想探询条约是不是还可以修改。后来他知道斯巴达已经受到了条约的拘束，他立即带着命令回去，尽可能地交割地方，并且无论如何，把留在安菲玻里的伯罗奔尼撒人带出境外。

那时候，正碰着同盟国的代表们还留在斯巴达，[①]尚未接受条约的同盟者都由斯巴达催促加以接受。但是各同盟者依然坚持以前拒绝这项计划的理由，[②]并且声称：如果不制定一个更公平合理的条约的话，他们不愿意接受这个条约。斯巴达人发现各同盟者不受他们的劝告，于是遣散代表们，和雅典商谈两国单独缔结同盟的办法；因为安璧立达和利卡斯两个代表往亚哥斯，亚哥斯拒绝继续盟约，斯巴达人认为他们如果能够和雅典缔结盟约的话，亚哥斯得不到雅典的援助，就不能给斯巴达以威胁；其他伯罗奔尼撒诸国也是这样的；它们本来也可能和雅典人联合一起来威胁斯巴达的，这样一来，它们也会安静下来了。斯巴达人和在场的雅典人进行

---

① 继续第411页末的叙述。

② 参阅第412页。

谈判，协定成立了，批准同盟条约的誓言彼此交换宣布了，其条件规定如下：

1. 斯巴达和雅典在下列的条件之下，订立五十年同盟条约：

2. 如果敌人侵犯斯巴达的领土或对于斯巴达本身有任何敌对的行动，雅典人应当根据他们的资源情况，在可能范围内，用最有效的方法，给斯巴达以援助。如果那时敌人将斯巴达土地破坏后，扬长而去，斯巴达和雅典应该把那个破坏斯巴达土地的城邦当作共同的敌人，共同来惩创它。和约应当由斯巴达和雅典同时共同商订。这些条款应当忠实地、迅速地、诚恳地付诸实行。

3. 如果敌人侵犯雅典的领土，或对于雅典本身有任何敌对的行动，斯巴达人应当根据他们的资源情况，在可能范围内，用最有效的方法，给雅典人以援助。如果那时候敌人将雅典土地破坏后，扬长而去，雅典和斯巴达应该把那个破坏雅典土地的城邦当作共同的敌人，共同来惩创它。和约应当由斯巴达和雅典同时共同商订。这些条款应当忠实地、迅速地、诚恳地付诸实行。

4. 如果奴隶们起来暴动，雅典人应按照他们的资源情况，予斯巴达以充分的援助。

5. 本条约应当由对于前一个条约曾经宣誓的双方代表们一律宣誓。这项宣誓的手续，应每年重新举行一次，斯巴达代表们于道尼修斯节日[①]前往雅典，雅典代表们于亥阿辛提亚节日[②]前往斯巴达。双方面都应该各立一个标柱：斯巴达的标柱应当树立在

① 即城市道尼修斯节；参阅第415页注②。

② 亥阿辛提阿斯月（相当于雅典历的赫卡汤姆培康月）庆祝阿密克利的阿波罗神的节日。

阿密克利[1]的阿波罗神像的旁边；雅典的标柱应当树立在卫城上雅典娜女神像的旁边。

6. 如果斯巴达和雅典对于本条约要加补充或删节，这项补充或删节的工作应由双方在不违背誓言的限度内，共同办理。

"代表斯巴达宣誓的是：普雷斯托安那克斯、阿基斯、普雷斯托拉斯、戴马吉都、开俄尼斯、麦塔真尼、阿堪修斯、戴苏斯、伊斯卡哥拉斯、菲洛卡利达、沙西达斯、安替福斯、阿尔星那达、推利斯、恩壁第阿斯、米那斯和拉斐拉斯；代表雅典宣誓的是：兰本、伊斯谟尼卡斯、雷歧兹、尼西阿斯、攸西德马斯、普罗克利、皮索多勒斯、哈格浓、迈尔提拉斯、色雷西克利、特阿真尼、亚里斯多克拉底、爱奥尔西阿斯、提摩克拉底、利翁、拉马卡斯和德谟斯提尼。"

这个同盟条约是在和平条约订立后不久缔结的。雅典人将在岛屿上所取得的俘虏退还斯巴达人，那是第十一年夏季开始的时候。第一次战争没有间断地进行了十年，一直到这个夏季才算结束，而这个战争的记载也就这样完竣了。

第三章　第十一年。和亚哥斯的谈判

十年战争终止后，当普雷斯托拉斯在斯巴达任监察官和阿尔西阿斯在雅典任执政官的时候，斯巴达和雅典的和平条约与同盟

---

① 斯巴达的古城，距斯巴达 3.5 公里，有拉哥尼亚最重要的阿波罗神庙。

条约成立了；在那些接受这两个条约的国家间，和平算是恢复了。但是科林斯和伯罗奔尼撒的其他一些国家仍想推翻这些条约。在斯巴达人和他们的同盟者间，马上发生了新的纠纷。同时，过了一些时候之后，斯巴达人也渐渐失掉了对雅典人的信心，因为雅典人对于条约中的某些条件并没有履行。不错，一共有六年零十个月他们双方都没有发动互相侵略的行动；但是除了这两个国家之外，战争就从来没有停止过，彼此尽力互相伤害，最后两国不得不把十年战争后所订的和约破坏，双方又公开地彼此宣布战争了。

这一个时期的历史也是原来写历史的那个雅典人修昔底德所著的，[①]他是按事实发展程序，以夏冬相递嬗的编年体撰写，将这段历史一直写到斯巴达人和他们的同盟者把雅典帝国毁灭，把长城和庇里犹斯占领时[②]为止。那时战事已经延续了二十七年。如果不把维持和平的那一段时间包括在战争时期之内，那一定是一个错误的看法。只要观察事实，就知道，那个时期双方都没有履行他们的诺言，交还或收回任何土地；除此之外，在门丁尼亚和在埃彼道鲁斯的战争[③]中以及其他各方面，双方都有违反和约的事实；在色雷斯区域的同盟者依旧是互相仇视的；彼奥提亚人虽然是在休战状态中，而这种休战必须每十天重订一次；在这样的局势之下，要应用“和平”两字，实在是不可能的。如果将最初十年的战争和随着战争而来，进行又不甚顺利的休战，以及随后又发生的战事

① 这段文字似乎是著者第二篇序言，可能是著者完成战争最初十年的历史之后，继续写的。

② 根据普鲁塔克：《莱山德传》15，这件事发生于公元前 404 年。

③ 关于这些战争，可参阅第 424 页以下和第 442 页以下。

连贯起来，用夏冬两季计算的方法，推算一下，就知道我所计算的年数和实际情况只有几天的出入——至于那时相信神谶的人们，他们的推算，就只有一件事情是算得不错的。我亲自记得，许多人都估计战争自始至终将延续到三个九年。我一直在战争中生活着，我的年龄相当大了，我了解事物发展的意义，我专心研究事实的真相。我在指挥安菲玻里的军事[①]以后，曾被放逐而离开本国二十年；我看见了双方面的一切行动，尤其是伯罗奔尼撒人方面的行动，因为我流亡在外，闲暇的时间给了我特殊的便利，使我能够深入研究一切。我现在将继续叙述十年战争以后发生的争端，和约的破坏，以及后来又继续发生的战事。

当五十年休战和约以及后来的同盟条约成立之后，伯罗奔尼撒诸国派来商讨这些问题的使团都从斯巴达回到自己的城邦去了。惟有科林斯的代表们首先访问了亚哥斯，和亚哥斯政府中一些人协商；他们认为斯巴达缔结这个条约，和他们仇恨最深的雅典订立同盟，这远不是有利于伯罗奔尼撒诸国，而是想奴役它们；亚哥斯现在应该考虑如何维持伯罗奔尼撒诸国的安全；他们建议，亚哥斯人可以通过一个法令，邀请任何独立自主、能以平等合法的地位对待他国的希腊国家和亚哥斯订立防守同盟；为了达到这个目的，他们认为委派少数有特权的人员参加这项会议比在人民会议中进行协商要好些，因为这样的办法可以使那些申请加入同盟而没有批准的各邦易于保守秘密。他们认为许多城邦，因为仇恨斯巴达的缘故，都会加入这个同盟。作了这个建议之后，科林斯的代

---

① 参阅第373页。

表就回国去了。

科林斯代表团所接触的亚哥斯人把代表团的建议向政府和人民反映了；亚哥斯人通过了一个法令，推选了十二个代表，付以全权，要他们和斯巴达及雅典以外一切愿意加入的城邦，商议缔结同盟；至于斯巴达和雅典，则非经亚哥斯人民通过，不得加入同盟。亚哥斯人采取这个政策的原因，是由于他们预料他们和斯巴达人的条约快要满期了，两国间的战事一定是不能避免的；同时，他们也想争取伯罗奔尼撒的领导权。那时候，斯巴达受了挫败，声誉低落，而亚哥斯在各方面的情况都是很顺遂的，因为他们没有参加亚狄迦的战事，他们的中立地位使他们取得了不少的利益。

所以亚哥斯人准备接受希腊各城邦加入同盟。第一个要加入的就是门丁尼亚人和他们的同盟者，因为他们都害怕斯巴达。在和雅典作战的时候，门丁尼亚人征服了阿卡狄亚的大部分土地，把它放在自己控制之下；门丁尼亚人认为斯巴达正在忙于处理别的事务，将来它是不会让门丁尼亚人占有这些地方的。他们不如倒向亚哥斯一边，因为亚哥斯是一个大城邦，是斯巴达的世仇，并且和他们自己一样，是民主政治的国家。门丁尼亚人退出斯巴达同盟，震动了伯罗奔尼撒其他各邦，大家都谈论他们自己是不是也应该采取同样的行动；他们以为门丁尼亚政策的改变必然有什么特别消息来源，而他们自己也很不高兴斯巴达，尤其是因为斯巴达和雅典的盟约中曾有一部分规定，只要它们双方愿意增加或删改盟约中的某些条款，它们尽可以那样做而不致影响于誓词。使伯罗奔尼撒诸国发生不安状态的原因就是这个条文，各邦都怀疑斯巴达想凭借雅典的力量来奴役它们。大家都认为盟约的变更必须通过各同盟国的同意方能生效。因此，一种普遍惶恐的情绪产生了，一邦一邦地都走向和亚哥斯订立同盟的道路。

斯巴达知道伯罗奔尼撒开始骚动了，也知道这是科林斯发动的，知道科林斯自己也想加入亚哥斯同盟。于是斯巴达派遣使节前赴科林斯，企图阻止它的行动。使节们指摘科林斯，不应该发动这种阴谋，并且说，如果它脱离斯巴达而和亚哥斯联盟的话，违背誓约的责任应由科林斯负担；它不肯接受和雅典订立的条约，已经是错了，因为盟约中明白规定了，如果不是神或英雄用一种方法阻止它们的话，多数代表们的投票赞成，对于全体同盟者是有拘束力的。当时，科林斯方面有那些拒绝和雅典联盟的各同盟国在那里，这些代表们都是事前特别召集来的。科林斯人当着各同盟者答复了斯巴达人。他们没有明显地申诉他们受了委屈——例如，没有从雅典收回索利安姆[①]，或安那克托里安[②]，以及在别的方面，他们没有达到他们的要求；他们只借口他们不能出卖在色雷斯的盟友，因为他们和这些盟友在波提狄亚首先叛变的时候，[③]曾经另立过誓约，并且后来也还提出过特别的保证；所以他们不接受和雅典同盟的条约，不是对同盟者违背誓约；他们曾用神祇的名义向色雷斯的盟友提过保证，背弃这些盟友，其罪过等于伪立誓言，那是神灵所不许的。在科林斯人看来，他们所做的，正合于条约中“如果不是被神和英雄所阻止的话”那一条的规定。

这是科林斯人一方面关于旧日誓约的陈说。至于亚哥斯同

① 在阿开那里亚；在这次战争中的第一年被雅典人夺去的（第 143 页）。

② 参阅第 333 页。

③ 参阅第 46 页。

盟，他们说他们将和他们的盟友讨论这个问题，做出他们所认为合理的事来。斯巴达使节们得到这个答复后，就回去了。

那时，亚哥斯派来的使团也在科林斯，他们敦促科林斯人赶快和他们订立同盟。但是科林斯人则商请他们于下次开会时参加会议，商讨一切。

以后伊利斯的使团也到了。他们和科林斯订立盟约后，又依照他们国家的命令，前往亚哥斯，和亚哥斯人订立盟约。[①]

以后不久，科林斯人和色雷斯的卡尔西斯人加入了亚哥斯同盟。彼奥提亚人和麦加拉人虽然也有同样的意见，但是没有采取任何行动。他们在斯巴达的干涉中，没有受到损害，他们觉得亚哥斯的民主政治比斯巴达的政制更加和他们的贵族寡头政治不和谐。

差不多在这个夏季的同时，雅典人摧毁了赛翁尼。他们把成年男子尽行杀戮，[②]把妇人和小儿变为奴隶，把普拉提亚人迁往赛

① “这是因为伊利斯和斯巴达为着列普累安发生了争执。在前一些日子里，列普累安和一些阿卡狄亚人作战；它和伊利斯订立同盟，允许把阿卡狄亚一半的土地给予伊利斯。战事结束时，伊利斯人把全部土地让予列普累安人去耕种，要他们交纳一个他连特的租金给奥林比亚的宙斯神。在和雅典作战前，这笔租金是如数给付的；后来列普累安人以战事为借口，停止给付租金了，当伊利斯人催迫他们的时候，他们向斯巴达陈诉他们的情况。这个案件正在斯巴达设法处理的时候，伊利斯人认为他们难取得他们应得的补偿，不愿意接受斯巴达的仲裁，而将列普累安的土地破坏了。斯巴达认为列普累安是一个独立的国家，伊利斯犯了侵略的行为，因为伊利斯不肯接受斯巴达的仲裁，斯巴达人派遣重装步兵前往列普累安，以防守他们的土地。在伊利斯人看来，斯巴达是允许一个背叛伊利斯人的国家加入斯巴达同盟，于是他们拿出条约来，条约上规定：雅典战争结束时，诸同盟国都应当保持它们在战事最初发动时所享有的一切；他们认为自己受了委屈，因而走向亚哥斯人一边，和亚哥斯人订立盟约，如上所述。”（列普累安在特里菲利亚，离伊利斯和拉哥尼亚的边界不远。——译者）

② 这是根据两年前克里昂所建议的法命（第 387 页）。

翁尼居住。他们又将提洛人迁回提洛岛[①]——这个行动的原因，一则由于雅典人在战争中受到灾难，[②]二则由于特尔斐神谶的指示。

同时，佛西斯人和罗克里斯人中间也爆发了战争。

科林斯和亚哥斯现在订立了同盟，它们的代表们往提基亚，[③]想使它脱离斯巴达的羁绊。它们知道提基亚的重要性。它们认为如果把提基亚拉过来了的话，整个伯罗奔尼撒就到了它们这一边。但是提基亚人说，他们不愿意反对斯巴达。一向奔走甚力的科林斯人现在大大地减低了前进的热忱，他们恐怕别的国家不会参加他们一边了。但是他们还是和彼奥提亚人接触了，要求他们加入科林斯和亚哥斯的联盟，同它们采取共同的政策；他们也要求彼奥提亚人随同他们前往雅典，替他们取得十天休战和约，[④]和彼奥提亚人自己在五十年和平条约刚成立时所取得的十天休战和约一样；如果雅典人不肯的话，他们就劝彼奥提亚人放弃自己的休战和约，并且非在科林斯人参加的条件下，不再和雅典人订立任何休战和约。这是科林斯人的请求；关于和亚哥斯订立盟约的问题，彼奥提亚人说，他们必须等待；虽然如此，他们还是偕同科林斯人同往雅典，但是他们并没有替科林斯人取得十天休战和约。雅典人的回答是这样的：如果科林斯是斯巴达的盟友的话，那么它已经取得了休战和约。但是彼奥提亚人不愿意放弃他们自己的十天休战和约，虽然科林斯提出坚决

① 参阅第398页。

② 第力安之役和安菲玻里之役。

③ 它在阿卡狄亚总是处于独立的地位；在古时，它常为斯巴达的劲敌。

④ 就是每十天重订一次的休战和约；或者是如昭伊特所说的，“在十天前预先通知，即可终止的”休战和约。参阅第419页。

的要求，并且诋毁他们不该放弃诺言。至于科林斯，事实上它和雅典也停止了战争，只是没有用盟誓的形式加以批准而已。

同一个夏季中，在斯巴达国王普雷斯托安那克斯（波桑尼阿斯的儿子）指挥之下，斯巴达全军开入阿卡狄亚，向帕累西亚人进攻。帕累西亚人是门丁尼亚的属民，他们有一个党派曾向斯巴达求援；同时，斯巴达人想毁灭塞浦细拉要塞，那个要塞是门丁尼亚人建筑在帕累西亚境内而加以防守的，也是能够控制拉哥尼亚境内赛克里替斯区域。[1] 斯巴达人将帕累西亚的土地摧毁了；门丁尼亚人把他们自己的城市交给亚哥斯军队驻守，用自己的军队保卫他们同盟国的领土。但是他们没有足够的力量挽救塞浦细拉，或者帕累西亚的城镇，他们只好回去了。斯巴达人使帕累西亚人变为独立的国家，毁坏了他们的要塞，然后撤回斯巴达。

同在这个夏天，随着伯拉西达[2]开往色雷斯的军队回到了斯巴达。他们是条约成立后，由克利里达[3]带领回来的。斯巴达下了命令，凡是随着伯拉西达作战的希洛人都应该取得自由，可以在他们愿意居住的地方自由居住；在不久的时间内，斯巴达人把他们都安插在拉哥尼亚和伊利斯中间边区上的列普累安地方，和那些已经取得自由的希洛人[4]在一起居住。斯巴达是和伊利斯相处得不好的。至于在岛屿上被俘虏而缴去了武装的斯巴达人，大家担心他们认为自己的遭遇使他们处于不利的地位；如果他们仍旧保

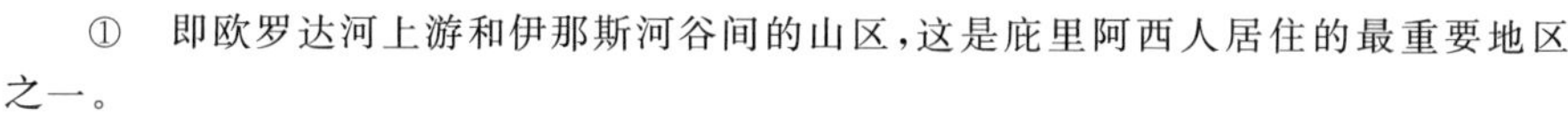

① 即欧罗达河上游和伊那斯河谷间的山区，这是庇里阿西人居住的最重要地区之一。

② 参阅第 353 页。

③ 参阅第 416 页。

④ 因军功而获得解放的新公民。

留着他们的权利，他们难免不进行革命的活动。所以他们的公民权被剥夺了，虽然他们以前是担任过重要职位的。[1] 同在这个夏天里，第安人攻取了阿克特半岛上亚陀斯附近的市镇泰苏斯，这个市镇是和雅典有同盟关系的。

在这整个夏季中，雅典人和伯罗奔尼撒人的自由来往是始终维持着的；但是自从条约成立以后，双方都有了猜疑，因为双方都没有把应该交还的地方好好地交还。依照抽签的结果，斯巴达应首先把安菲玻里和别的城镇交还的；这件事它没有做到，也没有设法使它的同盟者色雷斯人、彼奥提亚人或科林斯人接受条约；斯巴达人总是说着：如果他们的同盟者不肯接受条约，他们会联合雅典，强迫这些同盟者这样做；他们不断地指定日期，如果各同盟者仍旧不肯就范的话，他们会宣布这些同盟者是两方面的敌人；但是这些约束始终没有用文字写下来。后来雅典人觉得斯巴达人完全没有履行他们的诺言，开始对斯巴达人表示怀疑；他们不仅没有按照斯巴达人的要求，将派娄斯归还斯巴达，而且后悔不该将在岛上俘虏的人加以释放；至于其他尚未交还的土地，雅典人仍旧控制着，等到斯巴达人履行他们在条约上应做的事之后，再行处理。在另一方面，斯巴达人以为他们已经尽力而为了；他们已经将他们手中的俘虏悉数释放，他们已经从色雷斯调回了他们的军队，凡他们力量所能做的，他们都已经做了；至于安菲玻里，他们说他们对于那个地方没有充分的控制力量，所以不能把它交还雅典，但是他们

① “他们的公民权取消后，他们就不能指挥军队，不能经营买卖活动。但是经过相当时期之后，他们的公民权又恢复了。”

仍在设法使彼奥提亚人和科林斯人接受条约，仍在设法收回巴那克敦，使雅典留在彼奥提亚的俘虏送回雅典。同时，他们要求雅典交还派娄斯；至少美塞尼亚人和希洛人应该撤退，也和斯巴达从色雷斯撤退它的军队一样；雅典如果愿意的话，它可以派遣军队驻在派娄斯。在夏天，通过许多会议和长久的谈判，斯巴达人说服了雅典人，他们把美塞尼亚人和其余的希洛人，以及从拉哥尼亚逃亡的人都从派娄斯撤退了。这些人都由雅典人安置在塞法伦尼亚的克朗尼。直到这个夏天，雅典和斯巴达间还是维持着和平状态，而且都有信使往来。

到了冬天，[①]斯巴达的监察官有了变动，已经不是订立和约时的那些监察官了，他们中间有些实际上是反对这个和约的。斯巴达的同盟国派来了使节；雅典、彼奥提亚和科林斯的代表们也到了斯巴达；彼此谈判很久，没有达到任何协议。这些代表们正将回去了，那时两个特别希望推翻和约的监察官，克利奥标拉和济那尔，秘密向彼奥提亚人和科林斯人接头了。他们劝彼奥提亚人和科林斯人尽可能地施行一种共同的政策，并建议彼奥提亚人应该首先和亚哥斯结成同盟，然后再使他们自己和亚哥斯一同跟斯巴达建立同盟。这样的做法，两个监察官说，最能使彼奥提亚人不至于被迫而接受和雅典所订立的条约；因为斯巴达宁愿和亚哥斯做盟友，就是因此而引起雅典的敌视与和约的决裂，也是在所不惜的；无疑地，彼奥提亚人知道斯巴达是久想在公道而光荣的条件下，和亚哥斯建立友好关系的，因为，照斯巴达的看法，只有这样，才能在伯罗

① 公元前421—前420年。

奔尼撒范围以外更顺利地进行战争。同时，他们要求彼奥提亚人将巴那克敦交给他们，以便将来可以把这个地方来和派娄斯交换，因而使斯巴达在对雅典作战时，更处于有利的地位。

彼奥提亚人和科林斯人带着济那尔和克利奥标拉以及斯巴达别的朋友们对政府的建议回国去了。在中途，他们遇着两个在亚哥斯政府中担任重要职务而特来相候的人。这两个人建议，彼奥提亚人也应该和科林斯人、伊利斯人及门丁尼亚人一样，与亚哥斯成立同盟关系；如果这一着办到了，他们相信这个同盟团结一致，就能对斯巴达或任何其他国家作战或议和了。彼奥提亚的使节对于这个建议极为喜欢，因为那和斯巴达朋友们所建议的正相符合；两个亚哥斯人知道自己所提出的办法是很受欢迎的；他们将回去时，允许立即派遣代表前往彼奥提亚。彼奥提亚的代表们回国后，就把他们从斯巴达和中途遇见的亚哥斯人那里得来的消息传达给他们的政府。政府很高兴，把全部计划付诸实施，因为斯巴达和亚哥斯所要求的不谋而合了。不久以后，亚哥斯的代表们到了，他们所提出的建议和上面所说的相同，彼奥提亚政府，除表示赞成外，即将代表们送回，并声言将派遣自己的代表前往亚哥斯去，商订同盟条约。

同时，彼奥提亚的司令官们、科林斯人、麦加拉人以及色雷斯的代表们决计在他们中间首先互相宣誓，声明必要时彼此互相援助，并且不得单独议和或作战，后来又建议，行动一致的彼奥提亚人和麦加拉人[①]应该和亚哥斯联盟。在宣誓之前，彼奥提亚的司令官把这些建议通告了负最高行政责任的四个议事会[②]；司令官

① 参阅第 423 页。

② 无疑地，四个议事会是当作一个机构的。

们主张凡愿意和彼奥提亚订立防守同盟的城市都应该彼此宣誓，但是议事会中的成员不同意这个办法，因为他们担心和曾经叛离斯巴达同盟的科林斯成立盟约，将有不利于斯巴达的嫌疑。这是因为彼奥提亚的司令官们没有把在斯巴达所发生的变化告诉议事会，没有将监察官克利奥标拉和济那尔以及他们的其他朋友们赞成他们先和亚哥斯及科林斯成立同盟，然后再与斯巴达联合起来的言辞告诉议事会；他们认为他们虽然没有尽情告诉议事会，但是议事会应该通过司令官们的决策和提议。整个计划受到了这个挫折，科林斯人和色雷斯派来的使节没有完成任务就回去了；彼奥提亚的司令官们原想完成第一个目的以后，再和亚哥斯订立盟约的，现在他们不想把亚哥斯问题再向议事会提出，也不按照原约派遣代表们往亚哥斯去了。老实说，整个计划因为疏忽和拖延而受到了损害。

那个冬季，奥林修斯人进攻雅典人驻守的麦西柏那镇①，把它攻下来了。

在这些时候，雅典和斯巴达继续谈判交还彼此侵占地方的问题，斯巴达人希望雅典从彼奥提亚人手中收回巴那克敦的同时，他们自己可以收回派娄斯；他们曾派遣使节前往彼奥提亚，商请将巴那克敦和雅典的俘虏移交他们管理，以为将来交换派娄斯的依据。彼奥提亚人的答复是：事情可以照办，但是斯巴达应该仿照它和雅典商定的办法，和彼奥提亚订立一个单独的盟约。斯巴达人认为这样做，会使斯巴达对雅典犯了不守信约的错误，因为它们的盟约

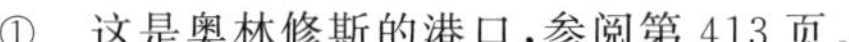

① 这是奥林修斯的港口，参阅第413页。

中明文规定，没有其他一方面的参加，任何一方面都不得单独议和或作战的；同时，斯巴达急于想取得巴那克敦，以交换派娄斯，而主张推翻和约的那一部分人又使用压力，怂恿斯巴达和彼奥提亚进行交涉。所以在冬季终结或春季开始的时候，斯巴达和彼奥提亚成立盟约，彼奥提亚人马上就开始拆除巴那克敦要塞。战争的第十一年就是这样结束了。

第四章　战争的第十二年。雅典成为亚哥斯的盟邦

下一年夏季开始的时候，[①]亚哥斯人害怕起来了，他们以为自己是孤立的，全体同盟者都会倒向斯巴达一边去了。彼奥提亚人答应派遣的使节没有来；他们目睹巴那克敦已经拆毁防御工事，又听说彼奥提亚和斯巴达已经另自订立盟约了。他们相信斯巴达人已经说服了彼奥提亚人，拆毁巴那克敦要塞而加入和雅典所订立的盟约，而雅典人对于这一切都是很明了的，所以现在亚哥斯就是对于和雅典订立盟约这一件事也不敢指望了。过去他们相信，雅典和斯巴达龃龉难合，如果雅典和斯巴达间的条约一旦废除的话，他们还可以倒向雅典同盟，以为依靠。所以亚哥斯人觉得自己的处境是很狼狈的；截至目前，他们不肯和斯巴达续订盟约，他们想作伯罗奔尼撒同盟的领导者，结果，恐怕会弄得自己单独和斯巴

① 公元前420年3月。

达、提基亚、彼奥提亚以及雅典同时作战。他们赶忙选派代表们到斯巴达去，而这一任务落到最可能使斯巴达乐于接待的两个人身上——攸斯特罗法斯和伊逊；以当时的情况而论，他们相信他们最好的方针就是在一切可能争取的条件之下，和斯巴达订立条约，使自己安心下来。

亚哥斯的代表们到达斯巴达后，和斯巴达人商谈订立盟约的具体条件。一开端，他们就坚持辛那里亚的土地[①]问题应该采用仲裁方式来解决，担任仲裁者或为个人，或为城市。斯巴达人拒绝谈判这一点，但是他们告诉亚哥斯的代表们，只要亚哥斯人同意的话，他们很愿意接受旧条约中所规定的条件。最后，亚哥斯代表们设法想使斯巴达人同意下面的办法：目前成立一个五十年和平条约，但是如斯巴达或亚哥斯境内没有发生战事或瘟疫的话，任何一方可以向对方挑战，以战争解决双方所争执的土地问题——因为过去[②]双方都说自己是胜利了——但不准越过亚哥斯或斯巴达的境界进行追击。这个办法，斯巴达人起初认为是愚蠢得可笑的，但是他们想不惜任何代价，以维持两国间的友好关系，所以他们接受了亚哥斯人的建议，把它载入盟约中了。但是在条约发生效力之前，请亚哥斯代表们于回国后，把这个办法交人民审查；如果人民通过了，代表们再到斯巴达来，参加亥阿辛提亚节日，并举行宣誓手续。代表们就这样回去了。

当亚哥斯人正在进行这些谈判的时候，斯巴达的代表安得洛

① “这是两国经常争执的地区，这个地区在两国的边界上，它包括泰里亚和安提尼两个市镇。这个地区被斯巴达人占据了。”

② 公元前550年；参阅希罗多德，I，中译本，第208页。

密德、腓第马斯和安提门尼达往彼奥提亚去，原想把巴那克敦和战俘从彼奥提亚手中接收过来，以便交还雅典。但是他们发现彼奥提亚人竟一意孤行地把巴那克敦要塞拆毁了，他们的借口是在久远的过去，为了那个地方他们和雅典人发生过争执，双方人民曾交换誓词，规定任何一方都不得在那里建筑房屋，但是双方可以把这个地方作为共同的牧场。至于彼奥提亚人手中的雅典战俘，安德洛密德和他的同僚把他们解回来，交还给雅典人了。他们解交战俘的同时，把巴那克敦要塞被拆毁的事情，也据实告诉了雅典人。他们认为这就等于退还那块土地了，因为任何对雅典有仇恨的人，不能再利用这块地方；但是他们表示这个意见后，雅典人愤怒了。雅典人认为斯巴达人在两件事情上都不守信约：巴那克敦应该完整地交还而不应该拆毁要塞；同时，斯巴达人和彼奥提亚人单独订立同盟条约，而依照以前的条约，[①]斯巴达应当和雅典联合起来，迫使不愿意加入同盟的各邦接受条约的。雅典人还可以指出斯巴达人未遵守条约的其他许多地方；他们认为他们是被骗了，所以给斯巴达的代表们一个很不客气的答复，然后送他们回国。

现在雅典和斯巴达的关系既然恶化，赞成废除和约的一派雅典人马上抬头了。这一派的领袖是克利尼阿斯的儿子亚西比得，年纪是很轻的[②]（即或在希腊任何其他城邦中，也可算是年轻的），但是因为他的家庭受人尊敬，他已经取得了重要的地位。他真诚地相信雅典最好的办法是和亚哥斯订立同盟——此外，他认为他

① 参阅第426页。

② 约生于公元前450年，当时大约三十岁。

的威信受到损害，因而也反对和斯巴达所订的和约，这也是实情。他不高兴斯巴达通过尼西阿斯和雷岐兹来和雅典订立条约，因为看他年轻而忽视了他，斯巴达并没有给他以应有的尊敬，而这种尊敬是他的家族在过去照料斯巴达人在雅典的利益[①]这一事实上所应当取得的——照料斯巴达人在雅典的利益是他的祖父所放弃的职务，而他是很愿意继续承担的，他就照顾过岛上被俘虏的斯巴达人，这一点就证明他是有这个愿望的。他认为无论从哪方面来说，他都没有受到应有的尊重，所以他一直反对和斯巴达讲和，说他们是靠不住的，他们讲和的唯一目的就是想消灭亚哥斯，第二步就是把雅典孤立起来，然后向它进攻，现在关系紧张了，他立即派遣一个私人的使节往亚哥斯，要亚哥斯人邀请门丁尼亚人和伊利斯人赶快到雅典来，商议订立同盟的办法；他说，现在正是订立同盟的时候了，他会尽力帮助他们的。

这个意见为亚哥斯人所接受了，他们现在知道雅典人没有参加和彼奥提亚联盟的活动，而实际上是和斯巴达很有恶感的。亚哥斯人没有给以前派往斯巴达的代表们以关于商订条约的指示，他们转向雅典一边来了，认为战事如果发生，他们在雅典身上找到了一个能持久的盟友，同时，雅典是一个兄弟民主国家，它的海军力量是很强大的。因此亚哥斯人立即派遣代表，邀请伊利斯和门丁尼亚的代表们，前往雅典，协商同盟办法。

斯巴达的代表团也迅速地前往雅典。代表团是大家公认为和雅典有友好关系的人组织的——菲洛卡利达、利翁和恩狄阿

① 参阅第546页；普鲁塔克：《亚西比得传》，XIV。

斯——他们的动机是斯巴达人恐怕雅典人在盛怒之下，和亚哥斯联盟；他们也想拿巴那克敦来交换派娄斯，同时还想剖白斯巴达和彼奥提亚联盟的理由，声明那个联盟是没有对抗雅典的企图的。代表团曾向议事会发言，把上面几点都谈到了，并且说明他们有全权商讨一切在争执中的问题，以期达到协定。这个发言使亚西比得担心，如果他们把这些话再向民众会议说出来，他们就会使民众和斯巴达亲善而拒绝和亚哥斯成立同盟了。他采用下面的一个手段打击他们：他向代表团提出了一个保证，如果代表团不向民众会议说他们负有全权处理一切的话，他一定交还派娄斯；他说，他一定使雅典人同意交还派娄斯，因为现在反对交还派娄斯的就是他，并且他可设法使其他的问题都得到解决。他的计划是想离间斯巴达人和尼西阿斯，他想在民众会议中攻击斯巴达人没有诚意，攻击他们对于同一件事情有两种不同的说法，用这种方法以促成雅典和亚哥斯、伊利斯以及门丁尼亚间的同盟。结果如愿以偿了。当代表团向民众说话的时候，在回答质问时，果然他们所说的话和对议事会所说的不同，那就是说，他们之来是没有取得全权的。雅典人对斯巴达代表团不耐烦了，他们回转头来，听信亚西比得的话，而亚西比得现在攻击斯巴达人比以前更加厉害了。事实上，雅典人准备请亚哥斯人和同来的人们进入会场，和他们订立同盟了。但是事情还没有办好，因为发生了地震，民众会议随即散会了。

第二天，民众会议又开会；虽然斯巴达人受了欺骗，虽然因为斯巴达代表团不曾承认他们负有处理一切的全权，尼西阿斯也连带上了当，但是尼西阿斯还是坚持雅典和斯巴达友好，比较好些。他建议把和亚哥斯协商的工作延搁下去，再派人到斯巴达去探明它的意向所在。他说,推延战争,会增加雅典的威信而使斯巴达的威信受到损害;一切都是对于雅典有利的,所以最好的办法就是把这个成绩尽量长久地巩固下去;至于斯巴达,它目前处于困难中,战争的冒险,对于它,真是神赐的一个意外的机会。他劝雅典人派遣一个代表团,包括他自己在内,去告诉斯巴达人,如果他们真的愿意和平的话,他们应该把完整无缺的巴那克敦交还,把安菲玻里交还,如果彼奥提亚不签署雅典和斯巴达间的和约的话,斯巴达人应该取消他们和彼奥提亚人所订的同盟条约(那是根据和约上的规定:任何一方面都没有单独订立条约的权利)。代表团还要告诉斯巴达人:如果雅典人有违法的意念的话,他们就已经和亚哥斯人订立盟约了,因为事实上亚哥斯人正是为这个目的而来的。还有关于其他事情的怨言也告诉了尼西阿斯和他的同僚。于是他们就往斯巴达去了。

使节到了斯巴达,将来意说明了,并且最后指出,斯巴达如果不取消它和彼奥提亚人的盟约(在彼奥提亚人不参加整个和平条约的情况下),雅典就会和亚哥斯以及亚哥斯的盟邦订立盟约了。斯巴达拒绝放弃它和彼奥提亚人的同盟条约——那是受了监察官济那尔的党人以及和他们意见相同的人们的影响。尼西阿斯看见任务没有达到,恐怕回去受到攻击——事实上,真的受到了攻击,因为大家都认为他是负责和斯巴达订立和约的;但是最后,经过他的请求,斯巴达人才将宣誓手续,重新举行一次。

尼西阿斯回来时,雅典人知道没有从斯巴达方面取得任何收获。雅典人大为愤怒,认为他们受了委屈。当时,亚哥斯人和他们的盟友还在雅典,通过亚西比得的介绍,他们出席民众会议。条约和同盟关系在下列的条件下商定了：

雅典人、亚哥斯人、门丁尼亚人和伊利斯人为了他们自己和在他们控制下的盟友们的利益，订立了一个百年有效的条约；同盟者之间，在陆地上和海上不得有彼此欺诈或伤害的事情。

“1. 如果亚哥斯人、伊利斯人、门丁尼亚人和他们的同盟者，无论以任何方式或手段，运用武力伤害雅典人和雅典控制下的同盟者；或雅典人和他们控制下的同盟者，无论以任何方式或手段，运用武力伤害亚哥斯人、伊利斯人、门丁尼亚人和他们的同盟者，这些都是非法的行动。

雅典人、亚哥斯人、门丁尼亚人和伊利斯人在下列的条件下，订立百年同盟条约：

2. 如有敌人侵入雅典的领土，亚哥斯人、门丁尼亚人和伊利斯人应当根据雅典的请求，按照自己的资源情况，用最有效的方法，给予雅典以援助。当赴援时，如果敌人已将土地破坏后扬长而去，亚哥斯人、门丁尼亚人、伊利斯人和雅典人应当认为那个侵略的城邦和他们处于交战地位，而共同给以惩创。对于那个共同敌人，同盟国中任何一国不得单独议和，只能通过大家的同意，共同商议和约。
3. 同样地，当亚哥斯、门丁尼亚或伊利斯的领土被侵略的时候，雅典人应该根据这些国家的请求，按照自己的资源情况，用最有效的方法，给予它们以援助。当雅典人赴援时，如果敌人已将土地破坏后扬长而去，雅典人、亚哥斯人、门丁尼亚人和伊利斯人应当认为那个侵略的国家和他们处于交战地位，而共同给以惩创。对于那个共同敌人，同盟国中任何一国不得单独议和；只能通过

大家的同意，共同商谈和约。

4. 采取敌对行动的军队不许通过同盟国的土地，或他们控制下的盟邦的土地，也不许在海上航行，除非经同盟国——即雅典、亚哥斯、门丁尼亚和伊利斯——表决赞成他们通过。

5. 凡派往援助盟邦的军队，派遣军队的城邦应供给该军队于到达目的地后三十天的粮食；撤退时，也应供给军队回国旅途中的粮食。如果军务超过三十天，请求援助的城邦应该负担军队的给养费：每名重装步兵、弓箭手或轻装步兵每天给以三个厄基那的欧布尔，每名骑兵每天给以一个厄基那的德拉克玛。

6. 请求援助的城邦，当战争在它自己的境内进行时，应有指挥一切前来增援的军队的权力。如果各城邦决定了联合远征的计划，指挥权应由各城邦平均分担。

7. 雅典人应当宣誓保证他们自己和他们的盟邦履行本条约；同样地，亚哥斯人、门丁尼亚人和伊利斯人也应当一个一个城市地宣誓，遵守本条约。各邦都应当依照它本国内最有拘束力的誓词宣誓，宣誓时应用已长足膘的牲畜作为牺牲。誓词如下：'我谨以公正、纯洁和诚信的态度，遵守本条约以及条约中的各条款；我绝不以任何方式或手段，违背本条约的一切规定。'

8. 雅典的宣誓应由议事会及城市官长[①]执行，由议事会主席团监誓；亚哥斯的宣誓应由议事会，八十人议会和将军们执行，由八十人议事会监誓；门丁尼亚的宣誓由十执政官、议事会以及其他行政官员执行，由教主[②]及将军们监誓；伊利斯的宣誓

① 其职权只限于雅典城内的官吏。

② 每年选举的宗教官。——译者

由十执政官、行政官员长及六百人议事会执行，由十执政官和司法官监督。

9. 雅典人应于奥林匹亚赛会[①]开幕前三十天往伊利斯、门丁尼亚和亚哥斯重新宣誓一次；亚哥斯人、伊利斯人和门丁尼亚人应于大泛雅典娜节日[②]前十天往雅典重新宣誓一次。

10. 条约中各条款、誓词以及盟约都应刻入石柱上。雅典人应立石柱于卫城上，[③]亚哥斯人应立石柱于阿波罗神庙中的市场上，门丁尼亚人应立石柱于市场上的宙斯神庙中；同盟各邦在即将举行的奥林匹亚赛会时，共同树立一个铜柱于奥林匹亚。

11. 各城邦如认为上列各条款有增加的必要时，经过协商后，大家同意增加的条文同样地有拘束效力。”

条约和同盟就是这样缔结了，但是雅典和斯巴达所订的条约双方都没有因此而通知废除。科林斯虽然是亚哥斯的同盟国，但是它没有参加新成立的条约，也没有参加以前伊利斯人、亚哥斯人和门丁尼亚人间所订的攻守同盟。那时它已经说过，它对于第一个同盟条约已认为满意了，因为那是一个纯粹的防守同盟，缔约国有彼此互相援助的责任，而没有联合起来进攻别人的责任。因此，科林斯采取了一个和它的同盟国不同的独立的态度，现在它开始

---

① 在奥林匹亚庆祝宙斯神的赛会，每四年举行一次，希腊人以此纪年。——译者

② 泛雅典娜节日是雅典每年于赫卡姆培康月28日（约当现在的九月中旬）举行，以庆祝雅典娜的生日。每四年举行大泛雅典娜节一次。——译者

③ 记载这个条约的正式文书的片断，已于1877年春季被雅典考古研究所在卫城的南坡一块大理石的石板上发现。石刻的原文大体上已为克希荷夫、熊恩和斯塔尔所复原。

奥林匹亚举行赛会的地方(中央为宙斯神庙)

倾向于斯巴达一边了。

这年夏季,[1]奥林匹亚赛会举行了,阿卡狄亚的安得罗斯提尼人在扑击和拳术上第一次取得了胜利。伊利斯人不许斯巴达人进入神庙,所以他们没有参加祭祀的典礼,也没有参加竞赛。原因是他们曾经按照奥林匹亚的法律处罚了斯巴达人,而斯巴达人没有缴纳罚款。在伊利斯人一方面,他们认为斯巴达人不应该在奥林匹亚赛会休战时期[2]内,派遣他们的重装步兵开入列普累安,以进攻菲尔卡斯要塞,所以依照定章,每个重装步兵判处了两个米那的罚款,总共罚了两千米那。斯巴达人派遣代表,对于这个处罚提出抗议;他们说,当他们派出重装步兵的时候,休战文告还没有在斯巴达宣布出来。伊利斯人回答说,在伊利斯已实行休战(休战首先是向伊利斯人宣布的),因此他们都处在和平状态中,没有提防别人的进攻,所以斯巴达人的侵略行为使他们措手不及了。斯巴达人答辩:如果那时伊利斯人真的认为斯巴达是做错了,他们就没有在斯巴达宣布休战的必要了;但是他们还是宣布了,可见他们是不认为斯巴达人是犯了错误的;并且宣布休战之后,伊利斯的领土就没有再被攻击了。伊利斯人还坚持他们的论点,无论如何,他们不相信斯巴达人没有发动侵略行为;但是如果斯巴达人交还列普累安的话,他们准备不要求罚款中他们自己所应该取得的那一部分,而且准备自己替斯巴达人交出应该贡献给神祇的罚款。

① 第90奥林匹亚纪的第一年,即公元前420年7月。

② 举行赛会的那一个月是神圣的;在这个月中,一切战争都要停止。在这个月中率领武装部队侵入伊利斯,是犯渎神罪的。

斯巴达人不肯接受这个建议，伊利斯人提出了另一个办法来。斯巴达人如果不愿交还列普累安，他们也可以不交还，但是他们既然十分盼望进入宙斯神庙中，他们应该走到祭坛前，当着希腊人大众面前，向神发誓，保证在将来一个时期缴付罚款。

这个建议也被拒绝了，斯巴达人不能进入宙斯神庙中，只好在家里设祭。除开列普累安人之外，其余的希腊人都参加了赛会。伊利斯人对于斯巴达人还是有戒心的，他们恐怕斯巴达人用武力强迫参加祭祀，所以他们派武装的青年实行戒备，以防止非常事变。协助他们的有一千名亚哥斯人，一千名门丁尼亚人，也有一些在哈宾那[①]等待着参加赛会的雅典骑兵。在赛会期间，大家都很恐慌，害怕斯巴达人会带着军队来，尤其是在一个斯巴达人利卡斯（阿塞息雷斯的儿子）被跑马场的裁判员打了之后。其原因是这样的：利卡斯的双马车参加竞赛胜利了，但是裁判员宣布胜利者是彼奥提亚人，因为利卡斯无权参加竞赛。当时，利卡斯走入跑马场，把胜利冠放在御者的头上，表示他是那辆车子的主人。这个事件发生后，大家更加恐慌，总以为事故会发生了。但是斯巴达人没有什么动作，节日很平安地过去了。

奥林匹亚赛会之后，亚哥斯人和他们的同盟者前往科林斯，商请科林斯人和他们自己订立同盟。斯巴达的代表团也到了那里。谈判了很久，但是没有什么结果，因为地震发生，大家都回到自己的城邦去了。夏季就完结了。

接着在冬季里，特累启斯的赫拉克里亚人跟伊尼安尼亚人、多

① 在阿尔宾拉斯河谷中，奥林匹亚上面约二十斯塔狄亚。

罗比亚人、马利亚人以及一些帖撒利人发生了战争。这些都是赫拉克利亚附近的一些部落，和赫拉克利亚有仇隙，因为赫拉克利亚这个要塞特别对于这些部落是一个威胁。自从这个城市建立之后，他们一直反对它，竭力使之受到损害。在这次战役中，他们打败了赫拉克利亚人，屠杀了不少的人，连斯巴达的司令官济那尔（奈狄斯的儿子）都被杀了。冬季完结了，战争的第十二年也就此完结了。

第五章　在伯罗奔尼撒的战役。斯巴达失掉一个机会

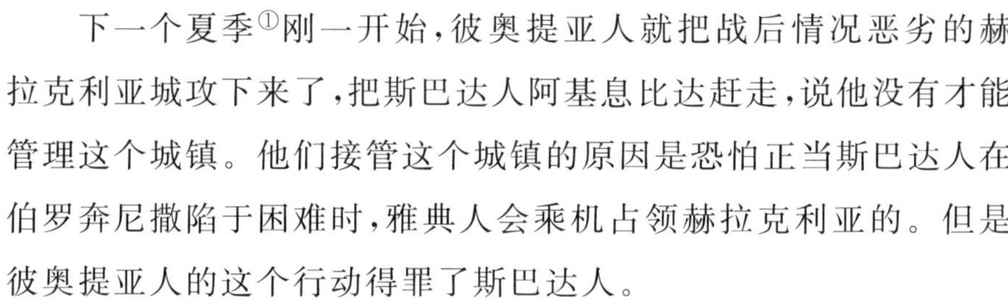

下一个夏季[①]刚一开始，彼奥提亚人就把战后情况恶劣的赫拉克利亚城攻下来了，把斯巴达人阿基息比达赶走，说他没有才能管理这个城镇。他们接管这个城镇的原因是恐怕正当斯巴达人在伯罗奔尼撒陷于困难时，雅典人会乘机占领赫拉克利亚的。但是彼奥提亚人的这个行动得罪了斯巴达人。

在同一个夏季里，克利尼阿斯的儿子亚西比得（他现在已经是雅典的一个将军）取得了亚哥斯人和他们的同盟者的援助，开入伯罗奔尼撒，他随带着少数雅典的重装步兵和弓箭手，又在中途吸收了当时同盟者派来的队伍。凭着这支兵力，他进兵通过伯罗奔尼撒，做了各种与同盟事务有关的接洽，并说服了培特利人，要他们

① 公元前 419 年。

把城墙扩大，直达海边。他自己想在亚加亚的赖昂姆[①]附近建筑一个要塞，但是科林斯和西息温以及那些恐怕亚西比得的计划成功而自身受到损害的其他地方都开来军队，阻止了他实行计划。

在同一个夏季里，埃彼道鲁斯和亚哥斯间发生了战争。战事的借口是埃彼道鲁斯人没有为他们的牧场送祭品给彼提亚的阿波罗神，而亚哥斯人是这个神庙[②]的主要负责人。但是除开这些控诉的原因外，实际的原因是亚西比得想控制埃彼道鲁斯，一方面可以使科林斯人不敢妄动，另一方面可以使雅典人能够从厄基那调运援兵到亚哥斯去时，比环绕西里昂[③]航行的路程要短些。亚哥斯人准备单独侵入埃彼道鲁斯，以强迫它缴纳祭品费用。

差不多同时，斯巴达的全军，在他们的国王阿基斯（阿基达马斯的儿子）指挥之下，开往他们边界上的留克特拉，那是位于来西安山峰对面的一个地方。没有人知道这支远征军的目的，连那些派遣军队参加作战的盟邦也不知道。但是越过国界时的祭祀[④]表示不吉利，斯巴达人自己回国了，通知他们的同盟者，过了下个月后，再准备进兵；因为下个月是卡尼阿斯月[⑤]，多利亚人认为这个

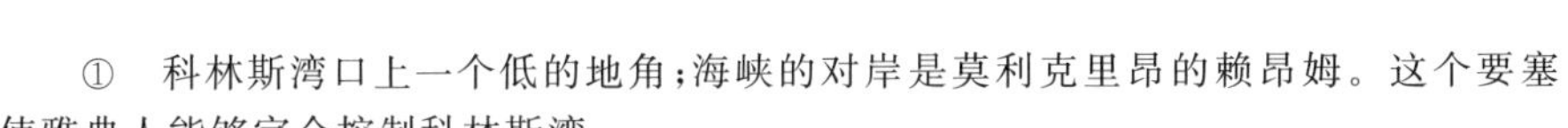

① 科林斯湾口上一个低的地角；海峡的对岸是莫利克里昂的赖昂姆。这个要塞使雅典人能够完全控制科林斯湾。

② 这里所说的彼提亚的阿波罗神庙，可能就是亚哥斯毁灭阿细恩市镇时，所留下来的唯一建筑物。

③ 赫迈俄尼和托洛溱间的一个地角。从厄基那到邻近的埃彼道鲁斯海岸，然后从那里到亚哥斯去，这是捷径；如果埃彼道鲁斯是敌国或中立国的话，必须运载援兵，环绕西里昂至瑙比里亚湾，然后从那里由陆地上往亚哥斯去。

④ 斯巴达军队出国境时对宙斯神的祭祀。

⑤ 相当于雅典历的麦塔斋特尼昂月。（麦塔斋特尼昂月为雅典历第二月，即现在的八月下半月到九月的上半月。——译者）

月是一个神圣的时节。

斯巴达人撤退后，亚哥斯人就在卡尼阿斯月开始的前四天进兵。在他们前去侵略和掳掠埃彼道鲁斯的整个远征期内，他们把每天都叫做卡尼阿斯月的前一个月的27日。[①] 埃彼道鲁斯人向同盟者求援，同盟者有些借口神圣月份，不肯赴援；有些把军队开往边境上，就停止不前了。

当亚哥斯人侵入埃彼道鲁斯的时候，由于雅典的邀请，各城邦的代表都集合在门丁尼亚。在商谈中，科林斯人幼发密达说，他们现在的言行是不一致的；当他们坐而谈判和议的时候，埃彼道鲁斯人及其同盟军已经和亚哥斯人在战场上以武力相周旋了；因此，各国的代表们应该先去劝解双方的军队，然后再谈和议。这个建议被接受了，通过代表们的斡旋，亚哥斯人从埃彼道鲁斯撤退了。后来代表们又集合起来，但是对于商定协议，他们和上次会议一样，意见不能一致。于是亚哥斯人又侵入埃彼道鲁斯，掠劫那个地区。斯巴达人把军队开到卡利伊，但是这次在边境上的祭祀又有不利于行军的朕兆，他们又撤退了。亚哥斯人把埃彼道鲁斯的土地破坏了三分之一，然后撤退。亚西比得率领一千名雅典重装步兵来支援亚哥斯人，但是因为斯巴达的远征军已经撤退，亚西比得知道无用兵的必要，也把军队开回去了。这个夏季就此结束。

下一个冬季里，斯巴达人避开了雅典的封锁线，将阿基息比达指挥下的三百名驻防军由海道运往埃彼道鲁斯。亚哥斯人派人往

① 他们在埃彼道鲁斯境内的时期，称每天为27号，直到他们的工作完毕时为止。可能亚哥斯人也和其他多利亚人一样，卡尼阿斯月一开始，马上就要休战的。

雅典，他们埋怨雅典人不该违背条约上不得允许敌人通过任何同盟者的土地的规定，[①]竟让斯巴达人由海道通过他们的领土[②]。亚哥斯人认为自己受了委屈，除非雅典人立即调派一支美塞尼亚人和希洛人的军队往派娄斯，以骚扰斯巴达人。亚西比得说服了雅典人，在拉哥尼亚石柱上主要铭词的下面，加刻"斯巴达人不遵守誓约"等字样，并派遣驻在克朗尼的希洛人[③]前往派娄斯，以掠劫那个地方。除此之外，也没有别的军事行动了。

在这个冬季里，亚哥斯人和埃彼道鲁斯人间仍继续进行战争。没有正式的阵地战，只有埋伏战和袭击战，双方都有死伤。到了冬尽春初的时候，亚哥斯人带了爬城的战斗工具前往埃彼道鲁斯；他们以为在战争中，埃彼道鲁斯人会不注意防守城池，因而可以用武力攻陷它；但是他们没有成功而退回了。冬季和战争的第十三年就此完结了。

在下一个夏季，[④]斯巴达人看见自己的同盟者埃彼道鲁斯遭遇困难，伯罗奔尼撒同盟各国有叛变的，有反对斯巴达的；斯巴达人知道，如果自己还不采取积极行动的话，骚动会继续扩大。他们动员全部军队（连希洛人在内），来和亚哥斯对抗。斯巴达国王阿基斯（阿基达马斯的儿子）担负指挥的责任；提基亚人以及阿卡狄亚其他斯巴达的同盟者都来会师。还有伯罗奔尼撒其他各地和伯罗奔尼撒以外的同盟军都集合在夫利阿斯。彼奥提亚开来了五千

① 参阅第 437 页。

② 即经过厄基那，现在是雅典人的领土。

③ 参阅第 427 页。

④ 公元前 418 年。

名重装步兵，五千名轻装步兵和五百名骑兵，每个骑兵带着他的一个步兵[①]。科林斯开来了两千名重装步兵。其他各地各派有它们的分遣队，而作为战争基地的夫利亚西阿斯则把全部军队加入战斗。

亚哥斯人自始就知道斯巴达人在准备作战。他们等到斯巴达人把军队向夫利阿斯移动，以会合别的同盟军的时候，他们也开拔了。门丁尼亚人和他们的同盟者支援亚哥斯人，伊利斯人也拨发了三千名重装步兵来支援他们。当向前开拔时，他们在阿卡狄亚的麦提德里昂地方和斯巴达人遭遇了。双方都在山上立下了营垒；亚哥斯人发见斯巴达人和其余的同盟者分开了，就准备作战。不料阿基斯在半夜人家都不提防的时候，把营垒拆去，开入夫利阿斯，和其他的同盟军会合了。拂晓时，亚哥斯人发见了情况，首先开到亚哥斯，随后又开到往尼米亚的大道上，那就是他们预料斯巴达人从山上下来的必经之路；但是这个判断错误了，阿基斯没有走那条路。他命令斯巴达人、阿卡狄亚人和埃彼道鲁斯人整军出发，另走一条崎岖难行的道路，直向亚哥斯平原进发。科林斯人、培林尼人和夫利亚西亚人走另一条崎岖的道路。彼奥提亚人、麦加拉人和西息温人则奉命取道于亚哥斯人所驻扎的尼米亚道路前进；如果亚哥斯人走向平原以攻击阿基斯和他的部队，他们可用骑兵从后面进攻亚哥斯人。把计划部署好了，阿基斯向平原进发，并蹂躏了萨门修斯和其他地方。

亚哥斯人知道了这种情况，就离开尼米亚，向前迎击阿基斯。

① 即轻装的人，每个骑兵有一个轻装步兵，跟在马旁边跑，或骑马跟在后面。

那是白天了。在中途，他们和夫利亚西亚人及科林斯人接触了，击毙了少数夫利亚西亚人，自己的人们在和科林斯人交战时，损失的数目比较大一点。那时，彼奥提亚人、麦加拉人和西息温人遵照命令，直向尼米亚进发。他们发见亚哥斯人没有保持原来控制的据点，而走下平原了；到了那里，亚哥斯人看见自己的财产遭到毁灭，正在列成阵势准备战争，而斯巴达人也列成阵势，准备迎战。实际上，亚哥斯人已经四面被包围了。在平原上，他们和他们的城市的联络已经被斯巴达人以及和他们在一起的军队所截断了；在上面的山地，有科林斯人、夫利亚西亚人和培林尼人；在尼米亚的一方面，有彼奥提亚人、西息温人和麦加拉人。亚哥斯人没有骑兵，因为在同盟军中间只有雅典人[①]还没有开到。

大部分亚哥斯人和他们的同盟军不晓得自己处境的危险，还以为作战的情势对于自己是很有利的，以为斯巴达人在他们自己的国内，在他们城市的附近，一切联系都被切断了。但是亚哥斯人中间也有两个人——一个是色雷西拉斯，五位将军之一；另一个是斯巴达利益的代理人阿尔西夫伦——他们的想法和一般人不同。在双方的军队将要接触的时候，这两个人跑出来，和阿基斯会谈。他们力劝他不要即时作战，说亚哥斯人准备把斯巴达人所认为不平的事件提交公正而持平的仲裁人，并且愿意订立条约，以后在和平中过日子。他们所说的这些话都是他们自己做主的，并没有取得军队中大众的同意。阿基斯也由自己个人的决定，而接受了这个建议，他对大多数的人连这个问题都没有谈过。在同事的高级

① 亚哥斯人倚靠雅典人的骑兵。雅典骑兵会到的，在第449页说到了。

军官中间，他只对一个人私谈到这件事，他作了休战四个月的决定；在休战期间，他盼望亚哥斯人履行他们的诺言。他立即把军队撤退，也没有向任何同盟军说明原因。

斯巴达人和他们的同盟者都服从阿基斯的领导，因为依照法律上的规定，他们不得不如此；但是在他们自己中间，大家都是很指摘阿基斯的，大家都认为交战的机会再好也没有了，敌人在各方面都被步兵和骑兵包围，现在自己的威力没有施展一点而不战自退了。真的，这次所集合的是最好的希腊军队；当他们集合在尼米亚的时候，军容是最壮的。斯巴达人的全军都排列出来了——阿卡狄亚人、彼奥提亚人、科林斯人、西息温人、培林尼人、夫利亚西亚人和麦加拉人的队伍都是精锐的；这样的军队不仅可以应付亚哥斯同盟，就是再加上一个这样的同盟，也是对付得了的。但是全军撤退了，大家都归咎于阿基斯一人，会师的各队伍都各自回国了。

在亚哥斯人一方面，对于不征求人民意见而贸然休战的办法，更加受到指摘。他们也觉得他们的机会是从来所没有的，不应该让斯巴达人逃走；因为如果作战的话，战事会发生在他们自己的城下，他们有很多勇敢的同盟军共同作战。在回去的途中，他们在查拉德拉斯河道①中（那是他们在入城之前，审讯战役中所发生的各项军事案件的地方）用石头投击色雷西拉斯；他躲在祭坛之侧，才保住了性命，但他的财产都被没收了。

后来雷歧兹和尼科斯特拉图率领援兵——一千名重装步兵，

① 靠近东北部的城墙下。

三百名骑兵——从雅典开到了。但是亚哥斯人还不肯破坏和斯巴达人所订的休战协定，他们要求雅典人回去；雅典人要求在人民会议中说话，也被亚哥斯人拒绝了。当时门丁尼亚人和伊利斯人还在亚哥斯，他们支持雅典人的要求；最后，亚哥斯人让步了。充任使节的亚西比得代表雅典人在亚哥斯人和他们的同盟者面前说了话。他说，没有取得其他同盟者的同意，条约是不能合法地成立的，雅典人在很有利的时候赶到了，应该继续战争。同盟军被这一套话说服了，立刻进攻阿卡狄亚的奥科美那斯，大家都采取了一致的行动，只有亚哥斯人，虽然对大家的动作同意了，起初还是掉在后面，趑趄不前的，后来才加入了远征军。

同盟军的全部军队集合在奥科美那斯城下，将那个地方包围起来，进行攻击。他们要攻取奥科美那斯的主要目的之一就是因为那个城市里有阿卡狄亚的人质，那是斯巴达人送去的。奥科美那斯人感于自己的要塞不坚固，敌军强大，目前又没有援兵前来，他们恐怕等不及援军开到，地方就会糜烂，所以他们投降了；投降的条件是加入同盟，将自己的人质送给门丁尼亚人，并将斯巴达人留存在他们那里的人质交出来。

攻下奥科美那斯后，同盟军商讨下一个进攻的目标。伊利斯人主张进攻列普累安，门丁尼亚人主张进攻提基亚；亚哥斯人和雅典人赞成第二个计划。伊利斯人不满意大家没有采纳他们进攻列普累安的主张，径自回去了。其余的同盟军在门丁尼亚准备进攻提基亚，提基亚城内一部分人打算投降。

第六章 斯巴达人在门丁尼亚的胜利及其后果。战争的第十四年和第十五年

斯巴达人在签订了四个月的休战协议之后，从亚哥斯撤退了；他们痛恨阿基斯，以为他没有征服亚哥斯，失去了他们认为从来未曾有过的好机会；因为集合人数这样多、战斗力量这样强的同盟军不是一件容易的事。当奥科美那斯被攻陷的消息传到以后，他们更加愤怒了，他们不像平常那样的镇静，这次被情感冲动了，打算把阿基斯的房屋拆毁，并处以一万德拉克玛的罚款。阿基斯请求他们莫处罚他，自己愿意在下一次作战的时候，临阵英勇，以赎前愆；万一无功可录，那时任凭国人处罚，绝无异言。斯巴达人毕竟没有科他以罚款，也没有拆毁他的房屋，但是当时大家制定了一个过去所没有的法律，规定推选十名军官阶级的斯巴达人做他的军事顾问，[①]阿基斯没有得到这些军事顾问的同意而率领军队离开斯巴达城，是非法的。

那时，提基亚方面的朋友们[②]传来了消息，他们说，如果援兵不迅速开到，他们会倒向亚哥斯和它的同盟者那一边去了；事实上，他们已经准备这样做了。斯巴达人最后把公民和希洛人的全部军力都集合起来，赶快赴援，这一次所集合的军队在数量上比以

① 参阅第188、261、663页中所载类似的手续。

② 他们是反对第449页所说的那个党派的。

前任何一次的都要多些。他们向米那利亚地方的奥勒斯提昂进发，同时命令同盟者阿卡狄亚人也跟着向提基亚开拔。斯巴达人全军达到了奥勒斯提昂，分出六分之一的兵力（都是年纪最大或最小的军人）回驻本国，防守家乡。其余的军队开到了提基亚；不久，同盟者阿卡狄亚的部队也来会师了。斯巴达人也派人通知科林斯人、彼奥提亚人、佛西斯人、罗克里斯人，要他们赶快把军队开向门丁尼亚来。这是一个时间迫促的通知，同时这些同盟军要将军队横过敌人所占领的地区，即自己和门丁尼亚中间的境地，不是一件很容易的事情，除非彼此等候，使会师的力量都结合在一起；但是他们还是尽力所及地赶快进行。

那时，斯巴达人会合在那里的阿卡狄亚同盟军，侵入门丁尼亚的领土，将军队驻扎在赫丘利神庙附近，开始破坏那个地方。亚哥斯人和他们的同盟者看见了，占领一个坚强的阵地，使敌人不容易逼近；同时更部署阵地，准备作战。斯巴达人立即向他们进攻，两军相隔只有石头或标枪可以掷到的距离。在这种情势下，一个年事较高的兵士看见他们准备进攻，向阿基斯高声呼叫，说阿基斯在做一件坏事矫正另一件坏事了；他的意思说，阿基斯因为把军队从亚哥斯撤退而受人责难，[1]为了改正这个错误，现在他又在不适当的时候冒险进攻了。也许是受了这个老兵高呼的影响，也许是自己临时改变了主意，阿基斯在两军正要交战的时候，把自己的军队向后转动了。他进入提基亚的领土内，开始将河流改道，使之灌入门丁尼亚的领土内，那条河水本是提基亚人和门丁尼亚人经常战争的根源，因为河水所流入的地方会造成很大的灾害；阿基斯的计

① 参阅第447、450页。

划是：当敌人看见河水流入自己的领土时，会下山来制止的，那么，他就可以和敌人在平原上作战了。所以那一天，他停留在那里，专门从事改变河道的事。

亚哥斯人和他们的同盟者对于敌人在逼近他们的时候忽然把军队撤退，表示惊讶。起初，他们不知道是怎么一回事；但是继续退却下去，敌人的踪迹都不见了，而他们自己还是不动，没有追击；于是他们开始责难他们的将军们：上一次敌人在亚哥斯城下受了包围，这些将军们让他们逃跑了；现在这些斯巴达人又从容不迫地退却了，没有人追击，而亚哥斯人是被出卖了。亚哥斯的将军们起初莫名其妙，后来把军队从山上开入平原，搭成野营，有意向敌军进攻。

第二天，亚哥斯人和他们的同盟军将队伍排成行列，准备在和敌人接触的时候，开始作战；斯巴达人在改变水道之后，走入从前在赫丘利神庙附近所搭成的营垒中，发见敌人到了自己的面前，都是从山上下来的，并且已经排成了作战的行列。斯巴达人从来没有受过这样的惊慌。他们只有很少的时间去做准备工作，所以每个人都以极快的速度进入阵地，他们的国王阿基斯依照法律上的规定，发布必要的命令。[①] 赛克里替斯人[②]在左翼，他们在斯巴达军队里

① “国王指挥军队的时候，一切命令都是亲自发布的。他向司令官们下命令，司令官们传达给团长们，团长们传达给连长们，连长们传达给排长们。在火线上发布命令也是这样的，传递迅速而有效，因为除了一小部分部队外，斯巴达的全部军队中的军官们大概是分层隶属的，所以传达命令的责任是由很多人负担的。”

（斯巴达的司令官，据色诺芬：《斯巴达政制》XI. lv. 的记载，是六个师的司令官。——译者）

② 是向提基亚领土一带倾斜的崎岖山地的居民。

常有特权，单独成为一军，居于左翼的。左翼旁边就是曾由伯拉西达指挥而从色雷斯开回的军队，以及因为作战时表现特别好而取得了自由的希洛人等；再过去，就是一团一团的斯巴达人。再过去，就是从赫里亚开来的阿卡狄亚人；再下去，就是米那利亚人。右翼是提基亚人，殿后的也有少数斯巴达人。骑兵则分布在两翼。

斯巴达人作战的计划就是这样的。在亚哥斯这一方面，右翼是门丁尼亚人，因为战争是发生在他们的国内；靠近他们的是阿卡狄亚的同盟军；再下去，就是一千名精锐的亚哥斯部队，他们都是由国家发给经费，受了长期训练的队伍；再下去，就是其余的亚哥斯人；再下去，就是亚哥斯的同盟军，即克里奥尼人和奥尼伊人；排列在最左的是雅典人和他们的骑兵。[1]

各军队将要交战了，双方的将军们都向所属的士兵们作了鼓励士气的训话。门丁尼亚的将军对门丁尼亚人说，他们是为祖国而战；这次战争是获得权力或降为奴隶的关键，那就是说，不是保持他们已经获得了的权力，就是依然回复到从前被奴役地位的问题。亚哥斯的将军对亚哥斯人说，他们是为了恢复他们过去的霸权[2]而战，为了在伯罗奔尼撒保持从前已经取得了的平等地位[3]，

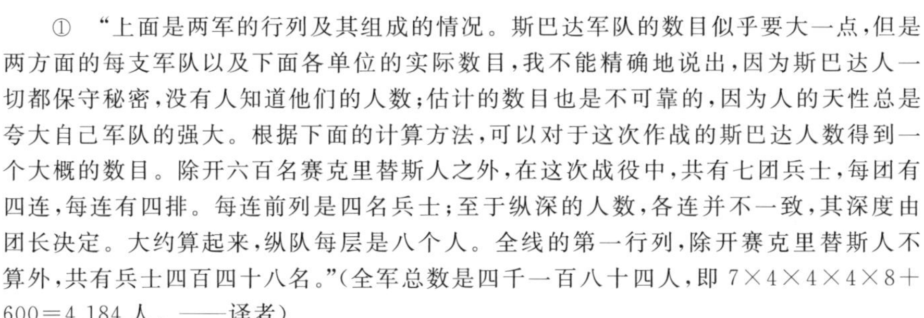

① “上面是两军的行列及其组成的情况。斯巴达军队的数目似乎要大一点，但是两方面的每支军队以及下面各单位的实际数目，我不能精确地说出，因为斯巴达人一切都保守秘密，没有人知道他们的人数；估计的数目也是不可靠的，因为人的天性总是夸大自己军队的强大。根据下面的计算方法，可以对于这次作战的斯巴达人数得到一个大概的数目。除开六百名赛克里替斯人之外，在这次战役中，共有七团兵士，每团有四连，每连有四排。每连前列是四名兵士；至于纵深的人数，各连并不一致，其深度由团长决定。大约算起来，纵队每层是八个人。全线的第一行列，除开赛克里替斯人不算外，共有兵士四百四十八名。”（全军总数是四千一百八十四人，即 7×4×4×4×8＋600＝4 184 人。——译者）

② 在阿伽美浓统治时代。

③ 在波斯战争以前。

使之永不失坠而战，同时也是为了报复敌人以及邻邦对他们所做的许多暴行而战。雅典的将军对雅典人说，如果他们和许多勇敢的同盟军并肩作战，而表现他们并不弱于那一个的话，他们会赢得他们的光荣，在伯罗奔尼撒打败了斯巴达人，会使他们自己的力量更加强大，更加巩固，会使别人永远不敢对雅典的领土进行侵略。这就是亚哥斯人和他们的同盟军所受到的鼓励。在斯巴达人一方面，彼此鼓励的言辞，传到了每一个士兵，他们一路唱战歌，要他们作战的伙伴们秉着英勇的气概，记住他们所知道得很清楚的事迹，晓得长久作战的纪律训练比起仓促的演说来，是一个更有效的保证，不管那些临时的演词说得如何巧妙。

演说之后，两军交战了；亚哥斯人和他们的同盟者很猛烈地进攻，而斯巴达人却在军笛节奏悠扬的声调中从容前进。他们这种习惯与宗教没有关系；这不过使他们的步伐整齐，不至于打乱他们的行列，因为在大军交战的时候是常常把队伍冲乱了的。

当他们正在相对进军的时候，国王阿基斯决定下面一个调整队伍的办法：凡是军队走入战场时，右翼总是伸展得特别长的，每一方面都把自己的右翼和敌人的左翼重叠起来。这是因为恐惧的心理，每个人尽力把身体没有武装掩护的一边，在他的右侧的兵士的盾牌下面取得遮护，以为彼此的盾牌靠得越近，保护得越好些。这个毛病的产生，最初是由于前列最右的一个人，他把自己没有盾牌掩护的一边尽力避开敌人；他的这种恐惧心影响了其余的战士，他们也就向他效法。在这一次也是一样，门丁尼亚人一翼的阵线远远地超过了赛克里替斯人；而斯巴达人和提基亚人更远远地超过了雅典人，因为他们的队伍本来就大些。亚基斯恐怕自己的左翼会被包围，他觉得门丁尼亚人包围自己左翼的程度太大了。他命令赛克里替斯人和从前曾受伯拉西达指挥的军队移往左翼，使队形和门丁尼亚人平衡起来。他要司令官希波诺伊达和亚里斯多克利调取右翼的两团士兵把移动队伍后所留下的缺口填补起来。他认为这个移动会加强和门丁尼亚人对峙的那一阵线，而他的右翼在人数方面也还是占优势的。但是命令下得很匆迫，军队又正在行动中，亚里斯多克利和希波诺伊达不肯把军队移往命令所指示的地方去。[①] 阿基斯发现这两团兵士没有填入防线，又命令赛克里替斯人归还原有的阵地。但是在赛克里替斯人来不及填补那个缺口的时候，敌人攻进来了。当然，就战略而论，斯巴达人在各方面都是糟透了的；但是现在他们表现了无与匹敌的勇敢。战斗一开始的时候，门丁尼亚人的右翼突破了赛克里替斯人和曾受伯拉西达指挥的军队。门丁尼亚人带着他们的同盟军和一千名亚哥斯的精锐军队攻入了斯巴达战线上未经填补的缺口。在那里，他们包围了斯巴达人，杀死不少的士兵，把敌人驱逐到辎重车辆所集合的地方，把年事较大而防守车辆的士兵杀掉了一些。在这一部分战场上，斯巴达人是战败了。但是斯巴达人利用其余的军队，尤其是国王阿基斯亲自指挥的那三百名“武士”[②]作战的中军进攻年事较大的亚哥斯人（即所谓“五连”的），进攻克里奥尼人、奥尼伊人和排列在他们旁边的雅典人，马上把那些队伍都打垮了；事实上，斯巴达人一进攻，那些军队没有坚持阵地，马上就退却，有一些急

① “因为这件事情，后来他们两人都被处以畏葸之罪，而被逐出斯巴达。”

② 选自斯巴达的优秀青年，做国王的卫队的；他们步行或骑马随着国王跑。

于逃跑，怕被敌人追及，因而自相践踏而死。

因为这个时候，亚哥斯人和他们的同盟军都已败退，他们和他们的两翼失去了联络，同时在右翼的斯巴达人和提基亚人采取包围的方式向雅典人纵横进击。雅典人发现自己在各方面都受到威胁：在一边，被包围了；在另一边已经战败了。真的，如果不是有骑兵支援的话，他们的失败会比全军的其他任何部队还更要厉害些。当阿基斯发现自己的左翼（就是和门丁尼亚人以及一千名亚哥斯人对垒的那一边）发生困难的时候，他命令全军去援救受了挫折的那一部分军队。当军队正在移动中，他们都掠过了雅典军和已经击败了的亚哥斯人，使这些军队有充分的时间，从容逃走。同时，门丁尼亚人和他们的同盟军以及亚哥斯的精锐部队都没有继续向前压迫敌军。他们觉得自己方面的军队已经战败了，而斯巴达人又正在向他们进攻，于是他们就开始逃跑了。许多门丁尼亚人被杀，但是亚哥斯的精锐部队都安全退却了。他们在败逃及撤退时，都没有受到敌军的严重和长久的追击。斯巴达人能持久作战，能在战场上坚守阵地，直到他们打垮敌人时为止；但是目的达到以后，他们并不穷追敌人，也不长久地追击敌人。

战事的进行是和我所描述的差不多的。这的确是好久以来，在希腊各邦中发生的第一次大战役，参加作战的都是希腊最有名的城邦。斯巴达人在被杀死的敌人前面，选择了一个地方，马上树立了一个胜利纪念碑，剥掉了阵亡敌人的衣服。至于自己方面的死者，他们运回提基亚，把他们埋葬了。敌方的死者，他们在休战以后，交还敌方。亚哥斯人、奥尼伊人和克里奥尼人的死亡人数是七百名，门丁尼亚人的死亡人数是二百名，雅典人和厄基那人[①]的

① 雅典在厄基那的移民；参阅第141页。

死亡人数是二百名，包括他们的将军们在内。在斯巴达人方面，盟军的损失很小不值得记载；关于斯巴达人自己的损失，很难得到真确的数字，但是据他们自己说，他们死了三百人。

当大家知道将有战事的时候，另一个国王普雷斯托安那克斯带着年事最高和最轻的部队①来增援了。他到了提基亚，听到胜利的消息就回去了。斯巴达人也曾派遣使者去告诉那些从科林斯和地峡以外地区②来增援的军队回去。于是斯巴达人自己也回国了，同时遣散同盟军，因为那时候，卡尼亚节日③到了，④大家要都参加庆祝典礼。过去斯巴达人受到希腊人的责难，因为在斯法克特利亚岛上遭到灾难，就说他们是懦弱无能，有时候，说他们决心不够；这些责难，现在都因为这一战役而一齐洗掉了。现在大家都认为他们虽然有时受到挫折，但是斯巴达人还是斯巴达人，和以前的斯巴达人还是一样的。

在这次作战的前一天，埃彼道鲁斯人知道亚哥斯的主力军调出去了，留在后方防守的军力不够，国内空虚，于是以全力进攻亚哥斯的领土，把留在后方的防守兵杀掉了很多。

当战役结束之后，伊利斯派遣来的三千名重装步兵和雅典增援的一千名兵士都到了，他们是来支援门丁尼亚人的。这些部队立即向埃彼道鲁斯进军，那时斯巴达人正在庆祝卡尼亚节日。这些进攻的部队大家分配工作，开始在埃彼道鲁斯的周围建筑一道城垣。其

① 参阅第 451 页。

② 参阅第 451 页。

③ 约在现行历的八月底，即奥林匹亚赛会结束之后举行，以庆祝阿波罗神，赛会期共九天。——译者

④ 公元前 418 年 8 月。

他同盟军都放弃了这项工作,但是分给雅典人的工作很快地就完成了,那就是环绕赫里昂地角的要塞。所有的同盟军都留了防守该处的分队,然后各自回到自己的城邦去了。这个夏季就此结束了。

在下一个冬季开始的时候,卡尼亚节日过去了,斯巴达人整军出发,到了提基亚,派人向亚哥斯提出调解的办法。早在这时以前,亚哥斯就有一个亲斯巴达的党派,他们想颠覆亚哥斯的民主政体;现在战事结束,这个党派更有力量劝导人民接受斯巴达人的建议。他们想首先和斯巴达人媾和,然后进而成立同盟,最后就向民主党人进攻。从斯巴达来的人就是阿塞息雷斯的儿子利卡斯,他本是亚哥斯人在斯巴达利益的代理人。他带来了两个建议:一个是在战时用的,如果他们还想继续作战的话;一个是和平的办法,如果他们愿意和平的话。正碰着亚西比得也在亚哥斯,谈判了很久;但是亲斯巴达的党派可以更公开地提出他们的主张来,他们说服了亚哥斯人接受和平的办法,其条件如下:

"斯巴达民众会议准备和亚哥斯人订立协定,其条件如下:

1. 亚哥斯人应将奥科美那斯人的子女交还奥科美那斯人,[①]将米那利亚的成年男子交还米那利亚人,[②]将他们拘留在门丁尼亚的斯巴达人交还斯巴达人。[③]
2. 亚哥斯人应从埃彼道鲁斯撤退,并拆毁所建筑的要塞。如果雅典人不愿意离开埃彼道鲁斯,雅典将变为亚哥斯人和斯巴

① 参阅第 449 页。

② 参阅第 449 页,虽然在那里没有明白说出米那利亚人来。

③ 参阅第 449 页。

达人的共同敌人，也变为斯巴达的同盟者和亚哥斯的同盟者的敌人。

3. 如果斯巴达人拘留了别的城邦的儿童，他们应当分别交还各有关的城邦。

4. 关于神[①]的祭祀，如果亚哥斯人愿意的话，可以责成埃彼道鲁斯人对神宣誓；如果不愿意的话，他们自己应该立誓。

5. 在伯罗奔尼撒范围内的城邦，无论大小，都应该按照它们本国的风俗习惯，保持独立自主的权力。

6. 如果伯罗奔尼撒以外的国家以敌视的态度侵略伯罗奔尼撒的领土，参加本协定的国家应该根据共同协商，在认为对伯罗奔尼撒人最公允的条件下，团结一致，共御外侮。

7. 伯罗奔尼撒以外的斯巴达同盟者，以和斯巴达同等的条件加入本条约；亚哥斯的同盟者以和亚哥斯同等的条件加入本条约；各国都保持它们原有的领土。

8. 本条约应交各同盟国的代表们，征取他们的同意。如果各同盟国的代表们同意的话，他们应将本条约交与自己的政府讨论。”

亚哥斯人首先接受了这个建议，于是斯巴达军队从提基亚撤回本国去了。这两个国家现在有了正常的往来。不久以后，这个党派又和从前一样，劝导亚哥斯人取消和门丁尼亚、伊利斯以及雅典所订的同盟条约而和斯巴达订立和平与同盟的条约。盟约的条款如下：

---

① 即彼提亚的阿波罗神；参阅第443页。

“斯巴达人和亚哥斯人同意订立五十年和平及同盟条约，其条款如下：

1. 一切争执都应由公正无私的仲裁者按照各国的风俗习惯，加以解决。
2. 伯罗奔尼撒其他各邦对其领土有完全的主权，以独立自由国家的资格参加本条约和同盟；如有争执，应由公正无私的仲裁者，按照各国的风俗习惯，加以解决。
3. 伯罗奔尼撒以外的斯巴达同盟者包括在本条约之内，其条件和斯巴达所接受的条件完全相同；亚哥斯的同盟者也包括在本条约之内，其条件和亚哥斯所接受的条件完全相同；属于他们的一切领土都完全为他们所有。

4. 如果对于任何方面，有组织联合远征军的必要时，斯巴达人和亚哥斯人必须共同商量，采用对于各同盟者最公允的方式解决问题。
5. 无论伯罗奔尼撒以内或以外的任何城邦发生了关于边界或其他问题的争执时，这项争执应设法解决；但是同盟者中间，如果一个城邦和其他城邦发生争执时，其争执应提交另一个双方都认为公正的城邦调解之。
6. 私人的争执应按照各有关国家的法律处理之。”

这个同盟条约就此生效了，双方都将战争中取得或用别的方式取得的一切，交还对方。两国现在采取一致的政策，并且通过一个法令，不接待雅典派来的传令官或代表，除非雅典人放弃伯罗奔尼撒境内的各设防据点而撤回本国；除开联合行动外，也不和任何国家议和或作战。两国积极推行了这个政策。它们两国都派了使节往色雷斯，并且和柏第卡斯接头，劝他和它们宣誓，加入它们的同盟。虽然他没有立即和雅典决裂，但是他心里是很想这样做的，因为他看见这是亚哥斯所做的事，而他自己的祖先是从亚哥斯来的。[①]它们也和卡尔西斯人重新宣读了以前的誓词，也作了新的誓词。

除此以外，亚哥斯人派遣使节到了雅典，请雅典人撤出埃彼道鲁斯的城垣[②]。雅典人看见其他国家的驻防军数目超过了雅典驻防军的数目，他们派遣德谟斯提尼办理撤防工作。他到了工作地点，在城外组织了一个运动会，作为掩护，等到别的防军出了城，他马上把城门关闭起来。随后雅典人和埃彼道鲁斯人续定了条约，然后自己把要塞交给埃彼道鲁斯。

亚哥斯退出同盟以后，门丁尼亚人虽然采取了独立的主张，后来发现自己的力量不能离开亚哥斯而单独行动，最后他们也和斯巴达人订立协定，把各城市的控制权[③]放弃了。

斯巴达人和亚哥斯人组织了一支联合远征军，各方派遣了一千名军士参加队伍。斯巴达军队首先单独开到西息温，依照贵族政治的方式将西息温政府改组；后来两军联合起来，把亚哥斯的民主政治取消而组织了一个对于斯巴达有利的贵族政府。这事是在冬季完结和春季刚开始的时候发生的。战争的第十四年于是结束了。

下一个夏季，[④]亚陀斯的第安人[⑤]背叛雅典而加入了卡尔息狄斯联盟。斯巴达人也在亚加亚进行了一些措施，使一切事务对于

① 参阅第 202 页。
② 参阅第 458 页。
③ 即控制帕累西亚人以及阿卡狄亚其他族人的权力；参阅第 421、425、449 页。
④ 公元前 417 年。
⑤ 参阅第 426 页。

他们比以前更为有利。

这时，亚哥斯赞成民主的人组织了一个党派，恢复了他们的信心。他们等候时机，到了机姆诺匹底亚节日[①]，斯巴达人举行庆祝典礼的时候，他们就向贵族党进攻。在城内的战争中，民主党胜利了；他们把敌人杀了一些，也放逐了一些。斯巴达人起初没有响应亚哥斯朋友们的呼吁；后来把机姆诺匹底亚节日的庆祝延期举行，进兵来援助他们了。在提基亚，他们听得了贵族党失败的消息；虽然逃亡的贵族请求援助，他们却停止前进，大家又回去庆祝机姆诺匹底亚节日了。后来城内的亚哥斯人和流亡在外面的亚哥斯人都派了代表们到斯巴达。同盟者也有人在场，经过两方面的商谈，斯巴达人认为城内的党派[②]是不对的，决计向他们用兵。但是日子过去了，远征的日期不断地迁延下去。亚哥斯的民主党，因为害怕斯巴达人，又开始转而和雅典联盟了，他们认为他们最大的安全希望就寄托在这一着棋上面，他们把长城一直筑到海边；这样一来，万一陆地被封锁的话，他们可以依靠雅典人的援助，从海运中取得他们所需要的物资。伯罗奔尼撒也有些城邦知道他们在建筑长城的。亚哥斯的全体人民，无论男女以至于奴隶，都参加筑城的工作，从雅典来的木匠和石匠也帮助他们。夏天就这样完了。

接着在冬天里，斯巴达人知道长城建筑了，于是联合同盟军进

① 斯巴达人每年举行一两次的节日，以庆祝阿波罗、阿提密斯和利托三位神祇的。在这个节日里，也和在卡尼亚节日里一样（参阅第443、459页），斯巴达人是要停止战争的。——译者

② 即民主党。

攻亚哥斯，只有科林斯没有参加。亚哥斯内部也有些人暗中和斯巴达人勾结的。国王阿基斯（阿基达马斯的儿子）指挥这个远征军。他们希望从亚哥斯内部取得内应，但是这个计划没有实现。他们占领并摧毁了新建筑好的长城，攻陷了希西亚市镇，把落到他们手里的自由民都杀死了。于是他们撤退，各自回到自己的城邦去了。后来亚哥斯人也攻入了夫利阿斯，把那个地方摧毁后才撤退；因为夫利亚西亚藏纳亚哥斯的逃亡者，而且这些逃亡者都定居在夫利阿斯。

在同一个冬季里，雅典人把马其顿封锁了。他们怨恨柏第卡斯，因为他曾宣誓为斯巴达和亚哥斯的同盟者；同时，过去雅典组织远征军，由尼塞拉都的儿子尼西阿斯指挥，进攻色雷斯的卡尔西斯人和安菲玻里的时候，柏第卡斯没有好好地执行雅典同盟者的任务，后来这支远征军不得不解散，主要的原因是柏第卡斯没有尽他的职责。因此雅典人宣布他为敌人。

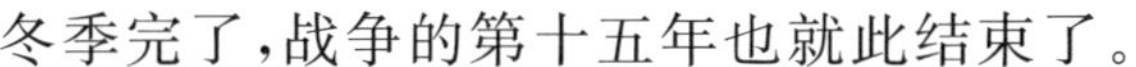

冬季完了，战争的第十五年也就此结束了。

第七章　战争的第十六年。弥罗斯人的辩论

下一个夏天，[①]亚西比得带了二十条船舰，开到亚哥斯，将有左袒斯巴达嫌疑的三百名亚哥斯人俘虏去了。雅典人将他们幽禁

① 公元前416年3月。

在雅典人控制的附近岛屿上。

雅典人又组织了进攻弥罗斯岛的远征军。[①] 参加的军队有他们自己的三十条船舰，开俄斯的六条船舰，列斯堡的二条船舰；重装步兵一千二百名，弓箭手三百名，骑兵射手二十名，都是雅典的；还有从同盟国及各岛屿调来的一千五百名重装步兵。

弥罗斯人是斯巴达的移民。他们和其他岛民一样，不愿意隶属于雅典帝国，起初保持中立态度，不左袒任何一边；但是后来雅典人对他们施用压力，把他们的土地蹂躏，他们才公开地成为雅典的敌人。

现在两个雅典将军，来康米德的儿子克利奥米德和替息马卡斯的儿子替息阿斯，带着上列的军队驻扎在弥罗斯的领土上，在进行破坏之前，首先派遣代表们和弥罗斯交涉一切。弥罗斯人不让这些代表们在民众会议中说话，只请他们把奉命前来的目的在行政长官及少数人士[②]面前说明。于是雅典代表们发言如下：

雅典人："现在你们不让我们在民众会议中说话；无疑地，如果全体民众一度毫无阻碍地听了我们有说服力而不能驳倒的言论，他们也许会被我们迷惑了。我们认为这就是你们为什么只许我们对少数人说话的用意。我们认为坐在这儿的诸位是要把已经稳靠了的事情弄得更稳靠些的。我们也认为你们是不想用一套预先准备好了的言辞来详细讨论每个要点，而是想在我们说话而你们不同意的时候，随时打断我们的话，要解决这一点，才再说其他一点。

① 参阅第 275 页。

② 可能是他们的主要政治机构，即贵族会议，行政长官也是贵族会议中的成员。

首先请你们告诉我们，这个建议是不是可以采纳？"

弥罗斯议事会委员回答如下：

弥罗斯人："谁也不能反对你我两方在一个从容和易的气氛中宣达自己的意旨。那是完全合理的。但是现在你们必然向我们作战的威胁和你们这个建议是颇相矛盾的。我们知道，你们到此地来，已经准备自己做这次辩论的裁判者：如果我们认为正义在我们这一边，因而不肯投降的话，结果就是战争；如果我们听了你们的话，结果就是被奴役。"

雅典人："如果你们准备列举你们对将来的猜疑以消磨时日的话，如果你们这次开会另有原因，而不是为着正视事实，不是在事实的基础上设法保全你们的城邦，使之免于毁灭的话，我们继续谈判就没有意义了。如果你们愿意照我们所建议的去做的话，我们才愿意继续谈下去。"

弥罗斯人："处于我们这种境遇的人们想利用各种辩论和各种观点，这是很自然的，也是很可以理解的。但是你们说，我们开会的目的是讨论我邦的安全，这是很对的；如果你们愿意这样做的话，我们愿意按照你们所提出的方式进行讨论。"

雅典人："既然这样，我们这一方面就不愿说一切好听的话，例如说，因为我们打败了波斯人，[①]我们有维持我们帝国的权利；或者说，我们现在和你们作战，是因为你们使我们受到了损害——这套话都是大家所不相信的。我们要求你们那一方也不要说，你们虽然是斯巴达的移民，你们却没有联络斯巴达人向我们作战；或者

① 参阅第539页。

说，你们从来没有给我们以损害；不要妄想把这套言辞来影响我们的意志。我们建议：你们应该争取你们所能够争取的，要把我们彼此的实际思想情况加以考虑；因为你们和我们一样，大家都知道，经历丰富的人谈起这些问题来，都知道正义的标准是以同等的强迫力量为基础的；同时也知道，强者能够做他们有权力做的一切，弱者只能接受他们必须接受的一切。”

弥罗斯人：“那么，在我们看来（因为你们强迫我们不要为正义着想，而只从本身的利益着想），无论如何，你们总不应该消灭那种对大家都有利益的原则，就是对于陷入危险的人有他们得到公平和正义处理的原则，这些陷入危险中的人们应该有权使用那些虽然不如数学一样精确的辩论，使他们得到利益。这个原则影响到你们也和影响到任何其他的人一样的，因为你们自己如果到了倾危的一日，你们不但会受到可怕的报复，而且会变为全世界引为殷鉴的例子。”

雅典人：“谈到我们，纵或我们的帝国到了末日，我们对于将来的事变也是不会沮丧的。一个国家所害怕的，不在于被另一个惯于控制别人，如斯巴达一样的国家所征服（虽然我们现在的争端和斯巴达无关），而在于一个统治的国家被它自己的属民所攻击而战败。关于这一点，你们尽可让我们自己去对付所引起的危险吧！我们现在所要做的就是告诉你们，今天我们到这里来是为着我们帝国的利益；为着要保全你们的城邦，我们才说出我们想要说的话来。使你们加入我们这个帝国，不是我们想自找麻烦，而是为着你们的利益，同时也为着我们自己的利益，想保全你们。”

弥罗斯人：“我们做奴隶，而你们做主人，怎样有同等的利益呢?”

雅典人:“屈服了,你们就可以保全自己而免于灾祸;不毁灭你们,我们就可以从你们中间取得利益。”

弥罗斯人:“那么,你们不赞成我们守中立,做朋友,不做敌人,但是不做任何一边的盟邦吗?”

雅典人:“不,因为你们对我们的敌视对我们的损害少,而我们和你们的友好对我们的损害多;因为和你们的友好,在我们的属民眼光中,认为是我们软弱的象征,而你们的仇恨是我们力量的表现。”

弥罗斯人:“难道你们的属民对于公平的观念是这样的——认为那些跟你们完全没有联系的人们和那些大部分是你们的移民或者叛变后被你们征服的人们之间,完全没有区别的吗?”

雅典人:“就是非的观点而论,这两种人是没有什么区别的:保持独立的国家是因为它们有力量,我们不去攻击它们是因为我们有所畏惧。所以征服了你们,我们不仅扩充了幅员,也增加了我们帝国的安全。我们是统驭海上的,你们是岛民,而且是比别的岛民更为弱小的岛民;所以尤其重要的是不要让你们逃脱。”

弥罗斯人:“你们觉得我们所建议的[①]对于你们说来,是没有安全的保证吗?因为你们不要我们谈公理,而只要我们屈服于你们的利益,趁此谈谈你我的利害;假使你我的利害恰巧吻合的话,我们必须用事实来说服你们。现在守中立的国家看见你们对付我们的办法,自然会晓得它们也有被攻击的一天;这样一来,是不是

① 即守中立,在本页提到了的。

它们都会变为你们的敌人呢？是不是那会加强你们现有的敌人，使别的国家也会不得不违反自己的意志和愿望而和你们为敌呢？”

雅典人：“事实上，我们不很害怕大陆上的国家。它们有它们的自由，要经过长久的日子它们才会对我们有所戒备。我们更关心的是那些和你们一样，现在还没有被征服的岛国人民，或者那些因我们帝国所给予的限制而感到仇恨的属民。这些人民可能轻举妄动，使他们自己和我们都陷入很明显的危险之中。”

弥罗斯人：“如果你们冒着这样的危险，以保持你们的帝国，你们的属民也会冒着这样的危险以逃避帝国的诛求；而我们这些还有自由的人民如果不去反抗一切，而低声下气，受奴役的羁绁，那么，我们就真是懦夫，真是孱弱无能之辈了。”

雅典人：“不，如果你们有脑筋，你们就不是懦夫。世界上没有公平的战争，没有光荣在一方面，羞辱在另一方面的战争。问题就在于怎样保全你们的生命，而不去反抗过分强大的对方。”

弥罗斯人：“但是你们要知道，在战争中，命运有时是无偏颇的，人数众多的有时也不一定胜利。假使我们屈服，那么，我们的一切希望都丧失了；反过来说，只要我们继续斗争，我们还是有希望站立起来的。”

雅典人：“希望，那个危险中的安慰者！如果有结实可恃的资源，你们不妨沉醉在希望中。那可能使人受到损害，但不会使人遭到毁灭。但是按性质说，希望是一个要付出很高代价的商品。如果人们孤注一掷地把一切都寄托在它身上，只有完全失败以后，他们才知道那是什么一回事；反过来说，知道了这一点而未雨绸缪的人们，希望是不会使他们失败的。你们是弱者，只要在天平上一摆动，你们的命运就决定了，不要让希望辜负了你们。不要跟那些人一样，他们经常在合乎情理、切实可行的方式中丧失了保全自己的机会；当他们在困难中显然没有希望的时候，他们乃转而乞灵于盲目和渺茫的东西，乞灵于预言、神谶和其他类似的东西，鼓励他们信任希望，结果使他们遭到了毁灭。”

弥罗斯人：“如果不是在平等的条件下，我们很难抵抗你们和命运，你们也可能相信我们是很知道这一点的。但是我们相信神祇会保佑我们，也和保佑你们一样，因为我们是代表公理而反对不义；谈到我们力量的不够，我们相信我们有补充的办法，我们的同盟者斯巴达，丢开别的不讲，为了荣誉的缘故，也会援助我们的，因为我们有同族的关系。所以我们的信心不是和你们所想象的那样不合理。”

雅典人：“关于神祇的庇佑，我们相信我们和你们都有神祇的庇佑的。我们的目的和行动完全合乎人们对于神祇的信仰，也适合于指导人们自己行动的原则。我们对于神祇的意念和对人们的认识都使我们相信自然界的普遍和必要的规律，就是在可能范围以内扩张统治的势力，这不是我们制造出来的规律；这个规律制造出来之后，我们也不是最早使用这个规律的人。我们发现这个规律老早就存在，我们将让它在后代永远存在。我们不过照这个规律行事，我们知道，无论是你们，或者别人，只要有了我们现有的力量，也会一模一样地行事。所以谈到神祇，我们没有理由害怕我们会处于不利的地位。谈到你们关于斯巴达的看法，你们以为它为着保持荣誉的关系，会来援救你们的，我们祝贺你们头脑的简单而不妒忌你们的愚笨。在和他们自己以及和他们的政制有关的事务方面,斯巴达人是特别好的;谈到他们和别人的关系,那个事情说起来话就长了,但是我们可以简明了地说,在我们所知道的人民中,斯巴达人最显著的特点就是他们认为他们所爱做的就是光荣的,合乎他们利益的就是正义的。这样的态度对于你们现在不合情理的安全要求是没有用处的。”

弥罗斯人:“但是这正是我们觉得最有把握的一点。他们自己的利益会不允许他们出卖他们的移民,弥罗斯人;因为那样做,会使他们在希腊的朋友们对他们丧失信心,会有利于他们的敌人。”

雅典人:“你们好像忘记了,一个注意自己利益的人就会先求得自己的安全;而正义和荣誉的道路是含有危险性的。一般说来,凡有危险的地方,斯巴达人是不会去冒险的。”

弥罗斯人:“我们相信斯巴达是会为我们而冒险的,并且这个险是比别的险更值得冒的,因为我们接近伯罗奔尼撒,他们进军更容易些;也因为我们比别人更为可靠,我们是同族的,我们的情感是彼此相通的。”

雅典人:“要求援助的那一方面的热忱,对于有先见之明的同盟者不是一种安全的保障。它所期望的是军事行动中的绝对优势。对于这一点,斯巴达人比别人更为注意。他们的确不相信自己本国的资源,所以他们攻击邻国时,要和同盟国的一支大军联合前进。因此,在我们控制海洋的时候,斯巴达人是不会横渡海洋到一个岛屿上来的。”

弥罗斯人:“他们也可以遣派别人来援。克里特海是一个大海,控制这个海的人们要想截留别人的军队比别人想安全偷渡,更加困难些。就算偷渡的军队没有达到目的,他们很可能进攻你们的土地，也可以进攻伯拉西达所没有攻入的你们的盟邦。所以你们最好是不要向一个和你们毫无关系的国家去寻找麻烦，你们会发现患难离你们自己的家乡更近些，患难是在你们的同盟者中间，是在你们自己的国土之内。”

雅典人：“那是可能的；事实上，这类的事情过去曾经发生过。在你们的情况中，也可能有同样的事情发生；但是你们知道得很清楚，雅典人从来就没有过一次为着害怕别人而撤退围城的军队的。我们所惊讶的就是你们虽然宣称[①]你们的目的是要商谈如何保全自己；但是在你们的谈话中，你们绝对没有说到一点事实足以证明你们是可以保全的。你们主要的论点只是对于将来可能发生的事变的一种期望，而实际上你们的资源很少，不能使你们应付你们目前所对抗的力量而有获得生存的机会。如果在你们要求我们停止会议以后，你们仍然不能得出一个比较聪明的结论来的话，你们的常识是非常缺乏的。不要因为一个虚妄的荣誉心而误入迷途——当人们面临着似乎伤及自尊心的显著危险的时候，这种虚妄的荣誉心常常使他们走向毁灭的道路。在许多情况下，人们是能够看见目前的危险的；但是这种危险叫做‘不光荣’，‘不光荣’这几个字也有它的诱惑性，它能使人们为一个观念所屈服，它能使人们自动地投入不可挽救的灾祸中，那种‘不光荣’更有其不光荣的地方，因为这种不光荣的产生，不是由于他们的不幸，而是由于他们的愚蠢。如果你们采取正确的观点，你们会更慎重地从事，以避免这个不光荣的事。你们要晓得，向希腊最大的城邦低头，接受它所提出

① 参阅第465页。

的合理条件——在缴纳贡赋的基础上加入同盟，而自由享用自己的财产——那不是一件不光荣的事。当你们可以任意选择战争或安全的时候，你们一定不会因为妄自傲慢而作出错误的选择来的。以独立的态度对待地位相等的人，以恭顺的态度对待地位较高的人，以温和的态度对待地位较低的人——这是安全的常规。当我们退出会议之时，请你们再想一想，你们心中要经常记着，你们是讨论国家命运的问题，你们只有一个国家，你们国家的兴衰全靠你们现在所下的这一个决定。"

于是雅典人退出了会场。会场中只有弥罗斯人了。他们得到一个结论，大体上和他们上面的答辩中所表现的是一样的。他们的答复如下：

弥罗斯人："雅典人，我们的决策是和以前一样的。我们不愿意在仓促之间抛弃自我们的城邦建立以来享受了七百年的自由。[1] 我们把我们的信心寄托在神灵赐给我们的命运上，那个命运一直到现在是维护着我们的；我们把信心寄托在人们的援助上，那就是说，斯巴达人的援助；我们要努力保全我们自己。但是我们请求你们允许我们做你们的朋友，而不做任何方面的敌人，请求你们允许我们订立一个对于你我都适合的条约，然后撤退。"

弥罗斯人作了上面的答复，雅典人当停止谈判时，对弥罗斯人说：

雅典人："好的，从你们的决策来看，你们好像把将来看得比目

① 很明显地，这不过是一句普通的话，引起我们回溯到多利亚人入侵的时代。科浓：《希腊英雄故事集》，36 提到，弥罗斯是斯巴达人菲罗诺马斯在多利亚人定居在斯巴达之后不久建立的。参阅墨勒：《奥科美那斯》，第 317 页。

前的形势更有把握些，把不可靠的将来看成真确的事实。你们的理由就是你们希冀事实会是这样演变的，你们这种判断局势的能力可算是奇特的。你们既然把一切都押在斯巴达人、命运和希望这一孤注上面，把信心寄托在他们中间，你们终究是会上当的。”

于是雅典代表们回到军队里去了。雅典的将军们知道弥罗斯人不愿意屈服，马上就开始进攻，在弥罗斯城的周围建筑一道围墙，筑墙的工作由各邦分摊负担。后来他们留下一支自己和同盟者的驻防军，在海陆两方面封锁弥罗斯，其余大部分军队则调回本国去了。留下来的军队驻扎在那里，继续他们围城的工作。

差不多在同一个时间，亚哥斯人侵略夫利亚西亚。他们中了夫利亚西亚人和流亡的亚哥斯人的埋伏之计，丧失了大约八十人。

在派娄斯的雅典人从斯巴达领土上劫掠了大批物品。就是这样，斯巴达人还是没有取消和约，宣布战争，只发出一个通告，允许本国人自由劫掠雅典人而已。科林斯人也为着自己一方面的争执而对雅典人进行攻击；此外，伯罗奔尼撒都还保持安静的状态。

弥罗斯人曾在夜间进行袭击，夺取了在市场对面的一部分雅典阵地，击毙了一些敌人，夺取了一些粮食和其他有用物品之后，又退回城内，没有其他活动了。雅典人设法把封锁线加强了。夏季就此终结。

接着在冬季里，斯巴达人计划侵略亚哥斯的领土，但是越界祭祀没有吉利的预兆，斯巴达人放弃了远征的计划。他们侵略的企图使亚哥斯人怀疑城内某些人，被猜忌的人有些被逮捕了，有些逃亡了。

大约在这个时期，弥罗斯人又在只有很少的人放哨的另一条雅典防守线上掠取了一些东西。结果使雅典人又派了德密阿斯的儿子菲洛克拉底所指挥的一支军队加强围攻力量。围攻战进行得很激烈,因为城内有叛变者,弥罗斯人无条件地向雅典人投降了。凡适合于兵役年龄而被俘虏的人们都被雅典人杀了;妇女及孩童则出卖为奴隶。[①] 雅典人把弥罗斯作为自己的领土,后来派了五百移民移居在那里。

① 幼里披底的悲剧:《特洛耶的妇女》实际上是描写弥罗斯陷落的情况。——译者

第　六　卷

第一章　雅典人在西西里的野心。西西里概况

在同一个冬季里，[①]雅典人决定再派一支比雷岐兹和攸利密顿所率领的[②]更大的军队航海去进攻西西里；如果可能的话，他们想征服这个岛。他们大部分的人不了解这个岛的大小和岛上居民（希腊人和土著）的人数；他们不知道他们现在所要进行的战争是和他们跟伯罗奔尼撒人所进行的战争几乎是同样巨大的规模。

一只商船环绕西西里航行一周差不多要八天的时间；这个岛虽然是这样大，但是它和大陆相隔只有二十斯塔狄亚[③]的海面。古时候，这个地方的居留地和住在这里的人是这样的：据说，这地方各地最古的居民是塞克洛普斯人和勒斯特立哥尼人。我说不出这些人是什么种族，从哪里来的，结果往哪里去了。关于这些问题，我们应当满足于诗人们[④]所说的，和任何其他的人所偶然知道的。在他们之后，接着来定居的是西堪尼亚人，虽然根据西堪尼亚人自己的说法，他们是本地最早的原始居民。但是事实上，他们是被利格里亚人从伊伯里亚的西堪那斯河流域驱逐出来的。这个岛

---

① 公元前416年。

② 这是两次比较早的远征：一次是公元前427年雷岐兹和察里阿德领导的（第272页），另一次是公元前424年皮索多勒斯、索福克利和攸利密顿领导的。在此地连在一起说了。

③ 约合二英里。——译者

④ 无疑地，特别是指荷马，如第8、12和19页。

过去常常被称为特利纳克里亚；因为他们的缘故，在他们的时代被称为西堪尼亚，直到现在，他们还住在西西里的西部。

特洛耶失陷之后，有些特洛耶人从亚加亚人手中逃出，航行到西西里；他们是继西堪尼亚人之后，定居在西西里的，他们都称为厄力密人。他们的城市是伊利克斯和厄基斯泰。在这些居留地中也来了一些佛西斯人，他们是在从特洛耶归国途中，遇了风暴，首先达到利比亚，后来才到西西里的。

后来西塞尔人又从意大利渡海而来西西里，他们先在这里居住，后来被奥匹西亚人所驱逐。根据传说，他们在海边等到从大陆吹来的顺风之后，才乘着木筏渡海而来的，虽然他们也可能用别的方法渡海。这个传说可能是真的。就是现在，意大利还有西塞尔人，西塞尔人有一个国王名叫意大拉斯，意大利的名字就是从这个国王的名字而来的。他们带着大批的军队来，战败了西堪尼亚人，把他们驱逐到岛的南部和西部；他们称这个岛为西西里，而不称为西堪尼亚。自从他们渡海而来，直到希腊人来到西西里的时候，他们占有并继续享受这个岛的最好地区大约三百年。就是现在，他们还占有这个岛的中部和北部。

还有一些腓尼基人住在西西里沿海一带。他们占据地角和沿海一带的岛屿，作为和西塞尔人通商的贸易点。但是当希腊人大量从海上来的时候，腓尼基人放弃了他们的居留地，集中于摩提亚[①]、索洛西斯[②]和帕诺马斯[③]，与厄力密人为邻；一部分因为他们

① 在利利俾地角附近的南彭塔里昂小岛上。

② 在巴勒摩之东，现在的萨兰多。

③ 现在的巴勒摩。

依赖和厄力密人的同盟；一部分因为从西西里到迦太基，这里是最短的路程。

在西西里的非希腊人居住的情况就是如我所描述的。最早到西西里来的希腊人是优卑亚的卡尔西斯人，其始创者是修克利斯[1]，他们建立了那克索斯[2]，并建立了一个保护神[3]阿波罗的神坛，这个神坛位于城外，凡是往希腊去参加赛会的人，从西西里启程的时候，首先在这个神坛前致祭。叙拉古是次年[4]科林斯赫拉克莱德族中一个成员阿基阿斯建立的。他首先把西塞尔人从“岛”上逐出，这个岛是现在的内城所在的地方——虽然这个地方的四周围现在已经没有水了。后来外城也并入城中，这个地方的人口就增加很多了。

叙拉古建立后的第五年，修克利斯和卡尔西斯人从那克索斯出发，和西塞尔人作战，把他们驱逐了，建立了林地尼。后来他们又建立了卡塔那[5]，但是卡塔那的移民选择挨维卡斯作为他们城市的建立者。

大约同时，兰密斯带着麦加拉的移民到了西西里。他在潘塔西阿斯河畔建立了特洛提拉斯；后来他离开了那里，在短时期内和林地尼的卡尔西斯人联合在一起。后来他们驱逐了他，他就建立了塔普萨斯[6]，不久就死了。他的部下被迫而离开了塔普萨斯，又

---

① 他是政府派去领导人民建立殖民地的。可能他生时即受到了物质的特权和赐予，死后一定是被当神来供奉的——祭祀和赛会。一个殖民地建立另一个殖民地的时候，习惯上它总是从母邦请来一个领导者。

② 公元前735年。其地址在塔罗明尼昂(塔奥明那)。

③ 这样的称呼是把他当作新居留地的“建立者”或“保护者”。

④ 公元前734年。

⑤ 公元前729年。

⑥ 正在叙拉古之北的一个半岛(现在叫做马格尼西半岛)。

建立了亥布隆[①]的麦加拉。他们在这里住了二百四十五年，后来被叙拉古僭主机伦驱逐出去了。但是在此以前，就是他们在那里定居之后一百年，他们派遣帕密拉斯出去，建立了栖来那斯，[②]帕密拉斯是从母邦麦加拉来和他们一起来建立新基地的。

机拉是罗得斯岛人安提非摩斯和克里特岛人恩提摩斯建立的，他们于叙拉古建立之后的第四十五年[③]联合起来，领导这个殖民地。这个城市的名字是因为机拉斯河而得名；现在卫城所在的地方是最先建筑的防塞，称为林第伊[④]。他们采用多利亚式的政制。

他们自己的城市建立后的一百八十年[⑤]（根据最可靠的年代计算），机拉人建立了阿克累加斯，这个城市因阿克累加斯河而得名，以亚里斯托诺斯和皮斯提拉斯为城市的创立者；它的政制是和机拉相同的。

赠克利原是来自丘米的海盗建立的（丘米是卡尔西斯人在奥比西亚建立的城市）。但是后来许多卡尔西斯和优卑亚其他地方的人来了，和他们一起定居在这里。这个城市的创立者是丘米人佩累尔斯和卡尔西斯人克雷提门尼。这个城市首先叫做赠克利（Zancle），这个名字是西塞尔人取的，因为这个地方的形状像一把镰刀，而他们的“镰”字是“Zanclon”。但是后来萨摩斯人和其他爱奥尼亚人来把这些最早的居民驱逐走了，他们是为着逃避波斯人

① “西塞尔人的国王亥布隆把这块土地给他们，让他们住在那里。”

② 公元前628年。

③ 公元前689年。

④ 这个名字很明显地是来自罗得斯岛上的林达斯；参阅希罗多德，VII. cliii，中译本，第691页。

⑤ 公元前581年。

的压迫而定居在西西里的。[①] 不久之后，利吉姆的僭主安那克西拉斯驱逐了萨摩斯人，让一些种族不同的人混居在这里，并且依照他自己原来家乡的名字，把这个城市改名为麦散那。[②]

希米拉是赠克利人攸克里德、息谟斯和萨康建立的。[③] 组成这个殖民地的大多数移民是卡尔西斯人；虽然也有一些叙拉古的逃亡者参加，他们是因为在自己国内的党争失败而逃到那里去的，他们称迈利提德人。希米拉人的方言是卡尔西斯语言和多利亚语言的混合；他们的政制大部分和卡尔西斯的相同。

阿克里和卡斯门尼是叙拉古人建立的；阿克里的建立在叙拉古建立之后七十年[④]，而卡斯门尼的建立在阿克里建立之后大约二十年[⑤]。

卡马林那最初是叙拉古人于叙拉古建立后一百三十五年（根据最可靠的计算）建立的[⑥]。建立这个城市的是达克逊和门尼科拉斯。但是后来卡马林那的人民被叙拉古人驱逐出城；因为他们叛变，叙拉古人才和他们作战的。不久之后，机拉僭主希波克拉底[⑦]因为交换一些叙拉古的战俘而取得了这个地方，又移民于城内，把他自己作为这个城市的创立者。这些居民后来又被机伦驱逐，于是这个地方第三次为机拉人所移居。

居住在西西里的是这些希腊人和外国人，这时[⑧]雅典人所渴望

① 参阅希罗多德，VI. xxii，xxiii，中译本，第576—577页。

② 公元前730年。

③ 公元前648年。

④ 公元前664年。

⑤ 公元前644年。

⑥ 公元前599年。

⑦ 公元前498—前491年。

⑧ 公元前416年。

进攻的是这样大的一个岛。虽然表面上他们装作只是援助他们在那里的同族人和旧日的同盟者①,但是事实上他们是想征服整个岛。当时,厄基斯泰派遣代表团到了雅典,他们急于请求雅典人的干涉,这使雅典人特别感到鼓舞。厄基斯泰人和他们的邻居栖来那斯人,因为婚姻权利和一块土地的争执,已经发生战争。栖来那斯人早已和叙拉古人建立同盟,现在正在从陆地上和海上紧紧地压迫厄基斯泰。所以厄基斯泰人提醒雅典人在雷歧兹和以前战争的时候②他们和林地尼所订的条约,请求雅典人派一支舰队去援救他们。他们提出许多论点,但是主要的论点是这样的:如果叙拉古人驱逐林地尼人民之后而不受到处罚,让他们继续破坏雅典其他同盟国,直到控制了整个西西里为止,那么,就有一种危险会产生,就是叙拉古人迟早有一天,会派遣大军来援助他们同族的多利亚人,和伯罗奔尼撒人联合起来作战,以彻底摧毁雅典的势力,因为叙拉古人本身是多利亚人而伯罗奔尼撒人是原先派遣他们出去作移民的。因此,雅典最好是利用现在的时机,因为它还有同盟者制止叙拉古,尤其是因为厄基斯泰愿意提供足够的金钱,作为战争的经费。

雅典人在民众会议中,一再听到厄基斯泰人和他们的同情者发表这些论点,于是议决,首先派遣代表团到厄基斯泰去,看他们的金钱是不是储存在金库和神庙里,如他们自己所说的;同时,考察他们和栖来那斯人战争的实际情况。因之,雅典人派遣代表团往西西里去了。

---

① 指卡马林那人和阿格立真坦人(第 400 页)以及一些西塞尔人(第 284 页)。

② 参阅第 272 页。

在同一个冬季里，斯巴达人和他们的同盟者（科林斯人除外）进军侵入亚哥斯的领土，破坏了一小部分土地，用四轮车运走了一些谷物。他们把亚哥斯的逃亡者安置在奥尼伊，从他们的大军中留下一小部分军队给他们。他们帮助奥尼伊跟亚哥斯商订了一个相当时间的休战和约，双方不得侵入对方的领土。于是他们率领军队回国了。不久之后，雅典的军队（三十条船舰和六百名重装步兵）到了，亚哥斯人率领他们的全军和雅典人一路进军，围攻奥尼伊一天；晚间，驻防军逃跑了，因为围城军队驻扎的军营离城还有相当的距离。第二天，亚哥斯人发现驻防军跑掉了，他们拆毁这个城市，然后回国；雅典人也带着他们的船舰回去了。

雅典人又带着他们自己的人和在雅典的一些马其顿流亡者所组织的骑兵队，由海道开往马其顿边界上的美敦尼。他们劫掠柏第卡斯的领土。色雷斯的卡尔西斯人和雅典人的休战和约是在十天之前通知就可以停止的，所以斯巴达人派人到卡尔西斯人那里去，劝他们帮助柏第卡斯作战；但是他们拒绝了。这样，冬季就过去了，修昔底德所记载的战争的第十六年也就这样完了。

第二章　关于西西里的辩论和西西里远征军的出发

次年春季之初，[①]雅典的代表团从西西里回来了。他们带着

① 公元前 415 年 3 月。

厄基斯泰人一路来，厄基斯泰人带来未铸成货币的银块六十他连特——即六十条船舰一个月的薪给，他们正是请求雅典派遣六十条船舰去援助他们。

雅典人举行了一次民众会议，以听取厄基斯泰人和他们自己的代表团所要说的话，他们的报告给雅典人以鼓舞，但是这个报告是不真实的，特别是关于他们所说，有大量金钱储藏在金库和神庙中可以应用的话。所以雅典人表决赞成派遣六十条船舰前往西西里，任命克利尼阿斯的儿子亚西比得、尼塞拉都的儿子尼西阿斯和谢诺芬尼斯的儿子拉马卡斯为全权的将军；他们接受的任务是帮助厄基斯泰人对栖来那斯人作战；如果战事顺利的话，也可以重建林地尼；一般说来，是依照他们所认为对于雅典最有利的方式去解决西西里的问题。

五天之后，雅典人又举行了一次民众会议，讨论最迅速地准备远征的船舰，并表决增加军需供给，以应远征将军们的需要。尼西阿斯本不愿当选为将军；他认为雅典的政策是错误的；事实上，雅典是想利用一个外表上似乎合理的小小借口去征服整个西西里——诚然，这是一个巨大的事业。因此，他走上前来说话，想改变雅典人的心志。他所提出来的意见是这样的：

“不错，这次会议是召集来讨论远征西西里的准备问题的。但是我认为这个问题还需要进一步考虑——派遣这些船舰，对于我们到底是不是一件好事呢？对于这样重大的一个问题，我认为不应该这样仓促地考虑，因为相信外国人的缘故而卷入一个和我们毫无关系的战争中去。以我个人而论，我因此而得到了荣誉，我比大多数人更不会为着我自己的身体而恐惧[①]——我认为合理地照顾自己的身体和财产的人不一定是最坏的公民；事实上，这样的人，为着自己的缘故，特别希望城邦繁荣。但是正因为我在过去从来没有说过违反我的信仰的话，以求获得荣誉，所以现在我也不会这样做；但是我要向你们说出我所认为最好的办法。我知道我的言辞不足以改变你们的性格；如果我劝你们保卫你们所已经有了的东西，不要把你们所已经有了的东西去冒险，以求获得那些不可靠的将来希望，这是毫无用处的。因此，我只向你们说明，这样的冒险，现在还不是时候；你们的野心所想达到的目的是不容易获得的。

"我所说的是这样的：你们往西西里去了，留下许多敌人在后方；很明显的，你们在那里也会有敌人的，而且也要应付那些敌人。可能你们认为你们所签订的条约会给你们以保证；只要你们不采取行动，无疑的，这个和约在名义上是会存在的（因为此地一些人和斯巴达一些人的阴谋诡计，这个和约已经只在名义上存在了）；如果我们的大军在任何地方遭到失败的话，这个和约不一定能阻止敌人马上向我们进攻。首先，他们只是因为自己受到灾难才订立这个和约的；他们是被迫而订约的；以声望而论，我们是处于优势。其次，和约本身还有许多没有解决的问题。就是现在的和约，有些国家，甚至有些重要的国家，至今尚未承认。这些国家中，有些和我们公开作战；有些，因为斯巴达尚未开始行动，还在踌躇；但

① 翌年夏季，他写信给雅典人，为他的肾病诉苦（第 571 页）；可能他现在已患此病。

是我们和他们的和约是每十天重订一次的，一旦他们发现我们的军队分散了（现在我们正在急忙地分散我们的军队），很可能，他们就很希望和西西里人联合一起来向我们作战的，因为过去他们想拉拢西西里人作为同盟者，差不多比拉拢任何其他人民更为迫切些。这一切都是应该考虑到的。我们还没有达到安全的境界；在我们现有的帝国获得安全之前，现在不是我们去冒险或者去抓住一个新帝国的时候。因为事实上，色雷斯的卡尔西斯人叛变我们已经多年了，我们还没有把他们征服下来；在其他地区，我们也只能强迫附属居民服从我们，而不免受到他们怨恨。现在我们匆忙地去援助厄基斯泰，援助所有的地方——我们说，因为我们有一个同盟者受到委屈，但是我们长期受到叛徒们的委屈，我们迟迟不去惩罚他们。

"并且这些叛徒们，一旦击溃，就会被镇压下去；而西西里人口这样多，离我们这样远，纵或我们征服了他们，我们也很难统治他们。这些人民纵或被征服了，也不能为我们统治的；如果失败了，我们的情况会比出征前更为恶劣：去进攻这样的人民是没有意义的。同时，我认为，在目前情况之下，西西里对我们是没有危险的；如果叙拉古统治了西西里（厄基斯泰人常用这种可能性来威胁我们），它对我们会更少危险。在目前情况之下，有些西西里人可能会因为他们对斯巴达的友好关系，单独和我们作战；但是如果他们都在叙拉古统治之下了，一个帝国不会进攻另一个帝国，因为如果他们和伯罗奔尼撒人联合起来摧毁我们的帝国的话，他们很可能会发现他们自己的帝国会因为同样的理由，为伯罗奔尼撒人所摧毁。使西西里的希腊人畏惧我们的最好办法是根本不往西西里去;其次最好的办法是去显示我们的军力,经过一个短时期后,再离开那里。我们知道,最使人惊服的是使它的声誉离开考验最远,受到考验最少;如果我们有了差错,他们马上就会轻视我们,和我们此地的敌人联合起来向我们进攻。雅典人啊,这事实上是你们从斯巴达和它的同盟者所得到的经验。在你们和他们的斗争中,和你们起初的恐惧比较起来,你们的成功是意料之外的;但是现在你们轻视他们,一心只想征服西西里了。但是敌人的灾难不足以为自己满足的理由;只有在精细研究自己的计划时,他才能够感觉到有真正的信心。我们应当知道,斯巴达人受到耻辱的结果,他们只有一个念头,就是现在怎样推翻我们,以恢复他们的名誉,这是很自然的,因为军事荣誉是他们生死攸关的问题。所以如果我们的脑筋清醒的话,我们会知道,我们作战的目的和西西里的厄基斯泰人毫无关系,因为他们,甚至于所说的语言,都和我们的不同;我们真正的问题是有力地保卫我们自己,以及反对斯巴达贵族寡头的阴谋诡计。

"我们也要记着,只在最近我们才从大瘟疫和战争的痛苦中稍许恢复过来,这是我们弥补我们人力和财力的损失的开始。我们应当把我们新获得的东西用在本国和我们自己的身上,而不要用在那些流亡者身上;他们请求援助,他们的利益是说谎,使我们相信他们,他们除了言辞之外,没有任何贡献,他们把所有的危险让给别人;如果他们成功了,他们不会适当地感激的,但是如果失败了,他们会连累他们的朋友,至于毁灭。

"无疑地,坐在此地的,有人因为当选为将军而高兴,他完全为着自私的理由,劝你们远征——尤其是因为他还年轻,不能负担这个任务，所以他更会这样做。他想使人因为他所养的好马而羡慕他；因为这是很花钱的，他想从他的职位中取得利益。你们也要提防他，不要使他有机会为着他自己要过辉煌的生活而危害国家。你们要记着，对于这样的人，国家的失政常常和个人的奢侈是连在一起的；也要记着，这是一件重大的事情，不是一个青年人可以匆匆地决定而实行的。

"我带着真正惶恐的情绪，看见这个青年的党羽在这个会议中坐在他的旁边，都是他招来支持他的；在这方面，我号召你们中间比较年老的人的支持。如果你们坐在他的拥护者的身旁，表决反对战争的时候，你们不要受他们的眼色的威胁，或者害怕他们称你们为懦夫。不要和他们一样，沉湎于毫无希望的空虚迷恋。你们要记着，有远见才能成功，不是单凭希望可以得到成功的。现在我们的国家正在它所未曾有过的最大危险的边缘上。你们要为我们的城邦着想，举起你们的手来反对这个建议，表决赞成西西里人自由享受他们自己的国家和处理他们境内自己的事务；我们和他们中间，现在的边界是爱奥尼亚海和西西里海（这个边界，我们是完全满意的），他们可以自由在爱奥尼亚海沿岸航行和在西西里海中直接航行。特别要告诉厄基斯泰人，因为他们在发动对栖来那斯人的战争时，没有和雅典商量，所以他们应该自己负责和栖来那斯人订立和约；将来我们也不会和过去一样，跟那些在他们的灾难中需要我们帮助，但是当我们需要他们的帮助时，他们不能帮助我们的人民订立同盟。

"会议的主席啊，你知道，注意城邦的利益是你的职责，因为你希望表示你自己是一个善良的公民，我请求你把这个问题付诸表

决，让雅典人重新讨论这个问题。如果你不敢把这个问题再付表决，你应该想一想，现在此地有许多证人站在你一边，人家不能责难你违背法律的。同时你也要想一想，这样，你可以为你这个误被领导的城邦做一个医生；同时，负公职人的责任只是尽力替国家做些好事，或者，至少不要替国家带来那些本来可以避免的灾祸。”

亚西比得像

尼西阿斯发言之后，虽然也有少数人赞成他的，但是大多数跑向前来说话的人都赞成派遣远征军，不要对于已经通过了的议案退却。支持远征军最激烈的是克利尼阿斯的儿子亚西比得。他要反对尼西阿斯，过去他和尼西阿斯是从来没有在政治上面对面反对过的，而现在尼西阿斯在发言中攻击他私人。[①] 他有更强烈的动机，想获得将军的职位，他希望由他征服西西里和迦太基——这些胜利会使他个人同时得到财富和荣誉。因为他在民众的眼光中有很高的地位，他对于赛马的热忱和他的奢侈生活已经超过了他的财产所能供给的。事实上，这和后来雅典城邦的倾覆是有很大关系的。大多数人看到他有一种与众不同的品质，表现在他私人生活习惯上的违法乱纪，以及他在一切机会中行动的精神，因而感到恐慌。他们认为他的目的是想做僭主，所以他们对他都有恶感。虽然在职务上，他领导战事的成绩是卓越的；但是他的生活方式使每个人都反对他的为人；因此，他们把国家的事务委托于他，不久

① 参阅第 486 页。

就引起城邦的毁灭。

这时候，亚西比得走向前面，对雅典人提出下面的意见：

“雅典人，因为尼西阿斯向我攻击，我开始就应当说话，我比别人更有权利做将军，我认为我是无愧于这个职位的。至于所有关于攻击我的论据，那只是一些给我的祖先和我自己，同时也是给国家的利益带来光荣的事情。过去有一个时候，希腊人以为我们的城邦已被战争所摧毁，但是因为我作为雅典的代表，在奥林匹亚赛会[①]中，表现得豪华富丽，他们才开始把我们城邦的伟大，估计得超乎实际情况之上。当时我以七辆双轮马车参加竞赛（过去从来没有过私人用这样多的马车来参加竞赛的）取得了第一名、第二名和第四名；我注意一切其他安排的样式，表示我有取得胜利的资格。在习惯上，这样的事情常常带来荣誉；这些事情的做到，它本身就会给人家一个强烈的印象。再者，虽然我在雅典所做的事富丽豪华，例如供给唱歌队[②]等等，自然引起我的同胞公民的嫉妒，但是在外地的人看起来，也是我们力量的证据。当一个人花费他的金钱，不仅使他自己得到好处，同时也使他的城邦得到好处，这真是一件有益的蠢事。一个人自视很高，而不把他自己和其他每个人都放在平等的地位上，这完全是公平的；因为当一人穷困的时

① 可能是公元前 416 年；虽然瑟耳沃尔推定是公元前 424 年，而格罗特推定是公元前 420 年。

② 即在公众节日，特别是在戏剧表演时的唱歌队。唱歌队是由国家指派乐于公益事务的富裕公民供给的，这些公民称为歌队供应者，他们找到一些合唱者和训练歌唱的教师；他们负担一切服装、生活以及训练的经费。因为他们常常彼此互相竞争，尽力使他们的唱歌队富丽堂皇，这种工作是很花费钱的，有时把一个人的全部家产都花光了。

候，也没有人来和他共患难的。我们失败的时候，没有人注意我们；根据同样的原则，如果有人为成功者所鄙视，他也应该忍耐着：在一个人以平等地位对待其他每个人之前，他是不能要求别人以平等地位来对待自己的。我知道这类人——事实上所有在任何方面有显著的成就而著名的人——在他们活着的时候是不得人心的，特别是他们的平辈以及其他和他们接触的人是不喜欢他们的；但是你们会发现，到了后世，就是和他们毫无关系的人也自称和他们有亲属的关系，你们会发现他们的国家不把他们当作外人或名誉不好的人，而把他们当作同胞和干出伟大事业的人而引以自豪。这就是我的志向，因此我的私人生活受到批评；但是问题在于你们中间是否有任何人处理国事胜过我的。你们要记着，我没有使你们冒很大的危险和花很多的经费，而组织了一个伯罗奔尼撒同盟①，使斯巴达冒着一切的危险，以争取在门丁尼亚一天战争②的胜利；在战场上他们虽然胜利了，但是至今他们还没有完全恢复他们的信心。

"因此，因为我的年轻和我做的这种人家以为不可思议的蠢事，我认为我有正当的理由可以应付伯罗奔尼撒人的势力，我所表现的活动力使他们信任我和采纳我的意见。所以不要因为我年轻而害怕我，但是我有青年的勇气，而尼西阿斯有幸运的声名，你们能够善于利用我们每人所能贡献的。不要因为我们将在那里对付一个强大的国家而变更远征西西里的心思。西西里诸城市③人口

① 亚哥斯、门丁尼亚和伊利斯；参阅第436、442页。

② 参阅第451页以下。

③ 指叙拉古和它的附属城市。

的增加是各种各色的人混合起来的，其公民团体是经常变化，经常改组的。结果，他们没有他们是为祖国而作战的那种情感；他们每个人没有足够自卫的武装，也没有适当固定的耕地。他们的时间花费在努力想从公家取得那些他们认为可以利用狡猾的演说词或公开的暴动而取得的东西——他们总是打算，如果情况对于他们不利的话，他们可以往外国去安居乐业。像这样的乌合之众是不会注意到一个一致的政策，也不会联合起来，采取共同的行动的。当我们去向他们提出一些诱惑性的建议时，很可能他们马上会和我们订立单独的协定，特别是，如我们所了解的，他们是在一种党争的情况下。至于他们的重装步兵，他们没有他们自己吹嘘的那么多；其他的希腊人也和他们一样；他们的军队数目从来就没有达到每个国家所估计自己势力的那个数目；事实上，虚伪是很大的，就是希腊也只在这次战争中才刚刚有了充足的武装。

"以我所得到的情报而言，西西里的形势是如我所说的；真的，甚至于比这还要容易些，因为在我们方面也有许多非希腊人，他们由于怨恨叙拉古人的缘故，愿意和我们联合一起，向叙拉古人进攻。至于国内的形势，如果你们正确观察的话，你们会看到，在此地没有什么东西可以妨碍我们的。他们说到，我们如果出国，我们会留着敌人在我们的后方；但是我们的父辈，当他们同时和波斯人作战的时候，也同样留着敌人在他们的后方，因而建立了帝国，当时他们所依赖的只有他们海军的优势。伯罗奔尼撒人对我们作战，从来没有过和现在一样，很少有胜利希望的。不错，如果他们有信心的话，他们有力量从陆地上来侵犯我们；但是不管我们是不是往西西里去，他们都能够这样做的。他们的舰队就一点也不能伤害我们，因为我们自己留在后方的舰队很能够对付他们的舰队。

“因此，似乎没有合理的论据，可以引诱我们退却的，或者可以证明我们不去援助西西里同盟者的任何借口是有理由的。我们已经宣誓要去援助他们，援助他们是我们的责任，不要因为我们过去从来没有得到过他们的援助而反对。我们把他们作为同盟者的原因，不是因为我们在此地需要他们派遣援兵，而是想要他们扰乱我们在西西里的敌人，因而阻止他们到此地来进攻我们。这就是我们取得我们的帝国的方法，这就是所有的帝国取得的方法——勇敢地援助一切请求援助的人，不管他们是希腊人也好，非希腊人也好。如果人人不肯行动起来，或者援助的时候有种族的区别，那么，我们就很少能够扩张我们的帝国，更可能将有完全失掉我们的帝国的危险。一个人不但要在受人攻击的时候抵抗占优势的强国，以捍卫他自己；而且要预先采取手段，防止敌人进攻的实现。我们很难和管家人一样，很正确地估计我们想要得到一个多么大的帝国。事实上，我们已经达到了一个阶段，我们不得不计划征服新的地方，不得不保持我们所已经取得的，因为如果别人不是在我们统治之下，我们自己有陷入被别人统治的危险。你们对于安静生活的看法不能和别人一样——这是不可能的，除非你们会改变你们整个生活方式而使之变为和他人的生活方式一样。①

“因此，我们确信，往国外去会增加我们在国内的力量，让我们出发吧。当伯罗奔尼撒人看见我们鄙视我们现在所过着的和平生活②

① 其他希腊国家似乎宣传不干涉主义或自决主义；依照亚西比得的意见，雅典不能采取这种政策，否则它将自食其果，而放弃它的帝国。

② 实际上，这是一种武装休战，每十天重新订约一次。

而远征西西里的时候，他们妄自尊大的精神会受到抑制。同时，我们很可能利用我们在西西里所取得的，变为全希腊的主人翁，或者至少我们可以挫折叙拉古人，因而使我们自己和我们的同盟者得到利益。我们的安全是由我们的海军保证的；所以如果我们进行顺利的话，我们可以留在那里，否则再回来；因为我们的海军势力比所有西西里人的势力联合起来还要占优势。

"不要因为尼西阿斯主张不干涉和主张青年和老年有所区别而延误了。让我们遵守我们父辈的老制度，他们无论青年人或老年人，意见一致，把我们的国家提高到现有的地位。所以现在你们也要同样地努力把这个城邦提高到更高的地位。你们要知道，无论青年人或老年人，没有彼此的帮助，都会一事无成的；但是所有各种各样的人——次等的类型、普通的类型和深思熟虑的类型——都联合起来，才会产生最大的力量。同时也要记着，城邦也是和任何其他的东西一样，如果长期保持在静止的状态中，它自己会消耗的；它各方面的技术会变为陈旧过时了；但是在战斗中，它会经常取得新的经验，更惯于不以言辞而以行动来捍卫它自己。总之，我认为一个本性是活动的城邦，如果改变它的本性而变为闲散的话，会很快地毁灭它自己的；人们所能找到的最安全的方法是接受他们实际上已经有了的性格和制度（纵或这种性格和制度还不是完善的），尽可能地依照这种性格和制度生活着。"

这是亚西比得的发言。雅典人听了他的发言、厄基斯泰人的发言和一些林地尼流亡者的发言（他们是以请求者的资格发言的，他们提醒雅典人过去所宣的誓言，请求雅典人援助）之后，雅典人比过去更加急于想发动这次远征了。尼西阿斯知道利用他所已经

用过的论点不足以改变他们所采取的行动了，但是他认为，如果他夸大所需要的军力的话，或者可能改变他们的心思。因此，他又走向前面，发言如下：

"雅典人，我知道你们对于这次远征已经下了很大的决心，我希望征服的结果一切都如我们所期望的一样良好。现在我将向你们说出我对于目前形势的意见。我们现在所要去进攻的一些城市，据我所知道的，是力量很大的；它们彼此间不相隶属，也不像那些乐于在一些比较温和的条件下，接受一个新政府以逃避一个强暴政府的压迫的人一样，需要改变它们的政体的；事实上很可能它们不会放弃它们的自由来接受我们的统治。以一个单独的岛屿而论，岛上的希腊城市也是很多的。我预料到，那克索斯和卡塔那是会参加我们这一边的，因为它们在种族上和林地尼有联系。但是除了这两个城市之外，还有七个城市[①]，它们的陆军和海军装备很像我们的军事装备一样，特别是栖来那斯和叙拉古，这两个城市是我们进攻的主要目的。它们有很多的重装步兵、弓箭手、标枪射手，有许多三列桨战舰，许多可以做水手的人。它们不仅在私人手中，而且在栖来那斯神庙中有许多金钱，而叙拉古也从一些土著居民中征收贡税。但是它们对我们的最大优势是它们有许多马，并且事实上它们生产自己所需要的谷物，不须从外地输入。

"对付这样强大的一个势力，我们单单派遣一个舰队和一支可观的军队去是不够的。如果我们要使我们的军事行动达到我们心目中的计划，而不使我们的行动受他们为数众多的骑兵所局限的

① 叙拉古、栖来那斯、机拉、阿格立真坦、麦散那、希米拉和卡马林那。

话，特别是如果这些城市因为害怕我们而互相联合起来，使我们除了厄基斯泰人之外，再没有朋友来供给我们的骑兵，以和他们对抗的话，那么，我们还需要一支很强大的步兵和我们一同航海往那里去。如果因为在开始时缺少先见，我们被迫而撤退，或者以后再派人回来请求援助的话，这是丢脸的。因此，我们在开始时就要准备一个能够负担这个任务的大军。我们应该认识到，我们将航海到一个离开我们自己的国家很远的地方去远征；这次远征和你们过去在这一带地区对你们任何属民进行的远征完全不同；在你们远征你们的属民的时候，你们可以依赖你们的同盟国，你们能够很容易地从友好的地区取得给养；而这次远征时，我们和本国断绝联系，跑到一个完全不同的地区去，在冬季的四个月中，就是派遣一个使者从那里到雅典来，都是很困难的。

“因此，我认为我们应当从雅典，从我们的同盟国——从附属国，以及从伯罗奔尼撒人中任何我们能够说服或雇佣来参加我们一边的人们，招募大军。我们应当有大批弓箭手和投石手的军队，使我们能够抵抗敌人的骑兵队。我们应当在海上有绝对的优势，使我们能够很容易地运输我们的军需。我们一定要从这里带着我们的谷物（就是小麦和炒干的大麦）去，还要从磨坊中征发与谷物成比例的面包师，并且给付他们薪金，这样，使我们为风雨所阻的时候，远征军还可以有它的粮食，因为我们的军队这样多，不是每个城市所能接待的。在其他方面，我们也一定要尽我们的能力所及，作好准备，以免依赖他人，特别我们要在此地尽量多带些钱，因为你们可以相信，以厄基斯泰人的金钱而论，据他们说是已经为我们准备好了的，但是很可能这只是理论上存在，事实上不一定存在的。

“所以我们离开雅典时，一定要带着一支军队，不仅可以和他们的军队匹敌——除开可用以决战的重装步兵之外——而且要实际上在各方面比他们强得多；就是这样，我们还是很难征服敌人，或保全我们自己的。我们行动时，必须设想我们是去建立一个跟外国人和敌人混居在一起的城市；做这种事的人一定要在登陆的第一天就征服那个地方，或者至少要知道，如果他们没有做到这点的话，他们会发现四面都是敌人。因为我害怕这一点，同时我知道我们需要很好的计谋和更好的幸运（幸运是我们很难有把握的，因为我们不过是人），所以在出航之前，我希望尽量地少依赖幸运，但是要根据一切合理的可能性，带着一支很安全的军队出发。我相信这是最好的方法来保全城邦的一般利益和我们中间那些在战役中为城邦服务的人的安全。如果任何人和我的想法不同的话，我请他来代替我指挥军队。”

在发表这篇言论时，尼西阿斯认为雅典人或者会因为所需要巨大规模的军需而迟延；不然的话，如果他被迫而远征，这样，他也可以尽量安全地航行。

但是雅典人完全没有因为准备工作的困难而失去远征的欲望，反而比以前更加热烈些，结果和尼西阿斯所想象的正相反。他们认为尼西阿斯的意见是很好的，现在远征军是绝对安全了。每个人都充满了远征的热情。年老一点的人认为他们将征服那些他们将航往的地方，或者，有了这样大的军队，他们至少不会遭到灾祸了；年轻一点的人希望看看远地的风光和取得一些经验，他们相信他们会安全地回来的；一般民众和普通士兵希望自己暂时得到薪给和扩大帝国使他们将来可以取得永久的薪给工作。大多数人的这种过度热忱的结果使少数实际上反对远征的人害怕别人说他们不爱国，如果他们表示反对的话，因此就不做声了。

最后，有一个雅典人跑向前来，私自和尼西阿斯说话，告诉他说，他用不着推辞了，或把事务再延误了，而应当在每个人面前说出雅典人所必须为他表决的军队数目来。尼西阿斯勉强发言，说他将和他的同僚在一个比较平静的气氛下进一步商量，但是以他目前所能看到的来说，他们至少要带一百条三列桨战舰；从雅典的船舶中取得运输船，数目将来决定；雅典和同盟国的重装步兵不得少于五千人，如果可能的话，还要多一些；其他的军队也应当与之成比例——投石手和从雅典以及克里特来的弓箭手——这一切以及其他必要的东西都应当准备好，由他们带去。

当雅典人听了这些话的时候，他们马上就表决：关于军队的数目以及远征军的一般事务，将军们有全权依照他们自己的意思处理。此后，准备就开始了。他们通知同盟国，雅典立即开始征兵。因为雅典刚刚从瘟疫和连绵战争的年代中恢复过来，许多青年已达成年；休战的结果，金钱也积累起来了，所以一切准备工作进行得更容易些。

当这些准备工作正在进行的时候，发现有一晚，雅典城内差不多所有的赫尔密石像[①]的面部都被毁坏了。没有人知道这是什么人做的，但是国家悬出巨大的赏金想找出这些犯罪的人来，又通过

① “这是一些方块石头雕成的像，根据国家的制度，在私人住宅的入口和神庙中都有许多这样的像。”（像作大石柱形，上面有个虬髯男人的头。——译者）

命令：无论什么人，公民也好，异邦人也好，奴隶也好，凡是知道其他渎神行为的都可自由来告密。真的，整个这件事情很被重视，因为这件事情被认为是远征的预兆，同时是有推翻民主政治的颠覆阴谋的证据。

事实上有一些住在雅典的异邦人和私人奴仆来告密。关于赫尔密石像本身，他们没有说出什么来；只说出以前所发生的其他情况：当有些青年人在宴会上喝得大醉之后，把石像面部毁坏了；也说到私人住宅中举行神秘祭祀时的嘲笑庆祝。亚西比得是这些被控告者之一。那些最不喜欢亚西比得的人①就抓着这个事实，因为他阻碍了他们自己牢固地掌握人民的领导权，他们认为，如果他们能够赶走亚西比得，他们就可以占据首要的地位了。因此他们把整个事情夸大起来，尽量叫嚣，说神秘祭祀事件以及赫尔密石像面部的毁坏，都是推翻民主政治阴谋的一部分，而所有这一切，亚西比得都是参加的，他们把他一般生活中违反传统和不民主的性质作为这个控告的证据。

亚西比得当场否认对他所提出的控告，准备在出发远征之前，接受审判（当时一切准备工作都已完成），以便查出，对他所控告的事情是不是他做的；如果有罪的话，他应当受到处罚；如果无罪的话，他应当接受将军的职位。他请求他们不要在他离开本国的时候，审问对他所提出的攻击，但是如果他真的是有罪的话，应该当时就把他正法；他指出，如果命令他率领这样大的军队出去，而带

① 特别是一个名叫安得洛克利的人（第682页）；参阅普鲁塔克：《亚西比得传》，19。

着这样严重的控诉在他的身上，这是不聪明的。但是他的敌人恐怕马上审判这个案件的时候，他会得到军队的好感；同时，因为他获得亚哥斯人和一些门丁尼亚人参加远征而甚得民心，他们恐怕人民对他宽恕，所以他们尽力把案件推迟，阻止马上审判。同时他们使一些人起来发言，说亚西比得应当马上出发，不应该阻止军队的启程，但是他应当在回国后一定的日期内，接受审判。他们的计划是想对他提出一些更为严重的控告（这点在他出国以后，他们更容易做些），到那时候再派人去，把他召回受审。因此，决定亚西比得应当出发。

此事发生之后，已是仲夏季节了，他们开始向西西里航行。大部分同盟国事先接到通知，带着运载谷物的船舶和一切小船以及其他军需品在科西拉集合，以便从那里横渡爱奥尼亚海，到爱阿匹吉亚地角。但是雅典人自己和一些当时在雅典城内的同盟者在指定日期的黎明时候，下往庇里犹斯，配备船上的海员，准备起航。其余的人，事实上是雅典的全体居民、公民和外国人，都和他们一起跑到庇里犹斯来了。所有本国人都有送别的人——亲戚、朋友或儿子们；他们同时充满了希望和悲伤，他们希望这些人能够征服西西里，同时也想到，他们可能不会再看见这些人了，因为考虑到他们离开自己的国家这样远的航行，他们将去冒一切的危险；在离别的俄顷间，他们感到形势的危险比他们表决赞成远征的时候，更为深切。但是他们因为他们所有的力量和他们所亲眼看见的各种军备的质量而感到鼓舞。至于外国人和其余的群众，他们只来看看这个军容的壮观，赞叹这个事业有令人难以置信的雄心。

无疑地，这第一次出发的远征军远远地超过过去任何一个单

独城邦所曾派出过的花钱最多、外观最美的希腊军队。以战舰和重装步兵而论，它没有比伯里克利用以进攻埃彼道鲁斯的那支军队，以及哈格浓用以进攻波提狄亚的同一支军队更多些；那支军队是由雅典重装步兵四千人、骑兵三百人和三列桨战舰一百条组织而成的，再加上列斯堡和开俄斯派来的五十条战舰和许多同盟军。但是那支军队只有一个短短的航程，只有普通的设备；而这次远征军预计将在国外有很长久的时间，准备有海战和陆战的配备，有战舰和陆军，以便随时应用。舰队有高度的效率，花费了国家和舰长们很多的金钱。每个水手每天由国库支付一个德拉克玛的薪金。国库又备置了空船[①]（六十条战舰和四十条运输重装步兵的船舶），都配备了可能找到的最好的船员。除国家所给付上排桨手[②]及其他船员的薪水外，舰长们还给他们以额外的报酬。他们花费了许多金钱来制造船首像和一般设备，因为每个人都渴望自己船舰的美观和速度超过其他的船舰。至于陆军，他们是从最好的应征人员中挑选出来的，每人都有很强烈的竞争心，费了很大的力量来配置盔甲和个人设备。因此，不仅雅典人中间各人依照各人的职位互相竞争，并且对于其他希腊人看来，它好像是一次表现雅典力量和伟大的示威运动，而不像是一支出发进攻敌人的远征军。如果有人计算一下国家所用的款额和在那里服务的私人费用——其总数包括国家所已经用了的和将来送到将军们手里的，每个人在他的设备上所已经花费了的，舰长们在他们的船舰上所已经花

① 是没有装备的空船，装备是由舰长们供给的。

② 在三列桨战舰上，有三排桨手：上排桨手用最长的桨划船；中排桨手占据中排，下排桨手占据最低一排，用最短的桨，薪给最低。

费了的，以及他们将来还要花费的；除此之外，还要包括每个人，除他从国库里得到的薪水之外，随身带着以为私人费用的金钱（因为考虑到，这次远征会继续一个很长久的时期的），以及士兵们和商人们为了想做生意而随身带着的货物——他一定会发现许多他连特的巨额金钱从雅典流出了。这次远征之所以这样著名的原因，不仅因为它表现有惊人的冒险和赫耀的外观，而且是因为它对于它所要进攻的敌人有压倒的优势，同时在雅典从来所派遣过的远征军中，这一次是航程最远的；它对于将来所抱的希望，和他们目前的资源比较起来，是最远大的。

当船员已经配备好了，一切他们想带着航行的都上了船的时候，鼓声命令全体肃静，于是他们举行习惯上航行前的祈祷，不是一只船一只船地分别进行的，而是全体一致依照传令官的号令进行的。全军把酒倾入碗中，军官们和士兵们都从金银酒杯中倾酒奠祭。岸上的群众，公民们和其他向远征军祝福的人，都联合起来祈祷。当凯歌唱完了，奠祭完毕的时候，他们开始航行；起初是以纵队航行出港，后来他们彼此竞争，直达厄基那。所以他们迅速地驶往科西拉，他们的其他同盟军正在那里集合。

希腊的传令官

第三章　在叙拉古的辩论

远征军的消息从各地传到了叙拉古，但是长期间没有人相信它。事实上，有一次民众会议中，有人发表了下面这样的言论：有些发言者相信雅典远征军的传说，有些发言者则持相反的看法。发言者中有赫蒙的儿子赫摩克拉底。他认为他知道事实的真相。他跑向前来，提出下面的意见：

“当我把这次侵略的真实情况告诉你们的时候，你们也许认为我和其他的人一样，在说一些令人难以置信的事情。我知道，当一个人说出，或提供一些似乎难以置信的消息的时候，他不但不能说服他的听众，而且人家会把他当作一个笨伯。但是这一点我并不害怕；当我的城邦在危险中的时候，当我确信我自己比别人更知道真实情况的时候，我不能缄默。虽然你们看来，似乎是很诧异的，但是事实上雅典人已经开动了一支很大的军队——陆军和海军——来进攻我们了。名义上，这是因为他们是厄基斯泰的同盟者和他们希望恢复林地尼，但是实际上他们是想占领西西里，特别是我们这个城邦，因为他们一旦征服了叙拉古，他们就会很容易地占领这个岛屿上其余的地区了。

“那么，无疑地，他们不久就会到此地了，现在你们便要考虑你们如何最好地利用现有的资源来抵抗他们。不要轻视这次侵略，否则你们会丧失你们的警惕；不要不相信有这回事，否则你们会忽略一切关系重大的事情。凡相信这个消息的人，用不着害怕雅典人的勇敢和势力，他们带着这么多的军队来，这远不是对于我们不利。当我们考虑到，其他西西里人，因为恐慌起来了，更愿意做我们的同盟者，真的，这样对于我们是更加好些。如果结果我们打败了他们，或者迫使他们没有达到目的而撤退（因为无疑地我们绝不担心他们会得到他们所预料的结果），那么，这会真的是我们的光荣举动；照我看来，这是很有可能的。派遣远离本国的远征军，不论希腊人也好，外国人也好，是很少有成功的。他们来的人数不会超过被侵略国及其邻国的人数，而被侵略国及其邻国的人民，由于恐惧，会联合起来。如果因为在外国给养的缺乏，他们进行不顺利的话，他们会使那些他们阴谋对付的人们得到战争的荣誉，虽然他们的失望主要是由于他们自己的原因。雅典人所曾经遭遇的正是这样的：他们打败波斯人，只是一件意外的事；但是战后，只是因为雅典是波斯人进攻的对象，雅典人获得了很大的名誉。在我们的情况下，很可能也会有同样的事情发生。

"因此，让我们满怀信心，在此地做好我们的准备工作。我们应当派使者往西塞尔人那里去：对于他们中间有些人，我们要取得我们可以依赖他们的保证；对于有些人，我们要和他们订立友好条约。我们应当派遣代表往西西里其他的地方去，向它们指出这个同样地威胁大家的危险；我们也应该派人到意大利去，以争取那里的人做我们的同盟者，或者不要他们接待雅典人。我认为最好也派人到迦太基去。迦太基人一点也不会感觉得诧异的；事实上，他们经常担心雅典人有一天会来进攻他们的城市。因此，他们很可能会这样想：如果他们不支持我们，他们自己也会发生困难，他们会愿意用种种方法来援助我们的，如果不是公开地，也会秘密地。

无疑地，如果他们愿意的话，他们比现有的任何其他的国家更加能够帮助我们些，因为他们有很多的金银，这就可以支持战争以及其他一切。让我们也派人到斯巴达去，到科林斯去，请求它们迅速地派遣军队到此地来援助我们，同时在希腊进行战争。我所认为目前我们全体最好应该做的事，你们这些惯于留在家里过舒服日子的人很可能是不会了解其重要意义的；但是我还是要把真话说出来。如果所有的西西里人，或者我们至少把尽量多的人团结起来，准备把每只可以应用的船舶下水，带着两个月的给养，在他林敦和爱阿匹吉亚地角抵抗雅典人，使他们知道，在为争取西西里而战争之前，他们还必须为通过爱奥尼亚海而战争，这样，对于他们的心理会产生最强烈的影响，使他们不得不顾虑到：当我们在友好的国家中（因为他林敦是会接待我们的）有一个根据地防守着，他们必须带着他们整个远征军横渡一个广阔的公海；[①]因为航程遥远，他们很难维持船舰的秩序，而我们很容易向他们进攻，因为他们只能慢慢地，一队一队地前来。在他们那方面，如果他们把他们全部航行迅速的战舰，首先减轻它们的载重，一齐向我们来进攻的话，我们可以推定他们已经划了很长久的时间了，我们可以在他们精疲力竭的时候向他们进攻；或者，如果我们不愿意进攻的时候，我们总是能够退守他林敦；而在另一方面，他们横渡海来，只是想作海战的，他们的粮食会短少，他们会发现他们停泊在荒芜的地区附近而遭遇着困难。他们不是留在那里而被封锁着，就会沿着海岸航

① 雅典人自然希望从科西拉渡海到他林敦，然后沿着海岸到麦散那。如果西西里人把他林敦作为他们的根据地，那么，雅典人就不得不横渡公海——那是一件很危险的事。

行，把他们其余的军队丢在后面，而他们的前途是会使他们灰心的，因为他们不能确实知道那些城市是不是会接待他们。无疑地，我自己认为他们会因这些考虑而迟疑，他们根本不会在科西拉起航。他们会花费一些时间去深思熟虑和派遣侦探来探听我们的人数和我们的形势，于是季候过了，冬天来了；或者他们会因为我们的突击行动而吃惊，因而放弃了远征，特别是因为，根据我所得到的消息，他们最有经验的将军[①]不希望指挥这次远征军，如果我们方面有重大军事行动的话，他会乐于找一个借口回国的。我深信，关于我们人数的情报一定要夸大一些，因为人们易于根据他们所听到的而下定决心，或变更他们的主意的。同时，那些首先进攻的人，或者，至少那些预先使侵略者知道他们会起来保卫自己的人是敌人所最害怕的人，因为那时候敌人知道他们已经准备迎战了。现在雅典人所遭遇的也正是这样的。他们进攻我们，以为我们是不会起来保卫自己的；他们之所以抱着这种卑劣的看法是因为我们没有帮助斯巴达人去毁灭他们。但是如果他们看见我们的行动有他们意想不到的勇敢的话，正是这种意料之外的事实使他们感到惊慌，更甚于我们真正所有的实力。因此，我所渴望的正是你们应该采取这种勇敢的行动；如果你们不愿意这样做的话，那么，我劝你们尽量迅速做其他一切战争准备工作。让人人记着，勇敢地抵抗敌人是最足以表示对敌人进攻的轻视，而现在对我们最有用的事是好像我们在危急中一样，行动起来。我们要知道，在恐惧影响之下所采取的步骤是最安稳的步骤。雅典人已经来了。我

① 指尼西阿斯，参阅第496页。——译者

确有把握，雅典人已在航途中：雅典人很快就会到达这里。”

这是赫摩克拉底的发言。至于叙拉古人民，他们中间有许多矛盾的意见。有些人认为雅典人不可能来，赫摩克拉底所说的不是真实的；有些人认为纵或雅典人真的来了的话，他们所做的祸害，会充分地得到报复；还有其他一些人根本不做此想，而认为整个事情是开玩笑的。只有极少数的人相信赫摩克拉底的话，对于将来感觉到恐惧。民主党的领袖是雅典那哥拉斯，当时他对于人民有很大的影响。他现在跑向前来，发言如下：

“人家说得雅典人这样疯狂，以至于跑到这里来，陷入我们的势力中，只有懦夫或不爱国的人才不为此事而焦急。但是对于那些传播这种消息来恐吓你们的人，如果他们妄想，以为我们没有看透他们的动机的话，我所诧异的不是他们的冒失，而是他们的无知。他们自己恐惧，有他们自己的理由，而他们想把全城邦的人都引入恐慌之中，以掩饰他们自己的恐惧。所以现在所有这些消息的意义是这样的：这些消息不是自然产生的，而是那些经常在这里鼓动叛乱的人有意造成的。如果你们是清醒的话，你们不会根据这些消息来估计各种可能性，而要考虑到，一个聪明而有广泛经验的民族（我认为雅典人是聪明而有广泛经验的）所可能做的事。雅典人不会在希腊战事尚未圆满解决的时候，把伯罗奔尼撒人留在后方，而错误地来发动一个和希腊战争规模一样大的新战争的。事实上，我个人认为，如果考虑到我们这些城市的人口和力量的话，我们不去进攻他们，他们就已经是很满足的了。

“但是如果真的如他们所说的，雅典人果然来了的话，我认为西西里比伯罗奔尼撒更加能够将战争进行到底，因为西西里在各

方面的设备都好些；我认为我们这个城邦本身就会比他们所想象的侵略军强大些，甚至于比他们所传说的两倍还要大些。我确实知道，他们不会带着马匹来的，除了从厄基斯泰人那里得到少数的马匹以外，他们在此地也得不到任何马匹；他们也不会带着数目与我军相等的重装步兵来的，因为他们必须从海上运输。事实上，无论他们船舶上运载的东西多么少，他们要带着他们的船舶经过长远航行达到这里，已经是一件很困难的事了。此外，还有其他的设备，其数量一定是很大的，如果他们考虑到我们这样大的一个城邦的话。我对于我所说的，深信不疑；所以我认为，纵或他们带来了一个和叙拉古一样大的城市，安置在我们的边境上，从那个城市来向我们进行战争的话，他们也很少有生存的机会；如果整个西西里联合起来对他们作战（事实上，它会联合起来的），而他们只有一个海上远征军仓促造成的要塞作为根据地，住在帐篷中，只有必需的生活品，又因为我们有骑兵，他们不能向任何方面行动——在这种情况之下，他们能够生存下去的机会就更加少得多了！如果把一切都考虑到的话，我很怀疑他们是否能够登陆而取得一个根据地，因为我认为我们的军队比他们强大得多。

"但是我所向你们说的，是雅典人所都知道的，我很相信他们正忙于保卫他们自己领土的安全。事实上是叙拉古有某些人正在制造谣言，这种事情不是真的，将来也不会变为真的。我注意这些人，现在不是第一次；事实上，我是经常提防他们的；他们在行动中失败的时候，就利用这种谣言，甚至于捏造一些更为恶毒的事实，他们的目的是想使你们人民大众恐惧，以便他们自己取得政权。我实在担心，他们继续不断地努力，真的会有成功的一天。我们自己太软弱了:我们没有在他们行动之先阻止他们;一旦我们发现了他们的时候,也没有有力地追踪他们。正因为这个缘故,我们的城邦很少有一个安宁的时期,内部经常不断的党争多于对外敌的斗争,有时也有僭主和有势力的集团非法地夺取政权。只要你们拥护我的话,我要努力不让类似这样的事情在我们的时代里发生。我的方法是引导你们群众到我的思想方法方面来,然后重重地处罚那些参加这些阴谋的人,不仅在看见他们行动的时候(他们的行动是难得看见的),并且因为那些他们可能会做而没有机会做的事情。对付敌人的时候,我们不仅应当注意他们的行动,而且要注意他们的意向,因为不先发制人的必先受到痛苦。至于那些要求寡头政治的人,于必要时,我将揭发他们,我将注视他们,甚至我将教训他们;因为我认为要这样,我才能够把他们从邪恶的道路上扭转过来。

"现在我有一个问题,我常常问我自己的:你们青年人所真正需要的是什么?是不是想马上做官呢?但是那是违反法律的,法律不是排斥有才干的人做官的;法律之所以这样规定,只是因为你们还没有做官的能力。是不是你们不想和其他每个人一样,生活在平等的条件下呢?但是同一个国家内的成员,公平地说,应该享受同样的权利的。有人说,民主政治不是一个贤明的制度,也不是一个公平的制度,有钱的人就是最好的统治者。但是我说,首先民主政治的意义是代表全体的人民,而贵族政治只是代表人民中的一部分人;其次,虽然富者善于寻找金钱,但是最好的顾问是贤明的人,多数人最善于听取各种不同的辩论,然后从中作出判断来。在民主政治下,一切的人一样,不管全体一块也好,当作个别的阶级也好，都有平等的权利。反过来说，一个寡头政治，无疑地，使大众分担患难，但是在享受幸福生活的时候，不仅自己要求最大的一部分，并且甚至于独占了全部。这就是你们中间的富人和青年所想达到的目的；但是在一个伟大的城邦中，这些事情是你们所得不到的。你们多么愚笨啊！如果你们不知道你们所欲达到的目的是邪恶的话，事实上你们就是我所知道的希腊人中最愚笨的；如果你们知道这一点，你们还冒失地进行这些事情的话，那么，你们是最大的罪犯。但是现在你们尚早，勿遗后悔，无论如何你们要从此得到教训，努力促进你们国家的利益，这种利益是你们的全体同胞会享受到的。你们要记着，这样做的话，你们中间的善良公民不但会得到平等的一份，而且会得到更大的一份；反过来说，如果你们心中打别的主意的话，你们所有的一切都有被剥夺的危险。不要散布这些谣言吧，你们要懂得，我们知道你们的用意，我们不容许你们这样做的。纵或雅典人已在途中，我们这个城邦也会用那种无愧于我们城邦的手段来对付他们的；我们有我们的将军们，他们会注意这一切。如果这些消息，如我自己所想的一样，完全不真实的话，这个城邦不会因为这些谣言而产生惊慌，因而选择你们做它的统治者，以自陷于奴役之中。城邦能够自己观察事物，会把你们的言辞当作积极行动来裁判；它不会因道听途说而使它所享受的自由被剥夺，但是会努力采取实际行动和防止这种事情的发生，以保全那种自由。”

这是雅典那哥拉斯的发言。于是一个将军站起来，不许其他的人起来说话了。对于这个局势，他自己发言如下：“发言者这样互相攻击，或者听众对他们给以颜色，都是不聪明的。我们要注意我们所得到的消息,注意我们全体——整个国家和每个私人——如何才能够最好地对付侵略者。纵或没有这个需要,但是使国家有马匹、军器以及战争中一切显示荣耀的设备,这是没有害处的。这些事,我们要负责,并且注意到详情细节。派遣使者到各城市去看看它们的态度,同时做一些其他我们认为有利的事,这也是没有害处的。我们已经注意到一些这样的事情了,以后我们发现了任何事情的时候,一定向你们提出。”

这个将军发言之后,民众会议就散会了。

第四章 雅典人在西西里。将军们的计划。卡塔那和那克索斯与雅典人联合

雅典人和他们所有的同盟军现在都到了科西拉。首先将军们检阅了全部军队,并且安排了他们停泊和扎营的秩序。他们把全部舰队分为三部分,每个将军负责指挥一部分。他们这样安排,使他们不必同时航行(因为考虑到,如果同时航行,在登陆的时候,他们的饮水、港口和给养都会发生问题);同时,每部分军队有一个将军指挥,他们能够更好地维持秩序,也容易管理些。于是他们派遣三条船舰往意大利和西西里,以便确定那些城市能够接待他们。这些船舰所受的命令是回转来迎接他们,使他们在靠岸之前知道前方的形势。

以后,雅典人带着他们的巨大军队,从科西拉开始航行,渡海往西西里。他们共有一百三十四条三列桨战舰和罗得斯派来的两条五十桨大船。这些三列桨战舰中,有一百条是雅典的——六十条用来作战,四十条用来运输——其余的三列桨战舰来自开俄斯以及其他同盟国。共有重装步兵五千一百人。这些重装步兵中包括从正规兵籍中抽调来的雅典公民一千五百人,从贫民级[①]中抽调的七百人(他们做水兵),其余的是同盟军,有些是雅典的属民,虽然其中也有五百名亚哥斯人,二百五十名门丁尼亚人和其他雇佣军。共有弓箭手四百八十人,其中有克里特人八十名;此外还有七百名罗得斯人,做投石手;有一百二十名麦加拉流亡者,做轻装步兵;和一条载马的运输船,载着三十匹马。

这是第一次远征军往那里去作战的兵力。[②] 军需由三十条商船运载,船中载有谷物,同时还有面包师、石工和木工,以及全套建筑要塞的工具。他们还带有一百条小船,这些小船和商船一样,是征发而来的;此外还有许多小船和商船,自愿地跟着远征军去做生意的。这一切船舶都一道离开科西拉,横渡爱奥尼亚湾。

全部军队,依照他们航行的进度,达到爱阿匹吉亚地角、他林敦以及其他地点。于是他们沿着意大利海岸航行,发现那些城市不给他们以交易的商场,甚至于不许他们进城,只给他们以水和停泊的自由;而他林敦和罗克里就是这点也不给他们。所以他们到了意大利的顶端利吉姆。他们在此地都集合起来,因为利吉姆人不许他们进城,他们在城外阿提密斯神庙的圣地上扎营;在那里,

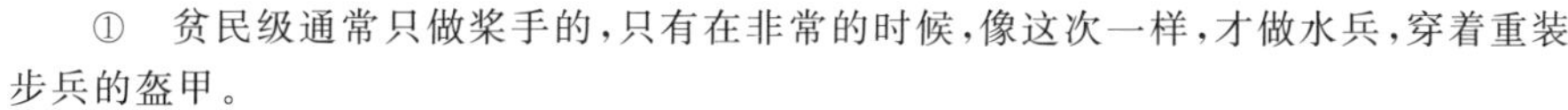

① 贫民级通常只做桨手的,只有在非常的时候,像这次一样,才做水兵,穿着重装步兵的盔甲。

② 参阅第500页。

利吉姆人给他们一个市场。于是他们把船舰靠岸,暂时没有继续前进。他们和利吉姆人开始谈判,劝利吉姆人援助林地尼,因为利吉姆人和林地尼人都是起源于卡尔西斯人的。[①] 但是利吉姆人回答说,他们不愿意参加任何一边,而要等到意大利全部希腊人有一个共同决定的时候,才依照决定行动。于是雅典人转而注意西西里的情况,考虑他们最好采取的道路。同时,他们也等着他们先派往厄基斯泰去的船舰回来,因为他们想知道厄基斯泰的使者在雅典所说的款项是不是真的有。

现在各方面的消息都传到了叙拉古,他们自己的情报官吏也得到了确实的消息,知道雅典的舰队已经到了利吉姆。于是他们开始尽力工作,以对付这个局势,现在他们不再怀疑这个事实了。他们派遣驻军扎在一些西塞尔人的城市中,派遣使者往其他城市;派遣军队往乡间各驻防地点;检查城内的马匹和武装,使一切都安排好;他们又采取了其他措施,准备随时参加战斗。

同时,先派去的三条船舰从厄基斯泰回到了利吉姆的雅典人那里。他们带回的消息是厄基斯泰人并没有他们所允诺的那些款项,只有三十他连特可供应用。将军们马上丧气了,一则因为他们第一个希望化为乌有;二则因为利吉姆人拒绝参加他们一边,事实上利吉姆人是他们想拉到他们一边来的第一个部族,而且也是最可能被拉过来的,因为他们和林地尼人是同种族的,而且总是对雅典人友好的。真的,当尼西阿斯听到了厄基斯泰的消息时,他毫不感觉惊异;但是其他两个将军则完全没有预料到。当雅典第一批

① 参阅斯特累波,VI.257。

使者去考察这笔款项问题的时候，厄基斯泰人用下面的计划欺骗了他们。厄基斯泰人带着他们到伊利克斯的阿富罗底女神庙中去，把庙中的贡品给他们看——饭碗、酒杯、香炉以及其他很多东西，都是银子做的，眼睛看来似乎是很光辉灿烂的，但是它们的金钱价值是比较小的。他们又在私人家里款待雅典的船员，他们把厄基斯泰全城的金银杯子都搜集起来，又从邻近的腓尼基人和希腊人的城市中借来了一些，每个东道主在宴会中，把这些东西当作自己的财产拿出来。他们利用差不多完全相同的器皿，到处都表现有很多这样的器皿，所以从船上来的雅典人都大为惊异；当他们回国的时候，他们告诉每个人，说他们在那里看见了大量的贵重物件。他们自己受骗之后，在当时他们又使其他的人也相信了。现在厄基斯泰人并没有金钱的消息传遍了的时候，士兵们对他们大加谴责。

将军们商量，在这种情况之下，他们应当采取什么步骤。尼西阿斯的意思是要把全军驶往栖来那斯，因为栖来那斯是他们远征的主要目的。如果厄基斯泰人供给全军的金钱的话，他们应当重新考虑这个问题。如果他们不供给的话，雅典人就应当要求他们供给他们所请求的六十条船舰的军需，而停留在那里，注意用武力或协商的方法使厄基斯泰和栖来那斯达到和解。然后他们沿着海岸航行，经过其他城市，炫耀雅典的力量；他们表示雅典如何地愿意援助它的朋友和同盟者之后，他们就应当航行回国，除非他们可以迅速地、意外地援助林地尼或争取其他城市到他们这一边来的话。他认为他们不应该耗费国家的资源，使国家陷入危险中。

亚西比得说，他们既已带着这样的军队出国，他们不应该一事无成地回国去，给他们带来羞耻。他们应当派遣传令官到栖来那斯和叙拉古以外的其他一切城市去；他们应当和西塞尔人拉拢，鼓励一部分西塞尔人叛离叙拉古，设法争取另一部分西塞尔人的友谊关系，使他们能够从这些人中间得到谷物和军队。第一步是争取麦散那的支持，因为这个地方正在他们的前面，是西西里的门户，同时是一个绝好的海港，可以作为军队的根据地。他们把这些城市争取过来之后，他们就会知道那些人可以支持他们作战，那时候他们才可以进攻叙拉古和栖来那斯，直到栖来那斯和厄基斯泰订立和约以及叙拉古允许他们恢复林地尼时为止。

拉马卡斯说，他们应直接驶往叙拉古，在叙拉古城下迅速作战，当时敌人还没有准备对抗他们，就会最害怕他们。他说，每个军队在开始的时候是最使人害怕的；但是如果让时间过去而他们没有出现的话，人们的精神恢复了，当他们真的看见了军队的时候，他们就会轻视它，而不会害怕它了。现在当敌人因为想到它而还在害怕的时候，给他们一个突击，这样，雅典人最有胜利的机会，而对叙拉古人的士气会有最严重的影响，因为他们看见人数众多（目前是人数似乎最多的时候），他们害怕将来所要受到的一切痛苦，最重要的是，他们害怕冒着马上战争的危险。同时，很可能，因为他们不相信雅典人会来，许多叙拉古人会被遗弃在郊外的乡村中；这样，当他们还在那里把财产运入城中的时候，如果军队打了一个胜仗，在城下驻扎起来的话，军队是不会缺少给养的。这样，其余的西西里人也马上不愿自己和叙拉古建立同盟；不要等待哪一方面胜利，就很可能会倒向雅典人这一边来。他主张把麦加拉作为海军根据地。这个地方可以作为舰队撤退的地方，可以作为封锁的根据地，这个地方没有人居住，从陆地上和海上都离叙拉古不远。

这些是拉马卡斯所表示的意见。但是最后他支持了亚西比得的计划。以后，亚西比得率领他自己的船舰，渡海往麦散那，企图协商建立同盟。在这一方面，他失败了，因为麦散那人回答说，他们不愿迎接雅典人入城，虽然他们可以在郊外供给雅典人一个市场。于是亚西比得航回利吉姆了。

接着将军们从大军中配备了六十条船舰，带着粮食，沿着海岸航行，往那克索斯，而留着其余的军队在利吉姆，由一个将军指挥。那克索斯人迎接他们进城，于是他们继续航往卡塔那。在这里，卡塔那人拒绝他们进城，因为城内有一个亲叙拉古党。他们继续航行到提里阿斯河畔，在那里宿营了一夜。翌日，他们驶往叙拉古，把所有的船舰列成单行纵队，只有十条船舰被他们派遣先行，他们命令这十条船舰驶入大港中，看叙拉古人是不是有一个舰队下水；同时，当它们驶行的时候，在船上宣布：雅典人是因为他们的同盟关系和同族关系，将来恢复林地尼人的原有土地的；因此，在叙拉古的林地尼人不要害怕，应该离开叙拉古，而来和雅典人联合在一起，因为雅典人是他们的朋友和恩人。他们这样宣布之后，勘察了这个城市和港口，以及这个地方的一般地形，看那个地方他们必须利用来作一个进行战争的根据地。于是他们又回到卡塔那去了。

此地举行了一个民众会议，虽然卡塔那人不许雅典军队进城，但是他们请雅典的将军们去说明他们想要说的话。当亚西比得正在说话而公民们都完全集中注意会议的时候，雅典的士兵们偷偷地进了城。他们是打破城墙的侧门进来的，因为侧门原来就是建筑得很坏的。他们开始在市场上跑来跑去。卡塔那的亲叙拉古党人看见军队进了城，他们马上害怕起来，因而蹓跑了（人数不是很多的），其余的人就表决赞成和雅典人订立同盟，请他们把其余的军队都从利吉姆带来这里。以后雅典人渡海到利吉姆，这时全部军队都联合起来，一同驶往卡塔那。到了卡塔那后，他们就开始建筑他们的营寨了。

当时他们得到消息，如果他们往卡马林那去的话，那个城市也会倒向他们这一边来；同时叙拉古人也配备了一个舰队。因此，他们首先带着全军，沿着海岸，驶往叙拉古。他们在叙拉古没有发现配备舰队的痕迹，于是继续沿着海岸航行，到了卡马林那。他们在卡马林那靠了岸，派遣一个传令官往城里去。但是卡马林那人不愿他们进城，说他们受誓言的约束，只在雅典人乘着单只船舶来的时候，他们才接待，除非是他们自己请求多派船只。在此地交涉没有结果，雅典人又离开那里了。他们在叙拉古的领土上登陆，进行掠劫；但是叙拉古的骑兵来了的时候，他们有几个落在后面的轻装步兵被杀掉了。所以他们又回到卡塔那去了。

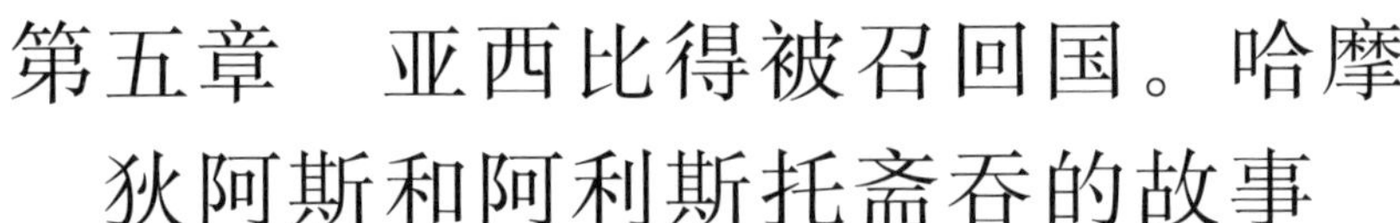

第五章　亚西比得被召回国。哈摩狄阿斯和阿利斯托斋吞的故事

到了卡塔那的时候，他们发现萨拉明尼亚号战船[①]从雅典驶

① 这是雅典政府两条航行迅速的三列桨战舰之一，船员是经常配备好，准备非常时期应用的。

到，带着命令要亚西比得回国去答辩国家对他所提出的控告，同时要军队中其他一些人也回国去，有些是和神秘祭祀中的渎神方式有关，有些是和赫尔密石像有关，被人告发。因为远征军出发以后，雅典人和以前一样，急于调查关于神秘祭祀和赫尔密石像的事实。他们不考验告密者的品质，把所听得的一切都当作怀疑的理由，根据一些流氓所提出的证据就逮捕一些最善良的公民，下之狱中，他们认为最好是这样追查到底，被告发的人，不管他的名誉多么好，也不能因为告发者的品行坏而逃避审问。人民都听说过关于庇西斯特拉图和他的儿子们的僭主政治，知道它后来是多么压迫人民的；他们也知道，后来推翻僭主政治的不是他们自己和哈摩狄阿斯，而是斯巴达人。①因此，他们总是在恐惧状态中，容易抱着怀疑的态度来观察一切事情。

讹传刺杀僭主的哈摩狄阿斯和阿利斯托斋吞

事实上，阿利斯托斋吞和哈摩狄阿斯的勇敢行为②是由于恋爱事件。我将详细说明这一点，以证明雅典人也和其他的人民一样，对于他们自

① 在克利奥密尼斯指挥之下，公元前510年。
② 公元前514年。

己的僭主和他们自己的历史事实是没有正确的知识的。庇西斯特拉图逝世的时候，[①]他已年老，仍为僭主。他死了之后，执政的不是希帕库斯，如许多人所想的，而是他的长子希比亚。哈摩狄阿斯是当时一个最漂亮的青年，正当少壮的时候。他为一个中等阶级的公民阿利斯托斋吞所恋爱而占有着。庇西斯特拉图的儿子希帕库斯[②]曾经企图诱奸哈摩狄阿斯，但未成功，哈摩狄阿斯把这件事情告诉了阿利斯托斋吞，因为事实上阿利斯托斋吞正在热恋着他，所以大为不安，恐怕希帕库斯利用一切权力，以武力夺取哈摩狄阿斯。因此，他马上阴谋利用他自己的力量来推翻僭主政治。同时，希帕库斯第二次企图诱奸哈摩狄阿斯，也没有成功。以后他无意利用暴力，但是阴谋利用某种方法来侮辱哈摩狄阿斯，而不露出他的真正动机来。真的，他用一种方式行使了他的权力，使人民易于忍受，被他统治而无怨言。事实上这些特别的僭主们[③]长期以来表现他们的政策有高度的原则和智慧。他们对雅典人所征的税不过财产的二十分之一，但是他们大大地改善了雅典的面貌，在战争中取得了胜利，举行了一切正当的宗教祭祀。在其他一切方面，城邦还是依照过去的法律管理，他们只是注意他们自己的家族中一个成员总是居于公职。在雅典每年一任的执政官中，有僭主希比亚的儿子，他因为他祖父的关系，名字也叫庇西斯特拉图。在他做执政官的那年中，他贡献了市场上十二神的祭坛和彼提昂的阿波

① 可能是公元前527年。

② 参阅亚里士多德：《雅典政制》，XVIII，中译本，第21页。亚里士多德说，想和哈摩狄阿斯恋爱的是希帕库斯的弟弟帖撒拉斯，不是希帕库斯本人。——译者

③ 指庇西斯特拉图家族。——译者

罗祭坛。后来雅典人把市场上的祭坛延长，把祭坛上的铭刻擦掉了，但是彼提昂祭坛上铭刻的模糊字迹还可以看得出，铭文是这样的：

> “希比亚的儿子庇西斯特拉图树立这个职位纪念碑，
> 在彼提昂的阿波罗神的圣地上。”

希比亚是长子，掌握政权这一事实是我所肯定断言的，因为我所根据的消息比别人要正确些。[①] 从下面一点来看，也可以知道这是真实的。所有合法的兄弟中，只有希比亚所生的儿子是有记载的。神坛和卫城上记载僭主们罪行的石柱都可说明这一点。在这个石柱上没有记载帖撒拉斯或希帕库斯的儿子，但是记载了希比亚有五个儿子，他们是亥帕基德的儿子卡利阿斯的女儿迈尔海恩所生。可能长兄是最早结婚的。在同一个石柱上，他的名次只次于他父亲的名字，这是很自然的，因为除了他的父亲之外，他是最年长的，并且他是僭主。如果希帕库斯被杀时是僭主，而希比亚不得不在当天夺取政权的话，当然我不相信希比亚这样容易地在顷刻之间就能夺取政权。事实上，长期以来他已惯于使公民畏惧他，使他的卫队服从他，所以他控制了当时的局势，而没有遭到严重的反抗，也没有表示一点怀疑的态度；如果是他的弟弟的话，可能因为缺少以前长期掌握政权的经验而表示迟疑的。至于希帕库斯，他因为他的不幸的命运而著了名，所以后世也相信他是僭主了。

现在回头来讲哈摩狄阿斯了。希帕库斯被哈摩狄阿斯拒绝之

---

① 这似乎是指修昔底德和庇西斯特拉图有近亲的关系，所以由于口传，他得到比较正确的知识；参阅马赛林那斯，§18 和第 27 页注③。（这个说法是不可靠的。——译者）

后，依照他的计划，对哈摩狄阿斯进行侮辱。他和他的哥哥首先邀请哈摩狄阿斯的一个妹妹携带一个篮子来参加节日游行；[①]后来她来了的时候，他们要她回去，说她根本没有被邀请，因为她不配参加游行。因此，哈摩狄阿斯很为不安；为了他的缘故，阿利斯托斋吞更为愤怒。于是他们和他们的同谋者布置一切，只等到泛雅典娜大节日的到来；因为只有那一天，参加游行的公民可以携带武器聚集在一起，而不至于引起怀疑。阿利斯托斋吞和哈摩狄阿斯准备首先发难，然后其他的人马上支持他们，进攻卫队。参加阴谋的人数不多，一则为着安全计，一则他们希望那些没有实际参加阴谋的人，因为他们手中有武器，一旦看见这么少的人也准备冒险，就会马上参加他们一起来争取恢复他们自己的自由的。

当节日到了的时候，希比亚带着他的卫队在城外陶器区安排游行的秩序。哈摩狄阿斯和阿利斯托斋吞准备了他们的匕首，正要开始行动的时候，他们看见他们的一个同谋者正在和希比亚亲密地谈话（事实上，任何人都是很容易接近他的）。于是他们害怕起来，以为阴谋已被泄露，他们马上会被逮捕了。但是他们希望，如果可能的话，报复那个伤害了他们，使他们冒一切危险的人，所以他们冲进门内，立即在利俄科里翁[②]地方袭击希帕库斯，他们没有考虑到自己的安全，完全是因为愤怒的冲动而行动，一个是因为爱情而愤怒，另一个是因为伤害了尊严而愤怒。所以他们把他击

① 在节日中携带装着宗教仪式必需品的篮子的这种职务是很光荣的，所以拒绝一个少女担任这种职务，被看作是对于她的家族一个莫大的侮辱。

② 这是古代亚狄迦国王利奥斯的女儿们的神殿，她们是在雅典被敌军围攻的时候为国家而牺牲的。这个神殿在内陶器区内保护神阿波罗神庙附近。

倒杀死了。因为群众跑拢来了，阿利斯托斋吞暂时逃脱，没有被卫队捉着；但是后来被逮捕，受尽磨难而死。哈摩狄阿斯则就地被杀死了。

当希比亚在陶器区听到这个消息的时候，他不往谋杀事件发生的地点去，马上跑到携带武器游行的人那里去，因为隔了相当的距离，当时他们还不知道发生了的事情。他在脸色上装做很镇静，没有露出一点痕迹来，指着一块地方，要他们往那里去，不要携带武器。他们以为他有什么事要向他们说，于是希比亚命令他的卫队把武器拿开，马上把那些他认为有罪的人和携带匕首的人都抓出来，[①]因为习惯上游行的时候，只许携带盾和矛的。

哈摩狄阿斯和阿利斯托斋吞的阴谋是这样因为伤了一个爱人的情感而引起的，而他们的冒失行动是一时恐慌的结果。但是此事发生以后，僭主政治对于雅典人更加压迫了。现在希比亚更加害怕，所以处死了许多公民。同时，他开始在外国寻找一个在革命发生时他可以逃避的地方。至少，无疑地，他虽然是一个雅典人，但是把他的女儿阿基狄斯嫁给一个拉姆普萨卡斯人伊安泰德（拉姆普萨卡斯的僭主希波克利的儿子），因为他知道他们在波斯王大流士面前很有势力。阿基狄斯的坟墓在拉姆普萨卡斯，墓上的石碑载着下面的铭刻：[②]

“长眠在这里的阿基狄斯，
父亲是当代希腊最伟大的人物希比亚，

① 参阅亚里士多德：《雅典政制》，XVIII，中译本，第21—22页。（他说此说不确。——译者）

② 据说，这是西奥斯人西蒙尼德的作品（亚里士多德：《修辞学》，1，9）。

父亲和丈夫，兄弟们和儿子们都是僭主，
但是她心中毫无骄傲。”

此后希比亚在雅典还做了三年僭主，在第四年中为斯巴达人和被放逐的阿克密尼德族所废立。[①] 他被护送到息基昂，然后往拉姆普萨卡斯，到了阿基狄斯那里；再从那里到了大流士的王廷。二十年后，在他的暮年中，他随波斯军队远征到马拉松。

这些事情给雅典人以很深的印象。因为他们回忆到他们所听得的这些事情，他们现在对于那些和神秘祭祀有牵连关系而被控告的人感到愤怒和怀疑；他们认为所发生的一切都是想建立寡头政治或僭主政治的阴谋的一部分。因为事实上舆论既已激动，有许多显著的公民已下狱中，而且事情没有缓和的气象；事实上残酷的程度每日增加，被逮捕的人每天加多。在这个时候，有一个被监禁的人[②]被认为是最有罪的。一个同他一道被监禁的人劝他出来自认；他自认的事实可能是真的，也可能是假的。双方面的意见都有人主张，虽然事实上，无论当时，或者后来，都没有人能够确实说出这件事情是谁做的。但是一个被监禁者这样说服了另一个被监禁者：纵或他没有做这件事情，最好自己承认做了此事，以求获得免予处分而使自己得到安全，同时也使城邦内目前猜疑的情况告一结束；因为他自认而得到免予处分比他否认别人对他的控诉而提出审判，会更安全些。因此，这个被监禁者就承认了他自己和别人有关于赫

① 公元前510年。

② 演说家安多西德在他的演说辞：《神秘祭论》中说到此事。据安多西德说，劝他的人是他的表哥察米德；据普鲁塔克的记载(《亚西比得传》ii.)，这个人是提米阿斯。

尔密石像的犯罪行为。雅典人以前在恐怖状态中，认为推翻民主政治的阴谋者绝不会被发现的；现在他们以为发现了真实情况，因此很高兴。于是他们马上释放了认罪者本人和一切他所没有告发的人。那些他证明有罪的人都被提出审问，凡被提着的都被处死。凡逃掉了的都被宣布死刑，悬赏购买他们的首级。在这一件事情中，很难说，那些被处罚的是不是罪有应得的；但是很清楚，事实上城邦内其余的人都得到了很大的益处。

至于亚西比得，那些在他出发之前攻击他的敌人现在又攻击他了，雅典人很重视这桩事情。因为他们认为现在已经发现了关于赫尔密石像事件的真相，他们更相信牵连到亚西比得的神秘祭祀中的渎神事实是他做的，是同一个企图推翻民主政治的阴谋中的一部分。当这一切骚动正在进行的时候，正碰着斯巴达人的一小支军队进至地峡，以处理他们和彼奥提亚人间的事情。雅典人以为这是亚西比得的阴谋；他们以为斯巴达人到那里来，不是因为彼奥提亚人的事，而是和亚西比得安排好了的；如果他们不先发制人，逮捕那些根据情报有嫌疑的人，雅典是会被出卖的。实际上，他们带着武器在城内提秀斯神庙中睡了一个整晚。差不多同时，亚西比得在亚哥斯的朋友们也有阴谋推翻民主政治的嫌疑，因此，雅典人把他们过去软禁在岛屿上的一些亚哥斯的人质[①]都交给亚哥斯人去处死了。

因此，从各方面看来，亚西比得都是有很大嫌疑的，雅典人想要审判他，把他置之死地，因此，如我们所已经看到了的，他们派遣萨拉明尼亚号战舰往西西里去提取他和其他一些根据情报有嫌疑

① 参阅第463页。

的人。他们的命令是要他回来,在法庭上自辩,而不是逮捕他。他们之所以这样做,是因为想避免对自己的军队和西西里的敌人引起骚动,尤其是因为他们想留着亚哥斯人和门丁尼亚人在军队里服务,他们认为亚哥斯人和门丁尼亚人是由于亚西比得的影响而被说服来参加远征的。

所以亚西比得和其他被控告的人乘着他自己的船离开西西里,和萨拉明尼亚号战舰一路航行,好像是回雅典去的样子。但是当他们到达条立爱的时候,他们和萨拉明尼亚号战舰离开了,丢掉他们的船,把自己隐藏起来;因为国内对于他们有很大的成见,他们害怕回去受审。萨拉明尼亚号战舰上的水兵花费了一些时间去寻找亚西比得和他的同伴们,但是结果没有找着,他们就启程回国了。亚西比得现在是一个逃亡者了;不久之后,他乘着一条小船从条立爱渡海到了伯罗奔尼撒。雅典人就缺席裁判,宣布他和他的同伴们的死刑。

第六章　叙拉古城下雅典人的胜利

以后留在西西里的雅典将军们把全部军队分为两部分,每人由抽签决定,指挥一部分。他们率领全军驶往栖来那斯和厄基斯泰。他们的目的是想去考察厄基斯泰人是不是可以拿出他们所允诺的金钱来,考察栖来那斯,并且找出它和厄基斯泰所争执的地方来。他们沿着西西里面对着第勒尼安海的海岸航行,陆地在他们的左边,驶入希米拉,这是这个地区唯一的一个希腊人城市。这里的公民不愿意接待他们，他们又再航行。在中途，他们攻陷了海卡拉，这虽然是西堪尼亚人在海岸边建筑的一个小要塞，但是它是和厄基斯泰作战的。他们把那里的居民变为奴隶，把这个地方给予厄基斯泰人；厄基斯泰的骑兵和他们联合在一起了。于是他们的陆军从陆地上回来，通过西塞尔人的土地，达到卡塔那；而他们的舰队带着奴隶在船上，沿着海岸航行。尼西阿斯从海卡拉，沿着海岸，直接驶往厄基斯泰；他在那里收到了三十他连特，并做了别的事之后，又和其余的远征军联合在一起了。他们把奴隶出卖，共得一百二十他连特。他们又航往西塞尔人中的同盟者那里去，劝他们派遣军队来。他们用自己一半的军队进攻机拉地区的亥布拉，这个城市是反对他们的；但是他们没有攻陷它。这样夏季就完了。

接着冬季开始时，雅典人积极准备进攻叙拉古，而叙拉古人也准备进攻雅典人。起初，叙拉古人害怕，并且预料雅典人会马上来进攻的；但是因为雅典人没有马上进攻，他们的信心与日俱长。现在他们发现敌人远远地离开了他们，航海到西西里的另一边去了；同时，雅典人进攻亥布拉，没有攻陷那个地方，因此，他们更加藐视雅典人了；正如群众有了信心所常会做的，他们不断地劝他们的将军们领导他们去进攻卡塔那，因为雅典人不来进攻他们。叙拉古的巡逻骑兵经常驰往雅典军队那里去，除了给他们以其他侮辱的言辞之外，还问他们是不是真的想自己定居在别人的土地上，而不是想恢复林地尼人的土地。

雅典的将军们知道这种形势，设计引诱叙拉古的全军出来，尽量地远远离开他们的城市，同时雅典人自己于夜间沿着海岸航行，从容地占据一个适当的地方，以建筑营寨。他们知道，如果他们在准备抵抗他们的军队面前登陆的话，或者，如果他们被看见从陆地上进军的话，这个计划就不容易实现了，因为叙拉古的骑兵很多，而他们自己根本没有骑兵，所以他们自己的轻装步兵和随军而来的人们会遭到叙拉古骑兵的摧残。因此，如果他们照这个计划进行的话，他们可以占据一个很少受到叙拉古骑兵袭击的地方（有些随军而来的叙拉古流亡者告诉他们，在奥林匹昂附近有一块地方，后来他们真的占据了这块地方）。

于是将军们想出一个实现他们的计划的办法来了。他们派遣一个他们可以信任而叙拉古的将军们也认为是在叙拉古人一边的人往叙拉古去，说他是城内某些人派他来的，那些人是叙拉古将军们所知道的，同时也是卡塔那城内亲叙拉古派的余党。他告诉叙拉古将军们说，雅典人晚间惯于睡眠在城内离开他们的武器保存所有一些距离的地方；因此，如果叙拉古人约定一个日期，在黎明时以全军进攻雅典远征军的话，卡塔那城内的亲叙拉古党人会关闭城门，把雅典人关在城内，同时他们会放火，把船舰烧起来，于是叙拉古人进攻木栅，可以很容易把城内的人征服。他说，卡塔那城内有很多人愿意参加这个工作，他们准备马上行动，他自己就是他们派来的。

叙拉古的将军们对于这种形势很有信心，就是没有这个消息，他们也已经决定进攻卡塔那；他们表现特别缺少慎重的态度，凡是他们听到的，他们都相信。他们马上确定一个他们往那里去的日期后，就送他回到卡塔那去了。那些从栖来那斯和其他地方来的同盟者已经和他们在一起了；现在他们下令准备全部叙拉古军队出发。当一切准备好,他们约定的日期也快到了的时候,他们启程往卡塔那去,晚间在林地尼领地内的息米修斯河畔宿营。当雅典人听得他们已在途中的时候,他们马上率领他们的全部军队,包括所有参加他们一起的西塞尔人和其他的人在内,都上了他们的战舰和小船,夜间驶往叙拉古。黎明的时候,雅典人在奥林匹昂对岸一个地点登陆,占据那个地方以造营寨。叙拉古的骑兵首先驰往卡塔那,发现雅典全部远征军已经航海出去了,急忙跑回,把消息告诉他们的步兵。于是他们全部军队立即回来,保卫他们自己的城市。

同时,因为叙拉古人离开雅典人很远,雅典人有充分的时间布置他们的军队在一个形势很好的地方,他们在那里可以随时发动战役;而在战时或战前,叙拉古的骑兵很少有机会来扰乱他们,因为那个地方,一边有墙、房屋、树木和沼泽的阻碍,另一边有险峻的悬崖。他们又砍伐了邻近地区的树木,沿着他们的船舰,建筑木栅。达斯康是一个容易受敌人攻击的地点,他们匆忙地用木材和他们在田野中拾来的石头,在那里建筑一个要塞。他们破坏了阿那配斯河上的桥。当他们做这些准备工作的时候,城内没有人出来阻挠他们。首先出现的是叙拉古的骑兵,全部步兵跟在他们的后面。起初他们向雅典的军队前进;但是后来雅典人并没有出来进攻他们的时候,他们撤退,横过大路,到了厄洛拉斯,当晚就驻扎在那里。

翌日,雅典人和他们的同盟者准备战争。他们的队形是这样的:右翼是亚哥斯人和门丁尼亚人,雅典人在中央,其余的阵线由其他同盟者充担。军队的一半排成八排,作为前锋;其余的一半列为空心四方形,也是八排,包围营帐在内,他们所受的命令是他们看见前线那一部分发生困难的时候,就去援助那一部分。非战斗人员安置在四方形之中。

叙拉古人把他们的全部重装步兵排为十六排。这个阵线包括叙拉古人以及来支援他们的同盟者的全部军队。这些同盟者大部分来自栖来那斯;其次重要的军队是机拉的骑兵,其数约二百名;此外还有来自卡马林那的骑兵二十名,弓箭手五十名。至少足足有一千二百名骑兵排在右边,其次就是标枪手。当雅典人将要开始进攻的时候,尼西阿斯沿着士兵的行列跑去,用下面的言辞鼓励全军以及军队中的各族人:

"我用不着把长篇的演说来鼓励你们,因为我们都是在同一个战斗中。我认为我们的军队本身比那些只有弱兵为后盾的美好言辞更足以鼓励我们的信心。因为我们亚哥斯人、门丁尼亚人、雅典人和最优秀的岛民都在一个精兵部队的大联合军中,我们怎么没有胜利的信心呢?特别是和我们作战的是来自群众的征兵,不是和我们自己一样的精选部队,从西西里人征募而来的士兵也是一样,他们可能轻视我们,但是不能抵抗我们,因为,作为士兵,他们虽然勇敢,但是没有经验。同时也要记着这一点:我们远离家乡,在邻近地区我们没有友邦,除非你们用战争来争取友邦。事实上,我相信,我对你们所说的话和敌人鼓励他们自己的话正相反:他们说,他们面前的战斗是为着他们自己的祖国;而我说,我们面前的战斗不是在我们的祖国,如果我们不胜利的话,我们将无法逃生,因为他们的大队骑兵会追着我们。因此,你们全体都要记着你们自己的责任,勇敢向前,进攻敌人;你们要知道,我们目前的需要和如果失败我们所将遇着的困难,比起对抗敌军来,更为可怕。"

尼西阿斯说完了这些鼓励的言辞之后，马上领导军队前进。这时候，叙拉古人没有预料到这么快就进行战斗的，实际上有些人进城去了，因为城市就在附近。有一些人现在尽快地跑来，虽然迟到，但是当他们跑到主要部队的时候，就马上和别人站在行列上了。真的，不仅在这次战役中，或在其他战役中，叙拉古人从来没有表示缺少热忱或勇敢的；在他们的军事经验范围内，他们的勇敢不弱于他们的敌人；只有在缺少经验使他们意气沮丧的时候，他们也就勉强放弃他们的决心。所以现在虽然他们没有预料到雅典人会首先进攻的，虽然他们仓促地被迫作战，但是他们马上拿起他们的武器，进行战斗。

首先双方的投石者、弹石手和弓箭手在主要阵线前交战，时而这方处于优势，时而那方处于优势，这是轻装步兵作战时的正常现象。于是预言者拿出牺牲来致祭，号兵吹着军号，命令重装步兵进攻。因此，重装步兵进行战斗——叙拉古人为他们的祖国而战，他们每个人为目前的生命和将来的自由而战；在另一方面，雅典人为征服他人的国家而战，为了避免自己的祖国因他们的失败而遭受损失而战；亚哥斯人和独立的同盟者是帮助雅典人征服他们跑来想征服的地区，如果胜利的话，他们可以看到他们的祖国；至于附属的同盟者，他们只想目前保全生命，如果失败的话，他们很少有逃生的希望；其次他们考虑的是：如果他们帮助雅典扩张它的帝国，他们自己所受的压迫可能会减轻一点。

现在两军交战了。双方互不相让，相持了相当的时间。在那时下了大雨，雷电交加，这一切增加了叙拉古人的恐怖，因为他们是第一次作战，对于战争很不熟悉；而比较有经验的敌军士卒只把这当作这个季候里意料中的事情，他们所真正害怕的是叙拉古人抵抗了这么久而不退却。首先亚哥斯人迫使叙拉古人的左翼退却，然后雅典人突破了抵抗他们的敌军。叙拉古军队被截成两段，开始逃跑。雅典人追逐他们不远。他们不能远追的原因是由于人数众多而未战败的叙拉古骑兵阻止了他们；当叙拉古骑兵看前面有雅典重装步兵追逐叙拉古军队的时候，就向他们进攻，把他们赶回来了。尽管这样，但是雅典人在整队追逐能够获得安全的限度内，还是追逐敌人，后来他们回到自己的阵线上，建立了一个胜利纪念碑。

希腊的骑兵

叙拉古人在往厄洛拉斯的大路旁边又集合起来，在当时的情况下，尽可能排好队形，甚至派遣一支他们自己公民组织的驻军往奥林匹昂去，因为他们恐怕雅典人带走了那个神庙里的金银财物。其余的军队又回到城里去了。雅典人没有跑到神庙里去；他们搜集了他们阵亡者的尸体，放在火葬堆上，当晚在那里住宿了。翌日，他们依照休战条约，把阵亡的叙拉古人的尸体交还叙拉古人。叙拉古人和他们的同盟者被杀死的约二百六十人。于是雅典人把自己阵亡者的遗骨搜集起来，他们和同盟者死亡约五十人；他们带着从敌人手中夺来的武器，航海回卡塔那去了。他们之所以这样做，是因为现在冬季到了，他们认为他们还不能从目前他们的根据地继续进行战争。第一，他们一定要向雅典请求骑兵，向西西里的同盟者招集骑兵；同时，他们也一定要在西西里取得金钱，并请求雅典送金钱来；有些城市，他们希望在这次战役之后，可能听从他们的话，因此必须争取过来；此外，谷物及其他必需品也必须准备，以为春季进攻叙拉古之用。因为有这些计划在心中，雅典人航海回到那克索斯和卡塔那[①]度冬去了。

第七章　在卡马林那的辩论

叙拉古人埋葬了阵亡者之后，举行民众会议。在会议中，赫蒙

① 这个次序说错了，应先到卡塔那，然后到那克索斯。（参阅昭伊特译本，第一卷，cx 页。——译者）

的儿子赫摩克拉底[1]起来发言。在各方面他都是一个了不起的聪明人;在战争中,他不仅表现有由经验得来的品质,而且获得了勇敢的声誉。现在他鼓舞他们,使他们不至于因新近的挫折而沮丧。他说,他们的精神并未屈服;他们受到祸害的原因是由于缺乏纪律。就是在这种情况之下,他们也没有如意料中那么差得很远,特别是考虑到他们自己在战争技术上是新手而和他们作战的是希腊最有经验的军队。同时这样多的将军(共有十五人)也带来了祸害;事实上,下命令的人太多了,而士卒又没有组织和纪律。但是如果他们有少数真正有经验的将军,利用冬季组织重装步兵部队,把武器供给那些没有武器的人,尽量地增加军队的人数,制定强迫军事训练的制度,那么,他说,他们很可能会取得胜利,因为他们已经有勇敢,而训练的结果会产生纪律的。事实上,在这两方面都已经自动地有所改进,因为在危险的锻炼中,他们学得了纪律;因经验增加而产生信心;有了信心,勇敢会提到高度的英雄主义精神。至于选择将军,他们的人数应当少,权力应当无限制;人民应当对他们宣誓,保证他们可以完全依照自己的意见实行他们的职责。这样更能保证那些必须保密的事物的安全,使整个防守计划能够顺利进行到底,而无需不断地对他们所作的进行解释。

叙拉古人听了他的发言,表决完全赞成他的建议。他们只选举三个将军——赫摩克拉底本人,莱西马库斯的儿子赫拉克莱德和厄克塞斯特的儿子西堪那斯。他们派遣代表往科林斯和斯巴达去,以便得到一支联军的援助,并且劝斯巴达人,为了他们的缘故而向雅典

① 参阅第339、502页。

宣战，并猛烈地进行战争，使雅典人不得不从西西里撤退他们的军队，或者阻止他们再派军队来增援他们那些已经在西西里的军队。

在卡塔那的雅典军队马上航往麦散那，[①]希望城中有内应，把城市出卖；但是这个计划没有成功。这是由于亚西比得被召回国，交出兵权来的时候，他知道自己会流亡了，所以把他亲自参加的这个阴谋告诉了麦散那的亲叙拉古党人。他们在雅典人还没有到的时候，就把阴谋的首要分子处死；雅典人到了的时候，亲叙拉古党人武装暴动起来；所以能够阻止雅典人进城。雅典人停留在那里大约十三天；因为受风雨的侵袭，粮食缺乏，战事又无进展，他们回到那克索斯，在那里建筑茅棚，以储藏军需，用木栅包围他们的营帐，他们这样度过冬季。他们派遣一条三列桨战舰前往雅典，请求金钱和骑兵，并且希望在春天时能够得到它们。

整个冬季里，叙拉古人在城外建筑城墙（整个沿着面对厄庇波利的一边，建筑城墙，包括特门尼替斯的阿波罗神庙圣地[②]在内），这样，如果战败了的话，他们不至于被封锁在一个很小的地面内。他们也建筑了一个要塞在麦加拉，另一个要塞在奥林匹昂，同时在一切可能登陆的地方，钉立木桩，深入海水。当他们知道雅典人在那克索斯度冬的时候，他们以全军向卡塔那进攻，破坏了那个地方的土地，焚毁了雅典人的帐篷和营寨，然后回来。他们又听得，雅典人根据在雷歧兹时期所订的条约，[③]派遣代表往卡马林那，希望

① 从叙拉古回来之后，参阅第 531 页。

② 特门尼替斯的阿波罗神庙及其四周逐渐发展起来的地区，即后来的尼亚玻利（即新城）。

③ 公元前 427 年，参阅第 272 页。

能够得到它的支援，所以叙拉古人也派遣代表去反对这个建议。他们担心卡马林那人在第一次战役时，不愿派遣他们所请求的援兵；现在卡马林那人看见雅典人胜利之后，可能不援助他们，反而因为过去的友好关系，参加到雅典一边去了。叙拉古派往卡马林那的代表之一是赫摩克拉底，而雅典方面的代表是攸非谟斯和其他的人。卡马林那人举行民众会议。赫摩克拉底想首先攻击雅典人，所以发言如下：

“卡马林那人：我们奉命到这里来，不是因为怕你们看见雅典的军队而恐惧了，而是更怕你们在没有听到我们这一方面的陈述就为他们的言辞所说服了。他们到西西里来的借口是你们已经知道了的；但是他们的真正用意，我们都怀疑。依我看来，他们的目的不是恢复林地尼的土地，而是夺取我们的土地，他们在希腊破坏城市，而在西西里要恢复城市；他们表示关心林地尼人，因为林地尼人是卡尔西斯人，和他们有种族上的联系，而同时他们却把优卑亚的卡尔西斯人降于附属地位，林地尼人就是卡尔西斯的移民：无疑地，这是不合于逻辑的。事实上，正因为他们在希腊取得了一个帝国，所以他们又想在这里取得一个帝国，而且是用完全相同的方法。爱奥尼亚人和其他跟雅典人在种族上有联系的人组织同盟，自愿地在战争中接受雅典的领导，以从波斯人手中夺回他们自己的土地；但是雅典人责难他们有些没有履行军事义务，有些互相征战，事实上利用任何适于每个特殊情况、似乎合理的借口，剥夺了他们所有国家的独立。所以在反抗波斯的时候，雅典不是为了希腊的自由而战争，希腊人也不是为了他们自己的自由而战争；雅典所希望的是以雅典帝国来代替波斯帝国，而其他希腊人作战的结

果不过是换了新的主人，而这个新主人不是没有旧主人的聪明，而是利用聪明做更多的罪恶。

“像雅典这样的一个城邦过去所做的事，可以指责的是很多的，但是我们到这里来的目的不是列举它的罪行，因为这些罪行是你们已经知道了的。更重要的是责备我们自己。我们母国的希腊人是我们的教训，他们因为不互相支援而被奴役了；现在我们发现雅典人又利用同样的诡辩方法来对付我们了——恢复他们在林地尼的同族人，军事援助他们的同盟厄基斯泰——而我们还没有联合起来，坚决地向他们表示：他们在这里所对付的不是爱奥尼亚人、赫勒斯滂人和岛上居民（他们是可以更换主人，经常受波斯人或其他的人奴役的），而是来自独立的伯罗奔尼撒，住在西西里的自由多利亚人。我们很清楚地知道，他们只能一个一个城市分别地征服我们，我们看见他们正在采用这个办法——有时利用巧辩的言辞在我们中间制造分裂，有时利用和他们订立同盟的希望来引诱我们互相战争——事实上，在每个时机，利用最阿谀的言辞来尽量危害我们；难道我们要等待到我们这样地一个一个被征服了的时候吗？当那些离开我们较远的西西里同胞们首先被毁灭的时候，难道我们认为这种危险不会轮到我们每个人身上来，或者这种灾难只限于在轮到我们身上之前遭受这种灾难的人吗？

“你们中间也许有人认为雅典的敌人只是叙拉古，而不是卡马林那，因而反对为我们的国家而冒危险。这样想的人应该记着，如果他在我们的国家里作战，他是为他自己的国家作战，正如他是为我们的国家作战一样的；如果他把我们当作同盟者，而不是单独作战，他会比较安全些；如果我们首先被消灭了的话，他就不得不单

独作战了。同时他也要记着，雅典人的目的不是在于惩罚叙拉古人对他们的敌视，而是利用叙拉古作一个借口，以求取得你们对他们的友谊。如果有人嫉妒我们，或者甚至于害怕我们（强大的国家总是为人所嫉妒和害怕的），因而希望叙拉古的势力削弱，使我们不要妄自尊大，但是为着他自己的安全计，还想要叙拉古保存着，那么，他所希望的不是人力所能办到的，因为人是不能支配命运，使之适合于自己的愿望的。如果他的打算后来证明是错误了的话，他马上就会悲伤自己的不幸，很可能会希望他能够再嫉妒我们的繁荣。但是如果他现在放弃我们，不肯和我们共患难（这种患难，无论怎样说，事实上威胁着他，正和威胁着我们一样的），那么，他的希望是不可能实现的。我们可以说，他是为保全我们的势力而战争，但是实际上他是为了自己的生存而战争。任何人都会想到，在所有的人中间，你们卡马林那人是会最先料想到这一点的，因为你们是在我们的边界上，我们受到危害之后，其次就会轮到你们身上的。任何人都会预料到，你们是不应该和现在一样，对我们三心二意的，而应当自动来援助我们，正好像如果雅典人首先进攻卡马林那的时候，你们来请求我们援助一样，所以现在你们应当公开地劝我们不要对敌人让步。但是事实上，直到现在，你们或者其余的人都还没有采取这种有力的行动。

“可能由于胆小的缘故，你们想对我们和对侵略者一样，做你们应当做的事，说你们和雅典人有同盟的关系。但是你们订立这个同盟的目的不是来对抗你们的朋友的，而是来对抗那些进攻你们的敌人的；至于雅典人，只是在他们受侵略的时候（不是和现在一样，他们侵略你们的邻人的时候），你们才有援助他们的义务。

就是利吉姆人，虽然他们是卡尔西斯人，但是拒绝帮助他们在林地尼的卡尔西斯同胞恢复独立。如果他们看出对于他们所提出表面上似乎公平的要求的真正意义来，因而指出这种要求在常识上是多么不合乎逻辑；而你们却利用这种逻辑作为借口，宁愿帮助那些生来仇视你们的人，反而反对你们的同族人[①]，帮助他们的敌人来毁灭他们：那么，这就是很奇怪了。无疑地，这不是你们所应当做的事。你们是不应该这样的，而应该帮助我们，你们不要害怕他们的舰队和陆军，只要我们团结一致，没有什么事情可以害怕的，除非我们不能团结，而各自分离——这正是他们想努力造成的。你们看到，就是当他们单独向我们进攻，把我们打败了的时候，他们还是没有达到他们的目的，因而不得不马上撤退了。

“因此，只要我们团结在一起，我们没有使自己灰心的任何理由，而应当组织万众一心的同盟，特别是伯罗奔尼撒人会来援助我们的，因为伯罗奔尼撒人在军事上各方面都胜过雅典人。如果你们采取慎重的政策，说你们对于双方都是同盟者，因而不援助任何一方，那么，没有人应当说，这样对于我们是公平的，或者对于你们是安全的。在法律上这似乎是公平的，但在事实上是不公平的。如果你们不参加战斗，因而使被侵略者战败，使侵略者胜利的话，那么，你们不参加战争的结果，是没有帮助一方面获得安全，而让另一方面在进行罪恶行为时没有受到任何阻拦。无疑地，你们所应该做的光荣事业是这样的：援助被侵略者[②]（他们和你们是同族

① 多利亚人和西西里人。
② 叙拉古人。

的），从而捍卫西西里的共同利益，并且阻止你们的雅典朋友们作恶。

"最后，我们叙拉古人所说的是这样的：你们已经和我们一样知道了的事情，我们用不着向你们或其他的人仔细说明了，但是我们恳求你们；如果我们的请求不成功的话，我们很严肃地抗议：当我们的世仇爱奥尼亚人[①]阴谋向我们进攻的时候，我们的多利亚族同胞们把我们出卖了。如果雅典人征服了我们，他们的成功是由于你们的决定，但是他们一定归功于他们自己，而且一定把那些帮助他们取得胜利的人民当作战利品的；反过来说，如果我们胜利了，你们不能逃避惩罚，因为你们造成我们的危难。因此，你们应当慎重地考虑，现在你们可以选择：你们可以不冒危险而马上变为奴隶，或者和我们联合在一起，你们可以挽救你们自己，一方面不受被雅典人统治的耻辱，另一方面不至于引起我们对你们永远不忘的仇恨。"

赫摩克拉底发言之后，雅典的代表攸非谟斯发言如下：

"我们到这里来的目的是重订以前的盟约，[②]但是现在这个叙拉古人这样攻击我们之后，我不得不说说我们的帝国以及我们保有这个帝国的正当理由。当这个叙拉古的代表说，爱奥尼亚人总是多利亚人的敌人的时候，他自己就提供了一个最好的证据。他所说的是完全对的。现在我们是爱奥尼亚人，而伯罗奔尼撒人是多利亚人；他们人数比我们多，又是我们的近邻。因此我们寻找保

① 雅典人。

② 参阅第534页。

全我们的独立的最好方法。在波斯战争时期中，我们已经建立了我们的海军，战后我们脱离了斯巴达帝国和斯巴达的统治而获得了自由。他们没有权利对我们下命令，犹如我们没有权利对他们下命令一样，除非是他们的势力比我们强大的时候。我们成为那些过去在波斯国王统治下的国家的领导者，我们还继续在处理它们的事务。照我们的看法，这样，我们才有可能不受伯罗奔尼撒人的统治，因为我们有了自卫的能力；同时，如果考虑到事情的真相的话，我们也承认我们镇压了爱奥尼亚人和岛上居民，在这点上我们并没有做错；而叙拉古人说这些是被我们压迫的同族人。事实上，这些同族人联合波斯人来进攻他们的母国——雅典；他们和我们不同：我们在反抗波斯的时候，就放弃了我们的城市；而他们没有叛变的勇气，因为叛变就会使他们丧失他们的财产。他们不这样做，而愿意自己做奴隶，并且把我们也变为奴隶。

"因此我们是应当享有我们现在的帝国的，一则因为我们为了希腊人的事业提供了最强大的海军和勇往直前的勇气，而我们这些属民准备为波斯人的利益而行动，以危害我们；一则因为我们希望有力量保持我们的领土，以对抗伯罗奔尼撒人。我们不做耸人听闻的词句，说我们有权利统治，因为我们单独打败了侵略者，或者说，我们冒着危险是为了我们的属民，而不是为了每个希腊人，包括我们自己在内；没有人因为依照自己的方法保卫了自己的安全而应当受到责难的。所以现在为着我们自己的安全，我们来到了西西里；我们看到，在这里，你们的利益和我们是一致的。这一点，从叙拉古人攻击我们的言辞中，从我们的疑虑中（在你们过于焦急的心情中，无疑地，你们自己也是有这种疑虑的），可以得到证明；因为我们知道，当人们因恐惧而生疑虑的时候，他们暂时喜欢听那些合于他们情感的言辞，但是到了行动的时候，他们就按照他们的利益而行动了。

"我们已经向你们说了，由于恐惧，我们才保持我们在希腊的帝国；也是由于恐惧，我们才到这里来，和朋友们一道解决一些问题，以保持我们自己的安全；不是来奴役任何人，而是来防止任何人受到奴役的。

"任何人都不应该认为我们关心你们，和我们自己没有关系。你们只要想一下，只要你们安全，保卫你们自己的领土，抵抗叙拉古人的话，叙拉古人就不会那么容易派遣军队去援助伯罗奔尼撒人，以危害我们。因此，你们所做的，真的，对我们有很大的关系。根据同一个原则，我们要恢复林地尼人民的独立是很合乎情理的；我们不是把他们作为我们的属民，和他们在优卑亚的同族人一样，而是要注意使他们的势力尽可能地强大，使他们可以经常扰乱叙拉古，因为他们是被安置在叙拉古的边界上，占领他们自己的领土。在希腊，我们自己有足够强大的力量，可以对付我们的敌人；叙拉古的代表说，我们在希腊奴役卡尔西斯人，而在西西里我们解放他们，这是不合乎逻辑的；但是他应当记着，在希腊，他们应当解除武装，只纳贡款，这是合于我们的利益的；而在西西里，我们希望林地尼人和其他朋友们尽量地独立。当一个人或者一个城邦行使绝对权力的时候，合乎逻辑的方针就是对自己有利的方针，种族上的联系只有在他们靠得住的时候才存在；一个人依照每个时期的特殊情况而决定他的朋友和敌人。在西西里，合于我们的利益的，不是削弱我们的朋友们，而是利用他们已有的势力去削弱我们敌

人的势力。这一点，你们不应当怀疑。在希腊，我们在同盟中的领导权是适宜于使每个同盟国对于我们最为有利。开俄斯人和麦提姆那人供给船舰，并且是独立的；其他同盟国大部分处于较为苛刻的条件下，给付定期的贡款；而有些同盟者，虽然他们是岛上居民，很容易被我们征服，但是他们享有完全的自由，因为他们占据伯罗奔尼撒沿岸附近便利的地位。因此，很合乎情理的，在我们的西西里政策中，我们也应当以我们自己的利益，即如我们所说的，以我们对叙拉古的恐惧为指导原则。叙拉古的目的是统治你们，他们的政策是想根据你们对我们的猜疑而使你们联合起来，然后利用武力，或者当我们无所成就而撤退，无人与之竞争的时候，他们自己取得西西里帝国。如果你们真的和他们联合的话，这是一定会发生的，因为这样强大的联合军队，我们不容易应付；我们一旦不在这里的时候，他们的势力足够强大，可以对付你们了。

"如果有人不同意这个看法的，他会发现事实证明他是错误的。当你们原先请求我们援助的时候，[①]你们在我们面前说，可怕的是如果我们让你们落在叙拉古人的手中，我们自己将有危险。而现在你们却不相信这同一个论证，而认为这只是用来说服你们的；或者因为我们带来反对叙拉古的军队多于你们所预料的，因而对我们表示怀疑，这是不公平的。你们所应当怀疑的是叙拉古人。在我们方面，没有你们的支持，我们是不能停留在这里的；纵或我们这样卑鄙，以至于剥夺你们的独立，我们也不能继续统治你们

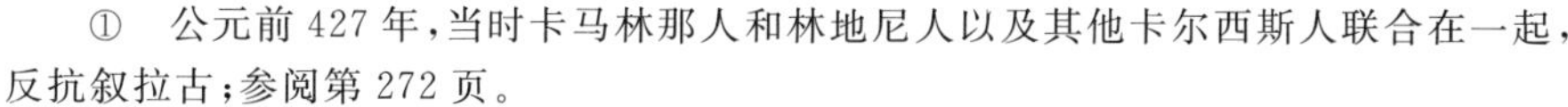

① 公元前427年，当时卡马林那人和林地尼人以及其他卡尔西斯人联合在一起，反抗叙拉古；参阅第272页。

的，因为航程遥远，而且要驻守这些有大陆国家军事设备的大城市[①]也是很困难的。从另一方面说来，叙拉古人是你们的近邻；他们不是住在营帐里，而是住在一个人口比我们带来的军队还要多的城市中；他们经常阴谋进攻你们，无论什么时候，只要他们有了实行他们的计划的机会，他们就会利用这个机会，正好像他们在对付林地尼和其他事件中所表现的一样。而现在他们竟厚颜来请求你们援助，以反对那些阻止他们的计划实现和维持西西里独立的人们。他们一定会认为你们是笨蛋！在我们这一方面，我们劝你们不要背弃从我们和你们相互间所取得的共同安全，同时考虑一下：就是没有同盟者，叙拉古随时可以单独地进攻你们，因为他们的人数众多，而如我们所提供的这样大的军队来帮助你们保卫你们自己，这样的机会，你们是不会常有的。当我们这样劝你们的时候，我们是使你们更获得真正的安全。如果因为你们的猜疑，我们一事无成，不得不撤退，或者甚至于被打败了的话，那么，总有一天你们会希望只要看见这些军队的一部分再回来也就好了；但是时机一消逝，这些军队纵或在你们的面前，也不能够给你们以任何帮助了。

“但是我们相信，你们卡马林那人和其他西西里人是不会因为叙拉古人的谗言而动摇的。我们已经把我们被猜疑的全部真实情况告诉了你们，现在我们要把我们的论点总括起来，提醒你们，我们希望能够说服你们。我们说：在希腊，我们统治了一些城市，使我们自己不受别人的统治；在西西里，我们是来解放一些城市，使

① 意思说，有步兵和骑兵的设备，而我们的军队纯粹是海军。

我们不受西西里人的侵害。我们不得不干涉各方面的事务，只是因为我们不得不在各方面防范我们的敌人；现在，和以前一样，我们是以你们在这里被压迫者的同盟者的资格来到这里的；我们是受邀请来援助的，不是不请自来的。你们不要把自己作为我们行动的裁判者或把自己作为教师那样，想来改变我们的行动。现在这样做是不容易的了。我们的干涉政策和我们的国格令誉全都合于你们的利益，你们应该抓住这一点，充分利用这一点。你们应该考虑到，我们这些特点远不是对一切人都同样地有害的，而对大多数希腊人是真正有利的。这一点对于所有任何地方的人，就是在我们所没有占领的地方的人民都是有影响的，因为无论那些害怕被侵略的人，或者是那些实际上计划进行侵略的人，都要考虑到我们总是有干涉的可能的：害怕被侵略的人希望得到我们的援助；计划进行侵略的人会考虑到，如果我们真的干涉，他们的事业可能是很危险的；这样，双方都感觉到我们的威力：可能的侵略者，就是违反他自己的意志，也不得不采取合理的行动，而那些可能受到他人侵略的人也不要自己费力而获得挽救了。这个保证，凡是请求的都可以得到，你们现在也可以得到；你们不要拒绝这个保证。你们应当照别人所做的一样去做：和我们联合起来。你们用不着经常对叙拉古人提心吊胆，而应当最后把这个局势转变过来，威胁他们，正像以前他们威胁你们一样。”

这是攸非谟斯的发言。卡马林那人民的情绪是这样的：他们对雅典人有好感，只是他们认为雅典人可能奴役西西里；他们对于他们的近邻叙拉古人总是反对的。但是由于地域的接近，他们害怕叙拉古人和害怕雅典人一样；他们恐怕叙拉古人，就是没有他们的援助,也可能打败雅典人,所以他们原先派遣了一小队骑兵去支援叙拉古人。[①] 至于将来,他们认为最好是实际上支援叙拉古,虽然尽量地少些;但是目前为了避免使雅典人产生不受尊重的印象起见(特别是因为雅典人已经战胜了),他们决定给双方一个同样的答复。所以他们依照这些方针讨论了之后,他们回答说:因为双方已在战争状态中,而双方都是他们的同盟者,他们认为在目前,遵守他们的誓言的唯一办法是不援助任何一方面。于是叙拉古的代表和雅典的代表都离开卡马林那了。

第八章 亚西比得向斯巴达献策。战争第十七年的终结

当叙拉古人继续进行战争的准备工作的时候,驻扎在那克索斯的雅典人企图尽量把许多西塞尔人拉到他们一边来。那些住在比较靠近海滨的平原地带的叙拉古属民一般都是拒绝和他们合作;但是住在内地的西塞尔人,因为他们的居留地总是独立的,马上和雅典人联合起来了,只有很少是例外的。他们把谷物运到海边,接济雅典的军队,有些还供给了金钱。雅典人进兵攻击那些拒绝和他们合作的人,强迫那些人和他们联合,有时候他们被叙拉古派去的驻军和援兵所阻止了。

雅典人的冬季驻扎地点由那克索斯迁到卡塔那,在卡塔那被

① 第528页。

叙拉古人焚毁的营寨又建筑起来了，他们在那里度过残冬。他们派遣一条三列桨战舰往迦太基去，表示友好，他们希望能够从迦太基人方面得到援助。他们也派人到伊达拉里亚去，伊达拉里亚有一些城市自动地表示要在战争中帮助他们。他们又派使者往西塞尔人那里和厄基斯泰去，请求尽量多送一些马匹来；同时，整个期间他们都在准备砖和铁，以及一切建筑围城工事所需要的其他材料，他们打算在春季一开始的时候，就进行战争。

同时，叙拉古派往科林斯和斯巴达去的代表们沿途访问意大利沿海的希腊城市，[①]想说服它们抵抗雅典人的行动；他们说，雅典人的目的不仅是侵略西西里，也同样地是侵略意大利的。他们到达科林斯的时候，和科林斯人进行商谈，他们根据他们和科林斯人在种族上的联系，请求科林斯人援助。科林斯人马上表决，赞成毫不吝惜地，尽他们的能力给予一切援助；同时派遣代表，随着他们同往斯巴达去，并和他们一起劝斯巴达人更公开地在希腊向雅典作战和派遣援兵往西西里去。

当科林斯的代表到达时，亚西比得和那些跟他一路被放逐的人也在斯巴达。他是乘着商船，直接从条立爱渡海，[②]首先往伊利斯的西林尼，然后因为斯巴达人自己的请求，他才往斯巴达去的。他取得生命安全的保证；因为他参加了门丁尼亚事件，他害怕斯巴达。所以现在科林斯人、叙拉古人和亚西比得在斯巴达民众会议中，都作同样的请求，提出同样的论点。监察官和其他行政长官虽

---

① 希腊移民住于南意沿海一带，这个地区称为大希腊。

② 参阅第 524 页。

然准备派遣代表往叙拉古去，阻止叙拉古人和雅典人妥协，但是不愿意给予任何军事援助。于是亚西比得走向前面，用下面的言辞，鼓动斯巴达人的舆论，煽动他们采取行动：

“我首先要说到你们对我的成见，使你们可以听到有关共同利益的事情而不致由于对我个人的怀疑而抱偏见。我的祖先常常是斯巴达政府在雅典利益的代理人；由于某种误会，他们放弃了这个职位；但是我自己又担当起这个职位来，愿尽我的力量，供你们驱使，特别是关于你们在派娄斯所受的损失。[1] 我继续渴望帮助你们到底，但是当你们和雅典议和的时候，你们通过我私人的政敌谈判，因而使他们处于优势而侮辱了我。因此，当我转向门丁尼亚和亚哥斯，以及用其他各种方法来反对你们的时候，[2]你们受到了损失。那么，你们就不能责备我了。如果在你们实际受到损害的那个时候，你们中间有人对我无理由愤怒的话，现在时候到了，你们要看看事物的真相，而改变你们的看法。或者，如果有人认为我更坏，因为站在人民一边，现在他也应该知道，这也不是反对我的好理由。我的家族总是反对僭主的；凡反对专制政权的就叫做民主政治，所以我们继续是人民大众的领袖。此外，因为雅典是民主政治，在大多数方面必须依照现行的情况。但是我们不顾当时政治上流行的放任情况，想做得比较合乎情理。过去和现在一样，人们常常领导群众走入邪恶的道路。放逐我们的正是这一类的人。但是我们是整个国家的领袖，我们的原则是我们应当都联合在一起，

① 参阅第 434 页。

② 参阅第 442 页以下。

以保全这种政体，因为这种政体是我们的祖先遗传下来的；同时在这种政体之下，我们的城邦达到最伟大和最自由的地步。至于民主政治，凡是有点常识的人都会知道，这是什么意义，而我不至于比任何人缺乏常识。真的，我很有理由可以攻击民主政治；但是关于这种一般人都认为是愚笨的制度，我没有什么新的东西可说。至于改变制度，当你们正在和我们作战的时候，在我们看来，改变制度是不安全的。

“这些事情就是促使你们对我抱成见的原因。现在我请你们听听我对于你们将要讨论的问题所要发表的意见——对于这个问题，可能我是最有资格说话的。我们航往西西里的目的是首先征服西西里人，如果可能的话；征服西西里人之后，就征服意大利的希腊人；其次，我们想进攻迦太基帝国和迦太基本身。最后，如果所有的计划或者大部分计划成功的话，我们将带着我们在西方所获得的一切希腊军队，并雇佣大量的土著军队——伊伯里亚人和其他蛮族（他们现在是被公认为那些地区最善于战斗的人）来进攻伯罗奔尼撒。除我们现有的舰队外，我们还要建造更多的三列桨战舰，因为意大利富于木材；利用全部舰队，我们将封锁伯罗奔尼撒，同时我们的陆军将在陆地上进攻你们的城市，有些用袭击的方法，有些用围攻的方法，把它们攻下来。我们希望这样就会很容易地使战争获得胜利的结束，以后我们将成为整个希腊世界的主人翁。至于金钱和军粮，我们不怕缺乏，因为我们在西方所征服的地方将充分地供给我们，而不需要动用我们在希腊的资金。

“现在你们从最知道这些事情的人口中听到了这次远征军的

真正目的；留在那里的将军们，如果他们能够的话，一定会继续执行这些计划的。现在你们应当知道，如果你们不援助西西里的话，西西里就会失掉。西西里人没有雅典人所有的那种经验，但是如果他们都团结一致的话，就是现在他们还可能生存。但是单独叙拉古人是不能抵抗现在在西西里的雅典军队的，因为他们的全军已经在一个战役中被打败了，同时他们在海上已被封锁了。如果叙拉古陷落了，整个西西里就会跟着陷落的，意大利不久也会陷落的。那么，不久你们就会遭遇着我刚才已经对你们说了的，从西方来威胁你们的危险了。所以不要以为现在讨论的问题只是西西里的问题，如果你们不采取下面的办法的话，这将成为伯罗奔尼撒的问题：你们应该派遣一支军队往西西里去，这支军队的士兵应当能够自己划船，同时当他们一旦登陆的时候，在野战场上可以充当重装步兵的；我认为比军队更为重要的，是你们应当派遣一个斯巴达的正规军官去组织他们现在已有的军队，并且强迫那些逃避义务的人负担兵役。这样，可以鼓励你们朋友们的士气，使动摇者敢于参加战争。同时，你们在希腊也要更公开地进行战争。这样，可以加强叙拉古人的抵抗，因为他们知道你们是真正关心他们了；同时也可以使雅典人更难以增援他们在西西里的军队。你们应该在亚狄迦的狄西里亚建筑要塞，①这件事情是雅典人最害怕的，他们认为在所有战争的灾难中，只有这个灾难他们还没有经历过。伤害敌人的最妥当的方法是发现敌人无疑地最害怕的那种进攻方式，然后利用这种方式向敌人进攻。他的危险在什么地方，可能他自

① 斯巴达人于公元前413年占据狄西里亚（参阅第574页）。

己比任何其他的人知道得更加准确些，这就是他为什么害怕的原因。至于在狄西里亚设防[①]对于你们的利益和对于雅典人的祸害，我只总括地说几点，而省略了其他许多理由。这个地区大部分的财产都会落在你们的手里，有些是可以掠夺取得的，有些不要你们动一个指头，他们会自愿交出的。雅典从罗立温银矿取得的收入，现在从土地、从法庭[②]所取得的收入，马上就都被剥夺了。最重要的，它会失去它的同盟国的贡款，因为同盟国一旦看见你们在认真地进行战争，它们就不会按时缴纳贡款，不会任凭雅典剥削了。这些事情如何迅速地、有力地进行，完全靠你们斯巴达人了；我完全相信这些事情是可以做得到的，我认为我是不错的。

"虽然过去我有热爱祖国的美名，而现在我尽力帮助它的死敌进攻它，我也请求你们中间不要有人因此而把我当作最坏的人；你们也不应该认为这只是一个流亡者的强烈情感，因而怀疑我的论点。我的被放逐是由于那些放逐我的人的邪恶；但是不能免除我帮助你们的能力，只要你们听我的话。雅典最凶恶的敌人不是那些和你们一样，只在战争中伤害它的人，而是那些迫使雅典的朋友们反转来反对雅典的人。我所爱的雅典不是那个现在迫害我的雅典，而是那个我常在其中安稳地享受公民权利的雅典。我现在进行攻击的国家，对我来说，似乎已经不再是我的了；我要努力恢复我过去的国家。真正爱国的人不是那个当他非正义地被放逐的时候还不攻击它的人，而是那个不顾一切，努力想恢复它的人。所

① 即建筑一个要塞，以控制敌人的领土。
② 从审判同盟国所提出的诉讼案件中所取得的诉讼费和罚款。

以，斯巴达人啊，我认为你们不要迟疑，无论在任何艰苦危难中都不要迟疑而不利用我的献策。你们应该记住人人所常常用到的论点，认识到：正因为我做你们的敌人的时候能够给你们很多的祸害，所以，做你们的朋友的时候，也同样地能够给你们很多贡献的。关于雅典，我知道得很清楚；而对于斯巴达，我只能猜测。我对你们的忠言是你们要认识到，现在所讨论的是你们的基本利益；不要害怕派遣远征军往西西里和亚狄迦去，只要你们的一小部分军队在西西里出现，就会保证有很大的成就，你们会摧毁雅典现在的势力和将来发展的前途。以后，你们自己的生活会得到安全，并且将成为全希腊的领导者，全希腊，不是因为武力，而是由于善意，都会自愿地跟随着你们。”

这是亚西比得的发言。就是以前，斯巴达人已经有意进攻雅典了，但是还在迟疑，考虑所牵涉的危险。但是现在他们听了亚西比得所提出的各种论点（他们认为亚西比得比任何人都知道得清楚些），他们更加坚定了原来的主意。结果，现在他们决心设防狄西里亚和马上派遣军队往西西里去。他们任命克里安得里达的儿子吉利普斯为叙拉古人的司令官，命令他和叙拉古人及科林斯人商量，想出在目前形势下，使援兵到达西西里的最好和最快的方法。吉利普斯请求科林斯人马上派遣两条战舰到阿细恩①来，他在那里等着，并且要科林斯人装备其他准备开往的船舰，时机一到，即开始出航。这些问题商定之后，各代表团就离开斯巴达了。

同时在西西里的雅典将军们派回去要求金钱和骑兵的两条三

① 可能是美塞尼亚的港口（第307页）。

列桨战舰到了雅典。雅典人听了他们的请求后，表决把远征军所需要的金钱和骑兵送去。冬季就这样结束了，修昔底德记载这次战争的第十七年也就这样完结了。

第九章　雅典人在叙拉古的胜利。拉马卡斯的阵亡

次年[①]春季刚开始的时候，在西西里的雅典人即从卡塔那出发，沿着海岸航行，到西西里的麦加拉。[②] 他们在这里登陆，破坏了那个地方，进攻一个叙拉古人的要塞，但是没有攻下来，于是他们的陆军和船舰沿着海岸走，达到提里阿斯河畔。他们从这里进入平原地带，破坏了这个地方，焚毁当地的谷物；他们遇着一小支叙拉古军队，杀了一些叙拉古兵士；他们建立了一个胜利纪念碑后，又回到船上。于是他们航回卡塔那；补充粮食后，又率领全军进攻西塞尔人的市镇森托利巴[③]。这个市镇投降后，他们首先焚毁因尼萨人[④]和亥布拉人[⑤]的谷物，然后再回去。他们回到卡塔那的时候，他们发现雅典派来的骑兵已经到了。共有骑兵二百五十人，带着他们的设备，但是没有马匹，因为他们认为马匹可以在西

① 公元前414年。

② “这些麦加拉人，我已经说过，是叙拉古人在机伦僭主政治时期被叙拉古人赶出来的，叙拉古人还占领了他们的土地”（参阅第478页）。

③ 现在的森托利巴，在卡塔那的西北二十七英里，和厄特那山相近。

④ 因尼萨的地址不能确定（参阅第284页）。

⑤ 机拉的亥布拉（第525页）。

西里取得。此外还有三十名骑兵射手和三百他连特白银。

同一春季里，斯巴达人进攻亚哥斯，达到克里奥尼。这里发生地震，他们就回去了。接着，亚哥斯人侵入泰里亚的边境，虏获大量斯巴达人的财产，这些财产出卖后，获得的价款不少于二十五他连特。

不久之后，在同一个夏季中，特斯匹伊人企图推翻他们的政府，但是失败了。底比斯的援兵到了，有些革命者被捕，有些逃往雅典。

同一夏季中，叙拉古人听到雅典人已经得到了骑兵，将要向他们进攻了。他们认为如果雅典人不占据厄庇波利（这是正在叙拉古城上面的一块险峻的地方），纵或雅典人在战役上胜利了，也很难建筑一条城墙来隔绝叙拉古城。因此他们决定驻守往厄庇波利去的道路，以防止敌人偷偷地从这条路往那里去；真的，这是唯一可以通行的道路，因为其余的地方都是高的，逐渐倾斜，以达到城市，所以高地上的一切都可以从城内看得见。[①] 因此在黎明时，叙拉古人就全军出城到阿那配斯河畔的草地上，检阅他们的重装步兵。他们的新将军们，赫摩克拉底和他的同僚，刚刚就职。他们首先从重装步兵中抽出六百名特别精选的部队来，由安得罗斯的流亡者戴奥密拉斯指挥；这支部队准备驻守厄庇波利，无论什么地方需要的时候，他们随时准备往那里参加战斗。

同时，雅典人在同一个早上，整理他们的军队。他们率领全军

① “叙拉古人称这块地方为厄庇波利，意为‘高地’，因为这块地方在其余地方的水平线之上。”

离开卡塔那，插入利翁地方的对面，离厄庇波利不过六七斯塔狄亚路程。他们的军队登陆，他们的舰队停泊在塔普萨斯，这个地方是一个半岛，有一个狭窄的地峡突入海中，从陆地上和海面上都离叙拉古不远。雅典的海军建筑一排木栅横过地峡，安静地停留在塔普萨斯。他们的陆军跑步直奔厄庇波利。当叙拉古人还不知道正在发生的事情或者来不及从他们检阅军队的草地上把军队派往那里去的时候，雅典人就从攸利伊拉斯上登高地。戴奥密拉斯带着他的六百人以及其余的人都尽力迅速地跑去营救，但是他们从草地上跑去，必须跑将近二十五斯塔狄亚①的路程，才能和敌人接触。因此，叙拉古人的进攻多少是没有秩序的，在厄庇波利战败之后，他们就退回城内。被杀者约三百人，包括戴奥密拉斯本人在内。以后雅典人树立一个胜利纪念碑，根据休战条约，把死者的尸体退还叙拉古人。次日，雅典人下来进攻叙拉古本城，但是城内没有人出来迎战，他们又回去，在拉布达隆建筑一个要塞（这个地方正在厄庇波利悬崖的边上，面对着麦加拉），使他们在出去作战，或建筑他们想要建筑的城墙的时候，有一个储藏军需或金钱的地方。

此事发生之后不久，厄基斯泰派来了三百名骑兵，西塞尔人、那克索斯人和其他的人派来了大约一百名骑兵。他们自己已经有了二百五十名雅典骑兵；他们的马匹有些是买来的，有些是厄基斯泰和卡塔那送来的。因此，他们共有骑兵六百五十名。

雅典人留兵驻守拉布达隆之后，进军至塞歧，他们在那里停留

① 约合三英里。

下来，迅速地建筑一个要塞，叫做“环塞”。[①] 他们建筑要塞工程的迅速使叙拉古人惊慌了，因此他们决定出来会战，以阻止雅典人。真的，当两军已经是面对面了的时候，叙拉古的将军们看他们自己的军队秩序不好，不易排成行列。因此，他们率领军队退回城中，只有一些骑兵留在后面，阻止雅典人搬运石头，或者跑往离开他们自己的主力军很远的地方去。但有一队[②]雅典的重装步兵和全部骑兵向叙拉古的骑兵进攻，把他们击溃了。雅典军队杀死了一些叙拉古骑兵，于是建立了一个骑兵胜利的纪念碑。

次日，一部分雅典军队还继续建筑环塞以北的城墙，一部分军队聚集石头和木材，间隔地放在通往特洛基拉斯的道路上，这是建筑从大港到另一边海滨的封锁城墙的捷径。叙拉古人，根据他们的将军们，特别是赫摩克拉底的意见，放弃了和雅典人作正规战争的企图，而决定横过雅典人想要建筑城墙的方向，建筑一条与之对抗的城墙，如果他们能够及时完成的话，它可以切断雅典人与外界的联系；如果他们正在建筑的时候，雅典人就来进攻的话，他们只用一部分军队来抵抗这种进攻，因为他们已经建筑了木栅，他们在木栅的后面可以得到保障，而雅典人必须停止他们的建筑工程，用全军来对抗他们。因此，他们出来，开始从他们的城市建筑一条城墙出来，这条城墙在雅典建筑的环塞的下面，和雅典人所建筑的城墙成一直角。他们砍伐神庙土地上的橄榄树，用来建筑木塔。当

---

① 塞歧(意为栽有无花果树的地方)可能位于厄庇波利高地的中部。雅典人在这里建筑第一个圆形要塞，这个圆形要塞后来是围城长墙的起点，由此北至特洛基拉斯，南至大港。参阅地图；和谟，li. 第 387 页。和弗里曼：《西西里史》iii. 第 662 页以下。

② 雅典十个部落，每个部落供给一队兵。

时雅典的舰队还没有绕道开进大港内来，所以叙拉古人还控制着沿海一带，而雅典人的军粮则从塔普萨斯由陆地上运输。

后来，叙拉古人认为他们的木栅和对抗城墙建筑得相当好了。雅典人没有出来阻止他们的工作，因为雅典人怕分散了他们的军队，使他们的战争处于不利，同时他们想赶快建成他们的包围城墙。所以叙拉古人只留一队兵士防守他们已经建成了的城墙，便回到城内去了。

雅典人破坏那些从地下运送饮水到叙拉古城内去的水管。于是他们等到不值班的叙拉古人在中午回到他们的营帐里，有些甚至往城内去了的时候，和那些守卫城墙的士兵没有注意的时候，三百名精选的雅典重装步兵和一些特别选出的轻装步兵(他们也穿戴着重装盔甲)受命突然跑步出来，向对抗城墙进攻；其余的军队分作两部分：如果援兵从城内出来的话，一个将军领导一部分军队向城市走去，另一个将军领导另一部分军队走向木栅那里去。这三百人进攻，夺取了木栅。驻防军放弃了木栅，逃往环绕特门尼替斯的阿波罗神庙圣地①的城墙内，紧紧地被雅典人追赶着；雅典人冲入城内，但被叙拉古人赶出来了。在这次战斗中，一些亚哥斯人和少数雅典人死亡了。于是全军又退回，破坏对抗城墙，拔出木栅，把木桩运去，以为自己建筑城墙之用，并且树立了一个胜利纪念碑。

次日，雅典人开始以环塞作为起点，建筑要塞于厄庇波利面向大港一边的沼泽地②上面的悬崖上，沼泽地正在他们建筑包围城

---

① 参阅第 533 页。
② 即来西密利亚。

墙的捷径上；城墙由此而下，通过比较平坦的地带，以达到大港。

现在叙拉古人出来，开始建筑另一条木栅，由他们的城市，通过沼泽地的中部，沿着木栅挖掘一条壕沟，使雅典人不能够建筑他们的城墙下达海边。雅典人完成了他们在悬崖上的要塞工程之后，马上又进攻叙拉古人的木栅和壕沟。他们命令舰队绕入叙拉古的大港内；在黎明的时候，他们的陆军从厄庇波利进入平原地带，用门板和木板放在沼泽地中泥土最厚和土地最坚的地方，由板上通过沼泽地。在破晓的时候，他们夺取了壕沟和全部木栅，只有一小部分是后来才被攻下来的。于是发生战斗，雅典人胜利了。叙拉古人的右翼逃入城中，左翼逃往河边。三百精选的雅典部队想切断他们，使之不能渡河，所以跑步急趋桥边。叙拉古人（他们的骑兵大部分也在那里）由于恐怖，集合起来，向三百名雅典人进攻，把他们击溃，追入雅典人的右翼，雅典人右翼中的第一支队也因这个攻击而混乱。拉马卡斯看到这种情况，带着亚哥斯人和少数弓箭手，从雅典的左翼来支援。他和少数其他的人横过壕沟之后，和后方断绝联系了，他和他的部下五六人都被杀了。叙拉古人马上匆忙地乘机把这些死者抓着，运着他们逃往河那边的安全地带，使雅典人不能取得他们。当其余的雅典军队正在前进的时候，叙拉古人自己退却了。

同时那些原先逃入城内的人看见当时的情况，恢复了自己的信心，又出来，列成阵势，抵抗他们前面的雅典人；他们也派遣一部分军队去进攻在厄庇波利的环塞，他们认为环塞是没有人防守，他们可以攻下来的。事实上他们真的攻陷了，并且破坏了雅典人建筑的前堡一千英尺远，但是环塞本身为尼西阿斯所挽救了，因为正

巧他因身体不好的缘故，留在那里。他命令他的仆人把丢在城墙前面的机械和木材都放火烧起来，因为他知道，由于没有军队，他们是不可能用别的办法来挽救这个局势的。他的估计是正确的：火阻止了叙拉古人的前进，于是他们又回去了。下面的雅典人派来的援兵也正跑到环塞来了，他们赶走了在那里反抗他们的敌人；同时雅典的舰队也依照它所受的命令，正在从塔普萨斯驶入大港中。当叙拉古人看见这种情况的时候，在高地的叙拉古人匆忙地撤退，带着其余的全部军队回到城内去了。因为他们认为利用现有的军队已经不能阻止雅典人建筑城墙，达到海边了。

这个战役之后，雅典人建立了一个胜利纪念碑，依照休战条件，把叙拉古人死者的尸体交还叙拉古人，同时也收回拉马卡斯以及和他同时战死者的尸体。现在他们的全部军队——海军和陆军——都在一起了，他们开始从厄庇波利和悬崖建筑双重城墙，直达海边，把叙拉古人完全封锁起来了。现在军粮都从意大利各地运来，许多过去观望的西塞尔人也和雅典人联合在一起了，雅典人又从伊达拉里亚取得了三条五十桨大船的援助。事实上，一切事情的进行正是如他所期望的。因为没有从伯罗奔尼撒得到任何援助，叙拉古人认为他们已经没有取得胜利的希望，于是他们自己彼此间，以及和尼西阿斯间开始讨论商谈投降的条件了；自从拉马卡斯阵亡以后，尼西阿斯是唯一的将军了。他们虽然没有达成任何具体的协定，但是，可以预料得到的，因为他们有种种的困难，以及他们被围攻得愈来愈紧，他们向尼西阿斯提出了许多建议；在城内，这种讨论更多。他们目前的灾难也引起他们自己彼此间的猜疑；他们认为灾难之产生是由于那些领导他们作战的将军们的运

气不好，或由于他们的叛逆行为，因此，他们把这些将军们免职，另外推举赫拉克莱德、攸克利和推利阿斯出来，代替旧的将军们。

同时，斯巴达人吉利普斯和科林斯派来的船舰到了琉卡斯，[①]都渴望尽量迅速地来援助西西里。但是他们所得到的消息是惊人的，都相信这个不确实的传说，说现在叙拉古与外面的联系已经完全被封锁城墙所切断了。因此，吉利普斯觉得对西西里完全没有希望了；但是他想保全意大利；他和科林斯的匹特恩带着两条斯巴达船舰和两条科林斯船舰，急忙地横渡爱奥尼亚湾，到了他林敦。科林斯人，除了他们自己的十条船舰外，还要给两条琉卡斯的船舰和两条安布累喜阿的船舰配备水手，然后在后面跟着来。吉利普斯从他林敦派遣使者往条立爱，要求恢复他因为父亲的关系在那里已有的公民权。但是他没有获得条立爱人的拥护，所以他又从那里起航，沿着意大利海岸航行。他在特林那湾[②]对面遇着风暴，被吹到海中，从北方来的风暴在这一带地区吹得很猛烈。冒着惊险的风浪航行之后，他又回到了他林敦。他在那里把船拖近岸边，修理那些被风暴损坏得最厉害的船舰。尼西阿斯虽然听到他来了，但是也和条立爱人一样，轻视他的船舰数量很少，认为它们只能像私掠船那样进行活动，因而没有注意提防它们。

在这个夏季中大约同时候，斯巴达人和他们的同盟者侵入亚哥斯，破坏了大部分乡村的土地。雅典人以三十条船舰来帮助亚

---

① 参阅第 550 页。

② 特林那湾也称为喜坡尼亚特湾，在意大利的西岸（普林尼，iii. 72，5，10）。此地修昔底德可能记错了。（参阅昭伊特译本第一卷，cx 页。——译者）

哥斯人。这就最明显地表现他们和斯巴达间和约的破裂。过去他们曾经从派娄斯和伯罗奔尼撒其他地点进行掠劫，在军事上支援亚哥斯人和门丁尼亚人，而不肯在拉哥尼亚登陆；虽然亚哥斯人屡次请求雅典人派遣军队，只要和他们一同在拉哥尼亚小有破坏后即可撤退，而雅典人总是拒绝这样做的。但是现在雅典人由菲托多拉斯、雷斯波第阿斯和得马拉都指挥，在埃彼道鲁斯-里摩拉、普拉西依和其他各地登陆，破坏这些地方的土地，因此使斯巴达人很有理由可以说他们是抵抗雅典人以自卫。这事发生之后，当雅典的舰队已经离开了亚哥斯和斯巴达人也回去了的时候，亚哥斯人侵入夫利亚西亚，破坏了一些地方，杀害了一些人，然后也回国去了。

第　七　卷

第一章　战争的第十八年。吉利普斯到达叙拉古。叙拉古人的胜利

吉利普斯和匹特恩修理了他们的船舰之后，从他林敦沿着海岸航行，到达伊壁犀斐里亚的罗克里。在这里他们才得到比较可靠的消息，知道叙拉古还没有完全被封锁，一支军队还可能从厄庇波利方面进入城内。于是他们讨论：他们还是沿着西西里的东岸，冒险由海上航入叙拉古的港口呢；还是沿着西西里的北岸，首先航往希米拉，然后带着希米拉的军队以及他们可能从其他地方得到的军队，由陆路进入叙拉古呢？他们决定航往希米拉，特别是因为当尼西阿斯听说他们到了罗克里时所派来的四条船舰①还没有到达利吉姆。

所以这些船舰还没有到的时候，他们横渡海峡，先后在利吉姆和麦散那停泊之后，就到了希米拉。在这里，他们说服了希米拉人帮助他们战争，使希米拉人不但自己跟随他们来一块作战，并且还把武器供给了他们船舰上没有武装的水手们。他们把船舰拖上希米拉的陆地上。他们派遣使者往栖来那斯，请它派遣全部军队在一个指定的地点和他们会合。机拉人也和一切西塞尔人一样，派遣一小支军队来助战，机拉人现在更愿意倒在他们一边了，一则因

---

① 当尼西阿斯初听得吉利普斯将到了的时候，他不很注意这个消息，因为他以为吉利普斯是以私掠船来巡逻的，而不是来参加战斗的(第 558 页)。

为对于这些地区的西塞尔人有强大势力的国王阿科尼达，过去对雅典表示友好的，而最近去世了；二则吉利普斯来自斯巴达，显然充满了信心。现在吉利普斯有了自己的水手和海员约七百人（他们都是武装了的）；希米拉的重装步兵和轻装步兵一千人，骑兵一百人；栖来那斯的一些轻装步兵和骑兵，少数机拉人和约一千西塞尔人。他带着这支军队向叙拉古出发。

同时，科林斯的舰队尽量迅速地从琉卡斯赶来了。科林斯的一个司令官龚基拉斯乘着一条船赶来，他虽然是最后启程的，但是最早达到叙拉古，比吉利普斯早一点达到那里。他发现叙拉古人正将要举行民众会议来讨论如何结束战争了。他阻止了这个会议的召开，并且对叙拉古人说，将来还有更多的船舰来，克里昂得里达的儿子吉利普斯是斯巴达特别派来做他们的总司令官的，用这些话来鼓舞叙拉古人。叙拉古人恢复了信心；当他们知道吉利普斯快要到了的时候，他们以全军出城来迎接他。

吉利普斯首先在途中亲自攻下西塞尔人的爱伊泰要塞，于是把军队列成阵势，向厄庇波利前进。他采取了雅典人先前走过的道路，[①]由攸利伊拉斯上去，然后带着叙拉古人进攻雅典人所建筑的城墙。他到时正是紧急关头。当时雅典人已经完成了达到大港的双墙，[②]长约七八斯塔狄亚，[③]只有海滨一小段还在建筑中；在从环塞到特洛基拉斯及那边海滨的一段也大部分已经安放了石头，有些地方不是完成了一半，就是完全完成了。因此叙拉古真的是

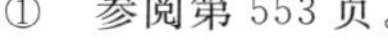

① 参阅第553页。

② 参阅第557页。

③ 约合一英里。

很危急了。

吉利普斯的突然出现和叙拉古人的向雅典人进攻，起初引起雅典人中的一些纷乱，但是他们排成队形，准备应战。吉利普斯在离雅典军不远的地方停下来了，派遣一个传令官向他们说，如果他们在五天之内，带着他们的财产离开西西里的话，他愿意和他们议和。雅典人轻视这个建议，遣回传令官，没有答复。于是双方准备战争。但是吉利普斯看见叙拉古人没有纪律，不易列成队形，所以他把军队撤退到一个比较宽敞的地方。尼西阿斯不领导雅典人向他进攻，而只在城墙旁边保持防守的阵势。当吉利普斯看见他们不进攻的时候，他领导他的军队往特门尼替斯高地，在那里过了一晚。

次日，他领导大部分军队出来，在雅典人所建筑的城墙对面列成阵势，以防止雅典人派军队去援助其他地区。于是他派遣一个分遣队去进攻拉布达隆要塞，把它攻下，要塞里的人都被杀了。这个地方是战线上的雅典人所看不见的。在同一天中，停泊在海港附近的一条雅典船舰也被叙拉古人虏获了。

此事发生之后，叙拉古人和他们的同盟者建筑一条单墙，从叙拉古起，成一斜角而上，横过厄庇波利；这样一来，如果雅典人不能阻止这项工作的话，他们就不可能再进一步包围叙拉古城了。这时候，雅典人已经完成了他们达到海滨的城墙，因此他们跑到高地来了。他们的要塞中有一段是薄弱的，吉利普斯在晚上率领他的军队进攻这个地方。但是正碰着那晚上雅典人在要塞外露营，他们知道他来袭击了，马上前来应战。于是吉利普斯迅速地撤退他的军队。现在雅典人把这一段城墙建筑得更高些，他们自己驻守在那里，而把要塞的其他部分交给他们的同盟军驻守，每个同盟军有它自己的驻防地段。

尼西阿斯也决定在普利姆密里昂设防。普利姆密里昂是叙拉古对面的一个地角，伸入海中，使大港的入口很狭窄。他认为如果把这个地方设防的话，他们更容易输入军需，因为他们封锁的舰队和叙拉古人所占据的港口更加接近了；同时，如果敌人的舰队有任何活动的话，他们也用不着从大港内较远的海面上驶来进攻敌舰了。尼西阿斯已经开始更注意海上的战争，因为他认为现在，吉利普斯到了之后，他们在陆地上的战争没有过去那么有希望了。因此，他带着他的舰队和一些陆军渡海到普利姆密里昂，在那里建筑了三个要塞。大部分辎重都储藏在这三个要塞里，较大的商船和战舰也停泊在这里。从这时候起，雅典的水手们感到很大的困难，这次移动是他们情况恶化的主要原因。他们用的水很缺乏，他们不得不到很远的地方去取水；他们出外搜集柴火的时候，总是遇着叙拉古骑兵的袭击，而引起死伤，因为叙拉古的骑兵控制了陆地。[①]

现在尼西阿斯知道科林斯舰队的其他船舰将要到了，因此他派遣二十条船舰去阻止它们，命令这些船舰去守望着，等到科林斯船舰绕着罗克里和利吉姆或驶近西西里时，从中邀击。

这时候，吉利普斯正在利用雅典人已经安置好来建筑他们自己的城墙的那些石头，继续建筑那条横过厄庇波利的城墙。同时，

① “因为雅典人占领了普利姆密里昂，叙拉古人把他们三分之一的骑兵驻扎在奥林匹昂的小村庄上，以防止雅典人出来掠夺附近的乡村。”

他总是带着他的叙拉古人和同盟者的军队出来，在要塞面前列成阵势；雅典军队在他的对面，也列成阵势。最后，他认为有利的时机到了的时候，他就采取主动向雅典人进攻。于是他们在两道城墙间的地方进行肉搏战，叙拉古的骑兵不能应用。叙拉古人和他们的同盟者战败了，根据休战条件，他们收回了阵亡者的尸体，雅典人建立了一个胜利纪念碑。于是吉利普斯把他的军队集拢来，对他们说，这次战败不是由于他们的过失，而是由于他自己的过失，因为他使军队的队形太深入两道城塞所包围的地区内，以致他们的骑兵和标枪手不能支援他们；现在他准备领导他们作第二次进攻，他说：他们应当记着，以物资而论，他们足以对抗敌人；以军纪而论，如果伯罗奔尼撒人和多利亚人没有信心去战败和驱逐爱奥尼亚人、岛上居民和那些跟他们在一起的乌合之众的话，这是不能容忍的。

此后，当他认为时机到了的时候，他又领导他的军队进攻敌人了。尼西阿斯和雅典人认为，纵或敌人不想出来作战，他们自己也要出来阻止叙拉古人建筑这条横截的城墙。这条城墙已经建筑得将要达到雅典人所建筑的城墙的终点了。如果这条城墙横过了雅典人的城墙的话，那么，他们战斗纵或取得胜利，也根本和不战斗毫无区别了。因此，他们前来抵抗叙拉古人。这一次交战的时候，吉利普斯领导他的重装步兵离开城塞比上次远些。他的骑兵和标枪手对抗雅典军队和侧翼，雅典军队的侧翼是列在离两条城墙的终点不远的宽敞平地上。在战斗的时候，骑兵向雅典的左翼进攻，把他们打垮了，结果，其余的雅典军队也被叙拉古人打败了，雅典人急忙跑回他们的要塞中。第二天晚上，叙拉古人达到了目的，他们建筑的横截城墙，越过了雅典人城墙的终点。现在雅典人已经不能阻止叙拉古人建筑这条城墙；以后纵或雅典人在战场上胜利，也没有包围叙拉古城的机会了。

此事以后，在科林斯人厄剌新尼德指挥下的其他十二条船舰——科林斯的、安布累喜阿的和琉卡斯的①——驶入了港口。它们没有被守望着的雅典船舰所发现；船舰上的水手们帮助叙拉古人建筑横截城墙的其余部分。吉利普斯跑往西西里其他地区去招集军队。他想招集陆军和海军；同时也想争取那些过去不很愿意援助叙拉古的，或者根本没有参加战争的城市。他又派遣了一个叙拉古人和科林斯人的代表团往斯巴达和科林斯去，请求各种支援，商船也好，运输船也好，或者任何可能的支援都可以，因为他看到雅典人也不断地有生力军增援。同时，叙拉古人也配备了一个舰队的海员，开始训练他们的水手，想在海上和敌人作战；在其他一切方面，现在他们都表示充满了信心。

尼西阿斯知道了这种形势，看到敌人的势力日益强大，而他自己的困难日益增加，因此他派人到雅典去。过去他经常把这里所发生的各种军事行动报告雅典，但是这次他送去一个特别紧急的公文，因为他感觉到形势危急，如果本国政府不采取迅速行动——不是把远征军撤退，就是增派大量援兵——的话，他们是没有安全的希望了。但是他担心使者们由于缺乏说话的能力，或者由于记忆力不好，或者由于想说些讨好群众舆论的话，因而不说出真实的情况来。因此，他写了一封信；他认为，这样，雅典人可以知道他自

① 参阅第563,565页；同时参阅第558页。

己的看法，而不至于在传达过程中受到歪曲，因此使真实的情况得以在雅典人面前讨论。使者们带着这封信和口头的命令往雅典去了，而他则把注意力集中在他的军队上。现在他采取防守政策而避免一切不必要的冒险了。

在同一个夏季的末尾，雅典将军欧伊申带着大批色雷斯人的军队，和柏第卡斯合作，进攻安菲玻里。他没有攻陷这个城市，但是他领导他的三列桨战舰，绕过海岸，进入斯特赖梦河，他自己驻扎在希米里安，从河道上封锁城市。这样，夏季就过去了。

接着在冬季里，尼西阿斯的使者们到了雅典。他们把所受的口头命令传达了，并且回答了因此而产生的一些质问；他们把尼西阿斯的信交出。雅典城的录事跑向前面来，向雅典人宣读了这封信。信是这样写的：

"雅典人：我们所做的事情，你们从过去的许多信中已经知道了。现在最重要的，是你们应该知道我们目前所处的形势，从而作出决议来。我们是被派来进攻叙拉古人的，在战斗中，在大多数的情况下，我们自己证明是优于叙拉古人的；当吉利普斯带着从伯罗奔尼撒及西西里其他城市招集的军队来到此地的时候，我们已经建筑了一些要塞，这些要塞我们现在还占领着。在第一次战役中，我们打败了他；但是在第二天的战役中，我们被他们众多的骑兵和标枪手所打败了，退守我们的要塞。现在由于敌人的人数多于我们，我们被迫而处于被动的地位，不得不放弃封锁城墙的建筑。事实上，我们不能利用我们的全部军队，因为我们大部分的重装步兵必须用以防守我们自己的阵线。同时，敌人已经建筑了一条单墙，通过我们要塞线的终点，所以现在如果我们没有一个强大的军队来攻下他们这条城墙的话，我们就不可能封锁叙拉古城了。因此，我们虽然自以为是围城者，而事实上是被围者，至少在陆地上是被围者，因为由于敌人骑兵的缘故，我们不能深入乡间。

“他们已经又派遣代表往伯罗奔尼撒去请求援兵，而吉利普斯则亲往西西里各城市。他想说服那些过去中立的城市帮助他作战；如果可能的话，他想从其他城市中取得更多的陆军和海军增援。依我看来，他们这个计划是想利用他们的陆军来进攻我们的要塞，同时也想利用他们的海军来和我们在海上作战。当我说‘他们也将和我们在海上作战’的时候，你们不要觉得奇怪。事实上，叙拉古人知道得很清楚，我们的舰队原来是最好的：船骨是健全的，水手是正常的。但是现在我们的船舰在海上已久，船骨已腐，水手已经不是原来的情况了。我们不能拖曳我们的船舰上岸去晒干洗刷，因为敌人的船舰和我们的一样多，或者还要多些，我们经常有被袭击的危险。我们可以看见他们舰队的行动，他们处于主动的地位。但是他们比较容易晒干他们的船舰，因为他们不是封锁别人。至于我们，纵或我们的船舰比他们的多得多，我们不是和目前一样，必须利用全部船舰来封锁的话，我们也不能修理我们的船舰；因为如果我们的守望稍微有一点疏忽的话，我们就会丧失我们军需的来源，就是现在，我们要经过叙拉古来输入军需，已经是很困难了。

“由于下面的缘故，我们水手们的情况已经恶化了，而且这种恶化的程度还在继续增加。水手们必须到很远的地方去取柴火，去掠劫，去取饮水；因为敌骑的缘故，水手们常被杀害。因为敌人的势力和我们均等了，我们的奴隶开始逃亡。至于在我们军队中服务的外国人，那些被征集而来的人尽量迅速地逃回他们自己的城市去了；那些原来认为可以得到高薪，可以不战而取得财富的人，现在发现，和他们原来的期望相反，敌人不但能够抵御我们，并且实际上能够在海上和我们对抗了，他们不是做逃兵偷偷地跑掉，就是用其他方法离开我们了，因为西西里面积很大，逃跑是不难的。有些人做生意，买了一些海卡拉的奴隶，于是他们说服舰长们，把这些奴隶带上船舰，以代替他们的位置，因而破坏了舰队的效力。

“用不着说，你们也会知道，一个水手只能在短时间内保持精力旺盛，只有少数水手能够在船舰开动后，沿途继续担任划桨的责任。但是我的最大困难是：因为咱们雅典人的天性是难于驾御的，我这个将军不能防止这些弊端，我们也不能从其他地方取得人力的补充，以代替这些水手们。敌人有许多增加新人力的来源；而在我们方面，我们只有我们所带来的这些人，我们必须利用这些了，不但要供给船舰上的船员，还要弥补我们的损失，因为现在我们的同盟城市——那克索斯和卡塔那——已不能给我们提供人力了。敌人所需要的只有一件事了：我们现在从意大利许多地区取得给养，如果这些地区的人，看见了我们所处的地位，知道你们不再增援我们，因而倒向敌人那边去了的话，我们就会为饥饿所迫而屈服，叙拉古人就会毫不费力地获得胜利了。

“无疑地，我可以给你们一个完全不同的报告，而使你们更愉快些；但是，如果在你们采取决定之前，你们要清楚地知道此地的真实情况的话，那么，没有什么东西比我所告诉你们的更为有益了。并且我从经验中知道雅典人的性格：你们喜欢人家告诉你们

一些悦耳的消息；但是如果事情的发展不如你们所预料的话，那么，你们后来就会责难那些告诉你们的人。因此，我认为让你们知道真实情况是比较安全些。

“以这次远征的原定计划而论，你们不能说你们的士兵或将军有什么错误。但是现在整个西西里联合起来反对我们了；伯罗奔尼撒将增派新的援兵来，这是意料中的事；而你们在这里的军队，连目前的敌人也已经不能应付了。因此，这时候你们要决定，不是召回我们，就是另派一支和第一次远征军一样大的军队来，包括海军和陆军，并携带巨额的金钱来，同时另派一位将军来指挥军队，以免除我的职务，因为我患肾脏病，不宜于军事了，我想我可以请求你们照顾，因为当我身体健康的时候，我历次指挥军队，对于你们曾经有过很多的贡献。但是你们打算做的事，在春季一开始的时候就要做，不要迟延，因为敌人很快就会从西西里取得他们的援兵，他们从伯罗奔尼撒来的援兵到达此地虽然可能迟一点，但是如果你们不注意此事的话，你们会发现，在我们还没有做好准备的时候，西西里人的分遣队就到了这里，而伯罗奔尼撒人会和过去一样，偷偷地越过，而没有被我们发觉。”

这就是尼西阿斯的信的内容。雅典人听了这封信之后，不肯免除他的职务，但是任命在西西里的两个军官，米南德和攸西德马斯[①]，跟他分担指挥军队之责，以免他在病中单独担任全部责任。这两个军官是暂时负责的，直到雅典人选任做他的同僚的其他两个将军

① 前面已经提到，他是公元前 422 年尼西阿斯和约上签字人之一；参阅第 415、418 页。

到达西西里时为止。雅典人表决再派遣一支海陆军去，这支军队一部分由公民兵员名册中征召，一部分由同盟者中召集。阿尔西提尼的儿子德谟斯提尼[①]和修克利斯的儿子攸利密顿[②]二人当选为将军，和尼西阿斯分掌军权。大约冬至的时候，攸利密顿马上就被派往西西里去，带着十条船舰，和一百二十他连特白银。他是去告诉那里的军队，说援兵马上就会来了，他们的利益是会受到照顾的。德谟斯提尼留在后面，组织远征军。他计划在春天开始的时候启程，他正忙于派人往同盟国去要求军队，忙于在亚狄迦筹集款项、船舰和重装步兵。

雅典人又派了二十条船舰环绕伯罗奔尼撒巡逻，监视着不让有人从科林斯或伯罗奔尼撒其他地方渡海往西西里去。因为科林斯代表们从西西里带来了较好的消息，科林斯人更有信心了。他们知道，就是从前他们派遣去的舰队也不是没有用处的，现在他们准备用商船运送一支重装步兵军队往西西里去；斯巴达人也同样地想把从伯罗奔尼撒其余地方召集来的军队运往西西里去。科林斯人又配备了二十五条船舰的水手，准备向驻守诺帕克都的舰队[③]挑战——这个计划还有一个优点，就是使驻守诺帕克都的雅典人更难阻止科林斯商船的航行，因为科林斯的三列桨战舰列成阵势在他们的前面，他们的注意力会集中到科林斯的战舰上的。

斯巴达人也准备依照他们已经决定了的计划和叙拉古人及科

---

① 前面第 345 页，已提到他在军队中服务。

② 他在公元前 424 年因远征西西里失败而被处罚款的；参阅第 344 页。

③ 在整个战争过程中，雅典经常有一个舰队驻守在这里，通常是二十条三列桨战舰；参阅第 174、184 页。

林斯人的请求，进攻亚狄迦，因为当叙拉古人和科林斯人听到雅典将增派援兵往西西里去的时候，他们希望斯巴达人侵入亚狄迦，以阻止雅典人派遣援军往西西里去。亚西比得也经常劝斯巴达人在狄西里亚设防，努力进行战争。但是鼓舞斯巴达人采取强有力的行动的主要原因是由于他们相信雅典人现在两方面作战——一方面对抗他们，另一方面对抗西西里人——因而更容易被打垮了。此外，斯巴达人认为雅典是首先破坏和平条约的。他们认为在第一次战争[①]中，他们自己方面的过失多些，一则因为底比斯在和平时期进入普拉提亚，[②]二则前次条约[③]中规定，如果有一方面要求仲裁的话，任何一方不得诉诸武力，但是雅典人请求仲裁，而他们自己没有接受这个请求。因此，他们认为他们后来所遭受的灾难，有一点是理所应得的，他们牢牢地记着派娄斯的灾难[④]和其他战役上的失败。但是现在雅典人除经常从派娄斯出来掠劫外，还率领三十条战舰[⑤]从亚哥斯出来，破坏埃彼道鲁斯、普拉西依以及其他地方；并且无论什么时候，对于条约中这些怀疑之点发生争议时，总是斯巴达建议提交仲裁，而雅典拒绝。因此，斯巴达人认为，现在是雅典的过失，正如以前是他们自己的过失一样，于是他们很热心地进行战争。这个冬季里，他们派人往各同盟国去，请求供给铁，他们准备其他材料，以为建筑要塞之用。同时，他们自己组织一支军队，从伯罗奔尼撒其他地方征调军队，用商船运去援助他们

① 阿基达马斯战争，即伯罗奔尼撒战争中最初十年的战争。

② 参阅第 120 页。

③ 指三十年休战条约；参阅第 89 页。

④ 第 317—328 页。

⑤ 参阅第 558 页。

在西西里的同盟者。这样冬季完了，修昔底德所记载的战争的第十八年也跟着完结了。

第二章　狄西里亚的设防。叙拉古人攻陷普利姆密里昂。雅典人的困难

接着正在春季开始的时候，[①]比以前任何一次都早些，斯巴达人和他们的同盟者在阿基达马斯的儿子国王阿基斯统率之下，侵入亚狄迦。他们首先破坏了平原区的乡村，于是进而在狄西里亚[②]设防，他们把这项工程分配给各城市。狄西里亚离雅典约一百二十斯塔狄亚，[③]大约和离彼奥提亚的距离相同，或许远一点。[④]

574 他们建筑这个要塞的目的是威胁和控制乡村最富裕的平原区。这个要塞从雅典城中可以看得见。

当在亚狄迦的伯罗奔尼撒人和他们的同盟者正在建筑要塞的时候，他们国内的同胞约在同时，用商船把重装步兵送往西西里。斯巴达人遣送希洛人和脱籍奴隶[⑤]中最精选的人去，共重装步兵六百名，由斯巴达的正规军官厄克里都指挥。彼奥提亚人派遣了

① 公元前 413 年 3 月。

② 故址在现在的塔托依村，位置近于雅典的正北，在往彼奥提亚的道路横过巴尼东部的通道中的最高地点。

③ 约合十三英里。

④ 事实上，狄西里亚离彼奥提亚比离雅典近得多。参阅昭伊特译本第一卷，cx 页。——译者

⑤ 参阅第 425 页。这些人是因服兵役而被斯巴达解放的希洛人，即新公民。

三百名重装步兵，由底比斯人谢浓和尼康以及特斯匹伊人赫哲山大指挥。这些人由拉哥尼亚的塔纳隆启程，他们是最早起航的；他们出发后不久，科林斯人派遣了一支五百名重装步兵的军队，其中一部分是科林斯的公民，一部分是阿卡狄亚的雇佣兵。这支军队是由科林斯人亚历撒库斯指挥的。和科林斯人同时，西息温人也派遣了二百名重装步兵，由西息温人萨基阿斯指挥。同时，科林斯人在冬季里把已经配备了海员的二十五条船舰停泊在诺帕克都的对岸，和停泊在那里的二十条雅典船舰遥遥相对，直到他们的重装步兵乘着商船完全离开伯罗奔尼撒为止。他们原先就是为了这个目的而配备这些船舰的海员的，使雅典人不得不注意这些三列桨战舰而让商船自由通过。

同时，当春季刚刚开始，斯巴达人正在狄西里亚设防的时候，雅典人派遣阿波罗多拉斯的儿子查里克利指挥三十条船舰环绕伯罗奔尼撒巡逻；他受命往亚哥斯，请求他们依照同盟条约的规定，供给舰队的重装步兵。他们又按照他们的决议，派遣德谟斯提尼往西西里去；他率领六十条雅典船舰，五条开俄斯船舰，从雅典的正规兵员名册中抽调的一千二百名重装步兵和尽可能从各岛屿中召集来的军队。他们又从其他附属同盟国中取得它们所能供给而于战争有用的一切东西。德谟斯提尼受命首先和查里克利一道环绕伯罗奔尼撒航行，和他联合在一起，进攻拉哥尼亚沿岸。因此，他航往厄基那，然后等待他的其余军队和查里克利从亚哥斯选拔的军队到来。

在这个春季里大约同时候，在西西里的吉利普斯率领他尽量在各城市中说服来增援的军队到了叙拉古。他把叙拉古人召集起来，对他们说，现在他们应该尽量地配备船舰上的船员，企图在海上作战，他希望海上战斗会对于整个战局有利，这是值得冒一切危险去做的。在这点上，他得到了赫摩克拉底的热烈支持，赫摩克拉底和他一起鼓励叙拉古人勇敢地和雅典人在海上作战；他说，雅典人的海军经验不是天生成的，也不会永远保持着的；事实上，雅典人比起叙拉古人来，更是陆地上的人，他们只是为波斯人所迫而从事航海事业的。他说，像雅典人一样勇敢的人，如果遇着对方有同样的勇敢，就会感到棘手了；有时候，雅典人并没有优越的力量，他们惯于利用勇敢进攻的方法来恐吓他们的邻国；叙拉古人现在可以用同样的方法来进攻雅典人。他很有把握，认为叙拉古人这样出乎意外地英勇抵抗雅典的海军，将使敌人发生恐慌；这个优点就足以充分抵偿他们因雅典人的航海技术和他们自己的缺乏经验所受到的损失。因此，他劝他们利用他们的舰队在海上作战，不要畏缩。

叙拉古人采纳了吉利普斯、赫摩克拉底和其他一些人的意见，决定在海上作战，开始把他们的船舰配备海员。当舰队准备行动的时候，吉利普斯于晚间率领全部军队出来。他自己建议，由陆地上去进攻普利姆密里昂的要塞。同时，按照事先的布置，三十五条叙拉古三列桨战舰从大港中驶出，向敌人进攻；其余的四十五条船舰从小港中驶出（他们的船坞在小港中），绕道进入大港内，和港内的船舰联合起来，同时威胁普利姆密里昂；这样内外夹攻，雅典人就会混乱了。

在另一方面，雅典人迅速地配备了六十条船舰的船员。他们利用二十五条船舰和大港内的三十五条叙拉古船舰作战；其余的船舰航出抵抗由船坞绕道来的叙拉古船舰。他们马上在大港的入口发生战斗，一方面想冲进来，另一方面尽力抵抗，相持很久，双方都不让步。

同时，在普利姆密里昂的雅典人都上了船舰，完全只注意到海上的战斗。在清晨的时候，吉利普斯突击这些要塞，捕获他们的哨兵。他首先攻陷其中最大的一个要塞，然后攻陷其余的两个要塞，因为这两个要塞的驻军看见最大的要塞尚且这样容易地被攻陷了，所以吉利普斯还没有来的时候，他们就逃跑了。首先被攻陷的那个要塞中的人设法逃往一个商船和各种小船上，他们经过很大的困难才达到军营里，因为他们被叙拉古派来的航行迅速的三列桨战舰所追逐，这时叙拉古人在大港中的海战正处于优势。但是当其余两个要塞被攻陷时，叙拉古人是快要被打败了，所以这两个要塞中的人，沿着海岸航行，比较容易些。事实上，在港口附近作战的叙拉古船舰已经迫使雅典船舰退却，于是航入港内；但是因为它们毫无秩序，彼此互相撞碰，胜利转到雅典人手中了。雅典人首先打垮它们，然后打垮其余在大港中已经取得优势了的那些船舰。他们击沉了十一条叙拉古船舰，杀死了船舰上大部分人员，只有三条船舰上的水手是被他们俘虏的。雅典人自己也丧失了三条船舰。他们把叙拉古的破船拖到岸边，在普利姆密里昂前面一个小岛上建立一个胜利纪念碑，然后回到他们的军营里去了。

叙拉古人在海上战役中失败了，但是他们占据了普利姆密里昂的要塞；为了这些要塞，他们建立了三个胜利纪念碑。他们拆毁了最后攻陷的两个要塞中的一个，但是恢复了其余两个，并派兵驻守。这些要塞被攻陷时，许多人被杀害或被俘虏了，许多财产完全落入敌人手中。雅典人原是利用这些要塞作为总储藏所，要塞中有许多商人和舰长们[1]的财产和谷物；事实上，除了已经拖到岸边的三条三列桨战舰外，还有可以供给四十条三列桨战舰的桅杆和其他设备都在那里丧失了。真的，普利姆密里昂的失落是雅典军队情况恶化的最大而且最主要的原因。运输军需的船舶，就是到了海港的口子上，还是不安全的，因为叙拉古的船舰在那里等着，阻止它们驶入；这时如果要输入军需就必须战斗了。在其他方面，这个事件也引起军队的恐慌和士气的低落。

此事之后，叙拉古人派遣叙拉古人阿加塔库斯率领十二条船舰出去。其中一条是往伯罗奔尼撒去的，船上载着一些代表们，他们将对伯罗奔尼撒人说，在叙拉古的事情很有希望，劝伯罗奔尼撒人在希腊更激烈地进行战争。其余的十一条船舰航往意大利[2]，因为它们得到消息，说有许多给雅典人运输各种军需的船舶快要到了。它们阻止了这些船舶，把大部分船舶毁灭了。它们又往科伦尼亚领土内，把一些准备给雅典人建筑船舶用的木材都付之一炬。此事之后，它们到了罗克里；当它们停泊在那里的时候，有一条从伯罗奔尼撒来的商船到了，船上载着一些特斯匹伊的重装步兵。叙拉古人把这些重装步兵载上了自己的船舰，于是沿着海岸，航行回国了。雅典人率领二十条船舰在麦加拉守望着它们，俘虏了其中一条船舰和舰上的水手，但是没有赶上其余的船舰；其余的

① 三列桨战舰的舰长们是每年由富裕公民的名册中选任的，在服务之年开始的时候，他们从国家取得空船，没有船帆、索具及其他设备；这些设备都是舰长们自己装配的。

② 在修昔底德的著作中，意大利这个名词仅指罗斯河和麦达逢坦以南的地区而言。

船舰都逃到叙拉古去了。

在大港中木桩的周围有过一些远距离的战斗；这些木桩是叙拉古人钉在他们的旧船坞前面的海底中，使他们的船停泊在障碍物里面，雅典人不能把船舰划上去撞击它们。现在雅典人划来一条载重一万他连特[①]的大船，船旁配备着木塔和帐幕。他们乘着小船，划往有木桩的地方，用绳索系着木桩，利用绞盘把木桩拔出来，或折断；或沉到水底下，把木桩锯断。叙拉古人从船坞上向他们射击，大船上的雅典人也回击。最后，雅典人把大部分木桩都拔出来了。围桩中最难对付的是那些眼睛所看不见的部分，因为有一些钉入海底的木桩没有露在水面上；如果船舰在木桩上航行，好像在暗礁上航行一样，那是很危险的。但是这些也交给潜水者去处理，他们沉到海底去，把这些木桩锯下来，因此得到报酬。但是叙拉古人又打下一些木桩，以代替那些被锯掉了的木桩。双方都应用了许多其他的办法，两军在这样近的距离内相对峙，这种情况是可以意料得到的；小的战斗经常发生，各种战术都试用了。

叙拉古人又派遣一些由科林斯人、安布累喜阿人和斯巴达人组织的代表团往西西里各城市去，把攻陷普利姆密里昂的消息告诉了它们，并且说明他们在海战中的失败是由于他们自己的无秩序，而不是由于敌人力量的优越；他们又说明，总的战局是很有希望的，请求它们给予海军和陆军的支援，因为预料到雅典人也有新的援军会到；只要他们能够在雅典新的援兵还没有到的时候，消灭当地的雅典军队，战事就会结束了。

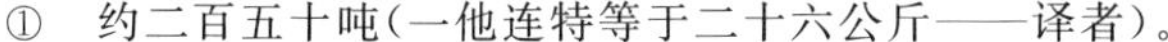

① 约二百五十吨（一他连特等于二十六公斤——译者）。

当西西里这些事情正在进行的时候，德谟斯提尼召集了他所能带去的援军。[①] 他从厄基那出发，航往伯罗奔尼撒，和查里克利所率领的三十条雅典船舰联合在一起。于是他们带着亚哥斯的重装步兵在船上，航往拉哥尼亚。他们首先破坏埃彼道鲁斯-里摩拉的一部分土地，然后在锡西拉对岸的拉哥尼亚登陆，那个地方是阿波罗神庙所在地。他们破坏了这个地方一部分的乡村，在一个类似地峡的地方设防，使希洛人有一个地方可以逃亡，同时也和派娄斯一样，他们在这里有一个进行掠夺的根据地。当德谟斯提尼帮助查里克利占据了这个地方之后，他马上继续航行，往科西拉，以便在那里取得同盟军队，然后尽快地渡海往西西里。查里克利留在那里，直到要塞完成了的时候为止。于是他留下军队驻守，他自己带着三十条船舰和亚哥斯人也回国了。

在同一夏季中，提伊人派来一千三百名轻盾武装兵士到了雅典；提伊人是色雷斯的一个部落，他们是以短剑为武器的。他们原来想和德谟斯提尼一同航往西西里去的，因为他们来迟了，不能往西西里，雅典人决定要他们回到色雷斯去；如果把他们留下来对付狄西里亚战争的话，费用似乎太大了。[②]

当时的形势是这样的：自从夏季以来，全部侵略军在狄西里亚首先设防，利用狄西里亚作为根据地以侵略乡村，把城市中的驻军定期换防；这样，雅典遭受了很大的损失。真的，狄西里亚的被占领，事实上引起很多财产的被蹂躏和人力的丧失，这是雅典势力衰

---

① 继续第575页的叙述。

② “每人的报酬是一个德拉克玛一天。”

落的主要原因之一。以前的侵略，时间都很短，其余的时间雅典人还可以利用他们的土地；但是现在，敌人终年驻扎在高地；有时派遣额外军队侵入乡村，有时只是正规的驻防军蹂躏地方，进行掠夺，以攫取物资。斯巴达国王阿基斯亲自在那里指挥，把整个战事当作主要的战役。因此，雅典遭受了很大的损失。他们失去了全部乡村；两万多奴隶逃亡，这些奴隶中大部分是有技术的工匠；全部羊群和役畜都丧失了。因为骑兵每天出发，往狄西里亚，向敌人进攻，或巡逻乡间，马匹继续不断地在崎岖的石路上奔走，马匹的脚都跛了，或者为敌人所伤害。从优卑亚来的粮食，过去是从俄罗巴斯运上陆，经过狄西里亚，由捷径达到雅典；而现在必须花很大的运费，由海道绕过修尼阿姆地角，才能运到雅典。城内一切需要都必须由海外输入，现在雅典已经不是一个城市，而只是一个要塞了。白天里，分遣队在城垛上轮流守卫；晚间，除骑兵外，所有的人都值班防守，有些在各个哨兵站上，有些在城墙上。所以夏去冬来，他们的困难永无尽期。最使他们受折磨的，是他们同时进行两个战争；真的，他们达到这样顽强果决的地步，以致如果在这件事情实际发生之前，有人听到这种事情的话，他不会相信这是可能的。这是难以置信的，因为雅典人已被伯罗奔尼撒人包围(伯罗奔尼撒人以亚狄迦的一个要塞作为根据)，而他们不但没有从西西里撤退，反而留在西西里，同样地包围一个和雅典一样大的城市——叙拉古，使希腊世界对于他们的势力和勇敢表示惊异；这种惊异的程度可以从下面的事实看出来：在战争之初，有些人认为，如果伯罗奔尼撒人侵入亚狄迦，雅典可能支持一年，而另外一些人认为可以支持到两三年，再没有人认为它可以支持三年以上的；但是现在

是伯罗奔尼撒人第一次侵入亚狄迦[①]以后的第十七年了，雅典人虽然在战争中遭受了各种困难，但是他们还向西西里出发，发动另一个战争，其规模是和他们已经和伯罗奔尼撒人进行的战争一样大的。

因为所有这些原因(伯罗奔尼撒人占领狄西里亚所造成的损失和他们所有的其他巨大开支)，雅典人开始感到财政上的困难了。大约在这个时候，他们开始对属民从海上输入和输出的一切货物征收5%的关税，他们认为这样可以增加收入。国家的支出已经和过去不同了；当战事扩大的时候，开支随之增加，而收入则减少了。

在目前财政困难的时候，雅典人不想增加开支；因此，他们马上把那些迟到而不能随德谟斯提尼的军队一道出发的色雷斯人遣回了。[②] 第依特累斐受命率领他们回国，在航海归国途中尽量破坏敌人沿海地区。他首先运送他们在塔那格拉登陆，他们迅速地掠劫一些东西运跑了；于是他们在黄昏时，从优卑亚的卡尔西斯横渡攸里配斯海峡，在彼奥提亚登陆，率领他们进攻密卡利苏斯。他在赫尔密斯神庙附近过夜，没有被人发现。赫尔密斯神庙离密卡利苏斯大约有十六斯塔狄亚[③]的路程。在黎明时，他进攻密卡利苏斯，这是一个不大的城市。他把这个城市攻陷了。居民防范不周，他们没有料到有人这样远从海上来向他们进攻。他们的城墙是不坚固的，有些地方已经崩溃了，有些地方城墙不高，城门是敞开的，因为他们认为自己是安全的。色雷斯人冲入密卡利苏斯城内，对城中的屋宇和神庙大肆劫掠，屠杀居民，无论年幼的或年老的都没有得到幸免；

① 公元前431年，参阅第129页。——译者
② 参阅第580页。
③ 约合两英里。

凡是他们所遇着的,妇女和儿童也是一样,甚至于连他们在田间所看见的牲口和一切动物也都杀掉。因为色雷斯人种,和一切最残酷的野蛮人一样,当他们无所畏惧的时候,是特别喜欢杀人的。所以这时全城混乱,人民遭到种种不可言状的惨死。特别是他们冲入一个儿童学校,这个学校是当地最大的一个学校,儿童们刚刚跑进学校里去,他们把这些儿童都杀死了。因此全城遭到灾祸,这个灾祸比任何一次灾祸都来得更突然、更可怕,范围更广大。

同时,底比斯人听到这个消息了,跑来救援。色雷斯人跑得不远,底比斯人就追上了,把他们的掠获物夺回,赶得他们在恐慌中逃往攸里配斯海峡和海边去了,运载他们来的船舰正停泊在那里。被杀害的人多半是在上船的时候被杀害的,因为他们不会游泳,船上的水手们看见岸上所发生的事情的时候,他们把船舰停泊在弓箭射程之外。当撤退的时候,[①]色雷斯人在其他地方令人钦佩地抵抗了底比斯的骑兵。底比斯的骑兵首先向他们进攻,他们采取了本国的战术,结队冲出,然后退回来。在这个战斗中,他们中间被杀死的只有极少数人,但是许多落在后面劫掠的人在城内被杀了。一千三百人中被杀者共二百五十人。援军里面的底比斯人和其他的人丧失了大约二十名骑兵和重装步兵,其中包括一个彼奥提亚的司令官斯科里封达。密卡利苏斯丧失了许多人口。它是一个小城市,但是在刚才所描述的灾难中,它的居民所遭受的灾难,其悲惨的程度可以和这次战争中任何一次灾难相比。

① 修昔底德说明他们主要的损失是在“上船的时候”造成的。

第三章 德谟斯提尼往叙拉古途中。雅典人在大港中的败绩

我们已经知道，德谟斯提尼在拉哥尼亚建筑要塞之后，就往科西拉去了。[①] 他发现了一条商船停泊在伊利斯的腓伊亚[②]，在商船上的科林斯重装步兵[③]想渡海往西西里去。他破坏了这条商船，但是船上的人逃跑了，后来他们乘着另一条船往西西里去了。此后，他到了萨星修斯和塞法伦尼亚，带了一些重装步兵上船，并且派人往诺帕克都去，要求那里的美塞尼亚人派遣重装步兵来。于是他渡海往对岸的大陆阿开那尼亚，[④]到阿力西亚和安那克托里安，这两个地方当时是被雅典人占领的。在这个地区，他遇见了攸利密顿，攸利密顿正从西西里航行回国；前面已经说到，他是冬季里被派遣带钱送给西西里的军队的。[⑤] 他告诉德谟斯提尼说，他在船上的时候，听说叙拉古人已攻下普利姆密里昂了。驻守诺帕克都的将军科浓[⑥]也在这里和他们会见了，他告诉他们说，停泊在他对面的二十五条科林斯船舰[⑦]仍然采取敌对态度，事实上有意

---

① 参阅第 580 页。

② 奥林匹亚的港口。

③ 参阅第 572、575 页。

④ 公元前 426 年夏季他在这里作过战(第 278 页以下)。

⑤ 参阅第 572 页。

⑥ 他在伯罗奔尼撒战争将要结束时出名，后来是他恢复雅典城墙的。

⑦ 参阅第 572、575 页。

想进行海战。因此，他请求他们分派一些船舰给他，因为他自己的十八条船舰不能对付敌人的二十五条船舰，所以德谟斯提尼和攸利密顿派了十条最快的船舰，由科浓带去，和驻守诺帕克都的舰队联合在一起。于是攸利密顿[①]航往科西拉，命令科西拉人配备十五条船舰的海员，并征集重装步兵；而德谟斯提尼从阿开那尼亚地区招募弹石手和标枪手。

同时，前面已经说到，叙拉古人在攻陷普利姆密里昂之后派往西西里各城市去的代表们[②]现在得到了很好的反应，他们正在带着他们所募集的军队回来了。但是尼西阿斯知道了他们的用意之后，即派遣使者往森托利巴人[③]和阿利西人以及和雅典同盟的其他西塞尔人部落[④]那里去（这些部落都是控制着敌人回国的道路的），请他们不要让敌人的援兵通过，而要联合起来，阻止他们前进，因为除此之外，敌人的援军是没有其他道路可走的。[⑤] 所以当西西里各城市的军队正在进军的时候，西塞尔人依照雅典人的吩咐，把他们自己的三支军队布置埋伏，乘敌人没有防备的时候，突然向敌人进攻。他们杀了约八百人，除科林斯的代表一人外，其余的代表都被杀了。科林斯的代表率领其余的军队，共约一千五百人，逃往叙拉古去了。

---

① “这时攸利密顿已经回来和德谟斯提尼在一起了，因为他受命和德谟斯提尼共同指挥这个舰队。”

② 参阅第579页。

③ 森托利巴位于卡塔那上面的息米修斯河畔，在塔特那的西南约二十五英里，即现在的森托比（和谟：《古西西里史》i. 68）。这个地区有一个阿利西市镇，地点不详。

④ 西塞尔人是西西里的土著居民；西塞利奥特人是西西里的希腊移民。

⑤ “因为阿格立真坦人是不会让敌人的援军通过他们的领地的。”

大约同时，卡马林那人[①]来援助叙拉古的军队也到了——五百名重装步兵、三百名标枪手和三百名弓箭手。机拉人[②]也派来了足够配备五条船舰的水手，四百名标枪手和二百名骑兵。现在实际上，除了阿格立真坦（它是中立的）以外，整个西西里都联合起来了；他们不和过去一样，站在旁边观望，而是站在叙拉古一边，反对雅典人了。

叙拉古人遭遇了在西塞尔人地区的悲惨事件以后，就放弃了马上进攻雅典人的企图。同时，德谟斯提尼和攸利密顿，因为他们从科西拉和大陆上招集的军队已经到齐了，带着他们的全部远征军横过爱奥尼亚湾，达到爱阿匹吉亚地角。他们从这里出发后，停泊在爱阿匹吉亚附近的绰拉德群岛，把属于美撒比亚人部落的一百五十名爱阿匹吉亚标枪手带上船舰。他们和当地的统治者阿塔斯恢复了旧日的友好关系，所以阿塔斯把这些标枪手供给他们。此后他们继续航行，到达意大利的麦达蓬坦。他们在这里说服了当地的居民，依照他们的同盟条约，派遣三百名标枪手和两条三列桨战舰给他们。他们带着这些增援的军队，沿着海岸航行，达到条立爱。他们发现这里刚刚发生了一个革命，反雅典党人被放逐了。他们在这里检阅他们的全部军队，看是否还有什么事情没有做好；同时，他们也想说服条立爱人，使他们尽可能地自愿参加远征军，利用目前的形势使他们和雅典订立攻守同盟，因此，他们留在这里，忙着交涉这些事情。

---

① 参阅第544页。

② 参阅第528、562页。

大约与这同时，驻扎在诺帕克都雅典舰队对岸的二十五条船舰上的伯罗奔尼撒人，为着保护驶往西西里的运输船队起见，已经准备作战了；他们又配备了一些船舰，使他们的船舰数目和雅典的船舰数目相差不多。它们停泊在立比地区亚加亚的伊林尼阿斯[①]附近；因为它们所停泊的地方是一个新月形，在这个地区内的科林斯人和其他同盟者的步兵都来支援，沿着海湾两边的地角列成阵势，而船舰则控制着两个地角间的海面，封锁入口。科林斯人波利安提负指挥这个舰队的责任。

雅典人在狄菲拉斯[②]指挥之下，乘着三十三条船舰从诺帕克都驶出，向他们进攻。起初，科林斯人并不行动，等到他们认为时机到了的时候，他们举起信号，前进和雅典人作战。双方支持很久，互不退让。科林斯人丧失了三条船舰；雅典人的船舰虽然没有马上被击沉的，但是有七条船舰失掉了作战的能力，因为被科林斯的三列桨战舰迎头撞击，船头被凿穿了；科林斯三列桨战舰船头上的吊锚架[③]建造得坚实些，专用以撞击敌舰的。在这次战役中，双方是势均力敌，所以都可以说是获得胜利了；但是雅典人占取了被破坏的船舰，因为海风把这些破船吹入海中，而科林斯人无意跑出来争取这些破船了。所以战斗就停止了，双方都没有追逐，也没有俘虏，这是因为科林斯人和伯罗奔尼撒人是靠近陆地作战，所以很容易逃跑；而在雅典人方面，没有被击沉的船舰。雅典人驶回诺帕克都，而科林斯人马上建立一个胜利纪念碑，认为他们是胜利了，

① 在赖昂姆之东的一个小地方。

② 他似乎带来了增援的十五条船舰，代替了科浓的职务(参阅第584页)。

③ 船首两侧突出的木杆，用以加强船头的力量的。锚即悬在木杆上。

因为他们使许多敌舰丧失了作战的能力;同时,正因为雅典人没有说自己获得了胜利,所以科林斯人就认为自己没有战败。因为,在科林斯看来,如果他们没有被敌人彻底打垮的话,他们就认为自己是胜利了;而在雅典人看来,如果他们没有很容易地取得胜利的话,他们就认为自己是战败了。但是当伯罗奔尼撒人航行离开了这里和他们的步兵被遣散了之后,雅典人也在亚加亚建立了一个胜利纪念碑,表示他们取得了胜利。这个胜利纪念碑建立在离科林斯人停泊的地方——伊林尼阿斯——约二十斯塔狄亚[①]的地方。海战就这样结束了。

现在条立爱人以七百名重装步兵和三百名标枪手参加德谟斯提尼和攸利密顿的军队。[②] 这两个将军命令舰队沿着海岸航行,往克洛托那去,而他们两人首先在西巴里斯河畔检阅全部陆军,然后率领这支军队通过条立爱的领土。当他们达到亥利阿斯河面时,克洛托那人派遣使者来告诉他们,克洛托那人不许他们通过克洛托那的领土。因此,雅典人沿海岸而下,驻扎在亥利阿斯河口的岸上,他们在这个地方和他们的舰队会合。次日,他们上船,沿着海岸航行,在所有的城市(除罗克里以外)停泊,直到他们达到利吉姆领土内的庇特拉。

同时叙拉古人已经听到雅典的援兵到了,他们很想利用他们的舰队和陆地上的其他军队再向雅典人进攻;这些军队是他们聚集起来,想在雅典援军还没有到的时候开始行动的。在装备他们

① 合两英里多路。

② 参阅第586页。

的舰队时，他们做了各种改进，根据他们以前海战的经验，他们估计这些改进将给他们一些便利；特别是他们减少船头的长度，使船头更加坚固些，在吊锚架的两旁增加了一些材料；他们建造支柱，从吊锚架的地方起，沿着船边约九英尺，向外突出也约九英尺。这样，他们是模仿科林斯人在和雅典人作战于诺帕克都以前加强他们的船头的方法。叙拉古人认为这样，他们的船舰便可以战胜雅典的船舰；雅典船舰的构造和他们的不同，船头是轻的，因为雅典人通常的战术不是迎头向敌舰撞碰，而是冲破敌人阵线，环绕敌舰，向敌船的侧面或船尾撞去。这次海战将在大港中进行，在大港中船多而水面小，这对于他们是有利的，因为他们迎头向敌舰撞击，坚强的船嘴和空虚而软弱的船嘴相碰，他们会凿穿敌舰的船头；同时，在狭窄的水面上，雅典人不能运用他们所认为有把握的海上战术；他们不能环绕航行，也不能突破敌人的战线，然后倒划回来，因为叙拉古人将尽力阻止他们冲破战线，而水面狭小，使他们不能运用环航战术。事实上，这种船头碰船头的方法，过去被认为是舵手缺少技术的表现，而现在成为叙拉古人运用的主要方法，因为这个方法对于他们是最有利的。因为如果雅典人被迫而退却的话，他们只能向岸边倒划，那么，只能划一个很短的距离，只能在他们驻营前面一个很小的地区内划行。港内其余的部分将为叙拉古人所控制；如果雅典人被迫而退却的话，他们会在很小的水面上挤在一块，互相撞击，因而产生混乱。[①] 至于绕道航入公海中，这

① “事实上，这一点正是使雅典人在所有的海战中深受其害的——他们和叙拉古人不同，没有全部海港的水面可以由他们退却。”

是不可能的，因为叙拉古人占据了出口和入口；并且普利姆密里昂已在敌人手中，而港口又是不很宽的，所以雅典人要想逃出就更加困难了。

因为以前海战的结果，叙拉古人现在更有信心了；他们定下了这个计划以适应他们目前技术和力量的情况之后，就马上开始由海上和陆地上向雅典人进攻。吉利普斯首先率领军队出城，跑到面对着叙拉古城的那部分雅典人的城墙那里去。同时，在奥林匹昂方面的军队（包括那里的重装步兵、骑兵和叙拉古的轻装步兵）从另一边向雅典人的城墙进军。这些军队发动之后，叙拉古人和他们的同盟者的船舰马上驶出进攻。起初，雅典人以为敌人将只从陆地上进攻；当他们看见敌人的船舰也向他们进攻的时候，他们有点惊慌了，有些人在城墙上面或城墙前面列成阵势；有些人急忙跑出来，抵御前进的敌军（从奥林匹昂及外面乡村中来的许多骑兵和标枪手）；有些人登上船舰，或在海边列成阵势，以支援他们。他们配备了船舰上的水手之后，马上把七十五条船舰下水，去抵抗敌人。叙拉古人有船舰约八十条。

当天大部分的时间都用于进攻，然后又退却，彼此试试力量。虽然叙拉古人击沉了一两条雅典船舰，但是双方都没有得到很大的成就，战事就停止了；同时，他们的陆军也从前线上撤退了。

次日，叙拉古人没有动静；对于他们将怎么办，没有任何表示。但是尼西阿斯看见海战不分胜负，预料到敌人将再来进攻的，所以命令舰长们把所有受损伤的船舰修理好，使一长排商船停泊在木栅的外面；这排木栅是他们安置在船舰前面的海中的，使海面成为一个被围住的港口。商船所安置的地位彼此相隔约二百英尺，这样可以使一切遭遇困难的船舰安全地退却，时机到了的时候又可驶出。整天直到傍晚，雅典人都忙于作这些布置。

次日，叙拉古人更早地开始军事行动，但是进行同样的军事计划，即由海陆两方面同时向雅典人进攻。当天大部分时间是两个舰队相持不下，正和以前一样，彼此互相进攻和反攻。但是最后，一个科林斯人匹希卡斯的儿子亚里斯吞（他是叙拉古舰队中一个最好的舵手）说服了他们的海军司令官们派人往城内的专职官吏那里去，命令他们把买卖市场尽量迅速地移到海边来，强迫每个有食物出卖的人带着食物到海边来出卖给他们；这样，海军司令官们可以使水手们登陆，就近在船边用餐，然后经过一个很短的休息时间之后，当天，可以出乎雅典人意料之外，再向雅典人进攻。

海军司令官们采纳了这个意见；他们派遣了一个使者往城内去，于是买卖市场准备好了。叙拉古人突然划船倒退，向城市那边退却，于是他们马上离船登陆，就地用餐。而雅典人以为叙拉古人回到城里去了，因为他们认为叙拉古人已被战败，所以他们安闲地离船登陆，开始做各项工作，包括准备膳食在内，他们相信当天一定是不会再有战斗了的。但是叙拉古人突然又上船，驶出做第二次进攻。雅典人的秩序大乱，他们大部分人还没有吃东西，匆忙地上船，经过很大的困难，才把船舰开出来抵抗敌人。经过一些时候，双方都是互相监视着，没有采取攻势；但是最后，雅典人决定不要让自己因长久等待而疲惫，最好是马上进攻；所以他们彼此欢呼前进，向敌人进攻，开始战斗。叙拉古人按照他们原来的计划，以船头对船头迎击雅典人的进攻，他们利用他们特别建造的船嘴凿穿雅典船舰的船头很深；甲板上的标枪手也使雅典人受到很大损失；但是给雅典人损害最大的是那些乘着小船在四周围跑动的叙拉古人，他们蹓到雅典船舰的桨下，紧靠着船边航行，投入他们的标枪，击中雅典的水手。[①]

经过这样激烈战斗的结果，叙拉古人胜利了，雅典人回转来，从商船之间[②]逃往他们自己的停泊所。叙拉古人的船舰紧紧地追逐到商船停泊的地方；在那里他们不能前进了，因为被横木所阻，横木上装有大铁块，[③]吊在商船的上面，以阻止船舰的通过。有两条叙拉古人的船舰，由于胜利而过于兴奋，跑得太近了，因而被毁灭了，其中有一条，连同水手都被俘虏了。雅典的船舰有六七条被击沉，许多受伤而失掉了战斗的能力；至于舰上的水手，大部分为叙拉古人所俘虏，有些被杀死了。于是叙拉古人撤兵，建立了两个胜利纪念碑，以纪念这两次战役。现在他们对于自己海军决定性的优势，有了充分的信心；同时，他们认为很有能力对付敌人在陆地上的军队了。

第四章　德谟斯提尼到达叙拉古。雅典人在厄庇波利的溃败。尼西阿斯拒绝撤退

正当叙拉古人准备第二次从海陆上进攻的时候，德谟斯提尼

① 无疑，是由桨通过的孔眼里丢进去的。

② 参阅第590页。

③ 一个杠杆上突出的横木撑着一个很重的铁块，敌舰走近时，即使铁块坠下，击中敌舰。

和攸利密顿带着雅典的援军到了——大约七十三条船舰（包括一些外国船舰在内），雅典及其同盟者的重装步兵约五千人，许多希腊人和外国人的标枪手、弹石手、弓箭手以及其他一切需要的东西。这时候，叙拉古人和他们的同盟者感觉到真正的恐怖；他们看到虽然伯罗奔尼撒人在狄西里亚设防，而雅典人又派遣一支和第一次一样大的军队来进攻他们了，从各方面看来，雅典表现得这样强大，因此，他们似乎永无解除危险的时期了。在另一方面，第一批雅典军队虽然已经遭到挫折，现在又恢复了信心。

德谟斯提尼看到这种情况，认为他不能迟延；他发现他自己所处的地位正和过去尼西阿斯的地位相同。因为尼西阿斯初到的时候，他似乎是很可怕的；但是，当他不马上进攻叙拉古，而在卡塔那度冬的时候，他自己引起敌人的轻视，让吉利普斯偷偷地引进伯罗奔尼撒的军队来首先向他进攻；如果尼西阿斯马上进攻的话，叙拉古人就不会派人去求救于伯罗奔尼撒的军队了，因为他们以为他们是可以单独对付他的；等到他们知道自己是处于劣势的时候，他们已经完全被雅典人所建筑的城墙封锁了，所以那时候，纵或他们派人去请求援军，援军对他们也不能有很大的帮助了。德谟斯提尼心中想到这一切事情；同时，知道他现在初到这里，是敌人最害怕他的时候，因此，他想马上充分利用他的军队此刻所引起的恐怖。他看到叙拉古人所建筑起来阻止雅典人包围他们的反抗城墙是一条单墙；如果有人能够控制通到厄庇波利去的道路，进而控制那里的军营的话，这条城墙是可以很容易被夺取过来的，因为那里是没有驻守的人出来抵抗的；所以，他努力想实现这个计划。他认为这是结束战争的最迅速的方法，因为他如果不能攻陷叙拉古的

话，就可以率领远征军回国，而不要白白地牺牲那些参加这次远征军的雅典人的生命或浪费全国的资源了。

因此，雅典人首先跑出来，蹂躏了阿那配斯河周围的叙拉古土地。这时候，他们处于优势；起初，他们的陆军和海军都处于优势，因为除了奥林匹昂的骑兵和标枪手之外，无论在陆地上或海上，叙拉古人都没有出来反抗他们。其次，德谟斯提尼决定利用围城机械，做进攻反抗城墙的第一次尝试。但是当他把围城机械拖到城墙下的时候，这些围城机械都被守城墙的敌人纵火焚毁了，其余军队在各处的进攻也被敌人击退。因此，他认为最好不要再迟延，他商得尼西阿斯和其他同僚司令官们的同意之后，即执行他原来的计划，进攻厄庇波利。

在白天里要跑近高地，然后爬上去而不被敌人发现，这似乎是不可能的；所以他下令准备五天的粮食，带着所有的石匠、木匠、弓箭，以及如果成功的话要建筑要塞所需要的一切东西，在半夜里，带着攸利密顿和米南德以及全部军队向厄庇波利出发，尼西阿斯留在雅典人的要塞中。

他们由攸利伊拉斯跑上厄庇波利（这正是第一次军队原先上去的道路）。他们没有被敌人发现，达到叙拉古人在那里的一个要塞，他们攻陷了这个要塞，杀死了一些驻军。大部分驻军逃到军营里去了。在厄庇波利有三个军营，都有外堡保卫着。一个是叙拉古人的，一个是西西里人的，一个是同盟者的。这些逃亡的驻军把敌人来进攻的消息带到了这些军营里，同时也把这个消息告诉了驻守厄庇波利前哨的六百名叙拉古人，他们马上出来抵御敌人的进攻。他们遇着德谟斯提尼和雅典人；他们虽然奋勇作战，但是被雅典人打垮了。雅典人马上向前冲进，急于想达到他们进攻的目标以免它们的热忱冷下去。其余的军队在战斗开始的时候，即占领了叙拉古人的反抗城墙，城墙上的驻军没有抵抗，雅典人把城垛毁掉。现在叙拉古人、叙拉古人的同盟者、吉利普斯和他的军队从外堡跑上来，和雅典人交战，但是这次冒失的夜袭是他们所没有预料到的；他们的进攻缺少果断力，起初被迫而退却了。雅典人继续前进，但是现在他们的精力开始涣散了。他们认为已经获得胜利了，想尽快地突破其余尚未参加战斗的敌军，使攻势不至于缓和下来，使敌人没有时间再聚合起来反抗他们。彼奥提亚人是首先起来抵抗的。他们向雅典人进攻，击溃了雅典人，于是雅典人开始逃跑了。

从这个时候起，雅典人秩序大乱，不知道要向那里逃跑才好了。真的，当时双方都很难知道真相。在天亮的时候，参加战斗的人比较清楚了一些，虽然就是在那时候，他们还不能看清楚一切的东西，事实上各人都不很知道他的周围以外所发生的事情。但是在夜战的时候（这是这次战争中，两支大军间所发生的仅有的一次夜战），人们又怎样能够确切地知道真情呢？虽有明月，但是他们彼此间所看见的，只是人们在月光下所能看得见的程度；他们能够看见他们面前人物的轮廓，但是他们不能确切知道这些人物是不是属于他们自己一边的。双方都有许多重装步兵在一个小地区内跑来跑去。有些雅典人已经被打败了；有些完全没有被打败，他们刚刚跑上来进攻。当时，他们其余的军队大部分已经上去了，或者正要上去了，所以他们不知道要向那方面进军。雅典的军队被打败了以后，他们面前的一切这时都混乱了，而嘈杂的声音使人很难辨别谁是谁。叙拉古人和他们的同盟者在胜利中大声呼喊，彼此鼓励，奋勇前进（在黑暗中，这是互通声气的唯一方法），同时他们抵抗敌人一切的进攻；而雅典人则彼此寻找，把一切向他们跑来的人都当作敌人，纵或他们可能是自己一边的人从前线逃跑回来的。问口令是彼此互相识别的唯一方法；在经常问口令的时候，不但因为同时问所有的人，引起他们自己中间很大的混乱，并且把口令泄露给敌人了。但是他们就不会这样容易地发现叙拉古人的口令，因为叙拉古人胜利了，同时聚集在一个整体的队伍中，他们彼此认识就不困难了。因此，当雅典人遇着比他们力量弱的敌军分遣队的时候，敌军知道他们的口令而逃跑了；但是如果他们自己不能回答口令的话，他们就被杀死了。但是给他们损害最大的是唱军歌，因为双方都有相同的军歌，引起混乱。因此，当军队里的亚哥斯人、科西拉人和其他多利亚人开始唱他们的军歌的时候，也和敌人唱军歌的时候一样，引起雅典人很大的恐慌。所以，混乱一开始的时候，马上引起各部分军队互相冲突，朋友和朋友、公民和公民，不但彼此间造成恐怖，并且实际上互相肉搏，费了很大的力量才能把彼此分开来。从厄庇波利下来的道路只有一条很狭窄的道路；在被追赶的时候，许多人从悬崖上跌下而丧失了生命。至于那些安全地从高地跑到平原地带的人，他们大部分是对于地形比较熟悉的，特别是第一次远征军的士兵，他们逃到了军营里；但是有许多新到的人迷失了道路，在乡村中跑来跑去，当天亮的时候，这些人都被叙拉古的骑兵所包围而杀害了。

次日，叙拉古人建立两个胜利纪念碑：一个在通往厄庇波利的路口上，一个在彼奥提亚人首先抵抗的地方。雅典人依照休战手续，收回他们死者的尸体。雅典人和同盟者阵亡的很多，但是叙拉古人所虏获的武器更超过了死者人数的比例，因为那些被迫而从悬崖上跳下去的人已经丢掉了他们的盾，他们有些被杀死，有些逃跑了。

这次战役之后，因为叙拉古人获得这样一种意外的幸运，他们恢复了以前所有的信心。他们派遣西堪那斯带着十五条船舰往阿克累加斯去，看是否可以把这个城市引导到他们这一边来，因为阿克累加斯已经发生了革命。吉利普斯又从陆地上往西西里各地去，想再筹集一支军队，向它们保证，现在很有希望依照厄庇波利战役的方式击破雅典人的防线了。

同时，雅典的将军们，依照他们所遭遇的失败和他们所观察到的自己军队中的弱点，讨论目前的形势。他们承认他们的企图没有成功，他们知道士兵不愿意再停留下去了。许多士兵病了，一部分因为那时候正是一年中疾病最多的季候，一部分因为他们的军营位于不卫生的沼泽地带；同时，整个前途似乎是没有希望了。因此，德谟斯提尼认为他们不应当再停留下去，依照他向厄庇波利冒险进军的原来计划，现在既已失败了，他主张离开这里，不要再迟延了；那时候，他们还可以横渡海面，他们有了新来增援的船舰，至少在海军上还处于优势。他又说，他们与其在此地进攻叙拉古人，不如回去进攻那些在亚狄迦筑要塞的人，因为叙拉古人已经不容易征服了；并且他们如果耗费巨额金钱来继续围城，而毫无结果，这也是不合理的。

这是德谟斯提尼的看法。尼西阿斯虽然完全同意他们所处的地位是恶劣的，但是不愿意公开地暴露他们的弱点，或者让敌人知道他们全体都公开地主张撤退了；因为那么一来，当他们真的要撤退的时候，他们就更难秘密地撤退了。那时候，他根据他私自得来的情报，他还有些理由相信，如果他们继续围攻的话，敌人所处的地位会比他们自己的地位更为恶劣，因为他认为截断敌人物资供给的来源，可以使敌人疲惫，特别是因为这时敌人有很多船舰控制着大部分海面的时候。同时，叙拉古城内也有一个党派，他们想把叙拉古出卖给雅典人，他们经常派人到尼西阿斯那里来，劝他不要解围。尼西阿斯知道这一切，虽然事实上他还在两条道路上摇摆，没有决定他所要采取的道路，但是他这时公开地说，他不赞成领导军队离开这里。他说，如果雅典民众会议没有表决要他们撤退的话，他确信雅典人是不会赞成他们撤退的。他们自己亲眼看见了事实的真相，因此不必依靠别人的敌对批评而作出关于他们的决议来；但是雅典的选民就不是这样的，他们的判断是容易受到任何一个想造成成见的狡猾演说家的影响的。他又说，事实上在西西里的士兵中，现在大多数人正在叫嚣，说他们处于绝望的地位；但是一旦他们回到了雅典的时候，有许多人就会完全改变他们的口气，说是将军们受了贿赂，把他们出卖了而回来的。因此，在他的一方面，因为他深知雅典人的性格，与其被雅典人一个不公平的判决，在一个丢脸的罪名之下处死，还不如在此地碰碰运气；如果一定要死的话，他宁愿死在敌人手中。他说，他们自己的地位虽然很恶劣，但是叙拉古人的地位更加恶劣。叙拉古人发给雇佣军的薪饷，他们在广阔的乡村中维持要塞的费用，以及一年以来他们维持的一支庞大的舰队，使他们的财政发生困难，他们不知道要怎么办才好了。他们已经用去了两千他连特，还负了巨大的债款；如果由

于不能给付薪饷，他们不得不丧失他们目前军队中哪怕一小部分，他们的情况马上就会更加恶化，因为他们是依靠雇佣军，而不像雅典人，依靠那些被强迫服兵役的人的。因此，他的结论是他们应当保持现况，继续围攻，不要因为金钱的缘故，战败而归，因为在金钱方面，他们远远地优于叙拉古人。

尼西阿斯坚持他的意见，因为他得到了关于叙拉古情况的确实情报。他知道叙拉古人缺少金钱；有一个人数颇多的党派对雅典人表示同情，不断地派人到尼西阿斯那里来，劝他不要解围。此外，在陆地他虽然战败了，但是他觉得至少在海上，他比以前更有胜利的信心。

在另一方面，德谟斯提尼则完全反对继续围攻的意见。他说，如果他们没有得到雅典人民的表决而不能领导军队回国，不得不留在西西里的话，他们也应当移往塔普萨斯或卡塔那去。从这个新的根据地，他们可以蹂躏很大一部分的乡村，可以掠劫敌人的财产以供给自己的军队，同时给敌人以损失；而舰队可以在公海中作战而不致限制于一个狭小的范围之内；在狭小的范围内是对于敌人有利的，而在公海中，有充分的余地，使他们能够运用他们的技能，无论他们进攻也好、退却也好，不致使他们的行动局限于狭窄的范围之内。总之，他说，他完全不赞成还维持现况；而应当马上移动，一点也不要再迟延了。攸利密顿也支持他的意见。但是尼西阿斯还是反对这个主张；在整个局势中，缺乏毅力的情况开始暴露了。因此，拖延下去了；同时也有人看见尼西阿斯这样坚持他的主张，疑心他可能得到了特殊的情报。因此雅典人就这样拖延下去，而继续保持原有状况了。

第五章　叙拉古人又一次胜利。双方兵力一览

吉利普斯和西堪纳斯[①]现在回到叙拉古来了。西堪那斯想争取阿克累加斯过来的企图失败了，因为当他还在机拉的时候，阿克累加斯的亲叙拉古党人已被驱逐了。但是吉利普斯带回来了他在西西里所招集的又一支大军队和伯罗奔尼撒人在春季里用商船运来的重装步兵[②]（他们是从利比亚到了栖来那斯[③]）。

他们回来了之后，叙拉古人马上准备再来一次海陆军同时向雅典人进攻。雅典的将军们看见敌人现在又有了新的援兵，而他们自己的地位不仅没有改善，反而在各方面日益恶化，现在他们后悔没有早些移开，现在就是尼西阿斯也不反对移动了，他只反对把此事公开付诸表决；因此，他们尽量秘密地下命令给每个人，信号一发出时，马上准备离开军营，航海出去。当一切都准备好了，他们正要航行的时候，当时的满月发生月食。[④] 大多数雅典人很认真地对待这件事，因而劝将军们等待。尼西阿斯也过于相信占卜和其他类似的事情，所以他说，

① 参阅第 597 页。

② 参阅第 574 页。

③ “风暴把他们吹往利比亚，塞勒尼供给他们两条三列桨战舰和舵手。他们在沿着海岸航行的途中，援助了被利比亚人围攻的攸斯配利特人。他们打败利比亚人之后，沿着海岸航行到迦太基的商业居留地尼亚玻利，从这里渡海到西西里去是最短的航程——只两天一晚就可以到达。他们从这里渡海到栖来那斯。”

④ 公元前 413 年 8 月 27 日。

依照预言家所说的,要等到过了三个九天之后,他才再讨论如何移动军队的事情。所以雅典人因月食而延误,以后又停留在那里了。

在叙拉古人方面,他们听到了这个消息后,更有决心,不要松懈对雅典人的压迫,因为现在雅典人自己也承认无论在陆地上或海上都没有占优势了;不然的话,他们不会计划离开此地的。同时,叙拉古人不希望雅典人停留在西西里其他难于进攻的地方,他们的目的是迫使雅典人尽量迅速地在海上作战,这个地位是对于叙拉古人有利的。所以他们配备船舰上的水手,把水手们训练了若干日子,到他们认为够了的时候为止。当时机到了的第一天,他们就袭击雅典人的城墙。从要塞的城门中跑出一小队重装步兵和骑兵来抵抗他们。叙拉古人截断一些重装步兵,把他们打垮,赶入要塞中。因为要塞的入口是很狭窄的,雅典人丧失了七十匹马和少数重装步兵。

当天叙拉古人撤退了,但是次日他们驾驶七十六条船舰出来了,同时他们的陆军也向雅典的城塞进军。雅典人驾驶八十六条船舰出来迎战,两军靠近,于是战斗开始了。指挥雅典舰队右翼的是攸利密顿,他驾驶他的船舰离开阵线,向陆地驶去,想包围敌舰,但是叙拉古人和他们的同盟者首先打败了雅典人的中军,然后截断攸利密顿的船舰于一个狭窄的海湾中。攸利密顿被杀死,他所率领的船舰被破坏了。于是叙拉古人把整个雅典人的舰队赶回,迫使他们的船舰靠近岸边。

当吉利普斯看见敌舰战败后,被赶到他们木栅和军营以外的岸边的时候,他率领他的一部分军队沿着防波堤[①]来支援,他的目

① 这是沿着来西密利亚沼泽地到雅典人的军营一带的一个码头。

的是想来杀掉登陆的水手,使叙拉古人更容易拖走船舰,因为这一部分海岸是在他们手中。在雅典人方面,伊达拉里亚人正防守这个地点。当他们看见吉利普斯的兵士毫无秩序地进军的时候,他们出来抵抗,把他们的前哨打垮,驱逐他们进入来西密利亚沼泽地中。但是不久之后,叙拉古人和他们的同盟者更多的军队出现了,雅典人恐怕他们的船舰遭到袭击,所以出来迎战,把敌人打退,赶回去了。他们杀死了少数敌人的重装步兵,救回了大部分船舰,把它们带回军营了。但是有十八条船舰被叙拉古人和他们的同盟者所俘虏,船舰上的人都被杀死了。叙拉古人想把其余的船舰放火烧掉,所以把一条老式的商船载满了柴和松木片,烧起火来,让它向雅典人的方向漂流而下,因为风是向雅典人一方面吹的。雅典人恐怕他们的船舰燃烧着,所以采取对策来扑灭火;把火焰扑灭之后,阻止那条船跑近他们,因而避免了被焚毁的危险。

以后,叙拉古人建立了一个胜利纪念碑,以纪念他们的海上胜利,以及他们在雅典人的城墙旁边截断雅典人的重装步兵和捕获雅典人的马匹[①]的战斗。雅典人建立一个胜利纪念碑,以纪念伊达拉里亚人驱逐敌人的步兵进入沼泽地以及他们自己战胜其余敌人的主力军。

这确是叙拉古人的一个大胜利,而且这个胜利是在海上取得的;在这次战役以前,他们总是害怕德谟斯提尼带来的援兵的。现在雅典人完全丧胆了;他们几乎不能相信现在所发生的事情,他们更加后悔他们不应该发动这次远征。和他们进行战争的城市中,

① 参阅第601页。

只有这些城市是和他们自己的性质相类似的：和他们自己一样，是民主政治，领土广大，有海军和骑兵的设备。他们不能利用分化手段，或设法改变叙拉古人的政体，[①]以夺取政权，使之倾向于他们一边，也不能利用很大优势的军事力量来征服叙拉古人；他们大部分的努力都已失败了。就是在这次战役以前，他们已经不知道要怎样办了；现在出乎意外地在海上战败之后，他们完全才穷智竭了。

现在叙拉古人开始在港内航来航去，不怕敌人的攻击了；并且计划封锁港口，这样一来，纵或雅典人想偷偷逃跑，也不可能了。对于他们说来，已经不是单纯挽救他们自己的问题；他们现在所要做的是防止雅典人逃跑了。他们很正确地考虑到，他们现在是处于优势的一边，他们知道，如果他们能够在陆地上和海上打败雅典人及其同盟者的话，这个成就将使他们在全希腊著名。其他希腊人会马上从雅典人的统治下被解放出来，或者免除他们对雅典人的恐惧，因为雅典的残余势力绝不可能抵抗以后对他们所进行的战争了；这一切功劳都将归之于叙拉古人，因此，现在和后世，他们将很为人所尊敬。此外，还有许多其他的理由，使这次战斗成为一次光荣的战斗：他们不仅会征服雅典人，并且会征服他们许多的同盟者；叙拉古人不是孤立的；他们也有他们的同盟者，他们跟科林斯人和斯巴达人在一起，处于领导的地位，因为他们把他们的城市置于首当其冲的危险地位，他们是海上胜利的主要创始者。

① 雅典通常的政策是推翻寡头政治，建立民主政治，以为扩大其帝国的手段；但是这个方法对于民主的叙拉古是不能应用的。

无疑地，在这次战争中，雅典和斯巴达所召集的军队的总数是更多些；但是除此之外，从来没有过这样多的部族聚集在单独一个城市之下的。下面是站在双方面的国家，支援西西里的和进攻西西里的，它们都在叙拉古城下作战，有些是来帮助雅典人征服西西里的，有些是来帮助叙拉古防守西西里的。它们不是因为道义上的原则，或者种族上的联系，而是因为每个国家的利益或需要而团结起来的。雅典人自己是爱奥尼亚族人，他们是自动来进攻多利亚族的叙拉古人的。和他们一路来的有他们的殖民（这些殖民所说的方言和所用的法律，和雅典人还是一样的）——雷姆诺斯人、音不洛斯人、[①]厄基那人（即当时占据厄基那的人）和赫斯替亚人（他们住在优卑亚的赫斯替亚）。远征军中其他成分有些是以雅典人的属民资格来参加的。在给付贡款一类的属民中，有来自耶利多里、卡尔西斯、斯替里亚和卡里斯都的优卑亚诸部族；有来自西奥斯、安得罗斯和提诺斯诸岛上的部族；有来自爱奥尼亚的米利都人、萨摩斯人和开俄斯人。最后提到的这些部族中，开俄斯人不是属于给付贡款一类的属民，而是自己供给船舰的。[②] 上面所说的诸部族几乎都是爱奥尼亚人和雅典移民的后裔，只有卡里斯都人是德赖俄普人[③]。虽然他们是属民，被迫而参加军役，但是总还是爱奥尼亚人和多利亚人作战。此外，还有伊奥利亚人种——麦提

① 参阅第320页。马拉松战役之后几年，米太雅德占领雷姆诺斯（希罗多德，VI. 137—140，中译本，第626—628页）。音不洛斯的被占领大约是在同一时候。公元前431年占领厄基那（第141页）。公元前446年占领赫斯替亚（第89页）。

② 参阅第541页。

③ 住在伊塔山附近的土著居民；参阅希罗多德，VIII. 43，中译本第742—743页。

姆那人[①](他们是供给船舰而不付贡款的属民)以及特内多斯人和伊纳斯人(他们是给付贡款的)。这些伊奥利亚部族被迫而和站在叙拉古人一边的彼奥提亚人作战,虽然彼奥提亚人和他们一样都是伊奥利亚人同胞,而且是他们的建国始祖。只有普拉提亚人[②](虽然他们自己也是彼奥提亚人)和其他的彼奥提亚人作战,这是很自然的,因为其他彼奥提亚人是他们的敌人。罗得斯人和锡西拉人都是多利亚人;锡西拉人是斯巴达的移民,帮助雅典人对吉利普斯指挥下的斯巴达人作战;而罗得斯人在血缘上是亚哥斯人,被迫而和多利亚人种的叙拉古人以及他们自己的移民机拉人[③]作战,因为机拉人是在叙拉古人一边的。至于伯罗奔尼撒半岛周围的岛上居民,塞法伦尼亚人和萨星修斯人[④]以独立国的资格参加远征,但是事实上,因为雅典控制了海上,他们处于岛上居民的地位,很少有选择的自由。科西拉人不仅是多利亚人,并且实际上是科林斯人,但是他们公开地参加雅典人一边,反对科林斯人和叙拉古人。他们借口是被迫而采取这种行动的,但事实上他们是自愿的,因为他们仇恨科林斯人。诺帕克都[⑤]和派娄斯(现在还是被雅典人占领着)的美塞尼亚人(他们现在用这个名称)也被牵入战争中。此外尚有少数麦加拉的流亡者,[⑥]他们也是和他们自己的同

① 参阅第 208、541 页。

② 普拉提亚被围的时候,逃往雅典去了的那些人(第 223 页),或者是住在塞翁尼的那些人(第 423 页)。

③ 参阅第 479 页。

④ 参阅第 125、584 页。

⑤ 自公元前 462 年以后,雅典人把他们移居于诺帕克都(第 82 页)。他们中间有一些人,于公元前 425 年被雇佣来驻防派娄斯(第 328 页)。

⑥ 参阅第 351、511 页。

胞，即栖来那斯的麦加拉人[①]作战。

远征军里面其余的人比较起来是自愿参加的。他们参加的原因不是由于同盟的关系而是由于仇恨斯巴达以及他们想迅速地获得私人利益，所以多利亚族的亚哥斯人[②]和爱奥尼亚族的雅典人联合起来，对其余的多利亚族人作战。门丁尼亚人以及其他阿卡狄亚的雇佣兵是惯于向临时被指定的任何敌人进攻的，他们在军队中服务的目的是为着薪金，所以他们把在科林斯军队中服务的阿卡狄亚人，[③]正和对付任何其他的人一样，当作敌人。克里特人和埃托利亚人也是雇佣军队，所以克里特人，虽然过去是和罗得斯人一同建立机拉[④]的，但是他们现在不帮助自己的殖民地，反而为着薪金的缘故，自愿地和自己的殖民地作战。军队中还有阿开那尼亚人，他们有些是为着薪金而来的，但是大部分是因为对德谟斯提尼的友好和对他们的同盟者雅典人的亲善[⑤]而来的。所有这些人都是住在爱奥尼亚湾以东的希腊一边的。在意大利的希腊人城市中，有条立爱人和麦达蓬坦人，他们是为国内的革命形势所迫而参加远征的。在西西里的希腊人城市中，有那克索斯人和卡塔那人。在那些说着和希腊人不同的语言的人中，有厄基斯泰人（他们是请雅典人来干涉的）和大部分西塞尔人。西西里之外，还有一些伊达拉里亚人[⑥]（他们是因为仇恨叙拉古而来

① 参阅第 479 页。
② 根据第 511 页的记载是五百人。
③ 参阅第 575 页。
④ 参阅第 479 页。
⑤ 参阅第 211、278、287、293 页。
⑥ 参阅第 545、557 页。

参战的)和爱阿匹吉亚[①]的雇佣军。所有这些人都是在雅典军队一边的。

在另一边,有下列一些国家援助叙拉古人:他们的邻居卡马林那人,[②]和卡马林那人邻居的机拉人,中间隔着阿克累加斯人(他们守中立),那边就有住在西西里另一端的栖来那斯人。[③] 这些人都是住在西西里面对着利比亚一边海岸上的。在西西里面对着第勒尼安海一边的海岸上有希米拉人,[④]他们是那个地区仅有的希腊人,同时在那个地区内也只有他们是援助叙拉古人的。上面这些人是和叙拉古联盟的西西里的希腊人;他们都是多利亚人,都是独立自主的。在非希腊人中,只有那些没有参加雅典人一边的西塞尔人是和叙拉古人一边的。在西西里以外的希腊人中,有斯巴达人(他们供给一个正规斯巴达军官做司令官和一支由脱籍奴隶[⑤]和希腊人组织的军队)、科林斯人(只有他们是同时带着陆军和舰队来的)、琉卡斯人和安布累喜阿人(他们是因为种族上的关系而参加的[⑥]),科林斯人雇佣的阿卡狄亚人,[⑦]以及西息温的一些被征召而来的军队;[⑧]在伯罗奔尼撒以外的,有彼奥提亚人。[⑨] 但

① 参阅第 586 页。

② 参阅第 528、586 页。

③ 参阅第 481、526、528 页。

④ 参阅第 524、562 页。

⑤ 即新公民,参阅第 574 页。

⑥ 叙拉古(第 478 页)、琉卡斯(第 28 页)和安布累喜阿(第 184 页)都是姊妹城邦,以科林斯为母国。

⑦ 参阅第 575 页。

⑧ 因为自公元前 418 年以后,贵族党对他们强行贵族政治。

⑨ 参阅第 574 页。

是，和这些来自海外的军队比较起来，各种军备的大部分都是叙拉古人自己供给的，因为他们住在大城市中。他们有许多重装步兵、船舰和马匹，以及做其他用途的无限人力的供给。同时，可以说，叙拉古本城所负担的，比一切其余国家所供给的合起来都要多些，一则因为它是一个很大的城邦，二则因为受到危险最大的是叙拉古人。

这是双方所有的军力。这时候，[①]双方的同盟者都参加了，以后也没有其他的援兵了。

第六章　最后海上决战的准备。叙拉古人决定性的胜利

叙拉古人和他们的同盟者有理由认为，如果他们在最近的海战胜利之后，夺取雅典全部巨大的军队，而不让他们从海上或陆地上逃跑，这对于他们是一件很好的事情。因此，他们马上利用一些三列桨战舰、商船和其他船舶停在大港口中，以封锁港口；同时，他们做其他准备，以防止雅典人再来冒险从事海上战争。事实上，没有哪一方面他们没有考虑到大规模的行动。

当雅典人看见港口已被封锁，他们知道了敌人的计划的时候，他们召集了一个军事会议。将军们和高级军官们集会在一起，讨论他们目前处境的困难，他们最大的困难是没有粮食了，[②]如果他

① 公元前413年春季的后半截。

② “他们以为就要离开这里了，所以早派人往卡塔那去，要他们不要再送粮食来了。”

们不取得海上优势的话，他们将来也不可能得到粮食。因此，他们决定放弃上端一段城墙，①在靠近他们船舰的地方，建筑一条横切的城墙，包括一个尽可能小的面积，仅仅足够安置他们的贮藏和病号，留一个支队防守着，把其余的军队配备在每一条船上，不管是否适于航海，每个人都上船，这样在海上决一雌雄；如果胜利的话，他们将往卡塔那；如果不胜的话，他们将焚毁他们的船舰，以战斗队形从陆地退却到他们可以达到的最近友邦的领土上，不论是希腊人的国家也好，外族人的国家也好。

他们决定这个计划之后，马上就实行。他们从上部城墙跑下来，把他们所有的每一条船都配备起来，让每个在年龄上有一点用处的人都上船。他们一共装备了一百一十条船，船上载了许多阿开那尼亚人和其他外族的分遣队②中的弓箭手和标枪手；事实上，根据形势的必要和他们的计划的性质，他们做了他们可能范围内所能够做到的一切工作。当一切事情差不多都准备好了的时候，尼西阿斯看见他的士兵因为他们意外地在海上遭到这样彻底的失败而垂头丧气，又看见他的士兵因为粮食缺少，希望尽快地作战，所以召集他们，首先给他们一些鼓励的话。他对他们说：

“雅典的士兵们和同盟国的士兵们：目前的战斗和我们所有的人都有同样的利害关系；我们每个人，正和敌人一样，都将为自己的生命、为自己的祖国而战；因为，如果我们利用船舰在这次战役中取得胜利的话，每个人都能够看到自己的祖国，不管它是在什么

① 即他们的封锁城墙的上端，在厄庇波利的悬崖之下，离海港最远的地方。

② 指那些不在雅典帝国之内，但是为着薪给而在雅典军队中服务的，和阿开那尼亚人一样的人；参阅第606页。

地方。但是我们不要丧气，我们不要和那些没有经验的人一样，他们在第一次战役中失败以后，就永远胆怯了，以为将来的情况总会是这样的。相反地，你们在这里的雅典人是已经有了许多战争经验的；你们，我们的同盟者，是经常和我们并肩作战的；你们不要忘记，战争中有不能预测的因素，希望我们也有幸运的时候，你们应当准备再战，无愧于你们亲眼所看见的你们这支伟大的军队。

“这一次，我们已经和舵手们讨论过了；在我们的物资限度内，我们已经有了我们认为有利于我们攻击敌舰的密集队形（他们在这个狭窄的港口内应用密集队形是一定意料得到的）和甲板上敌军的一切设备——这两件事过去是使我们受到损失的。我们在船舰上有许许多多的弓箭手和标枪手；如果我们在公海上作战的话，我们绝对不会用许许多多人的，因为船舰上装载过重使我们不能运用我们的优良技术；但是在此地，我们是被迫而在海上作陆地战争，这一切是会有用的。我们也发现我们在改变船舰的构造方面所要做的事情，为了对付敌舰船头的特殊厚度（这点曾给我们以最大的损失），我们将要使用铁钩，只要我们在甲板上的士兵适当地执行他们的任务的话，[①]敌舰一进攻，这些铁钩会阻止它倒划逃走。因为事实上，我们已经不得不从我们的船舰上作陆地上的战斗，最好的似乎是我们自己不倒划，也不让敌人倒划，特别是因为所有的海岸，除我们的军队所占领的一部分外，都是敌人的土地。

“你们应当记住这一点，尽你们的力量，奋勇作战。不要让你们自己被敌人赶向岸边跑，但是当船碰着船的时候，你们应当下定

① 就是说，如果他们跑到敌舰上去作肉搏战的话。

决心，非把敌舰甲板上的重装步兵肃清，不要停止战斗。这些话，我不是对水手们说的，而是对重装步兵说的，因为这更加是甲板上士兵们的工作；就是现在，我们的步兵大体上还是最强的。至于水手们，我劝他们，事实上我恳请他们，不要因为过去的事情而丧气。你们虽然不是真正的雅典人，但是因为你们知道我们的语言，模仿我们的生活方式，人家总是把你们当作雅典人，你们为全希腊的人所崇拜；在我们帝国所有的利益中，你们都有份；我们的属民对你们尊敬，我们保护你们，以免受人虐待；在这些方面，你们所得到的甚至超过了你们所应得的：你们想一想，这是多么幸福，多么值得你们现在来保全它！既然我们慷慨地只和你们共享我们的帝国，现在你们不要出卖这个帝国。你们应当藐视科林斯人，因为他们是经常被你们打败的；你们应当藐视西西里人，因为当我们的海军全盛的时候，他们中间任何人连想也没有想到来抵抗我们，你们应当把他们打退，表示就是在病中、在灾难中，你们的技术也不是其他任何人的幸运和勇敢所能匹敌的。

“至于你们中间的雅典人，我一定把这一点再提醒你们：你们的船坞中再也没有留下像这些一样的船了，再也没有可以当作重装步兵来战斗的后备军队了。如果在这次战役中你们不胜利的话，我们在此地的敌人马上会驶去进攻雅典，我们留在雅典的那些人将不能抵抗他们在那里已经有了的敌人和从这里去的新侵略军联合在一起的军队了。所以当你们自己一旦落在叙拉古人的掌握中的时候（你们知道，当你们最初进攻他们的时候，你们是想如何对待他们的），你们国内的同胞就会落在斯巴达人的掌握中了。你们和他们的命运既然完全依靠这一次战役，如果你们能够坚持到底，现在正是时候了。你们每个人都要记着：你们这些上了船舰的人是雅典人的海军和陆军，是整个国家所遗留的一切，是雅典的伟大名誉。为着祖国的缘故，任何人如果有比别人更大的技术和勇敢的话，现在，正当他能够挽救他自己，同时挽救我们全体的时候，是他表现他自己的时候了。”

尼西阿斯演说之后，马上命令把船舰上的海员配备起来。吉利普斯和叙拉古人看见了正在进行的实际准备工作，他们完全了解雅典人将进行海战，他们也得到了消息，说雅典人将用铁钩。除了其他一切办法之外，他们防备了雅典人的铁钩：他们把皮革张开，罩着船头和船身上部的大部分；这样，当铁钩向船上丢去的时候，它会溜下来，不能抓紧。当一切都准备好了的时候，吉利普斯和将军们向他们的士兵发表了下面的演说，以鼓励他们：

“叙拉古人和同盟者：我们认为你们大多数人都知道我们所已经取得了的光荣和我们在这次战役中所将要取得的光荣；不然的话，你们是不会这样勇敢地投入战斗的。但是如果还有人不完全了解这一点，如他所应当了解的一样的话，我们愿意向他说明。雅典人到这个国家来的目的，首先是想奴役西西里；其次，如果奴役西西里成功了的话，就奴役伯罗奔尼撒和希腊其余的地方。他们已经有了一个希腊人在过去和现在所从来没有过的最大帝国。他们的一切都是利用他们的海军取得的；你们是第一次能够抵抗他们的海军的民族，你们不久以前已经在海战中打败了他们；很有理由可以推测得到，这次你们也会战胜他们的。当人们以为他们特别在某一点上见长而发现他们正在这一点上受到挫折的时候，他们会改变对自己的看法，会比他们原先从来不相信他们的优点的时候，更加缺乏信心了：他们的抱负所受到的意外打击很容易使他们就是在还有可以利用的力量的时候，也会屈服了。很有可能，雅典人所遭遇的情况正是这样的。但是在我们方面就完全不同了。我们过去原有的那种勇敢精神使我们在还没有经验的时候，尚且能够出来冒险；现在这种精神更加坚定了。除了这种精神之外，我们还相信，我们已经打败了现在最好的水兵，我们自己是最好的水兵，因此每个人的希望都加了一倍；一般说来，在行动中希望最大的地方，热忱也会最高。

“至于他们想仿效我们的设备，这些办法是我们从自己的战斗方式中知道的；所有这些办法，我们都将设法防备。我们只要想一想，他们有许多重装步兵在甲板上（这是和他们通常作战的方法相反的），有许多标枪手在船上（阿开那尼亚人和其他的人，他们几乎都是在陆地上生活惯了的人，他们甚至于会不知道如何用坐着的姿势[1]投射他们的武器）。这样，要想不损害船舰的效力，要想他们自己不陷于混乱中（因为他们进军的方式不是他们所习惯的）是很困难的。如果你们中间有人看见自己将和船舰数目比我们多的敌人作战，因而胆怯的话，我要对他说，单单船舰的众多，对于他们是没有好处的。在狭小的范围内，船舰众多，在执行必要的战术时，会更加迟缓，会特别容易受到我们所已经采用过的进攻方式的致命打击。但是关于形势的真实情况，你们应当听我们自己所认为是根据可靠的情报得来的消息。事实上，他们的痛苦是这么大，所以他们因为目前处境的绝望，不得不拼命；这时候，他们相信命

① 因为这些人是不能在甲板上站立的。

运而不相信良好的经营，想尽力碰碰他们的运气，不是突围航往他处，就是在突围失败之后，从陆地上退却，因为他们知道他们的情况是不会比现在还更恶劣的了。

"这些是我们最大的敌人，现在瓦解了，他们的时运已经过去了，让我们同仇敌忾地和他们交战；我们应当相信，在对付敌人的时候，要求对侵略者复仇，以泄心中的愤怒，是最正义的，是最合法的；同时，我们也应当相信，诚如谚语所说的，对敌人复仇是最痛快的。他们不仅是敌人，而且是你们每个人所知道的敌人中最恶毒的敌人，因为他们到此地来的目的是想奴役你们的国家；如果他们真的成功了的话，他们会给我们的人民以最大的痛苦，给我们的妻室子女以最大的侮辱，给整个城市以最大的恶名。因此，没有任何理由使我们心软，或者觉得只要他们离开此地而不再危害我们，我们就好了。他们无论如何是会离开此地的，纵或他们胜利的话。但是如果我们实现了我们的希望，如我们所预料的一样的话，如果我们给这些人以适当的惩创，而把西西里所常享受的自由传给整个西西里，而且把这种自由空前地巩固起来的话，那么，我们是为着一个值得夺取的目标而战争了。在冒险中，如果失败，损失不大；如果成功，得益不小：这种冒险是所有的冒险中最难得的。"

叙拉古的将军们和吉利普斯发表了这篇演说以鼓励他们的士兵之后，他们就开始配备船舰上的海员了，因为他们看见雅典人也在那里这样做。尼西阿斯因为目前的形势急得神经错乱，他知道危险性很大，而且迫在眉睫，他的思想也是和一般在危急中的人们一样的：当一切要做的事情都做好了的时候，他认为还有某些事情没有做；当一切要说的话都说了的时候，他认为还有某些话没有

说。他又把所有的三列桨战舰的舰长都一个一个地召到他的面前来，用他的父名、他自己的名字和他的部落名称[①]来称呼他。他请求那些已经有了盛名的人现在不要辜负这个名誉；请求那些祖先是著名人物的人不要使他们祖先的伟大事业丢脸；他要他们回想到他们的祖国是世界上最自由的国家，所有住在那里的人都有权利自由自在地按照自己的意思过自己的生活；他也说了其他一些一般人在危急的时候可以意料到会说的事情，用俗套的语言，提出一种在任何情况下都可以应用的呼吁（为妻室、子女和本国神祇呼吁）；但是他们还是大声呼唤这些名字，因为在恐怖的时候，他们相信这些名字会给他们一点好处。

这些鼓励的言辞，在尼西阿斯看来，似乎还不合于他的理想标准，只是足够应付当时的需要而已。他对他们说完了之后，就回去，领导他的步兵到海边，沿着海岸列成尽可能长的队形，使他们可以尽量地增加船舰上士兵的信心。现在舰队的司令官，德谟斯提尼、米南德和攸西德马斯，从他们自己的营寨出发，笔直向横断港口的障碍[②]和障碍间的空隙驶去，想努力冲出去。

叙拉古人和他们的同盟者已经带着和前次一样多的船舰出发。他们的舰队中一部分船舰守着出口，其余的船舰分散在港内的四周，以便同时从各方面进攻雅典人。同时，他们的步兵在大港沿岸所有船舰可以停泊的地方，准备行动了。叙拉古舰队的司令官是西堪那斯和阿加塔库斯，他们每个人各率领全军的一翼，而匹

① 当时亚狄迦有十个部落。

② 参阅第609页。

特恩带着科林斯人居于中央。

当雅典人来到栅栏的地方，首先进攻的时候，他们把停泊在栅栏前面的船舰打败了；努力想破坏障碍物。此事发生之后，叙拉古人和他们的同盟者从各方面向雅典人进攻，战斗马上就不但在栅栏前面，而且在整个海港中进行了。这是一次剧烈的战斗——比以前任何一次战役都要激烈些。双方面的桨手们，当受命把船划往交战地时，从不退缩；舵手们表现很高的技术，彼此互相竞争。当船和船相碰的时候，船上的士兵们尽力使他们在甲板上所做的，合乎其他地方所表现的标准；事实上，每个人在自己的岗位上都努力表现他在这部门工作中是最好的。许多船舰挤在一个小面积上互相进攻（真的，过去从来没有这么多的船舰在这么狭窄的水面上战斗过。双方面的船舰总共差不多有二百条）。因此，用船嘴冲击船身的进攻方式比较少，因为没有倒划退却，也没有冲破敌人阵线，[1]向周围转动的机会；在进攻别的船舰或逃避别的船舰的进攻中，船碰碎船的时候比较多得多。每次一条船攻击另一条船的时候，甲板上的士兵们总是把标枪、箭和石头不停地向对方的船上射击；当船舰相遇的时候，士兵们马上肉搏，两方面的士兵都想跑到敌舰上去。因为战场狭窄的关系，往往一条船舰撞击敌舰，同时又被敌舰撞击。有时两条或更多条船舰同时向一条船舰撞击，所以舵手们必须一方面要想到防御自己，同时另一方面又要想到进攻敌舰，他们不能在一个时候只注意到一点，必须同时对付各方面许多不同的事务。这些船舰互相撞击时所发出的巨大声音不但其本

① 参阅第589页。

身是可怕的，并且使水兵长们的命令完全听不见。真的，在目前战斗的紧张情绪中，双方的水兵长们，依照通常的职责，下了许多命令，发出了许多叫喊。雅典的水兵长们对雅典人叫喊，鼓励他们冲出港口，现在就要坚决地夺取安全回到祖国的机会；而叙拉古的水兵长们对叙拉古人和他们的同盟者叫喊：阻止敌人逃跑是光荣的，争取胜利，每个人都可以为国增光。双方的司令官们，如果看见有人无故退却的话，就会指出舰长的名字来呼喊；如果是雅典人的话，他们就喊道："你们退却，是不是因为你们觉得在敌国领土内比在你们用许多心血得来的海上还舒适些呢？"如果是叙拉古人的话，他们就喊道："你们是不是在正在逃跑中的敌人面前逃跑呢？"因为他们知道得很清楚，雅典人正在想尽力设法逃跑。

当海上战斗胜负尚未决定的时候，两边岸上军队的情绪是极其紧张的，内心是很矛盾的；因为叙拉古人快要获得比上次更大的光荣，而侵略军则担心唯恐他们自己将来的遭遇会比以前更坏了。对于雅典人说来，一切都依靠他们的海军；他们对于将来的恐惧是他们过去所从来没有感觉过的。当他们在岸上注意观察这场战斗的时候，他们的看法，不可避免地随着战斗的形势而转移。战斗就在他们的眼前进行，因为他们不是同时注意看到一个方向的，有些人看见他们自己一边将要胜利的地方，于是增加了勇气，开始祈祷神明不要断绝他们得救的道路；而另一些人看见他们自己的人被打败了的地方，于是大声哀号起来，他们看见战斗的形势比那些实际参加战斗的人还要丧气些。还有一些人望着双方胜负未决的那部分战场，当战斗正在进行中，而没有达到结果的时候，他们的身体向这边和那边摇摆，这表现他们心中充满了恐怖，焦急万状，忽然觉得达到安全的境界，忽然觉得面临毁灭的边缘。所以当战争的结果还没有决定的时候，从同一个雅典军队里可以同时听到各种不同的声音——悲伤和欢呼，“我们胜了”和“我们败了”的叫喊，以及一支大军队在危急的时候一定要发出的其他各种不同的感叹。船上士兵们的情绪也是很相同的。战斗坚持了一个长久的时候；最后，叙拉古人和他们的同盟者粉碎了雅典人的抵抗，大声叫喊和欢呼，追逐雅典人，把雅典人明显地、决定地赶回到海岸边。现在除在水上已经被俘虏了的船舰外，整个舰队都跑到岸边来了，有些向这个方向跑，有些向那个方向跑，船舰上的人从船舰上向军营里逃跑。至于陆地上的军队，犹豫的时候已经过去了，现在有一个冲动使他们全体不能抑制，为着他们的遭遇而大声哭嚎和呻吟；有些人跑去帮助他们的船舰，有些人跑去防守他们所保存下来的那部分城墙，而大部分人开始想到他们自己，怎样才可以安全逃生。真的，这时候的恐慌比他们过去所经历过的任何恐慌都要大些。现在他们所处的境遇和他们在派娄斯迫使他们的敌人所处的境遇是很相同的；在那时候，当斯巴达人丧失他们的船舰的时候，他们同时也丧失了渡海往岛上去的士兵们；[①]现在，如果不是有神迹发生的话，雅典人是没有从陆地上安全逃掉的希望了。

---

① 参阅第308—309页。

息丰尼亚
麦加拉
密拉斯河
塔普萨斯
利翁
特洛基拉斯
阿拉配斯河
优利伊拉斯
外城
叙拉古
厄庇波利
Ⅱ Ⅲ
Ⅰ
阿克里高地
小港
内城
大港
普利姆密利昂
Ⅳ
往厄洛拉斯的大道
卡西巴里斯河
波力西图斯庄园
亚波拉
伊林尼阿斯河
诺托
阿栖那鲁斯河
Ⅰ Ⅱ Ⅲ Ⅳ 表示夜营地点
比 例
斯塔狄亚
0 10 20 30 40 50 60 70

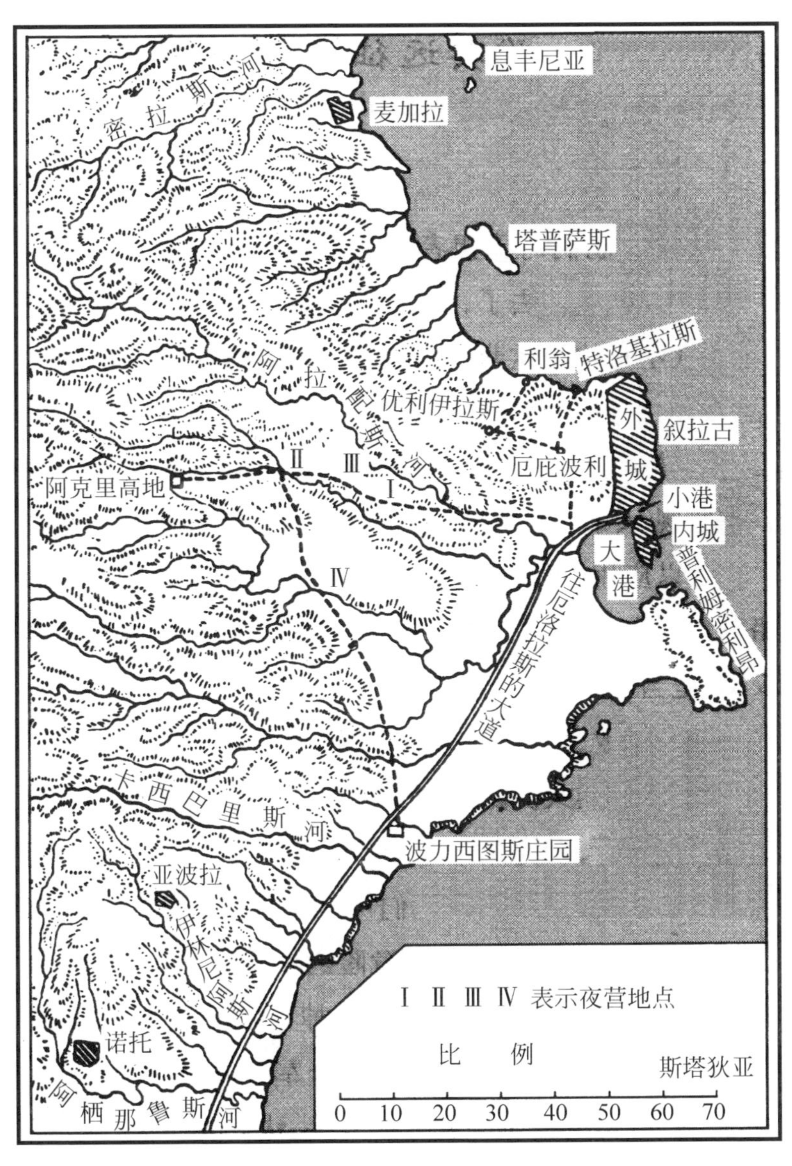

雅典人在西西里的退却

第七章　雅典远征军的全军覆灭

在这次激烈的战争中，双方都损失了许多人和船舰；战后，胜利的叙拉古人和他们的同盟者取去了破坏的船舰和阵亡者的尸体，驶回他们的城市里去了，并建立了一个胜利纪念碑。但是雅典人，因为这次不幸的沉重悲伤，甚至连想也没有想到请求允许收回他们死者的尸体和破坏的船舰了，真的，他们想马上就在当晚退却。但是德谟斯提尼跑到尼西阿斯那里去，建议他们再配备他们所残余的船舰，尽他们的力量在黎明的时候冲出去。他指出，他们剩下来的可以应用的船舰还是比敌人的多些；因为雅典人所剩下来的船舰约六十条，而敌人所有的不到五十条。尼西阿斯赞成这个建议；但是当他们要配备船舰上的海员时，水兵们不愿上船，他们因为上次的战败，挫折了锐气，认为胜利是不可能了。

因此，现在雅典人决定从陆地上退却。叙拉古人赫摩克拉底猜着他们这个计划，认为如果这样大的一支军队从陆地上逃跑了，而驻扎在西西里的什么地方，他们可以从那个地方再来和叙拉古人作战，那么，这对于叙拉古是很危险的。因此，他晋谒政府当局，指出他们应当不要让雅典人于晚间逃掉；他说，他个人的意见，认为叙拉古人和他们的同盟者应当马上全军出城，堵塞道路，占领和防守隘口。政府当局完全同意他的意见，认为他的计划必须执行；但是他们认为不容易使他们自己的人民听从他们的命令，因为他们正在开始庆祝他们的胜利，他们在海上大捷之后，精神松懈了，同时他们正在庆祝一个节日(当天正碰着是赫丘利的祭日);事实上,在他们胜利的大愉快中,他们已经开始在宴会上喝酒了,在这个特殊的时候,似乎很难说服他们拿起武器来,出去作战。城市的执政者考虑了这一切,认为这个计划不能实行。赫摩克拉底看见他不能够和执政者再谈下去了,他实行了他自己所决定的一个计划:他所担心的是雅典人在晚上比他们先一着,走过道路中最困难的一段,而无人阻拦;因此,天将黑的时候,他就派遣他自己的一个朋友带着一支骑兵队往雅典人的军营附近去。这些人骑马跑到声音所及的距离内,呼唤某些士兵们的名字,装作他们是对雅典人表示好感的,[①]请他们去告诉尼西阿斯不要晚上率领军队逃走,因为叙拉古人在道路上守卫着;他应当做好适当准备后,从容地在白天里撤退。说完了这些话之后,他们走开了。那些听到了这些话的人把这个消息传给雅典的将军们。雅典的将军们听到了这些话,认为这个消息是真实的,因而把当晚撤退的计划推迟了。

就是在这一切之后,他们还没有马上动身,他们决定等到第二天,士兵们能够把他们最重要的行李尽量地包好的时候才出发;他们准备只带着各人自己的生活必需品,把一切其他的东西都丢掉。在这同时,叙拉古人和吉利普斯首先带着他们的陆军出发,在乡村中把雅典人可能会走过的道路堵塞起来,在大小河流的渡口驻扎军队守卫着,布置他们使他们能够在他们选定的地点集合起来,阻

① “事实上是有一些把城内所发生的事情告诉尼西阿斯的人。”(参阅第598页。)

止退却的军队。他们率领他们的船舰，航往海边，把雅典人的船舰拖去了。有些船舰，依照雅典人自己的计划，[①]被他们自己焚毁了；至于其余的，叙拉古人可以随意拖去，因为每条船都被赶到岸边来了；他们把这些船舰，毫无阻碍地运往他们的城市里去了。

后来，当尼西阿斯和德谟斯提尼认为准备工作已经完成了的时候，军队移动的时候到了，这是海战后两天了。这是一个悲惨的场面，而使他们狼狈不堪的不只是一个因素。不仅他们是在丧失了他们所有的船舰之后退却的，并且他们没有实现他们的巨大希望，反而使自己和整个雅典国家处于危险的地位了；在他们实际上离开他们的军营的时候，每个人眼睛里所看见的都是悲惨的景象，每个人心里所想的都是悲惨的思想。死者没有埋葬；当任何人看见一个朋友在死尸中躺着的时候，他心中充满了悲伤和恐怖。被遗弃在后面的病者或伤者比阵亡者更为可怜；他们对于留着的活人所引起的痛苦比死者还要厉害些。这些人请求把他们一起带走，对着他们所看见的每个朋友或亲戚大声哭嚎；他们抱着那些行将离开他们的同营幕的伙伴们的脖子，尽力地跟着在这些人的后面跑，他们跑不动了而被丢下来的时候，他们再三地向天叫喊，大声哀嚎。这时候，他们的恳求和悲伤使其余的人都感觉得软弱无力，毫无办法了。全军都是以泪洗面，心中感觉无限的悲伤。他们所遭受的痛苦已经很大，不是眼泪所能表达的；他们担心，在不可预测的未来中，还会受到更大的痛苦，所以就是一个敌人的国家，他们也觉得很难离开了。同时，他们也深感羞耻和深自后悔。真

① 参阅第609页。

的，他们极像从一个围城中逃出来的人民，而且不是一个小的城市，因为在一起行军的全体群众不下四万人。他们每个人把一切有用的东西都尽量地带着走，而和通常的习惯相反，重装步兵和骑兵都亲自携带他们的军粮，有些是因为没有仆人，有些是因为他们不信任他们的仆人；这些仆人中，过去有许多逃跑了，余下来的仆人大部分还在想逃跑。但是就是这样，他们所带的还是不够的，因为军营里已经没有粮食了。那时候，全体都感觉耻辱，全体人员毫无例外地都感觉痛苦，所以他们的负担，虽然因为许多人分摊而减轻了一些，但是在当时还是很重的，特别是因为他们记得他们出发时多么豪华，多么骄傲，而结果是多么耻辱，多么落魄！没有哪个希腊军队曾经遭受过这样的惨败。他们是来奴役别人的，而现在他们自己有被别人奴役的危险，因而离开此地；他们是在祈祷和凯歌声中起航出发的，但是现在启程回国时所听到的言语却正相反，预示着不祥的征兆，他们在陆地上行军，而不是在海上；他们所依赖的是他们的重装步兵，而不是他们的船舰。尽管这样，但是当他们想到目前的巨大危险的时候，这一切都似乎尚能容忍了。

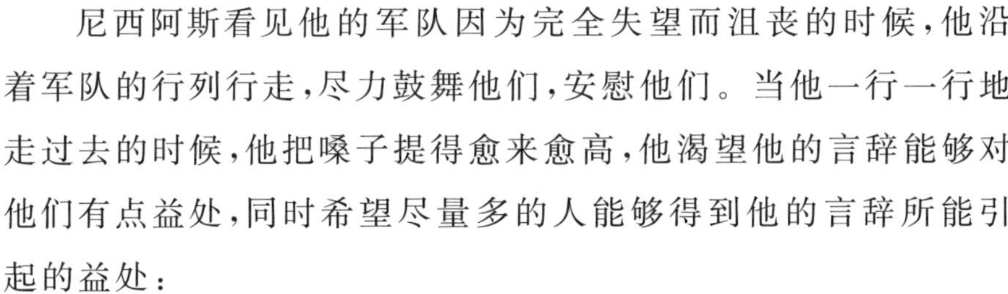

尼西阿斯看见他的军队因为完全失望而沮丧的时候，他沿着军队的行列行走，尽力鼓舞他们，安慰他们。当他一行一行地走过去的时候，他把嗓子提得愈来愈高，他渴望他的言辞能够对他们有点益处，同时希望尽量多的人能够得到他的言辞所能引起的益处：

“雅典人和同盟者：就是现在，我们还是应当满怀希望。过去你们曾经遭遇过比现在还要恶劣的困难，但是你们被救出来了。

你们不要因为过去的灾难或者现在所不应当得到的痛苦而谴责自己。我自己在身体上没有比你们中间任何人强些(事实上,你们看见我的疾病所给我的痛苦),同时我认为,在私人生活和其他方面,也没有任何人比我更幸福的;但是我现在也和这里最卑贱的人一样,投入同样的危险中。但是我终身崇拜神祇,如我所应当的;我对待别人的行为是公正而无可责难的。因为这个缘故,我对于将来还有很大的希望;这些灾难并没有吓倒我。也许这些灾难会完了。我们的敌人所享受的幸运已经够了。如果我们出发时,有神明对我们发怒的话,现在我们已经被处罚够了。在我们之前,其他的人也曾经进攻过他们的邻人,他们做了一般人所会做出来的事情之后,受到的痛苦也没有超过一般人所能忍受的。所以现在我们希望神明对我们要仁慈些,这是合乎情理的,因为现在我们值得他们怜惜而不是值得他们妒忌了。现在看看你们自己,看看有多少第一流的重装步兵在你们的行列中和你们一道行军,不要太惊慌了。你们想一想,你们自己无论到什么地方住下来,就已经是一个城市;西西里没有其他的城市能够很容易地抵抗你们的进攻,或者把你们从定居下来的地方驱逐出去。至于这次进军,你们要注意安全和秩序,你们每个人心中应当只有一个思想:无论在什么地方他被迫而作战的时候,如果胜利的话,他就在那里找着一个国家,一个要塞。我们要迅速地前进,日夜行军,因为我们的给养缺乏,我们一旦能够达到西塞尔人领土内一个友好的地方,你们就可以认为自己是安全了,因为西塞尔人害怕叙拉古,我们还是可以信赖他们的。我们已经派人去通知他们来和我们会合,并携带粮食来。简单一句话,士兵们啊,你们应当下定决心,必须勇敢,因为在

附近没有一个懦夫能够找到逃避的地方；如果你们现在从敌人手中逃脱了的话，你们会再看见你们所渴望的家乡，你们中间的雅典人会重建雅典的伟大势力，虽然现在倾覆了。须知城邦就是人，而不是城墙也不是没有人的船舰。”

当尼西阿斯对军队说话的时候，他沿着军队的行列走着，他看见队伍不整齐的地方，他就把他们整理好，使他们站在正确的地位上。德谟斯提尼对于他所指挥的军队也同样地做了，他对他的军队所说的大体上也相同。军队以空心方阵的队形向前推进，尼西阿斯的军队在前，德谟斯提尼的军队在后；重装步兵在外面，运输行李的人和军队里的一般大众在中间。

当他们到达阿那配斯河的渡口的时候，他们发现叙拉古人和他们的同盟者的军队列成阵势，在那里守着。他们把这些军队击溃，占领渡口，向前推进，叙拉古的骑兵从侧面向他们进攻，而轻装步兵不断地用投射器向他们袭击。那天雅典人前进了大约四十斯塔狄亚[①]的路程，于是在一个小山上停下来过夜了。次日[②]他们很早就动身，前进了大约二十斯塔狄亚，[③]下山到一个平地，他们在那里扎营了，他们的目的是想在那里的房屋中取些食物（因为那个地方是有人住的）和从那里取些水带着走（因为在他们所要走的方向前面许多富尔隆[④]的路程上，水是缺乏的）。同时，叙拉古人也前进，在前面的隘口设防。这个地方有一个陡山，山的两边各有一

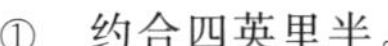

① 约合四英里半。

② 退却的第二天。

③ 约合二英里。

④ 1富尔隆$=\frac{1}{8}$英里。——译者

个石峡，这个地方叫做阿克里崖。

次日，[①]雅典人前进。许多叙拉古人和他们同盟者的骑兵和标枪手从两边来了；标枪手投射标枪，阻止他们前进，而骑兵则袭击他们的两侧。经过长久战斗之后，雅典人又退到原先驻扎的地方。他们在那个地方没有和以前一样可以取得粮食了，因为现在有敌人的骑兵，他们不能离开他们的营幕了。

翌晨[②]很早他们又前进，想冲到已经设防的小山那里去。在此地他们发现敌人的步兵已经在他们的前面，列成纵深若干盾的队形，准备防守，因为那个地方是很狭窄的。雅典人进攻，袭击城墙：投射器雨一般地向他们射来，山势很陡，因此山上的人能够更准确地射中目标；他们发现很难冲出，所以又退回休息了。同时下了一点小雨，雷声隆隆，[③]这是夏末秋初所常发生的现象，这样使雅典人更为沮丧，因为他们把这些事情当作他们毁灭的预兆。当他们休息的时候，吉利普斯和叙拉古人派遣一部分军队，在雅典人从那里来的路上建筑要塞，以切断他们退却的后路；但是雅典人派遣他们自己一部分军队回转来，反抗这一行动，阻止要塞的建筑。后来他们向平原方面退却，就在那里过了一夜。

次日[④]他们又开始前进，叙拉古人包围他们，从各方面向他们进攻，杀伤他们许多人；当他们进攻的时候，叙拉古人退却；当他们

① 退却的第三天。
② 退却的第四天。
③ 参阅第529页。
④ 退却的第五天。

退却的时候，叙拉古人又马上进攻。叙拉古人特别攻击他们的后卫，希望个别地击溃他们一些分队，因此引起全军的恐慌。这样战斗，雅典人支持了一个很长久的时期；最后，他们前进了大约四斯塔狄亚多路之后，就在平原地带停下来休息了。叙拉古人也离开了他们，回到自己的军营里去了。

晚间，尼西阿斯和德谟斯提尼看见他们的军队处在这样悲惨的情况中，现在各种必需品都没有了，在敌人屡次进攻的时候，许多人成了残废，所以决定尽量地多点些火把，率领他们的军队离开此地。他们现在没有从原先想走的那条路上走，而向海边走，这是和叙拉古人守卫的地方相反的方向。[①] 因此，他们燃了许多火把，晚间出发。他们正如所有的军队，尤其是庞大的军队一样，很容易发生惊慌，特别是晚上行军，通过敌人的领土，而敌人又在附近。因此雅典军队发生了混乱。先头部队是尼西阿斯所率领的军队，他们集合在一起，走在其余军队的前面很远；而德谟斯提尼率领的军队（占全军的一半多）彼此失掉了联络，在行军时秩序颇乱。但是在黎明的时候，他们达到了海边。他们沿着往厄洛拉斯的道路前进，想达到卡西巴里斯河[②]边，然后溯河而上，进入内地，他们希望在内地和他们派人去请来的西塞尔人相汇合。当他们达到河边的时候，他们发现此地也有一支叙拉古军队正在建筑一道墙和栅栏，以封锁渡口。他们突破这些军队，渡过了河，依照他们的向导的主张，继续前进，达到伊林尼阿斯河[③]边。

① “这条新路不会引导他们走向卡塔那，而将引导他们走向西西里的另一边，即走向卡马林那、机拉和那个地区其他希腊人的和非希腊人的城市去。”

② 现在的喀西比利河。

③ 现在的卡发拉他河。

同时，当天亮的时候，[①]叙拉古人和他们的同盟者发现雅典人已经走过去了，他们大部分人责难吉利普斯，说是他有意放走雅典人的；因为不难找出雅典人所走的道路来，他们迅速地追赶，大约在中午的时候赶上了。他们所赶上的军队是德谟斯提尼所率领的；因为上面已经说到的夜间惊慌，这些军队落在其余军队的后面，行军比较迟缓，秩序比较零乱。叙拉古人于是开始行动，马上向他们进攻；因为他们和其余的军队分离了，所以更容易用骑兵把他们包围起来，把他们围在一个地方。尼西阿斯的军队在他们的前面约五六英里，他领导他的军队走得快些，因为他认为，在目前形势之下，他们的安全不在于占领阵地而战斗，除非他们不得不战斗的话，而在于尽量迅速地撤退，只在他们不得不战斗的时候才战斗。但是就整个说来，德谟斯提尼行军的困难是比较多些，因为后卫总是首先被敌人攻击的。现在当他知道敌人正在追赶他的时候，他把他的军队列成阵势，这样做时他费了一些时间，以致被包围了。他和他所领导的雅典人现在处于大混乱的状态中。他们陷入一个地方，四面有墙围着，两边有一条路和许多橄榄树，四面八方有投射器向他们飞来。叙拉古人自然采取这种进攻的方式，而不采用肉搏战术，因为现在如果他们自己冒着危险来和这些拼命的人战斗的话，这是有利于雅典人而是不利于他们自己的；同时，他们开始爱惜自己一点，使他们不要在正将胜利的时候丧失了生命，因为胜利是确有把握的了；并且他们认为，他们用这些方法，无论如何会摧毁雅典人的抵抗，把他们俘虏起来的。

① 退却的第六天。

事实上，他们整天向雅典人和雅典的同盟者进攻，用他们的投射器从多方面射击之后，他们看见他们因为受伤以及其他痛苦而精疲力竭了。于是吉利普斯和叙拉古人以及他们的同盟者首先向岛上居民发表宣言：凡愿投降者可以获得自由；有少数城市的人投降了。后来他们和德谟斯提尼所领导的全部军队订好了投降的条件：他们放下武器，以不当场杀死任何人，囚死任何人，饿死任何人为条件。于是他们投降了，共六千人，交出他们所有的金钱，他们把金钱投在盾中，共装满了四个盾。于是他们马上被带往叙拉古城内去了。当天尼西阿斯带着他的军队到达了伊林尼阿斯河畔。他渡过了河之后，把他的军队驻扎在一个高地上。

次日[①]叙拉古人赶上了他，告诉他，德谟斯提尼的军队已经投降了，要他也投降。尼西阿斯不信，于是订立一个休战和约，使他可以派一个骑兵去看。使者去后，回来时带着消息，说他们确已投降了，于是尼西阿斯派遣一个传令官到吉利普斯和叙拉古人那里去，说他准备以雅典人的名誉，和他们订立协约，如果他们允许他的军队离开的话，他们愿意赔偿叙拉古在战争中所耗费的一切费用；他愿意把雅典公民作为人质，每个他连特一个人，直到赔款付清时为止。叙拉古人和吉利普斯拒绝了这些建议。他们进攻这支军队，把它包围起来，和他们进攻德谟斯提尼一样，把投射器雨点一般地从四面八方向他们射击，直到黄昏的时候。尼西阿斯的军队也和德谟斯提尼的军队一样，缺少食物和其他必需品。但是他们想等到沉静的夜间，继续前进。当他们拿起武器的时候，叙拉古

① 退却的第七天。

人知道他们所要做的，便高唱凯歌。雅典人知道他们被发觉了，就又放下了他们的武器，只有约三百人突破守卫者，整夜尽力前进。

当天亮的时候，[①]尼西阿斯领导他的军队继续前进，叙拉古人和他们的同盟者，和从前一样，紧紧地追击，把投射器和标枪从四面八方向雅典军队射击。雅典人匆忙地向阿栖那鲁斯河[②]边跑，一则因为许多骑兵和其他成群的军队从各方面向他们追击，他们认为如果达到河边，情况可能会好一点；二则因为他们精疲力竭，很想喝水了。他们一到河边，即冲入河中，现在一切纪律都没有了。每个人都想首先渡过河；但是因为敌人不断地攻击，渡河是很困难的。他们不得不挤作一团，跌下去时，人压在人身上，互相践踏，有些被他们自己的刀矛所刺死，有些在他们自己中间和行李中间互相纠缠着，被水流卷走了。对岸很陡，有叙拉古的军队驻扎在那里。他们把武器从上面向雅典人射击；当时，雅典人零乱成堆，正在很深的河床中喝水。伯罗奔尼撒人跑下来屠杀他们，特别是那些在河里的人。河水马上变为污秽了；河水虽然浑浊，又有血水玷污，但是他们还是继续地喝；他们大部分人甚至于互相争斗着抢水喝。

最后，死者的尸体堆积在河床中，[③]一部分军队在河中被消灭了，少数设法渡过了河的士兵也被敌人的骑兵所杀死；这时候，尼西阿斯向吉利普斯投降，因为他认为吉利普斯比叙拉古人可靠；他

---

① 退却的第八天。

② 现在的法尔康那拉河，又叫做阜姆—狄—诺托河。

③ 修昔底德没有说到死者的数目，戴奥多鲁斯（xiii. 19）记载死在河中者一万八千人，被俘虏者七千人；但是很阴显的，他把德谟斯提尼的军队也包括在内了。

对吉利普斯和斯巴达人说：对于他本人，他们可以随便怎么处理；但是不要屠杀他的士兵。以后，吉利普斯下令只俘虏敌军，除了许多被那些俘虏他们的叙拉古士兵所隐藏者外，其余所有的雅典士兵都被活捉着带来了。他们又派遣军队去追赶那些晚间突围的三百人，这三百人也被俘虏了。在一起被国家所接收的俘虏数目不很多，[①]因为大部分人都被那些俘虏他们的人据为己有了；事实上，整个西西里充满了这种俘虏，因为他们和德谟斯提尼的军队不同，没有订立确切的投降协定。那时候，颇大的一部分军队当时就被杀死了，这是一次很大的屠杀——在这次战争中，没有哪一次屠杀比这次死的人更多的。也有许多是在撤退时，被敌人经常袭击而阵亡的。但是有许多逃跑了的，有些是当时逃掉的，有些是被奴役之后才逃掉的。这些人逃往卡塔那去了。

现在叙拉古人和他们的同盟者把他们的军队集合在一起，收取他们的战利品和尽量多的俘虏，回到他们自己的城市里去了。他们把被俘虏的雅典人及其同盟者放在石坑中，因为他们认为这是监禁这些俘虏的最安全的方法。他们违反吉利普斯的意思，杀死了尼西阿斯和德谟斯提尼；因为吉利普斯认为，如果能够把敌人的将军们带回斯巴达去的话，这将是他胜利的顶点。正碰着这两位将军中间的一个，德谟斯提尼，由于派娄斯和斯法克特利亚岛上战役的缘故，是斯巴达最大的敌人；而另一个，尼西阿斯，因为同样的缘故，是斯巴达最好的朋友。尼西阿斯曾尽力劝雅典人订立和

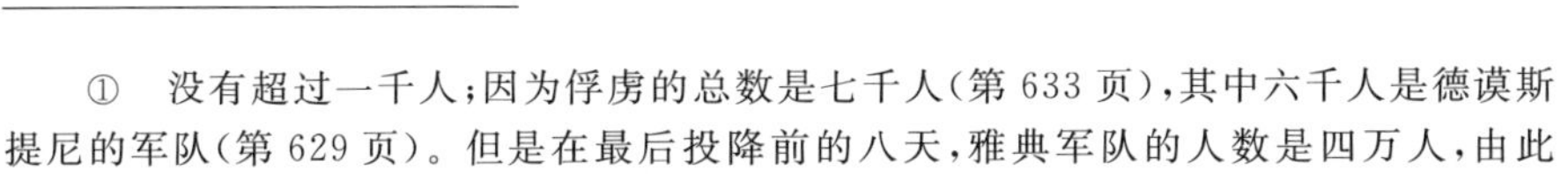

① 没有超过一千人；因为俘虏的总数是七千人（第633页），其中六千人是德谟斯提尼的军队（第629页）。但是在最后投降前的八天，雅典军队的人数是四万人，由此可见雅典人损失的巨大。

约,使在岛上被俘虏的斯巴达人得以释放。[①] 因为这个缘故,斯巴达人对他很有好感;而尼西阿斯,当他向吉利普斯投降的时候,主要地也相信这一点。但是据说,一些和尼西阿斯私通的人害怕他受拷问时,把这些事实泄露出来了,因而在胜利的时候,引起他们许多麻烦。其他一些人,特别是科林斯人,担心这一点:因为尼西阿斯是富有的,[②]他可能利用贿赂逃跑,将来会给他们带来更大的灾祸。所以他们说服他们的同盟者,把他置之死地。因为这些或其他类似的理由,他被杀死了;在所有的希腊人中间,他是最不应该遭到这么悲惨的结局的,因为他是终身致力于道德的研究和实践的。

囚禁雅典人的叙拉古石坑

① 参阅第410页。

② 根据莱西亚(xix. 47)的记载,他有财产一百他连特,他的财产主要是银矿,他在罗立温银矿中,使用着一千名奴隶(色诺芬:《雅典税收论》iv. 14)。

那些被囚禁在石坑中的人，起初很受叙拉古人的虐待。他们人数很多，拥挤在一个狭窄的石坑中，上无屋顶；他们在白天里受太阳光热和空气闭塞的痛苦；相反地，当时正是秋天，晚间很冷；气候的变化给他们带来疾病。因为空地的缺少，他们不得不在同一个地方做一切的事情；并且那些因为受伤，或因为气候变化或其他类似的原因而死亡者的尸体堆积在一起，因而恶臭难当。同时，他们受饥渴的痛苦。八个月中间，每个人每天的给养是半品脱[①]的水和一品脱的谷物。[②] 事实上，被幽禁在这样一个地方的人，凡是我们所能够想象得到的一切痛苦，他们都尝受了。他们这样地生活在一起，大约十个星期；后来除雅典人和参加远征军的意大利人或西西里的希腊人以外，其余的都当作奴隶卖掉了。确实的数目很难说出来，但是俘虏的总数一定不少于七千人。

这是这次战争中希腊人最大的一次军事行动，照我看来，是希腊历史中我们所知道的最大的一次军事行动——对于胜利者说来，是最光辉的一次胜利；对于战败者说来，是最悲惨的一次失败，因为他们是全军覆灭；他们的痛苦是很大的，他们的毁灭，诚如俗话所说的，是整个的毁灭，海军、陆军——一切都毁灭了。许多人中间很少有回到故乡的。[③] 西西里的事件就这样终结了。

① 一品脱(液量)英制为二十盎斯。——译者

② 这个口粮只有奴隶口粮的一半。把这份口粮和在斯法克特利亚被俘虏的斯巴达人的口粮比较一下，更可以看出这是多么少。在斯法克特利亚俘虏的斯巴达人的口粮是“每人大麦饭二夸脱，酒一品脱”(参阅第310页和注①)。

③ 根据普鲁塔克(《尼西阿斯传》，29)的记载，许多人得到了自由，其余那些已经跑掉了的雅典人，依靠朗诵幼里披底的诗句以维持生活，因为幼里披底在西西里人中间，比任何其他外国诗人流行些。这些生还者在归途中表示对幼里披底的感激，无疑地，是诗人所从来没有听到过的最甜蜜的颂扬。

第 八 卷(注)

注：古代和近代有些作家怀疑第八卷不是修昔底德的作品。有人说，这是他的女儿的作品。但是这不像是女作家的文笔；如果他的女儿能够写出这种作品来的话，她应当不会隐藏她自己的名字，并且她也不可能只写过这一卷书，应当还写了其他著作。但是她没有其他作品留传下来。有人说，这是色诺芬的作品。但是色诺芬的文笔平淡，而修昔底德的文笔豪放。两者迥然不同。并且色诺芬的《希腊史》是直接继续修昔底德的第八卷的；如果第八卷是色诺芬写的，他为什么不把它并入他自己的《希腊史》中呢？所以这些说法，都是没有很好的根据的。

现在一般学者多数认为第八卷是修昔底德本人的著作，这是毫无疑义的。第八卷中文笔的特点和以前诸卷基本上是一致的，但是有一个最显著的区别：即以前诸卷（除第五卷外）中，都引用了许多直接的演说辞，而第八卷独缺。据说，和修昔底德同时代的人克剌替帕斯认为这是作者有意省略的，因为这些演说辞打断了历史事件的叙述，使读者感觉厌倦（戴奥尼素：《修昔底德论》，第 847 页）。这种说法也是无稽的。事实上，第八卷是作者未完成的稿件。文字尚未润色；许多史事的叙述采取提纲挈领的形式，准备以后再加扩充的；几处重要地方的言辞只作间接陈述而未作直接演词的形式；不但整个战争的叙述没有完毕，就是最后一章中叙述战争的第二十一年的史迹也没有完结。如果修昔底德不是突然逝世的话，第八卷可能得到最后的修订，以更完整的形式流传后世。（参阅斯密司译本第 8 卷，引言。）——译者

第一章　雅典的恐慌。波斯干涉的开始。开俄斯暴动

当西西里的消息传到雅典的时候，尽管有些亲自参加战争，后来逃回的士兵们带给雅典人以确切的消息，但是很久他们还不肯相信；他们认为这样地全军覆灭完全不可能是真实的。当他们知道这确是事实的时候，他们转而攻击那些赞成远征的演说家，好像他们自己没有表决赞成似的；他们也恼恨那些曾经用各种占卜形式，鼓动他们相信他们可以征服西西里的先知们和预言家们。他们在各个部门中和各个战场上已经感到紧张了；最近遭受这个巨大的打击后，他们这时所感到的恐惧和惊慌是很大的。不仅丧失了这么多无法弥补的重装步兵、骑兵和达到兵役年龄的人员，使整个国家和每个人的心里深为忧虑；并且他们知道，船坞中的船舰，财库里的金钱和配备船舰的海员都不够了。所以在当时他们很少有能够生存下去的希望了；因为西西里的敌人大胜之后，马上会带着他们的舰队来进攻庇里犹斯港，希腊本土的敌人现在一定也会加倍地努力，尽力从陆地上和海上来进攻他们。尽管这样，他们利用他们有限的资源，决定绝不屈服；他们将从任何可能取得木材的地方取得木材，装备一支舰队；他们将筹款，注意他们的同盟国，特别是优卑亚，不要叛离他们；在雅典本身，他们将采取节约和改良的政策，任命一些有经验的人组织一个团体，以便无论什么时候发生问题时，给他们提供意见。事

实上，和一切民主政治的政府一样，因为他们恐慌了，他们准备把一切事情都整顿好。他们的决议马上就实行起来；这样，夏季就完了。

雅典人在西西里惨败之后，冬季里整个希腊马上起来反抗雅典了。那些没有和任何一边联盟的国家，就是没有人邀请它们，它们也不应再置身于战争之外，都应当自动起来反抗雅典，因为每个国家都认识到，如果雅典人在西西里胜利的话，雅典人会来进攻他们的；同时，他们认为战争很快就会结束了，他们可以因参加战争而得到光荣。那些已经和斯巴达联盟的国家，比以前更加希望迅速地免除一切它们已经忍受了这么久的痛苦。特别是雅典的属民，他们已经准备暴动了；真的，他们有这样做的愿望，但是没有这样做的力量，因为他们不能冷静地观察事务，他们不相信雅典有度过次年夏季的可能。这一切使斯巴达人有了信心；使他们更受到鼓舞的是，在春季的时候他们的西西里同盟者很可能以大军来援助他们，以及近来为形势所迫，他们已不得不建立了海军。因为从各方面看来，都有很好的理由可以增加他们的信心；所以斯巴达人决定毫无保留地以全力进行战争。他们估计：如果一旦战争是胜利地结束的话，他们将来可以免除雅典征服西西里时所给予斯巴达的那种威胁；当雅典的势力被推翻了的时候，他们自己在整个希腊的领导权就巩固了。

因此，在这个冬季中，斯巴达国王阿基斯带着狄西里亚的一支军队马上出发，向同盟国征筹款项以建海军。他转向马利亚湾，以报旧仇[①]为借口，把伊塔人大部分可以运走的财产都运走，并且强

① 参阅第244页以下，其仇恨起于赫拉克里亚的建立。因为特累启斯人为邻人所逼，伊塔人求援于斯巴达，斯巴达人殖民于赫拉克里亚以保护他们，后来因为帖撒利人的敌视和斯巴达总督的暴行，这个殖民地垮下来了。

迫他们给付一笔赔款。他又不顾帖撒利人的抗议，强迫泰俄提斯的亚加亚人和帖撒利人在那个地区的其他属民把金钱和人质交给他。他把人质幽禁在科林斯，设法想使他们的同国人加入斯巴达同盟。斯巴达又派人往各城市去，要求建筑一百条船舰。他们自己建筑二十五条，彼奥提亚人二十五条，佛西斯人和罗克里斯人共建筑十五条；科林斯人供给十五条；阿卡狄亚人、培林尼人和西息温人共供给十条；麦加拉人、托洛溱人、埃彼道鲁斯人和赫迈俄尼人共供给十条。其他一切准备工作也都做好了，准备春季一开始，就马上进行战争。

雅典人也忙于他们已经计划好了的措施。同在这个冬季里，他们取得了木材，开始建筑船舰；他们在修尼阿姆设防，使他们运输谷物的船舶在环绕这个地角航行时得到安全；他们从他们航往西西里时在拉哥尼亚所建筑的要塞撤退；[①]凡是他们所认为用钱不恰当的地方，他们就裁减经费，以节省开支；他们特别严密地监视同盟国，以防止它们暴动。

当双方正在像开初一样积极地准备战争的时候，优卑亚人首先在这个冬季里派遣代表们往阿基斯那里去商量叛离雅典的问题。阿基斯欢迎他们的建议，从斯巴达召来斯提尼拉伊达的儿子亚加美尼和梅兰修斯去指挥优卑亚的军队。这些军官带着三百名脱籍希洛人[②]的军队到了，阿基斯正在安排使他们渡过海峡。但是同时有些列斯堡人到了，他们也想暴动；因为他们的要求为彼奥

① 参阅第 580 页。

② 因军功而脱离奴籍的希洛人。参阅第 425、574 页。

提亚人所支持，阿基斯被说服了，暂时不去援助优卑亚。他着手组织列斯堡的暴动；亚加美尼原来是要被派往优卑亚去的，现在被派往列斯堡去做总督了。彼奥提亚人承认负担十条船舰；阿基斯也承认十条船舰。这一切都是没有和斯巴达政府商量的，因为阿基斯带着自己的军队在狄西里亚的整个时期内，他有权随意派遣军队往那里去，有权募集新兵，有权征收款项。真的，可以说，在这个时期中，同盟国对他比对斯巴达政府还尊敬些，因此他带着他的军队，无论跑到什么地方，都能使人马上感觉畏惧。

当他正在处理列斯堡人的问题的时候，也想准备暴动的开俄斯人[①]和厄立特利亚人没有向阿基斯请求援助，而向斯巴达政府请求。和他们一同来到斯巴达的有一个替萨斐尼的代表；替萨斐尼是波斯国王大流士[②](阿塔薛西斯的儿子)任命的沿海地区总督。替萨斐尼也支持斯巴达人干涉的主张，承认供给他们军费。不久以前，波斯国王命令他提供他省内的贡款；但是因为雅典人的缘故，他不能向希腊人的城市征收贡款，所以他没有钱缴给波斯国王。因此，他认为，如果削弱雅典人的势力的话，他会比较容易地征收这些贡款，同时他会促使斯巴达和波斯国王订立同盟；这样，他就可以依照波斯国王的命令，把正在领导开利阿暴动的阿摩基斯(匹苏斯尼[③]的私生子)不是活捉着，就是杀死。

这样，开俄斯人和替萨斐尼为着共同的目的而共同行动。大

① 即寡头贵族，如第 643 和 644 页所说的。过去开俄斯人是以忠于雅典著名的。

② 公元前 423—前 404 年。

③ 第 89 页提到他是公元前 440 年驻在萨摩斯的总督；后来又提到他是公元前 428 年驻在萨摩斯的总督，以后不久他就叛变了，波斯国王派遣替萨斐尼去平乱；胜利以后，替萨斐尼继任为总督。

约同时候，一个麦加拉人卡利斋都（拉奥丰的儿子）和一个塞西卡斯人提马哥拉斯（雅典那哥拉斯的儿子）也到了斯巴达，这两个人都是被本国放逐而在法那西斯的儿子法那培萨斯[①]的官署里的。这两个人都是法那培萨斯派来，想使斯巴达的舰队向赫勒斯滂进军，以便他自己可以做那些替萨斐尼所正想做的事情——那就是，使沿海城市叛离雅典，并入他自己的省内，因此他可以征收贡款，同时也有使斯巴达和波斯国王订立同盟的功绩。

这两方面——即法那培萨斯方面和替萨斐尼方面——各想和斯巴达订立单独的协议；因此，舰队和陆军还是首先派往爱奥尼亚和开俄斯去呢，还是派往赫勒斯滂去呢？关于这个问题，在斯巴达有许多争论。但是斯巴达人很倾向于开俄斯和替萨斐尼一边，亚西比得[②]也支持他们。尽管这样，斯巴达人还是派遣了一个非统治阶级的斯巴达人[③]福里尼斯往开俄斯去，看开俄斯人是不是真的如他们所说的，有那么多的船舰，是不是真的如他们所说的，有那么强大。福里尼斯回来后说，一切都是真实的。于是斯巴达人马上和开俄斯人以及厄立特利亚人订立同盟，表决派遣四十条船舰去援助他们；斯巴达人根据他们所说的，认为当地已有六十条船舰可以应用了。起初，在这些船舰中，斯巴达人想自己派遣十条，

---

① 赫勒斯滂沿岸地区的总督。

② “那年斯巴达的监察官恩狄阿斯是亚西比得一个有亲属关系的朋友，两人很相好。因为这种亲属关系，亚西比得的家族，采用了这个拉哥尼亚语的名字；事实上，恩狄阿斯也把‘亚西比得’作为他的姓。”

（亚西比得是一个拉哥尼亚的名字，可由下面的事实得到证明：恩狄阿斯的家族中，隔代都用“亚西比得”这个名字；亚西比得的祖父克莱尼阿斯决定在他的家族中，亚西比得这个名字和他自己的名字，每代交替使用。——译者）

③ 即庇里奥西人。——译者

由他们的海军大将梅兰克利达率领前往。但是后来遇着地震，他们所派遣的不是梅兰克利达，而是卡尔息底阿斯；他们在拉哥尼亚所配备的船舰不是十条，而只是五条。这样，冬季完了，修昔底德所记载这次战争的第十九年也就完结了。

到了夏季开始的时候，开俄斯人迫切地请求斯巴达派遣船舰去，他们担心雅典人会知道他们所商定的事情，因为商谈是秘密地进行的。因此，斯巴达人派遣三个他们自己的官吏阶级的公民前往科林斯，要他们把船舰尽快地从地峡那一边的海中拖过地峡，到雅典这一边的海中来，并且命令整个舰队（包括阿基斯替列斯堡装配的船舰在内）驶往开俄斯。在这里，从同盟国开来的船舰共计三十九条。

代表法那培萨斯的卡利斋都和提马哥拉斯没有参加往开俄斯的远征军，也没有献出他们所带来的金钱（二十五他连特），这些金钱，他们原想用来付给斯巴达所派出来的远征军的；他们的用意是想以后他们自己另外派遣一支远征军去。但是阿基斯看见斯巴达人正将首先向开俄斯出发，他自己也和他们的意见一致了。同盟国的代表们聚集在科林斯讨论，会议结果决定：首先由卡尔息底阿斯率领舰队前往开俄斯，他正在拉哥尼亚配备那五条船舰；然后由亚加美尼率领往列斯堡，他是阿基斯所选定的司令官；最后，由拉姆斐亚斯的儿子克利阿卡斯率领往赫勒斯滂海峡。开始只有一半船舰拖过了地峡，这些船舰马上开航，这样，使雅典人只注意那些首先航出的船舰，而没有注意那些后来拖过地峡的船舰。他们藐视雅典人的软弱，公开地航行，因为现在雅典人在海上没有重要的舰队。同盟国就依照这个议案进行，马上把二十一条船舰拖过了地峡。

现在他们急于启程，但是那时候正是地峡赛会正要举行的时候，科林斯人不愿意和他们一路启程，想等到他们庆祝了这个节日之后。阿基斯准备他自己个人负责来进行这次远征，使科林斯人不至于破坏地峡节日的休战，[①]但是科林斯人不赞成这个计划。因此，远征的事就延误了。这时候，雅典人知道开俄斯人所进行的事了，他们派遣他们的一位将军亚里斯多克拉底往那里去，用证据责难开俄斯人。当他们否认这个证据的时候，雅典人命令他们派遣船舰来和雅典的舰队联合在一起，以表示他们的诚意。开俄斯人派遣了七条船舰。开俄斯人派遣这些船舰的原因是因为开俄斯的人民大众尚完全不知道和斯巴达协商的事情，而贵族党人，在他们有坚强的力量做他们的后盾之前，不愿意使人民起来反对他们，他们以为伯罗奔尼撒人已经没有来的希望了。

同时地峡赛会举行了，雅典人正式被邀请参加，他们也派遣代表参加了[②]。现在他们更清楚地看出了开俄斯人的阴谋；他们回到雅典后，马上采取措施，使舰队不能瞒过他们而离开森克里伊。节日过了之后，伯罗奔尼撒的二十一条船舰由亚加美尼率领，开始向开俄斯航行了。雅典人首先用同样多的船舰来抵抗他们，想引诱他们进入公海中。但是伯罗奔尼撒人追逐雅典的船舰不远，即退回去了。雅典人也退了，因为他们认为在他们的舰队中，开俄斯

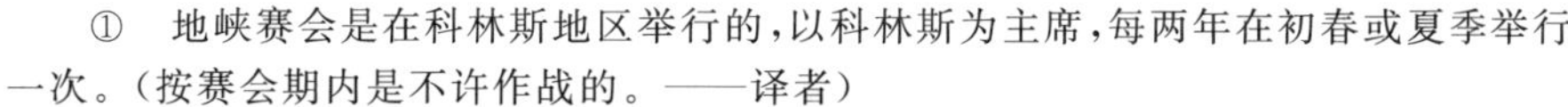

① 地峡赛会是在科林斯地区举行的，以科林斯为主席，每两年在初春或夏季举行一次。（按赛会期内是不许作战的。——译者）

② 在赛会休战期中，交战国都可以派代表参加；在往返途中均须保证生命的安全。

的七条船舰是不可靠的。后来他们配备了其他的船舰，共计三十七条；当敌舰沿海航行的时候，雅典的舰队追逐它们，把它们赶进斯佩里安，这是科林斯境内，靠近埃彼道鲁斯边界的一个没有人居住的港口。伯罗奔尼撒人在公海中丧失了一条船舰，但是把其余的船舰都聚集在一起，停泊在那里。于是雅典人不仅利用他们的舰队从海上进攻，并且在岸上登陆。这引起很大的恐慌和混乱的情况。雅典人逼着敌舰靠近岸边，把他们大部分船舰都破坏了，杀死了他们的司令官亚加美尼，而雅典人自己的损失却很少。

这次战役之后，雅典人有足够的船舰，可以封锁敌舰了；他们把其余的船舰停泊在附近的一个小岛旁边，在那里建立军营。他们派人往雅典去请求增援，因为伯罗奔尼撒人也已经增援了：在战役发生之后一天，科林斯人已来援救这些船舰，附近的其他人民也在不久之后到了。伯罗奔尼撒人知道要在这个荒凉的地方维持他们的驻军是很困难的，他们不知所措，首先他们想焚毁他们的船舰，但是最后他们决定把船舰拖到岸边，用陆军守着，等待他们后来的幸运，可能有逃跑的好机会。当阿基斯听到这个消息的时候，他也派遣了一个名叫德蒙的斯巴达正规军官到他们那里来。斯巴达人首先听到舰队从地峡出航的消息，因为监察官命令亚加美尼在起航后，马上就要派一名骑兵去的；他们的用意是想马上派出他们自己的那五条船舰出来，由卡尔息底阿斯指挥，亚西比得也跟他在一起。但是现在，当他们正在以全力从事这个行动的时候，他们听到舰队已逃往斯佩里安的消息，他们大为丧气，因为他们在爱奥尼亚战争中第一次冒险就这样失败了，因此，他们不想从他们的国家里再派遣船舰出来了，而且还想把已经派出来了的船舰召回去。

亚西比得看见这种情况，又利用了他能左右恩狄阿斯和其他监察官的能力。他劝他们不要畏缩而不敢航行；并指出，他们可以在开俄斯人听到这次舰队惨败的消息之前，达到开俄斯。他说，他一旦到了爱奥尼亚领土上的时候，他可以把雅典的弱点和斯巴达的积极政策告诉他们，因而可以很容易地说服这些城市暴动；它们会认为他的论证是特别可靠的。他私自向恩狄阿斯指出，最好是通过他来组织爱奥尼亚的暴动，取得斯巴达和波斯国王的同盟，而不要让这个功劳归阿基斯得去。[①] 所以他说服了恩狄阿斯和其他监察官，他带着五条船舰和斯巴达人卡尔息底阿斯启程，尽量迅速地航行。

大约在这个时候，整个西西里战争中跟着吉利普斯在一起的十六条伯罗奔尼撒船舰已在归国途中。在琉卡底亚附近，它们被门尼配斯的儿子希波克利所指挥的二十七条雅典船舰追上了，吃了苦头。损失了一条船舰之后，其余的船舰逃脱了雅典人的追逐，驶往科林斯去了。

为了保守他们行动的秘密起见，卡尔息底阿斯和亚西比得把他们在航程中所遇着的人都逮捕起来，带着一块走。他们首先停泊在大陆上的科利卡斯[②]，在那里他们释放了他们的俘虏，设法和当地的开俄斯人会谈。这些开俄斯人劝他们不要宣布他们的到来，直接航往开俄斯城。他们真的这样做，突然在开俄斯出现了。

---

① “亚西比得自己和阿基斯是不和睦的。”（据普鲁塔克：《亚西比得传》23 的记载，他和阿基斯的妻子有私通的嫌疑。——译者）

② 有好几个地方都叫做科利卡斯。这个科利卡斯是在厄立特利亚半岛的最南端，离开俄斯约四十英里（参阅李维，xxxvii. 12，提奥斯的科利卡斯海峡）。

当民主党人在狼狈和恐慌状态中的时候，寡头党人已经安排议事会在那个时候开会。卡尔息底阿斯和亚西比得在议事会中发言，说还有许多船舰正在途中，但是没有提到他们的舰队在斯佩里安被封锁的事。于是接着在厄立特利亚人之后，开俄斯人又叛离雅典了。此事之后，他们派了三条船舰航往克雷佐门尼，使这个城市也暴动起来了。克雷佐门尼人马上渡海到大陆上，把波利喜那设防，以便于必要时，有一个从他们所居的海岛上向后撤退的地方。① 事实上，所有那些参加暴动的城市都忙于建筑要塞，准备战争了。

第二章　暴动的扩大。雅典人的一些胜利

开俄斯叛变的消息，很快就传到了雅典。雅典人认为他们现在确是在严重的危险中；他们的同盟国中最大的城市转到斯巴达一边去了之后，其余的同盟国也会不安静的。过去他们储藏了一千他连特的现款，②法律上规定，任何建议动用这笔款子的人，或将此种建议付诸表决的人都要处以重罚；在整个战争中，他们尽力避免动用这笔款项；现在他们恐慌极了，所以马上取消这条法律的

---

① 根据波桑尼阿斯(VII,iii.9)的记载，克雷佐门尼人过去是因为害怕波斯人才迁居岛上的。

② 参阅第139页，在这次战争的第一年中，伯里克利就把这笔款项拨出，只有敌舰威胁庇里犹斯时才能动用此款。

规定。他们表决，赞成动用此款，以装备大量船舰。他们将马上派遣戴奥提摩斯的儿子斯特罗姆比基德所指挥的八条船舰出去（这些船舰原来是封锁斯佩里安港的舰队的一部分，它们离开封锁舰队去追逐卡尔息底阿斯所率领的船舰，因为没有碰着敌舰而回国了）；不久之后，他们又派遣色雷西克利所指挥的十二条船舰去增援，这些船舰也是从封锁舰队中调出来的。他们又从斯佩里安封锁舰队中召回开俄斯的七条船舰，恢复船舰上奴隶的自由，把船舰上的自由民都监禁起来。他们马上配备了十条新船舰的水手，派去代替那些被撤回的船舰，封锁伯罗奔尼撒人。他们还计划再配备三十条船舰的水手。事实上，雅典人表现了很大的精力；为了解救开俄斯而做出的一切事情都是大规模的。

同时，斯特罗姆比基德带着他的八条船舰来到萨摩斯；在萨摩斯取得了一条船舰之后，航往提奥斯，他警告那个地方的居民，不要对雅典采取任何敌对行动。卡尔息底阿斯也正带着二十三条船舰从开俄斯往提奥斯，同时有克雷佐门尼和厄立特利亚的陆军沿着海岸进军，以为声援。斯特罗姆比基德及时听到了这个消息后，他又从提奥斯航行出来；当他航入海中，看见了许多开俄斯船舰的时候，他向萨摩斯逃跑，敌舰从后追逐。起初提奥斯人不许陆军进入他们的城市；但是雅典人逃跑后，他们允许这些陆军进城了。当时，这些军队没有采取任何行动，因为他们等待卡尔息底阿斯从追逐中回来；但是，因为他很久没有回来，他们就自己做主，拆毁雅典人在提奥斯城旁所建筑的面对大陆一边的要塞。在这项工作中有少数土著军队参加，这些土著军队是替萨斐尼的部下斯塔基斯带来的。

卡尔息底阿斯和亚西比得已经驱逐斯特罗姆比基德走进萨摩斯港中去了。于是他们武装伯罗奔尼撒船舰上的水手们，把这些水手们留在开俄斯，然后又在开俄斯招募桨手以代替原来的水手们；同时又配备了二十条船舰的海员。做了这些事之后，他们航往米利都，在那里策动了叛变。亚西比得和米利都的领导人物有友好关系，他想在伯罗奔尼撒的船舰到达之前，使米利都转到伯罗奔尼撒这一边来；这样，他可以利用开俄斯的军队和卡尔息底阿斯的军队，尽量组织许多城市的叛变，不但使开俄斯人、他自己和卡尔息底阿斯取得功劳，并且照他自己的诺言，[①]使恩狄阿斯取得功劳，因为是恩狄阿斯派遣这个远征军出来的。直到他们快要到米利都的时候，他们才被发现，他们比斯特罗姆比基德和色雷西克利先到一点时间（色雷西克利带着十二条船舰从雅典来，和斯特罗姆比基德的舰队联合一起来追逐敌舰），策动米利都的暴动。雅典人带着十九条船舰紧紧地追逐敌舰；因为米利都人拒绝雅典人入城，雅典人驻扎在米利都附近的拉德岛上。米利都叛变后，替萨斐尼马上和卡尔息底阿斯订立波斯国王和斯巴达人间的第一次同盟条约。条约的内容如下：

“斯巴达人及其同盟者和波斯国王及替萨斐尼，根据下列条款，订立同盟条约：

“1. 现在国王所占领以及国王的祖先过去所占领的一切土地都应当归国王所有。

2. 关于雅典人过去从他们的城市所征收的金钱以及其他一切东

① 参阅第 645 页。

西，国王、斯巴达人和他们的同盟者应共同合作，阻止雅典人，使他们不能取得这些金钱以及其他一切东西。

3. 对雅典人的战争应由国王、斯巴达人和他们的同盟者联合进行。非得双方——国王方面和斯巴达人及其同盟者方面——的同意，不得终止对雅典人的战争。

4. 凡叛变国王的人，斯巴达人和其同盟者都应当把他们当作敌人看待；凡叛变斯巴达人及其同盟者的人，国王也同样地应当把他们当作敌人看待。"

这是他们所订的同盟条约。后来开俄斯人又马上配备十条船舰的水手，驶往安尼亚[①]，希望得到米利都船舰的消息，同时也想组织一些城市叛变。但是卡尔息底阿斯派遣一个使者到他们那里去，要他们回来，说阿摩基斯带一支军队从大陆上来了。因此，他们航往宙斯神庙，遇见了戴奥密敦所率领的十六条船舰航来了（戴奥密敦从雅典起航，比色雷西克利还要迟些）当开俄斯人看见雅典船舰来了的时候，他们马上开始逃跑，一条船舰逃往以弗所，其余的船舰逃往提奥斯。雅典人俘虏了四条空船，船上的水手都设法逃到陆地上去了。其余的人逃入提奥斯城内。以后雅典人航往萨摩斯去了。开俄斯人带着剩下来的船舰，和他们的陆军配合，首先使勒比都叛变，后来又使厄利[②]叛变；以后他们的海军和陆军都回去了。

大约同时候，我们还记得，被雅典人用同样多的船舰所赶进斯佩里安港中，被封锁起来了的那二十条怕罗奔尼撒船舰[③]突然冲

① 在对岸的大陆上。

② 提奥斯人的一个小镇（斯特累波，第 350 页）。

③ 参阅第 643 页。

出，打败了雅典人，俘虏了四条雅典船舰，航回森克里依去了，它们在那里准备再航往开俄斯和爱奥尼亚。海军大将阿斯泰奥卡斯在这里和这些船舰在一起了；他是斯巴达派来的，现在受命负海军最高指挥权的责任。

陆军从提奥斯撤退后，替萨斐尼亲自率领一支军队来到那里。他摧毁了提奥斯所剩下来的要塞，然后离开那里。他去后不久，戴奥密敦带了十条雅典船舰到了，他和提奥斯人订了一个协定，提奥斯人应当允许雅典人进城，如他们允许敌人进城一样。后来他沿着海岸航行，到了厄利；他袭击这个地方没有成功后，又航海回去了。

大约同一个时候，萨摩斯人民暴动，反抗统治阶级。这个暴动是和一些雅典人合作的，这些雅典人有三条船舰驻在那里。萨摩斯人民一共杀死了统治阶级中大约二百名最显著的人物，又放逐了四百人，没收了他们的土地和房屋。暴动之后，雅典通过一个法令，允许他们独立，把他们当做现在很可靠的同盟者，他们取得了这个城市的政权。地主们完全被排斥于政权之外，不许他们和人民互通婚姻。

萨摩斯人暴动之后，同在一个夏季中，开俄斯人以自己的力量派遣十三条船舰往列斯堡；[①]他们和开始的时候[②]一样，表现得有很大的积极性，纵或没有伯罗奔尼撒人的援助，他们也有足够的力量使这些城市叛变；同时，他们也希望尽量使许多城市分担他们自

① “斯巴达的指令是其次开往列斯堡去，再从列斯堡开往赫勒斯滂去。”（参阅第642页。）

② 参阅第649页。

己的危险。同时，在那里的伯罗奔尼撒人和那个地区的同盟者所组织的陆军，沿着海岸向克雷佐门尼和丘米进军。陆军由斯巴达的正规军官攸阿拉斯领导。舰队由一个非正规军官阶级的斯巴达人狄尼阿达指挥，首先驶往麦提姆那，使之叛变。他们留下四条船舰在那里之后，带着其余的船舰继续前进，又使密提林叛变。

现在斯巴达海军大将阿斯泰奥卡斯带着四条船舰，按照计划，从森克里伊驶出，到了开俄斯。他到了之后三天，戴奥密敦和利翁[①]所指挥的二十五条雅典船舰航往列斯堡去了。在同一天黄昏的时候，阿斯泰奥卡斯起航，带着一条开俄斯的船舰开往列斯堡，以便尽他的力量帮助列斯堡。他到了匹剌。次日他又从匹剌航往伊勒苏斯；在那里，他听得消息，说雅典人已毫无困难地占领了密提林。事实上，雅典出乎意外地航来，停泊在港内，打败开俄斯人；登陆后，战败敌军，夺取密提林城市。阿斯泰奥卡斯从伊勒苏斯人和逃回的开俄斯船舰（这些船舰是由攸布拉斯指挥，留在麦提姆那的[②]）那里得到这个消息；密提林失陷后，这些船舰即往外逃，其中有一条被雅典人俘虏，但是有三条在那里遇着了阿斯泰奥卡斯。阿斯泰奥卡斯原想航往密提林的，现在他不到密提林去，而在那里组织伊勒苏斯的叛变，武装那里的人民。于是他派遣厄特翁尼卡斯率领他的重装步兵由陆地上沿着海岸开往安替撒和麦提姆那去，而他本人带着他自己的船舰和那三条开俄斯船舰，沿着海岸航行，希望麦提姆那人看见他们的时候，会得到信心，继续叛变。但

① “利翁是后来带着十条船舰从雅典来增援的。”

② 参阅本页。

是在列斯堡，一切都对他不利；因此，他使他的陆军都上了船舰，航回开俄斯。在船舰上的这些陆军原来是要被派往赫勒斯滂去的，现在都被遣回各城市了。此后，在森克里伊的六条伯罗奔尼撒同盟国的船舰驶出，和在开俄斯的军队联合在一起了。雅典人恢复了列斯堡的原状后，从列斯堡往大陆上的波利喜那去；波利喜那是克雷佐门尼人建筑的要塞。雅典人攻下了这个地方，[①]把居民迁回岛上的克雷佐门尼城；只有那些发动这次暴动的人撤退到达夫那斯去了。这样，雅典人就恢复了克雷佐门尼。

同在这个夏季中，那些驻扎在拉德，以二十条船舰封锁米利都的雅典人在米利都领土内的帕诺马斯登陆；斯巴达将军卡尔息底阿斯带着少数人出来抵抗他们，被雅典人杀死。三天之后，雅典人又渡海去，建立一个胜利纪念碑，但是米利都人把它推倒了，因为这个纪念碑不是在雅典人控制战场的时候树立的。

同时，利翁和戴奥密敦带着舰队从列斯堡来，在他们的船舰上和开俄斯人进行战争。他们进军的根据地是开俄斯附近的恩那萨群岛，息都萨和特利安（这些是他们在厄立特利亚领土内所占领的两个要塞）以及列斯堡本身。他们带着重装步兵在船舰上，这些重装步兵是从正规征兵册[②]中征来做水手的。他们在卡达密和菩利苏斯登陆，打败了出来抵抗他们的开俄斯人，开俄斯人死伤惨重，邻近地区的乡村大遭破坏。第二次他们又败开俄斯人于法尼，第三次又败开俄斯人于琉康尼安。此后，开俄斯人不再出来战斗了。

① 参阅第646页。

② 每个部落的首领有一个名册，每个年满十八岁的公民都登记在上面。兵役年龄是十八岁至六十岁。

雅典人掠劫其乡村;这些乡村是很富裕的,自从波斯战争以来,没有受到过损害。真的,除了斯巴达人以外,开俄斯人是我们所知道的惟一的一个民族,能够在繁荣的时候有聪明的头脑,他们城邦的势力愈强盛,他们处理城邦事务的政策愈为安全着想。我们可以认为这次暴动是过分自信的一个例子;但是直到他们有许多善良的同盟者已经准备和他们共同冒险,直到他们看见西西里惨败之后,就是雅典人自己也不否认他们是处于真正绝望中的时候,开俄斯人才敢于叛变的。如果人事和人的寿命一样难于估计,因而他们犯了错误的话,那么,有许多人和他们一样,认为雅典很快就会崩溃了的;但是后来也开始知道,他们的估计是错误了。现在他们在海上被封锁,在陆地上被掠劫,因此他们中间有些人想把开俄斯再转到雅典一边来。开俄斯政府当局知道此事了,但是他们自己没有采取任何行动。他们从厄立特利亚招引海军大将阿斯泰奥卡斯带着他所指挥的四条船舰来;他们考虑到他们怎样才能够用最少的骚动,以交人质或其他的方法,来制止这个阴谋。

当开俄斯是在这种情况下的时候,在同一个夏季的末尾,雅典人派出一支军队,包括一千名雅典重装步兵、一千五百名亚哥斯人(其中有五百名轻装步兵,但是雅典人给他们以重装军备)和一千名同盟国的重装步兵。这支军队乘着四十八条船舰,其中有些是运输船,由福里尼卡斯、奥诺马克利和赛伦尼德指挥。他们首先航往萨摩斯,然后渡海到米利都,就在那里扎营。米利都人带着他们自己的八百名重装步兵、过去卡尔息底阿斯指挥的伯罗奔尼撒人和由替萨斐尼给付军费的一些雇佣军(替萨斐尼本人也带着他自己的骑兵在那里)出来,和雅典人及其同盟者交战。占着一翼的亚哥斯人向前冲去，其余的军队落在后面，因为他们以为他们所对付的只有爱奥尼亚人，而爱奥尼亚人是不会抵抗他们进攻的。他们前进，毫无秩序，因而被米利都人打败了，阵亡的将近三百人。在另一方面，雅典人首先打败了伯罗奔尼撒人，然后击退土著军队和大部分敌军，但是没有和米利都人交战，因为米利都人打垮了亚哥斯人之后，看见他们其余的军队战败了，就退回城内去了。所以雅典人再没有遇到抵抗，就在城下停留下来了。[①] 雅典人树立一个胜利纪念碑之后，准备建筑一条封锁城墙，包围这个地方，这个地方是在一个地峡上面的。他们认为，如果他们能够恢复米利都的话，那么，其余地方转到他们一边来，就没有什么困难了。

但是同时在黄昏的时候，他们得到消息，说有五十五条伯罗奔尼撒和西西里的船舰立刻就会到了，其中有二十二条船舰[②]是来自西西里的，因为主要是赫摩克拉底劝西西里人来共同摧毁雅典所剩下来的势力。此时，伯罗奔尼撒装备的船舰也准备好了。这两个舰队都交给斯巴达人特利门尼，由他率领到海军大将阿斯泰奥卡斯那里去。他们首先停泊在米利都对面的勒罗斯岛[③]附近，后来听说雅典人在米利都城下，他们从那里航往爱阿苏斯湾，想在那里看一看米利都所处的形势。他们从亚西比得那里听到了这次战败的消息，亚西比得骑着马跑往米利都领土内的泰丘萨，泰丘萨正是在当晚他们所停泊的海湾旁边。亚西比得本人也参加了这次

---

① “在这次战争中，双方的爱奥尼亚人都打败了多利亚人：雅典人打败了抵抗他们的伯罗奔尼撒人而米利都人打败了亚哥斯人。”

② “其中有二十条是叙拉古的，两条是栖来那斯的。”

③ 勒罗斯岛离米利都四十英里（参阅昭伊特译本，第一卷，cxi. 页）。——译者

战役，他是帮助米利都人和替萨斐尼作战的。他对他们的劝告是这样的：如果他们不愿意丧失爱奥尼亚和整个战争的话，他们就要尽快地去援救米利都，以免米利都被封锁城墙所包围了。因此，他们决定，一到黎明的时候，马上就去援救米利都。

雅典的司令官福里尼卡斯从勒罗斯得到了敌舰的确实消息，虽然他的同僚们都赞成留在现在的地方，在海上决战；但是他说，他本人是不愿意这样做的，同时，他一定要尽他自己的力量阻止他们或任何其他的人这样做。他还补充说，以后无论什么时候，如果他们虽然有机会作战，但是他确实知道敌人船舰的数目以及敌人可以利用来和他们作战的力量，并且敌人有充分准备，又趁着对于敌人有利的时机的话，他绝不因为害怕人家说撤退是可耻的，而违反理智去冒险作战。雅典舰队在恰当的时机撤退，这种思想是没有什么可耻的；被敌人打败，使雅典不但蒙受耻辱，而且陷入危险之中，这才是在各方面可耻得多的。雅典遭遇了最近的惨败之后，非迫不得已时，[①]纵或它有一个真正强大的军队，它也完全不能采取攻势；当然，不是在迫不得已的时候，它自愿地走入危险中，这是不可能有任何理由的。他要他们把受伤者、陆军和他们所带来的军需都运往船上，丢掉他们在敌国所取得的一切东西，以减轻船舰的载重，航往萨摩斯去；当他们所有的船舰一旦都集合在那里的时候，他们就马上利用那个地方作为一个在适当时候进攻的根据地。这是他的看法。他这样说，也就这样做。他这个决定的聪明智慧在后来比在当时更清楚地为人所认识；不仅是这一次，而且在他所

① 就是没有充分准备好的时候。

担任的每个其他职务上，福里尼卡斯都表现了他的聪明智慧。所以就在当天黄昏的时候，雅典人没有取得他们胜利的果实，即从米利都撤退。亚哥斯人因战败而愤怒，从萨摩斯起航回国了。

黎明的时候，伯罗奔尼撒人从泰丘萨出发，在雅典人撤退之后，进入米利都。他们在那里停留了一天；次日，他们带着原先在卡尔息底阿斯领导下、被雅典人赶入港中的那些开俄斯船舰[①]离开那里，去运载他们丢在泰丘萨岸上的军需。当他们到达那里的时候，替萨斐尼带着他的军队来了，劝他们航往爱阿苏斯；这个地方是他的敌人阿摩基斯占据的。所以他们突击爱阿苏斯，把它攻下来了，当地的居民绝对没有想到这些船舰不是雅典人的。在这次军事行动中，叙拉古人表现得最为出力。背叛波斯国王的阿摩基斯（匹苏斯尼的私生子）被伯罗奔尼撒人活捉住，交给替萨斐尼；如果他愿意的话，也可以依照波斯国王的命令，[②]送给波斯国王。爱阿苏斯大遭掠劫，军队在这里抢劫了许多东西，因为这个地方自古以来就是很富裕的，他们接收了过去在阿摩基斯部下服务的雇佣军，把这些雇佣军都编入他们的军队里面，没有加以任何伤害，因为这些雇佣军大多数都是来自伯罗奔尼撒的；他们把爱阿苏斯城和全部战俘（自由人和奴隶）都交给替萨斐尼，依照协定的价格，每个俘虏是一个大流克金币；[③]以后他们就回到米利都去了。斯巴达人派遣利翁的儿子佩达利都来指挥在开俄斯的军队，他们设法使他带着过去阿摩基斯部下的雇佣军，由陆地上达到厄立特利

① 参阅第 648 页。

② 参阅第 640 页。

③ 大流克是波斯金币的名称，因为最早是大流士大王铸造的，故名。

亚。他们任命腓力为米利都总督。夏季就这样完了。

第三章　爱奥尼亚附近的海军战役。斯巴达特派委员取消和替萨斐尼所订的条约。罗得斯的暴动

接着在冬季里，替萨斐尼注意在爱阿苏斯设置驻军之后，就到了米利都，依照他在斯巴达所作的诺言，发给所有船舰上水手一个月的薪金，每人每天是一个亚狄迦德拉克玛。他建议，以后每天只发三个欧布尔[①]了，直到他和波斯国王商量了的时候为止；但是，他说，如果国王愿意的话，他一定发足一个德拉克玛。叙拉古的司令官赫摩克拉底反对这个建议。[②] 后来达成一个协议，规定除每人每天发给三个欧布尔的薪金外，再加一笔等于五条船舰薪给的款项。替萨斐尼每月付给三十他连特，以为五十五条船舰的薪给；[③] 超过这个数目的其他船舰也照这个比例发给薪资。[④]

① 希腊币制：六欧布尔等于一德拉克玛，一百德拉克玛等于一米那，六十米那等于一他连特。——译者

② “关于薪金问题，特利门尼没有作任何主张，因为他不是海军大将，他不过是随着舰队航行，把舰队带交给阿斯泰奥卡斯的。”

③ 这就是六十条船舰的薪给归五十五条船舰上的水手得。三十他连特（一百零八万欧布尔）是按每人每天三个欧布尔的标准发给六十条船舰的月薪（3欧布尔×30天×200人×60条船舰）。这笔钱是给五十五条船舰的，而不是给六十条船舰的。每人每天三欧布尔是按照六十条船舰计算而不是按五十五条船舰计算的。这笔款项由五十五条船舰上的水手们分摊。

④ 原先来的船舰是五十五条（第654页），这些船舰的薪给已经商定为三十他连特。“其他船舰”是以后才来的，可能是开俄斯的船舰（第656页）。

在同一个冬季里，在萨摩斯的雅典人已经跟雅典派遣直门那斯、斯特罗姆比基德和攸克特蒙带来的三十五条船舰联合在一起了，他们想把在开俄斯和其他地方的一切船舰都召集起来，分为两部分，由司令官司抽签分配：一部分船舰去封锁米利都；另一部分船舰载着陆军，去进攻开俄斯。这个计划实行了。抽签结果，斯特罗姆比基德、奥诺马克利和攸克特蒙带着三十条船舰，并以运输船载着那些曾到过米利都的一千名重装步兵中的一部分人，去进攻开俄斯；其余的司令官带着七十四条船舰留在萨摩斯，控制海上，利用他们的海军势力进攻米利都。

我们还记得，阿斯泰奥卡斯在开俄斯，因为阴谋事件，[①]正在收集人质。当他听到特利门尼所率领的船舰已经到了，同盟国的形势有了好转的时候，他停止收集人质，带着十条伯罗奔尼撒船舰[②]和十条开俄斯船舰航行出来。他进攻特利安无功之后，沿着海岸航行到克雷佐门尼，命令那里的亲雅典党人迁移到内地达夫那斯去参加伯罗奔尼撒人的军队。同时，波斯国王在爱奥尼亚的官吏塔摩斯也颁发同样的命令。因为克雷佐门尼人不服从这个命令，阿斯泰奥卡斯就进攻他们的城市，这个城市是没有城墙的；他进攻失败之后，就航行离开了那个地方。暴风雨把他自己吹到佛西亚和丘米，其余的船舰则停泊在克雷佐门尼附近的岛屿旁——马拉修萨、皮尔和德赖缪萨。因为风暴的关系，他们停留在那里八天，掠劫和消耗克雷佐门尼人在那里所贮藏的一切东西；把剩下来

① 参阅第 651 页。

② 就是他从厄立特利亚带来的四条船舰（第 565 页）和从森克里伊开往开俄斯去的六条船舰（第 651 页）。

的东西装在船上，航往佛西亚和丘米，以与阿斯泰奥卡斯相联合。

当他在那里的时候，列斯堡的代表到了，他们想再发动一次暴动。[①] 他们的论点说服了阿斯泰奥卡斯；但是科林斯人和其他同盟者，因为他们上次的失败，不很赞成这个意见。因此，他就起航往开俄斯去。船舰遇着暴风雨，但是所有的船舰最后终于从各方面到达那里了。此后，佩达利都（在前面已经提到，[②]他是由陆地上从米利都沿着海岸来的）到了厄立特利亚，他带着他的军队，从厄立特利亚渡海到开俄斯。他在开俄斯也有了过去卡尔息底阿斯带着的五条船舰所留在那里的大约五百人和他们的武器。[③] 当有一些列斯堡人跑来，表示他们准备再暴动的时候，阿斯泰奥卡斯把这件事告诉佩达利都和开俄斯人，并且说，他们应当准备海上支援，促成列斯堡人的暴动；这样，不是他们可以多取得一些同盟者，就是，纵或他们失败，无论如何也可以使雅典人受到损害。但是他们不同意，佩达利都不肯把开俄斯的船舰交给他。

于是阿斯泰奥卡斯带着五条科林斯船舰，一条麦加拉船舰，一条赫迈俄尼船舰和他自己从斯巴达带来的船舰，[④]航往米利都，去就海军大将的职位。他很明确地告诉开俄斯人，如果他们还需要他的援助的话，他绝不给他们以任何援助。他停泊在厄立特利亚境内的科利卡斯附近，在那里过了一晚。带着陆军从萨摩斯航海去进攻开俄斯人的雅典人也停泊在一个小山的那一边；这个小山

① 参阅第 650 页。

② 参阅第 656 页。

③ 参阅第 647 页。

④ 计四条；参阅第 651 页。

把两支军队隔开了，所以彼此没有看见。但是晚上阿斯泰奥卡斯收到了佩达利都一封信，信中说，有些厄立特利亚的战俘被释放后从萨摩斯跑回来了，他们因为有将厄立特利亚出卖给雅典人的嫌疑，受了审判。因此，阿斯泰奥卡斯马上就航回厄立特利亚，这样，才没有遇着雅典人。佩达利都也渡海过来和他相见。他们审问这个叛逆的嫌疑案。后来发现，这完全是那些想从萨摩斯逃出来的人，所捏造出来的故事之后，他们就撤销对这些人的控诉，各自离开了那里：佩达利都回到开俄斯，阿斯泰奥卡斯继续航往米利都去了。

同时，从科利卡斯绕道航来的雅典军队在阿吉纽斯附近遇着三条开俄斯战舰；他们看见敌舰时，马上追逐。暴风雨来了，开俄斯的战舰设法驶入港内安全地带，但是离战线最远的三条雅典战舰打烂了，被风吹到开俄斯城附近的海岸边，舰上的水手们不是被杀死，就是被俘虏了。其余的船舰达到密马斯山下一个叫做腓尼卡斯的港口内，获得安全。后来他们从此地继续航行，进入列斯堡港中，他们准备在那里建筑要塞。[①]

在同一个冬季里，斯巴达人希波克拉底带着由带阿哥拉斯的儿子多里阿斯和其他两个司令官指挥的十只条立爱船舰，一条斯巴达船舰和一条叙拉古船舰，从伯罗奔尼撒驶出。他到了奈达斯，这个地方已因替萨斐尼的煽动，发生了暴动。当米利都知道他们已经到了的时候，他们受到命令：把他们的一半船舰驻守奈达斯；把其余的船舰防守特利奥宾[②]附近的海面，捕拿从埃及航来而停

① 即特尔斐尼安要塞(第 662 页)。

② “特利奥宾是奈达斯的一个地角，供祀阿波罗神的。”

泊在那里的船舶。雅典人听到了这个消息后，马上从萨摩斯驶出，捕获了在特利奥宾守望的六条船舰，但是船舰上的水手都跑掉了。以后，他们驶往奈达斯，袭击这个城市；这个城市是没有城墙的，几乎被攻下来了。第二天他们再进攻，但是这次损失很少，因为居民在晚上把防御工事做得更好了，同时又得到了从特利奥宾船舰上逃回的水手们的帮助。因此，雅典人撤退，破坏奈达斯人的乡村后，航回萨摩斯了。

大约在这个时候，阿斯泰奥卡斯来到驻扎在米利都的舰队里。伯罗奔尼撒人在他们的军营里还有充分的给养。他们的薪给是充足的，士兵们还有从爱阿苏斯掠劫得来的巨款。米利都人也有了准备，愿意支持战争。但是伯罗奔尼撒人还不满意于卡尔息底阿斯和替萨斐尼所订的第一次协定。他们认为从那个协定中，替萨斐尼得到了比他们更多的利益。因此，当特利门尼还在那里的时候，他们又订了一个协定，其条款如下：

“斯巴达人及其同盟者和国王大流士、他的儿子们以及替萨斐尼同意根据下列条件，订立友好条约：

“1. 斯巴达人和他们的同盟者不得对现在属于大流士国王的，或过去属于他的父亲或祖父的国家和城市作战，或对这些地方有任何损害。

2. 斯巴达人或他们的同盟者不得向这些城市征收贡款。

3. 大流士国王或国王的任何臣民不得对斯巴达人或其同盟者作战，或对他们有任何损害。

4. 如果斯巴达人或其同盟者需要国王的帮助，或者，如果国王需要斯巴达人或其同盟者的帮助，可以采取双方协定的任何步骤进行之。
5. 双方联合对雅典人及其同盟者作战；订立和约时，必须双方联合参加。
6. 因国王的请求而来到国王境内的军队所需要的一切费用都应由国王给付。
7. 与国王订立此项协定的国家之中，如有任何一国进攻国王的领土，则他国应当采取一切切实可行的办法制止这种进攻，以保护国王。
8. 如果在国王领土内或国王属国境内有任何人进攻斯巴达人的国家或其同盟国，国王应当采取一切切实可行的办法制止这种进攻，以保护斯巴达人及其同盟者。”

这个协定签订之后，特利门尼就把舰队交给阿斯泰奥卡斯。他自己乘着一条小船离开那里。在海上失踪了。[①]

现在雅典人已经带着他们的军队从列斯堡渡海到开俄斯；因为他们控制了海面上和陆地上，所以他们开始在特尔斐尼安设防，这个地点从陆地上是最容易防守的。至于开俄斯人，他们因为以前许多战役的结果而提心吊胆，而且在他们自己中间意见还很不一致。现在因为爱温的儿子泰底阿斯的党人被佩达利都以亲雅典的罪名处以死刑；城市中其余的人民被贵族政治强暴地压制了，人

① 无疑，他是在海上丧命了。参阅色诺芬：《希腊史》I. vi. 38。

民彼此间互相猜疑，对政治冷淡。因此，他们认为他们自己或者佩达利都的雇佣军都不足以抵抗雅典人。尽管这样，他们还是派人往米利都，请求阿斯泰奥卡斯援助他们。阿斯泰奥卡斯拒绝援助，于是佩达利都派人到斯巴达去控诉他的行为。

这就是雅典人在开俄斯的形势。同时，他们的舰队经常从萨摩斯驶出，进攻驻在米利都的敌舰。但是因为敌人不愿出来和他们交战，他们又回到萨摩斯，没有采取进一步的行动。

在同一个冬季中，在麦加拉人卡利斋都和塞西卡斯人提马哥拉斯代表法那培萨斯跟斯巴达人进行协议后，斯巴达人替法那培萨斯[①]装配了的二十七条船舰下水了，大约在冬至的时候，起航往爱奥尼亚。这些船舰由一个军官阶级的斯巴达人安替斯提尼指挥。和他在一起，斯巴达人又任命了其他十一个正规军官作为阿斯泰奥卡斯的顾问，其中一个是阿塞息雷斯的儿子利卡斯。他们所受的命令是这样的：到了米利都后，他们应当共同负责，以最有效的方法处理那个地方的一般事务；如果他们认为恰当的话，他们可以派遣一支舰队，包括他们自己的船舰在内，或者更多的船舰，或者较少的船舰，往赫勒斯滂，到法那培萨斯那里去，以拉姆斐亚斯的儿子克利阿卡斯[②]为司令官(他是和他们一起航行的)；如果十一人都同意的话，他们可以罢免阿斯泰奥卡斯海军大将的职务，而以安替斯提尼代之。这是因为佩达利都所寄去的信的结果，阿斯泰奥卡斯已经被当作一个可疑的人看待了。他们从马里阿起

① 参阅第641页。
② 参阅第642页。

航，横过公海；停泊在弥罗斯时，遇着十条雅典船舰，他们捕获了三条雅典空船，把它们焚毁了。此后，因为他们害怕这些从弥罗斯逃跑了的雅典船舰把他们到了的消息传给萨摩斯的雅典人（事实上，这些船舰是这样做了），所以他们航往克里特去了；他们谨慎地延长了他们的航程之后，便驶入亚细亚的考诺斯港内。他们认为在这里是安全的，他们从这里派遣一个使者到驻扎在米利都的舰队那里去，请求派遣船舰来沿着海岸护送。

在这个时期中，虽然阿斯泰奥卡斯不愿意援助开俄斯人，但是开俄斯人和佩达利都还是不断地派遣使者到他那里来。他们请求他带着他的全部舰队来援助他们（因为他们是在被围中），不要让爱奥尼亚同盟城市中一个最大的城市在海上被封锁，在陆地上被劫掠和破坏。开俄斯有许多奴隶——事实上，除斯巴达之外，开俄斯的奴隶比任何其他城市的奴隶都多些；他们的人数既多，他们犯错误的时候所受到的处罚也特别残酷。现在当雅典的军队似乎稳固地驻扎在岛上要塞中的时候，大部分奴隶马上逃出，走到雅典人这一边去了；因为他们对于这个地区很熟悉，这些人对于开俄斯人所做的祸害最多。因此，开俄斯人说，当他们还有抵抗雅典人的希望和可能的时候，当特尔斐尼安要塞还在建筑中，要塞工程尚未完成的时候，当敌人还在建筑一条更高的城墙，以保护他们的军营和舰队的时候，阿斯泰奥卡斯应当来帮助他们。阿斯泰奥卡斯虽然在威胁开俄斯人[①]之后，没有援助他们的意思，但是现在看见同盟国都希望他去援助，所以也准备去援助开俄斯人了。

① 参阅第659页。

同时从考诺斯传来消息，说二十七条船舰和一些特派委员从斯巴达到了那里。为这样一个舰队供给护送队，使他自己方面更能控制海面，以及把这个来审问他自己的行为的斯巴达人安全地带到米利都——这些事情，在阿斯泰奥卡斯看来，似乎是比一切其他事情都重要些，所以他马上放弃了往开俄斯去的想法，而航往考诺斯去了。在他沿着海岸航行的时候，他在麦罗比德-寇斯登陆。这个城市是没有设防的；它在我们记忆中最大一次地震中垮下来了。他掠劫这个城市（居民都逃往山中），蹂躏乡村，把一切东西都抢跑了，只放走了那些自由民。晚上，他从寇斯到了奈达斯，但是因为奈达斯人的忠告，他不得已，没有让他的水手们上岸，就直接去进攻查门那斯所指挥的二十条雅典船舰；查门那斯是驻扎在萨摩斯的一个雅典司令官，他正在守望着阿斯泰奥卡斯去迎接的那二十七条从伯罗奔尼撒开来的船舰的到来。在萨摩斯的雅典人从弥罗斯听到了他们正在途中的消息。查门那斯在塞米、加尔斯、罗得斯和吕西亚附近守望着他们，因为他听到他们已经到了考诺斯。

因此，阿斯泰奥卡斯在人家还不知道他到了的时候，航往塞米，希望在公海的什么地方捕获敌舰。因为下雨和不能看见的缘故，他的船舰彼此失去联络，在黑暗中秩序混乱了。黎明的时候，他的船舰已经分散；雅典人现在所能看见的只是他的左翼，而其余的船舰还正在各自环绕这个岛赶上来。查门那斯和雅典人以为他们所看见的船舰就是他们守望着从考诺斯来的船舰，所以他们带着不到全军二十条船舰一半的兵力向敌人进攻。开始战斗时，他们马上击沉了三条敌舰，破坏了另外一些；在战斗中一般处于优势，直到后来他们看见敌人舰队的主力军，以及发现他们自己完全被包围了，才大吃一惊。于是他们开始逃跑，丧失了六条船舰以后，他们带着其余的船舰逃往推特鲁萨岛，又从那里逃往哈利加纳苏。此次战役之后，伯罗奔尼撒人进入奈达斯港口；在那里，他们和从考诺斯航来的二十七条船舰联合在一起了。于是他们带着全部舰队航出，在塞米建立一个胜利纪念碑后，又回到奈达斯停泊了。

当雅典人听到了这次海战的时候，他们带着他们所有的船舰从萨摩斯航出，驶往塞米。他们没有向奈达斯的舰队挑战；奈达斯的舰队也没有向他们挑战。于是他们收拾了他们丢在塞米的海军船具，到了大陆上的洛利密，然后驶回萨摩斯。

现在伯罗奔尼撒人所有的船舰都集合在奈达斯了。他们进行了一些必要的修补工作。于是十一个斯巴达特派委员和替萨斐尼间的谈判开始了；替萨斐尼是到此地来会见这些斯巴达的特派委员的。他们讨论了以前的协定中他们所认为不满意的地方，讨论了将来怎样最有效地、对双方最有利地进行战争的政策问题。利卡斯对于现状的看法特别严重；他说，两次条约（卡尔息底阿斯订立的和特利门尼订立的）都不能发生效力的；如果波斯国王现在可以要求他和他的祖先在过去所占有的一切土地的话，这是极其荒谬的；因为那样，就必须把一切岛屿、帖撒利、罗克里斯、直到彼奥提亚的一切地方都回复到被奴役的地位，这就意味着斯巴达对希腊人的贡献，不是解放，而是波斯的统治。因此，他建议另订一个比较妥善的条约；现在的条约是完全不能接受的，他们不愿在这样的条件下，接受他的薪给。替萨斐尼因此大怒，愤愤地离开了那个地方，任何事情都没有获得解决。

罗得斯有一些领导人跑来，请求伯罗奔尼撒人的干涉，现在伯罗奔尼撒人决定航行到那里去，希望把一个极为重要的岛屿拉到他们一边来，一则因为它有很多以航海为业的居民，二则因为它有陆军；他们也认为他们能够从他们自己的同盟国中得到资源，以供给舰队的费用，不必要求替萨斐尼的金钱。所以他们马上在这个冬季里从奈达斯起航，首先带着九十四条船舰驶入罗得斯领土内的卡密拉斯港中。居民大众，因为完全不知道这次商谈，大为惊慌，都逃跑了，特别是因为这个城市是没有设防的。但是后来，斯巴达人和林达斯以及爱阿利苏斯两个城市的人民在一起开了一个会议，说服了罗得斯人叛离雅典。所以罗得斯转向伯罗奔尼撒人一边了。

约在此时，雅典人已经听到这些事情正在进行的时候，马上带着他们的舰队，从萨摩斯航往罗得斯，想比伯罗奔尼撒人先到达那里。他们在海上已经能够看见罗得斯岛了，但是因为他们迟到了一点，所以他们暂时航往加尔斯，后来又从加尔斯回到萨摩斯去了，后来他们从加尔斯和寇斯的根据地，对罗得斯进行战争。伯罗奔尼撒人在罗得斯筹款三十二他连特。以后八十天中，他们没有其他活动，他们把他们的船舰拖到岸边。

第四章　亚西比得和雅典人以及和替萨斐尼的阴谋。战争第二十年的终结

这个时候，甚至还早一点，在伯罗奔尼撒人进军罗得斯以前，下面的阴谋正在进行中。卡尔息底阿斯阵亡和米利都战役之后，

伯罗奔尼撒人觉得亚西比得可疑，他们写信给阿斯泰奥卡斯，要他把亚西比得处死。亚西比得是阿基斯私人的敌人，一般人都认为他是不可靠的。亚西比得在惊慌中，首先跑往替萨斐尼那里；于是他利用他对替萨斐尼的影响，尽力破坏伯罗奔尼撒人的事业。在一切事务方面，他是替萨斐尼的顾问，就是他把军队的薪给从一个亚狄迦德拉克玛一天[①]减为三欧布尔一天，甚至于这三欧布尔也不是按期给付的。他告诉替萨斐尼对伯罗奔尼撒人说，雅典人在海军方面比他们更有长久的经验，他们给自己士兵的薪金也只有三欧布尔一天，这不是因为贫穷的缘故，而是防止水手们因为太富裕而腐化了，防止他们浪费金钱以为不正当的娱乐而损坏他们的身体；雅典人也是不按期发给薪金的，扣留他们的欠款以为保证，而防止水手们逃亡。他又劝替萨斐尼贿赂各国（除叙拉古以外）三列桨战舰的舰长们和司令官们，以便和他们订立协议。这些司令官们中间，只有赫摩克拉底一个人是代表全体同盟军反对亚西比得的。至于那些来请求金钱的城市，他遣回他们，以替萨斐尼的名义婉言拒绝他们的请求，他说：以开俄斯人而论，他们是希腊最富裕的人；当他们利用外国军队以保全自己的时候，他们建议不但要别人冒生命的危险，而且要别人提供金钱来解放他们，这只是他们厚颜而已；至于其他城市，他说，在它们暴动之前，它们必须给付雅典很多的金钱；如果现在为着保卫它们自己，而不愿意贡献同样多，或者甚至更多的金钱的话，它们完全是错误的。他又指出来，现在替萨斐尼以他私人的经费进行战争，因此，他要节约，这完全

① 参阅第657页。

是合理的；但是国王一旦把款项送下来给他的时候，他一定马上付全薪，一定给予城市以一切的援助。

亚西比得又劝替萨斐尼不要结束战争太快了，不要同意把他正在装备的腓尼基舰队带来参加战争，不要再给付希腊人以薪金；因为这样做的结果，将使陆地上和海上的势力都归到一个强国手里，最好是让双方各有其势力范围，因此，如果波斯国王和一方发生纠纷时，他总是可以招请另一方来反对它。反过来说，如果一个国家同时获得了陆地上和海上的控制权的话，波斯国王将不知道到哪里寻找同盟者来帮助他推翻这个国家的霸权，除非他准备最后自己出来，花费更多的经费，冒着很大的危险，作战到底。让希腊人彼此互相摧残，而国王只负担一部分的经费，不会冒着任何危险，这样是比较合算的。亚西比得又说，他认为共享权力时，雅典人是比较好的，因为雅典人没有在陆地上建立帝国的野心；他们在战争中的政策和行动是最合于波斯国王的利益的，因为和雅典人订立同盟的基础是为雅典人征服海上而为波斯国王征服住在波斯国王领土内的希腊人；从另一方面看来，斯巴达人自称为解放者，他们把希腊人从他们的希腊人同胞的压迫下解放出来之后，他们不会不把希腊人也从异族人的统治下解放出来的，除非波斯国王首先把他们除掉。因此，亚西比得劝他首先使双方疲惫，然后，尽量削弱雅典的势力之后，马上把伯罗奔尼撒人逐出国外。替萨斐尼大体上赞成这个政策；至少，从他的行动上看来，他似乎是依照这个政策做的。因为亚西比得在这些问题上给他出了一些这样好的主意，他很相信亚西比得。他刻薄地给予伯罗奔尼撒人的军饷，反对他们在海上作战；他假意说，腓尼基的船舰就会到了，到那时

候，他们的战争可以完全处于优势。这样，他给予伯罗奔尼撒人以很大的损害，引起伯罗奔尼撒海军的士气和效力更为朽蚀，伯罗奔尼撒海军的士气和效力以前已经是很坏了的。总之，他很明显地表示不愿意在战争中帮助他们了。

当亚西比得和替萨斐尼以及波斯国王在一块的时候，他向他们献出这个计划来，不仅是因为他认为这是他所能提供的最好的计谋，并且替他自己的国家召他回去谋一条出路。他知道，如果他没有毁灭他自己的国家的话，总有一天他可以说服雅典人把他从放逐中召回去的；他认为他可以说服雅典人的最好的机会就是使雅典人看见他和替萨斐尼有友好的关系。后来，事实也确是这样的。当驻扎在萨摩斯的雅典军队知道他有左右替萨斐尼的势力的时候，他们采取行动了，主要是由他们自己发动的，但是一部分也是由于亚西比得写信给军队中主要人物的缘故；在信中他请求他们把他的意思告诉军队中最好的人：假若有一个贵族政治代替那个放逐他的腐败民主政治的话，他准备回国，和他的同胞在一起，尽自己一份责任，使替萨斐尼成为他们的朋友。这样，在萨摩斯的雅典船舰的舰长们和军队中的主要人物就开始做推翻民主政治的工作了。

这个阴谋首先发生于驻扎在萨摩斯的军队里，后来从萨摩斯传到了雅典。各种人从萨摩斯渡海去和亚西比得会谈；亚西比得表示，只要没有民主政治，他首先可以获得替萨斐尼的友谊，后来可以获得波斯国王的友谊；废除民主政治，将使波斯国王更加相信他们。雅典最有势力的阶级的成员，因为他们受战争的痛苦最深，开始抱着很大的希望，想自己夺取政权，以便胜利结束战争。当他们回到萨摩斯的时候，他们找着一些适当的人，组织自己的党派，并且公开地对军队中的士兵说，如果召回亚西比得，废除民主政治的话，波斯国王将为他们的朋友，供给他们金钱。这些阴谋使军营中的舆论骚动了一个时候，但是因为有得到波斯国王薪给的可喜消息，他们也就安静下来了。

寡头派阴谋者把他们的主张向全部军队宣布后，他们自己和他们大部分同谋者又举行会议，重新考虑亚比西得的建议。一般的意见都认为他们可以相信他的计划；这些计划能够很容易实现；但是福里尼卡斯（他现在还是将军）完全不赞成。他相信（这完全是正确的），对于亚西比得说来，寡头政治和民主政治完全是一样的，他所真正要求的只是改变现行的宪法，使他的朋友们可以召他回到雅典来；而对于雅典人自己说来，唯一应当防范的事正是内部的革命。至于波斯国王，现在伯罗奔尼撒人控制着他帝国内的重要城市，在海上是雅典的劲敌；当波斯国王有机会和伯罗奔尼撒人友好的时候，他不会或者不容易和雅典人联合，以造成自己的困难，因为雅典人是他所不信任的，而伯罗奔尼撒人在过去没有损害过他。至于雅典同盟诸国（无疑地会允许它们有寡头政治，因为雅典的民主政治已被推翻了），福里尼卡斯说，他确信，这样既不会使那些现在已经叛变了的城市再回到雅典的怀抱里来，也不会使它们更为忠诚，因为他们宁愿在自己无论什么政体之下得到自由，而不愿在一个寡头政治或民主政治统治之下做奴隶的；并且他们没有理由可以认为在所谓上层阶级统治下会比在民主政治统治下好些，因为当贵族政治作恶的时候，这种行为是上层阶级所发动，所执行，所从中获得利益的。这些阶级执政的时候，可以粗暴地处平

民以死刑，而不要经过审判；而民主政治使平民获得安全，使上层阶级安守本分。他说，他确信这是这些城市从它们自己的经验中所得到的教训，这是它们所想的。因此，在他自己方面，他完全反对亚西比得的主张和这时正在进行中的阴谋。

但是出席这个会议的寡头党人并没有改变他们的主张。他们采纳了向他们提出来的计划，准备派遣皮山大和其他的人做他们的代表往雅典去，他们在那里协商召回亚西比得和取消民主政治，以便使替萨斐尼成为雅典人的朋友。

现在福里尼卡斯知道他们将向雅典建议，召回亚西比得，而雅典人将同意这样做了。因为他在会议中发言反对此事，他恐怕亚西比得真的回到雅典的时候会报复他，因为他曾经阻止此事。因此，他采取了下面的计划：他秘密地派一个使者往斯巴达海军大将阿斯泰奥卡斯那里去（他现在还在米利都附近），告诉他说，亚西比得出卖了斯巴达人，使替萨斐尼成为雅典人的朋友了。他在信中泄露了阴谋中其他的事情，同时对于他自己因为反对他的私敌，甚至牺牲了国家的利益，请求谅解。[①] 但是阿斯泰奥卡斯从来没有采取行动来反对亚西比得的意思；事实上亚西比得也不和过去一样常常到他那里去了。他反而从海岸边跑到马格尼西亚去见亚西比得和替萨斐尼，把萨摩斯来信的内容告诉他们，他自己变为一个告密者。据说，他已为替萨斐尼的金钱所收买，他把这个阴谋以及其他的事情都告诉替萨斐尼；对于不发给全薪的问题，他的交涉软弱无力，也是这个原因。

① 参阅第549页，亚西比得也利用了类似的借口。

亚西比得马上写信给萨摩斯当局，控告福里尼卡斯，说出他所做的事来，请求把他处死。现在福里尼卡斯很为不安，他知道对他告密的结果使他很危险了。他又写信给阿斯泰奥卡斯，对于他没有保守第一封信的秘密表示抗议；又说，他现在准备给阿斯泰奥卡斯一个机会，可以毁灭驻扎在萨摩斯的全部雅典军队；他在信中详细指示阿斯泰奥卡斯应当怎样做，因为萨摩斯是没有设防的；他说，既然因为他们的缘故，他的生命处于危险之中，他做这件事以及其他任何事，以免为他最大的敌人所消灭，任何人也不能责备他的。

阿斯泰奥卡斯把这个消息又告诉了亚西比得，但是有人及时告诉福里尼卡斯，说阿斯泰奥卡斯泄露了他的秘密，预料到亚西比得马上就有信来谈到此事的。因此，他事先得到这个消息，他告诉军队里的人说，因为萨摩斯事实上没有设防，全部舰队没有停泊在港中，敌人将袭击军营了；他说，他对于这个消息确有把握，他们应当在萨摩斯尽快地设防，大家都提高警惕。因为他本人是将军，他有权力使这一切都做到。因此，雅典人开始建筑要塞；萨摩斯迟早是要设防的，但是因为此事，它设防更加快些。不久之后，亚西比得的信来了，说福里尼卡斯把军队出卖，敌人将来进攻了。但是人家认为亚西比得的证据是不可信的；他参加了敌人的阴谋，由于私仇的关系，他想把福里尼卡斯也牵入阴谋中。因此，他的信并没有给福里尼卡斯以任何损害，只是证实了他事先所已经说过了的话。

此事以后，亚西比得继续劝替萨斐尼作雅典人的朋友。替萨斐尼本人害怕伯罗奔尼撒人，因为在亚细亚伯罗奔尼撒人的船舰多于雅典人的；但是如果他有办法的话，他也想转到雅典人方面

来，特别是因为他知道，伯罗奔尼撒人在奈达斯表示不同意特利门尼条约。[①] 关于这个问题，亚西比得早已说过的论点——即伯罗奔尼撒人将解放所有的城市——被证实是正确的，因为利卡斯说，任何允许波斯国王统治过去他自己或他的祖先所统治过的一切地方的协定是不能容忍的。这个问题是很重大的，因此亚西比得经常和替萨斐尼联系，尽一切力量想把他说服过来。

现在在萨摩斯的雅典人所派遣的皮山大和其他代表们到了雅典，对人民说了话，把他们的计划大概说明了，并且特别指出，如果他们召回亚西比得，改变宪法的话，他们可以把波斯国王变为他们的同盟者，在反对伯罗奔尼撒人的战争中取得胜利。许多人反对变更民主政治；亚西比得的敌人们听到要破坏法律，使他从放逐中回来的时候，大声叫喊。攸摩尔匹底[②]和塞利西斯[③]两个僧侣家族代表神秘祭祀提出抗议——亚西比得正是为此而被放逐的——以神的名义，不许他回国。在四面受人反对和唾骂之中，皮山大跑向前来，一个一个分别地拉着向那些反对他的人，问他下面一个问题："伯罗奔尼撒人已经有了和我们一样多的船舰在海上作战，他们有更多的城市做他们的同盟者，波斯国王和替萨斐尼以金钱供给他们，而我们的金钱都用完了。如果不是有人能够说服波斯国王转到我们这一边来的话，你有希望挽救雅典于危亡吗？"当他们

① "关于这个条约的争执早已发生了（参阅第 666 页），因为这时候，伯罗奔尼撒人是在罗得斯的。"

② 埃琉西斯神秘祭祀的祭司和渎神罪的解释者都是出自这个民族。（这个民族的始祖是攸摩尔巴斯。——译者）

③ 塞利西斯族的始祖是攸摩尔巴斯的儿子伊利克斯，所以两个家族是相联系的。——译者

回答说他们没有希望的时候，于是他坦白地对他们说："好，如果我们没有一个比较完整的政体，把政权交给比较少数人的手里，使波斯国王相信我们，那么，我们的国家是不能挽救的。目前我们应当考虑的是我们的生存问题，而不是我们政制的形式的问题。(如果我们不喜欢它的话，以后我们还是可以常常变动的。)我们必须召回亚西比得，因为现在活着的人中间，只有他一个人是能够替我们做到这件事情的。"

起初，人民对于要建立寡头政治的主张是没有好感的；但是当皮山大很清楚地说明，再没有别条出路的时候，他们的恐惧(和他们将来可以再改变政制的期望)使他们让步了。他们表决，赞成皮山大和其他十个人航海去和替萨斐尼以及亚西比得订立他们认为最好的协议。同时，因为皮山大反对福里尼卡斯，雅典人免除了福里尼卡斯和他的同僚赛伦尼德的军事职务，而派遣戴奥密敦和利翁去代替他们指挥舰队。皮山大说福里尼卡斯出卖了爱阿苏斯和阿摩基斯，以破坏福里尼卡斯的声誉；他这样做，因为他认为现在和亚西比得交涉，福里尼卡斯是不恰当的。皮山大又和雅典现有的党派联系，承认在法律诉讼上和选举官吏上，彼此互相帮助。他劝他们联合一致，实行共同的政策，以废除民主政治。他做了其他一切形势所需要的安排之后，于是和其他十个人一路出发，航往替萨斐尼那里去了。

在同一个冬季中，利翁和戴奥密敦(他们此时早已和雅典的舰队在一起了)进攻罗得斯。他们发现伯罗奔尼撒人的船舰已经拖往岸边；但是他们登陆，把出来抵抗他们的罗得斯人打败了之后，回到加尔斯。现在他们利用加尔斯作为军事基地，而不用寇斯，因为，如果伯罗奔尼撒人的舰队有任何行动的话，他们在加尔斯看得更清楚些。

有一个拉哥尼亚人谢诺芬底现在从开俄斯佩达利都那里到罗得斯来，告诉罗得斯人说，雅典人所建筑的要塞现在已经完成了，[①]如果在罗得斯的伯罗奔尼撒人不以全部舰队来援助开俄斯人的话，开俄斯的命运是决定了。伯罗奔尼撒人决定去援助他们；但是佩达利都本人带着他自己的雇佣军队[②]和全部开俄斯军队进攻保护雅典船舰的要塞，占领了要塞的一部分，并且获得了一些拖到岸边来了的船舰。雅典人反抗，首先击溃了开俄斯人，其次打败其余佩达利都的军队。佩达利都本人也和许多开俄斯人一样，被杀死了。大量武器被雅典人虏获。

此后，开俄斯人在陆地上和海上比以前更紧地被包围了，城内饥荒严重。

现在雅典的代表们和皮山大到了替萨斐尼那里，开始谈判，想达成他们到此地来订立的协定。但是亚西比得还不十分确实知道替萨斐尼对他的态度，因为替萨斐尼虽然害怕伯罗奔尼撒人比害怕雅典人还厉害些，但是他还是依照亚西比得自己的献计，想要使双方疲惫。因此，亚西比得用下面的计策解除这个困难：即使替萨斐尼对雅典人提出过分的要求，因而使协定不能成立。照我看来，替萨斐尼也不希望协定成功，虽然在他的方面是因为恐惧的缘故，而在亚西比得方面，一旦他知道替萨斐尼无论如何不会订立协定

① 参阅第663、664页。

② 参阅第656、662页。

的时候，他要使雅典人认为不是因为他不能把替萨斐尼拉拢过来，而是替萨斐尼已经被拉拢过来，愿意和雅典人联合在一起之后，雅典人的让步不够，所以协议未成。亚西比得当着替萨斐尼的面，为替萨斐尼说话，他提出许多很大的要求来，使雅典的代表们，纵或经过长久的时候，承认了对他们所提出的一切要求，但是最后还是要负担谈判决裂的责任。他首先为替萨斐尼要求整个爱奥尼亚；其次，要求海岸附近的岛屿和其他地方的割让。对于这一切，雅典人都不反对；最后，在第三次会议的时候，亚西比得害怕雅典人真的发现他的权力多么渺小，所以他要求波斯国王可以建造船舰，随意带着无论多少船舰，沿着他自己的海岸的任何地方航行。这一点是雅典人所不能再让步的。他们看到继续谈判，毫无结果；因为他们认为受了亚西比得的欺骗，愤而离开那里，回到萨摩斯去了。

紧接着此事之后，在同一个冬季中，替萨斐尼沿着海岸航往考诺斯。他想使伯罗奔尼撒人的舰队再回到米利都来，想根据他所能安排的最好条件，再和他们订立条约，供给他们以金钱，使他自己不致和他们处于公开敌对的地位。他害怕，如果他们许多船舰缺少薪给的话，他们不是会被迫和雅典人作战而失败，就会没有水手配备他们的船舰，而雅典人不需要他的帮助，就达到了他们的目的。他还害怕伯罗奔尼撒人会破坏大陆，以求给养。他根据使希腊两个势力平衡、互相对抗的政策，考虑了这一切之后，他派人去请伯罗奔尼撒人来，给予他们金钱，和他们订立第三次条约，条约的内容如下：

“大流士统治的第十三年，斯巴达亚历西匹达监察官任期内，

斯巴达人及其同盟者和替萨斐尼、亥厄拉门尼以及法那西斯的儿子们在米安得平原订立一个有关国王和斯巴达人及其同盟者的利益的条约。

“1. 国王在亚细亚的领土是国王所有的；他对于自己的国家，可以随意采取任何措施。

2. 斯巴达人和他们的同盟者不得怀着敌意，反对国王的国家；国王也不得怀着敌意，反对斯巴达人和他们的同盟者。

3. 如果斯巴达人或其同盟者中间有任何人进攻国王的国家，斯巴达人及其同盟者应当加以制止；如果国王的国家中有任何人进攻斯巴达或其同盟国，国王也应当加以制止。

4. 替萨斐尼应当依照本协议的规定，供给现在在此地的船舰的军饷，直到国王的船舰到达的时候为止。国王的船舰到达之后，斯巴达人和他们的同盟者如果愿意的话，可以负担他们自己船舰的薪给；但是，如果他们愿意从替萨斐尼手中取得他们的薪给的话，替萨斐尼应当供给他们的薪给，他们所收到的金钱，斯巴达人和他们的同盟者应当在战争结束之时，归还替萨斐尼。

5. 国王的船舰到达之后，斯巴达人及其同盟者的舰队应当和国王的舰队合作，依照替萨斐尼和斯巴达人及其同盟者所认为最好的方法进行战争。

6. 如果他们想和雅典人订立和约，在订立和约时，双方各有发言权。”

这是这次条约的内容。订立条约之后，替萨斐尼准备依照条约的规定，把腓尼基舰队带来，以履行他的诺言。他的目的是想装作他无论如何是在开始履行他的诺言了。

这个冬季差不多要完了的时候，彼奥提亚人利用内应的方法，攻陷俄罗巴斯，俄罗巴斯原是雅典驻军所占领的。那些和彼奥提亚人私通的人是一些耶利多里人和俄罗巴斯人。他们也正在阴谋发动优卑亚的叛变。[①] 现在耶利多里人既占领了俄罗巴斯，他们跑到罗得斯去，请求伯罗奔尼撒人干涉优卑亚的事。但是伯罗奔尼撒人想去解救开俄斯人的痛苦，他们领导他们的全部舰队离开罗得斯，航往开俄斯去了。在特利奥宾附近，他们看见雅典的舰队从加尔斯驶出。[②] 两个舰队彼此没有互相进攻，雅典舰队驶回萨摩斯，而伯罗奔尼撒舰队驶回米利都。伯罗奔尼撒人现在知道，非在海上作战，他们不可能营救开俄斯了。

这个冬季就这样终结，修昔底德所记载的战争的第二十年也就此终结了。

第五章　雅典的寡头政变。萨摩斯军队中民主派的反响

下个夏季刚开始的时候，[③]斯巴达派遣一个军官阶级的斯巴

① “俄罗巴斯正和耶利多里相对，只要俄罗巴斯在雅典人手中一天，它对于耶利多里和优卑亚其他地方，总是一个很大的威胁。”

② 参阅第 675 页。

③ 公元前 411 年 3 月。

达人得西利达带着少数军队由陆地上往赫勒斯滂,想引起米利都的殖民地阿卑多斯暴动。同时,开俄斯人,当阿斯泰奥卡斯没有方法来援救他们的时候,为围攻所迫,不得不在海上作战。当阿斯泰奥卡斯还在罗得斯的时候,他们已经从米利都得到一个名叫利翁的斯巴达正规军官,在佩达利都死后,做他们的司令官;利翁和安替斯提尼一起驶出来。他现在带着过去防守米利都的十二条船舰——五条条立爱的,四条叙拉古的,一条安尼亚的,一条米利都的,一条利翁自己的。于是开俄斯人的全部军队都出动了,占据了一个很好的地势;同时,他们把自己的三十六条船舰驶出,进攻雅典的三十二条船舰。经过激烈的海战之后,开俄斯人和他们的同盟者虽然颇处于优势,但是他们退入城中,因为天色已晚了。

正在这个战役之后,得西利达完成了他从米利都沿着海岸由陆地上的进军。赫勒斯滂的阿卑多斯叛变,和得西利达以及法那培萨斯联合起来了;两天之后,拉姆普萨卡斯也跟着叛变了。当斯特罗姆比基德听到了这个消息时,他急忙从开俄斯启程,去营救这两个地方,他带着二十四条船舰,包括一些运载重装步兵的运输船在内。拉姆普萨卡斯人出来抵抗他,但是他打败了拉姆普萨卡斯人,一下就占据了拉姆普萨卡斯,因为那里是没有设防的。他在那里把奴隶和财产当作战利品,恢复了自由民的家园,然后往阿卑多斯去。但是阿卑多斯的居民不肯屈服,他进攻又未成功;所以他渡过海峡,航到塞斯都斯(这个城市在刻索尼苏斯半岛上,曾经一度被波斯人占领过的),把这个地方作为保卫整个赫勒斯滂的根据地。

这时候,开俄斯人控制了较大的海面;当阿斯泰奥卡斯和伯罗奔尼撒人听到了这次海战,以及斯特罗姆比基德带着他的船舰离开了那里的消息，他们获得了信心。阿斯泰奥卡斯带着两条船舰，沿着海岸航行到开俄斯，把那里的船舰聚集在一起，于是带着他的全部舰队向萨摩斯推进。因为雅典人彼此互相怀疑，他们没有出来和他作战，所以他又回到米利都去了。

雅典人采取这种态度，因为大约在这个时候，或者甚至更早一点，雅典的民主政治已被推翻了。皮山大和其他代表们从替萨斐尼那里回到萨摩斯之后，他们更加巩固了他们在军队里的势力，他们联络萨摩斯的上层阶级，想使他们参加建立寡头政治的工作，虽然那时候萨摩斯人刚刚经过了一个反对贵族政治的革命。同时，在萨摩斯的雅典人自己商量，他们决定：关于亚西比得，他们不去管他，因为他是不愿意和他们联合在一起的（他也似乎不是那种参加寡头政治的人）；同时，他们要把这些事情亲自负担起来，因为他们已经妥协了，他们要注意继续进行他们的运动；同时，他们要继续和敌人作战，他们自愿地从他们私人的产业中贡献出金钱以及其他一切需要的东西，因为他们现在所做的困难工作不是为了别人，而是为了自己。[①]

用这种论点互相鼓励之后，他们马上派遣皮山大和一半代表们往雅典去进行工作，同时命令他们在沿途所经过的属国中建立寡头政治。其余一半代表们被派遣分往其他属国。当时，第依特累斐在开俄斯附近，被任为色雷斯地区的司令官，他也被派往那里去就职。当他到达塔索斯的时候，他就推翻了那里的民主政治。他离开那里不到两个月，塔索斯人开始在他们的城市里设防，因为

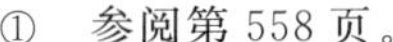

① 参阅第558页。

他们认为：当他们天天盼望从斯巴达人手中得到他们的自由的时候，使他们和雅典联系的寡头政治已经不能够再给予他们以任何利益了。有些过去被雅典人放逐的人，现在和伯罗奔尼撒人在一起，他们和他们在城内的朋友们合作，尽力使伯罗奔尼撒人派遣舰队来，引起这个岛屿叛变。这些人看见事物的发展正如他们所期望的：他们没有冒任何危险而把政府改变了，压迫他们的民主政治被废除了。所以，对于塔索斯，雅典寡头党人所采取的措施达到了和他们的主观企图相反的效果；照我看来，在许多其他属国中，也发生了同样的事情。这些城市一旦有了权力比较集中的政府，人们的行动不怕受别人斥责的时候，他们马上就走向绝对自由的道路上，一点也不受雅典人作为“改革”提出来的空想的诱惑了。

皮山大和其他代表们，依照他们所决定的计划，沿途废除各城市的民主政治。在有些地方，他们征召重装步兵，加入到他们的军队里；他们这样到了雅典。他们发现，在雅典方面，大部分工作已经为他们的同党人做好了。有些比较年轻的人自己组织一个团体，暗杀了一个名叫安得洛克利的人，因为他是民主党的主要领导人之一；同时，亚西比得之被放逐，主要是由他负责的。[①] 因此，他们暗杀了他，有两个原因：一则因为他是一个民众领袖；一则因为他们认为，他们杀了他，可以讨好亚西比得，他们以为亚西比得将从放逐中回来，会使替萨斐尼成为他们的朋友的。还有其他一些他们认为讨厌的人，他们也秘密地除掉了。他们公开地提出一个

① 参阅第546页。根据普鲁塔克：《亚西比得传》，19，安得洛克利是一个群众煽动家，他提供了奴隶和异邦人作证，以证明亚西比得是犯了破坏赫尔密石像和污秽神秘祭的（第498页）。参阅安多西德：《神秘祭论》。

政纲，要求除在军队服务的人以外，一律不支薪金，参加政权的人只以五千人为限，这些人应当是在资格上和财产上最能为国家服务的人。这些只是向民众宣传的口号，因为将来获得城邦政权的就是这些发动政变的人。

尽管民众会议和依照抽签方法选举出来的议事会①还是继续开会，但是没有经过寡头党批准的事情，他们不能议决；事实上，在会议中发言的都是寡头党的人，他们所要说的也是事先由寡头党考虑好了的。人民看见他们就怕了，没有人敢说反对他们的话。如果有人真的敢说反对他们的话，他们就马上用适当的方法把他杀死，没有人去追究这种罪犯，或向有嫌疑的人提出控诉。人民默然无言，他们是在这样恐怖状态中，以至他们纵或完全没有说什么话，也以免于祸害而私自庆幸。他们想象的贵族党人数比实际的人数多得多，他们失掉了对自己的一切信心，一则因为城市过大，二则因为他们彼此间的消息不灵通，他们不能知道真实的情况。因为同样的原因，任何感到自己受虐待的人也不能向任何人诉苦，以便采取自卫的方法；因为他发现他能向之诉说的人，不是不认识的人，就是虽然认识，但是不可靠的人。整个民主党的人彼此怀疑，每个人都认为他的邻人是和这个阴谋有关系的。事实上，阴谋者中有一些人是没有能够想到他们会参加贵族政治的。主要是这些人使人民大众彼此不相信任，使少数人获得安全，因为他们在民众会议中，使彼此互相猜疑成为既成事实。

① 原文是豆粒议事会，因为希腊人是用豆粒计算票数的，这个名词是指民众选举的五百人议事会，以示有别于贵族会议（阿勒乌柏果斯）。

这是皮山大和其他代表们到达雅典时的情况。他们就马上做了其余的工作。他们首先召集一个民众会议，建议组织一个有全权的十人委员会，起草宪法，在一个指定的日期内向人民提出他们对于组织一个最好的政体的意见来。后来，指定的日期到了的时候，他们在波赛敦神庙圣地科伦纳斯一个狭窄的地方举行民众会议，这个地方离雅典城约十斯塔狄亚。十人委员会就在此地提出一个方案，也只有一个方案，即是允许任何雅典人提出任何建议而不受处罚；凡控诉这种提议者[①]，说他是违法的人，或者用其他方法损害他的人，应当处以重罚。现在是直率地说话的时候了，马上就有人提议，现行宪法上所规定的公职制和薪金制都应当取消；应当选举五人为主席；这五人选择一百人，一百人中每人又选择三人，由这四百人组织议事会，有全权依照他们认为最好的方法统治城邦；他们在他们选定的任何时候，召集五千人会议[②]。

提出这个建议的是皮山大，一般说来，他是最公开地表示要废除民主政治的。但是计划全部阴谋，使之达到这个地步的，以及对于这件事情考虑得最多的是安替芬，他是当时最能干的雅典人之一。他有最聪明的头脑，有最能表达自己思想的辩才；非万不得已时，他绝对不在民众会议上说话，或在其他公众场所和人竞争，因

① 为保障雅典宪法起见，雅典法律规定，对于议事会或民众会议制定的法案，在一年之内公民可以提出违法法案的申诉。如果法庭审查结果，证明该法案确实与现行法律抵触的话，原提案人应处死刑或罚款。（参阅硕曼：《古希腊史》i，第 497 页以下。）

② 当时已传说有选举权的只以五千人为限；就是在这个会议中提出一百人来，确定五千人的名单（亚里士多德：《雅典政制》，xxix，中译本，第 34—35 页）。但名单没有公布出来（参阅《雅典政制》，xxxii，中译本，第 38 页，但是亚里士多德的记载，似乎有一点不同，可参阅《雅典政制》，xxix—xxxii，中译本，第 34—38 页）。

为他是狡猾有名的，一般民众不信任他；但是当别人从事诉讼的时候，或者要在民众会议中说明什么事情的时候，他能够给那些向他请教的人提供最好和最有益的意见。后来“四百人”议事会被推翻，民主政治恢复之后，设立法庭来审判“四百人”的行为的时候，安替芬本人被控告，有帮助建立这个政府的罪行，因而受审判，有生命危险的时候，他的答辩辞是自古到我这个时代最好的一篇答辩辞。[①] 福里尼卡斯也表现他对于寡头政治特别热心。他害怕亚西比得，他很清楚亚西比得知道他在萨摩斯和阿斯泰奥卡斯的阴谋；[②]他认为寡头政治是不会召回亚西比得的。他一旦参加了这个运动，他是所有阴谋者中最敢冒险的。哈格浓的儿子特拉门尼也是推翻民主政治的党派领袖之一；他是一个有辩才、有计划的人。因此，有了这么许多聪明的人进行这一件事，它的成功是不足为奇的，虽然也经过了许多困难；因为雅典人在驱逐暴君之后大约一百年[③]的整个时期中，他们不惯于受别人统治；而且在这个时期一半以上的时间内，他们是统治别人的，要剥夺这样一个民族的自由，确实不是一件容易事。

民众会议批准了这个建议，没有人提出反对的意见，于是就散会了。以后他们就用下面的方法使“四百人”进入议事会会议厅中。因为敌人还是在狄西里亚的缘故，所有的雅典人都经常不是在城墙上，就是在各个岗位上，站在武器的旁边。因此，当天他们

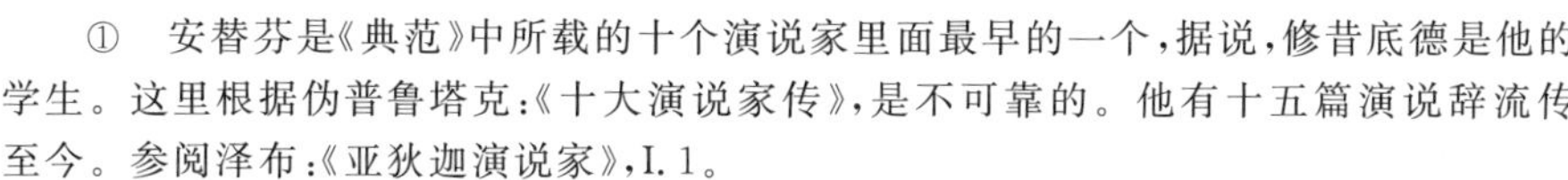

① 安替芬是《典范》中所载的十个演说家里面最早的一个，据说，修昔底德是他的学生。这里根据伪普鲁塔克：《十大演说家传》，是不可靠的。他有十五篇演说辞流传至今。参阅泽布：《亚狄迦演说家》，I. 1。

② 参阅第 672—673 页。

③ 实际上是九十九年，公元前 510—前 411 年。

让那些没有参加阴谋的人和平常一样回家去，命令他们自己的党人安静地在附近等着，一点儿声色不露，站在离武器不远的地方；如果有人对于刚才所进行的事情有任何反对的表示的话，他们马上夺取武器，镇压他们。那里也有一些安得罗斯人和提诺斯人，三百名卡里斯都人和一些从厄基那来的移民[①]（他们是过去被送到那里去和雅典人住在一起的）。所有这些人都是特别为了这个阴谋的目的，带着自己的武器来的；他们也受了同样的命令。当他们都站在他们的岗位上的时候，"四百人"出来了，每个人身上都暗藏匕首，有一百二十名"希腊青年"跟在后面；他们需要用暴力的时候，就可以利用这些青年行动。依照抽签方法选出来的议员们正在议事厅中开会，他们跑来，命令这些议员们领了他们的薪金[②]，离开那里。他们自己带来了所有议员们在其余任期内的全部薪金；当议员们离开那里的时候，就发给他们。

议事会议员们就是这样退出去了，没有人反对，其余的公民都很安静，没有人采取任何行动，于是"四百人"占据了议事会的议席，现在他们自己依照抽签的方法，分配职位，处理议事会的事务，[③]并且举行就职时所必须对神祇举行的祭祀和祈祷。后来他们虽然因为亚西比得的缘故，没有召回那些被放逐的人，但是他们

① 公元前431年；参阅第141页。

② 一个德拉克玛一天；参阅柏克：《雅典财政》，i. 327。他们从政府官吏手中取得当天的薪金，这个月中其余的日子的薪金由"四百人"议事会给付。

③ 这是依照宪法的规定进行的。在正式的议事会中，十个部落轮流作主席团，负责处理国家事务约三十五天（即一年的十分之一）。现在主席团是四十人而不是和过去一样五十人了，因为新的议事会是由每个部落四十人组织而成的（亚里士多德，《雅典政制》，xxxi，中译本，第37页）。

对于过去所实行的民主政治，作了很大的变更，他们利用暴力统治城邦。

有些他们认为最好是除掉的人都被杀死了，虽然人数不多；有些被囚于牢狱中，或被放逐。他们又向驻扎在狄西里亚的斯巴达王阿基斯建议，说他们愿意讲和，现在他可合理地讲和，因为他是和他们交涉，而不是和反复无常的民主政府交涉。

但是阿基斯不相信雅典的政局是已经安定了，或者雅典平民一下就会放弃他们自古以来就享受了的自由。他认为，如果他们看到了一支强大的斯巴达军队，他们就会骚动起来的；事实上，他完全相信，就是现在的局势也是不安定的。因此，他给“四百人”所派来的使者们一个不妥协的回答。他派人往斯巴达去请求大兵增援之后，就亲自率领狄西里亚的驻军南下，直向雅典城进军，希望引起雅典城内的骚动，使“四百人”更会接受斯巴达所提出的条件，或者可以引起雅典城内和城外的普遍混乱，因而雅典甚至会不战而降。他自信有把握攻下长城，因为长城会没有足够的兵力防守的。但是当他走近雅典时，雅典城内并没有骚动的迹象，雅典人反而派遣他们的骑兵队和重装步兵队、轻装步兵队和弓箭手队出来了；他的军队有些跑得和雅典人太接近了，被雅典人射死，武器和尸体都被雅典人运跑了。现在阿基斯认识了这个形势，他领导他的军队回来了。他本人带着他自己的军队留在狄西里亚的阵地上；援兵留在亚狄迦几天之后就被遣回国了。此后，“四百人”还继续派人向阿基斯建议讲和，现在他比较愿意接待他们了。根据他的建议，他们派遣代表往斯巴达，商谈和约，他们很想结束战争。

他们又派遣十个代表到萨摩斯去，想获得驻扎在那里的雅典

军队的好感。代表们是去说明建立寡头政治的目的不是危害城邦或公民的，而是想保全整个国家；掌握政权的不仅是四百人，而是五千人，虽然，因为他们的远征以及其他任务使他们居于海外，雅典人从来就没有举行过一次有五千人参加的公民会议，无论讨论的问题多么重大。他们又告诉代表们关于其他方面所要说的话。新政府一成立，他们就派遣代表们去了，因为"四百人"恐怕在海军中服务的人不安于受寡头政治的统治，叛乱可能在那里发生，结果将使新政府本身倾覆的（后来事实证明，这种恐惧是有理由的）。

事实上，在萨摩斯军队中的意见已经转向反对寡头政治了。大约在"四百人"组织阴谋的时候，下面一些事件发生了。前面说到，一部分萨摩斯人已经起来反抗上层阶级，[①]他们是民主党；后来皮山大到那里去的时候，[②]他和那些在萨摩斯参加阴谋的雅典人使萨摩斯人又转变过来，倒向寡头政治一边去了。萨摩斯人中间大约有三百人参加阴谋，他们认为其余的人是民主党人，想向这些人进攻。他们又把一个名叫海柏波拉斯的雅典人处死，他是一个无廉耻的人，被雅典人依照贝壳放逐法驱逐出来的；[③]他们杀害他的原因，不是因为害怕他的势力或声望，而是因为他是一个流氓，对于城邦是一个耻辱。他们动手去掉他是和一个将军查门那斯[④]以及一些支持他们的雅典人合作的。这样，他们表示他们对雅典人是忠实可靠的；他们和雅典人也做了其他类似的事情。现

① 参阅第650页。

② 参阅第681页。

③ 可能是公元前418年。他是阿里斯多芬喜剧中嘲笑的对象。参阅普鲁塔克：《尼西阿斯传》，11；《亚里斯泰德传》，7；《亚西比得传》，13。

④ 参阅第659、665页。

在他们准备向他们自己国内的民主党人进攻了。但是萨摩斯的民主党人看到了所发生的事情，把这个消息告诉了利翁和戴奥密敦两个将军；他们两人为雅典的平民所信任，虽然表面上拥护寡头政治，但不是出自心愿的。他们也把这个消息告诉了色雷西布拉斯（一个三列桨战舰的舰长）和色雷西拉斯（他是在重装步兵队服务的）以及其他一些经常最反对阴谋者的人。他们请求这些人不要让萨摩斯遭到毁灭，不要让雅典丧失萨摩斯，因为萨摩斯是现在使雅典帝国能够联系起来的唯一联系了。那些听了这些呼吁的人和士兵们一个一个地接触，劝他们起来反抗。他们特别注意巴拉洛斯号战舰[①]上的水手们，因为他们每个人都是雅典的自由公民；就是没有现在这个问题发生的时候，他们也是经常坚决地反对寡头政治的。利翁和戴奥密敦，如果他们本人驶往别处去了的时候，也派遣了一些船舰保护萨摩斯人的。结果，当三百人进攻人民的时候，所有这些人，特别是巴拉洛斯号战舰上的水手们，都来援救他们；萨摩斯民主党人胜利了，三百人中大约三十人被杀死，对于这次暴动负主要责任的其他三个人被放逐。他们对于其余的人没有采取报复的行动，使他们将来在民主宪法下住在一起，享受完全的政治权利。

萨摩斯人和雅典的军队马上派遣巴拉洛斯号战舰，载着阿撒斯特拉图的儿子查里利阿斯（他是一个雅典人，积极地促使萨摩斯人恢复民主政治的）往雅典去，报告这里所发生的事情，他们自己还不知道“四百人”已在雅典夺取了政权。他们驶入港中的时候，“四百人”马上把巴拉洛斯号战舰上的两三个水手逮捕起来，夺取

① 关于这条战舰，可参阅第228页注③。

了战舰，把其余的水手们放在一条将被派往巡逻优卑亚周围的运输舰上。查里利阿斯看见了这种情况，马上溜走，又回到萨摩斯去了；他向士兵们夸大地说明了雅典的恐怖状况。他告诉他们说，鞭打是通常的处罚方式，没有人敢说一句反对政府的话，士兵们的妻室儿女都遭受了侮辱，“四百人”正在计划：如果在萨摩斯的军队不向他们屈服的话，他们将把所有在萨摩斯服务而和他们想法不同的人的亲属都逮捕起来，关在牢狱中，把他们置诸死地。此外，他还添加了许多并不真实的事情。

士兵们听到了这些话之后，他们第一个冲动是想对付那些发动寡头政治的主要人物以及和这个阴谋有关的一切其他的人，想把这些人都杀死。但是最后，他们放弃了这种想法，听从了温和派的劝告；温和派指出，他们有丧失一切的危险，因为准备战斗的敌人舰队近在咫尺。以后莱卡斯的儿子色雷西布拉斯和色雷西拉斯（他们两人是使军队意见改变的过程中最为活跃的人）现在想要公开地宣布，萨摩斯应当改变为民主政治。他们使所有的士兵们，特别是那些寡头党的士兵们，宣布最严肃的誓言，保证他们要遵守民主宪法，要团结一致，要尽力和伯罗奔尼撒人继续战争，要成为“四百人”的敌人，不和他们发生任何关系。所有达到军役年龄的萨摩斯人都和他们一起，宣同样的誓言；在一切事务方面，军队和萨摩斯人合作，准备和他们一同担当以后可能发生的危险；因为他们考虑到，如果他们屈服于“四百人”或米利都的敌人的话，无论萨摩斯人或他们自己，都不会得到安全，一定只有灭亡。

因此，这个时期是一个冲突最为激烈的时期；军队想强迫城邦采取民主政治，而“四百人”想强迫军队接受寡头政治。军队马上

举行会议；在会议中，他们把那些他们怀疑的将军们和三列桨战舰的舰长们都撤了职，而选择新的舰长们和将军们以代替他们，所选择的人包括色雷西布拉斯和色雷西拉斯在内，他们两人已有军权了。他们站起来发言，互相鼓励；除了别的事情以外，他们还说，不要因为雅典城市背叛了他们而感到失望，因为这是少数人背叛多数人；他们自己在物资各方面都丰富些；他们有全部舰队，他们可以强迫其他城市给付金钱，正如他们有雅典做他们的根据地一样，因为他们占有萨摩斯，萨摩斯远不是一个弱小的城市，在过去和雅典作战的时候[①]，他们很容易地剥夺了雅典人的海上控制权；至于敌人，他们作战的根据地还是和从前一样。因为他们占有海军，他们比雅典城内的人比较容易取得物资的供给。就是在过去，也只是因为他们占据了这个前卫的据点，国内的雅典人才能够控制海道运输，使之进入庇里犹斯港中。现在的形势是这样的：如果国内的人不肯恢复宪法的话，萨摩斯的军队要剥夺雅典人使用海面的权利是比较容易的，而雅典人要不许萨摩斯的军队使用海面是比较困难的。至于战胜敌人的问题，雅典对于他们的用处很少，或者根本没有用处；雅典人既不能给他们以金钱（事实上，士兵们必须自己去寻找金钱），又不能给他们以善良的智谋（这是使国家有权指挥军队的理由）：丧失了这样的人们不会算是损失。事实上，就是在这一点上，[②]雅典国内政府废弃了他们祖先的法制时是做错了的；而军队遵守这些法制，并且设法使国内的人民也同样地遵守

① 公元前440年。第89—91页。

② 就是在给他们以善良的智谋方面。

这些法制。所以,如果这是一个要有善良智谋的问题的话,在这一点上,军队里的人也胜过雅典城内的人。至于亚西比得,他们只要保证他个人的安全,把他从放逐中召回,他就会乐于使他们能够和波斯国王建立同盟。整个形势是这样的:纵或他们在一切方面都失败了,他们有这样大的一支海军,他们还有许多地方可以撤退,在许多地方他们可以找到城市和土地。

他们在会议中这样说,这样互相鼓励;同时他们准备战争也不遗余力。"四百人"派往萨摩斯去的代表们在提洛岛上听到了这种形势,他们就留在那里,没有继续前进了。

大约同时候,在米利都的伯罗奔尼撒舰队里也发生了一些骚动,那里的人公开地埋怨,说他们的前途希望为阿斯泰奥卡斯和替萨斐尼所破坏了。在早一点的时候,他们的舰队正处于全盛、而雅典的舰队还小的时候,阿斯泰奥卡斯不肯在海上作战;而现在雅典被认为是处于内战状态中,他们的舰队还没有集中在一处的时候,他也不肯作战。他只要士兵们等待替萨斐尼派来腓尼基舰队,而这个舰队是只在名义上存在的。他只按兵不动,消磨士气。至于替萨斐尼,他不但不把这些船舰带来,而且给付他们的薪金既不按时,又不发全薪,以败坏他们的海军。因此,他们说,一定要在海上决战,不能再迟延了。叙拉古人对于这一点特别坚持。

同盟者和阿斯泰奥卡斯知道这些怨言,于是召集一个会议,决定决战。所以,当他们听到萨摩斯骚动的消息的时候,他们马上带着他们的全部舰队下海,共有船舰一百一十二条,开始向密卡尔航行,同时命令米利都人在那里从陆地上进军。雅典人带着八十二条船舰从萨摩斯来，停泊在密卡尔的格劳斯[1]港中；当他们看见伯罗奔尼撒的船舰走近了的时候，他们立即撤退到萨摩斯去了，因为他们认为在船舰数量上，他们的力量不够强大，不敢孤注作战。同时，他们也盼望斯特罗姆比基德带着从开俄斯往阿卑多斯去的船舰[2]从赫勒斯滂驶来援助他们。因为事先他们从米利都得到消息，说敌人有意作战，他们已经派人往斯特罗姆比基德那里去了。因此，雅典人退到萨摩斯，而伯罗奔尼撒人进入密卡尔港中，和从米利都及附近地区开来的步兵一起在那里扎营。次日，他们正想驶出进攻萨摩斯的时候，他们得到消息，说斯特罗姆比基德带着他的船舰从赫勒斯滂驶到了，因此他们马上又退回米利都去了。雅典人因为已经得到了援兵，于是带着一百〇八条船舰驶出，进攻米利都，希望决战；但是因为没有人出来抵抗，他们又航回萨摩斯去了。

第六章　萨摩斯军队召回亚西比得。伯罗奔尼撒人对替萨斐尼的不信任

伯罗奔尼撒人既然不想带着他们的全部舰队出来进攻雅典人，因为他们认为自己不是雅典人的敌手，现在他们需要金钱来供给这样多的船舰，他们在财政上感觉困难了，特别是因为替萨斐尼

① “在这个地方，萨摩斯离大陆很近，面对着密卡尔。”

② 参阅第642、663页。

不痛快地给付他们的金钱；因此，接着在同一个夏季里，他们依照他们原来从伯罗奔尼撒出来时受到的命令，[①]派遣拉姆斐亚斯的儿子克利阿卡斯带着四十条船舰往法那培萨斯那里去。法那培萨斯请求派遣这个舰队，准备给付这个舰队的经费；同时，拜占庭也提出要求，准备暴动，转向他们一边来。所以这些伯罗奔尼撒船舰航入公海，以免在航行中被雅典人发觉。在途中遇着风暴，克利阿卡斯带着大部分船舰到了提洛岛，后来回到米利都了；克利阿卡斯于是再从陆地上动身，到了赫勒斯滂，他在那里就司令官的职务。同时，他的船舰中有十条，在麦加拉人希力苏斯指挥之下，安全地通过海上，达到赫勒斯滂，促成拜占庭的暴动。此事发生之后，在萨摩斯的雅典人听到了这个消息，于是派遣一些海上援兵守着赫勒斯滂；在拜占庭的附近发生了海战，双方各有八条船舰作战，但是战斗时间不久。

现在萨摩斯的领导者，[②]特别是色雷西布拉斯（自从他改变萨摩斯的政体以来，他总是坚持召回亚西比得的政策的），最后终于在一个会议中使一般士兵群众接收了这个意见。他们表决，赞成召回亚西比得，并保证他生命的安全；于是色雷西布拉斯航往替萨斐尼，把亚西比得带回萨摩斯，因为他们相信他们唯一安全的希望是他能使替萨斐尼从伯罗奔尼撒人那一边转到他们这一边来。他们举行了一次会议；在会议中，亚西比得埋怨并悲伤自己被放逐的艰苦命运之后，他详细说明了当时的政治形势，使他的听众对于将

① 参阅第680—681页。

② 第691页所说的那些被他们选举出来的领袖们。

来充满了希望。他夸张地说他有左右替萨斐尼的力量，他的目的是使国内的寡头政治害怕他，因而使这些政治党派解体，想提高他自己在萨摩斯军队中的声望，想增加他们的信心，同时也想使那些现在希望他们和替萨斐尼间的关系愈坏愈好的敌人失望。所以亚西比得把这一切都归功于他自己之后，他作了下面的诺言。他说，替萨斐尼给了他确实的保证，只要他能够相信雅典人，而他自己还有一点东西剩余的时候，他绝不让他们缺少物资，纵或结果他不得不出卖自己的床的时候，他也绝不让他们感到缺乏；他将把现在驻扎在阿斯盆都的腓尼基舰队带来给雅典人，而不给伯罗奔尼撒人；但是只有亚西比得从放逐中被召回，作为他们对他的保证的时候，他才能够确信雅典人。

雅典军队听了所有这些话以及其他更多的话之后，马上选举他做将军，和以前的将军们共事，把一切事务都委托他去处理。现在军队里每个人都深信他目前有了安全地渡过难关以及报复“四百人”的希望了；事实上，他说话的结果使他们对于他们面前的敌人如此轻视，以至于真的想准备渡海去进攻庇里犹斯港了。但是亚西比得完全反对渡海去进攻庇里犹斯而把他们更直接的敌人留在后面，虽然有许多人极力赞成这个主张。他说，既然他现在已经被选为将军了，他愿意首先渡海到替萨斐尼那里去，和他商量进行战争的策略问题。会议解散之后，他马上就去了，这样给人一个印象，以为他和替萨斐尼之间有极深厚的交情；同时也希望在替萨斐尼的心目中增加自己的身价，给他一个印象，以为他现在已当选为将军，对于替萨斐尼，他可以造福，也可以为祸了。事实上，亚西比得是利用雅典人来威胁替萨斐尼，又利用替萨斐尼来威胁雅典人。

在米利都的伯罗奔尼撒人知道亚西比得已被召回，虽然他们过去已经是不相信替萨斐尼了的，现在比过去更加痛恨他了。事实上，伯罗奔尼撒人，因为亚西比得的关系，已经不喜欢替萨斐尼了；自从雅典人航往米利都，而伯罗奔尼撒人没有出来抵抗他们以后，他给付他们的金钱比过去更为迟缓，因此，伯罗奔尼撒人对他更为不满。于是士兵们和以前一样，集合成群，并把其他有势力的人带进来和他们一起，不仅是军队里的人。他们开始叙述他们的痛苦：他们从来没有领过全薪，他们所收到的只是很少的数量，就是这少量的薪金也不是按时给付的；所以，如果不在海上决战，或者迁移到另外一个他们能够确实得到给养的地方去的话，水手们都会逃跑了。对于这一切都应当负责的人就是阿斯泰奥卡斯；他为着私人利益的关系，对于替萨斐尼所建议的一切事情，都是唯命是从的。

他们这样谈论他们的痛苦所产生的结果之一就是发生了一次威胁阿斯泰奥卡斯生命的骚动。叙拉古和条立爱的水手们大部分都是自由民，因此更加坦率地围着阿斯泰奥卡斯，要求他们的薪金。但是阿斯泰奥卡斯很傲慢地回答他们，并且威胁他们；多里阿斯代表他的水手们向他说话，他甚至举起他的将军杖[①]来打多里阿斯。当广大群众看见了这件事情的时候，他们和水手们一样，不能自制了，愤而冲出，用石头追击阿斯泰奥卡斯。但是他看见这种情况，便逃往一个神坛前躲避，因此这个事件的结果是，他没有被石头打死。

---

① 他依照斯巴达将军们的习惯，携带将军杖。

米利都人也袭击替萨斐尼在米利都所建筑的要塞；要塞被攻下来以后，驻军就被赶走了。他们这个行动是得到了其他同盟者（特别是叙拉古人）的同意的；但是利卡斯[①]不赞成，他说，米利都人以及波斯国王领土内所有其他的人都应当承认他们是合理地依附于替萨斐尼的，应当讨好他，直到战争满意地结束时为止。因为此事以及其他类似的事情，米利都人愤恨利卡斯；后来当他病死的时候，他们不许他埋葬在米利都的斯巴达军队想把他埋葬的地方。

正当军队里面对阿斯泰奥卡斯和替萨斐尼不满达到这个地步的时候，来继承阿斯泰奥卡斯为海军大将的门达拉斯从斯巴达到了，他接收了军权。阿斯泰奥卡斯起身回国；替萨斐尼派遣了他的一个亲信，开利阿人高利特，跟着他同往斯巴达；高利特说两方面的话。他将对于米利都人的攻陷要塞提出抗议，同时将为替萨斐尼的行为作辩护，因为替萨斐尼知道米利都的代表们已在往斯巴达的途中，他们的主要目的是攻击他的；同时他知道，赫摩克拉底跟这些代表们一道走，赫摩克拉底是想去说明阿斯泰奥卡斯伙同亚西比得，破坏伯罗奔尼撒人的利益，阿斯泰奥卡斯是玩弄两面手法。其实由于不付全薪，[②]赫摩克拉底总是和替萨斐尼不相和睦；最后，当赫摩克拉底被叙拉古放逐，新的司令官们波塔密斯、迈斯康和得马卡斯来到米利都接收叙拉古舰队的指挥权的时候，[③]替萨斐尼因为他的敌人已经是一个被放逐者，所以更加猛烈地攻击他；除了许多其他的事情之外，还告发他，说他有一次向替萨斐尼

① 他过去是很坚决地要求（第 666 页）和抗议（第 674 页）的。

② 参阅第 657 页。

③ 参阅色诺芬：《希腊史》，I. i，第 27 页以下。

请求一笔款项，他之所以变为替萨斐尼的敌人就是因为没有得到这笔款项。

这样，阿斯泰奥卡斯、米利都人和赫摩克拉底起身往斯巴达去了。这时候，亚西比得已经从替萨斐尼那里渡海回到了萨摩斯。他回到萨摩斯以后，前面已经说到的，[①]“四百人”派出向萨摩斯的军队说明情况，以图获得军队好感的那些代表们从提洛到了萨摩斯。举行了一次会议，代表们企图发言。起初，士兵们不肯听他们的话，不断地高声叫喊：这些推翻民主政治的人应当处以死刑；但是经过一点困难之后，士兵们终于安静下来，听了他们所要说的话。

于是代表们说，改变政制的目的不是削弱国家，而是保全它；也不是要雅典向敌人投降。如果要投降的话，在他们统治时期中，当敌人进攻的时候，他们已有投降的机会。他们又说，所有这“五千人”将轮流在政府中分担职责；和查里利阿斯的污蔑报告相反，士兵们的亲属并没有遭到侮辱，也没有受到任何虐待，事实上，他们都享有他们自己的财产，正和平时一样。

他们又说了许多其他的事情，但是军队不愿意听下去。事实上，士兵们是很愤怒的，他们自己提出了许多建议，其中最普遍的一个建议就是航海去进攻庇里犹斯。似乎正在这个时候，亚西比得为他的祖国做了第一件很有贡献的事，而且这件事是很重要的。因为正当萨摩斯的雅典人都急于想航海去进攻他们自己的同胞的时候（如果这样的话，爱奥尼亚和赫勒斯滂马上都会被敌人占住），

① 参阅第687页。

是亚西比得阻止了他们。

那时候，没有任何其他的人能够控制群众了。亚西比得阻止他们航海去进攻雅典，他利用他的口才，转移了他们因为私人关系对于这些人的愤怒。当这些代表们被遣回去的时候，他自己给他们一个答复。他说，政权在“五千人”手里，他不反对；但是他坚决要求“四百人议事会”应当取消，原先的“五百人议事会”应当恢复；他完全赞成节约的政策，因为节约的结果将使军队的给养更加充足；总之，他劝他们坚持，不要对敌人让步，他说，只要雅典城保全了，公民自己内部的两个党派是有易于达到某种协议的希望的；但是如果任何一方（无论在萨摩斯的人也好，在雅典的人也好）被打败了的话，那么，就没有人留下来可以订立任何协定了。

有一些亚哥斯的代表们也到了那里，表示支持在萨摩斯的民主政治。亚西比得对他们表示感激，把他们送回去，并且对他们说，如果有使者来请他们的时候，希望他们再来。亚哥斯的代表们是带着巴拉洛斯号战舰上的水手们同来的。我们记得，[①]“四百人”议事会把这些水手们放在一个运输舰上，命令他们环绕优卑亚巡逻。当时他们的船上载着“四百人”议事会派往斯巴达去的代表们——雷斯波第阿斯、亚里斯多丰和麦勒修斯；但是当他们在中途达到亚哥斯的时候，他们逮捕了这些代表们，把这些代表们当作推翻民主政治的主要负责人交给亚哥斯人；他们自己不回雅典去，而搭着亚哥斯代表们的三列桨战舰来到萨摩斯了。

在同一个夏季中，替萨斐尼准备往阿斯盆都去带领腓尼基舰

① 参阅第 689 页。

队来，并邀请利卡斯一路去。这正是由于他通常的行为，特别是因为亚西比得的被召回国，伯罗奔尼撒人最不满意他的时候，因为伯罗奔尼撒人认为他现在是公开地和雅典人合作；替萨斐尼想要，或者装作想要为自己扫除这种嫌疑。他说，在他离开那里的时候，他将留着他的代理人塔摩斯在那里，命令他供给军队的金钱。对于这件事情，有许多不同的解释。他往阿斯盆都去的真正用意是什么？那么，他到了那里的时候，又不把那些船舰带来，这是什么用意？这些问题是不容易确定的。确实有一百四十七条腓尼基的船舰到了阿斯盆都；这些船舰为什么不从阿斯盆都开来？对于这个问题，有各种不同的猜测。有人认为他是按照他想使伯罗奔尼撒军队疲惫的原来计划而离开那里的；当然，塔摩斯的任务是克扣些伯罗奔尼撒军队军饷，而不是多发些。有人认为他带着腓尼基人到阿斯盆都来的目的是想解散他们，因而以军饷肥私囊，因为他根本不想雇佣他们了。也有人说，因为斯巴达人攻击他，他想要人家说他是没有做错的，因为船舰确实是装备在那里了，而且他确实是亲自去带领这些船舰了。我自己真的感觉他不带这些船舰来的原因是想要战局悬而不决，因而使希腊军队疲惫；在他往阿斯盆都的途中以及他在那里等待的时期内，希腊军队的效力会受到损害；他不专心帮助任何一边，使之处于优势，以保持双方的平衡。如果他真的有意的话，他的干涉，只要没有犹疑的态度，就可以使战争结束。如果他把舰队带来的话，他很可能使斯巴达人获得胜利，因为现在他们的海军势力对抗雅典人，已经是势均力敌，而不是较弱的了。但是最能判断他的一个证据是他自己对于不带领舰队前来的借口，他说，所已经聚集起来了的船舰还没有达到波斯国王所命令的那个数目;但是,在这种情况下,他耗费国王比较少的金钱,利用比较少的物资,达到了同样的目的,这样他一定可以得到更大的威信。

但是,不管他的真正用意是什么,替萨斐尼还是往阿斯盆都去,和腓尼基人相见了;因为他的要求,伯罗奔尼撒人派遣了一个斯巴达人腓力带着两条三列桨战舰去,想带着那个舰队来。

当亚西比得听到替萨斐尼往阿斯盆都去了的时候,他亲自带着十三条船舰航往那里。他告诉萨摩斯的雅典人,说他将替他们作出一个很大的贡献:他会亲自带着腓尼基舰队到雅典人这边来,或者,无论如何,他会阻止腓尼基舰队到伯罗奔尼撒人那边去。这可能是他久已知道替萨斐尼根本没有把腓尼基舰队从阿斯盆都带来的意思;他尽力想在伯罗奔尼撒人的心目中造成一个印象,使他们认为替萨斐尼是他自己和雅典人的朋友,这样,可以迫使替萨斐尼转到他们一方面来。所以亚西比得启程,向东航行,直往法西利斯和考诺斯[①]去了。

第七章 雅典的党争。优卑亚的暴动。“四百人”议事会的倾覆

同时,“四百人”派遣的代表们从萨摩斯回到雅典,传达了亚西

① 这个次序说颠倒了,应当先到考诺斯,然后到法西利斯(参阅昭伊特译本第一卷,cx页)。——译者

比得的答复，说他劝他们坚持，不要对敌人让步，他抱着很大的希望，可以使他们和军队和解，可以战胜伯罗奔尼撒人。就是在以前，大部分和寡头政治有关的人已经不满意于寡头政治了；只要他们能够得到安全的话，他们很愿意退出寡头政治；现在亚西比得的答复使他们更加决心退出寡头政治了。他们开始自己组织一个反对党，激烈地批评当时的行政。他们的领袖们是一些主要的将军们和在贵族政治下居重要职位的人，例如哈格浓的儿子特拉门尼、塞利阿斯的儿子亚里斯多克拉底和其他一些人；他们虽然在寡头政治中占有重要的职位，但是，他们说，他们害怕萨摩斯的军队，害怕亚西比得（他们对亚西比得的害怕是很真实的）；同时，他们也害。怕那些往斯巴达去谈判和约的人，没有得到大多数人的同意，会给国家带来一些危害。他们没有建议完全取消寡头政治，但是主张"五千人"应当指定出来，使这个团体不仅是在名义上存在，而是实际存在；主张政府应当建立在一个比较广大的基础上。事实上，这只是他们政治上的宣传；他们大多数人是为个人的野心所驱使，他们在以寡头政治代替了民主政治的时候，他们的行动就采取了对于寡头政治最有害的路线。因为政体一变，每个个人都不满意于和别人处于平等的地位，以为自己比谁都强得多。反过来说，在民主政治统治下，有人没有当选为官吏的时候，他总可以用这种思想来安慰自己：使他失败的[1]不是他的平辈。[2] 但是最明显地鼓

① 即是大多数。

② 意思说，在贵族政治中，所有的人都是属于一个阶级的，一个人的提高是对其余的人一个侮辱；但是在民主政治中，失败的候选人可以说，选民是无知的，或有成见的，而不是他的才德不如人，因而他置之不问了。

励反对党的不满情绪的是亚西比得在萨摩斯的势力,他们不相信寡头政治会维持得长久。因此,他们每个人都想首先成为一般民众的领袖和代言人。

"四百人"中反对民主政治最力的领袖是福里尼卡斯(他在萨摩斯指挥军队的时候,已和亚西比得发生争执[①])、亚里斯塔卡斯(他长期以来,是特别仇恨民主政治的)、皮山大、[②]安替芬[③]和其他一些最有势力的家族中的人。事实上,就在此事之前,当他们取得政权而萨摩斯的军队叛离他们,建立民主政治的时候,他们就马上派遣代表们往斯巴达去,[④]尽他们一切的力量,商订和约;他们也在亚提翁尼亚建筑城墙。但是现在他们的代表们从萨摩斯回来以后,他们比以前更加活跃了,因为他们看到,不仅一般民众,而且他们自己党内的成员,过去被认为是最可靠的人,也起来反对他们了。因为萨摩斯和雅典两方面的形势,他们大为恐慌起来,急忙派遣安替芬、福里尼卡斯和其他十个人,命令他们和斯巴达订立和约,无论依照什么条件都是可以容忍的。同时,他们更积极地建筑亚提翁尼亚的城墙。[⑤] 依照特拉门尼及其同党人的意见,建筑这道城墙的用意不是想在萨摩斯的军队企图冲入的时候,可以阻止他们于庇里犹斯港之外;而是想在任何他们需要的时候,可以让敌人带着舰队和陆军进来。亚提翁尼亚正是庇里犹斯港入口处的一

① 参阅第 670 页以下。
② 参阅第 672、674 页。
③ 参阅第 684 页。
④ 参阅第 687 页。
⑤ 参阅庇里犹斯地图,第 707 页。

个防波堤口。他们现在所正在那里做的就是建筑他们的城墙，把它和陆地上现有的要塞连接起来，使他们在港内只需要一支很小的军队就可以控制入口；因为这两条城墙（在陆地上一边的旧墙和现在正在向海面一边建筑的一条新内墙）的连接处是在狭窄的港口上两个灯塔中的一个灯塔所在地。他们又把一个很大的仓库包围在要塞系统之内，这个仓库和他们的城墙是很接近的。他们亲自管理这个仓库，强迫每个人都把现存的谷物储藏拿到仓库里去，把海外运来的谷物卸在那里；他们出卖时，从这个仓库中取出。

特拉门尼对于这一切早有怨言；现在当代表们没有订立任何协定，从斯巴达回来的时候，他就继续说，这条城墙将使雅典毁灭。又碰着这时候，有优卑亚请来干涉的四十二条伯罗奔尼撒船舰[①]已经停泊在拉哥尼亚的拉斯附近，准备航往优卑亚去了。[②] 特拉门尼说，这个舰队的用意不是去援助优卑亚人的，而是到那些正在亚提翁尼亚设防的人那里来的；如果不采取对付的办法，那么，当他们还不知道发生了什么事情的时候，雅典城就会丧失了。这种言辞并不是单纯地想中伤寡头党人，他所唾骂的那些人真的是在计划一些这样的行动。他们所希望的，首先是保全寡头政治，同时也控制同盟国；如果这点做不到的话，他们其次的目的是想占据雅典的海军要塞，保全独立；但是，如果这一点也做不到的话，他们一定不愿意自己成为民主政治恢复后第一批被杀戮的人，宁愿招请敌人来，把舰队和要塞交出，根据任何条件订立和约，只要保全他

① “内中有从他林敦和罗克里来的意大利船舰，也有一些西西里船舰。”

② “这个舰队是由一个军官阶级的斯巴达人阿哲桑德里达（阿哲桑达的儿子）指挥的。”

们的性命，不管雅典的将来如何。为了这个缘故，他们这样忙于建筑这条城墙；这条城墙有很小的后门和入口，有引导敌人进来的道路；他们急于想在他们受到阻碍之前，完成这条城墙。

反对他们的运动起初只限于少数人秘密地进行。但是后来情况变了。福里尼卡斯出使斯巴达归来之后，一个民兵埋伏着等待他，在市场上人最多的时候向他袭击，他刚从议事厅中出来，还走得不远。福里尼卡斯当时被刺死，刺客逃走了。但是他的同谋者，一个亚哥斯人被逮捕，“四百人”拷讯他。他没有说出主使者的名字，只说，他知道有许多人常在民兵司令官的屋里和其他屋里开会。在这个时候就没有进一步追究这个案件了。这样使特拉门尼的胆子更大，和亚里斯多克拉底以及其他一些和他意见相同的人（有些是“四百人”里面的，有些是外面的）开始采取积极行动了。这时候，伯罗奔尼撒人的舰队已经从拉斯沿着海岸航行，在挨彼道鲁斯附近停泊，蹂躏了厄基那。现在特拉门尼说，如果他们是航往优卑亚去的话，他们绝对不会航入海湾，达到厄基那后，又再回去停泊在埃彼道鲁斯的；唯一的解释是他们是被邀请来，帮助实现他所常常攻击政府的那些阴谋的。因此，不可能让现况再继续下去了。

最后，他发表了许多煽动性的演说，引起了对政府更多的怀疑之后，特拉门尼和他的党人真的采取行动了。在亚提翁尼亚建筑城墙的重装步兵（亚里斯多克拉底也在内，他是上校阶级，带着他自己的部落）逮捕一个寡头政府的将军亚历西克利。他是寡头党的主要组织者之一。他们把他带到一个屋子里，把他禁闭在那里。在做这件事情的时候，他们得到了驻扎在曼尼基亚的民兵司令官赫蒙和其他一些人的帮助；但是最重要的是他们的行动得到了重装步兵中士兵群众的拥护。

正碰着“四百人”在议事厅中开会；当他们听到这个消息的时候，除了那些反对寡头政治的统治者外，他们都想马上跑到储藏兵器的地方去。他们威胁特拉门尼和他的党人，但是特拉门尼辩白自己，说他准备马上去营救亚历西克利，他带着一个意见和他相同的将军，动身往庇里犹斯去；亚里斯塔卡斯和一些骑兵队的青年们也一同去了。当时一切都在混乱和恐慌中，因为雅典的人民以为庇里犹斯已被占据，亚历西克利已被杀死，而庇里犹斯的人民则料想到雅典的军队随时会来向他们进攻。年纪大一点的人尽力阻止那些在城中乱跑去寻找兵器储藏所的人；法赛鲁人修昔底德（他是雅典人在法赛鲁的利益的代理人，他正在雅典）挺身而起，毅然阻止他们，他大声向他们呼喊，他们不要当敌人近在咫尺，正在伺机进攻的时候，毁灭他们的国家。这样，虽然经过了一些时间，他们终于安静下来，彼此不动手了。

同时，特拉门尼到了庇里犹斯。他自己是一个将军，他对那些重装步兵大声喝叫，似乎是发怒的样子；而亚里斯塔卡斯和反对人民的党人是真正愤怒了。但是大部分重装步兵坚决地要进行到底，没有改变态度的任何表示。他们质问特拉门尼，是不是他认为这道城墙的建筑有任何益处，把这道城墙推倒是不是更加好些。特拉门尼回答说，如果他们认为推倒这道城墙是一件好事的话，他个人是赞成的。听了这个答复之后，这些重装步兵和许多庇里犹斯的民众马上爬上城墙，把墙拆了。他们对民众的号召是这样的：凡是希望“五千人”统治，而不要“四百人”统治的人，都应当来参加这个拆墙的工作。他们还是用“五千人”的名义为幌子，而不直截了当地说，“凡是希望人民统治的”，因为他们恐怕这“五千人”也许是真正存在的，他们可能在不知不觉中对这“五千人”中的人说了一些什么话，因而惹起麻烦。[①] 事实上，这正是“四百人”之所以不希望这“五千人”存在，同时又不希望人家知道这“五千人”不存在的原因：他们认为，有了这么多的人共同掌握政权，那么，这就和民主政治简直是一样了；但是不把整个问题确定下来，会使人民彼此互相畏惧。

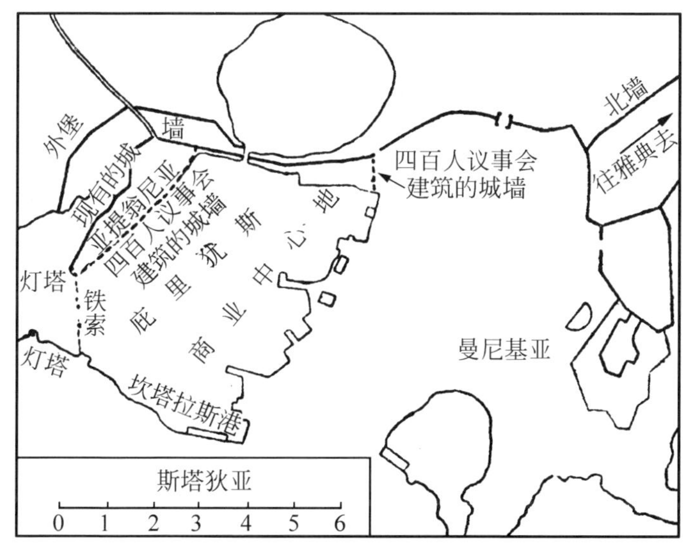

庇里犹斯(表示亚提翁尼亚的地位)

翌日，“四百人”虽然恐慌了，但是他们还在议事厅中举行会议。庇里犹斯的重装步兵释放了他们所逮捕的亚历西克利，拆毁了要塞，进兵到曼尼基亚附近的道尼修斯戏院。他们在那里把武

① 意思说，如果他们向某个人建议发动民主革命的话，那个人本人可能就是“五千人”中间的一个。

器放在地上，举行一个会议，在会议中决定进兵到雅典城内去。他们马上动身，在安那西安[①]又停留下来了。在这里他们会见了“四百人”选择出来的一些人，这些人跑来，和他们一个一个地谈话，想说服一些他们认为比较温和的人不但自己不要再前进，而且劝阻其他的人也不要前进。他们说，他们将公布那“五千人”的名单，“四百人”将依照“五千人”的决议，从“五千人”中轮流选出；同时他们请求重装步兵不要采取任何可能毁灭国家或使国家落入敌人手中的行动。他们对许多士兵说了许多话之后，全体重装步兵比以前镇静一点了，他们主要地为整个国家感到恐慌。现在他们同意在指定的日期在道尼修斯戏院中举行一个会议，解决一切纠纷。

这个会议的日期到了，事实上人民已经开始进入会场中。这时候，据情报，阿哲桑德里达所指挥的四十二条船舰正在从麦加拉沿着萨拉米海岸航行。每个人都相信这正是特拉门尼和他的党人所常说的，[②]这些船舰正向要塞航行，幸而这个要塞已经被拆毁了。当然，很可能，阿哲桑德里达之所以环绕埃彼道鲁斯及其附近航行，在那里等待着，是因为有些预先安排好了的阴谋的缘故；从另一方面说来，敌人看见雅典人内部的革命形势，很自然地会留在那里，等待时机，好来进行干涉。总之，雅典人一听到这个消息，马上带着全部军队，下往庇里犹斯，觉得这次和共同敌人的战争比他们自己内部的战争更为严重，并且和敌人的战争不是在远地，而是威胁他们自己的港口。有些人把已经在那里的船舰配备水手，有

① 带奥斯丘赖神庙圣地。

② 参阅第704、705页。

些人使另一些船舰下水，有些人站在城墙上和港口上的岗位上。

但是伯罗奔尼撒人的船舰航行过去，环绕修尼阿姆，停泊在托力卡斯和普拉西依之间。后来他们到了俄罗巴斯。虽然城内有革命运动，但是雅典人急于想迅速地来营救这个重要的地方（因为他们和亚狄迦的联系既被截断，[①]优卑亚对于他们是最重要的了），所以不得不匆忙地行动起来，把一切从来没有经过水手训练的人都放在船上。他们派遣泰摩查里斯带了一些船舰往耶利多里去；当他们到了那里的时候，连同优卑亚已有的船舰在内，共有船舰三十六条。他们不得不马上作战。阿哲桑德里达等着他的士兵用了餐之后，即从俄罗巴斯航出，俄罗巴斯离耶利多里城的海上路程约六十斯塔狄亚。当他航出进攻的时候，雅典人马上装备他们船舰上的海员，以为他们的水手是已经在船边做好准备了。但是这些水手们正在购买食物充餐，他们不是在市场上购买，而是在很远的郊外购买。这是因为耶利多里人有意地使市场上没有食物出卖，使雅典人不能够迅速地配备他们船舰上的海员，使他们在没有作好准备的时候，被敌人袭击，使他们没有准备好也不能不出来作战。耶利多里举起一个信号，告诉驻在俄罗巴斯的伯罗奔尼撒人在什么时候开船。所以雅典人虽然没有充分准备，但是他们还是航行出来，在耶利多里港前战斗；不顾一切，他们支持了一个短时期。但是最后他们逃跑，被赶到岸边来了。那些相信耶利多里城是个友邦，因而逃往那里去躲避的人，结果最坏，因为他们被耶利多里人屠杀了；其余那些逃往雅典人在耶利多里所建筑的要塞中

① 因为敌人占据了狄西利亚；参阅第580—581页。

去的人和那些设法逃到了卡尔西斯的船舰上的人都获得了安全。伯罗奔尼撒人俘虏了二十二条雅典船舰，船舰上的水手不是被杀，就是被俘了。他们建立了一个胜利纪念碑，不久之后，就使整个优卑亚（除奥勒阿斯以外，因为奥勒阿斯是雅典人自己占领的）叛变，把优卑亚岛上的事务全部改组了。

当优卑亚事件的消息传到雅典的时候，引起了雅典人从来所未曾有过的一次最大恐慌。就是西西里的惨败（虽然在当时也引起了很大的恐慌）或其他任何事故，也没有这样可怕的影响。真的，一切都失望了：萨摩斯的军队在叛变中；他们没有船舰，也没有水手来配备船舰；他们自己内部又有纠纷，谁也不能说，什么时候他们会真的打起来；现在他们的灾难达到了顶点：他们丧失了船

柏尼克斯——雅典民众会议会场

舰，最糟的，是他们丧失了优卑亚，因为优卑亚对于他们比亚狄迦本身还更有用些。现在他们所感觉得最不安的，最迫急的是担心敌人在胜利之后，直接向他们来进攻，渡海来进攻庇里犹斯，他们已经没有海军来防卫了；真的，他们意料得到，敌人是随时可以来的。如果伯罗奔尼撒人更勇敢一点的话，这是他们能够很容易地做到的。那时候，只要他们停泊在雅典城的附近，他们就会引起城内的党派更加分裂；或者，如果他们留在那里围攻雅典城的话，他们可以迫使爱奥尼亚来援助自己的人民和雅典城本身，不管它多么仇恨寡头政治；同时，赫勒斯滂和爱奥尼亚，以及海上岛屿及至优卑亚为止的一切土地——事实上就是整个雅典帝国——都会落在他们的手中。但是这一次，正如其他许多次一样，斯巴达人证明是雅典人最有益的敌人，因为两个民族性格的大不相同，使雅典，特别是作为一个海上强国来说，受到很大的益处：雅典人的迅速和斯巴达人的迟缓，雅典人的冒险精神和斯巴达人的缺少创造性，成一对比。在这点上，叙拉古人表现得和雅典人最相似，[①]所以他们和雅典人作战也最为成功。

尽管这样，但是雅典人听到了这个消息的时候，就配备了二十条船舰的海员。他们也马上召集了许多会议中的第一个会议。会议是在柏尼克斯[②]举行，过去他们也是常在此地开会的。他们废除了“四百人”议事会。他们议决：政权交给“五千人”（包括所有可

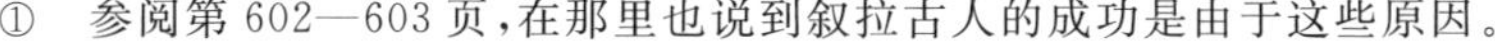

① 参阅第602—603页，在那里也说到叙拉古人的成功是由于这些原因。

② 这是第一次恢复柏尼克斯为民众会议的场所。上次正式召集的民众会议是在科伦纳斯举行的（第684页）；另一次是预定在道尼修斯戏院举行，但是结果没有在那里举行（第708页）。（柏尼克斯是在卫城西边的一个小山上，民众坐在山的斜坡上，发言人面对着海。——译者）

能自备重装步兵的军备的人在内),担任公职的人不得享受报酬,违者遭到神的诅咒。后来他们举行了许多其他的会议,在这些会议中,他们选举起草法案的人,并采取了其他一切步骤,准备修改宪法。真的,在这个新政权的初期,雅典人似乎有了一个比以前较好的政府,最低限度在我的时代是这样的,因为这样使少数的上层阶级和多数的下层阶级有了一个合理的、适当的和解;这个和解首先使雅典在遭遇着许多方面的灾难之后,再恢复起来。他们也表决赞成召回亚西比得和其他被放逐者,并派人往亚西比德和萨摩斯的军队那里去,劝他们尽力对敌人进行战争。

政府一改变,皮山大、亚历西克利,他们的朋友和所有寡头党中的极端分子都马上离开雅典,往狄西里亚去了。唯一的一个例外是亚里斯塔卡斯,他也是一个将军,迅速地带着一些蛮族的弓箭手[①]往伊诺去了。伊诺是雅典人在彼奥提亚边界上的一个要塞,现在因为它本身的原因被科林斯人所围攻,科林斯人又请了彼奥提亚人来援助他们。它被围攻的原因是由于一些从狄西里亚回来的科林斯人为伊诺的驻军所消灭了。现在亚里斯塔卡斯和科林斯人勾结,欺骗伊诺的驻军,他对他们说,国内的雅典人已和斯巴达人订了和约,他们应当把伊诺交给彼奥提亚人,因为这是和约中规定的一条。驻军相信了他,因为他是一个将军,并且他们在围城中,一点也不知道外面所发生的事情;因此,他们根据休战条件,退出了那个地方。所以伊诺失陷,被彼奥提亚人占据了。雅典的寡头政治和内争终结了。

① 一些雅典的奴隶警察或卫兵,多半是西徐亚人(因此是蛮族)。参阅柏克:《雅典财政》,i,第276—278页。

第八章　雅典人在塞诺西马的胜利

在同一个夏季中，大约和上面所说的事情同时，在米利都的伯罗奔尼撒军队的情况是这样的：我们记得，替萨斐尼离开那里往阿斯盆都去的时候，留了一些官吏在那里负责供给他们金钱，这些官吏完全不把金钱给伯罗奔尼撒人；腓尼基的舰队既没有来，替萨斐尼看上去也没有回来的样子；和他同去的腓力[①]和另外一个军官阶级的斯巴达人希波克拉底在法西利斯，他们已经写信给海军大将门达拉斯，告诉他说，船舰完全没有前来的希望，他们很受替萨斐尼的虐待。同时，法那培萨斯继续请求他们的援助，很希望他们的舰队到他那里去，因为他和替萨斐尼一样，也想引起他的统治区域内那些现在还受雅典人统治的城市叛变，希望从这些叛变中获得巨大的利益。因此，最后门达拉斯把军队慎重组织好之后，直到出航的时候才下命令，以避免在萨摩斯的雅典人的注意，带着七十三条船舰从米利都驶出，向赫勒斯滂航行。有十六条船舰，在同一个夏季中，早已到了那里，蹂躏了刻索尼苏斯半岛一部分土地。门达拉斯遇着风暴，被迫航入爱卡鲁斯港中。恶劣的天气使他留在那里五六天后，他才继续航行，到了开俄斯。

当色雷西拉斯听到门达拉斯已经离开米利都的消息的时候，

① 参阅第701页。

他马上亲自率领五十五条船舰迅速出发，想比门达拉斯先到赫勒斯滂。但是当他发现门达拉斯到了开俄斯的时候，他料想门达拉斯会停泊在那里的，所以他安置一些侦察哨兵在列斯堡和对岸的大陆上，使伯罗奔尼撒人向任何方面移动的时候，他都不会不知道；而他本人则沿着海岸线航往麦提姆那。在那里，他命令把大麦和其他军需准备好，他的用意是这样的：如果门达拉斯再停留在开俄斯的话，他打算从列斯堡渡海过去进攻开俄斯。同时，他决定去进攻列斯堡的伊勒苏斯城，因为它已经叛变了；如果可能的话，他想攻下这个城市。麦提姆那的主要流亡者已经从丘米带来大约五十名重装步兵（这些人加入了他们的党派），又从大陆上雇用了其他的人，共有军队约三百人，由底比斯人阿那克山大指挥，因为列斯堡人和底比斯人在种族上是有联系的[①]缘故。他们带着这支军队首先进攻麦提姆那，但是没有成功，因为密提林的雅典驻军及时出来阻止了他们。他们又在城外一战被打败了；他们横过山岭之后，想设法使伊勒苏斯叛变。因此，色雷西拉斯带着他的全部船舰向伊勒苏斯出发，想袭击那个地方。色雷西拉斯听到了流亡者渡海过去了的时候，已经派了五条船舰从萨摩斯开出，比他先到了那里。他到迟了一点儿，没有取得伊勒苏斯，但是他仍然继续前进，停泊在伊勒苏斯城下。有两条从赫勒斯滂回国的船舰和五条麦提姆那的船舰也在此地和他们联合在一起，共有船舰六十七条。有了这些军队在船上的时候，他们决定攻城，利用攻城机械和其他一

① 参阅第639页。那里说，列斯堡人向阿基斯求援，彼奥提亚人支持他们；同时，第209页，又说，彼奥提亚人和密提林人是同族人。

切工具,如果可能的话,他想攻下伊勒苏斯。

同时,门达拉斯和伯罗奔尼撒舰队在开俄斯两天之后,就取得了他们的一切军需,军队中每个人都从开俄斯人手中取得三个开俄斯货币①。第三天,他们就尽量迅速地驶出,以避免和在伊勒苏斯的雅典舰队相遇,他们没有向公海中航行而是由列斯堡的东边向大陆航行。他们进入佛西依德②的卡特里亚港内用早餐,继续沿着丘米海岸航行,在和密提林相对的大陆上阿吉纽西③用晚餐。他们晚间从那里继续沿着海岸航行了一些时候,到了在大陆上和麦提姆那相对的哈马都。他们匆忙地在那里用了早餐,于是继续航行,经过勒克敦、拉利萨、哈马克西都④和那个地区其他一些市镇,在将近半夜的时候到了累提安,累提安已经是在赫勒斯滂的境内了。他们有些船舰也驶入息基昂和这个地区内的其他港口中。

雅典人有十八条船舰在塞斯都斯。他们看到了烽火信号的通知,同时看见敌人所占领的岸上突然出现了许多火光,知道伯罗奔尼撒人航入赫勒斯滂了。他们当晚就匆忙地起航,沿着刻索尼苏斯半岛的海岸,达到伊利阿斯,以便进入公海而免受敌舰攻击。他们没有被停泊在阿单多斯的十六条船舰⑤发觉,这些船舰已经得到他们行将到来的友军的通知,要他们监视着雅典人,以防止雅典人出航;但是黎明的时候,雅典人的船舰被门达拉斯的舰队看见

① 可能是金币。——译者

② 即佛西亚领地。——译者

③ 可能阿吉纽西岛的对岸大陆上还有一个阿吉纽西镇。

④ 应当先到哈马克西都,然后到拉利萨(斯特累波,XIII. i,47,昭伊特译本第一卷,cx 页)。——译者

⑤ 参阅第 713 页。

了；门达拉斯的舰队马上追赶雅典人。虽然雅典人大部分船舰逃往音不洛斯和雷姆诺斯去了，但是他们也是受了一些损失才逃脱的。有四条落在后面的船舰在伊利阿斯附近被赶上了。其中一条船在普罗特西劳斯[①]神庙附近搁浅，船舰和水手们都被俘虏了；有两条船舰被俘虏，但是船上的水手们逃掉了；第四条船扔在音不洛斯的海岸边，被敌人焚毁了。此后，阿卑多斯的舰队和伯罗奔尼撒人联合在一起，共有船舰八十六条了。当日他们围攻了伊利阿斯一天，但是因为这个市镇没有屈服，他们又回到阿卑多斯去了。

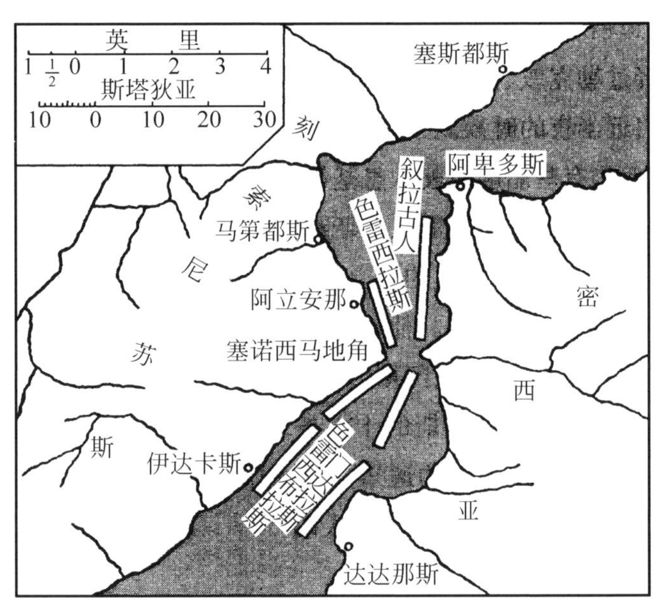

塞诺西马之役

同时，雅典人没有得到他们原先预料从他们的侦察哨兵那里

① 传说中，率领帖撒利军队进攻特洛耶，在登陆时被杀的一位英雄。——译者

可以得到的消息，也没有想到敌舰能够经过他们那里而不被发觉，所以继续围攻伊勒苏斯，好像没有发现什么事情一样。他们一听到这个消息的时候，就马上放弃了伊勒苏斯，匆忙地航往赫勒斯滂去和敌人迎战了。有两条伯罗奔尼撒船舰在上次战斗中追逐雅典人太冒失了，进入公海中，和雅典的船舰相遇，因而被雅典人俘虏了。次日，雅典的舰队到了伊利阿斯，停泊在那里。他们把逃往音不洛斯的那些船舰取来，花了五天工夫准备战争工作。

后来战斗发生了。这次战役是这样进行的：雅典人以纵队队形紧紧地沿着海岸，航往塞斯都斯。伯罗奔尼撒人看见他们来了，从阿卑多斯驶出迎战。这是很明显的，战斗马上就要开始了；双方都知道这一点，所以各自把两翼延长——雅典人带着七十六条船舰，沿着从伊达卡斯到阿立安尼的刻索尼苏斯半岛海岸；而伯罗奔尼撒人带着八十六条船舰，从阿卑多斯到达达那斯。在伯罗奔尼撒人方面，叙拉古人居右翼，门达拉斯自己带着航行最快的船舰居左翼。在雅典人方面，色雷西拉斯居左翼，色雷西布拉斯居右翼，其他司令官各分配在全部舰队中。伯罗奔尼撒人的计划是首先进攻，用他们自己的左翼包围雅典人的右翼，如果可能的话，想截断雅典人逃入公海的道路，同时想迫使雅典人的中军退到岸边，岸边离阵地是不远的。雅典人知道敌人的用意，他们把自己的右翼向敌人想来包围的地方延长，使自己的右翼超过了敌人的左翼。这时候，雅典人的左翼已经绕过了塞诺西马地角。但是这样做的时候，他们的中军力量薄弱，秩序混乱了，特别是因为他们的船舰比敌人的船舰少些，而且绕过塞诺西马地角的海岸线成一锐角，这一边的人不能看见那一边的情况。

因此，伯罗奔尼撒人进攻雅典人的中军，迫使他们的船舰靠近岸边，于是登陆追逐雅典人。在此地，伯罗奔尼撒人推进得很顺利；色雷西布拉斯所指挥的右翼船舰暂时不能援助中军，因为很多敌舰向他进攻；色雷西拉斯所指挥的左翼船舰也不能援助它，因为塞诺西马地角的阻隔，使他不能看见那边所发生的事情，同时又被叙拉古人及其他敌人的船舰所包围，敌舰的数目和他自己的相等。但是最后，伯罗奔尼撒人相信他们自己是胜利了，开始分散，追逐个别的船舰，他们许多船舰开始混乱了。色雷西布拉斯和他的军队看见了这种情况，他们不继续延长他们的阵线，马上回转来进攻那些向他们冲来的敌舰。把这些敌舰击溃之后，他们进攻那些已经取得胜利了的伯罗奔尼撒船舰，趁着敌舰分散和混乱的时候，进行追击，大部分敌舰不战而逃。同时，叙拉古人也受色雷西拉斯的压迫而退却，当他们看见其余的船舰正在逃跑的时候，他们更加急于想逃跑了。

伯罗奔尼撒人完全被打垮了。他们大部分人首先逃往密底阿斯河畔，后来逃入阿卑多斯。虽然雅典人只俘虏到少数船舰（因为在赫勒斯滂海峡的狭窄水面上，敌人用不着跑得很远，就达到安全地带了）；但是在这个时候，对于他们没有什么事情比这次海军胜利更好的了。直到这时为上，因为几次小战役的失败，[①]因为西西里的惨剧，他们已经害怕伯罗奔尼撒人的海军了；但是现在他们消除了他们的自卑感，开始相信敌人在海上没有什么了不起了。他们俘虏的敌舰中，有八条是开俄斯的，五条是科林斯的，两条是安

---

① 参阅第665、710、715页。

市累喜阿的，两条是彼奥提亚的，此外还有琉卡斯的、斯巴达的、叙拉古的和培林尼的各一条。他们自己也丧失了十五条船舰。

他们在塞诺西马地角树立一个胜利纪念碑，取得了破坏了的船舰，依照休战条件，退还了敌人死者的尸体，然后派遣一条三列桨战舰回雅典去报告胜利的消息。当这条战舰达到雅典，雅典人在最近受到优卑亚的灾难和国内革命之后，听得了这个意外的好消息的时候，他们的精神大为振作起来了，他们开始相信，只要他们坚决地尽量努力，最后的胜利还是可能的。

这次战役后的第四天，塞斯都斯的雅典人努力修理他们的船舰，航行去进攻塞西卡斯，因为塞西卡斯已经叛变了。他们看见从拜占庭开来的八条船舰[①]停泊在哈巴金和普赖亚帕斯附近。他们向这些船舰驶去，在岸上把敌军打败，把船舰捕获了。于是他们到了塞西卡斯，塞西卡斯是没有设防的，他们恢复了在那个市镇的统治权，强迫居民付一笔赔款。同时，伯罗奔尼撒人也从阿卑多斯起航，往伊利阿斯去，他们在那里取得了他们所捕获的船舰中还可以应用的船舰，其余的船舰已经被伊利阿斯人焚毁了。他们又派遣希波克拉底和挨彼克里斯到优卑亚去，把那里的船舰带来。

大约同在这个时候，亚西比得带着他的十三条船舰[②]从考诺斯和法西利斯[③]回到萨摩斯了，他带回消息说，他已设法使腓尼基舰队不参加伯罗奔尼撒人一边，他使替萨斐尼对雅典人比过去更

① 参阅第 694 页。

② 参阅第 701 页。

③ 这个次序说颠倒了，应当说，“从法西利斯和考诺斯回到萨摩斯”。（参阅昭伊特译本第一卷 cx 页。——译者）

为友好了。除了他已有的船舰外，他又配备了九条船舰的水手，强迫哈利加纳苏人贡献大批款项，又在寇斯设防。以后，他任命一个总督统治寇斯，因为这时候已近秋季，他就航回萨摩斯了。

当替萨斐尼听说伯罗奔尼撒舰队已经从米利都航往赫勒斯滂去了的时候，他就拆掉他的军营，匆忙地从阿斯盆都回到了爱奥尼亚。

当伯罗奔尼撒人在赫勒斯滂的时候，安坦德拉斯人（他们是伊奥利亚族）从阿卑多斯取得了一些重装步兵，带着这些步兵由陆地上横过伊达山，进入他们自己的城内，因为他们认为受替萨斐尼所委派的官吏波斯人阿萨栖兹的虐待。就是这个阿萨栖兹，过去曾诈称他有不可告人的私仇关系，因而邀请住在阿特拉密提昂[①]的提洛人来，允许他们的主要人物有在军队中服务的机会。他使他们作为自己的朋友和同盟者而离开他们的城市之后，他监视他们，直到他们正在用餐的时候，用他自己的兵士把他们包围起来，用标枪把他们射死。因为这个罪行，安坦德拉斯人担心阿萨栖兹可能有一天也会用这种行动来对付他们；同时，他又把沉重的负担加在他们的身上，使他们不能负担。因此，他们把他的驻军驱逐出卫城。

当替萨斐尼听到了伯罗奔尼撒人除了在米利都[②]和奈达斯[③]所做的事情之外（他在奈达斯的驻军也被驱逐了），又有这种行动

① “在雅典人因为祓除提洛岛的缘故，把他们从他们的家乡驱逐出来之后。”（参阅第 398 页。）

② 参阅第 697 页。

③ 参阅第 658 页。

的时候，他知道他和伯罗奔尼撒人的关系真是很坏了，他担心他们还会给他以更多的危害。同时，他想到法那培萨斯得到他们的帮助，用更少的时间和金钱，对付雅典人也许会比他做得更好些，他也烦恼。因此，他决定到赫勒斯滂去会见他们，以便对于在安坦德拉斯所发生的事情提出抗议，同时也想就他们因为腓尼基舰队及其他事情对他所发的怨言尽力加以表白。他首先到以弗所，他在那里祭祀阿提密斯女神……[①]

① 根据第 419 页的记载，著者的原意是计划写到公元前 404 年的。现在至此突然中止，全书未完。——译者

附　　录

一、阿基达马斯战争综合年表

说明:阿基达马斯战争即伯罗奔尼撒战争的最初十年。
表中括弧内的数字指本书的页数(下表同)。

公元前	修昔底德所用的季	亚狄迦、中希腊和伯罗奔尼撒东部	伯罗奔尼撒西部及希腊西北部
431	夏季	约三月五日底比斯人袭击普拉提亚(120) 五月底伯罗奔尼撒人第一次侵入亚狄迦(129) 六月底雅典舰队劫掠伯罗奔尼撒沿岸(123) 七月初伯罗奔尼撒军队撤退(140) 约九月雅典侵入麦加里德(143);占领阿塔兰塔(143)	约八月雅典舰队至希腊西北部(143)
	冬季	伯里克利在阵亡将士葬礼上的演说(145)	伯罗奔尼撒人在希腊西北部的活动(145)
430	夏季	五月底伯罗奔尼撒人第二次侵入亚狄迦(155) 六月雅典发生瘟疫(155) 六月底雅典进攻埃彼道鲁斯(161) 七月中旬伯罗奔尼撒军队撤退(162) 七月底哈格浓航往波提狄亚(162) 雅典派使节往斯巴达(163) 九月初哈格浓回国(163);伯里克利免职(169)	伯罗奔尼撒人远征萨星修斯(171)
429	冬季	约三月伯里克利复职(169)	雅典人派福密俄往诺帕克都(174)

爱琴区域及小亚细亚	色雷斯区域	西西里
	雅典人继续围攻波提狄亚(162); 与西塔尔西斯及柏第卡斯同盟(142) 福密俄回雅典(162)	
	八月哈格浓至波提狄亚(162) 伯罗奔尼撒人派往波斯的代表团被捕，送雅典处死(172)	
雅典将军美利山达在吕西亚征收贡税，被杀(174)	波提狄亚投降(174)	

公元前	修昔底德所用的季	亚狄迦、中希腊和伯罗奔尼撒东部	伯罗奔尼撒西部及希腊西北部
	夏季	五月底伯罗奔尼撒人围攻普拉提亚(179) 约七月一部分伯罗奔尼撒军队撤退(181) 九月中旬其余的伯罗奔尼撒军队撤退(181) 伯里克利卒(169) 雅典派往援助福密俄的舰队至克里特(189)	七至八月伯罗奔尼撒军队进攻阿开那尼亚,失利(185) 八月福密俄第一次胜利(188) 九至十月福密俄第二次胜利(196)
	冬季	约十一月伯罗奔尼撒人袭击萨拉米(197)	福密俄在阿斯塔卡斯等地(205) 约三月福密俄回雅典(206)
428	夏季	五月底伯罗奔尼撒人第三次侵入亚狄迦(208) 六月雅典派克莱披底往列斯堡(209) 七月中旬密提林代表团到斯巴达(210) 八月十一至十五日密提林代表团参加奥林匹亚节日庆祝,请求援助(212) 九月伯罗奔尼撒军队在地峡集合,准备侵入亚狄迦;雅典舰队驶往地峡示威(217,218)	约八月雅典派阿索匹阿斯往希腊西北部(211)
427	冬季	一部分普拉提亚驻军突围出逃(219—223)	

续表

爱琴区域及小亚细亚	色雷斯区域	西西里
	五月底雅典人败于卡尔息狄斯(183) 雅典军队撤退(183)	
	约十一月西塔尔西斯侵入马其顿和卡尔息狄斯(199)	
六月列斯堡叛乱(208) 密提林休战和约(210) 九至十月帕撒斯围攻列斯堡(219)		
莱西克利往小亚细亚征收贡税,被开利阿人杀死(219) 二至三月萨利修斯至密提林(223)		

公元前	修昔底德所用的季	亚狄迦、中希腊和伯罗奔尼撒东部	伯罗奔尼撒西部及希腊西北部
	夏季	斯巴达派阿尔息达率海军援救密提林(224) 五月底伯罗奔尼撒人第四次侵入亚狄迦(224) 约六月底伯罗奔尼撒军队撤退(225) 约七月底尼西阿斯袭取米诺亚(244) 约八月普拉提亚陷落(245)	约七月科西拉贵族党人暴动(261) 八月初科西拉附近的战争(266)
	冬季	雅典第二次瘟疫(273)	
	夏季	雅典人败底比斯人于塔那格拉(275) 斯巴达在特累启斯建立赫拉克里亚殖民地(276)	德谟斯提尼往希腊西北部(276) 约八月德谟斯提尼在埃托利亚的惨败(281) 约十月初伯罗奔尼撒人在阿开那尼亚边界上(283)
426	冬季	雅典瘟疫终止(273)	约十一月德谟斯提尼大败伯罗奔尼撒人于奥尔匹附近(289)；又败安布累喜阿人于爱多美尼(291)
425	夏季	四至五月伯罗奔尼撒人第五次侵入亚狄迦(299) 攸利密顿、索福克利和德谟斯提尼出发往西西里(300) 伯罗奔尼撒军队撤退(302) 六月斯巴达代表团往雅典求和(310) 九月雅典人败科林斯人于苏力基亚(330)；雅典占领墨色那(331)	约五月雅典人占领派娄斯(301) 在派娄斯的战争(306) 六月二十日休战协定(309) 七月底雅典人攻陷斯法克特利亚(326) 九月雅典舰队至科西拉(332) 雅典攻陷安那克托里安(333)

续表

爱琴区域及小亚细亚	色雷斯区域	西西里
六月底阿尔息达至提洛(226) 密提林陷落(225) 七月中旬阿尔息达至恩巴敦(226) 帕撒斯在诺丁姆(228)		约九月雷歧兹远征西西里(272)
		西西里北岸附近的战争(274)
雅典人远征弥罗斯(275)		麦散那投降雅典(275) 雅典人在罗克里附近的胜利(282) 叙拉古人在因尼萨附近的胜利(284)
雅典人在提洛举行祓除典礼(284)		雅典派皮索多勒斯至西西里，代雷歧兹指挥军队(294)
	西蒙尼德败于爱昂西部(302)	四至五月叙拉古人占领麦散那(299) 六月麦散那海峡附近的战争(316)

公元前	修昔底德所用的季	亚狄迦、中希腊和伯罗奔尼撒东部	伯罗奔尼撒西部及希腊西北部
	冬季	十一月雅典增加贡税[①]	十月底德谟斯提尼在伯罗奔尼撒沿岸
424	夏季	六月尼西阿斯占领锡西拉(335)[②] 八月雅典袭击麦加拉(344) 占领尼塞亚(347)	约八月德谟斯提尼至诺帕克都(352) 十月底德谟斯提尼往西菲(361)
	冬季	十一月彼奥提亚人大败雅典人于第力安(366,367) 麦加拉人收复长城(376)	
423	夏季	约四月二十日雅典与斯巴达订立一年休战和约(381)	
	冬季	门丁尼亚人与提基亚人战争(396)	
422	夏季	约四月休战和约期满(398) 九月初旬克里昂航往卡尔息狄斯(398)	
	冬季	雅典与斯巴达商议和约(412)	
421	夏季	四月尼西阿斯和约(412)	

① 《希腊碑铭集成》,i,63。
② 同上,i,342。

续表

爱琴区域及小亚细亚	色雷斯区域	西西里
雅典人在赫勒斯滂和攸克星海上的军事行动(351)	九月伯拉西达至阿堪修斯(357)	机拉会议(339)
	约十二月伯拉西达攻陷安菲玻里(374) 希腊东北部暴动扩大(375)	
雅典派遣使节往波斯(334)	四月二十二日赛翁尼暴动(385) 五月门德暴动(387) 伯拉西达与柏第卡斯进攻阿拉皮阿斯(388) 尼西阿斯收复门德(393),围赛翁尼(394) 柏第卡斯与雅典议和(394)	
	伯拉西达进攻波提狄亚无功(396)	
	雅典与波提亚人同盟九月克里昂收复托伦(399) 十月克里昂继续战争(402) 安菲玻里之役,克里昂与伯拉西达均战死(407)	雅典使节斐厄克斯往西西里和南意(400)

二、古代希腊大事年表

（公元前 500—前 404 年）

公元前	希　　腊	其他国家
499	爱奥尼亚反抗波斯的暴动[希波战争开始]	
494	爱奥尼亚暴动被镇压	
492	大流士第一次侵略希腊；亚陀斯的覆灭	
490	大流士第二次侵略希腊；马拉松之役(17)	
485		大流士卒(15)，泽尔士即位机拉僭主机伦（后为叙拉古僭主）(479)
483	雅典建立海军	
480	泽尔士侵略希腊(17)；德摩比利(326)和萨拉米战役(59)	叙拉古败迦太基于希米拉
479	普拉提亚战役(175，245)；密卡尔战役(71)[希波战争第一阶段结束] 冬，雅典人攻陷塞斯都斯(71)	
478	波桑尼阿斯从拜占庭召回(76) 提洛同盟(77)	
477	塞蒙夺取拜占庭 庇里犹斯港建筑完成(74)	
476	塞蒙在色雷斯的进军(78)	
471	地米斯托克利被放逐(106)	
470	波桑尼阿斯之死(104)	
466	地米斯托克利逃亡(106) 塞蒙大败波斯人于攸利密顿河畔(79) 那克索斯叛变，被雅典镇压(78)	叙拉古建立民主政治
465	塔索斯叛变，雅典人围攻(79)	

续表

公元前	希　　腊	其他国家
464	斯巴达大地震，希洛人暴动[第三次美塞尼亚战争](80)	泽尔士遇刺；阿塔薛西斯即位(108)
463	秋，塔索斯投降(81)	
462	春，斯巴达求援雅典，塞蒙出兵援助斯巴达(81) 斯巴达请塞蒙退出美塞尼亚(81) 雅典与亚哥斯及帖撒利同盟(81) 地米斯托克利卒(109)	伊那罗斯领导埃及人暴动(82)
461	塞蒙被放逐；厄菲阿尔特的改革及其遇刺	利吉姆和赠克利的民主革命
460	科林斯人败雅典人于哈利依斯(83)	雅典舰队驶入尼罗河(82)
459	雅典人败科林斯人于麦加里德(83)；围攻厄基那(83)；败斯巴达海军于西克鲁菲利亚(83)	
457	夏，斯巴达人败雅典人于塔那格拉(85)[两国公开斗争的开始] 雅典人败彼奥提亚人于恩诺斐塔(85)[雅典占领彼奥提亚] 雅典建筑庇里犹斯和法勒隆长城(84)	
456		麦加培扎斯率波斯军至埃及(86)
455	托尔密德远征伯罗奔尼撒沿岸(85) 厄基那投降雅典(85)	
454	提洛同盟金库移雅典[雅典海上霸国完成]	雅典远征埃及的军队覆灭(86)
453		雅典、厄基斯泰和哈利赛伊订立条约
451	雅典与斯巴达订立五年休战和约(87) 塞蒙回雅典	
450	夏，塞蒙远征塞浦路斯；塞蒙卒(87)	叙拉古人败西塞尔人
449	雅典与波斯订立卡利阿斯和约[希波战争第二阶段结束]	
448	斯巴达远征特尔斐(88)	
447	彼奥提亚人败雅典人于科罗尼亚[彼奥提亚诸城市恢复独立](88)	

续表

公元前	希　　腊	其 他 国 家
446	优卑亚暴动(88) 斯巴达王普雷斯多安那克斯侵入亚狄迦(89;137)	
445	雅典与斯巴达订立三十年和平条约(89)[伯里克利统治的开始]	? 雅典、利吉姆和林地尼订立条约
443		殖民条立爱
440	冬,萨摩斯暴动(89)	
439	春,萨摩斯投降(90)	
437	雅典派福密俄往安非罗基亚的亚哥斯;建立安非玻里城(371);伯里克利远征黑海;移民息诺普和阿密苏斯	
435	春,科林斯和科西拉关于伊庇丹努的争执(23) 科西拉人败科林斯人于琉金密附近(27);占领伊庇丹努(27)	
433	雅典和科西拉订立防守同盟(39)	雅典、利吉姆和林地尼重订条约(272)
432	九月西勃达之役(41) 波提狄亚暴动(48) 麦加拉敕令 两次斯巴达同盟代表大会(52,92) 雅典卫城正门修建完成	
431	三月底比斯人袭击普拉提亚(120)[伯罗奔尼撒战争开始] 伯罗奔尼撒人第一次侵入亚狄迦(129)	
430	伯罗奔尼撒人第二次侵入亚狄迦(155) 雅典发生瘟疫(155) 六月伯里克利进攻埃彼道鲁斯,无功(161) 伯里克利受审、被罚(169) 雅典派福密俄往诺帕克都(173) 波提狄亚陷落(174)	
429	伯罗奔尼撒人围攻普拉提亚(175) 伯里克利卒(169) 福密俄大败纳谟斯(191,196) 冬,伯罗奔尼撒人袭击萨拉米(197)	
428	伯罗奔尼撒人第三次侵入亚狄迦(208) 密提林暴动(209)	

续表

公元前	希　　腊	其他国家
	雅典始征财产税(219)	
427	伯罗奔尼撒人第四次侵入亚狄迦(224) 夏,密提林陷落(225) 普拉提亚陷落(245) 九月雷歧兹远征西西里(272) 科西拉党争(261) 冬,雅典第二次发生瘟疫(273)	林地尼与叙拉古发生战争;林地尼派哥尔基亚至雅典求援(272)
426	德谟斯提尼在埃托利亚的惨败(281)	
425	伯罗奔尼撒人第五次侵入亚狄迦(300) 雅典人占领派娄斯(302);希洛人逃亡(328) 克里昂拒绝和平建议(314) 雅典人攻取斯法克特利亚(326) 科西拉贵族党的被消灭(332)	
424	雅典人攻陷锡西拉和尼塞亚(347) 彼奥提亚人大败雅典人于第力安(366,370) 伯拉西达攻陷安菲玻里(375)和托伦(377)	夏,机拉会议(339)
423	四月雅典和斯巴达订立一年休战和约(381)	阿塔薛西斯卒(334);大流士二世即位;叙拉古并吞林地尼(400)
422	克里昂克复托伦(399) 安菲玻里之役:克里昂和伯拉西达阵亡(407) 和平谈判(411)	雅典派遣使团往南意及西西里(400)
421	四月尼西阿斯和约(412) 五月雅典与斯巴达订立五十年同盟条约(417)	
420	三月斯巴达与彼奥提亚订立同盟条约(430) 七月雅典、亚哥斯、门丁尼亚和伊利斯订立同盟条约(436)	
419	尼西阿斯和亚西比得当选为将军(442) 亚西比得在伯罗奔尼撒的军事行动(442)	

续表

公元前	希　　腊	其 他 国 家
418	斯巴达人大败亚哥斯同盟军于门丁尼亚(455) 斯巴达与亚哥斯订立五十年同盟条约(460) 十月亚哥斯建立贵族政治(461)	
417	七月亚哥斯人推翻贵族政治(462),恢复与雅典的同盟条约(462)	
416	弥罗斯被迫投降雅典(474) 冬,斯巴达劫掠亚哥斯土地(474)	厄基斯泰与栖来那斯发生战争;叙拉古援助栖来那斯
415	厄基斯泰求援雅典(481) 赫尔密石像被破坏(497) 六月雅典海军出发,远征西西里(499) 亚西比得被召回国,中途逃往斯巴达(517)	雅典人败叙拉古人(530)
414	夏,斯巴达劫掠亚哥斯土地(552) 亚哥斯人侵入泰里亚(552) 吉利普斯往援叙拉古(558) 十二月攸利密顿驶往西西里(571—572);雅典第二次远征军出发(584)	春,叙拉古之围(554) 拉马卡斯阵亡(556) 叙拉古人败雅典人,反抗城墙建筑成功(566)
413	三月斯巴达王阿基斯侵入亚狄迦(574),占领狄西里亚(574),雅典奴隶逃亡(581) 雅典征收五厘进口税,以代贡税(582)	叙拉古陆军收复普利姆密里昂,海军败于大港(577) 叙拉古海军败雅典人于大港(591) 德谟斯提尼至西西里,进攻厄庇波利,失败(594—595) 叙拉古人在大港中决定性的胜利(615—618) 九月雅典军队从陆地上退却(620),全军覆灭(630)
412	雅典附属同盟国暴动(639) 斯巴达与波斯同盟(648,661) 开俄斯之被围(652) 萨摩斯平民革命(650) 伯罗奔尼撒海军集中于米利都(659) 雅典海军集中于萨摩斯(655)	亚西比得逃往小亚细亚依附替萨斐尼(668)

续表

公元前	希　腊	其他国家
411	三月雅典寡头政变(680—687) 萨摩斯的雅典海军反对寡头政治(690);召回亚西比得(694) 雅典党争(702);雅典人败于邦利多里,全优卑亚暴动(709);废除四百人议事会,温和寡头派执政(711) 雅典人在塞诺西马(716—719)和阿卑多斯的胜利	
410	雅典在塞西卡斯的胜利;恢复民主政治;拒绝斯巴达的和平建议	
409		栖来那斯和希米拉的毁灭
408	雅典恢复拜占庭	小居鲁士为小亚细亚总督
407	亚西比得回雅典,任将军职	
406	三月雅典人败于诺丁姆;亚西比得引退 八月雅典人在阿吉纽西的胜利 雅典拒绝斯巴达的和平建议	
405	萨摩斯人取得雅典公民权 伊哥斯波塔米之役;雅典之围	
404	雅典投降[伯罗奔尼撒战争终结]	大流士二世卒;阿塔薛西斯二世即位

三、要目索引

（索引中的数字指本书中的页数）

三　　画

四　　画

五　　画

六　画

七　画

八　　画

九　画

十　画

十　一　画

十　二　画

十　三　画

十　四　画

十　五　画

十 七 画

四、译名对照表

A

Abdera 阿布提拉
Abronichus 阿布罗尼库斯
Abydos(＝Abydus) 阿卑多斯
Acamantis 阿卡曼替斯(雅典一部落)
Acanthian 阿堪修斯人
Acanthus 阿堪修斯
Acarnan 阿开南
Acarnania 阿开那尼亚
Acarnanian 阿开那尼亚人
Acesine,R. 阿塞西恩河
Achaea 亚加亚
Achaean 亚加亚人
Acharnae 阿卡奈(雅典最大的得莫)
Acharnian 阿卡奈人
Acharusian,L. 阿刻鲁西安湖
Achelous,R. 阿基洛斯河
Acherdus 阿刻都斯
Acheron,R. 阿克隆河
Achilles 阿溪里
Achradina 阿克拉丁那
Acrae 阿克里
Acraean Oliff 阿克里崖
Acraean Hight 阿克里高地
Acragas 阿克累加斯(即阿格立真坦)
Acropolis 阿克罗波利(卫城)
Acrothoi 阿克洛多依
Actaean cities 阿克提安诸城市
Acte 阿克特(半岛)
Actium 亚克兴
Adeimantus 阿第曼图斯
Admetus 阿德密塔斯
Aeantides 伊安泰德
Aegaleus,Mt. 伊加拉斯山
Aege 伊治
Aegean Sea 爱琴海
Aegina 厄基那
Aeginetan 厄基那人
Aegitium 伊基提昂
Aegospotami 伊哥斯波塔米
Aegytis 伊基替斯
Aenea 伊尼阿
Aeneas 伊尼阿斯
Aeneum,O. 伊尼阿地角
Aeniadae 伊尼亚底人
Aenian 伊纳斯人
Aenianian 伊尼安尼亚人
Aenus 伊纳斯
Aeolia 伊奥利亚
Aeolian 伊奥利亚人
Aeolian,Is.(或 Is. of Aeolus) 伊奥拉斯群岛
Aeolidas 伊奥利达
Aeolis 伊奥里斯
Aeolus 伊奥拉斯
Aeson 伊逊

Aethaean　伊泰安人
Aetna, Mt.（＝Etna, Mt.）　厄特那山
Aetolia　埃托利亚
Aetolian　埃托利亚人
Agamamnon　阿伽美浓
Agariste　阿加利斯特
Agatharchidas　阿加塔尔西达斯
Agatharchus　阿加塔库斯
Agathias　阿吉替阿斯
Agesander　阿哲桑达
Agesippidas　阿基息比达
Agilus　阿基拉斯
Agis　阿基斯
Agraean　阿格里人
Agrianian　阿格里安尼亚人
Agrigentine　阿格立真坦人
Agrigentum　阿格立真坦
Agyrium　阿吉里安
Aieimnestus　爱恩尼斯都
Aisimades　阿伊西马得
Alcaeus　阿尔西阿斯
Alcamenes　亚加美尼
Alcibiades　亚西比得
Alcidas　阿尔息达
Alcinadas　阿尔星那达
Alcinous　阿尔辛诺斯
Alciphron　阿尔西夫伦
Alcisthenes　阿尔西提尼
Alcmaeon　阿克密翁
Alcmaeonidae　阿克密尼德族
Alexander　亚历山大
Alexarchus　亚历撒库斯
Alexicles　亚历西克利
Alexippidas　亚历西匹达
Alicyae　阿利西
Alicyaean　阿利西人
Almopia　阿尔摩比亚
Almopian　阿尔摩比亚人
Alope　阿罗比
Alpineus, R.　阿尔宾诺斯河
Alyzia　阿力西亚
Ambracia　安布累喜阿
Ambracian（＝Ambraciot）　安布累喜阿人
Ameiniades　阿美尼亚德
Ameinias　阿美尼阿斯
Ameinocles　阿密恩诺克利
Amisus　阿密苏斯
Ammias　安密阿斯
Amorges　阿摩基斯
Amorgos　阿摩哥斯
Ampelidas　安壁立达
Amphias　安菲阿斯
Amphidorus　安菲多拉斯
Amphilochia　安非罗基亚
Amphilochian　安非罗基亚人
Amphilochian Argos　安非罗基亚的亚哥斯
Amphipolis　安菲玻里
Amphipolitan　安菲玻里人
Amphissa　安斐萨
Amyclae　阿密克利
Amyntas　阿明塔斯
Amyrtaeus　阿密尔塔阿斯
Anaceum　安那西安
Anactoria　安那克托里亚
Anactorian　安那克托里亚人
Anactorium　安那克托里安
Anaea（＝Ania 或 Anaia）　安尼亚
Anaetan　安尼亚人
Anapus, R.　阿那配斯河
Anaxander　阿那克山大
Anaxilas　安那克西拉斯

Andocides　安多西德
Andrian　安得罗斯人
Androcles　安得洛克利
Androcrates　安得洛克拉底
Andromedes　安得洛密德
Andros　安得罗斯
Androsthenes　安得罗斯提尼
Angites,R.　安吉特河
Antandrian　安坦德拉斯人
Antandrus(＝Antandros)　安坦德拉斯人
Anthemus　安提马斯
Anthene　安提尼
Anthesterion　花月（雅典历）（相当于现在的二至三月）
Antichus　安提卡斯
Anticles　安提克利斯
Antigenes　安提根尼
Antimenidas　安提门尼达
Antimnestus　安廷尼斯都
Antiphemus　安提非摩斯
Antiphon　安替芬
Antiphus　安替福斯
Antirrhium　安替赖昂姆
Antissa　安替撒
Antissian　安替撒人
Antisthenes　安替斯提尼
Aphrodisia　阿富罗狄西亚
Aphrodite　阿富罗底
Aphytis　阿非提斯
Apian Way　阿比阿路（罗马）
Apidanus　阿匹丹那斯
Apodotians　阿波多提亚人
Apollo　阿波罗
Apollo Archegetes　保护神阿波罗
Apollo Pythaeus　彼提亚的阿波罗（或杀毒龙的阿波罗）
Apollo Temenites　特门尼替斯的阿波罗
Apollodorus　阿波罗多拉斯
Apollonia　阿波伦尼亚
Apollonium　阿波伦尼安
Apseudes　阿普修德
Arcadia　阿卡狄亚
Arcadian　阿卡狄亚人
Arcesilaus　阿塞息雷斯
Archedice　阿基狄斯
Archelaus　阿基拉斯
Archestratus　阿撒斯特拉图
Archestimus　阿基提摩斯
Archias　阿基阿斯
Archidamian war　阿基达马斯战争
Archidamus　阿基达马斯
Archippus　阿基配斯
Archonidas　阿科尼达
Areopagus　阿勒乌柏果斯
Arethusa　阿勒杜萨
Argilian　阿吉拉斯人
Argilus　阿吉拉斯
Arginus　阿吉纽斯
Arglnusae　阿吉纽西
Argive　亚哥斯人
Argolis　亚哥里斯
Argos　亚哥斯
Arianthides　阿里安提德
Ariphron　阿利福隆
Aristarchus　亚里斯塔卡斯
Aristeus　阿利斯提阿斯
Aristagoras　阿立斯塔哥拉斯
Aristides　亚里斯泰德
Aristocleides　阿里斯托克利伊德
Aristocles　亚里斯多克利
Aristocrates　亚里斯多克拉底
Aristogeiton　阿利斯托斋吞

Ariston 亚里斯吞
Aristonous 亚里斯托诺斯
Aristonymus 亚里斯托尼马斯
Aristophon 亚里斯多丰
Aristophones 阿里斯多芬
Aristotle 亚里士多德
Arne(=Arnae) 阿尼
Arnisa 阿尼萨
Arrhabaeus 阿拉皮阿斯
Arrhiana 阿立安那
Arrhiani 阿立安尼
Arsaces 阿萨栖兹
Artabazus 阿塔培札斯
Artaphernes 阿塔斐尼
Artas 阿塔斯
Artaxexes 阿塔薛西斯
Artemis 阿提密斯
Artemisium 阿提密喜安(地角);阿提密喜安月(斯巴达历)
Asia 亚细亚
Asine 阿细恩
Asopius 阿索匹阿斯
Asopolaus 阿索波劳斯
Asopus,R. 阿索帕斯河
Aspendus 阿斯盆都
Assera 阿塞拉
Assinarus 阿栖那鲁斯
Astacus 阿斯塔卡斯
Astymachus 阿斯泰马卡斯
Astyochus 阿斯泰奥卡斯
Astypalaea 阿斯泰巴利亚
Atalanta(=Atalante) 阿塔兰塔
Athena(=Athene) 雅典娜
Athenaeus 雅典尼阿斯
Athenagoras 雅典那哥拉斯
Athenian 雅典人
Athens 雅典
Athos 亚陀斯
Atintanian 阿丁坦尼亚人
Atmerdan 阿特麦丹
Atramyttium 阿特拉密提昂
Atreus 阿特里阿斯
Attic 亚狄迦的
Attica 亚狄迦
Aulon 奥隆
Autocharides 奥托卡里得
Autocles 奥托克利
Axioche 阿克西奥克
Axius,R. 阿克西阿斯河

B

Babylon 巴比伦
Balkan,Mts. 巴尔干山脉
Battus 巴都斯
Berga 培加
Beroea 培罗耶
Bisaltia 俾萨尔提亚
Bisaltian 俾萨尔提亚人
Bithynia 俾泰尼亚
Bithynian 俾泰尼亚人
Boeotia 彼奥提亚
Boeotian 彼奥提亚人
Boeum 培翁姆
Bolbe 博尔布
Bolissus 菩利苏斯
Bomian 波密亚人
Boriades 波利阿德
Bormiscus 波密斯卡
Bottiaea 波提亚
Bottiaean 波提亚人
Bottice 波提斯
Brasidas 伯拉西达

Brazen House　黄铜宫
Bricciniae　不利星尼
Brilessus　布里勒撒
Bromerus　布洛马拉斯
Bromiscus　布洛密斯卡
Bucolion　布科赖昂
Budorum　布多隆姆
Buphras　布佛拉斯
Byzantium　拜占庭

C

Cacyparis, R.　卡西巴里斯河
Cadmeis　卡德密斯
Caedas　塞达斯（山谷）
Caïcinus　卡星那斯
Calex（=Cales）　卡勒克斯
Calliades　卡利阿德
Callian　卡利阿斯人
Callias　卡利阿斯
Callicrates　卡利克拉底
Calligeitus　卡利斋都
Callimachus　卡利马卡斯
Callirhoe　卡利尔荷
Calydon　卡利敦
Calymna　卡利那
Camarina（=Camerina）　卡马林那
Camarinaean　卡马林那人
Cambyses　冈比西
Camicus　卡密卡斯
Camirus　卡密拉斯
Canastraeum　加那斯特勒安
Cantharus Harbour　坎塔拉斯港
Capaean　开帕伊斯人
Capais　开帕伊斯
Capaton　开配吞
Carcinus　卡西那斯
Cardamy　卡达密
Caria　开利阿
Carian　开利阿人
Carnean Holidays　卡尼亚节
Carneus　卡尼阿斯月
Carpathos　卡巴塔斯
Carteria　卡特里亚
Caryae　卡利伊
Carystian　卡里斯都人
Carystus　卡里斯都
Casmenae　卡斯门尼
Casos　卡索斯
Cassibili　喀西比利
Caster　卡斯忒
Catana　卡塔那
Catanaian　卡塔那人
Cathage　迦太基
Cathaginian　迦太基人
Caulonia　科伦尼亚
Caunus　考诺斯
Cavallata　卡发拉他
Cean　西奥斯人
Cecalus　西卡拉斯
Cecrops　西克罗普斯
Cecruphalia（或 Cecryphalia）　西克鲁菲利亚
Cenaeum　森尼昂
Cenchereiae　森克里伊
Centorbi　森托比
Centoripa　森托利巴
Centoripae　森托利巴人
Centorli　森托利
Centorlipia　森托利匹亚
Cephallenia　塞法伦尼亚
Cephallenian　塞法伦尼亚人
Cephaloedium　塞法罗伊丁

Cephisus,R.　塞费苏斯河
Ceramericus　陶器区
Cercinitis　塞新尼替斯
Cerdylium　塞狄利安
Ceryces　塞利西斯
Cestrine　塞斯特林
Chaereas　查里利阿斯
Chaeronea　喀罗尼亚
Chalaean　卡利安
Chalastra　卡拉斯特拉
Chalce　加尔斯
Chalcedon　卡尔西顿
Chalcideus　卡尔息底阿斯
Chalcidia　卡尔息底亚
Chalcidian　卡尔西斯人
Chalcidice　卡尔息狄斯
Chalcio　卡尔西俄
Chalcis　卡尔西斯
Chalikiopulon　察利歧奥浦隆
Chaonian　查俄尼亚人
Charadrus　查拉德拉斯
Charicles　查里克利
Charmides　察米德
Charminus　查门那斯
Charoeades　察里阿德
Charybdis　卡立布狄斯
Chersonese　刻索尼苏斯(半岛)
Chersonesus　刻索尼苏斯
Chian　开俄斯人
Chimerium　基美利乌姆
Chionis　开俄尼斯
Chios　开俄斯
Choirades　绰拉德(群岛)
Chromon　克洛蒙
Chrysippus　克赖西巴斯
Chrysis　克赖西斯
Cicero　西塞罗
Cilicia　西里西亚
Cimolos　塞摩洛斯
Cimon　塞蒙
"Circle",the　"环塞"
Cithaeron　西萨隆
Citium　息提昂姆
Clarus　克拉鲁斯
Classen　克雷松
Clazomenae　克雷佐门尼
Clazomenaen　克雷佐门尼人
Cleaenetus　克里安尼都
Cleandridas　克里安得里达
Clearchus　克利阿卡斯
Clearidas(=Cleridas)　克利里达
Cleinias(=Clinias)　克莱尼阿斯
Cleippides　克莱披底
Cleisthenes　克利斯梯尼
Cleobulus　克利奥标拉
Cleombrotus　克利俄姆布罗塔斯
Cleomedes　克利奥米德
Cleomenes　克利奥密尼斯
Cleon　克里昂
Cleonaean　克里奥尼人
Cleondridas　克里昂得里达
Cleone(=Cleonae)　克里奥尼
Cleonymus　克里奥尼马斯
Cleopompus　克利奥彭帕斯
Clitor　克利托
Cnemus　纳谟斯
Cnidian　奈达斯人
Cnidis　奈狄斯
Cnidus(=Cnidos)　奈达斯
Colonae　科伦尼
Colonus　科伦纳斯
Colophon　科罗封

Colophonian 科罗封人
Common 康梦
Conon 科浓
Constantinople 君士坦丁堡
Cophos 科福斯
Corcyra 科西拉
Corcyraeans 科西拉人
Corinth 科林斯
Corinthian 科林斯人
Coroebus 科勒布斯
Coronea 科罗尼亚
Coronaean 科罗尼亚人
Coronta 科隆塔
Corycus 科利卡斯
Coryphasium 科利法西安(即派娄斯)
Cos 寇斯
Cotyrta 科提尔塔
Cranian 克朗尼人
Cranii 克朗尼
Crannon 克拉浓
Crannonian 克拉浓人
Crataemenes 克雷提门尼
Cratesicles 克雷提西克利
Cratippus 克剌替帕斯
Crenae 克勒尼
Crestonia 克莱斯吞尼亚
Crestonian 克莱斯吞尼亚人
Crete 克利特
Crisa 克利塞
Crissaeon Gulf 克利塞湾
Crocylium 克罗西里昂
Croesus 克劳苏斯
Crommyon 克罗密昂
Cropia 克罗匹亚
Crossaea 克洛西亚
Croton or Crotona 克洛吞或克洛托那
Crotoniates 克洛吞人或克洛托那人
Crusis 克鲁西斯
Cumae(＝Cuma,Cyme 或 Cymae) 丘米
Cumaean 丘米人
Curtius 库齐乌斯
Cyanae 息安尼
Cyclades 西克拉底斯(群岛)
Cyclopes 塞克洛普斯人
Cydonia 西顿尼亚
Cydonian 西顿尼亚人
Cyllene 西林尼
Cylon 库伦
Cynes 星尼斯
Cynossema 塞诺西马
Cynuria 辛那里亚
Cynurian 辛那里亚人
Cyprus 塞浦路斯
Cypsela 塞浦细拉
Cyrene 塞勒尼
Cyrrhus 西尔胡斯
Cyrus 居鲁士
Cythera 锡西拉
Cytherlan(或 Cytherean) 锡西拉人
Cythnos 锡斯诺斯
Cytinium(或 Kytinium) 锡丁尼昂
Cyzicene 塞西卡斯人
Cyzicus 塞西卡斯

D

Daeonian 达奥尼亚人
Daïmachus 戴伊马卡斯
Daithus 戴苏斯
Damagetus 戴马吉都
Damagon 达马刚
Damotimus 达摩提马斯
Danaan 得纳安人

Danube,R.　多瑙河
Daphnus　达夫那斯
Dardanus　达达那斯
Darius　大流士
Dascylium(=Daskylion)　达西利翁姆
Daulis　道利斯
Daxon　达克逊
Decelea　狄西里亚
Decelean war　狄西里亚战争
Deinarchus(=Dinarchus)　戴那卡斯
Deinias　第尼阿斯
Delian　提洛人
Delium　第力安
Delos　提洛
Delphi　特尔斐
Delphian　特尔斐人
Delphinium　特尔斐尼安
Demaratus　得马拉都
Demarchus　得马卡斯
deme　得莫(自治乡镇)
Demeas　德密阿斯
Demeter　狄密特
Demodocus　德谟多卡斯
Demosthenes　德谟斯提尼
Demoteles　德摩特尔
Dercyllidas　得西利达
Derdas　得达斯
Derrhis,C.　得里斯地角
Dersaean　得西亚人
Despotodagh　得斯波托达
Deucalion　丢开利翁
Diacritus　提阿克利都
Diagoras　带阿哥拉斯
Dian　第安人
Diasia　第阿西亚节
Didyme　狄狄密
Diemporus　第姆波鲁斯
Dii　提伊人
Diitrephes(或 Doeotrephes)第依特累斐
Diniadas　狄尼阿达
Diodorus　戴奥多鲁斯
Diomedon　戴奥密敦
Diomilus　戴奥密拉斯
Dionysius　戴奥尼素
Dionysia　道尼修斯(酒神)节
Dionysus　道尼修斯(酒神)
Dioscuri　带奥斯丘赖(兄弟)神
Diotrephes　戴奥特累斐
Diotimus　戴奥提摩斯
Diphilus　狄菲拉斯
Dipylon　狄斐隆
Dium　第安
Doberus　德培鲁斯
Dodona　多多那
Dolopia　多罗比亚
Dolopian　多罗比亚人
Dorcis　多尔西斯
Dorian　多利亚人
Dorieus　多里阿斯
Doris　多利斯
Dorus　多拉斯
Drabescus　德拉比斯卡
drachma　德拉克玛(货币名)
Dread Goddesses　恐怖女神
Droi　德罗依人
Druos-Kephalae(=Dryoscephalae)　德鲁阿斯-刻法利
Drymussa　德赖缪萨
Dryopes　德赖俄普人
Dyme　岱米

E

Eccritus　厄克里都

Echecratides　爱撒克拉提德
Echedorus, R.　爱撒多拉斯河
Echetimedes　爱撒提米底
Echenades　挨金那提斯(群岛)
Edonian(=Edoni)　伊东尼亚人
Eetionia　亚提翁尼亚
Egesta　厄基斯泰(即塞吉斯塔)
Egestaean　厄基斯泰人
Egypt　埃及
Eion　爱昂
Elaeus　伊利阿斯
Elaphebolion　挨拉菲波赖昂月(雅典历的第九月,现行历的三月下半月至四月上半月)
Elea　厄利亚
Elean　伊利斯人
Eleusis　埃琉西斯
Eleuthenian(=Eleusinian)　埃琉西斯人
Elis　伊利斯
Ellomenus　厄罗门那斯
Elorus　厄洛拉斯
Elymi　厄力密人
Embatum　恩巴敦
Empedias　恩壁第阿斯
Endius　恩狄阿斯
Enipeus　伊尼匹阿斯
Enna　恩那
Ennea-Hodoi　厄尼亚-荷多依
Enneacrounos(=Enneacrunus)　恩尼克罗诺斯("九泉")
Entimus　恩提摩斯
Enyalius　音尼阿利阿
Eordia　挨奥狄亚
Eordian　挨奥狄亚人
Ephesus　以弗所
Ephialte　厄菲阿尔特
Ephyre　挨非里
Epicles　挨彼克里斯
Epicydidas　厄壁塞底达
Epidamnus　伊庇丹努
Epidaurian　埃彼道鲁斯人
Epidaurus　埃彼道鲁斯
Epipolae　厄庇波利
Epirot(=Ipirote)　伊壁鲁斯人
Epirus(=Ipirus)　伊壁鲁斯
Epitadas　厄匹塔达斯
Epizephyrian Locri　伊壁犀斐里亚的罗克里
Erae(=Haerae)　厄利
Erasinides　厄刺新尼德
Erasistratus　厄刺息斯特拉图
Eratocleides　挨拉托克利德
Eratosthenes　挨拉托色尼
Erechtheus　伊里克修斯
Eresian　伊勒苏斯人
Eresus　伊勒苏斯
Eretria　耶利多里
Eretrian　耶利多里人
Erineum　伊林翁姆
Erineus　伊林尼阿斯
Eriphyle　伊利非尔
Erythraea(=Eritrea 或 Erythrae)　厄立特利亚
Erythraean　厄立特利亚人
Eryx　伊利克斯
Eryxidaidas　伊利克西戴伊达
Eteonicus　厄特翁尼卡斯
Ethiopia　爱西屋比亚
Etruria　伊达拉里亚
Etruscan　伊达拉里亚人
Eualas　攸阿拉斯
Euboea　优卑亚

Eubulas 攸布拉斯
Eucles 攸克利
Euclides 攸克里德
Eucrates 攸克拉底
Euctemon 攸克特蒙
Euesperitae 攸斯配利特人
Euetion 欧伊申
Eumachus 攸马卡斯
Eumenides 攸门尼德
Eumolpidae 攸摩尔匹底
Eumolpus 攸摩尔巴斯
Eupaidas 攸配伊达
Eupalium 攸帕利昂
Euphamidas 幼发密达
Euphemus 攸非谟斯
Euphiletus 攸斐勒都
Eupompides 攸蓬披底
Euripides 幼里披底
Euripus 攸里配斯
Europus 优罗配斯
Eurotas,R. 欧罗达河
Eurybatus 攸利巴都斯
Euryelus 攸利伊拉斯
Eurylochus 攸利洛卡斯
Eurymachus 攸利马卡斯
Eurymedon 攸利密顿
Eurystheus 攸利斯提阿斯
Eurytanians 攸利坦尼亚人
Eurytimus 攸利提摩斯
Eustrophus 攸斯特罗法斯
Euthycles 攸西克里斯
Euthydemus 攸西德马斯
Euxine Sea 攸克星海(即黑海)
Evarchus 挨维卡斯
Evenus 挨维那斯
Execestes 厄克塞斯特

F

Falconara,R. 法尔康那拉河
Fiume di Noto 阜姆-狄-诺托

G

Gale 盖耳
Galepsus 伽利普苏斯
Gaulites 高利特
Gela 机拉
Gelon 机伦
Geloan 机拉人
Geraestus 吉拉斯都
Gerania 哲朗尼亚
Gerastius 哲拉斯提阿月(斯巴达历)
Geta 基提人
Gigonus 基哥那斯
Glance 格劳斯
Glaucon 格劳康
Goaxis 哥克西斯
Gongylus 龚基拉斯
Gorgias 哥尔基亚
Gortyn 哥太恩
Gortynia 哥太尼亚
Graia 格累亚
Graice 格累伊斯
Great Harbour 大港
Greece 希腊
Grote 格罗特
Gylippus 吉利普斯
Gymnopaedia 机姆诺匹底亚节(斯巴达)
Gyrtonian 基尔顿尼亚人
Gytheum 基赛阿姆

H

Haemus　希马斯
Haesa　希萨
Hagnon　哈格浓
Halex,R.　哈勒克斯河
Haliarcmon,R.　哈利阿克梦河
Haliartian　哈利阿提亚人
Halicarnassus　哈利加纳苏
Halicyae　哈利赛伊
Halieis(=Haliae)　哈利依斯
Halys,R.　哈利斯河
Hamaxitus　哈马克西都
Harmatus　哈马都
Harmodius　哈摩狄阿斯
Harpagium　哈巴金
Harpina(=Arpina)　哈宾那
Hebrus,R.　希布鲁斯河
Hecatonbacon　赫卡汤姆培康月（雅典历）
Hegesander　赫哲山大
Helixus　希力苏斯
Hellanicus　赫拉奈卡斯
Hellas　希腊
Hellen　海伦
Hellen　希伦
Hellenes　希伦人(希伦的后裔)
Hellenic　希伦人的,希腊的
Hellespont　赫勒斯滂
Hellespontian　赫勒斯滂人
Helorine road　往厄洛拉斯的道路
Helorum　希洛鲁姆
Helorus(=Elorus)　厄洛拉斯
Helots　希洛人
Helus(=Helos)　希洛
Hephaestus　赫斐斯塔斯
Hera　希拉
Heraclea　赫拉克里亚
Heraclea Minoa　小赫拉克里亚
Heracles　赫丘利
Heraclides　赫拉克莱德
Heraclides(=Heracleidae)　赫拉克莱德族(赫丘利的子孙们)
Heraea　赫里亚
Heraeum,C.　赫里昂(地角)
Hermae　赫尔密石像
Hermaeondas　赫米翁达
Hermes　赫尔密斯
Hermione　赫迈俄尼
Hermionian　赫迈俄尼人
Hermocrates　赫摩克拉底
Hermon　赫蒙
Herodotus　希罗多德
Hessian　赫西亚人
Hestiaea　赫斯替亚
Hestiaean　赫斯替亚人
Hestiodorus　黑斯提奥多鲁斯
Hiera　亥厄拉
Hieraean　亥厄拉人
Hieramenes　亥厄拉门尼
Hierophon　海厄罗丰
Himera　希米拉
Himeraean　希米拉人
Himeraeum　希米里安
Hippagretas　希巴格里塔
Hipparchus　希帕库斯
Hippia　希比亚
Hippocles　希波克利
Hippocrates　希波克拉底
Hippodamia　喜波达迈亚
Hippolochidas　希波洛基达
Hipponian　希波尼安人

Hipponicus　希波尼卡斯
Hipponoidas　希波诺伊达
Hipponium　希波尼安
Histaea　赫斯替亚
Histaean　赫斯替亚人
Homer　荷马
Hude　休德
Hyacinthia　亥阿辛提亚节(斯巴达)
Hyacinthius　亥阿辛提阿斯月(斯巴达历)
Hyaean　海伊亚人
Hyantian　海安提安人
Hybla　亥布拉
Hybla Geleatis　机拉的亥布拉
Hyblaean　亥布拉人
Hyblaen Megara　亥布隆的麦加拉
Hyblon　亥布隆
Hyccara　海卡拉
Hyccaric　海卡拉的
Hylias, R.　亥利阿斯河
Hyllaic Harbour　亥拉伊克港
Hylycus, R.　亥利卡斯河
Hyperbolus　海柏波拉斯
Hyperchides　亥帕基德
Hyppocrates　希波克拉底
Hysiaea(=Hysiae)　希西亚
Hystaspes　喜斯塔斯皮

I

Ialysus　爱阿利苏斯
Iapygia　爱阿匹吉亚
Iapygian　爱阿匹吉亚人
Iasic Gulf　爱阿苏斯湾
Iasus　爱阿苏斯
Iberia　伊伯里亚
Iberian　伊伯里亚人
Icaria　爱卡里亚
Icarus　爱卡鲁斯
Ichthys　伊克提斯(即鱼岬)
Ida(=Ido), Mt.　伊达山
Idacus　伊达卡斯
ldomene　爱多美尼
Ietae　爱伊泰
Iliad　伊利亚特
Ilissus, R.　伊立索斯河
Illyria　伊利里亚
Illyrian　伊利里亚人
Imbrian　音不洛斯人
Imbros　音不洛斯
Inachus, R.　伊那卡斯河
Inaros　伊那罗斯
Inessa　因尼萨
Inessian　因尼萨人
Iolaus　爱奥劳斯
Iolcius　爱奥尔西阿斯
Ion　爱温
Ionia　爱奥尼亚
Ionian　爱奥尼亚人
Ionian Sea　爱奥尼亚海
Iphian　伊斐亚人
Isarchides　伊萨基达斯
Isarchus　伊萨库斯
Ischagoras　伊斯卡哥拉斯
Isker, R.　爱斯开河
Isolochus　伊索洛卡斯
Isocrates　伊索克拉底
Isola di Magnisi　马格尼西(岛)
Ister　伊斯特
Isthmonicus　伊斯谟尼卡斯
Istone, Mt.　伊斯吞山
Italus　意大拉斯
Italy　意大利

Itamenes 意大明尼斯
Ithaca 伊大卡
Ithome 伊汤姆
Itys 伊提斯

J

Jalova 查洛瓦
Jowette 昭伊特

K

Kastradu 喀斯特拉都
Kerdylium, Mt. 克底利昂山
Kerkinitis, L. 克金提斯湖
Kitinium 乞丁尼翁姆

L

Labdalum 拉布达隆
Lacedaemon 拉西第梦
Lacedaemonian 拉西第梦人
Lacedaimonius(＝Lacedaemonlus) 拉西达蒙尼阿斯
Laches 雷歧兹
Lacinium, Pr. 拉辛尼安地角
Lacon 拉康
Laconia 拉哥尼亚
Lade 拉德
Laeaean 雷依亚人
Lamachus 拉马卡斯
Lampon 兰本
Lampsacene 拉姆普萨卡斯人
Lampsacus 拉姆普萨卡斯
Laodicium 拉奥狄西安
Laophon 拉奥丰
Laphilus 拉斐拉斯
Larissa 拉利萨
Larissaean 拉利萨人
Latimus 拉提马斯
Laurium 罗立温
Leagrus 利格鲁斯
Lebedus(＝Lebedos) 勒比都
Lectum 勒克敦
Lecythus 勒西修斯
Lelantine Plain 利兰丁平原
Lemnian 雷姆诺斯人
Lemnos 雷姆诺斯
Leocorium 利俄科里翁
Leocrates 利俄克拉特
Leogoras 利奥哥拉斯
Leon 利翁
Leonidas 利奥尼达
Leos 利奥斯
Leotiades 利俄提亚德
Leontini(＝Lentini) 林地尼
Leontinian 林地尼人
Leotychides 利俄提基德
Leprean(＝Lepreate) 列普累安人
Lepreum 列普累安
Leros 勒罗斯
Lesbian 列斯堡人
Lesbos 列斯堡
Lete 利特
Leto 利托
Leucadia 琉卡底亚
Leucadian 琉卡斯人
Leucas 琉卡斯
Leuconium 琉康尼安
Leuctra 留克特拉
Leukimme(＝Leucimme) 琉金密
Libya 利比亚
Lichas 利卡斯

Ligurian　利格里亚人
Limera　里摩拉
Limnaea　利姆尼亚
Lindii　林第伊
Lindus　林达斯
Livy　李维
Lipara　利帕剌
Liparaean　利帕剌人
Locri(or Locris)　罗克里(在南意)
Locrian　罗克里斯人,或罗克里人
Locris　罗克里斯(在中希腊)
Lorymi　洛利密
Ludius,R.　吕第亚斯河
Lycaeum　来西安
Lycia　吕西亚
Lycomedes　来康米德
Lycophron　来科夫隆
Lycurgus　来库古
Lyncestian　林卡斯人
Lyncus　林卡斯
Lysander　莱山得
Lysicles　莱西克利
Lysimachus　莱西马库斯
Lysimeleia　来西密利亚
Lysistratus　来西斯特拉图

M

Macarius　马卡里阿斯
Macedonia　马其顿
Machaon　马卡昂
Madytus　马第都斯
Maeander,R.　米安得河
Maedian　密狄亚人
Maenalia　米那利亚
Maenalian　米那利亚人
Maenalus,Mt.　米那拉斯山
Magna Graechia　大希腊
Magnesia　马格尼西亚
Magnete　马格尼西亚人
Malea　马里阿
Malean　马里阿的
Malia　马利亚
Malian　马利亚人
Malian Gulf　马利亚湾
Malis　马利斯
Mantinea　门丁尼亚
Marathon　马拉松
Marathonisi　马拉多尼西
Marathussa　马拉修萨
Marcellinus　马赛林那斯
Marea　美里亚
Maritza,R.　马里乍河
Maronea　马伦尼亚
Marseilles　马赛
Massalia　马萨利亚
Masta,R.　马斯塔河
Mecyberna　麦西柏那
Mecybernaean　麦西柏那人
Medeon　麦第温
Medes　米提人
Medma　米第马
Medmaeans　米第马人
Medabates　麦加巴特
Megabazus(=Megabyxus)　麦加培扎斯
Megacles　麦加克利斯
Megara　麦加拉
Megara　Hyblaea　麦加拉-海布里亚(即亥布隆的麦加拉)
Megarid　麦加里德
Megaris　麦加里斯
Melanchridas　梅兰克利达
Melanopus　梅兰诺配斯

Melansus　梅兰修斯
Meleas　美里阿斯
Melesander　美利山达
Melesias　美利西阿斯
Melesippus　密利西配斯
Melesius　麦勒修斯
Melian　弥罗斯人
Melitia(＝Meliteia)　麦利提亚
Melos　弥罗斯
Memphis　孟斐斯
Mendaean　门德人
Mende　门德
Menander　米南德
Menas　米那斯
Mendesian mouth　门提西亚河口
Menecolus　门尼科拉斯
Menecrates　门尼克拉底
Menedarïus　门尼达里阿斯
Menippus　门尼配斯
Menon　美浓
Meropid Cos　麦罗比德-寇斯
Messapian　美撒比亚人
Messenia　美塞尼亚
Messlna(＝Messana 或 Messane)　麦散那
Messinian　麦散那人
Metageitnion　麦塔斋特尼昂月(雅典历)
Metagenes　麦塔真尼
Metapontine　麦达蓬坦人
Metapontum　麦达蓬坦
Methana　墨色那
Methanaean　美敦尼人
Methone(＝Methona 或 Methene)　美敦尼
Methydrium　麦提德里昂
Methymna　麦提姆那
Methymnian　麦提姆那人
Metropolis　麦特罗玻里
Miciades　密西亚德
Midius,R.　密底阿斯河
Milesian　米利都人
Miletus　米利都
Miltiades　米太雅德
Mimas,Mt.　密马斯山
Mindarus　门达拉斯
Minoa　米诺亚
Minos　米诺斯
Minyan Orchomenus　万尼安-奥科美那斯
Mistra　密斯特拉
Molossian(＝Mossi)　摩罗西亚人
Molycrian Rhium　莫利克里昂的赖昂姆
Molycrium　莫利克里昂
Morgantina　摩根廷那
Motya(＝Motye)　摩提亚
Munychia　曼尼基亚
Mycale　密卡尔
Mycalessus　密卡利苏斯
Mycenaean　迈锡尼人
Mycene　迈锡尼
Myconus　密康诺斯
Mygdonia　迈多尼亚
Mylae　迈利
Mylas,R.　密拉斯河
Myletidae　迈利提德人
Myonian　迈昂尼亚人
Myonnesus　迈昂尼苏斯
Myos　迈奥斯
Myrcinian　密星那斯的
Myrcinus(＝Myrkinus)　密星那斯
Myronides　迈隆尼德
Myrrhine　迈尔海恩
Myrtilus　迈尔提拉斯

Myscon 迈斯康
Mysia 密西亚
Mysus 密苏斯
Mytilene 密提林
Mytilennian 密提林人

N

Nauclides 诺克里底
Naucrates 诺克拉底
Naupactus 诺帕克都
Nauplia 瑙比里亚
Navarino 那瓦里诺
Naxian 那克索斯人
Neapolis 尼亚玻利(新城)
Nemean 尼米亚的
Nemia 尼米亚
Nericus 内里卡斯
Nestus,R. 内斯塔斯河
Nicanor 尼堪诺
Nicasus 尼卡苏斯
Niceratus 尼塞拉都
Niciades 尼西阿德
Nicias 尼西阿斯
Nicolaus 尼科拉斯
Nicomachus 尼科马卡斯
Nicomedes 尼科美德
Nicon 尼康
Niconidas 尼科尼达
Nicostratus 尼科斯特拉图
Nile,R. 尼罗河
Nisaea 尼塞亚
Nisus 奈萨斯
Notium 诺丁姆
Noto 诺托
Nymphaeum,C. 尼姆斐安地角
Nymphodorus 尼姆福多拉斯

O

obol 欧布尔(货币)
Ocytus 奥西都
Odomanti 俄多曼提
Odomantian 俄多曼提人
Odrysae 奥德里西
Odrysian 奥德里西人
Odysseus(=Ulysses 或 Ulysseus) 奥德修斯
Odyssey 奥德赛
Oeanthian 伊安西亚人
Oeneon 伊尼昂
Oeniadae 伊尼亚第
Oenoe 伊诺
Oenophyta 恩诺斐塔
Oenus,R. 伊那斯河
Oenussae 恩那萨
Oesime(=Oesyme) 伊西密
Oeta(=Oetaea) 伊塔
Oetaean 伊塔人
Olophyxus 奥罗菲克塞斯
Olorus 奥罗拉斯
Olpae 奥尔匹
Olpaean 奥尔匹人
Olympeium 奥林匹昂
Olympia 奥林匹亚
Olympic Games 奥林匹亚赛会
Olympus 奥林配斯
Olynthian 奥林修斯人
Olynthus 奥林修斯
Onasimus 翁那西马斯
Oneion 奥奈昂
Onetorides 翁尼脱利德
Onomacles 奥诺马克利
Ophis,R. 奥斐斯河

Opican 奥匹西亚人
Opicia 奥匹西亚
Oppionian 奥比翁尼亚人
Opuntain Locrians 奥彭梯亚的罗克里斯人
Opuntain Locris 奥彭梯亚的罗克里斯(即罗克里斯东部)
Opus 奥巴斯
Orchomenian 奥科美那斯人
Orchomenus 奥科美那斯
Oreos 俄累俄斯
Orestes 奥勒斯特
Orestheum 奥勒斯提昂
Orestian 俄累斯提亚人
Oreus 奥勒阿斯
Orneae 奥尼伊
Ornean(=Orneate) 奥尼伊人
Orobiae 奥罗比伊
Oroedus 俄里都斯
Oropus 俄罗巴斯
Ortygia I. 奥提吉亚岛
Oscius 奥斯西阿斯
Osmyn Aga 奥斯门-亚加
Ozolian Locrians 奥佐利亚的罗克里斯人
Ozolian Locris 奥佐利亚的罗克里斯(即罗克里斯西部)

P

Paches 帕撒斯
Pachynus,Pr. 帕基那斯地角
Paeonia 培奥尼亚
Paeonian 培奥尼亚人
Pagondas 帕冈达
Palaeo-Kastro 佩勒俄-卡斯特罗
Palaera 巴利拉
Pale 培尔
Palean 培尔人
Palermo 巴勒摩
Pallene 帕利尼
Pamillus 帕密拉斯
Pamphylia 旁菲利亚
Panactum 巴那克敦
Panaean 培尼亚人
Panaerus 帕那鲁斯
Panagia 帕那治亚
Panathenaea 泛雅典娜节
Pandion 班岱翁
Pangaeus,Mt. 潘给犹斯山
Panormus 帕诺马斯
Pantacyas,R. 潘塔西阿斯河
Pantaleon 彭塔里昂
Paralia 巴拉利亚
Paralian 巴拉利亚的
Paralus 巴拉洛斯
Paravaeans 巴拉维亚人
Parian 佩洛斯的
Parnassus 帕那萨斯
Parne 巴尼
Parnes 巴尼斯
Paros 佩洛斯
Parrhasia 帕累西亚
Parrhasian 帕累西亚人
Parthenius,Mt. 帕德尼阿斯山
Parthenon 帕德嫩
Pasitelidas 帕息特立达
Patmos 帕特摩斯
Patrae 培特利
Patrocles 帕特洛克利
Pausanias 波桑尼阿斯
Pedaritus 佩达利都
Pejae 培加

Peithias 佩西阿斯
Pelasgian 皮拉斯基人
Pale 皮尔
Pella 培拉
Pellene 培林尼
Pellenian 培林尼人
Pellichas 培利卡斯
Peloponnese 伯罗奔尼撒(半岛)
Peloponnesian 伯罗奔尼撒人
Peloponnesus 伯罗奔尼撒
Pelops 彼罗普斯
Pelorus,C. 柏罗拉斯地角
Pentele 彭太利
Pentelicus 彭太利卡斯
Peparethus 佩巴里修斯
Perdiccas 柏第卡斯
Pericleides 伯里克莱底
Pericles 伯里克利
Perierres 佩累尔斯
Perioci 庇里奥西人
Perrhaebia 柏希比亚
Perrhaebian 柏希比亚人
Persephone 柏塞芬尼
Perseus 柏修斯
Persia 波斯
Persian 波斯人
Petra 庇特拉
Phacius 法西阿斯
Phaeacian 腓阿西亚人
Phaedimus 腓第马斯
Phaeinis 腓伊尼斯
Phagres 法格里斯
Phaeax 斐厄克斯
Phalerum 法勒隆
Phalius 法利阿斯
Phanae 法尼
Phanomachus 法诺马卡斯
Phanotis 法诺提斯
Pharax 法拉克斯
Pharnabazus 法那培萨斯
Pharnaces 法那西斯
Pharos 腓罗斯
Pharsalian 法赛鲁人
Pharsalus 法赛鲁
Phaselis 法西利斯
Pheia 腓伊亚
Pheraean 非累人
Phidias 菲狄亚斯
Philemon 非利蒙
Philip 腓力
Philocharidas 菲洛卡利达
Philocrates 菲洛克拉底
Philoctetes 法罗克提提斯
Philomela 菲洛密拉
Phliasia 夫利亚西亚
Phliasian 夫利亚西亚人
Phliasius 夫利亚西阿斯
Phlius 夫利阿斯
Phocaea 佛西亚(在爱奥尼亚)
Phocaeae 福西亚(林地尼城的一部分)
Phocaean 佛西亚人
Phocaeid 佛西依德(佛西斯领地)
Phocian 佛西斯人
Phocis 佛西斯(在中希腊)
Phoebus 飞巴斯
Phoenicia 腓尼基
Phoenician 腓尼基人
Phoenicus 腓尼卡斯
Phoenippus 腓尼配斯
Phormio 福密俄
Photius 福喜阿斯
Phrygia 福里基亚

Phrynichus　福里尼卡斯
Phrynis　福里尼斯
Phthiotis　泰俄提斯
Phyle　菲尔
Phylides　斐利德
Phyrcus　菲尔卡斯
Physca　菲斯卡
Phytia　菲提亚
Phytodorus　菲托多拉斯
Pieria　彼伊里亚
Pierian　彼伊里亚人
Pierium　彼伊里安
Pilorus　彼洛拉斯
Pindus,Mt.　宾都斯山
Piraeus　庇里犹斯
Pisa　比萨
Pisander(＝Peisander)　皮山大
Pisistratus　庇西斯特拉图
Pitana　彼塔那
Pittacus　彼塔卡斯
Plataea　普拉提亚
Plataean　普拉提亚人
Pleistarchus　普雷斯他库斯
Pleistoanax　普雷斯托安那克斯
Pleistolas　普雷斯托拉斯
Plemmyrium　普利姆密里昂
Pleuron　普利乌隆
Plutarch　普鲁塔克
Pnyx　柏尼克斯(雅典民众会议会场)
Polichna(＝Polichne)　波利喜那
Polichnistan(Polichnitae)　波利喜那人
Polles　波尔斯
Pollis　波利斯
Polyanthes　波利安提
Polycrates　波利克拉底
Polydamidas　波利达密达
Polydeuces　坡利都赛
Polyzetus,estate of,波利西图斯庄园
Pontus　本都(即黑海)
Poseidon　波赛敦(海神)
Poseidium,C.　波赛敦安地角
Poseidonia　波赛敦尼亚
Potamis　波塔密斯
Potidaea　波提狄亚
Potidaean　波提狄亚人
Potidania　波提丹尼亚
Prasiae　普拉西依
Priapus　普赖亚帕斯
Priene　普赖伊尼
Procles　普罗克利
Procne　普罗克尼
Prometheus　普罗米修斯
Pronaean　普罗尼人
Pronnesus　普罗尼撒
Propylaea　普洛匹利亚(雅典卫城正门)
Proschium　普洛斯基姆
Prospitis　普罗斯匹提斯
Prosteas　普罗斯提亚斯
Protesilaus　普罗特西劳斯
Proxenus　普洛克星那斯
Psammetichus　萨美提卡斯
Pteleum　特利安
Ptoeodorus　提奥多拉斯
Ptychia　提歧亚
Pydna　彼得那
Pylos　派娄斯
Pyrasian　彼拉西亚人
Pyrrha　匹剌
Pyrrhicus　匹希卡斯
Pystilus　皮斯提拉斯
Pythaeus　彼太阿斯
Pythangelaus　毕丹基拉

Pythen　匹特恩
Pythes　派多斯
Pythia　彼提亚(即特尔斐)
Pythian　彼提亚的
Pythian games　彼提亚赛会
Pythium　彼提昂(彼提亚圣地)
Pythodorus　皮索多勒斯
Pyxus　毕克苏斯

R

Ramphias　拉姆斐亚斯
Reggio　勒格俄
Rhegian　利吉姆人
Rhegium　利吉姆
Rheiti　赖提
Rheitus　累都斯
Rhenea　累尼亚
Rhium　赖昂姆
Rhodes　罗得斯
Rhodian　罗得斯人
Rhodope　罗多彼
Rhoetium　累提安
Rhypae　立比

S

Sabylinthus　萨比林修斯
Sacon　萨康
Sadocus　萨多卡斯
Salaethus　萨利修斯
Salaminia　萨拉明尼亚
Salamis　萨拉米
Salanto　萨兰多
Salonika　萨罗尼加
Salynthius　萨林修斯
Samaean　萨米人
Samian　萨摩斯人
Saminthus　萨门修斯
Sanaean　散恩人
Sandius　散第阿斯
Sane　散恩
Santa Maura　圣大-卯剌
Santa Rosa　圣大-洛萨
Sardis　萨第斯
Sargeus　萨基阿斯
Saronic Gulf　萨罗尼湾
Sarte　萨提
Scandia　斯干狄亚
Scapsa　斯卡普萨
Scellias　塞利阿斯
Scheria　社里亚
Sciathos　赛阿塔斯
Scidrus　细得鲁斯
Scionaean　赛翁尼人
Scione　赛翁尼
Sciritis　赛克里替斯
Scironides　赛伦尼德
Scirphondas　斯科里封达
Scolus　斯科拉斯
Scombrus　斯康姆布拉斯
Scyllaeum　西里昂
Scylletium　西里庭
Scyros　西罗斯(岛)
Scythia　西徐亚
Scythian　西徐亚人
Segesta　塞吉斯塔(即厄基斯塔)
Segestaean　塞吉斯塔人
Selinus　栖来那斯
Selinustine(或 Selinuntian)　栖来那斯人
Selymbria　塞林布里亚
Sermyle　塞密尔
Sermylia　塞密利亚

Sermylium　塞密利安
Sestos(或 Sestus)　塞斯都斯
Seuthes　撒西斯
Sicania　西堪尼亚
Sicanian　西堪尼亚人
Sicanus　西堪那斯
Sicel　西塞尔人(西西里的土著居民)
Siceliot　西塞利奥特人(西西里的希腊移民)
Sicily　西西里
Sicyon　西息温
Sicyonian　西息温人
Sidussa　息都萨
Sigeum　息基昂
Sikia　塞歧亚
Simonides　西蒙尼德
Simus　息谟斯
Singaean　新迦斯人
Singitic Gulf　新迦斯湾
Singus　新迦斯
Sinope　息诺普
Sintian　星提亚人
Sinus　星那斯
Siphae　西菲
Siphnos　西夫诺斯
Siris　塞立斯
Skapte Hyle　斯卡普特-亥尔
Sitalces　西塔尔西斯
Sithonia　西敦尼亚
Sithonian　西敦尼亚人
Smila　斯迈拉
Socrates　苏格拉底
Sollium　索利安姆
Solocis　索洛西斯
Solon　梭伦
Solus　索罗斯
Solygia　苏力基亚
Solygian Hill　苏力基亚山冈
Sophocles　索福克利
Sostratides　索斯特拉提德
Sparadacus(或 Spardaccus)　斯巴拉达卡斯
Sparta　斯巴达
Spartan　斯巴达人(军官阶级的斯巴达人)
Spartolus　斯巴托拉斯
Sphacteria　斯法克特利亚
Sphagia　斯法吉亚
Spiraeum　斯佩里安
Stadia　斯塔狄亚(希腊里)
Stageira　斯塔吉拉
Stages　斯塔基斯
Stagirus　斯塔基拉斯(即斯塔吉拉)
Stephon　斯蒂芬
Stesagoras　斯泰赛哥拉斯
Sthenelaïdas　斯提尼拉伊达
Stolus　斯托拉斯
Strabo　斯特累波
Stratian　斯特拉托斯人
Stratodemus　斯特里托德摩斯
Stratonice　斯特拉吞尼斯
Stratus　斯特拉托斯
Strepsa　斯特累普萨
Stroebus　斯特罗布斯
Strombichides　斯特罗姆比基德
Strombichus　斯特罗姆毕库斯
Stromboli　斯特隆波里
Strongyle　斯特龙基利
Strophacus　斯特罗法卡斯
Struma　斯特鲁玛
Strymon,R.　斯特赖梦河
Strymonic Gulf　斯特赖梦湾

Styra 斯替拉
Styria 斯替里亚
Styrian 斯替里亚人
Sunium 修尼阿姆
Sybaris,R. 西巴里斯河
Sybota 西勃达
Syke(=Syca 或 Syce) 塞歧
Symaethus,R. 息米修斯河
Syme 塞米
Synoecia 雅典统一节
Syracusan 叙拉古人
Syracuse 叙拉古
Syros 叙罗斯

T

Taenarum 塔纳隆
Taenarus 塔纳鲁斯
Tamos 塔摩斯
Tansgra 塔那格拉
Tanagraean 塔那格拉人
Tantalus 坦塔拉斯
Taormina 塔奥明那
Tarentum 他林敦
Tatoi 塔托伊
Taulantian 道兰提亚人
Tauromenium 塔罗明尼昂
Taurus 道拉斯
Tegea 提基亚
Tegean 提基亚人
Teian 提奥斯人
Teichiussa 泰丘萨
Tellias 推利阿斯
Tellis 推利斯
Temenids 泰明尼德族
Temenitis 特门尼替斯
Tempe,R. 腾皮河
Tenedian 特内多斯人
Tenedos 特内多斯
Tenian 提诺斯人
Tenos(Tinos) 提诺斯
Teos 提奥斯
Teres 特里斯
Tereus 特里阿斯
Terias 提里阿斯
Terina 特林那
Terinean Gulf 特林那湾
Teutiaplus 推提阿普拉斯
Teutlussa 推特鲁萨
thalamrtes (三列桨战舰中)下排桨手
Thapsus 塔普萨斯
Tharyps 塞里普斯
Thasian 塔索斯人
Thasos 塔索斯
Theagenes 特阿真尼
Thebes 底比斯
Theban 底比斯人
Themistocles 地米斯托克利
Theolytus 西奥利都斯
Thera 塞拉
Theraean 塞拉人
Theramenes 特拉门尼
Therimenes 特利门尼
Thermaic Gulf 德密湾
Therme(Therma) 德密
Thermon 德蒙
Thermopylae 德摩比利
Theseus 提秀斯
Thespiae 特斯匹伊
Thespian 特斯匹伊人
Thesprotian 西斯普洛替斯人
Tbesprotis 西斯普洛替斯
Thessalian 帖撒利人

Thessalus　帖撒拉斯
Thessaly　帖撒利
Thirlwall　瑟耳沃尔
Thoricus　托力卡斯
Thrace　色雷斯
thranite　（三列桨战舰）上排桨手
Thrasicles　色雷西克利
Thrasybulus　色雷西布拉斯
Thrasylus　色雷西拉斯
Thrasymelidas　色雷西密里达
Threa(Thria)　瑟里亚
Thriasian Plain　色利亚平原
Thrius　特利阿斯
Thronium　特洛尼昂
Thucles　修克利斯
Thucydides　修昔底德
Thuria　图利阿（在拉哥尼亚）
Thurian　条立爱人
Thuriat　图里阿人
Thurii　条立爱（在意大利）
Thyamus　泰阿莫斯
Thymochares　泰摩查里斯
Thyreatis　泰里亚替斯
Thyrea　泰里亚
Thyssus　泰苏斯
Tichium　替基昂
Tilataean　替拉提亚人
Timaeus　提米阿斯
Timagoras　提马哥拉斯
Timanor　提曼诺尔
Timanthes　提曼提斯
Timocrates　提摩克拉底
Timoxenus　提摩森那斯
Tiryns　太林斯
Tisamenus　提撒曼那斯
Tisander　替山达
Tisias　替息阿斯
Tisimachus　替息马卡斯
Tissaphernes　替萨斐尼
Tleplemus　特雷波利摩斯
Tolmaeus　托尔马阿斯
Tolmides　托尔密德
Tolophonian　托洛丰尼亚人
Tolophus　托洛法斯
Toronaean　托伦人
Toronaic Gulf　托伦湾
Torone　托伦
Torylaus　托利劳斯
Trachinian　特累启斯人
Trachis　特累启斯
Tragia　特累基亚
Tragilus　特累基拉斯
Treres　特累里斯
Triballi　特里巴利人
Trinacria　特利纳克里亚
Triopium　特利奥宾
Triphylia　特里菲利亚
Tripodiscus　特利波第卡斯
Tritaean　特里提亚人
Troad　特罗阿德（即古代特洛耶领地）
Trojan　特洛耶人
Trojan War　特洛耶战争
Trogilus　特洛基拉斯
Trotilus　特洛提拉斯
Troy　特洛耶
Trozen　托洛溱
Trozenian　托洛溱人
Tydeus　泰底阿斯
Tyestes　泰厄斯特
Tyndareus　丁达里阿斯
Tyrrhenian　第勒尼安人（即伊达拉里亚人）

Tyrrhenian Sea　第勒尼安海

U

Ullrich　乌尔立喜
Utica　乌提卡

V

Vardar　发达尔
Vido　微多
Volthio Kilia　福尔提阿-歧利亚

W

White Castle　白塞

X

Xanthippus　桑西巴斯
Xenares　济那尔
Xenoclides　塞诺克莱得斯
Xenon　谢浓
Xenophanes　谢诺芬尼斯
Xenophantes　谢诺芬底
Xenophon　色诺芬
Xenotimus　谢诺提马斯
Xerias　泽利阿斯
Xerxes　泽尔士
Xiphonica　息丰尼亚

Z

Zacynthian　萨星修斯人
Zacynthus　萨星修斯
Zancle　赠克利
Zea　退阿(港)
Zeus　宙斯
Zeuxidamus　沙西达摩斯
Zeuxidas　沙西达斯
Zopyrus　琐皮罗斯
zygites　(三列桨战舰)中排桨手

图书在版编目(CIP)数据

伯罗奔尼撒战争史:全2册/(古希腊)修昔底德著;谢德风译.—北京:商务印书馆,2017
(汉译世界学术名著丛书:120年纪念版:珍藏本)
ISBN 978-7-100-14255-7

Ⅰ.①伯… Ⅱ.①修… ②谢… Ⅲ.①伯罗奔尼撒战争—战争史 Ⅳ.①K125

中国版本图书馆CIP数据核字(2017)第141068号

汉译世界学术名著丛书
(120年纪念版·珍藏本)
伯罗奔尼撒战争史
(全二册)
〔古希腊〕修昔底德 著
谢德风 译

商 务 印 书 馆 出 版
(北京王府井大街36号 邮政编码100710)
商 务 印 书 馆 发 行
北 京 通 州 皇 家 印 刷 厂 印 刷
ISBN 978-7-100-14255-7

2017年12月第1版 开本710×1000 1/16
2017年12月北京第1次印刷 印张52½ 插页8

定价:258.00元